# 불전해설사전/정승석 편

민족사/1989

# 머 리 말

우리가 통상 사용하는 경전이라는 말은, 그 역사적 사실 여부는 불문하고 내용상 부처님이 직접 설하신 형식을 취하고 있는 典籍, 즉 부처님의 教說 내용을 담은 「經藏」을 가리킨다. 보다 포괄적인 의미로는 여기에 교단의 규율에 관한 가르침을 담은 「律藏」을 포함시키기도 하고, 보다 확대된 의미로는 이 經과 律에 대한 후대 사람들의 부연 설명이나 해석을 담은 論書인 「論藏」을 포함시켜 소위 三藏을 가리키기도 한다. 그러나 이렇게 확대된 의미에서는 경전이라는 말이 아무래도 적절하지 않기 때문에, 부처님의 가르침을 취급한 문헌이라는 의미에서 「佛典」이라고 한다. 이 경우 불전은 소위 논장 속의 저명한 논서만이 아니라 현대에 쏟아지고 있는 여러 연구서도 포함할 것이지만, 원칙적으로는 후인들로부터 어느 정도의 권위를 인정받은 문헌으로 한정된다. 그렇다 하더라도 불전에 포함되는 문헌이 방대한 양에 이를 것임은 쉽게 짐작할 수 있다.

이 사전은 방대한 양의 불전들 중에서 불교의 근본 사상을 표현하고 불교의 발전에 공헌한 바가 컸다고 평가되는 중요한 문헌들을 골라서, 그 주요 내용과 연관된 연구 및 문헌학적 정보를 소개한 책이다. 이 작업에 있어서 편자는 지식의 미천함과 능력의 한계로 인해, 이 관계의 저명한 서적을 택하여 근간으로 삼았다. 편자가 택한 기본 자료는 일본의 春秋社에서 발간한 《佛典解題事典》(新・佛典解題事典 第二版, 1977)이다. 이 책은 62명의 일본 불교학자들이 전공 분야별로 불전을 할당하여 소개하고 있으므로, 그 내용이 충실할 뿐만 아니라 근래의 객관적인 정보를 제공하고 있는 것으로 평가된다. 그러나 이 책을 그대로 번역하기엔 편집상의 문제가 있으므로, 편자는 이를 완전히 재편성하면서 내용상의 보완을 기하였다. 책의 체재만이 아니라 기술 내용도 일관성 있게 개편하여 독자의 편의를 도모하면서, 부분적인 가필이나 나름대로 수집한 정보를 첨가하기도 하였다. 그러나 내용상 기본 자료와 어긋나는 바는 없다.

편자의 보완으로서 특기할 만한 것은 고려대장경・한글대장경・한국불교전서 등의 국내 불전에 의한 출처 제시와, 한국불교 찬술문헌의 첨부이다. 전체적인 보완을 위해 사용한 자료는 《고려대장경目錄》, 《한국불교찬술문헌總錄》(동국대학교 출판부, 1976), 한글 번역의 단행 불전, 불전 관계의 연구논문 및 해제, 기타 연구서 및 번역서 등이다. 그러나 이러한 자료들이 망라되었다고는 할 수 없고, 자료의 선택 및 소개에 있어서도 편자의 주관이 개입되어 있음을 배제할 수 없다. 따라서 이 사전은 기본 자료에 실려 있지 않은 최근 10년간의 정보에는 전체적으로 미흡하다. 하지만 핵심적인 정보는 이미 수록되어 있기 때문에 이러한 결점이 이 사전 자체의 가치를 절하할 것으로는 생각되지 않는다. 이상의 과정을 거쳐 이 사전에 수록한 문헌의 수는 총 308개로서 그 내역은 다음과 같다.

인도불교 124개

- 근본성전 27개
- 대승경전 37개
- 계율성전 8개
- 소승논서 16개
- 대승논서 36개

티벳불교 18개

중국불교 92개

한국불교 23개

일본불교 18개

인도고전 33개

여기서 인도의 고전은 불전의 범주에 포함되지는 않는다. 그러나 불교 사상의 배경인 동시에 발전 과정에 있어서 상호의 영향력이 인정되기 때문에 참고 자료로서 여기에 포함시켰다. 뿐만 아니라 인도불교를 이해하는 데 있어서 인도의 고전에 대한 상식은 필수적이기도 하다. 이러한 입장에서 중국불교의 찬술문헌으로서 도교측의 문헌을 일부 소개하기도 하였다. 한편 위의 분류는 저술자의 국적에 따른 관례적인 것이기는 하지만, 반드시 타당하다고는 할 수 없는 면도 있다. 예를 들어, 중국에서 활동하고 거기서 일생을 마친 한국 출신 승려의 저술도 한국불교의 범주에 포함시켰는데, 중국불교의 풍토 속에서 연구하고서는 본국에 돌아와 활동하지 않았음에도 단지 출신지가 한국이라 하여 그 업적을 한국불교의 업적으로 간주하는 것은 무리가 아닌가 하는 생각이 드는 것이다.

이 사전에서는 그간 우리가 도외시해 온 감이 있는 일본불교의 문헌을 편자의 판단대로 선택하여 실었다. 일본불교에 큰 영향력을 발휘한 문헌을 원칙으로 하면서 한국불교와 대비될 만한 것을 택하였다. 고승을 초청하기 위한 불굴의 의지와 역경을 기록한 《당대화상동정전》, 서양에 100년 앞선 비판적 문헌 연구로서 불교학의 객관적 연구를 시도한 《출정후어》, 1000권에 이르는 방대한 양으로써 불교梵語를 망라하여 원전 해독의 철저성을 도모코자 했던 《범학진량》 등은 우리 불교인에게 신선한 자극을 줄 수 있을 것으로 생각한다. 또 티벳불교의 문헌에 대한 소개도 이 책의 자랑이다.

국내에선 아직 이런 類의 사전이 발간되지 못하였다. 이런 실정에서는 비록 이 사전이 국내의 독창적인 산물이 아니긴 하지만, 일반과 전문을 불문하고 독자들에게 여러가지 도움을 줄 수 있을 것으로 믿는다. 불교 연구의 기초적인 자료로서 이런 사전이 이제나마 선보이게 된 것은 오로지 민족사 尹載昇사장의 원력 덕분이다. 또 편자가 이 작업에 전념하는 데엔 불교신문사의 崔貞喜·洪思誠 두 분 기자로부터 힘입은 바가 컸다. 이 책이 학문이나 信行에 있어서 불교의 발전에 조그마한 공헌이라도 할 수 있다면, 그 공덕은 모두 이 세 분의 것임을 믿는다.

1988년 2월 10일

편자 정 승석

# 범 례

1. 항목의 배열은 漢字로 통칭되는 表題의 한글音 순으로 정한다.
2. 각 항목의 表題는 일반적으로 통용되는 題名을 택하였으나, 혼동을 피하기 위해 다른 異名을 택한 경우도 있다.

   例) 世親의 《浄土論》 → 무량수경론

   迦才의 《浄土論》 → 정토론
3. 題名 및 다른 고유명사는 漢字로 통용되는 명칭이 있는 경우, 漢字의 한글音을 사용한다.

   例) 일본 仲基의 《出定後語》 → 출정후어

   《Brahmajālasutta》 → 범망경
4. 한자 이외의 원어를 한글로 표기할 경우엔 가능한 한 원음에 近似하게 통일성을 기하되, 원칙적으로 우리말의 발음 및 표기에 어색하지 않은 방식을 택한다.
5. 색인에서 돌출된 숫자는 항목으로 설정되어 있거나 비교적 자세히 설명된 부분을 표시한다. 배열은 한자의 한글음 順으로 한다.
6. 이 책에서 사용한 부호의 용례는 다음과 같다.

   《 》 독립된 문헌의 명칭

   〈 〉 독립된 문헌 속의 일부분(品 또는 章), 논문 명칭

   『 』 인용문(" "에 상당)

   「 」 강조어 또는 인용문 속의 인용(' '에 상당)

   * 이 책에서 항목으로 설정되어 있는 문헌임을 표시

   → 동일 경전의 異名일 경우, 항목으로 설정된 通稱을 표시. 그 밖에는 관련된 부분을 표시
7. 출처 표시의 용례는 다음과 같다.

   1) — 다음의 숫자는 시작되는 페이지를 표시한다. 例) Ⓚ 25−1 : 《고려대장경》 제25권의 1페이지에서 시작됨.

   2) ~ 다음의 숫자는 계속되는 마지막 페이지를 표시한다. 例) ㊗ 152—1~182 : 《영인 北京版 서장대장경》 제152권의 1페이지에서부터 182페이지까지에 있음.
8. 이 책에서 사용한 書名의 약호는 다음과 같다.

   Ⓚ 高麗大藏經(영인본)

㊎ 韓國佛教全書(동국대학교 출판부)
㉻ 한글대장경(동국역경원)
㊅ 大正新修大藏經
㊗ 影印北京版西藏大藏經
㊉ 大日本續藏經
[譯一] 國譯一切經
[佛全] 大日本佛教全書
[南傳] 南傳大藏經
[譯大] 國譯大藏經

| | |
|---|---|
| 印佛研 | 《印度學佛教學研究》. 東京 : 1952년 이후. |
| 日佛研究 | 《日本佛教學(協)會年報》. 京都 : 1929년 이후. |
| ABhORI | 《Annals of the Bhandarkar Oriental Research Institute》. Poona : 1919년 이후. |
| AGPh | Deussen. 《Allgemeine Geschichte der Philosophie》. Leipzig : 1894. |
| BEHE | 《Bulletin de l'Ecole des Hautes Etudes》. Paris. |
| Bull. S. O. S. | 《Bulletin of the School of Oriental Studies》. London : 1917년 이후. |
| GIAPhA | 《Grundriss der Indo-Arischen Philologie und Altertumskunde》 : Strassburg : 1896년 이후. |
| GOS | 《Gaekwad's Oriental Series》 : Baroda : 1916년 이후. |
| HOS | 《Harvard Oriental Series》 : Cambridge(Mass.) : 1891년 이후. |
| IHQ | 《The Indian Historical Quarterly》. Calcutta : 1925년 이후. |
| Is. M. E. O. | 《Istituto Italiano per il Medio ed Estiemo Oriente》. Roma. |
| JA | 《Journal Asiatique》. Paris : 1822년 이후. |
| JAOS | 《Journal of the American Oriental Society》. Boston & New Haven : 1850년 이후. |
| JASB | 《Journal of the Asiatic Society of Bengal》. Calcutta : 1832년 이후. |
| JBORS | 《Journal of the Bihar and Orissa Research Society》. Patna : 1915년 이후. |
| JPTS | 《Journal of the Pali Text Society》. London : 1823년 이후. |
| JRAS | 《Journal of the Royal Asiatic Society》. London : 1823년 이후. |
| PAOS | 《Proceedings of the American Oriental Society》. Boston & New Haven : 1849년 이후. |
| SBAW | 《Sitzungsberichte der Bayerischen Akademie der Wissenschafen》. Berlin. |
| SBB | 《Sacred Books of the Buddhists》. London. |
| SBE | 《The Sacred Books of the East》. Oxford : 1879~1910. |

| | |
|---|---|
| SBH | 《Sacred Books of the Hindus》. Allahabad. |
| SOR | 《Serie Oriental Roma》. Is. M. E. O., Roma : 1950년 이후. |
| ZDMG | 《Zeitschrift der Deutschen Morgenländischen Gesellschaft》. Leipzig-Wiesbaden : 1847년 이후. |

9. 기타 통용되는 전문 약호

cf. 참조　ed. 編　f. 바로 다음까지　ff. 以下　n. 註　p. 페이지(한 面)
pp. 페이지(2面 이상)　pt. 篇　tr. 譯　vol. 卷(全集 속의 순서)　vols. 卷數

# 차 례

# 불전별 분류색인

## 인도불교 · 戒律성전



## 인도불교 · 小乘논서



## 인도불교 · 大乘논서

### 티벳불교 찬술문헌



### 중국불교 찬술문헌

## 한국불교 찬술문헌



## 일본불교 찬술문헌



## 인도古典

찾아보기

# 불전해설사전

# 불전 개요

## 대장경 大藏經

불교의 경전이나 논서를 집합한 총서를 「대장경」이라 하며, 또는 「一切經」이라고도 한다. 이러한 총서는 크게 세 종류로 나뉜다.

불교가 2500여년의 오랜 기간에 걸쳐 발전해 오면서 경전의 내용도 복잡하게 되었다. 이 중에서 가장 먼저 이루어진 총서가 《팔리語 三藏》이다. 이것은 초기불교의 성전인데, 붓다가 설한 가르침(經藏)과 계율(律藏) 및 제자들이 教法에 대해 연구한 것(論藏)을 포함하고 있다. 논장은 部派불교시대에 성립한 것으로서 그 시기는 역시 기원 전으로 본다. 경장과 율장은 이보다도 더욱 오래 전에 성립되었다. 따라서 《팔리語 三藏》은 대승 경전을 전혀 포함하고 있지 않은 점이 특색이다. 중국으로부터 인도로 경전을 구하러 갔던 修行僧을 흔히 三藏法師라 하는데, 이는 팔리어 경전의 총서가 三藏으로 형성되어 있었기 때문이다.

두번째로 들 수 있는 총서가 《티벳대장경》인데, 이는 티벳語로 번역된 一切經이라는 말이다. 7세기경부터 번역이 시작되어 9세기에는 대부분이 완성되었고, 그 후에도 계속 번역되어 《티벳대장경》이 성립되었다. 불교가 인도에서는 거의 소멸되었기 때문에, 후기 인도불교의 經論은 티벳語 번역으로만 남아 있는 경우가 많다. 이런 의미에서도 티벳어로 번역된 대장경은 불교 연구에 있어서 귀중한 寶庫이다. 특히 티벳 번역은 충실한 直譯이기 때문에 티벳 번역으로부터 산스크리트 원전을 복원하기가 상당히 용이하다. 이 때문에 산스크리트 원전이 消失된 經論을 연구하는 데 있어서 티벳대장경은 필수적인 자료가 된다. 티벳대장경은 13세기 이후 수 차례에 걸쳐 木版에 의해 출판되었으나 일반에게는 보급되지 않았으므로 입수하기가 쉽지 않다. 우리나라에서는 동국대학교에 달라이 라마가 기증한 全帙이 보관되어 있고, 학교측에서는 영인본으로써 공개하고 있다. 일본에서는 《北京版 티벳대장경》을 영인한 《影印北京版西藏大藏經》이 출판되어 있다.

그러나 우리들에게 대장경이라고 일반적으로 인식되어 있는 것은 《漢譯大藏經》이다. 이것은 중국에서 번역된 경전이나 논서를 중심으로 하고 있는데, 특히 중국 불교학자들의 저작도 포함하여 편집한 것으로서 大乘과 小乘의 經·律·論을 모두 포함하고 있어, 그 분량이 가장 많다. 그래서 흔히 이를 불교 연구의 제1 자료로 삼는다. 한역 대장경에는 《팔리어 삼장》이나 《티벳대장경》에 없는 특징이 몇 가지 있다. 특히 불교를 사상적으로 연구하기 위해서는 漢譯의 經論을 참고로 하지 않을 수 없다. 이는 중국인들이 불교를 나름대로 충분히 이해하여 번역했기 때문이다. 번역을 시작한 2세기부터 1000년에 걸쳐 진행된 번역이 원래의 형태를 그대로 보존하고 있다는 점도 한역 경전의 커다란 특징이다. 더우기 중국인들은 인도와는 다른 독자적인 불교를 발전시켰기 때문에, 이런 방면의 연구에도 《한역대장경》은 불가결한 자료이다.

이 밖에도 대장경에는 몽고 語의 대장경과 만주 語의 대장경이 있으나 그 내용은 분명치 않다.

**팔리 삼장** Pāli 三藏

팔리Pāli어로 씌어진 불교 성전의 총칭이다. 三藏을 뜻하는《티피타카》Tipiṭaka는 이것을 가리킨다.

三藏이란 經·律·論의 셋을 잘 간직하여 담고 있는 광주리라는 의미이다. 삼장 중의 經藏(Suttapiṭaka)은 붓다나 그의 제자들의 言行錄을 집성한 것인데, 예로부터「傳承된 교설」이라는 의미에서 阿含(āgama)이라고 불렸다(→아함경). 律藏(Vinayapiṭaka)은 교단의 계율 규정에 대한 설명집이다. 論藏(Abhidhammap-iṭaka)은 경전의 정신을 설명하고 哲理를 기술한 부문인데, 불교 교단이 部派로 나누어지면서부터 성립한 것이므로 앞의 二藏보다 그 시기가 늦다.

고타마 붓다에 의해 개창된 불교 교단은 붓다가 입멸한 지 100년 내지 200년이 지나자, 흔히「小乘 20部」라 불리는 것과 같은 다수의 부파로 분열한다. 각 부파는 옛 傳承을 내세워 自派 특유의 삼장을 갖게 된다. 성전의 용어도 일치하지 않아, 팔리어·각종 속어·산스크리트어 등 여러 언어들로 전해져 왔다. 팔리어는 원래 西인도의 언어였던 것이, 붓다의 입멸 후 초기 교단이 西인도로 확대됨에 따라 성전의 용어가 되었던 것 같다. 기원전 3세기경 아쇼카王 시대에 마힌다 Mahinda에 의해 불교가 현재의 스리랑카로 전해졌다. 이때 스리랑카는 팔리어를 불교 용어로 사용하였는데, 이후 이 전통은 버마·타이·캄보디아 등의 동남 아시아에 확산되어 소위「南方佛教」가 형성되었다. 이 계통을 分別上座部라 하는데, 여기서 받드는 삼장은 역시 팔리어로 되어 있다. 이《팔리어 삼장》의 조직은 다음과 같다.

**Ⅰ. 律藏**

1. 經分別(계율의 본문을 분별하여 해설한 것)
   a. 大分別 (남자 수행승에 관한 것)
   b. 비구니分別 (여자 수행승에 관한 것)
2. 犍度部(교단의 제도 규정, 기타)
   a. 大品(10편)
   b. 小品(12편)
3. 부록(19장)

**Ⅱ. 經藏**

1. 長部(붓다나 제자들의 言行을 모은 긴 경전, 34 經의 집성)
2. 中部(중간 정도로 긴 경전, 152 經)
3. 相應部(짧은 2875 經을 내용에 따라 분류하여 집성)
4. 增支部(짧은 2198 經을 教法의 數에 착안하여 1 法에서부터 11 法으로 집성)
5. 小部(앞의 4부에 빠진 15 經. 이 중에는《法句經》《자타카》《숫타니파타》《우다나》《長老의 詩》《長老尼의 詩》등, 불교의 가장 유명한 성전이 얼마간 포함되어 있다.)

**Ⅲ. 論藏(7 論)**

《法集論》《分別論》《界說論》《人施設論》《論事論》《雙對論》《發趣論》*

이상이 팔리어 삼장의 내용인데, 이와 아울러 세월이 흐름에 따라 많은 教理綱要書·聖典註釋書·史書 등이 작성되었다. 이들을 일괄하여「藏外」라고 통칭한다. 부파불교의 교단 내에서 삼장을 완전하게 보존하고 있는 것은 팔리어의 삼장뿐이다.

19세기 말까지 한문 문화권에서는 팔리어 삼장에 대해서 그 존재조차 모르고 있었다. 근대에 이르러 이에 대한 연구는 아시아 여러 지역에 식민지를 구하러 진출했던 유럽人의 손에 의하여 시작되었다. 1824년에는 최초로 팔리어 文典(B. Clough 지음)이 출판되었다. 1826년에는 뷰르누프 E.Burnouf 와 랏센 Ch. Lassen이 공동으로 《팔리어 연구》를 저술했다.이것이 팔리學의 선구로 알려져 있다. 1855년 파우스뵐 V.Fausböll은 진짜 학술적이라 할 만한 최초의 원전으로서 《법구경》*을 출판하였고, 또 1877년에서 1879년에 걸쳐 엄밀한 校訂 끝에 웅대한 《자타카》* 7권을 간행하였으니, 그를 팔리學의 건설자라고 받들 만하다. 팔리 연구가 성행하였던 것은 1870년대부터이다. 칠더스 R. C. Childers는 불후의 역작인 《팔리어 사전》(A Dictionary of the Pali Language, 1870~73)을 출간하였고, 올덴베르히 H. Oldenberg는 스리랑카 《島史》* (1877) 및 《律藏》 5권(1879~83) 등을 속속 출간하였다. 더우기 1881년 리스 데이비즈 W. Rhys Davids는 런던에 팔리성전협회(Pali Text Society)를 설립했다. 그는 세계의 유명한 팔리 학자들의 협력을 얻어 조직적이고 계획적으로 팔리어 삼장의 원전을 출판하였다. 현재 삼장은 모두 출판이 완료되었고, 藏外의 경전도 다수 간행되었으며, 지금도 여전히 출판 사업이 계속되고 있다. 팔리어 삼장에 대한 解題와 索引으로서는 Heinz Bechert 《Buddhismus, Staat und Geselschaft in den Lädern des Theravāda-Buddhismus》 Band 3(Schriften des Institute für Asien-kunde, Wiesbaden, 1973)이 매우 상세하다.

팔리어는 고유의 문자를 갖고 있지 않다. 그래서 유럽에서는 로마字를 이용하여 출판되었다. 타이・버마・스리랑카에서는 각기 자기 나라의 문자를 이용하여 삼장을 출판하였고, 인도에서도 데바나가리 문자로써 출판하고 있다.

팔리어 사전으로는 리스 데이비즈와 스테드 W. Stede가 저술한 《Pali Text Society's Pali-English Dictonary》가 표준적인 것으로 사용되고 있다. 또 덴마크에서는 1924년 이래 트렌크너 V. Trenckner가 막을 연 웅대한 대사전인 《A Critical Pali Dictionary》의 편집 출판이 계속되고 있다. 문법서로서는 가이거 W. Geiger가 저술한 《Pāli, Literatur und Sprache》(1916년. 1956년에 B. Ghosh가 英譯)가 가장 뛰어나다. 일본에서는 長井眞琴의 《獨習巴利語文法》과 立花俊道의 《巴利語文典》 등이 있는데, 水野弘元의 《팔리어 문법》이 가장 상세하여 팔리어의 기원・팔리 硏究史・참고문헌을 소개함으로써 편리를 도모하고 있다.

팔리 삼장은 영어・독어・불어 등으로 다수 번역되어 있으나, 이들 언어로 그 모두가 번역된 것은 아니다. 일본에서는 《南傳大藏經》 65권으로서 완역되어 있다. 이에 대해 水野弘元이 작성한 《南傳大藏經 總索引》 2부 3권은 매우 유익한 업적이다. 유럽에서 번역된 것으로는 역시 Pali Text Society에서 출판한 英譯本이 가장 유명하다.

팔리어 삼장에 대한 참고서로는 前田惠學의 《原始佛教聖典의 成立史研究》(山喜房, 1964).

**티벳대장경** Tibet大藏經.

티벳어로 번역된 佛典의 집성이다. 내용은 크게 칸규르Bkaḥ-ḥgyur(甘殊爾, Kanjur)와 텐규르Bstan-ḥgyur(丹殊爾, Tanjur)의 두 부분으로 나뉜다. 앞의 것이 佛說部, 뒤의 것이 論疏部인데, 이를 삼장과 비교하면 經藏은 앞의 것에, 論藏은 뒤의 것에 포함되어 있다. 한편 律藏의 기본적인 典籍은 佛說로서 칸규르에 들어가 있으나, 그의 주석은 텐규르에 소속되어 있어, 율장 자체가 분리되어 있다. 各部의 세부적인 배열 순서는 판본에 따라 차이가 있으나, 일반적으로 칸규르를 律·般若·華嚴·寶積·諸經·秘密의 6부로 분류하고, 때에 따라서는 諸經으로부터 涅槃部를 독립시킨다. 텐규르는 讚頌·秘密·般若·中觀·經疏·唯識·俱舍·律·佛傳(本生)·書翰·因明·聲明·醫明·工巧明·잡다한 諸部로 분류한다. 델게版을 기준으로 하여 말하면 칸규르는 100함 1108부, 텐규르는 213함 3461부로 이루어져 있다.

티벳 경전의 대부분은 산스크리트로부터 번역된 것이지만, 소수의 팔리 성전을 번역한 것 외에 漢譯·于闐語·蒙古語 등으로부터 재차 번역한 것도 포함되어 있다.

佛典이 티벳어로 번역되기 시작한 것은 손쩬감포Sroṅ-btsan sgam-po王 시대에 톤미삼보타 Thon-mi sam-bhoṭa에 의해 불교가 전해지기 시작하면서부터였다. 이후 17세기까지 번역이 계속되었다. 그 사이 산타라크쉬타 Śāntarakṣita와 카말라쉴라Kamalaśīla가 8세기에, 아티샤Atīśa 및 그 밖의 인도 승려들이 11세기에 도래하였고, 인도에 들어간 티벳 사람들이 많은 佛典을 갖고 옴으로써 인도의 學僧과 티벳의 번역관(Lo-tsā-ba)이 협력하여 점차 佛典을 번역해 내었다. 9세기에는 기본 譯語集으로서 《飜譯名義集》(Mahāvyutpatti)이 작성되었는데, 이후 이것에 의하여 改譯이나 譯語의 통일이 이루어졌다. 한편 譯書의 목록은 8세기 말에 처음으로 작성되었는데, 9세기의 《덴카르마 목록》*이 이를 계승하였고, 여기에 점차 새로운 역서가 첨가되어 개정되었다. 이러한 목록을 근거로 하여 칸규르와 텐규르의 2부로 된 대장경이 편집된 것이다. 13세기경에는 처음으로 대장경이 목판에 의해 인쇄되기에 이르렀다. 이것을 나르탕Snar-thaṅ 古版이라 한다. 이후 나르탕 판은 1410년과 1602년에도 다시 새겨졌으나, 1730년에는 달라이 라마 7세의 명에 의해 대규모로 개정되었다. 이것을 나르탕 新版이라 하는데, 이후의 定本이 되었다. 같은 시기에 리탕Li-thaṅ 판 및 그 밖의 판본을 근거로 하여 델게 Sde-dge 판이 開版되었다. 중국에서는 당나라 시대 이래로 티벳과의 교섭이 있었는데, 8·9세기에는 상당수의 한역 경전들이 티벳으로 전해져서 번역되었다. 元나라 시대에는 거꾸로 라마교가 중국으로 전해져 유통되었다. 《至元法寶勘同總錄》(至元錄. 昭和法寶目錄 제2권에 수록)은 최초로 漢譯과 티벳語(「番本」)를 비교한 것이다. 明나라 시대에 이르러 중국 최초의 西域대장경으로서 永樂판(1480)이 완성되었고, 이어서 萬曆판 및 清나라의 康熙판이 선을 보였다. 康熙판은 강희 22년(1684)에 시작되어 雍正 2년(1700)에 완성된 것인데, 「北京版」이라 불리는 것이 통례이다. 강희版은 乾隆 연간(1737)에 다시 수정 보완되었다. 이 밖에도 甘肅省의 쵸네Co-ne版, 푸나카版, 참드版, 제쿤붐版 등이 있다. 또 20세기에 와서는 달라이 라마 13세의 칙령으로 라사Lha-sa판이 간행(1920)되기 시작하였는데, 달라이 라마 13세가 서거하자(1934) 간행 사업은 중지되어 칸규르에 그쳐 버렸다. 라마교가 여전히 유통됨에 따라 몽고字나 만주字에 의한 대장경도 번역·간행되었다.

티벳대장경은 漢譯과 비교하여 이제까지 설명한 것 외에 다음과 같은 특징이 있다. ① 漢譯과 공통되는 經論은 551부에 지나지 않고 나머지 중 3000부 이상이 密敎와 관계된 것이다. 이러한 사실은 양측의 번역 연대가

다르다는 점과 아울러 인도불교의 변천을 나타내고 있다. ② 漢譯은 그 의미를 밝히는 데에 치중함에 비하여, 티벳譯은 한 귀절 한 귀절이 산스크리트의 원문에 충실을 기하고 있다. 이는 첫째로 티벳 古典語가 佛典의 번역을 위해 산스크리트를 모방하여 창조되었기 때문이며, 둘째로 티벳에는 중국과 같은 고대 문화가 없었기 때문이다. ③ 異譯本을 남기지 않고, 점차 改譯하여 舊譯을 버렸다. 예를 들면《八千頌般若》(→소품반야경)는 다섯 번이나 개정된 것이다. ④티벳人의 저작을 대장경 속에 포함시키지 않는 원칙을 고수하였다.

티벳대장경의 원문은 일본의 서역대장경연구회가《影印北京版西藏大藏經》151권으로 1954~1959년에 출판하였고 그 밖의 속편 13권(宗喀巴全書, 章嘉全書)을 1962년에 출판하였다. 미국의 뉴욕에서 발간된 것으로는《Microfish Edition of the Co-ne Tanjur》(The Institute for Advanced Studies of World Religions, 1974)가 있다. 목록의 출판은 다음과 같다.

① P. Cordier《Catalogue de fonds tibétains de la bibliotèque nationale》Paris, 1909~1915 (북경판, 텐규르).

② H. Beckh《Verzeichnis der Tibetischen Handschriften der Königlichen Bibliothek zu Berlin》Berlin, 1914(칸규르).

③ 河口慧海《河口目錄》1928 (나르탕版, 칸규르).

④《北京版甘殊爾勘同目錄》大谷大學, 1932.

⑤ 東北大學藏版,《西藏大藏經總目錄》1934, (델게版, 칸규르·텐규르).

⑥ 芳村修基《덴카르마目錄》龍谷大學, 1950.

⑦ 壬生台舜《A Comparative List of the Bkaḥ-ḥgyur Division in the Co-ne, Peking, Sde-dge and Snar-thaṅ Editions》大正大學紀要, 44, 1959.

⑧《影印北京版西藏大藏經總目錄·索引》1961(칸규르·텐규르·속편)

⑨ 高崎直道편《東京大學文學部所藏·라사版 티벳大藏經目錄》東京大學 印度哲學硏究室, 1965.

⑩《大谷大學圖書館藏·西藏大藏經丹殊爾勘同目錄 1-1》鈴木學術財團, 1965.

⑪ 壬生台舜편《大正大學所藏 티벳大藏經 나르탕版 論疏部目錄》大正大學, 1967.

⑫《東京大學所藏 티벳文獻目錄》東京大學 文學部 印度哲學印度文學硏究室, 1965.

⑬ Alaka Chattopadhyaya《Catalogue of Kanjur and Tanjur》vol.I, Texts(Indian Titles) in Tanjur(Alphabetically Rearranged), Indo-Tibetan Studies, Calcutta, 1972 (Cordier 목록에 대한 색인).

이보다 먼저 소개된 목록으로서는 쵸마(1881), 훠르(1881), 슈밋트 등이 편집한 것이 있다. 이 밖에 티벳대장경을 소개하는 자료로서는 多田等觀·高崎直道〈라사版 대장경에 대하여〉(《佛教硏究》5-3·4, 1941), 酒井紫郎(眞典)〈라마교의 典籍〉(《喇嘛教事情》제2집,1944), 羽田野伯猷〈티벳대장경 緣起(2의 1) — 나르탕 大學問寺의 선구적 사업을 둘러 보며—〉(《鈴木學術財團·硏究年報》3, 1966), 同〈티벳대장경 緣起(2의 2) — 델게版 대장경—〉(同 硏究年報, 8, 1971) 등의 연구가 있다.

## 한역대장경 漢譯大藏經

한문으로 번역된 불교 경전의 총칭으로서 넓은 뜻으로는 중국 · 한국 · 일본의 불교인들이 저술한 것도 포함한다.

애초에 佛典은 經 · 律 · 論의 삼장으로 분류되었으나, 나중에 대승 경전이 출현하였기 때문에 삼장이라는 분류로는 적절하지 않게 되었다. 더우기 경전들이 중국에서 번역되고, 중국인의 저서까지도 경전 속에 포함시키게 되면서, 중국에서는 「大藏經」이라는 새로운 말이 조성되었다. 佛滅 직후의 제1결집에서는 붓다가 설했던 교법과 계율은 「法과 律」이라는 두 가지로 정리하였는데, 이것이 전해져 오다가 부파불교 시대에 아비다르마 불교가 흥기함으로써 法은 經藏으로, 律은 律藏으로, 그리고 아비다르마는 論藏으로 정리되어 3藏이 성립되었다. 부파불교는 일반적으로 삼장을 채용하였는데, 이 밖에 雜藏을 설한 부파도 있었다. 그러나 大衆部는 여기에 禁呪藏을 더하여 5藏의 분류를 채용하였다고 한다. 또 法藏部는 3藏 외에 呪藏과 菩薩藏의 5藏을 세웠으며, 《成實論》도 3藏 · 雜藏 · 菩薩藏의 5藏을 세웠다고 한다. 《六波羅蜜經》에서는 삼장 외에 반야바라밀다藏과 다라니藏을 내세운다. 대승 경전이 소승불교에서 설하는 삼장의 분류에 적용되지 않는다는 점은 《대지도론》*에서도 말하고 있다. 이렇듯 후대에 경전이 증대하여 대승 경전(菩薩藏)과 기도 등에 관한 경전(呪藏 · 陀羅尼藏)이 출현함으로써 주로 이것들이 삼장의 범주에 들어가지 않게 되었다. 중국에서는 이러한 경전들이 무질서하게 번역되었기 때문에 중국불교 특유의 분류가 필요하게 되었다. 즉 삼장의 분류를 알고 있었지만 일부러 달리 분류하여 전체의 佛典을 「대장경」 혹은 「一切經」이라 총칭으로 부르게 되었던 것이다.

중국에서 최초로 경전을 번역한 사람은 安息國의 安世高(147년에 중국 도착)이다. 그는 주로 소승 경전을 번역했다. 이어서 月支國의 支婁迦讖(178년경 중국 도착)이 주로 대승 경전을 번역했다. 그 후 점차 번역 사업이 성행하면서 번역 경전들을 바르게 전수하기 위해 목록을 작성하였다. 최초의 유명한 목록은 前秦의 道安이 지은 《綜理衆經目錄》 1권인데, 소실되었다. 여기서 道安은 撰出經律論錄 · 異出經錄 · 古異經錄 · 失譯經錄 · 涼土異經錄 · 關中異經錄 · 疑經錄 · 注經 및 雜志錄의 8錄으로 분류하여 639부 886권을 수록하였다고 한다. 그 후 많은 經錄이 작성되었는데, 유명한 것은 僧祐의 《출삼장기집》* 《法經錄》 《彦琮錄》 《静泰錄》, 費長房의 《역대삼보기》*, 道宣의 《대당내전록》*, 智昇의 《개원석교록》*, 圓照의 《貞元新定釋教目錄》 등이다. 나아가 대장경이 간행되면서부터는 각각의 版에 목록이 작성되었는데, 元版의 《至元錄》(至元法寶勘同總錄) 등은 유명하다. 이처럼 많은 경록들이 발간되면서 점차 佛典의 분류도 일정하게 되었는데, 특히 《開元釋教錄》의 入藏錄이라는 분류가 후세의 모범이 되었다. 開元錄에서는 一切經 1076부 5048권을 大乘經 · 大乘律 · 大乘論 · 小乘經 · 小乘律 · 小乘論 · 賢聖集의 7부로 나누고, 賢聖集의 108부 541권 중에 인도 論師들의 전기類나 중국인의 저작을 포함시키고 있다. 그러나 여기에 포함시킨 중국인의 저작은 주로 전기 · 여행기 · 목록 등으로서 그 숫자가 많지 않다. 그 후 빠진 것이 보충되고 새로 번역된 것이 증보되어

漢譯一切經은 점점 증대함으로써 중국인의 저작도 많이 끼어들게 되었다.

처음에 대장경은 대개가 筆寫에 의해 전해졌으나 宋나라 시대 이후 木版 인쇄에 의해 간행되었다. 宋版의 제1회(971) 간행본인 蜀版大藏經은 5000여 권을 담았는데, 그 후 수차 宋代에 간행되었다. 아울러 契丹版 · 高麗藏(고려대장경) 같은 대장경이 중국 밖에서도 간행되었다. 이어서 원나라 시대의 元版(1269~85)이 있고, 明代에서도 두 차례 간행되었다. 그런데 이러한 여러 판본 중에서도 《高麗大藏經》을 가장 우수한 것으로 인정한다. 고려시대의 高宗 때(1237~51)에 완성된 고려대장경은 현재 학계에서 널리 이용되고 있는 일본의 活字版 大正新修大藏經의 臺本이 되었던 것으로서, 이것이 현존하는 대장경 중 他의 추종을 불허하는 권위있는 대장경이라는 점에 대해 다음과 같은 이유를 들 수 있다.

첫째로, 고려대장경은 현존하는 대장경版 중 最古의 것이며, 여러 차례의 校勘을 거친 가장 정확한 三藏의 雕造版이다. 담고 있는 部나 卷의 수에 있어서는 간혹 고려대장경보다 상회하는 다른 대장경판이 있기는 하지만, 그것들은 중국 찬술의 註疏 또는 雜書를 포함시켰거나 혹은 部와 卷의 수를 정확히 계산하지 못한 착오에 기인하는 바가 있다. 둘째, 고려대장경은 최초의 대장경판인 北宗의 蜀版大藏經을 토대로 하고 契丹藏經을 비롯한 당시의 권위있는 모든 藏經을 대조하여 엄밀한 교정을 마쳤으므로 그 蜀版 대장경과 契丹版 대장경의 내용을 아는 데 있어서도 중요한 자료가 된다. 후자의 한 예로서 大乘法界無差別論 1권(K. 640)은 다른 판본에는 없는 것을 契丹版 대장경에서 취하여 편입한 것이다. 세째로, 독자적으로 소집한 귀중한 문헌이 보존되어 있다. 즉 이전의 다른 판본에는 전혀 들어 있지 않았던 20부에 가까운 중요한 佛典으로서 般若金剛이 번역한 《四十華嚴》(K. 1288), 李通玄 長者가 찬술한 《新華嚴經論》 40권(K. 1289), 《根本說一切有部律》의 여러 部分譯(K. 1415~1421), 眞諦가 번역한 《大宗地玄文論》 20권(K. 1422), 筏提摩多가 번역한 《석마하연론》* 10권(K. 1423), 惠嚴 등이 번역한 《대반열반경》* 36권(K. 1429), 그리고 각종 목록(K. 1398~1402) 등이 실려 있다. 뿐만 아니라 고려대장경 안에 포함되지 않았더라면 영구히 후세에 알려지지 않고 말았을 귀중한 문헌들로서 《법원주림》* 100권(K. 1406) · 《일체경음의》* 100권(K. 1498) · 《續一切經音義》 10권(K. 1497) 등의 辭書類, 《大乘菩薩正法經》 40권(K. 1487) · 《대승집보살학론》* 25권(K. 1488) · 《大乘中觀釋論》 18권(1482) · 《如來不思議秘密大乘經》 20권(K. 1486) · 《除蓋障菩薩所問經》 20권(K. 1476) · 《大乘寶要論》(K. 1475) · 《諸法集要經》 10권(K. 1494) · 《福蓋正行所集經》 12권(K. 1495) · 《海意菩薩所問淨印法門經》 18권(K. 1481) · 《父子合集經》 20권(K. 1496) · 《금광명경》* 4권(K. 1465) 등의 중요한 大乘經論이 실려 있다.

일본에서도 2 · 3차례 대장경판의 간행을 기도하였는데, 가장 유명한 것은 鐵眼의 黃檗版(1663~79)이다. 이것은 중국 명나라의 대장경 6771권을 모범으로 삼아 간행한 것이다. 다음에 明治시대에 이르러 大日本校訂縮刷大藏經(축쇄판, 1880~5, 40질, 418책)이 간행되었다. 이것은 활자를 이용하여 인쇄한 최초의 대장경이다. 고려대장경을 모범으로 삼고 여기에 중국과 일본의 佛典을 증보하여 대승경 ·

소승경 · 대승율 · 소승율 · 대승론 · 소승론 · 인도 찬술 雜部 · 비밀부 · 중국 찬술부 · 일본 찬술부의 10부로 나누어, 총 1916부 8534권을 포함시켰다. 이어서 大日本校訂藏經(卍藏, 7082권을 포함), 大日本續藏經(續藏, 7140여 권), 大正新修大藏經(1924~34)이 간행되었다. 이와 같이 일본의 대장경 간행은 19세기 말부터 活字版으로써 본격화되었다. 현재 주로 이용하고 있는 대장경은 《대정신수대장경》이다.

대정신수대장경은 고려대장경을 底本으로 하면서도 독자적인 분류로써 경전을 배열했다. 그리고 宋 · 元 · 明의 대장경을 對校하고 正倉院에 소장된 7세기의 天平寫經 및 6~8세기의 隋 · 唐 寫經과 對校하였으며, 敦煌寫本으로부터 많은 경전을 선택하고 중국과 일본의 佛典을 다수 증보하여, 현재 활자판으로 간행된 대장경으로서는 가장 우수하다. 모두 100권인데, 인도와 중국의 찬술부가 55권(1~55), 일본 찬술부가 29권(56~84), 돈황사본 1권(85), 圖像部 12권, 목록(昭和法寶總目錄) 3권으로 이루어져 있다. 이 중에서 앞의 85권에 3053부(중복된 것을 제외하면 2920부) 11970권의 佛典이 실려 있다. 처음의 55권(인도 · 중국 찬술부)은 대개 지금까지 전해져 온 대장경의 내용에 상당한다. 여기에는 2265부 9041부가 실려 있다. 일본 찬술부(56~84)는 596부 2708권이 실려 있고 제85권에 수록된 돈황 사본은 192부 221권이다. 그러나 돈황本은 다른 권에도 포함되어 있다.

최초의 55권은 阿含部 · 本緣部 · 般若部 · 法華部 · 華嚴部 · 寶積部 · 涅槃部 · 大集部 · 經集部 · 密敎部 · 律部 · 釋經論部 · 毘曇部 · 中觀部 · 瑜伽部 · 論集部 · 經疏部 · 律疏部 · 論疏部 · 諸宗部 · 史傳部 · 事彙部 · 外敎部 · 目錄部로 되어 있다. 이것은 경전의 역사적 발전 순서를 가미하여 내용에 근거한 새로운 분류이다. 제85권인 돈황本은 古逸部와 疑似部로 나뉜다. 다음의 圖像部 12권은 불교 미술을 사진으로 촬영하여 수록한 것인데, 불교 미술을 연구하는 데 중요한 자료가 되고 있다. 다음의 昭和法寶總目錄 3권은 각종 대장경의 목록을 시작으로 하여 온갖 종류의 목록을 망라한 것인데, 이를 통해 각종 대장경의 내용과 유명 사원들이 소장한 一切經의 내용 등을 알 수 있다.

우리나라에서의 경전 번역 사업은 주로 이 한역대장경을 한글로 옮기는 작업으로서 그 결과가 東國譯經院의 《한글대장경》이다. 1966년에 간행되기 시작하여 1979년까지 총 205권이 간행되었는데, 남전부(201~5)와 한국고승(151~166)의 21권을 제외한 나머지는 대정신수대장경의 한역 경전들을 번역한 것이다. 일본에서의 역경 사업으로서 유명한 것은 國譯一切經과 南傳大藏經이다. 國譯一切經 인도 찬술부 155권(1935~45, 이 밖에 색인 1권)은 중요한 한역 경전 355부 3300권을 일본어로 직역한 것이다. 南傳大藏經 65권 70책(1935~41)은 팔리語 三藏 및 약간의 藏外 典籍을 일본어로 옮긴 것이다. 阿含經 및 上座部의 律藏 · 論藏 · 藏外를 포함하고 있어 三藏의 범주에 속하는 것이므로 한역대장경과는 별개이다. 현대의 역경 사업에 있어서 한글대장경이 일본의 國譯一切經이나 南傳大藏經보다 훨씬 나중에 간행되었음에도 불구하고 解題나 번역상의 註解에 있어서 일본의 번역본보다 충실하지 못함은 부인할 수 없다.

## ㉮

### 개원석교록 開元釋教錄 20卷

唐의 開元 18년(730)에 智昇(658~740)이 찬술한 一切經 목록으로서 《開元錄》《開元目錄》《智昇錄》 등으로도 불린다. ㊅55-477 Ⓚ 31-965. 원래는 개인적으로 찬술한 하나의 經錄에 불과했으나, 후에 그 우수성이 인정되어 칙명에 의해 찬술된 공식적인 典籍 속에 포함된 책이다. 중국에서는 상당히 오랜 시대부터 경전의 목록을 제작코자 하는 시도가 진행되어 왔다. 唐시대에까지 성립된 것들 중 주요한 것만도 《출삼장기집》*《法經錄》《역대삼보기》*《仁壽錄》《靜泰錄》《대당내전록》*《大周錄》 등 열 가지에 육박한다. 智昇은 당시에 있었던 이들 경록들을 비교·대조했으나 만족스럽지 못한 점이 많이 있음을 발견했다. 그래서 이제까지의 경록들을 비판적으로 집대성하여 정연한 조직으로 정리코자 했다. 이렇게 하여 완성된 것이 이 책이다.

〔내용〕 그는 전체를 二分하여 앞을 總括群經錄(제1~10卷), 뒤를 別分乘錄(제11~20卷)으로 구별하였다. 앞은 보통 代錄이라고 일컬어지는 것에 상당하는데, 시대별·역자별로 譯經을 정리한 것이다. 여기서는 後漢으로부터 唐까지를 19代로 나누고, 176명의 역경僧에 의한 2275部 7046卷의 번역 경전에 대하여 異名이나 略名, 卷數, 번역의 年時나 장소, 번역 관계자, 有譯·失譯의 구별, 單譯·重譯의 구별, 大經·別生經의 구별 등 가능한 한 면밀하게 기재하고 있다. 또한 여기서 참조했던 前代 경록의 전거를 충실하게 열거했다. 이 代錄 부분은 《역대삼보기》나 《대당내전록》의 대록을 계승한 것이다. 다음으로 別分乘錄은 《法經錄》 계통의 분류·정리 목록으로 구성된 것인데, 표준入藏목록과 現藏入藏목록에 상당하는 것을 겸비하는 동시에, 《개원석교록》 독자의 종속적인 목록을 몇 가지 포함한 것이다. 표준入藏목록에 상당하는 것은 有譯有本錄(제11~13권)과 有譯無本錄(제14~15권)으로 분류된다. 그러나 여기에는 有譯의 경전만이 아니라 失譯의 경전도 많이 포함되어 있다. 각 경전을 내용적으로 분류하여 대승·소승·賢聖集傳·經律論, 다시 자세하게 般若·寶積·大集 등의 부류로 나누고 있다. 뿐만 아니라 앞의 代錄 속에 있는 각 경전의 下註 등이 모두 여기에도 轉記되어 있어서, 이 부분만으로도 독자적으로 사용하기에 편리하도록 되어 있다. 現藏入藏목록에 상당하는 대승經律論入藏목록(제19권), 소승經律論賢聖集傳入藏목록(제20권)은 앞의 有譯有本錄과 내용적으로 동일하지만, 紙數·帙數를 기재하고 있는 점이 특색이다. 智昇은 다시 종속적인 목록을 작성함으로써 종래의 경록과의 차이점을 명확히 하고 있다. 여기에는 支派別行목록(제16권), 刪略繁重목록(제17권), 補闕拾遺목록(제17권), 疑惑再詳목록(제18권), 僞妄亂眞목록(제18권)의 다섯 가지가 있다.

〔평가〕 이상의 조직 내용을 보아 알 수 있듯이 이 책의 두드러진 특색은 그 정연한 조직에 있다. 이것은 편찬자의 위대한 공적이라 할 수 있다. 특히 代錄과 분류정리錄을 완전히 整合하고 연락한 것은 종래의 경록들에서 일찌기 볼 수 없었던 독창적인 노력이다. 이후의 경록들이 모두 이 책을 모범으로 삼으면서도 이 책을 능가할 수가 없었던 것은 이러한 외양적인 조직의 완벽함에 현혹되었기

때문일 것이다. 최근의 經錄史에 대한 연구는 이 책의 내용에 대해서도 비판적인 안목으로 대할 것을 요구하고 있기 때문에, 이 책에 기재되어 있다고 하여 그 내용을 과대평가하는 일은 재고되어야 할 것이다. (《佛書解說大辭典》제2, 常盤大定《後漢에서 宋齊에 이르는 譯經總錄》, 林屋友次郎《經錄硏究》 참고).

## 경덕전등록 景德傳燈錄 30卷

道原(10세기~11세기)이 1004년에 찬술했다. ㊅51-196, ㊞181 · 182. 인도 및 중국의 禪宗에 있어서 傳燈의 法系를 밝히는 책으로서 1701人의 계보를 서술한다. 따라서 중국禪宗史 연구의 근본 자료로서 중시된다. 맨 앞에 楊億이 쓴 서문이 있고, 이어서 선종이 인도에서 전래된 年表가 제시되어 있다. 권1 · 권2에서는 과거7佛과 제1조 摩訶迦葉으로부터 제27조 般若多羅에 이르기까지의 傳法을 서술하고, 권3에서는 達摩 · 慧可 · 僧璨 · 道信 · 弘忍의 전기를 서술한다. 권4에는 달마禪으로부터 방계로서 분파한 牛頭선 · 北宗선 · 淨衆宗 등의 법계가 밝혀져 있고, 牛頭法融이나 北宗의 神秀 · 普寂 등의 전기가 있다. 권5에서는 慧能 및 혜능의 法嗣, 권6에서는 馬祖道一이나 百丈懷海 등이 기록되고, 권7에는 鵝湖大義 · 麻谷寶徹 등이 있으며, 권8에는 南泉普願 등 54人의 이름이 열거되어 있다. 권9는 百丈懷海의 법을 이은 30人 등을, 권10은 南泉普願의 법을 이은 趙州從諗 등의 전기를 싣고, 권11은 潙仰宗의 開祖인 潙山靈祐 등의 法嗣, 권12는 臨濟宗의 開祖인 임제義玄의 전기도 포함하고 있다. 권13에서는 荷澤宗의 법맥이 서술되는데, 華嚴宗의 澄觀이나 宗密의 전기도 기록되어 있다. 권14는 石頭希遷 및 그의 法系에 속하는 藥山惟儼 · 雲巖曇晟 등을 수록하고, 권15는 洞山良价 등을 싣고 있으며, 권16은 德山宣鑑 등의 법맥을 밝히고 있다. 권17은 曹洞宗의 계통, 권18 · 19는 雪峯義存의 법계인 玄沙師備 등, 권20은 曹山本寂의 계통, 권21은 玄沙師備의 法嗣 등, 권22 · 23은 雲門宗의 운문文偃의 法系, 권24 · 25 · 26은 法眼宗의 淸涼文益의 법계를 밝힌다. 권27은 선종의 법계에는 속하지 않지만 뛰어난 禪者라고 간주되는 金陵寶誌 · 婺州善慧 · 南嶽慧思 · 天台智顗 · 泗州僧伽 · 萬廻法雲 · 天台豊干 · 天台寒山子 · 天台拾得 · 明州布袋 등의 전기를 서술한다. 권28은 선종의 우수한 어록을 모은 것인데, 南陽慧忠 · 荷澤神會 · 馬祖道一 · 藥山惟儼 · 大珠慧海 · 大達無業 · 南泉普願 · 趙州從諗 · 臨濟義玄 · 玄沙師備 · 羅漢桂琛 · 法眼文益의 법어를 기록하고 있다. 권29는 「讚頌偈詩」라는 제목으로 誌公和尙大乘讚 · 12時頌 · 14科頌 · 白居易8漸偈 등 17人의 頌을 기록한다. 권30은 「銘記箴歌」라는 제목으로 傅大士心王銘 · 信心銘* · 牛頭法融心銘 · 息心銘 · 達摩二入四行(→이입사행론) · 荷澤顯宗記 · 參同契* · 澄觀心要 · 五雲和尙坐禪箴 · 證道歌 등 23종을 모으고 있다. 이 권30에 수록된 내용은 선사상史 연구의 중요한 자료가 된다. 여기서 특기할 만한 것은 신라와 고려의 선사 30여 명을 목록에 기재하고, 이 중 12명의 행적을 싣고 있는 점이다. 그러나 그 내용은 《조당집》*의 기록만큼 상세하지는 않다.

이 책은 1004년에 찬술되자 宋의 眞宗에게 봉정되었다. 이를 칙명에 의해 楊億이 다듬어 대장경에 편입했다. 이어서 1132년에 재간되었고, 다시 1316년에도 재간되었다. 한편《宋

藏遺珍》에 수록되어 있는 王隨의 《傳燈玉英集》은 이 책을 발췌한 것이다. 譯一 和漢部, 史傳部14 · 15에 日譯이 있다. 국내에서는 동국역경원 발행의 한글대장경에 번역되어 있다(제181 · 182권). 연구서로는 陳垣의 《中國佛教史籍概論》이 있다. 국내에서 작성한 단순한 목록으로는 《景德傳燈錄 人名索引》(佛日出版社, 手記本)이 있다.

## 경율이상 經律異相 50卷

6세기 초엽의 사람인 寶唱이 516년에 찬술한 책이다. ㉰53-1, ㉻199 · 200. 經이나 律속에서 종종 볼 수 있는 희귀한 異相을 집록한 일종의 백과사전이다. 梁나라 武帝의 명에 의해 僧文이 경전으로부터 가려 뽑아 모은 것을 寶唱이 僧豪 · 法性의 도움을 받아 완성한 책이다. 이 책은 天 · 地 · 佛 · 菩薩 · 聲聞 · 國王 · 太子 · 長者 · 優婆塞優婆夷 · 外道仙人 · 居士庶人等 · 鬼神 · 畜生 · 地獄의 14부로 구성되어 있다. ① 天部에서는 3界의 여러 神들을 비롯한 日 · 月 · 星 · 雨 등을 설한다. ② 地部에서는 山 · 樹 · 河海 등의 자연현상을 설한다. ③ 佛部에서는 붓다의 출가 · 成道 · 열반을 비롯하여 舍利塔 등을 설한다. ④ 보살部는 自行 · 外化 · 隨機現身 · 隨機見身 · 출가의 諸보살로 분류되어 있다. ⑤ 聲聞部는 성문無學僧 · 성문不測淺深僧 · 성문學人僧 · · 성문現行惡行僧 · 沙彌僧 · 尼僧 등으로 분류되어 있다 . ⑥ 國王部는 轉輪聖王, 菩薩道 · 聲聞道를 행하는 국왕이나 국왕의 부인을 수록하고 있다. ⑦ 太子部도 ⑥ 과 마찬가지로 분류되어 있다. ⑧ 長者部는 得道의 장자와 雜行의 장자라는 2부로 구성된다. ⑨ 우바새우바이部는2부로, ⑩ 外道仙人部는 외도선인 · 梵志 · 바라문으로 구성되고, ⑪ 居士庶人等部는 거사 · 賈客 · 男 · 女로 분류된다. ⑫귀신部는 阿修羅 · 緊那羅 등으로, ⑬축생部는 짐승 · 곤충 · 새의 3부로 분류되는데, 이 ⑬에서는 각部에 동물의 실명을 29개 열거한다. 끝으로 ⑭지옥部에서는 8大지옥이나 18지옥에 대해서 논하고 있다.

## 고승전 高僧傳 14卷

흔히 《梁고승전》이라고도 하는데, 梁시대의 慧皎(497~554)가 찬술한 것이다. ㉰50-322, Ⓚ32-764. 중국에 불교가 전해진 後漢의 永平 10년(67)으로부터 梁의 天監 18년(519)까지의 453년에 걸쳐 고승의 사적을 기록한 책이다. 德業에 따라 전체를 10科로 분류했는데, 本傳에 있는 257인 외에 부수 인물 243인의 전기를 수록하고 있다. 앞의 3권에서는 譯經의 인물로서 攝摩騰 이하 35인, 권4에서 권8까지는 義解의 인물로서 朱士行 이하 101인, 권9와 권10에서는 神異의 인물로서 佛圖澄 이하 20인, 권11에서는 習禪의 인물로서 僧顯 이하 21인과 明律의 인물로서 慧猷 이하 13인, 권12에서는 亡身의 인물로서 僧群 이하 11인과 誦經의 인물로서 曇邃 이하 21인, 권13에서는 興福의 인물로서 慧達 이하 14인과 經師인 帛法橋 이하 11인 및 唱導의 인물로서 道照 이하 10인을 소개하고 있다. 그리고 권14에서는 序錄으로서 찬술자인 혜교의 自序와 이 책의 총목록을 싣고, 이 밖에 따로 王曼穎과 釋君白(혜교의 號) 사이에 오고 간 문서 2통을 수록하고 있다.

찬술자인 혜교는 이 책의 自序에서 다음과 같은 사실을 기재하고 있는데, 이를 통해 이 책의 성격을 엿볼 수 있다. 이 책에 앞서 法

濟 · 法安 · 僧寶 · 法進 등에 의한 僧傳이 있었으나, 이것들은 특정의 사적에 대해 기록한 전기로서 전반적인 사항을 다루지 않았으며, 또 《幽明錄》《冥祥記》《益部寺記》《京師寺記》《感應傳》 등의 책이 있었으나 이것들 역시 僧傳을 위주로 한 것은 아니었다. 齊나라의 竟陵 文宣王이 쓴 《三寶記傳》이나 瑯琊王巾의 《僧史》나 僧祐의 《三藏記》는 오로지 승전을 위주로 한 것이 아니고, 수록된 승려도 소수이므로 전체를 망라하고 있다고는 할 수 없는 것이었다. 郄景興의 《東山僧傳》, 張孝秀의 《廬山僧傳》, 陸明霞의 《沙門傳》같은 것은 한 지방에 한정된 것이었다. 이 밖에도 승전이라 칭할 만한 것은 있었으나, 이들은 모두 간략하거나 빠뜨리거나 하는 단점이 있을 뿐만 아니라, 찬사가 지나치든가 史實이 결핍되어 있든가 하여 적당한 것을 찾아볼 수 없었다. 그러므로 正史雜錄 · 地理雜編은 말할 것도 없고 널리 알려져 있지 않은 문서나 단편적인 기록을 검토하였으며, 널리 원로 선배들에게 자문을 구하여 작성한 것이 이 책이다.

찬술자는 이와 같이 말하고 있지만, 이 책을 작성함에 있어서 가장 관계가 깊은 것은 梁의 寶唱이 찬술한 《名僧傳幷序錄目》31卷이었다고 생각된다. 《출삼장기집》*을 찬술한 僧祐의 제자인 보창은 514년에 《名僧傳》을 작성하였는데, 전체를 8科로 나누어 425인의 전기를 集錄하고 있다. 慧皎는 이에 대해 『前代로부터 찬술된 바, 대개는 名僧이라 한다. 그렇지만 名은 本과 實의 반대이다.…』고 하여 명승보다 高僧을 기록해야 할 것이라 함으로써, 바꾸어 《高僧傳》이라고 命名한 이유를 밝히고 있다. 《명승전》은 오늘날 전해지지 않고, 일본의 宗性이 1235년에 이로부터 발췌한 《名僧傳抄》1卷(㉠乙7-1)으로만 남아 있을 뿐이다. 그러나 이 《고승전》권14에 수록되어 있는 王曼穎의 글에 의하면, 이 책의 기사가 정확하고 자세함으로써 당시 뛰어난 작품으로서 평가되었음은 보창의 《명승전》에 힘입은 바가 컸음을 짐작할 수 있다. 과연 후세의 고승전 작자가 모두 이 책을 모범으로 삼게 되었음은 우연이 아니다. 唐의 道宣은 이것을 잇는다는 뜻에서 《續고승전》*30卷을 찬술하였는데, 10科로써 분류한 것 역시 이 책의 형식을 답습한 것이었다. 그러나 道宣이 이 책에 대해 평하길 『吳越은 치밀하고 魏燕은 대충 넘어간다』고 말하는 바와 같이, 이 책의 전기는 江南쪽에 치우치고 北쪽에 허술한 결과를 낳고 있다. 이는 이 책이 南北朝시대라는 시대적 분위기에서 江南땅에서 편찬되었기 때문이다. 찬술자인 혜교의 전기는 《속고승전》卷6에 소개되어 있는 이외에, 《고승전》의 卷末에 부록으로 기재되어 있는 廬山 龍光寺의 僧果의 기술에 의해 밝혀져 있다. 그에 의하면 혜교는 會稽 嘉祥寺의 승려로서 《涅槃疏》《梵網戒義疏》《고승전》13권 등을 저술한 후, 梁시대 말기 侯景의 난을 피하여 湓城(지금의 江西省 九江市)에 이르러 554년 58세의 나이로 사망하였는데, 여산의 禪閣寺에 안치되었다고 한다.

譯一 和漢部, 史傳部7에 常盤大定의 日譯이 있고, 참고문헌으로는 牧田諦亮편 《梁高僧傳索引—中國高僧傳索引 · 第一卷》(平樂寺書店, 1972)이 있다.

### 공목장 孔目章 4卷

唐시대의 智儼(602~668)이 만년에 찬술한

것으로서 갖춰진 이름은 華嚴經內章門等雜孔目章이다. ㊅45-536. 이 책은 晋譯《화엄경》*(60卷화엄)에 기초하여 140여 章目을 문제삼고, 이에 대한 해명을 시도하고 있다. 그러나 도처에서 唐譯《화엄경》(80卷화엄)도 인용하고 있다. 晋譯《화엄경》의 조직은 소위 7處8會라 칭하는 것이다. 이 책도 제1會로 시작하여 제8會에 이르는 순서에 따라 제1회에서는 7章, 제2회에서는 19장, 제3회에서는 19장, 제4회에서는 7장, 제5회에서는 13장, 제6회에서는 64장, 제7회에서는 9장, 제8회에서는 4장을 싣고, 마지막으로 總說하는 의미에서 6장(실제로는 5장)을 추가하여 전체로는 148장(실제는 147장)이 된다. 제4권의 목차를 열거한 끝에서 『이 義章은 총 141門이 된다』고 말한 것은 147장 중에서 최후의 총설 6장을 제외했기 때문일 것이다.

이 책 속에서는 여러가지 잡다한 견해가 수록되어 있다. 따라서 이 책은 같은 저자의 《搜玄記》 및 杜順이 설하고 智儼이 찬술했다고 전해지는 《華嚴一乘十玄門》과 더불어 法藏(643~712)의 《탐현기》*의 기초를 이루고 있다고 말할 수 있을 것이다. 특히 총설하는 의미에서 열거하고 있는 몇 군데에는 3乘과 1乘의 융합, 同別 2敎의 敎判 등 극히 중요한 사상이 명시되어 있다. 이 밖에 본론에서 중요하다고 생각되는 부분을 열거하면 제1권의 敎分齊義·1乘 3乘義장·因果장·唯識장·入佛境界장, 제2권의 發菩提心장·眞如장·1乘法海장, 제3권의 10地장·轉依장·緣起장, 제4권의 往生장·性起장·廻心장·融會一乘義 등이다. 주석으로서 저명한 것은 尊玄의 《華嚴孔目章抄》, 凝然의 《화엄공목장發悟記》 등이 있다.

**공작명왕경** 孔雀明王經 3卷

본래의 명칭은 佛母大金耀孔雀明王經(Mahāmāyūrī-Vidyārājn̄ī)으로서 唐의 不空이 번역했고(㊅19-415, Ⓚ36-884), 티벳譯(㊏7-111)도 현존한다. 뱀을 향한 孔雀의 敵意를 연상하여, 옛부터 전해 온 《모라 자타카》(Jātaka No.159의 Mora-Jātaka와 No. 491의 Mahāmora-Jātaka)에 보이는 금색 공작의 護身呪(mora-paritta)가 독사를 비롯한 일체의 재앙을 제거하기 위한 孔雀王呪 관계의 경전으로 전개된 것이다(㊏19, No. 982~988). 이 경전은 그러한 주제에 밀교적인 증광이 부가되어 완성되었다. 내용을 살펴보면, 莎底(Svāti)라는 신참 비구가 黑蛇에게 발을 물려 기절해 있음을 阿難陀가 보고 부처님의 大悲救護를 청원하자, 부처님은 摩訶摩瑜利(Mahāmāyūrī)佛母明王大陀羅尼를 독송하여 구할 수 있다고 가르치고, 이 다라니에 의해 온갖 神仙·星宿·藥叉·過去佛이 모두 공포에서 벗어나 복덕을 얻는다는 공덕을 설한다. 이 경전은 일찌기 일본에 전해져 밀교의 흥성과 아울러 중시되었다. 異譯으로는 梁의 僧伽婆羅가 옮긴 《孔雀王呪經》 2卷, 唐의 義淨이 옮긴 《大孔雀呪王經》 3卷, 姚秦의 羅什 번역 1卷이 있다.

〔원전·연구〕 梵本은 東京大學도서관과 Cambridge 대학에 소장되어 있는데, 파리국립도서관소장本에 의해 Serge d'Oldenburg가 편집한 것(Zapiski Vostcčnago otdyeleniya Imp. Russk. Arkheol. Obstchestva, t. XI, 1897~1898, Petersburg, 1899)과 A.F.R.Hoernle가 편집한 것(Bower Mss., Calcutta, 1893~1912 ; 참조, K. Watanabe 〈A Chinese text corresponding to part of the Bower Manuscript〉 J.R.A.S., 1907) 등이 1本으로

독립되어 있다. 한편 《五護陀羅尼》(Pañcarakṣā ; 참조, Y.Iwamoto 《Kleinere Dhāraṇī Texte》, Beiträge zur Indologie, Heft 1, Kyoto, 1937)의 하나로서 편찬된 것이 유럽과 아시아의 여러 곳에 소장되어 있다(〈Buddhist Mss. of the Bir Library〉 大正大學研究紀要40, pp.72~73). S.Lévy는 梵本과 漢譯本의 각 3本 및 티벳譯을 비교 검토하고 경전 속에 나오는 鬼名이나 地名에 대한 연구를 통해서, 이 경전의 성립지와 성립 연대를 추정하는 데까지 발전하였다(S.Lévy 〈Le catalogue géographique des Yakṣa dans la Mahāmāyūrī〉, Journal Asiatique, Série, XI, tome V, 1915). 渡邊海旭은 이 경전에 나타난 원초적인 呪型에 長部(Dīgha-nikāya)의 〈Āṭānaṭiya-sutta〉나 〈Mahāsamaya-sutta〉 또 《大集經月藏分》(→대집경) 등으로부터의 요소가 가미되어 밀교 경전으로 발달하는 과정을 연구하였다(K.Watanabe〈Studien über die Mahāmāyūrī〉 茷葉集, 宗教大學, 1912 ; 《壺月全集》上, 1933). 이 밖에 근래의 참고문헌으로는 岩本裕가 번역한 《密教經典》(讀賣新聞社 발행 《佛教聖典選》제7권, 1975)과 田久保周譽가 교정한 《梵文孔雀明王經》(山喜房佛書林, 1972)이 있다.

## 과거현재인과경 過去現在因果經

宋의 求那跋陀羅가 번역한(444~453년경) 4권짜리 경전이다. ㊅3-620, Ⓚ19-818. 경의 명칭은 과거세의 원인과 현재세에 있어서의 그 결과를 설하는 경전이라는 뜻.

붓다는 과거세에 普光如來 아래서 善慧仙人으로 태어나 出家求道했다. 그 因은 영겁의 세월이 지나도 마멸되지 않으며, 현세에 있어서 붓다로 태어났다고 하는데, 이 경전에서는 붓다가 스스로 자신의 傳記를 설한다. 즉 붓다의 前生인 善慧仙人의 출가와 普光如來의 예언을 시작으로 하여, 兜率天에 재생한 일 · 이 세상으로의 誕生 · 아시타(阿私陀)선인의 占相 · 三時殿에 대한 이야기 · 母后의 生天 · 학예를 닦은 일 · 데바닷타(提婆達多) 등과 무예를 겨룬 일 · 太子가 됨 · 나무 아래서의 사색 · 결혼 · 4門으로의 出遊 · 출가 · 왕궁의 슬픔 · 태자를 찾아나섬 · 빔비사라(頻毘娑羅)왕과의 만남 · 두 스승에게 道를 물음 · 6년의 苦行 · 악마를 굴복시키고 道를 이룸 · 梵天의 권청 · 鹿野苑에서의 최초 설법 · 야사를 교화함 · 세 迦葉을 교화함 · 빔비사라王의 귀의 · 舍利弗과 目蓮의 귀의 · 大迦葉을 교화함에 이르러 끝을 맺고 있다. 문장이 유려하고, 때로는 大乘的인 사상이 나타나고 있다. 이 경전의 영향으로 중국의 당나라 시대 이래, 繪因果經이라 하여 하단에 經文을 쓰고 상단에 佛傳의 圖相을 그린 특수한 예술이 성립했다. 따라서 이 경전이 널리 유행하였음을 알 수 있다.

日譯은 [譯一] 本緣部4에 실려 있다.

## 관무량수경 觀無量壽經 1卷

약칭으로 觀經이라고도 한다. 劉宋의 元嘉 연대(424~53)에 西域의 畺良耶舍가 번역하였다. ㊅12-340, Ⓚ11-177. 《개원석교록》* 卷5에 罽賓의 曇摩密多의 번역이라는 1권을 들고 있으나, 이는 아마도 두 사람의 전기를 혼동한 탓이라고 생각되기 때문에, 畺良耶舍가 번역한 것으로 보아야 할 것이다(坪井俊映 《浄土三部經概說》, 1956). 이 경전은 그 제목이 말해주고 있듯이 觀佛을 설한 경전의 하나인데, 아미타불 및 그의 化佛로서의 觀音과 勢至라는 두 보살, 그리고 極樂浄土의 장엄을 구체적으로 마음의 대상으로서 관찰하는 방법을 설하여, 모두 16觀으로 정리하고 있다. 그 의도하는 바는 王舍城의 비극을 주제로 하여 韋提希부인이 고뇌를 떨치고 西方淨土로 구제되어 가는 순서를 觀佛·觀想의 설법을 통해 밝히며, 나아가《大無量壽經》(→무량수경)에서 설한 他力救濟의 진실성을 末代의 범부들에게 실증하는 데에 있다.

〔연구〕梵本과 티벳譯은 없으나 위구르本의 단편 한 장이 현존하는데, 일본의 橘瑞超가 이를 日譯하여 텍스트와 함께《二樂叢書》에 수록하였다(坪井의 前偈書, pp.333~5). 근래의 연구에 따르면, 이 위구르本은 漢譯으로부터 재차 번역된 것이라는 주장(春日井眞也, 月輪賢隆 등)이 유력하고, 나아가서는 이 경전 자체가 중국에서 찬술되었다고 주장하는 경우도 있다(月輪賢隆〈佛典의 終始〉, 文學哲學史學連合硏究論文集Ⅳ, 1953). 한편 春日井박사 등은 西域에서 성행하였던 여러 觀經들에 대해 實踐觀法을 설한 일종의 綱要書·抄經이라고 정의하고, 특히 서역 지방에 현존하는 불교예술의 유품들 중 觀經變相이나 地獄變相에 대한 회화가 남아 있다는 점을 들어, 이 경전이 편찬된 장소를 인도 밖의 서역 지방에서 구하고, 4세기 말에는 성립되었다고 한다(春日井·藤堂〈淨土經典의 形成〉,《佛敎의 根本眞理》, 1956). 어찌되었든 梵本이 발견되지 않은 상황이기 때문에 성립된 장소와 연대를 확정할 수는 없으나, 이 경전의 내용 면에서 보면 淨土三部經 중에서는 가장 발전된 사상을 보여주고 있다. 이 경전의 漢譯은 서역에서 성행한 다른 여러 觀經과 더불어 5세기 초에 이루어졌고, 동시에 중국 불교계의 禪觀實修의 풍조와 어우러져 이 경전이 활발히 講究되었다. 淨影寺의 慧遠·吉藏·智顗 등은 주석서를 저술하였고(佐藤哲英은 智顗의 疏에 대해서 그가 직접 찬술한 것이 아니라고 한다. 宗學院論輯 제23輯), 정토교 계통의 道綽(562~645)은 강요서로서《安樂集》*을 저술하였는데, 그의 제자인 善導는《四帖疏》를 저술하여 自力的 觀法으로 해석한 諸師의 입장을 배척하고 凡夫衆生의 稱名念佛이 이 경전의 취지라고 강조하였다. 이후 중국·한국·일본에 있어서 이 경전에 대한 이해는 한결같이 정토교 계통의 주장을 중심으로 하여 전개되었다.

〔번역〕英譯으로는 J.Takakusu(高楠順次郞)의《The Amitāyur-dhyāna-sūtra》(SBE, vol.49)가 있는데, 이는 荻原雲來의《梵藏和英合璧淨土三部經》(1930), pp.461~502에 수록되어 있다. K.Yamamoto(山本晃紹)의《Shinshū Seiten》(1955)도 있다. 현대의 日譯으로는 親鸞聖人700回忌記念(대표 森川智德)《聖典意譯淨土三部經》(1958)이 있으며, 강의로는 柏原祐義《淨土三部經講義》(1935), 中島·住田·齋藤《淨土三部經講義》(1942), 坪井俊映《淨土三部經槪說》(1956), 中村元·早島鏡正·紀野一義《淨土三部經下》(岩波文庫, 1964)에 실린 해설편 및 문헌목록 등이 있다. 기타의 참고문헌으로는《무량수경》* 항목을 볼 것.

## 관무량수경소 觀無量壽經疏 4卷

善導(613~681)의 저술로서《관무량수佛經疏》라고도 하고, 약칭하여《觀經疏》라 한다. ㊅37-245. 선도의 찬술은 일반적으로 5部 9卷인 것으로 알려져 있으나, 5부 9권이란 이 책 4권·《法事讚》2권·《觀念法門》1권·《往生禮讚偈》1권·《般舟讚》1권을 말한다.

〔내용〕이 책은《관무량수경》*을 해석한

것으로서 玄義分 · 序分義 · 定善義·散善義로 구성되며, 善導의 사상 체계에 있어서 중핵을 이루는 것이다. 이 때문에 이 책을 통상《四帖疏》라고 일컬으며, 또 그 내용상의 의미에서《楷定疏》《證定疏》라고도 일컫는다. 이 밖에 觀經御書 · 관경御疏 · 관경義 · 관경義疏 · 관경要義 등으로도 칭하는데, 이러한 별칭들은 대개 일본에서 통용된다. 5부 9권中 이 책 1부 4권을《本疏》라든가《經疏》라고도 하고, 또는 教相分 · 安心分이라고도 하는데, 이에 대해《法事讃》 이하의 4부 5권을《具疏》라고 하며 行儀分 · 起行分이라고도 칭한다. ① 玄儀分은《관무량수경》이 설하는 바의 취지를 밝힌 것이고, ② 序分義는《관무량수경》의 서문에 대한 해석, ③ 定善義는 16觀 중에서 제13 雜想觀까지의 해석, ④ 散善義는 16觀中 마지막 3觀의 해석이다.

〔평가〕 이 책은 중국에서는 그다지 유포되지 않았던 것 같고, 주로 일본에서 큰 영향을 미쳤다. 正倉院文書에 의하면 적어도 天平연간 이후(729~)에 전래되었음을 알 수 있는데, 그것이 平安시대의 중기 이후에《往生要集》* 을 비롯한《往生拾因》《決定往生集》 등에서 중요하게 쓰이게 되었고, 이어서 源空으로 하여금 專修念佛의 새로운 교의를 수립하게 하였다. 즉 源空은 그의 저서《選擇本願念佛集》의 끝에서《왕생요집》을 통하여 이 책과 만났고, 이 책을 통해서 즉시 다른 수행을 버리고 오로지 念佛을 닦는 일에 歸入하였음을 기록하고 있다. 이 源空으로 하여금 專修念佛로 마음을 돌리도록 촉구한 직접적인 문장은 〈散善義〉의 就行立信이라는 조항에 있는 『一心으로 彌陀의 名號를 생각하되, 앉거나 눕거나 움직이거나 가만히 있거나 또 시간의 길고 짧음을 불문하고 생각생각마다 그것을 버리지 않는 者, 이를 正定之業이라 일컫는다. 그는 佛願에 따르는 것이기 때문이니라』 고 하는 말이었다고 한다. 이 밖에 유명한 「二河白道의 비유」나 「2종深信」을 설한 3心章과 善導의 꿈 이야기 등이 〈散善義〉에 수록되어 있다. 선도의 꿈이란 이 책이 예나 지금이나 확실한 본보기가 되는 책이라고 諸佛로부터 인정받았다는 것이다. 또《大經》(→무량수경)에서는 「唯除五逆誹謗正法」이라 하여, 正法을 비방하는 죄와 5逆을 범한 극히 무거운 죄악인은 왕생할 수 없다고 했던 것을(《관무량수경》에서는 5逆人의 왕생을 허가한다) 이 책의 散善義에서는 소위 抑止의 뜻이라고 보아, 兩者의 왕생은 모두 가능하다고 하는 점이 주목된다. 源空이나 證空 · 隆寬 · 親鸞 등도 이 선도의 생각을 따르고 있다고 할 수 있다. 이 점은 정토교 사상 속에서 특히 주목할 만한 것이라고 생각된다. 같은 사상이《法事讃》에서도 보이는데, 이를 통해 비로소 念佛이 한 사람이라도 빠뜨리지 않고 모든 사람을 구제하는 종교다운 자격을 갖출 수 있었다고 말해도 좋을 것이다.

〔연구〕 源空의 回心을 촉구하고 「西方의 지침이요 行者의 눈과 발」이라고 불린 이 책을 源空의 가까운 제자가 철두철미하게 숙독하고 음미하였을 것임은 말할 것도 없다. 이 점은 그들의 편저에 이 책으로부터의 인용이 매우 많다는 점에서도 알 수 있다. 또 親鸞의《관무량수경集註》는 거의 이 책을 따르고 있으며, 그가 구두점을 찍은《四帖疏》도 있다. 隆寬의《散善義問答》처럼《四帖疏》 전체에 대한 문답도 있었던 듯하며, 幸西의《玄義分抄》처럼《四帖疏》에 대한 주석도 있었

던 것 같다. 幸西의 제자인 明信은 源空이 살아 있을 때 읽어볼 수 없었던 善導의 《般舟讃》을 구하기 위해 宋나라에 갔다가 1213년 이전에 돌아와, 浄土 경전의 3부 4권과 선도의 5부 9권의 開版에 착수했다. 이 사업은 明信과 동문인 入眞, 入眞의 孫제자인 仙才 등에 의해 인계되었다. 근대의 연구로는 大原性實의 《善導教學의 研究》, 藤堂祐範의 《浄土教版의 研究》, 松野純孝의 《宋代浄土教와 一念義》(金澤文庫研究 63·64) 등이 있다. 譯一 和漢部, 經疏部11에 日譯되어 있다.

## 광홍명집 廣弘明集 30巻

唐시대의 律僧인 道宣(596~667)이 644년에 찬술한 책이다. ㊅52-97, Ⓚ33-284. 도선에게는 《대당내전록》* 《속고승전》* 외에 많은 편저가 있는데, 특히 그는 梁나라 僧祐율사의 再生이라고도 일컬어진다. 그가 이렇게 일컬어지는 것은 이 책과 《集古今佛道論衡》*4巻 등이 있을 뿐 아니라, 護法家로서 특히 僧祐의 《홍명집》*이 남긴 발자취를 좇고 있기 때문일 것이다. 승우의 《弘明集》은 東晋으로부터 宋齊梁에 걸친 護法論을 집성한 것이었는데, 이 책 《廣홍명집》은 이를 따르면서도 보다 폭넓게 外書까지도 섭렵했을 뿐 아니라, 護法에 이용될 자료라 할 만한 것이면 논설·문서·詩賦·詔錄에 이르기까지 모두를 취급했다고 한다. 이 책은 이러한 것들을 歸正·辨惑·佛德·法義·僧行·慈濟·戒功·啓福·悔罪·統歸의 10篇으로 분류하여, 불교가 처음으로 전래된 이래 唐시대 初에 이르기까지의 자료 296편을 열거하고 있다.

〔내용〕 저자는 이 10종의 篇에서 각각 그 분류에 따른 취의를 서문으로 기술한다. 《홍명집》의 14권 57편에 대해서도 이 10종으로 나눈 각 篇의 취의에 따라 분류하여 그 목록을 열거하고 있다. 또 東晋에서 宋齊梁에 이르는 동안 불교가 儒教로부터는 배격당하고 道教로부터는 동질감을 받았음에 대하여, 正法을 널리 밝히고 護持하려 했던 것이 《홍명집》이지만, 이 《廣홍명집》에 있어서 불교와 도교의 관계는 동질감이 아니라 도교의 廢佛이다. 도교가 邪法으로서 성장하고, 僞經을 제작하여 정치를 이용함으로써 廢佛로 돌아섰기 때문이다. 이 때문에 제1 歸正편에서는 吳나라 王孫權이나 宋나라 文帝가 불교를 홍륭케 한 사정은 물론, 《魏書釋老志》에서 밝히는 불교·도교의 성립 사정이나 梁나라 武帝가 道法의 행사를 버리라고 명한 詔 등, 불교로 歸正하고 도교를 破邪해야 할 자료가 취급된다. 그리고 제2辨惑편에 이르면, 惑이란 도교의 邪惡을 가리키게 된다. 北魏에서는 崔皓가 도사 寇謙之를 천거하여 廢佛을 진행시키고, 北周의 武帝는 불교 승려인 黑衣를 시기하여 黃老를 내세웠던 사실로 인해 甄鸞은 《笑道論》을, 道安은 《二教論》을 지어 올렸다. 그리고 다시 唐나라 초기에는 傅奕이 글을 올려 불교 승려를 쫓아냈는데, 이에 대항하여 明概의 表나 法琳의 《破邪論》과 《辨正論》이 등장했다. 이 제2편에서는 이러한 폐불의 사정이나 경위에 관한 도교와 불교의 자료를 모음으로써 폐불과 護法의 사이에서 도교의 성립이나 발달, 도교 경전의 내용 등, 도교史上 귀중한 자료도 제공한다. 불교 탄압의 또 다른 유형은 出家가 禮俗에 위반되고 沙門이 국가의 법도를 어지럽힌다는 문제이다. 梁시대의 《홍명집》에서도 사문에 대한 공경이나 환속의 문제가 거론되었고, 그 후 宋의 武帝 때에 약간

문제로 대두되었으며, 隋·唐시대에 와서 재연되었다. 제5 僧行편에서는 고승들의 고결한 行錄을 열거하면서 아울러, 출가한 사문이 세속을 받드는 등 그 절개를 굽혀서는 안된다는 점에 대해, 그 시대의 詔書나 반론을 제시한다. 隋나라 彦琮의 《福田論》은 이를 위해 저술되었다. 唐나라에서는 高祖·太宗·高宗이 모두 사문을 헐뜯었다. 이 책의 찬술자인 도선도 동지들과 함께 高宗의 그러한 詔書에 대하여 사문이 세속을 받들 수 없음을 논하고, 榮國부인 楊氏에게도 글을 올린 바 있다. 그리고 도선은 이러한 취지에서 《集古今佛道論衡》4卷을 따로 찬술했다. 이 외에 이 책의 諸篇 속에는 梁의 昭明태자가 쓴 眞俗二諦와 法身의 의미, 梁의 武帝가 음주와 육식을 끊으라고 공표한 글(斷酒肉文), 梁의 簡文帝나 元帝의 書·文·詩賦 등이 실려 있다. 이들 중에서도 梁나라 皇帝 부자의 「戒를 받들고 法을 믿으라」(奉戒信法)는 조서(旨)는 6朝로부터 隋·唐 초기에 이르기까지의 명사들이 남긴 명문들 중 특히 인상깊은 주옥같은 글이다.

譯一 和漢部, 護教部1·2에 日譯이 있다.

**교관강종** 教觀綱宗 1卷

중국 明나라 말기의 智旭(1599~1655)이 저술한 책이다. ㊅46-936. 원래는 《一代時教權實綱要圖》라 명명하였으나, 이것이 길어서 보기에 좋지 않으므로 현재와 같은 책의 명칭으로 바꾸었다. 이러한 사실은 현존本의 제목을 사용한 저자 자신의 細註(《교관강종釋義》)를 통해 알 수 있다. 이렇게 현존本에는 저자의 重述과 撰號가 있으므로, 이 책은 저자 스스로가 다시 다듬은 것이다. 이 책의 서두에서는 『觀은 教가 아니면 바르지 않고, 教는 觀이 아니면 전해지지 않는다』고 말한다. 이는 이 책이, 教와 觀을 아울러 갖추는 것이 天台교학의 본줄기라는 입장에서 천태의 教·觀 2門의 강요를 서술한 입문서임을 뜻한다. 또 저자가 이 책의 宗論 권1에서 『四教儀가 유포되어 台宗을 헷갈리게 한다』고 말하는 점 등으로 보아, 教의 뛰어남을 서술하는 데 급급한 나머지 觀門을 소홀히 다루고 있는 《四教儀》(→천태사교의)에 대하여 자기의 소신을 체계화한 것이 이 책일 것이다. 저자는 禪·律 등을 수학한 후 崇禎 3년(1630)에 천태종으로의 개종을 결정했다고 한다. 그 후 《綱要圖》를 작성하고, 이를 다시 다듬어 이 책을 만들었으며, 만년에는 이 책의 중요 語句를 해석한 《교관강종釋義》를 저술하고, 임종하기 바로 전 해에 《열장지진》*이라는 대작을 완성하였다. 따라서 이 책은 그의 중기의 작품이라고 간주된다.

〔내용〕 이 책은 그 저술의 대상이 된 《4교의》에 비교하여 보면, 《4교의》의 5時判에 대하여 통렬한 비난을 가하는데, 그것을 「別의 5教」라 칭하고 스스로 「通의 5教」를 세우고 있다. 그리하여 諸經의 說이 꼭 5時에 따르지는 않기 때문에, 이 「通의 5教」로써 會通을 시도하고 있다. 化儀4教에 있어서도 華嚴·法華에 頓·漸의 양 측면을 함께 대조하고 있음을 지적하고, 이것들과 圓頓·漸次·不定이라는 3종止觀과의 관계에 대해 논급한다. 나아가 《4교의》가 化法4教의 각각에 行位를 설하는데 대하여 이를 6則으로써 통섭하고, 4教 상호의 行位斷證에 있어서 유기적인 관계를 명확히 하기 위한 轉·接·同·會·借의 설을 부가한다. 저자는 天台의 특이한 行位說인 被接의 문제를 실로 솜씨 좋게 정리하고 있는

것이다. 이 밖에 4教의 각각에 대해 10乘觀法을 설하는데, 이것은 이미 《八教大意》에도 예가 있고, 바뀐 제목으로 된 그의 細註에서도 다시 다듬을 때에 4教 각각에 대한 10승관법을 첨가했다고 서술하고 있다.

이 책의 이러한 특이점들을 《4교의》와 아울러 이해함으로써 天台교의의 진수에 접근할 수 있으리라고 생각되지만, 이 책은 그다지 유포되지 않았다. 16종에 이르는 註疏 중에서 간행된 것은 저자 자신의 《釋義》1권과 德業의 《교관강종贅言》2권뿐이며, 다른 것은 사본이다. 譯一 和漢部, 諸宗部14에 日譯이 있다. (→천태사교의)

## 교행신증 教行信證 6卷

일본 眞宗에서는 立教開宗의 성전으로 간주되는 親鸞(1173~1262)의 대표적인 저작이다. ㊅83-589. 東本願寺에 소장된 眞蹟本《坂東本教行信證》의 체재에 의하면 적어도 1255년까지는 성립되어 있었음이 확실하다(《親鸞聖人全集》에 수록). 저자의 眞筆本이 東本願寺·西本願寺·專修寺에 각각 소장되어 있다고 하는데, 이 중 西本願寺의 것은 眞筆本이 아니라 저자가 타계한 지 13년 후인 1275년 이후의 것이리라 하고, 또 專修寺의 것은 저자로부터 직접 전수받은 제자 專信이 1255년에 필사한 것임이 밝혀져 있다. 그래서 진필본은 東本願寺의 것 하나뿐이다. 이것은 고래로 草稿本이라고 일컬어져 왔었는데, 근래의 연구에 의하면 이것이 草稿本이기는 하지만 初稿本인 것은 아니라는 사실이 밝혀지게 되었다.

〔내용〕 이 책의 본래 명칭을 《顯淨土眞實教行證文類》라 나타내듯이, 이 책은 주로 念佛의 要文을 經論釋으로부터 골라뽑아 분류한 文類集으로서 저자 자신의 말을 가능한 한 억제하고 있는 것이 특색이다. 결국 經論釋의 말을 저자의 말로 삼아 자신의 사상을 조직하여 체계화하고자 한 것이다. 그러나 이 책의 근본적 입장은 전체 6권中의 중심 부분인 〈信〉卷에 있는 「大經(→무량수경)本願成就文」에 나타나 있다. 이 중에서도 『…信心歡喜乃至一念至心回向願生彼國即得往生住不退轉』이라는 말이 불과 88葉에 지나지 않는 〈信〉권에 3회에 걸쳐 인용되어 있다는 점에서도 짐작할 수 있듯이, 이 성취문에서 설하는 「一念信心往生」이 그 근본 입장이라고도 말할 수 있을 것이다. 저자에게는 多念義보다는 一念義적인 경향이 강한 것이다. 한편 일찌기 眞宗의 승려와 일반 신도들 사이에서 아침 저녁의 勤行으로서 낭송되었고 지금도 행해지고 있는 《正信偈》는 , 이 책의 〈行〉卷 맨 끝에 「正信念佛偈」로서 기재되어 있다. 이 게송은 주로 3국 7고승의 행실이나 교의를 통해 眞宗의 要義大綱을 7言 60行 120句의 偈로써 서술한 것이다. 이 게송은 《淨土文類聚鈔》에 수록되어 있는 「念佛正信偈」와 그 찬술의 前後관계에 있어서 문제가 제기되어 있다. 그러나 양측은 「正信」과 「念佛」이라는 말이 거꾸로 되어 있는 외에 그 偈文에도 다소의 상위가 있다.

〔참고문헌〕 이 책의 성립 문제에 대한 고증은 《佛典解題事典》(2ed.:東京:春秋社, 1977, pp. 269~70)에 자세히 소개되어 있다. 단행본 및 논문은 다음과 같은 것들이 있다. 慶華文化研究會편《教行信證撰述의 研究》 및 赤松俊秀의 《鎌倉佛教의 研究》에 수록된 논문들 東本願寺에서 발행한 坂東本영인본의 해설, 古田紹欽의 〈教行信證의 原型에 대한 一推論〉(《塚本博士頌壽記念 佛教史學論集》),生桑完明의 〈高田傳來의

敎行信證本에 대하여〉(《眞宗研究》2), 中井玄道가 교정한 《敎行信證》, 山田文昭의 《眞宗史之研究》에 수록된 논문들, 藤原猶雪의 《眞宗史研究》에 수록된 논문들, 鈴木宗忠의 〈敎行信證의 構成에 관한 問題〉(《佛敎研究》2~5), 藤田海龍 〈敎行信證의 眞蹟本에 대하여〉(日本佛敎學論叢1), 日野環 〈敎行信證化身土卷의 古寫延書本의 零殘에 대하여〉(眞宗研究1), 高雄義堅 《中國佛敎史論》, 松野純孝 〈宋代淨土敎와 一念義〉(《金澤文庫研究》63 · 64), 石田充之의 《淨土敎思想入門》에 수록된 논문들, 星野元豊 · 石田充之 · 家永三郎의 《親鸞》(《日本思想大系》11, 岩波書店, 1971), 石田瑞麿《親鸞》(《日本의 名著》6, 中央公論社, 1969), 野間宏《親鸞》(《岩波文庫, 1973), 吉田武彦 《親鸞思想》(富山房, 1975), 石田充之 · 千葉乘隆 편 《眞宗史料集成》1(同朋舍, 1974) 등.

## 구마라집법사대의 鳩摩羅什法師大義 3卷

《大乘大義章》《法問大義》《問大乘中深18科》라고도 일컬어진다. ㊅45-122. 後秦의 鳩摩羅什(344~413)이 東晋의 慧遠(344~416)으로부터 불교의 교의에 관해 받은 18條의 질문에 답변한 책이다. 18조의 문답 내용은 다음과 같다.

上권 / ① 문답眞法身 ② 문답法身 ③ 문답法身像類 ④ 문답法身壽量 ⑤ 문답修32相 ⑥ 문답修決

中권 / ⑦ 문답法身感應 ⑧ 문답法身佛盡本習 ⑨ 문답造色法 ⑩ 문답羅漢受決 ⑪문답念佛三昧 ⑫문답4相 ⑬문답如法性眞際

下권 / ⑭문답實法有 ⑮문답分破空 ⑯문답後識追憶前識 ⑰문답遍學 ⑱문답住壽

이 18조의 표제를 통해서도 알 수 있듯이 이 책은 대승불교의 교의에 관한 토론이 그 내용을 이루고 있으므로, 형식적으로는 慧遠의 질문에 대해 羅什이 대답한다는 문답 형식으로 씌어져 있다. 때문에 당연히 혜원의 질문보다는 羅什의 해답에 비중을 더 두며, 분량적으로도 해답이 압도적으로 많다. 이런 의미에서 이 책은 5세기 초엽 중국에 처음으로 龍樹 · 提婆 계통의 中觀불교를 소개하고, 般若經을 비롯한 주요한 대승 경전을 번역하여 본격적인 불교 연구를 초래케 한 구마라집의 대승불교의 교의 · 신앙에 관한 솔직한 표명이라고 말할 수 있다.

〔평가〕 이 책은 이미 僧祐(445~518)의 《출삼장기집》* 제12卷에 있는 劉宋의 陸澄의 〈法輪目錄〉에 注로서 明記된 「혜원問나집答」으로 수록되어 있는데, 18조의 내용도 현행本과 거의 일치한다. 또 隋나라 費長房의 《역대삼보기》* 제7권에 있는 慧遠의 조항에는 『대승의 깊은 교의를 전체 18科 3卷으로 묻고, 아울러 羅什이 답하다』(問大乘中深義十八科合三卷, 並羅什答)라고 기재되어 있으므로, 이로 보아 隋시대 이전의 상당히 이른 시기에 3권 18장의 책으로 성립되어 있었음을 알 수 있다. 내용적으로는 18장이 각각 독립된 문제를 논한 것이 아니라, 두 사람 사이에 오고간 문서를 편의적으로 18장으로 정리한 것일 뿐이어서, 앞의 회답에 중복된 질문을 하는 등 동일한 문제가 몇 번이나 논해지기도 한다. 그 중에서도 般若經에 설해진 佛 · 보살의 法身의 성격에 관한 문제가 중심 과제로서, 이것이 첫째의 질문으로 취급되며, 다른 종류의 문제도 모두 이와 관련되어 있다. 이러한 의미에서 法身에 대한 올바른 이해가 慧遠을 비롯하여 당시 불교계의 최대의 관심사였음을

엿볼 수 있다. 이 책은 체계적으로 완성된 불교의 교의서는 아니지만, 교의에 대한 의문을 문답으로써 피력한다고 하는 특이한 형식을 이용하고 있다는 점에서 다른 종류의 문헌에서는 볼 수 없는 특색이 있으며, 당시 불교계의 문제점이나 학적 수준을 알 수 있게 하는 귀중한 문헌이다. 또 중국과 인도를 대표하는 慧遠과 羅什이라는 2大 불교인의 질의응답이라는 이 책의 성격을 통해, 東西문화의 비교라는 문화史上 흥미있는 과제를 탐색할 수가 있다.

〔참고문헌〕木村英一이 편집한《慧遠研究》의 〈遺文篇〉(創文社, 1960)과 〈研究篇〉(1962), 《中國佛教의 研究 第二》(法藏館, 1971)에 실린 橫超慧日의 논문 〈大乘大義章研究序說〉과 〈大乘大義章에 있어서 法身說〉. 한편 이 책이 중국에서는 1930년에 《遠什大乘要義問答》(中國佛教歷史博物館)이라는 새로운 이름으로도 간행되었다.

## 구사론 俱舍論

阿毘達磨俱舍論 30卷으로서 梵名「Abhidharmakośabhāṣya」는 「아비다르마藏疏」의 뜻이다. 梵本과 티벳譯도 존재한다. 약칭으로는《俱舍》라고도 한다. 世親(Vasubandhu, 4세기경)이 짓고 玄奘이 651년에 번역했다. ㊅29-1, Ⓚ27-453, ㊞121. 偈文만을 모은《阿毘達磨俱舍論本頌》1卷(현장 번역)이 있고, 異譯으로는 眞諦가 번역한(564)《아비달마구사釋論》22卷(㊅29-101, Ⓚ27-214)이 있다. 인도·중국·티벳·한국·일본에서 널리 연구되어 뛰어난 주석이 남아 있다. 부파불교(소승불교)의 이해를 위해서만이 아니라 대승불교의 기초학으로서도 구사론의 가치는 대단하다. 世親은 有部의 교학을 표준으로 삼아 교묘하게 이것을 체계화하면서도 비평적으로 취급하여 經量部나 大衆部 등을 소개하고, 理에 뛰어남을 宗으로 삼는 입장(理長爲宗)에서《구사론》을 지었다. 한편 대승 경전이나 대승의 논서는 有部의 교학을 기초로 하고 혹은 그것을 破斥하기 위해 작성된 경우가 많기 때문에 번잡한 유부의 교학을 비평적으로 종합한《구사론》은 널리 大·小乘의 학도에게 귀중한 자료가 되었다.

〔내용〕《구사론》은 교리의 대부분을《대비바사론》*에서 채택하고 있는데, 그것을 다시 정리하였고, 論의 체계나 교리를 정리하는 방법에 있어서는 法救의《雜阿毘曇心論》을 따른 점도 많다고 말하고 있으나, 그 내용은 界·根·世間·業·隨眠·賢聖·智·定의 8品으로 구성되고, 다시 부록으로서 破我品이 붙어 있다. 論의 서두에서는 먼저 題號를 해석하고, 이어서 ① 〈界品〉과 ② 〈根品〉으로 현실세계(물질과 정신계)를 성립시키는 요소적인 法을 설명한다. 예부터 잘 알려져 있는 5位 75法의 체계도 여기에서 제시된다. 다음 ③ 〈世間品〉에서는 지옥으로부터 天界의 생물세계(有情世間)와 물리적 세계(器世間)를 설명하는데, 여기엔 인도의 宇宙觀이나 地理說이 소개되어 있다. 나아가 12연기를 설하여 윤회의 모습을 보여준다. 이것이 業感緣起論이다. 다음 ④ 〈業品〉에서는 윤회의 원인이 되는 業을 여러가지로 분류하여 설명하는데, 表業·無表業·善業·惡業·身口意의 3業 등을 제시하고 善의 행위로서의 계율을 설명한다. 다음 ⑤ 〈隨眠品〉에서는 業이 작용하는 機緣이 되는 번뇌를 밝히는데, 이것을 6大煩惱·10隨眠·88使·108번뇌 등으로 분류하여 서술

하며, 아울러 과거 · 미래 · 현재의 三世實有論을 소개하고 이것을 破斥한다. 이상에서 ③④⑤의 3品은 미혹의 세계(有漏)를 나타낸다. 다음 ⑥ 〈賢聖品〉에서는 깨달음에 진입하는 단계적 과정을 凡夫位로서는 3賢과 4善根으로, 聖者位로서는 4雙8輩로 제시하고 깨달음을 얻는 觀法으로서 4諦16現觀을 설명하고 있다. 이어 ⑦ 〈智品〉에서는 깨달음을 획득하기 위한 지혜를 世俗智 · 法智 · 類智 등의 10智로서 설명하고, 18不共法 등을 설명한다. ⑧ 〈定品〉은 聖智를 낳는 기초가 되는 禪定을 설명하는데, 4禪 · 4無色定 · 3解脫門 · 4無量心 · 그 밖의 禪定을 제시한다. 부록인 마지막의 〈破我品〉은 이상에서 밝혀진 無我의 입장에 서서 犢子部의 非即非離蘊我나 勝論의 我 등을 논파하고 無我의 도리를 밝힌 것이다.

이상의 《구사론》은 폭넓고 해박하기는 하나 번잡스런 《대비바사론》*의 교리를 교묘하게 8品으로 종합하여 빠뜨린 것이 없이 정연하게 체계화하고, 명철한 논지로써 설파한 논서이다. 아비다르마Abhidharma의 諸논서 중에서는 으뜸이어서 《俱舍光記》에서도 『그 論은 六足의 綱要를 취하여 빠짐없이 다 갖추고 8蘊의 妙門을 드러내어, 마치 손 안에 들어오는 것과 같다. 때문에 인도의 학도는 이름하여 聰明論이라 한다』고 찬양한다. 중국에서 구사론이 번역되자 그 이전에 있었던 毘曇宗은 변화되었는데, 奈良朝시대에 일본으로 수입되자 「俱舍宗」의 일파가 되었다. 이후 《구사론》은 불교를 연구함에 있어 기초적인 서적으로서 영향을 끼쳤는데, 이러한 교학 연구의 전통이 현대에까지 이어지고 있다. 또 인도나 티벳불교에서도 연구가 성행하여 많은 주석서가 저술되어 있다.

〔원전 · 주석〕 梵本은 티벳에서 발견되었는데, 偈頌 부분만이 V.V.Gokhale에 의해 《The Text of the Abhidharmokośakārikā of Vasubandhu》 (1946)로 먼저 공간되었고, 본론 부분은 P.Pradhan에 의해 《Abhidharma-Kośabhāṣyam》(Patna : K.P.Jayaswal Research Institute, 1967)로서 나중에 공간되었다. 게송과 본론은 티벳譯도 있다. Chos-mṅon-paḥimdsod-kyitshigleḥur byas-pa(Abhidharmakośa-kārikā ㊗115–115), Chos-mṅon-paḥimdsod-kyi bśad-pa (Abhidharmakośa-bhāṣya ㊗115–127).

인도에서는 德慧 · 世友 · 安慧 · 陳那 · 야쇼미트라Yaśomitra · 滿增 · 寂天 등의 주석이 있었다고 하나, 현존하는 것은 야쇼미트라의 것뿐이다(U.Wogihara 《Sphuṭārthā Abhidharmakośavyākhyā》1~7. Tokyo, 1932~6). 이것은 티벳에서도 번역되어 중요시된다. Chos mṅon-paḥi mdsod-kyi ḥgrel-bśad(Abhidharmakoṣa-ṭīkā ㊗116–43). 티벳譯에는 이 밖에도 安慧(Sthiramati) · 滿增 · 寂天(Śamathadeva) · 陳那 등의 주석이 보존되어 있다(㊗117–119). 漢譯으로는 安慧의 《俱舍論實義疏》의 파본 5卷이 돈황에서 발견되었다(㊅29–325). 중국에서는 옛俱舍에 주석한 眞諦의 疏16卷과 義疏53卷 등이 있었다고 하나 현존하지는 않고 玄奘의 번역에 주석한 普光의 《俱舍論記》30卷, 法寶의 《俱舍論疏》30卷이 예로부터 구사론 연구의 지침서가 되었다. 《구사론》의 게송만을 해설한 圓暉의 《俱舍論頌疏》30卷도 귀중하다. 이것은 구사론에서 논쟁의 부분을 생략하고 有部의 교리만을 간명하게 주석하고 있기 때문에 이해하는 데 용이하다. 그 이후의 주석은 일일이 열거할 수 없을 정도이다. 최근의 것으로는 旭雅의 《冠導俱舍論》이 있어, 가장 빈번히 이용된다. 法宣의 《俱舍論講義》10卷도 초학자에겐 매우 유익하다.

〔참고문헌〕 日譯은 木村泰賢·荻原雲來의 것(譯大 論部11~13)과 西義雄의 것(譯一 毘曇部25~26下)이 있다. 프랑스 번역으로 L.de la Vallée Poussin 《L'Abhidharmakośa de Vasubandhu》 (6 vols, 1923~5)가 있다. 연구서는 다음과 같은 것들이 있다. 木村泰賢의 《阿毘達磨論의 硏究》(1922)와 《小乘佛教思想論》(1937)은 1965년 大法輪閣에서 《木村泰賢全集》 제4·5권으로 각각 재발간되었다. Th. Stcherbatsky 의 《The central conception of Buddhism and the meaning of the word 「Dharma」》(London, 1923), O.Rosenberg의 《Die Probleme der buddhistischen Philosophie》(Heidelberg, 1924), 舟橋水哉의 《俱舍論講義》와 《俱舍의 教義 및 其發達》(1940), 舟橋一哉의 《業의 硏究》(1954), 山口益·舟橋一哉의 《俱舍論의 原典解明》(1955), 櫻部建의 《俱舍論의 硏究-界·根品》 (法藏館, 1969) 등이 있는데, 平川彰 등의 학자들은 《俱舍論索引, 1》 (大藏出版社, 1973)을 작성하였다.

국내에서의 연구로는 金東華박사의 《俱舍學》(1971)이 있다.

## 구사론기 俱舍論記

唐시대의 普光(7세기)이 저술한 《論記》15卷(㊅41-1)을 가리키는데, 《구사론》*에 대한 이러한 주석서는 이 외에도 2종이 유명하다. 우선 이 책은 저자의 이름을 빌어 통상 《光記》라고 불린다. 《泰疏》 20권(㊎제83冊의 3·4)은 神泰의 疏라고 하는데, 完本은 현존하지 않는다. 法寶(7~8세기)의 疏라고 적혀 있는 것을 통상 《寶疏》(㊅41-453)라 칭하는데, 이것은 光記와 마찬가지로 30本으로 分冊되어 있다. 이 光·泰·寶를 구사의 3大家라고 하는데, 이들은 모두 《구사론》의 번역자인 玄奘이 생존해 있을 때 그의 문하에 있었다. 다만 疏의 내용으로 보아 法寶는 그렇지 않았을 것이라는 의문을 제기하는 사람도 있다. 이 외에 유명한 것은 唐시대의 중기 玄宗 때에(712~756) 圓暉가 저술한 《頌疏》29권(㊎제85冊의 5~86의 1, ㊅41-813)이 있다. 光·泰·寶의 3大家가 저술한 순서는 《光記》가 《泰疏》를 참조하고 있으므로 《泰疏》가 제일 먼저 성립되었고, 다음이 《光記》, 최후로 《寶疏》가 성립되었다.

연구의 태도에 대해서 특색을 든다면, 《泰疏》는 직접적으로 본문에 따라 해석을 가하는데, 해석의 방법에 있어서도 소홀히 다루어 지나쳐버린다든가 지나치게 천착함이 없어, 친절한 주석서라는 품격을 갖추고 있다. 다음의 光記와 비교해 보면, 둘 다 玄奘이 전하고자 하는 뜻을 따르고 있다고 생각할 만한 충분한 이유가 있다. 다음의 《光記》는 玄奘이 직접 전해준 說이라는 점에서 크게 중요시되고 있다. 즉 《宋고승전》*의 普光조항에서 『비로소 玄奘은 과거에 번역된 俱舍(→구사론)에는 의미가 많이 생략되어 있다고 의심하여, 몸소 梵本을 구해 와서는 원래의 문장을 번역하고서는 光에게 은밀히 전해주었으니, 이는 西인도의 薩婆多스승들이 대개 입으로써 뜻을 전해 주는 것과 같다. 이로 인해 光이 疏를 저술하였다』고 기록하고 있는 것이다. 앞의 《泰疏》와 이를 비교해 보면 泰가 본문의 내용을 따라 해석하는 데에 대해, 光은 스승으로부터의 전수(相傳)를 존중한 나머지 婆沙(→대비바사론)의 다양한 내용은 물론, 正理 및 舊譯의 여러 내용까지도 망라하여 소위 1文에 多義를 마련하는데, 그야말로 여러가지의 說을 병렬할 뿐 대개는 판결을 내리지 않는 것이 전반적인 연구 태도이다. 때문에 이를 싫어하는 사람은 《光記》에 선택력이 없다고 무시하고 있다. 그러나 이는 婆沙의 학풍이었다고 말할 수 있다. 그 다음의 《寶疏》에 대해서 말하면, 그의 저자인 法寶 역시 玄奘 문하의 1인이었지만, 원래는 涅槃宗의 사람이었다. 따라서 唯識家와도 三一權實의 논쟁을 전개하여 一乘이 진실임을 주장하는 데 앞장섰으며, 종교적으로는 반드시 玄奘의 진영에 있었던 것은 아니다. 따라서 《구사론》의 연구에 있어서도 5門으로 분별하여 玄談을 논하며, 안으로는 대승의 뜻을 품고 처음부터 《구사론》을 내리깔고 봄으로써 泰·光 2師의 설에 불만을 표시하고 있다. 특히 《光記》에서 의미만 많이 나열하고 판결하지 않음을 적대시하여 그를 破斥하고 있으며, 普光이 玄奘을 「我親教師」라고 일컫는 데에 대해 「唐三藏」이라고만 호칭하고, 때에 따라서는 그를 반박한다. 뿐만 아니라 간혹은 衆賢(Saṅghabhadra)에서부터 世親(Vasubandhu)까지도 비평하는 곳도 있어, 앞의 2師와는 현저하게 그 태도를 달리함을 알 수 있다.

그러나 이상의 3大家가 지니는 특이한 태도는 《구사론》을 연구하는 데 있어서 아무것도 버릴 수 없는 의미있는 가치를 지니고 있으므로, 이들을 3大家라 칭하여 연구상 불가결의 자료로 삼고 있는 것이다. 이들의 시대가 지나고 나서, 현장의 직속 문하는 아니지만 唐의 중엽에 《구사론》연구에 공헌했던 것이 圓暉의 《頌疏》이다. 玄宗의 초기, 禮部侍郎 賈曾이라는 사람이 구사론을 좋아했으나《光記》 등의 義旨가 복잡하여 이해하기 어려우므로 원휘에게 頌文을 간략히 해석해 달라고 요청했다. 이에 그는 聖道寺의 懷遠과 상의하여 頌의 疏를 제작한 것이다. 이후 이것은 《구사론》 연구의 입문서로서 사람들로부터 큰 호응을 받았는데, 俱舍의 본론을 버리고 《頌疏》에 치우치는 경향마저 낳게 하기에 이르렀다.

이 《頌疏》의 연구서로는 遁麟의 《記》29권, 慧暉의 《義鈔》6권이 있어 2대 쌍벽을 이룬다. 원휘의 《頌疏》는 대부분 《光記》를 기초로 하고, 사이사이에 《寶疏》를 삽입하여 구성된다. 둔린의 《記》는 대체로 이러한 태도를 계승하여 《光記》를 근간으로 삼고 있고, 혜휘의 《義鈔》는 거꾸로 《寶疏》에 많이 의거하고 있음이 그 특색이다. 이 책은 [譯一] 和漢部, 論疏部 1~5에 日譯되어 있다.

## 국청백록 國清百錄 4卷

灌頂(561~632)이 찬술하였는데, 《國清寺百錄》이라고도 한다. ㊅46-793. 天台대사 智顗(538~597)가 입멸한 후, 문하인 관정이 대사의 유덕을 기리기 위해 대사와 관계있는 문서 104편을 모아, 천태山 국청사의 이름을 빌어 《국청백록》이라 한 책이다. 여기에 수록된 문서에는 行規·詔勅·書簡·碑文 등이 포함되어 있다. 지의 전기의 기초적인 史料로서 가장 중요하며, 또한 초기 天台 교단의 해명에도 필수적인 자료이다. 여기에 수록되어 있는 각 문서를 자료로 삼은 개별적인 연구는 상당수에 이르지만, 이 책 자체에 대한 본격적인 연구는 아직 활발하지 않은 실정이다. 서문에 있는 편찬자의 서문에 의하면, 이 책의 바탕이 되는 부분은 동문인 智寂이 이미 모아 두었던 것인데, 이것을 灌頂이 증보하여 오늘날과 같은 책으로 완성했다고 한다. 이 책의 핵심이 되는 부분은 智顗와 晋나라 王인 廣(煬帝) 사이에 오고간 문서일 것이다. 이 부분은 다음에 제시하는 ㉒~ ㊷의 43편에 상당한다. 천태산 승려들의 行規인 ①~⑦과 吉藏의 편지를 포함한 말미의 몇 편은 편찬자인 관정이 증보한 것이리라고 생각된다. 문서의 배열은 거의 연대순으로 되어 있으나, 끝 부분에서는 꼭 그렇지가 않다. 서두에는 관정이 직접 쓴 〈序〉 외에 有嚴의 〈序〉가 있고, 끝에는 〈智者大禪師年譜事跡〉 및 〈後序〉가 부가되어 있다. 이 책이 수록되어 있는 문서는 다음과 같다.

권1 / ① 立制法 ② 敬禮法 ③ 普禮法 ④ 請觀世音懺法 ⑤ 金光明懺法 ⑥ 方等懺法 ⑦ 訓知事人 ⑧ 陳宣帝勅留不許入天台 ⑨ 太建9年宣帝勅施物 ⑩ 太建10年宣帝勅給寺名 ⑪至德3年陳少主勅迎 ⑫至開陽門舍人陳建宗等宣少主口勅

권2 / ⑬少主后沈手令書 ⑭少主皇太子請戒疏 ⑮陳永陽王手白書⑯永陽王解請疏 ⑰永陽王手書屬眞觀惠裦2法師 ⑱陳義同公沈君理請疏⑲陳佐僕射徐陵書⑳陳吏部尙書手喜書㉑天台山修禪寺智顗禪師放生碑文㉒隋高祖文皇帝勅書㉓秦孝王書 ㉔晋王初迎書 ㉕王治禪衆寺書 ㉖王受菩薩戒疏 ㉗王謝書 ㉘王參書 ㉙王請留書 ㉚王重留書 ㉛王許行書 ㉜蔣州僧論毁寺書㉝述蔣州僧書㉞王答蔣州書 ㉟述匡山寺書 ㊱王答匡山書 ㊲王與匡山參書㊳王謝法門書㊴王遣使往匡山參㊵王重遣匡山參書㊶王遣使潭州迎書㊷王遣使荊州迎書㊸王入朝遣使參書㊹文皇帝勅給荊州玉泉寺額書㊺王在京遣書㊻王從駕東嶽於路遣書㊼王還鎭遣迎書㊽王謝天冠幷請義書㊾讓請義書 ㊿王重請義書

권3 / 51王謝義疏書 52王論荊州諸寺書 53重述還天台書 54王答書 55王與上柱國蘄郡公荊州總管達奚儒書 56答度人出家書 57答放徒流書 58答施物書 59王迎入城礙雨移日書 60王迎入城書 61王遣使入天台參書 62王遣使入天台迎書 63王參病書 64發願疏文 65遺書與晋王 66王答遺旨文 67王遣使入天台建功德願文 68王弔大衆文 69天台山衆謝啓 70王遣使入천태設周忌書 71천태산衆謝功德啓 72천태衆賀啓 73천태衆謝造寺成啓 74僧使對皇太子問答 75皇太子敬靈龕文 76황태자於천태設齋願文 77황태자令書與천태산衆 78천태衆謝啓 79황태자重令書 80천태衆謝啓 81황태자弘淨名疏書 82仁壽4년황태자登極천태衆賀至尊 83至尊勅 84천태衆謝啓 85輿駕巡江都宮寺衆參啓 86僧使對問答 87勅立國淸寺名 88表國淸啓

권4 / 89勅度49人法名 90국청사衆謝啓 91勅報100司上表賀口勅 92口勅施幡 93勅造국청사碑文 94玉泉寺碑 95後梁主蕭琮書 96前陳領軍蔡徵書 97長安曇暹禪師書 98導因寺惠嵒等致書 99荊州道俗請講法華疏 100蔣山棲霞寺恭請疏 101秘書監柳顧言書 102吉藏法師書 103吉藏法師請講法華經疏 104智者遺書與臨海鎭將解拔國述放生池

**그리하수트라** Gṛhya-sūtra 家庭經

기원 전 약 400~200년경에 성립하였다. 베다의 보조 문헌 중에 《칼파 수트라》Kalpa-sū

tra라고 칭하는 祭式 문헌이 있는데, 이것은 다시 4종으로 나뉜다. 《그리햐 수트라》는 그 4종 중의 하나이다(→쉬라우타 수트라).

「gṛhya」는 「gṛha」(家)에서 파생된 말임에서 알 수 있듯이 《그리햐 수트라》는 가정적인 祭儀를 규정하는 綱要書이다. 같은 《칼파 수트라》에 속하는 《쉬라우타 수트라》*와 밀접한 관계가 있다. 일반적으로 《그리햐 수트라》의 記述은 같은 학파에 속하는 《쉬라우타 수트라》를 예정하고 있다고 보지만, 《쉬라우타 수트라》가 3개의 祭火를 사용하는 대규모의 공적인 제사의식을 규정하고 《베다》* 성전과 밀접한 관계를 지니는 데 대하여, 그리햐의 祭式은 1개의 祭火를 사용하는 비교적 소규모의 제사를 다루고 있어, 오랜 민족적 관습에 유래한 고대 인도인의 일상생활과 밀접함을 알 수 있다. 저자 또는 편자의 이름은 알려지지 않고 있는데, 일반적으로 그 명칭은 학파 또는 家系의 이름을 딴 것이다. 《쉬라우타》와 마찬가지로 같은 이름의 베다 학파에 소속하고, 역시 독자적인 수트라 학파를 형성하고 있다. 즉 그리햐 수트라의 명칭으로서 《리그 베다》에 소속하는 Āśvalāyana · Śāṅkhāyana, 《사마 베다》에 소속하는 Gobhila · Khādira · Jaimini, 《黑야주르 베다》에 소속하는 Baudhāyana · Bhāradvāja · Āpastamba · Hiraṇyakeśi · Vādhūla · Vaikhānasa · Mānava · Varāha · Kāṭhaka, 《白야주르 베다》에 소속하는 Pāraskara 등이 존재한다. 또한 《아타르바 베다》에 소속하는 것으로서 Kauśika-sūtra가 있으나, 이 경우는 다른 베다와 사정이 좀 다르다. 《쉬라우타》에 해당하는 Vaitāna-sūtra가 거꾸로 Kauśika-sūtra에 근거를 두고 있다.

그리햐의 祭式은 원칙적으로 家長이 행해야 하는 것인데, 때에 따라서는 부인이 대행하고, 또한 가장이 위촉하는 바라문이 대행하는 경우도 있다. 이는 보통 직업적인 祭官의 손에 맡겨져 집행되었던 쉬라우타의 祭式과는 완전히 다르다. 그리햐의 祭式을 일률적으로 분류할 수는 없지만, 《그리햐 수트라》가 규정하는 바는 요컨대 一個 인간의 일생에 관계되는 冠婚喪祭의 의식이다. 이미 뱃속에 태아로 있을 때부터 아들로 무사히 태어나기를 비는 祭儀가 행해지고, 태어날 때나 이름을 지을 때는 물론이고 성장하는 단계에 따라 각종의 祭儀가 행해진다. 공부할 나이에 이르면 스승의 집에 입주하여 베다를 학습하는데, 이때는 「入門의 의식」을 시작으로 하여 최후의 「목욕의 의식」을 거쳐 졸업할 때까지 학습 · 의무 · 휴가 등에 대해서도 각종의 규정이 있다. 결혼식은 말할 것도 없이 중요한 의식인데, 이를 통해 새로운 家長이 되는 자는 일생이 끝날 때까지 가정에 불을 설치하고 이후 각종의 祭儀를 행해야 할 의무를 지닌다. 이 중 「정기적인 祭儀」로서는 매일 행하는 다섯 가지의 큰 祭儀를 시작으로 新月祭 · 滿月祭 및 특정한 달의 보름날에 행하는 각종의 의식이 있다. 「임시의 祭儀」로서는 예를 들어 손님의 접대, 가옥의 신축, 또 각종의 소원을 비는 祭儀 등이 있다. 《그리햐 수트라》에서는 이외에도 葬送 및 여러 조상에 대한 제사도 중요한 주제이다. 주된 공물은 곡식이나 우유 및 우유 제품 등이지만 동물 犧牲도 있었다. 이들은 때에 따라서는 「쉬라우타祭」와 공통된 주제가 되지만 전체적으로는 「그리햐祭」로서 그 祭儀의 양식을 달리한다.

## 금강경 金剛經

《金剛般若波羅蜜經》(Vajracchedikā-prajñāpāramitā-sūtra)1卷으로서 鳩摩羅什(Kumārajīva, 348~413)가 번역(402~)했다. ㊅8-748, Ⓚ5-979. 이 경전은 玄奘이 번역한《대반야경》* 600卷 중의 제9會 제577卷인 能斷金剛分의 別譯으로서《金剛般若經》이라는 이름으로도 알려져 있다. 般若 계통의 경전들 중에서는《반야심경》* 다음으로 가장 널리 읽혀지고 있는데, 특히 禪宗에서는 5祖 弘忍 이래로 중요시되었다. 그러나 이 경전은 대승불교의 최초기에 성립된 것으로서 大乘思想이 고정화되기 이전의 것으로 생각된다. 즉 空의 사상을 설명하고 있음에도 이 경전의 文句 속에서는 空(Śūnga)이라는 말을 쓰고 있지 않은 점이 반야부 경전으로서는 특이한 일면이라 할 수 있는데, 이는 아마도 空이라는 술어가 확립되지 않았기 때문일지도 모른다. 또 이 경전에서는 小乘에 대한 大乘이라는 의식도 명료하지 않다. 즉 대승과 소승이라는 두 관념의 대립이 성립되기 이전의 경전임이 분명하다.

이 경전의 내용에 대해서는 재래적으로 32分으로 단락을 구분하여 제목을 붙이고 있다. 그 사상의 골자는 철저한 空의 사상에 입각한 윤리적 실천이라 할 수 있다. 예를 들면『구도자는 사물에 집착없이 布施를 하지 않으면 안된다』라든가『구도자·훌륭한 사람들은 발자취를 남기려고 하는 생각에 집착하지 말고 布施를 행하지 않으면 안된다』라든가『구도자가 만약 나는 사람들을 인도했다고 하는 생각을 일으켰다고 한다면, 그는 진실한 구도자가 아니다』고 하는 것 등이다. 이러한 이상을 실현시키기 위해서는 나의 自我와 다른 사람의 自我라는 대립 감정을 없애야 한다. 이것을 대립의 撥無 또는 空이라 하지만, 그러나 이에만 머물러 있으면 또 다른 대립을 불러일으킬 우려가 있다. 따라서 空은 그 자신을 부정하지 않으면 안된다. 이러한 이상적인 경지에 도달하기 위해서《금강경》은 부정적인 표현을 사용한다. 즉『如來가 현실로 깨달아 보이신 法에는 진실도 없고 허망도 없다』고 한 것이다. 이러한《금강경》의 입장은 집착하지 않게끔 되는 경지에 도달하면, 그 행위가 자연히 善에 합치되어 어떠한 대립을 일으키지 않는다는 취지의 표현이라고 해석된다.

〔원전·번역〕

이 경전의 漢譯은 羅什의 번역 외에 ①菩提流支(Bodhiruci) 번역(509)의《金剛般若波羅蜜經》1卷, ②眞諦(Paramārthā) 번역(562)의《금강반야바라밀경》1권, ③笈多(Dharmagupta) 번역(590)의《金剛能斷般若波羅蜜經》1卷, ④玄奘 번역(660~663)의《大般若波羅蜜多經第九能斷金剛分》1卷, ⑤義浄 번역(703)의 能斷금강반야바라밀다경 1권 등이 있고, 티벳譯(㊌21-250)도 있다. 梵本 원전은 중국·티벳·東터키스탄·길기트 등의 여러 곳에 전해졌는데, 이들은 다음과 같은 4종으로 출판되었다. ① F.Max Müller ed.《Vajracchedikā-prajñāpāramitā-sūtra》. Anecdota Oxoniensia, Aryan Series, vol. I, part I, 1881. ② F.E.Pargiter & A.F.R. Hoernle ed.《Manuscript Remains of Buddhist Literature found in Eastern Turkestan》1916. ③ N.P. Chakravarti & G.Tucci ed.《Minor Buddhist Texts》Part l. Serie Orientale Roma IX. Roma : Is, M.E.O., 1956. ④ Edward Conze ed. and tr.(解題와 부록을 첨부)《Vajracchedikā Prajñāpāramitā》. Serie Orientale Roma, XIII.

Roma : Is. M.E.O., 1957.

일본에서는 春日井眞也 · 橫山文綱 · 香川孝雄 · 伊藤唯眞의 4인이 공동 편집으로 이상의 漢譯本과 梵本을 대조하여 《金剛般若波羅蜜經諸譯對照研究》(大阪少林寺, 1952)를 출판했다. 武田義雄은 梵本과 티벳本을 대조하여 출판(丁子屋, 1937)하였고, 橋本光寶와 清水亮昇도 마찬가지로 대조하여 번역하였다(丁子屋. 1941). 註釋으로서는 無著(Asaṅga, 310~390)과 그의 동생인 世親 (Vasubandhu)등의 저작이 大正藏經에 수록되어 있는데, 아마 인도에서도 이 경전이 중요시되었던 것 같다. 이후의 주석서는 수백 종에 달한다. 곧 三論 · 天台 · 法相 · 華嚴 등의 諸宗이 각자의 입장에서 논술하고 있다.

日譯으로는 南條文雄의 《梵文金剛經講義》(1909)가 최초인데, 근래의 가장 종합적인 것으로는 中村元 · 紀野一義가 공동으로 譯註한 《般若心經 · 金剛般若經》(岩波文庫, 1960)이 있다. 국내에서는 李箕永박사가 梵文과 漢譯을 대조하여 譯解하고 상세한 解題를 달았다. 《金剛經》(木鐸新書3, 1978) . 이 책은 위에서 소개한 中村元의 책을 참고하면서 새로이 교정한 것인데, 특기할 만한 점은 우리나라 朝鮮시대 涵虛得通의 《金剛般若波羅蜜經五家解》 중에서 6祖 惠能의 말을 골라 뽑아 원문과 함께 옮긴 것이다. 이 밖의 참고서적으로는 梶芳光運《金剛般若經》(大藏出版社의 《佛典講座》 6, 1972) , 梶山雄一 《八千頌般若經》1, 2(中央公論社의 《大乘佛典》2, 1974) 등이 있다.

## 금강비 金剛錍

唐나라 湛然(711~782)이 쓴 글이다. 佛典으로서는 다소 기이한 제목인데, 金錍란 良醫가 맹인의 눈꺼풀을 수술할 때 사용하는 예리한 칼을 말한다. 《열반경》(→대승열반경)의 如來性品에 나오는 비유에서 유래한 말이다. 여기에 다시 《열반경》에 있는 金剛三昧의 剛자를 더하여, 無明으로 덮여 있는 눈을 수술한다는 의미를 지닌다. 저자는 이 책의 서두에서 이러한 뜻을 밝히고 있는데, 그 서술의 태도가 상당히 격렬함을 엿볼 수 있다.

이 글 전체는 꿈을 가탁하고, 또 野客과의 문답을 싣고 있는 등으로 보아, 이것이 과거에 전해 온 특정의 說을 對破한 것이리라고 간주되는데, 그 主대상은 澄觀이고 부수적인 대상은 法藏이든가, 아니면 올바른 觀道를 밝히고 부수적으로 澄觀을 대파한 것이라고 한다. 이렇게 추정하는 근거는 이 글에서 《대지도론》*에 관한 章疏를 비판하고 있다는 점이다. 즉 《대지도론》의 교설을 잘못 인용한, 佛性에 관한 章疏의 말을 지적하고 있다. 그런데 그 章疏가 法藏의 《起信論義記》이고, 澄觀의 《華嚴疏鈔》이기 때문에 그러한 추정이 가능한 것이다. 한편 이에 대해 일본의 上杉文秀는 《대지도론》에서의 그러한 인용이 《刊定記》를 비롯한 澄觀의 전승이라는 점으로 보아 또 法藏 · 澄觀 등의 논지로 보아도 징관이 破析의 대상일 것이라 한다. 그러나 이 글에서 주장하는 바로 보면, 특정의 說은 도출되지 않는다. 후반부에서 佛性 · 無情 · 唯心 · 衆生 · 佛土 · 成道 · 眞如 · 譬喩 · 觀心에 대하여 46問을 제시하고, 이것들을 묶어서 대답하는데, 觀道 · 教義 · 理具三千으로 요약하여 天台의 教와 行을 교시한다. 이로 보아 저자는 破析문답을 통하여 자신의 佛成義를 후학들에게 전하고자 의도하였을 것이다.

이 글에서는 먼저 《열반경의 「佛性如空」의

입장에서부터 서술을 시작하여, 같은 경의 「瓦石非佛性」이라는 말에 집착한 說에 대해 경전의 다른 佛性說로써 반박한다. 즉 天台의 교리로부터 法·報·應의 3身에 佛性을 갖추어야 한다는 입장에서 佛性의 무한정적인 면과 한정적인 면을 논하여, 감정이 없는 존재(非情)에도 佛性이 있다는 說을 주장한다. 이 非情佛性의 說은 천태종의 개조인 智顗의 저술에도 나타나지 않는 것으로서, 湛然에 의해 처음으로 제창된 주장이다. 그 결과 일체의 有情만이 아니라 草木 등의 非情에게도 佛性을 인정하고자 하는 경향을 이 저술에서 엿볼 수 있는데, 이는 宋시대에 전개된 천태교의의 특색이 맨 처음으로 싹튼 것이라 할 수 있다. 이는 이후 草木成佛의 근거로서 他불교의 전개에도 큰 영향을 미쳤다. 여기서 특히 주목되는 것은 智顗의 저술이라 전해지는 책들에서는 조금밖에 인용되지 않았던 《대승기신론》*의 교설이 표면으로 등장한 점이다. 이것 역시 宋代에 知禮 등이 내세운 교학의 선구가 된다.

〔연구〕 이 책의 註疏로는 明曠의 《金錍論記私記》, 孤山智圓의 《金錍論顯性錄》, 柏庭善月의 《金錍論義解》, 鼎山時擧의 《金錍論釋文》, 竹庵可觀의 《金錍論義》등 다수가 있다. 일본에도 最澄의 찬술이라 하는 《注金錍論》을 비롯하여 鳳潭의 《金錍論逆流批》가 있는데, 이 鳳潭의 책을 재비판한 것으로서 興隆의 《逆流批饒舌集》이나 慧澄의 강의 등이 있다. 담연의 이 글은 小册이기 때문에 이에 대한 강독은 많았던 것 같다. 이 책에 담겨 있는 논란의 성격이나 이 책의 전파에 대해서는 慧澄의 《開講要義》가 높이 평가되고 있다. 譯一 和漢部, 諸宗部14에 日譯되어 있다.

## 금강삼매경론 金剛三昧經論 3卷

《금강삼매경》에 대하여 신라의 元曉(607~686)가 저술한 疏이다. 이것이 중국에 전해지자 번역가들이 「論」으로 개칭하여 《금강삼매경論》이라 일컬어지게 되었을 정도로 원효의 명성을 떨치게 한 역저이다. Ⓚ45-60, 㑒1-604, ㊅34-981, ㊓155. 《금강삼매경》(Ⓚ14-57, ㊅9-365, ㊓38)이 신라에 전래되고 이에 대한 원효의 《소》가 저술된 유래를 《송고승전》*의 원효傳은 전하고 있고, 이 내용은 현존하는 《금강삼매경론》 판본의 말미에도 부록으로 첨부되어 있다. 비록 전설적인 설명이기는 하지만 《금강삼매경》 자체에 대해 흔히 중국의 僞撰이라 하는 등, 아직 문헌학적인 해명이 충분치 않으므로, 이를 통해 어느 정도 사실적인 내용을 추출할 수가 있다. 이에 의하면 《금강삼매경》은 신라에서 재구성된 경전으로 보이며(道安의 經錄에는 凉시대의 失譯으로 되어 있고, 《출삼장기집》*에는 오래 전에 사라진 것으로 되어 있으며, 《대당내전록》* 등 隋·唐시대의 경록에선 궐본인 상태라고 기록되어 있다. 다만 《개원석교록》*에선 이 경의 크기가 28紙라 하였는데, 이는 《송고승전》 원효傳에서의 30紙 가량이라 하는 것과 흡사하다), 원효는 이 경전의 宗旨가 本覺·始覺의 2覺을 밝히는 것으로 판석했다. 또 이에 의하면 원효의 이 《論》에는 5卷인 廣本과 3卷인 略本이 있었음을 알 수 있다(《신편제종교장총록》*에는 6권으로 되어 있다).

〔내용〕 원효는 《금강삼매경》을 논함에 있어 맨 처음에 나름대로의 머리말(序分)을 두고서, 그 안에서 《금강삼매경》의 大意가 무엇인가(述大意), 宗旨의 대요는 어떠한가(辨經宗), 경의 제목은 어떤 뜻인가(釋題名)에 관해 서술

한다. 여기서 述大意는 시종 하나의 운율을 지니는 대단한 명문으로서, 전편의 사상을 간결하게 말하면서 심오한 불교 사상을 담고 있는 것이다. 辨經宗은 저자의 教判이라 할 수 있는 것으로서 저자의 불교관 전체를 이해하는 길잡이가 된다. 이 序分에 이어 이 책의 본론인 科文解釋으로 나아간다. 이 본론은 다시 다음과 같이 구성된다.

1. 序分 / 通序, 別序

2. 正說分 / ① 無相法品 ② 無生行品 ③ 本覺利品 ④ 入實際品 ⑤ 眞性空品 ⑥ 如來藏品 ⑦ 摠持品.

3. 流通分

그런데《송고승전》의 원효 전기에선《금강삼매경》이 8品인 것으로 되어 있으나, 현존본은 7品뿐이다. 이 7品이 위의 正說分의 내용인 것이다. 여기서 ①~⑥은 각 品마다 觀行에 관한 하나의 주제를 다루고, ⑦은 총괄적으로 의심나는 점을 없게 하는 것을 목적으로 한다.

특히 ①~⑥은 인식과 실천에 관한 모든 기본적인 문제들을 다 다루고 있다. 원효는《금강삼매경》의 주제를「一味」「無所得의 一味」라고 파악한다. 그는 이 경의 宗要를 서술하길『묶어서 말하면 一味觀行이 그 要이며, 열어서 말하면 10重法門이 그 宗이다』고 말하고 있는 것이다. 이를 통해서도 그의 기본적인 會通사상을 엿볼 수가 있다. 또한《금강삼매경》이 한편으로는 觀行(인식과 실천)을, 다른 한편에서는 法門(이론과 강령)을 제시한다는 것을 알 수 있다. 따라서 一味란 한낱 공허한 이론이나 행동 강령이 아니라 완전한 인식이며 실천임을 알게 된다.

〔평가〕이 책은 많은 經論을 인용하여 논리의 정립은 물론, 학문의 조직을 집성하였다. 그 교리 섭렵의 범위가 어느 정도였는가는《능가경》*《법화경》*《잡아함경》(→아함경)《화엄경》* 등의 대 · 소승 경전을 인용한 것이 11經 28회,《기신론》(→대승기신론)《섭대승론》*《유가사지론》*《대지도론》*《중변분별론》* 등의 논서를 인용한 것이 12종 24회, 또 자신의 논서《二障章》도 인용하고 있다는 사실에서 짐작할 수 있다. 한편 이 책에 등장하는 불교의 전문술어는 상당히 독보적인 것들이어서 다른 경전의 설명과는 다른 새로운 맛을 보인다고 한다. 흔히 원효가 禪을 모르거나 경시했다고 생각하는 오해가 있지만, 이 책을 통해 그러한 오해는 확실히 불식될 수 있을 것이다. 이 책은 교리의 논리적 전개를 위주로 하고 있다기보다는 文字와 文句를 매개로 하여 깊은 禪定을 요구하는 데에 그 主眼이 있다고 해도 과언이 아니기 때문이다. 결론적으로 말해서 이 책은《기신론》사상에 입각한 실천 원리라고 볼 수 있으므로,《대승기신론소》*와 더불어 원효 사상을 구성하는 兩大支柱의 하나라고 할 수 있을 것이다.

한글대장경 155에 번역이 있고, 李箕永의 한글 번역이《韓國의 佛教思想》(《三省版 世界思想全集》11, 1976)에 실려 있다. 한편 이 책의 원본은 해인사 소장의 高麗雕造版本이 현존하며, 이것을 1958년에 동국대학교에서 영인한 바 있다.

## 금강정경 金剛頂經 3巻

본래의 명칭이《金剛頂一切如來眞實攝大乘現證大教王經》이고, 산스크리트 명칭이「Vajra-śekhara-sarvatathāgata-tattvasaṃgraha-mahā yāna- pratyutpannābhisambuddha-mahātantra-rāja-sūtra인데, 唐 不空(705~774)이 번역한 것을 약칭으로《金剛頂大教王經》또는《三巻教王經》이라 한다. 단순히《금강정경》이라 할 때는 이 경전을 가리키는 경우가 많다. ㊅18-207, ⓚ36-712. 金剛頂部에 속하는 경전에는 18部(18會)가 있다고 하는데, 이 경전은 그 중에서 初會에 속하는 경전의 맨 앞부분을 번역한 것이다. 이 경전의 성립 연대는 분명치 않으나《대일경》*보다는 약간 뒤인 670~690년경이라고 추정된다. 이 경전의 내용은 印契·眞言·觀想 등으로 諸佛을 念誦·供養하는 作法이 주를 이루고 있다. 즉 金剛界大曼茶羅廣大儀軌品 제1·제2·제3으로 구성되는데, 金剛界如來가 金剛三昧地에 들어가 금강계 37尊을 출생하여 여래를 예찬하는 일이나, 금강계의 大曼茶羅를 건립하는 儀則이라든가, 제자를 만다라에 끌어들이는 방법이라든가, 羯磨만다라·三昧耶만다라·法만다라 등에 대하여 설한다.

唐의 不空에 의해 번역된 이래《대일경》과 함께 兩部의 大經의 하나로서 존중되었는데, 이 경전에 의해서 金剛界曼茶羅가 圖示되었다. 그런데 宋代의 施護에 의해《金剛頂經初會》의 完譯인《一切如來眞實攝大乘現證三昧大教王經》30巻(㊅18-341, ⓚ40-658)이 번역되었다. 이 30巻本은 26分으로 이루어져 있는데, 이 중 시작의 分이 3巻本《금강정경》에 해당하는 부분이다. 金剛界의 9會 만다라 중에서 降三世의 2會는 이 30巻本에 의해서 비로소 그 유래가 밝혀진다.

〔번역·연구〕30巻本은 宋에 유학한 成尋에 의해 일본에도 전해져서 연구되었고, 현재 譯一 密教部2에 번역되어 있다. 티벳에도 初會의《금강정경》(Sarvatathāgata-tattvasaṃ-graha-nāma-mahāyāna-sūtra)이 번역되어 있는데(㊀4-217), 이것은 그 내용이 30巻本보다도 더욱 증광되어 있다. 한편 初會의《금강정경》에 대한 주석으로는 Śākyamitra가 짓고 Dharmaśrībhardra와 Rin-chen bzaṅ-po가 번역한《Kosalālaṃkāra-tattva-saṃgraha-ṭīkā》(㊀70-189·94)가 있다. 일본에서의 주석으로는 空海의《金剛頂經開題》1巻과《教王經開題》1巻, 圓仁의《金剛頂大教王經疏》7巻, 曇寂의《金剛頂大教王經私記》19巻(㊅61-1) 등이 있다. 근래엔 堀內寬仁의《初會金剛頂經梵本》(弘法大師增法樂,《密教硏究》, 1968~1971)과《梵藏漢對照初會金剛頂經의 연구》(密教文化硏究所, 1974)가 발표되었다. 최근에 발표된 것으로는《講座·大乘佛教》제1의《大乘佛教란 무엇인가》(春秋社, 1981;《大乘佛教槪說》로 국내에서 번역됨. 김영사, 1984)에 실린 津田眞一의〈大乘佛教와 密教〉가 있는데, 여기서는 다른 밀교 경전과의 관계와 사상에 대해서 구명한다.

**금강침론** 金剛針論 Vajrasūcī

아쉬바고샤Aśvaghoṣa(馬鳴, 100~160경)의 저술이라 한다. 宋代의 法天이 漢譯(973~981)한《金剛針論》(㊅32-169, ⓚ33-1060)에는 저자가 法稱(Dharmakīrti, 7세기경)으로 明記되어 있다. 저자라고 하는 馬鳴은 인도 최대의 불교 시인이다. 이 책은 베다Veda시대 이래 인도의 최상 계급인 婆羅門(司祭계급)의 우위성을 타파하고 四姓制度가 무의미함을 바라문이 신봉하는 여러가지 권위있는 正統派의 문헌들을 통해 반박하여, 인간이 평등함을 부르짖은 간명하고도 짧은 문장의 문헌이다. 그러나 이《금강침론》이전에 동일한 주제를 다룬

正統派의 문헌이 있으니, 곧 《Vajrasūcika-upaniṣad》(金剛針奧義)이다. 이는 바라문 계급 내부에서 바라문至上主義에 대한 自己批判을 기술한 문헌이다. 馬鳴은 이를 받아들여 여기에 演意的인 주석을 시도하였다(이러한 주장에 대해서는 異見도 있다). 그리하여 불교인으로서 바라문의 계급적·혈통적 편견을 논파하고 佛陀가 주장한 四姓의 평등을 선양했다. 四姓이란 인도의 전통적인 네 계급, 즉 司祭(brāhmaṇa)·王族(kṣatriya)·평민(vaiśya)·隷民(śūdra)을 말한다. 인도의 思想史上 이 책은 널리 영향을 끼쳐, 현대에 와서도 그 존재가치를 크게 인정받고 있다. 그 내용은 어떻게 하여 바라문이 있는가 하는 물음을 먼저 제기하고, 생명·출생·신체·지식·습관·행위·베다의 어느 것에 의해서도 바라문이라 주장할 수는 없다고 한다. 이어서 바라문의 境地, 바라문이 지녀야 할 자세를 여러가지 德行에서 구하고, 인간은 四姓의 구별이 없이 평등하며, 賤民이라도 덕행이 있으면 바라문이라고 하여, 출생이나 家門에 의해 바라문이 되는 것은 아니라고 주장한다.

〔참고문헌〕 최초의 梵本 출판과 이의 英譯은 Lancelot Wilkinson이 편집한 《Vajra-Soochi or Refutation of the Aguments…》(B.H.Hodgson의 英譯이 실려 있다. 1839)이다. 原典·獨譯·연구를 고루 갖춘 것으로는 A.Weber의 《Die Vajrasūcī des Aśvaghoṣa》(Abh.d.Königl.d.Wiss. zu Berlin, 1859, S.227~54, und Indische Streifen Bd.I, Berlin, 1868,S. 186~209)가 있다. 근래에 Sujitkumar Mukhopadhyaya는 校訂된 원문을 英譯과 함께 발표하였다(〈The Vajrasūcī of Aśvaghoṣa〉 Visva-Bharati Annals, vol.Ⅱ, 1949, pp.125~184). 원문으로부터의 日譯으로는 高楠順次郎의 〈바즈라수치〉(《우파니샤드全書》8에 수록)가 있으며, 漢譯으로부터의 日譯은 譯一 論集部6에 있다. 일찌기 風滿樓主는 漢譯과 獨譯을 대조하여 연구한 것을 발표한 바 있다(《東洋學報》 1897~8년 발행).

최근의 연구로는 中村元이 우파니샤드의 내용과 대조하여 발표한 것이 있다(〈바라문教의 倫理思想〉, 《世界倫理思想叢書》인도篇, 學芸書房, 1958).香川孝雄은(〈金剛針論諸本의 比較研究〉印佛研 6-1) 梵本과 漢譯本을 비교·연구하여 法天이 번역한 연대를 986~987년으로 보고, 현재의 梵本은 인용 문헌의 증광과 부가로 보아 원전과 다를 것이라 한다. 또 《Vajrasūcikā 우파니샤드》를 포함한 原典·漢譯의 3本이 현재의 모습을 갖춘 것은 상당히 후세일 것이라고 생각하여 馬鳴의 작품이라는 것도 의심하고 있다. 이러한 諸문제에 대한 국내의 試論으로는 鄭承碩의〈人間平等論의 두 樣相—Vajrasūcikā 우파니샤드와 金剛針論의 文獻學的 고찰을 중심으로〉(東國思想 제19집, 1987)가 있다.

## 금광명경 金光明經

漢譯은 ①曇無讖이 번역한 《금광명경》4卷(㊅16-335, ⓚ40-626, ㉿71), ② 陳의 眞諦 번역, ③ 後周의 闍那崛多 번역, ④ 隋나라 大興善寺의 寶貴가 모아 묶은 《合部금광명경》8卷(㊅16-359, ⓚ9-1363), ⑤ 唐의 義浄이 번역한 《金光明最勝王經》10卷(㊅16-403, ⓚ9-1291, ㉿71)의 5本이 있다. 이 중 ④의 《합부금광명경》은 ①의 18品·②의 4品·③의 2品을 釋道安의 제자인 寶貴가 모아서 묶은 것이다. 이 밖에 부분적인 異譯이 5종 있다. 梵本(Suvarṇaprabhāsa-sūtra)은 ①에 가장 가까우나, 아마 4세기에 성립하여 점차 증광되면서 ⑤의

원전과 같이 충분한 내용을 담게 되었을 것으로 생각된다. 내용의 요점은 壽量品 이하의 4品에 담겨 있다. 즉 王舍城의 信相보살이 부처님의 수명이 80세라는 점에 대해 의심할 때, 사방에서 4佛이 출현하여 부처님의 수명은 영원함을 설한다. 懺悔品과 讚歎品에서는 金鼓光明의 가르침과 金光明懺法의 공덕을 설한다. 이후의 諸品에서는 四天王에 의한 국가의 보호나 現世利益적인 신앙이 설해진다. 西域 여러 나라에서의 四天王 숭배나 중국에서 금광명懺法이 유행한 것은 이 경전의 신앙에 근거한다. 일본에서도 옛날엔 이 경전에 대한 신앙이 성행하여 四天王寺가 건립되는 등, 재앙을 쫓고 복을 이끄는 경전으로서 가장 중요하게 이용되었다.

〔원전 · 번역〕 梵本의 원전은 맨 처음 샤라트 찬드라 다스Śarat Chandra Dās와 찬드라 샤스트리Chandra Śastrī에 의해서 《Suvarṇaprabhāsa-sūtra》(Calcutta : Buddhist Text Society of India, 1898)로 간행되었으나 완성되지 않은 상태이다. 泉芳璟은 이 경전의 최초 간행본을 1931년에 일본에서 출판하였다(Hokei Idzumi 《The Suvarṇaprabhāsa Sūtra, A Mahāyāna Text called 「The Golden Splendor」》 Kyoto : The Eastern Buddhist Society, 1931). 가장 신뢰할 만한 간행본으로는 J. Nobel의 《Suvarṇaprabhāsasūtra.Das Goldglanz-sūtra. Ein Sanskrit-Text des Mahāyāna-Budhismus. Nach den Handschrifen und mit Hilfe der tibetischen und chinesischen Übertragungen》(Leipzig, 1937)이 있다. E. Neuman은 이 경전의 北方아리야語 斷片을 연구하였다(《Buddhistische Literatur Ⅰ》, Leipzig, 1920). 한편 Nobel은 티벳譯을 소개하고, 梵本 · 티벳譯 · 獨譯을 대조하여 상세한 어휘 색인을 출판하였다(J.Nobel 《Suvarṇaprabhāsottamasūtra. Die tibetischen Übersetzungen, mit einem Wörterbuch》 Leiden, 1944. J.Nobel《Suvarṇaprabhāsottamasūtra, Zweiter Band, Wörterbuch Tibetisch-Deutsch-Sanskrit》Leiden, 1944). 이 경전은 아시아 전역에 분포되었는데, 티벳어 (3종의 譯本이 있음. ㊗6-280, 7-1) · 카르무크語 · 몽고어(티벳譯으로부터 重譯) · 만주어 등으로 번역되어 있다.日譯은 [譯一] 經集部5에 있다.

## 금석물어집 今昔物語集 31巻

일본에서 작성된 불교 설화집이다. 源隆國(1004~1077)이 편찬한 것으로 전해지고 있다. 예로부터 이 책을 《宇治大納言物語》라고도 일컬어 왔는데, 현재 일본에서 전해지는 《宇治大納言物語》와는 다르다. 현행하는 이것은 아마도 옛날 것을 나중에 증보 · 개정한 것이든가 아니면 그것을 種本으로 삼아 나중에 새로이 편집한 것이라고도 추정되지만, 어쨌든 이 책과 같은 폭넓은 내용이 한 사람에 의해 이루어졌으리라고는 생각되지 않는다. 또한 필치도 조금씩 차이가 드러난다고 한다. 현재 전해지고 있는 사본은 많지만, 완전한 것은 없다. 특히 제8 · 18 · 21의 3巻은 궐본으로서 전해지지 않는다.

〔내용〕 기록으로 전하는 것은 31권이다. 제①~⑤의 5권은 인도(天竺), 제⑥~⑩의 5권은 중국(震旦), 제⑪ 이하는 일본(本朝)의 이야기이다. 이 중 제⑳권까지는 佛法에 관한 내용이고, 나머지는 세속의 일을 취급한다. 즉 제㉒는 本朝, 제㉓은 本朝付代織冠, 제㉔~㉕는 本朝付世俗, 제㉖은 本朝付宿報, 제㉗은 本朝付靈鬼, 제㉘은 다시 本朝付世俗, 제㉙는 本朝付惡行, 제㉚~㉛은 本朝

付雜事로 분류되어 있다. 단 이 책이 본래는 30권으로 되어 있었던 것이 아닌가 하는 문제나 卷의 순서 등에 대해서 의문이 제기되어 있다. 그 내용은 분류에서 알 수 있듯이 잡다하게 이루어져 있다. 인도의 부분에서는 부처님의 전기와 입멸 후의 이야기 및 전생의 이야기, 중국의 부분에서는 불교의 전래와 3寶의 공덕 등을 다룬 외에 孝養·윤회·宿報·蘇生 등의 설화를 모았다. 일본의 부분에서는 불교의 전래로부터 聖德太子의 불교 흥륭, 각 종파의 전래, 사원의 건립, 齋會의 기원, 고승의 전기, 불상과 경전의 공덕, 영험과 왕생 등을 다룬다. 세속의 설화에서는 藤原鎌足 이하 藤原 일가의 사적을 비롯하여 芸道·武勇·宿報, 靈鬼나 도적 이야기 등을 수록하고 있다. 말하자면 불교를 중심으로 3國에 걸친 一大 설화를 집성한 책이라 할 수 있으며, 편찬자의 박식다재함을 경탄하기에 충분하다.

〔평가〕 史的인 가치에 있어서는 일본의 부분에서 주의를 요하는 것도 있다고 한다. 대개는《日本靈異記》《三寶繪詞》《日本法華験記》와 같은 종류의 문헌, 혹은 諸사찰의 緣起 등을 전하는 문헌을 출전으로 한 것 같다. 이 책은 平安 말기의 사회상을 말하고 있는 점, 그리고 사회·사상·풍속 등을 알 수 있다는 점에서 중요한 자료를 제공하는 것으로 평가된다. 문장은 漢文과 和文을 혼합하고 있는데, 이는 후대에 유행한 전쟁 이야기(軍記物)의 선구가 되고, 또 설화집·緣起物에도 영향을 끼쳤다고 한다.

〔참고문헌〕 여러 刊本이 유포되어 있으나 이는 생략한다. 현대의 단행본은 佐藤謙三이 校注한《今昔物語集》4권(角川文庫, 1954~65)이 있는데, 이는 일본의 부분만 취급했다. 역시 일본 부분만 번역한 것으로 永積安明·池上洵一의《今昔物語集》6권(平凡社)이 있다. 또 山田孝雄·山田忠雄·山田英雄·山田俊雄이 校注한《今昔物語集》1~5(《日本古典文學大系》22·23, 岩波書店, 1959)가 있다. 논문으로는 酒井金次郎의 〈打聞集과 今昔物語 및 宇治拾遺와의 關係에 대하여〉(《國語와 國文學》11卷 1), 橘次郎의 〈今昔物語에 나타난 信仰에 대하여〉(《大谷學報》24卷4) 등이 있다.

## 금칠십론 金七十論

眞諦가 548~569년경에 漢譯한 것으로서 3권으로 되어 있다.(㊅54~1245, Ⓚ 30-610). 《상캬 카리카》*(數論頌)에 대한 주석 중 현존하는 것으로는 가장 오래된 것인데, 원문은 발견되지 않았다. 내용은《Māṭhara-vṛtti》와 유사하지만 별개의 저작이며, 저자는 알 수 없다. 「金七十」이라는 명칭에 대해서는 數論 학파의 論師가 불교도를 논파하고《七十行頌論》을 지었는데, 국왕의 상금을 받았다고 하는 전설이 佛典 속에 있다. 그리고 이 명칭은 간혹《數論頌》도 포함하는 호칭으로 쓰여지고 있다. 數論은 예로부터 불교와 교섭하였는데, 특히 이 책은 世親과 관계가 있기 때문에 外道의 책임에도 불구하고 중국에서 번역되었을 것이라고 생각된다. 이에 대한 註解가 일본에서도 저술되었고, 근년에 高楠順次郎은 프랑스어로 번역하여 서양에 소개했다.

〔참고문헌〕 譯一 和漢撰述43, 論疏部23, p.257. 최근의 연구로서는 金倉圓照역《法住撰金七十論疏》(1958), 同 〈自在黑의 思想〉(《인도哲學佛教學硏究》Ⅲ, 春秋社,1976)이 있다.

## ㉯

**나가난다** Nāgānanda 용왕의 기쁨

戒日王(Harṣa, 606~648년 在位)의 작품으로서 「용왕의 기쁨」이라고 번역되는 5막의 산스크리트 佛教 戲曲이다. 히말라야山 속에 살며 쉬바Śiva神을 받드는 半神族으로서 신통력을 지닌 비댜다라族의 왕자인 자무타바하나(雲乘)는 南인도의 말라야山 속에서 싯다族(쉬바神의 권속으로서 공중에 사는 半神族)의 공주 말라야바티와 만나 서로 사랑하는 사이가 되었는데, 가우리女神의 허락을 얻어 결혼한다(以上 제3막). 이후의 2막에서는 왕자가 불교적 희생정신에 의해 龍王의 위난을 구하기 위해 스스로 가루다Garuḍa(金翅鳥)새의 먹이가 되는데, 가우리女神의 신통력에 의해 再生하여 王者의 사명을 완수한다. 이 극은 불교의 전설에서 그 소재를 취한 것인데, 같은 주제가 Samadeva의 《Kathā-sarit-sāgara》(22) 중에서도 발견된다. 산스크리트語로 된 불교 희곡으로서는 매우 희귀한 것인데, 義淨의 《南海寄歸傳》(권4,32)에서도 이에 대한 이야기로서 『又戒日王, 取雲乘菩薩以身代龍之事, 緝爲歌咏, 奏諧絃管, 令人作樂舞之踏之流布於代』라고 기재되어 있어, 이 이야기가 널리 보급되어 있었음을 알 수 있다. 戒日王은 이 불교 희곡 외에도 《Ratnāvalī》와 《Priyadarśikā》라는 두 편의 희곡을 남기고 있으나, 이 《나가난다》에서는 불교 사상과 함께 힌두교 샤크티(性力)派의 사상도 엿보인다.

〔참고문헌〕 이의 日譯으로는 高楠順次郎 《龍王의 기쁨》(世界文庫, 1923), 原實〈나가난다〉(《原始佛典》筑摩書房, 1975, p.373f.)이 있고 英譯으로는 P. Boyd(1872)와 R.D.Karmarkar (1919)의 것이 있으며, 일찌기 A.Bergaigne가 프랑스語로 번역한 바 있다(1879).

**낙양가람기** 洛陽伽藍記 5卷

東魏의 楊衒之가 저술한 것이다. ㊅51-999. 北魏시대의 낙양 및 그 근교에 있던 여러 大사찰에 대하여 그의 緣起·규모·행사 등을 기록한 책이다. 낙양에는 晋의 永嘉연간(307~313)에 42개 사찰이 있었음에 불과했으나, 北魏가 이곳으로 수도를 옮긴 전성시에는 성의 안팎에 1367개 사찰이 있었다고 한다. 그러나 魏가 東西로 분열하여 天平 元年(534)에 東魏가 鄴으로 천도함에 이르자, 낙양은 다시 황폐하여 421개의 사찰이 남게 되었다. 그런데 東魏의 武定 5년(547)에 낙양을 방문한 楊衒之가 그 실상을 보고서 회고의 정을 가누지 못해, 낙양에 佛寺가 성황이었던 시절의 정황을 후세에 전하고자 썼던 것이 이 책이다.

城內·城東·城南·城西·城北의 순서로 45개의 大寺에 대하여, 창립자·주위의 지세와 경관·가람의 규모·불상과 비문·행사와 풍속·서역과의 문화교류 등 전반적인 사정을 기술하고 있다. 특히 귀족의 생활이나 정치의 이면을 말하는 점에 있어서, 正史인 《魏書釋老志》와 아울러 北魏불교를 연구하는 데 없어서는 안될 자료이다. 특기할 만한 것으로서 卷5에서는 神龜 元年(518)에 胡太后의 명에 의해 宋雲과 惠生이 인도로 가서 佛蹟을 순례하고 正光 2년(521)에 170부의 대승경전을 얻어서 돌아왔음을 기록하고 있다. 이에 대한 기술이 상세한 점으로 보아, 대장경에 실려 있는 《北魏僧惠生使西域記》는 아마도 이 책을 발췌한 것일 것이다. 저자 楊衒之에 대해서《宋史芸文志》《文獻通考》《史通通釋》 등이 羊衒之로 적고 있는 것은 잘못이다. 전기에 의하면 그는 魏의 撫軍府 司馬라 하거나 혹은 期城郡 太守라고도 하는데, 그의 生卒연대나 그 밖의 경력 등에 대해서는 현재 아무것도 알 수가 없다. 이 책에는 많은 版本이 있고, 문자의 異同이 눈에 띄는데, 明시대의 如隱堂本과 吳琯本이라는 서로 다른 2版本의 계통이 있다. 이 중 前者가 가장 오래된 것이고, 또 우수하다고 평가된다. 이 책은 원래 본문과 子注로 구별되어 있었으나 明代에 양자가 뒤섞여져 구별할 수 없게 되었다. 이 때문에 원형으로 되돌리고자 하여 吳若準의 集證, 唐晏의 鉤沈, 張宗祥의 合校本이 작성되었고 周延年의 注도 작성되었다.

이 책에 대한 연구로는 畑中淨圓의 〈洛陽伽藍記의 諸版本과 그의 系統〉(大谷學報30,4)이 있고, 高橋太華의 日譯이 [譯一] 和漢部, 史傳部17에 있다.

## 남해기귀내법전 南海寄歸內法傳 4卷

唐나라 義淨(635~713)의 찬술로서 갖춰진 명칭은《大唐남해기귀내법전》이고, 약칭으로는《南海寄歸傳》이라 한다. ㊅54-204, ⓚ33-672. 義淨이 인도에서 귀국하던 도중 室利佛誓(Śrīvijaya)에 상륙하여 4년 동안 체류하는 기간에, 이 책과《大唐西域求法高僧傳》2卷을 저술하여, 귀국에 앞서 본국의 동료 승려들(道友)에게 보냈다고 한다.

〔내용〕 다음과 같은 40節로 구성되어 있다. 破夏非小·對尊之儀·食坐小牀·餐分淨觸·食罷去穢·水有二瓶·晨旦觀虫·朝嚼齒木·受齋赴請·衣食所須·著衣法式·尼衣喪制·結淨地法·五衆安居·隨意成規·匙筋合不·知時而禮·便利之事·受戒儀則·洗浴隨時·坐具襯身·臥息方法·經行小病·禮不相扶·師資之道·客舊相遇·先體病源·進藥方法·除其弊藥·旋右觀時·灌沐尊儀·讚詠之禮·尊敬乖式·西法學儀·長髮有無·亡則僧現·受用僧衣·燒身不合·傍人獲罪·古德不爲. 이상의 내용에는 통일성이 없고 각節은 따로따로 독립되어 있다. 그러나 受戒作法·布薩·安居·自恣 등 승가의 작법으로부터 衣食住의 일상생활·師弟의 禮·客비구와 舊住비구의 禮儀·예불·看病·장례법·물을 거르는 방법·편리하게 세면하는 방법, 기타 일상의 行儀作法 등도 상세히 기술하고 있으며, 다른 문헌에서는 볼 수 없는 상세한 律에 대한 설명이 있다.

〔평가〕 계율에만 전문적으로 치우친 점도 있으나, 그것만으로도 인도와 南海에 존속했던 불교 교단의 조직이나 계율의 실제를 자세히 알 수 있는 귀중한 문헌이다. 저자인 의정은 인도와 南海의 여러 나라에서 직접 견문했던 계율의 실제 및 僧院생활의 사실을 서술하고, 그의 장점을 열거하며, 본국인 중국의 僧風과 비교하여 본국에 있는 동료 승려들의 반성을 촉구하고 있는 것이다. 그의 서문에서는 당시의 部派불교나 대승불교의 교단이 분포된 실제 상황을 상당히 자세하게 소개하고 있다. 즉 대승은 中觀·瑜伽, 소승은 有部·正量·大衆·上座의 근본 4부가 번성하고 있었음을 보여준다. 또 제32절〈찬영의 禮〉(讚詠之禮)나 제34절〈서방의 學法〉(西法學儀) 등에서는 마트리체타Mātṛceta의《四百讚》《百五十讚》을 비롯하여 당시 인도에서 유행한 찬불의 게송이나 문법서·논리서 및 기타의

문헌을 열거하며, 학자의 이름도 龍樹 이하 많은 사람을 열거하고 있다. 이 책에 포함된 이러한 자료들은 다른 문헌에서는 볼 수 없는 것들이다. 『무릇 여기서 논하는 바는 모두 根本說一切有部에 의거한다. … 이것과 十誦은 대체로 유사하다. … 그렇지만 十誦律 역시 이 根本有部에는 없다』고 서술하여, 자신이 이 책에서 논술하고 있는 律의 입장이 根本說一切有部에 있음을 표시한다. 설일체유부의 《십송율》*이 그것과 다름을 나타내고 있는 것이다.

〔참고문헌〕 이 책은 일찌기 일본의 高楠順次郎에 의해 英譯되었다. 즉 J.Takakusu의 《A Record of the Buddhist Religions as Practised in India and the Malay Archipelago(A.D. 671~695) by I-tsing》(1896)이 그것이다. 日譯은 譯一 和漢部, 史傳部16에 있고, 연구서로는 佐佐木教悟의 《南海寄歸傳講要》(大谷大學安居事務所, 1968)가 있다.

**넷티파카라나** Netti-pakaraṇa 指導論

팔리語로 씌어진 문헌으로서 스리랑카 上座部에서는 《밀린다판하》Milinda-pañhā (→밀린다王의 질문)·《숫타상가하》Suttasaṅgaha·《페타코파데사》*와 함께 藏外로 분류되어 있으나, 버마에서는 이 셋을 모두 三藏 속에 포함시킨다. 이 책의 작자에 대해서는 序章, 各章의 끝부분, 담마팔라Dhammapāla의 주석서에 기술된 바에 따라 전통적으로 붓다의 直第子인 Mahākaccāna(Mahākaccāyana : 大迦栴延)라고 하지만, 사실은 보다 후대에 南인도의 학자에 의해 작성된 것을 그 후 佛弟子의 이름을 갖다 붙인 것이라고 생각하는 것이 옳을 것이다. 그 성립 연대도 확정할 수는 없으나, 원전을 교정한 E.Hardy는 서력기원의 무렵 또는 그 직후라고 추정하고 있다. 中部경전(→佛典개요의 팔리語 三藏)에 대한 붓다고사Buddhaghosa(佛音)의 註인 《Papañcasūdani》에 이 책을 인용한 구절이 있으므로, 붓다고사의 생존 시기인 5세기에는 이미 스리랑카에 존재해 있었음이 틀림없다. 이 책의 조직과 내용은 南傳 및 北傳의 阿毘達磨(Abhidharma)에서도 그 예를 볼 수 없는 특이한 것으로서 《페타코파데사》와 궤를 같이한다. 이 책의 목적은 경전(sūtra)을 해석할 때그 경전을 다양한 방면에서 검토하여 경전의 의미를 오류가 없이 후세에 전하게 하는 동시에, 경전 본래의 목적이 무엇인지를 반성하게 하는 데 있다고 할 수 있다. 英譯者 Ñāṇamoli는 이에 대해 『本書는 일반적인 주석서(Commentary)가 아니라 주석자(Commentator)를 위한 지도서이다』라 말하고 있다(英譯, Instroduction, p.vii).

이 책의 골자는 16範疇(hāra), 5方法(naya), 18根本句(mūlapada)로 구성되어 있다. 이 중 16범주와 2방법은 경전의 표현에 관해서 기능하고, 나머지 3방법과 18根本句는 경전의 의미에 관하여 작용하는 것이다. 그런데 16범주란 ① 說示(desanā) ② 簡擇(vicaya) ③ 應理(yutti) ④ 足處(padaṭṭhāna) ⑤ 特相(lakkhaṇa) ⑥ 4嚴(catu-byūha) ⑦ 引轉(āvatta) ⑧ 分別(vibhatti) ⑨ 回轉(parivattana) ⑩ 異語(vevacana) ⑪施設(paññatti) ⑫深入(otaraṇa) ⑬清浄(sodhana) ⑭ 關說(adhiṭṭhāna) ⑮緣具(parikkhāra) ⑯提擧(samāropana)이다. 이는 경전을 16가지의 방면에서, 특히 표현에 관하여 고찰하는 것인데, 이들에 의해서 그 경전이 주석할 만한 가치가 있는지를 확정한다. 다만 각 범주의 규정은 반드시 따라야 할 정도의 엄격한 것은 아니

고, 사용하는 사람의 자유가 폭넓게 인정되고 있다. 이 중에서 ①②③의 세 범주는 어느 경전에도 적용할 수 있는 것인데, 다른 범주들은 반드시 그런 것은 아니다. 다음에는 이러한 범주에 의해 분석되고 확정된 경전을 다시 5방법에 적응시켜 이 경전의 참된 의미를 탐구한다. 5方法이란 다음과 같은 것이다.

① 歡喜引轉(nandiyāvatta) / 不善法으로서의 渴愛와 無明을 善法으로서의 止와 觀에 의해 對治하여, 해탈의 환희로 이끌어 들이는 것.

② 錫杖의 打穀(tipukkhala, 「3淨」이라고 번역할 수도 있다) / 不善근본구를 善근본구에 결합시켜 淨化함으로써 해탈을 얻게 하는 것.

③ 師子遊戲(sīha-vikkīḷita) / 번뇌를 信根 등의 善法에 의해 이끌어 4聖果를 얻게 하는 것.

④ 四方眺望(disālocana) / 경전의 곳곳에 설해진 善·不善을 조망하고 관찰하는 것

⑤ 鉤索(aṅkusa) / 위의 사방조망 후 일체의 善·不善을 18根本句로 끌어들여 살피고, 종류별로 모으는 것.

이 중 ④와 ⑤는 경전의 표현에 관해 작용하는데, 항상 서로 결부되면서 ①②③ 중 어느 것의 한 방법으로 작용하여 종합적으로 경전이 의도하는 참뜻을 탐구한다. 18根本句란 ① 渴愛(taṇhā) ② 無明(avijjā) ③ 貪(lobha) ④ 瞋(dosa) ⑤ 痴(moha) ⑥ 浄想 (subha-saññā) ⑦ 樂想(sukha-saññā) ⑧ 常想(nicca-saññā) ⑨ 我想(atta-saññā)이라는 아홉 가지의 不善(akusala) 根本句와, 이에 對治되는 ⑩ 止(samatha) ⑪觀(vipassanā) ⑫無貪(alobha) ⑬無瞋(adosa) ⑭無痴(amoha) ⑮不浄想(asubha-saññā) ⑯苦想(dukkha-saññā) ⑰無常想(anicca-saññā) ⑱無我想(anatta-saññā)이라는 아홉 가지의 善(kusala) 根本句인데, 이들은 경전의 참된 의미와 밀접하게 연관되어 있는 것이다.

이 책의 구성을 살펴보면, 序章을 포함한 5章으로 이루어지는데, 序章은 전체의 요지를 제시하는 3部의 짧은 내용이고, 나머지 4章은 다음과 같다. 제1장 Hāravibhaṅga(범주를 분별함)는 각 범주의 특징을 설명한다. 제2장 Hārasampāta (범주를 응용함)는 경전을 1節씩 분해하여, 이들의 각각이 어느 범주에 속하는지를 제시한다. 제3장 Nayasamuṭṭhāna(방법을 세움)는 5方法을 설명한다. 제4장 Sāsanapaṭṭhāna(教를 발족함)는 18根本句를 이용하여 경전 전체를 여러가지 종류로 분류하여 예시한다.

〔연구〕 이 책의 원전은 1902년 E.Hardy에 의해 PTS로부터 교정 출판된 이래, 그 특이성과 난해함 때문에 오랫동안 방치되어 왔으나, 1962년 Ñāṇamoli에 의해 英譯·出版됨으로써 비로소 전체의 내용이 밝혀지게 되었다. 그는 英譯本의 序文에서 이 책을 상세하게 논했는데, 특히 《페타코파데사》와의 비교를 통해 이 책이 《페타코파데사》보다 먼저 성립되었다는 종래의 주장을 배척하고, 이 책은 《페타코파데사》보다 새로운 것으로서 그의 개정판이라고 주장하였다. 이는 매우 주목되는 주장으로서 내용의 면에서는 신빙성이 있다. 그러나 이 책은 연구 단계에 있으므로 전체에 걸친 상세한 해명이 기대된다.(여기서 사용한 술어는 다음에 소개하는 水野弘元의 논문에 의한 것이다.)

〔참고문헌〕 원전은 E.Hardy ed. 《The Nettipakaraṇa》(London : PTS, 1902)로 출판되었다. 주석서는 가장 오래된 것으로서 Dhammapāla의 《Nettipakaraṇaṭṭhakathā》가 있는

데, 이것은 스리랑카 文字로 출판되었고(1921년 Colombo에서 Simon Hewavitarne Bequest에 의함), 다시 이것을 발췌하여 로마字로 출판하였다(Hardy가 편집한 원전에 부록으로 출판됨). 英譯은 Bhikkhu Ñāṇamoli tr. 《The Guide》 PTS Translation Series No.33(London, 1962)으로 출판되었다.

이에 대한 연구로는 다음과 같은 것들이 참고된다. Hardy가 편집한 원전의 〈Introduction〉, Ñāṇamoli 英譯本의 〈Introduction〉, 水野弘元〈Peṭakopadesa에 대하여〉(印佛研 7의2), 佐藤良純 〈Nettipakaraṇa에 대하여〉(印佛研 12의2), 同〈Nettipakaraṇa에 있어서의 引用文獻〉(大正大學硏究紀要 55).

## 노자화호경 老子化胡經

王浮(약 3세기)의 찬술로서, 현재는 卷1과 卷10만이 전한다. ㊅54-1266. 老子가 인도에 들어가서 붓다가 되었다든가 붓다를 교화했다고 하는 소위 老子化胡說을 내세운 僞經이다. 이 책은 오랫동안 사라져 있었으나, 프랑스의 펠리오Pelliot가 敦煌에서 발굴된 문헌들 속에서 전체 10卷中 제1권과 제10권을 발견하였고, 이것이 일본의 大正新修대장경에 수록되었다. 돈황本의 제1권 속에 표기되어 있는 제목은 「老子西昇化胡經序說제1」이고, 제10권의 말미에는 「老子化胡經 卷제10」으로 되어 있다. 《노자화호경》의 찬술에 대해서는 《晉世雜錄》 등에 근거하여 일반적으로 西晋의 惠帝(291~307) 시대에 도사인 王浮에 의해 작성되었다고 전해진다. 최초에는 1권이었던 듯한데, 6朝시대 말엽에는 2권이 되었을 것으로 생각된다. 왕부의 이 《노자화호경》은 唐시대엔 《明威化胡經》이라고도 호칭되었다. 唐代가 되자 이 책은 道敎·佛敎 논쟁에 유력한 문헌으로 취급되었다. 먼저 北周시대의 《笑道論》이 이 책을 비난했고, 다시 唐시대의 《破邪論》《辨正論》《집고금불도논형》* 등도 이 책을 비난했다. 그리하여 이 책은 668년에는 소각되었고, 705년에는 엄금되기도 했다. 그러나 宋시대까지는 일반에 유포되어 있었는데, 元시대에 이르러 禁斷됨으로써 그 흔적을 찾아볼 수 없게 되었다.

현재 大正新修대장경에 실려 있는 이 《노자화호경》과 王浮의 저작인 《노자화호경》은 완전히 다른 것임이 논증되어 있다. 즉 그 근거로서 다음의 넷을 제시한다. ①王浮의 《화호경》은 원래 1권인데, 돈황本은 10권이다. ②돈황本에서는 제목이 「老子西昇化胡經序說제1」로 되어 있다. ③왕부本에서 「老子西昇化胡經」이라고 일컬어진 증거는 없다. ④돈황본에서는 마니敎의 사상이 발견된다. 이상과 같은 이유에 의해 돈황本의 제1권은 唐나라에 마니교가 전래된 이후의 저작이라고 추정되고, 현재의 돈황本은 왕부가 지은 《노자화호경》이 아니라고 확인되는 것이다. 그렇다면 현존하는 돈황본의 제1권은 누군가의 僞作임이 분명한데, 이에 대해서는 唐의 開元시기에 마니교도에 의해 위작되었다고 간주되고 있다.

〔노자화호설〕 이 책이 주장하는 「老子化胡說」은 王浮가 《노자화호경》을 저술하기 전부터 이미 유포되어 있었다고 한다. 이 「노자화호설」이 문헌 속에 맨 처음 나타난 것은 襄楷가 後漢의 桓帝에게 올린 상소에서(166년) 『혹은 말하기를 老子가 夷狄에 들어가서 浮圖(붓다)가 되었다고 한다』라고 말한 내용이다. 이후 100여년이 지나, 불교의 전래를 설명하는

魚豢의《魏略》西戎傳 속에서는『浮圖에 실린 바가 중국의 노자경과 서로 통한다. 생각컨대 노자는 서쪽 關을 나가서 서역을 지나 천축(인도)에 들어가 胡를 가르쳤을 것이다』라는 기술이 있다. 이러한 주장은《史記》의 老子傳에 나오는『〔노자가〕가버린 곳을 알지 못한다』는 기술을 빌미로 삼은 것이라고 생각된다. 이로 보아「노자화호설」은 적어도 2세기 중엽에는 성립하여 사회 일부에 유포되어 있었을 것으로 보인다. 따라서 이 책의 성립 배경은 중국에서 불교가 세력을 확장해가는 데에 있었다. 불교의 세력 확장에 따라 불교와 도교 사이에 종교 논쟁이 일어났고, 魏나라 曹植은《辨道論》을 지어 신선술 등의 詐妄한 점을 밝혔다. 西晋시대의 논쟁은 帛遠과 도사 王浮 사이에 이루어졌다. 이러한 논쟁의 산물로서《노자화호경》이 성립한 것이다. 그러나 이를 통해 오히려 당시 불교의 특질을 짐작할 수 있다. 이국의 종교인 불교를 중국에 포교하기 위한 유일한 방법은 중국 고유의 풍속·습관·사상·신앙 등에 가능한 한 불교를 조화시키는 것이다. 즉 도사나 방술가가 설명하는 불로장생술에 맞추어 불교의 가르침을 설명할 필요가 있었다. 그리하여 도교의 老子와 불교의 浮圖(붓다)는 서로 같은 인물이라는 혼동도 자아내게 되었던 것이다. 일반적으로는 이 책이 불교에 대한 우위를 주장하기 위한 도교측의 僞作이라고 간주되고 있다. 이에 대해 일본의 鎌田茂雄은 그의《中國佛教史》(岩波書店, 1978)에서, 그러한 당시의 시대적 상황을 고려하여,「노자화호설」은 불교와 도교가 대항하기 시작했던 시대에 도교측이 고의로 날조했던 것이 아니라 불교측에서 내놓은 설일지도 모른다는 견해를 인용하고 있다. 즉 그것이 불교가 중국 사회에 수용되기 위해서는 극히 편리한 설이었을 것이라는 것이다.

〔참고문헌〕이 책에 대한 연구로서는 松本文三郎의〈支那에 있어서 道佛二教의 暗闘〉(《高瀨博士還曆記念, 支那學論叢》), 常盤大定의《支那에 있어서 佛教와 道教》, 福井康順의《道教의 基礎的研究》등이 있다. 한편「노자화호설」에 대해서는 重松俊章의〈魏略의 佛典에 關한 二三의 問題와 老子化胡說의 由來〉(《史淵》제18집, 1938), 大淵忍爾의〈老子化胡說小考〉(《福井文化論集》), 窪德忠의〈老子化胡說의 成立에 關한 一臆說〉(《石田論叢》) 등의 논문이 있다.

### 능가경 楞伽經

梵本은 南條文雄(Bunyiu Nanjio)이 편집한《Laṅkāvatāra-sūtra》(Bibliotheca Otaniensis, vol. I,Kyoto, 1923·1956)로 전하고 있다. 漢譯은 현재 ① 劉宋의 求那跋陀羅가 번역(433)한《楞伽阿跋陀羅寶經》4卷(㊅16-479, Ⓚ10-785), ② 魏의 菩提流支가 번역한(513)《入楞伽經》10卷(㊅16-514, Ⓚ 10-831, ㊥72), ③ 唐의 實叉難陀가 번역한(700~704)《大乘入楞伽經》7卷(㊅16-587, Ⓚ10-919)의 3本이 전한다. 또 北凉의 曇無讖이 번역한《능가경》4卷이 있었다고 전해지고 있지만,《개원석교록》*이 씌어질 무렵(704)에는 이미 欠本으로 되어있다. 이 밖에 法成 (Chos-grub)에 의한 티벳譯 2종(㊍29-26)이 전한다. 원본의 성립은 400년 전후쯤일 것으로 본다(常盤大定《支那佛教의 研究 第二》, p.5와 pp.125~7. E.J.Thomas《The History of Buddhist Thought》,pp.230~231). 이러한 異譯本들 사이에 나타난 문장의 出沒 등에 관해서는

南條文雄이 교정한 《梵文入楞伽經》(앞의 책)의 서문에 첨부된 대조표 및 D. T. Suzuki의 《Studies in the Laṅkāvatāra-sūtra》(pp.15~37)에 상세하다. 앞의 세 譯本 중에서도 ①은 다른 것들에 비해 보다 원초적인 《능가경》의 형태를 전하고 있는 것으로 생각된다. 이에 대해 梵本·魏譯·唐譯·티벳譯(No. 775)에 보이는 여분의 3章, 즉 Rāvanādhyeṣanā·Dhāraṇī·Sagāthakam의 부분은 ①과 ②의 원본 사이에 벌어진, 100년이 못 미치는 기간에 부가된 것으로 추정된다.

《능가경》은 불교 諸학파의 학설을 풍부하게 채용하여, 그것들이 혼합된 가운데, 여러 학설이 어떻게 종교적 체험과 결부되어 있는가 하는 점을 보여주고 있다는 점에서 귀중한 경전이라고 할 수 있다. 후대의 불교 사상과의 관련에 있어서 특히 중요하다고 생각되는 점은 다음과 같은 것들이다. 1)如來藏과 알라야ālaya識의 사상을 결합시켜, 후에 성립되는 《起信論》(→대승기신론)사상의 선구를 이루고 있음. 2)禪을 愚夫所行禪·觀察義禪·攀緣如禪·如來禪의 4종으로 구분하여, 禪의 역사상 주목할 만한 자료를 제공하고 있음. 3)후기의 唯識學說, 특히 護法의 唯識에 영향을 주고 있음. 이외에 《능가경》 자체가 특히 강조하고 있는 견해는, 우리들이 헤어나지 못하고 있는 미혹의 근원은 무한의 과거로부터 쌓아 온 習氣에 의해 諸法이 오직 자기 마음의 드러난 바(svacittadṛśyamātra)라는 점을 了知하지 못하고, 그 習氣에 의한 諸法에 집착하고 있기 때문이라는 것이다. 이것이 우리들 의식의 本性이며, 이것을 철저하게 了解한다면 能取·所取의 대립을 떠나 무분별의 세계에 이를 수가 있다. 그런 의미에서는 如來藏說도 無我說도 결국은 無分別의 경계에 이르는 방편으로서 설해진 것이다. 「자기 자신에 의한 성스런 智의 行相」이라는 말이 자주 강조되고 있고, 경전 속에 여기저기 설해져 있는 여러가지 관념은 무분별이라는 것을 스스로 체험하고, 철저하게 了解함으로써만 비로소 진실되게 획득될 것이라는 입장이 나타나 있다. 이러한 점에서 우리는 《능가경》 자체에 일관된 입장을 읽을 수가 있을 것이다.

〔참고문헌〕 D.T.Suzuki의 《The Laṇkāvatāra-sūtra, A Mahāyāna Text》(London, 1932,1956)과 《An Index to the Laṅkāvatāra Sūtra with the Chinese and Tibetan Equivalents》(Kyoto, 1933), 河口慧海의 〈矢吹博士撮影將來의 入楞伽經研究〉(大正大學學報 제13집), , 高崎直道의 〈入楞伽經의 唯識說〉(《佛教學》창간호, 山喜房佛書林, 1976) 등이 그간의 연구이다. 번역은 安井廣濟의 《梵文和譯入楞伽經》(法藏館, 1976)이 있다.

**능가사자기** 楞伽師資記 1卷

淨覺(8세기경)이 708년경에 저술한 것으로서 北宗禪을 중심으로 하여 초기 禪宗史의 傳燈을 설하고 있다. ㊅85-1283. 제1 求那跋陀羅三藏, 제2 三藏法師菩提達磨, 제3 沙門惠可, 제4 舒州思空山粲禪師, 제5 雙峯山道信禪師, 제6 雙峯山幽居寺大師(弘忍), 제7 荊州玉泉寺大師(神秀), 제8 嵩高山普寂禪師·嵩山敬賢禪師·蘭山義福禪師·玉山惠福禪師의 8代에 걸친 전기를 수록한다. 선종의 제1조를 求那跋陀羅라 한 것은 그가 《능가경》*의 傳譯者인 동시에 뛰어난 실천가였기 때문이다. 이 책은 《능가경》의 傳持者에 대한 전기라는 의미에서 《능가사자기》라고 命名되어 있으나, 이 책 속에 인용되어 있는 경전은 《능가경》보다도 《화엄경》*이나 《반야경》(→大品·大·小品반야경) 등이 많다. 淨覺은 그의 스승인 玄賾의 《楞伽人法志》에 기초하여 이 책을 찬술했다고 생각된다. 이 책 속에서는 道宣의 《속고승전》* 에 기술된 내용을 기초로 하여 達磨의 〈二入四行〉(→이입사행론)을 인용하기도 하고, 《詳玄傳》《楞伽人法志》 등을 인용하기도 한다.

〔평가〕 이 책은 초기 선종史의 연구에 기초적 자료의 하나로서 가장 중요한 것이다. 이것은 단순한 전기가 아니다. 그 속에는 도처에 선사상이 설해져 있다. 예를 들면, 求那跋陀羅傳에서는 4종安心을 설한다든가 僧粲傳에서는 一即一切의 華嚴사상을 서술하고, 또 道信傳에서는 「即心即佛」「一行三昧」「守一不移」 등을 설하며, 坐禪공부의 實修에 대해서도 서술하고 있다. 이 책이 敦煌에서 발견됨으로써 北宗禪에 대한 연구는 급속히 진전되었다.

〔참고문헌〕 원본은 런던의 大英박물관과 파리의 국민도서관에 보존되어 있다. 일본에서는 矢吹慶輝의 《鳴沙余韻》에 런던본이 수록되어 있다. 연구로는 鈴木大拙의 〈楞伽師資記와 그의 內容概觀〉(大谷學報12의3 ; 《禪思想史研究》 제2), 宇井伯壽의 《禪宗史研究》, 篠原壽雄의 〈楞伽師資記校注〉(內野台領先生追悼論文集) 등이 있다. 최근에 출간된 매우 유익한 번역 및 해설서로서 柳田聖山의 《初期의 禪史 I》(《禪의 語錄》2, 筑摩書房)이 있다. 여기서는 이 책에 대한 해설을 붙이고 나서 원문을 내용별로 상세하게 단락으로 구분한 후 각 단락마다 원문-直譯-意譯-주해의 순으로 배열하고 있는데, 특히 원문에 대한 주해가 매우 상세하다. 따라서 《능가사자기》의 연구史 및 내용을 이해하는 데 있어 매우 편리하다.

## 니야야빈두 Nyāyabindu

다르마키르티Dharmakīrti(法稱, 634~673)의 저작으로서 《正理一滴論》으로 번역된다. 漢譯은 없고 티벳譯(㊗130-134~137)이 현존한다. 저자는 인도의 불교논리학에 부동의 기초를 다진 디그나가 Dignāga(陳那·域龍, 400~480경)의 학설을 발전시킨 불교논리학의 大成者이다. 중국의 義淨(635~713)은 그 명칭을 전할 뿐으로, 학설은 오로지 티벳에서 유행하였다.

〔내용〕 法稱의 主著는 陳那의 《집량론》*(올바른 인식의 集成書)을 계승한 《프라마나바릇티카》*(논리에 관한 비판적 註解書)인데, 이 책은 그의 요지를 총 211개의 頌文으로 정리한 것이다. 전체는 3章으로 구성된다.

제1장은 直接知覺을 21개의 頌文으로 해명한다. 먼저 『모든 사람이 목적을 달성하는 것은 올바른 인식 때문이다. 거기서 그 올바른 인식(이란 무엇인가)을 (이 論으로) 연구한다』고, 술회하고 本書 전체의 주제를 밝히며, 올바른 인식이 직접지각과 推論이라고 한다(2~3偈). 직접지각을 「思考를 포함하지 않고 錯亂이 없는 것」이라고 정의하는데, 여기서 「思考를 포함하지 않는다」는 말은 디그나가가 처음으로 표현한 것으로서 여기에 다르마키르티가 「착란이 없는 것」을 특별히 부가한 것이다. 또 디그나가가 思考를 「명칭과 종류 등을 결합시킨 것」이라고 정의한 데에 대해 다르마키르티는 「언어로 표현하여 얻어진 表象의 이해」(5偈)라고 한다. 그리고 직접지각을 4종으로 분류하는데, 4종이란 感官에 의한 知, 그것의 직후에 일어난 心意에 의한 知, 自己認識, 진실의 修習으로부터 생겨난 수행자의 知이다(7~11偈). 더우기 이 4종의 직접지각의

대상은 참된 實在인 개개의 사물이다(12~14偈). 이에 반하여 추론의 대상은 사물의 공통적인 특질이다(16~17偈). 한편 올바른 인식수단(pramāṇa, 量)은 인식과 대상의 대응관계이고, 이에 의거하여 대상의 확인이 성립한다(20~21偈).

제2장에서는 맨 처음에, 推論에는 자기 자신이 이해하기 위한 것과 타인에게 이해시키기 위한 것의 두 종류가 있음을 설하고(1~2偈), 먼저 前者에 대해서 詳說한다. 추론이란, 추론되어야 할 것에 관해서 理由개념(媒개념=因)이 3가지의 특질을 지닐 때에 그것에 생기는 인식이다(3偈). 그리고 추론에 정당성을 부여하는 근거가 되는 3특질이란 ①추론되어야 할 것, 즉 주장命題의 主辭에 이유개념이 반드시 (포함되어) 있다는 것, ②종류가 같은 주장명제의 主辭에 반드시 (포함되어) 있는 것, ③종류가 다른 주장명제의 主辭에는 결코 (포함되어 있지) 않다고 정해져 있는 것이다(5~8偈). 이것은 디그나가가 규정한 理由개념의 3특질과 동일한 것은 아니다. 예를 들어 ②의 규정에서는 「반드시」(eva)를, ③에서는 「정해져 있는」(niś citam)이 부가되어 있다. 이것은 디그나가의 논리학을 발전시키고자 했던 다르마키르티의 의도에서 나온 것이다. 또 無知覺과 동일성과 인과관계를 이유개념의 3종으로 삼고 있다. 無知覺이란 어떤 장소에 있는 사물이 존재하지 않아 결국 「無」라는 판단을 성립시키는 근거인데, 그 성질을 논하고, 論式을 세운 형태의 相違에 따라 11종으로 구분된다(31~42偈).

제3장에서는 타인에게 이해시키기 위한 추론이 論究된다. 그것은 (타인에게) 3가지의 특질을 지닌 이유개념을 제시하는 것으로서 論證과 다름이 없다. 그리고 제2장에서 설한 理由개념을 이용한 論式이나 그 오류의 경우 등이 검토된다. 主張명제(宗)·理由명제(因)·比喩명제(喩)의 소위 三支作法은 量 그 자체의 혁신을 통해 이미 디그나가에 의해서 확립되었다. 그러나 다르마키르티는 특히 이유명제를 세밀하게 논구하였고, 또 주장명제는 이미 알려진 지식의 반복이기 때문에 반드시 필요한 支分인 것은 아니라고 생각했다. 그리고 디그나가에 있어서는 아직 比喩에 제약되어 比論的 성격을 탈피하지 못하였던 것을 보편적인 大前提답게 하여, 논리학의 演繹的 성격을 강화코자 했다. 이러한 사실은 그가, 디그나가가 내세운 同喩異喩俱具(합당한 비유와 부당한 비유를 함께 갖춤)의 법칙을 무시한 것이라든가, 특히 三支作法의 순서를 역전하여 비유명제를 맨 앞에 놓은 점 등을 통해 알 수 있다. 다르마키르티의 체계는 후세에 불교 이외의 諸派에 커다란 영향을 주었으나 중국에서는 거의 알려지지 않았고, 티벳에서 활발하게 연구되었다.

〔참고문헌〕 이 책에 대해서는 Dharmottara(法上, 8세기末)과 Vinītadeva(調伏天)의 주석이 있는데, 前者에는 산스크리트 원전 (Bibliotheca Buddhica VII, 1918)과 티벳譯(Bibliotheca Buddhica VIII ; ㊤137-163~191)이 있고, 後者에는 티벳譯(Bibliotheca Indica 171 ; ㊤137-145~163)이 있다. 이들의 출판은 각각 P.Peterson, Th. Stcherbatsky, Louis de la Vallée Poussin 등의 노력에 의한 것인데, 이에 대한 번역·연구도 많다. 이 책의 산스크리트 원전으로는 《The Nyāyabindu》(Kashi Sanskrit Series 22, Buddhist Nyāya Section No. I, 1954)가 있다. Th. Stcherbatsky의 英譯(《Buddhist Logic》vol. II) 및 渡邊照宏의

日譯(〈正理一滴論法上釋和譯〉智山學報 新第9·10·11·13의 各卷에 수록)이 있는데, 日譯은 爲他比量品(제3장)의 도중까지 번역한 것이다. 최근에 渡邊照宏은 〈調伏天造·正理一滴論釋和譯〉(《인도 古典論理學》1, 成田山新勝寺, 1970)으로 앞에서 말한 Vinītedeva의 주석을 번역했다. 국내의 한글 번역으로는 元義範의 《佛教認識論理學》(ⓗ136, 동국역경원, 1969)이 있다.

## 니야야수트라 Nyāya-sūtra 正理經

가우타마Gautama의 작품으로 전한다. 六派哲學의 所依經典 중에서는 늦게 성립되었는데, 약 3～4세기경의 작품으로 생각된다. 많은 책으로 간행되었으나 《Nyāya-sūcīnibandha》에 의하면 528偈 8385語로 되어 있고, 5편으로 성립되는데, 각 편은 각각 2개의 日課로 나뉘어져 10章의 형태로 되어 있다. 正理學派의 학설이 16諦로 정리되어 서술되는데, 약 84 주제로 나뉘어져 대체적으로 주제와 함께 自派의 定說과 적대되는 주장을 대결시키고, 경우에 따라서는 여기에 他학파의 비판이나 반박도 짜넣은 체재로 되어 있다.

〔내용〕 학파의 명칭으로도 알 수 있듯이 論理學을 주로 하는데, 철학적인 문제도 포함시키고 있다. 제1편은 16諦의 개념, 제2편은 論證을 진행하는 기초 및 과정에 대하여 설명하고 난 후 이 학파만의 독창적인 주장인 現量·比量·聲量·譬喩量의 4量(pramāṇa : 인식수단) 및 無體量에 대한 議論, 제3편은 量·所量의 하나하나에 대하여 서술한 知識論, 제4편은 실천철학적인 몇 개의 範疇와 세계관, 제5편은 논리학상의 오류를 주된 내용으로 다루고 있다. 16諦의 참된 지식에 의해 해탈을 얻을 수 있다고 하는데, 이 解脱論에는 소승불교의 영향이 보인다. 이의 철학적 방면으로서 언어와 언어가 나타내는 의미 내용과의 관계에 대해서 설하는데, 그것이 습관적인 것이라고 하는 점, 지식은 단지 경험만으로 생겨난다고 하는 점, 聲無常의 입장, 그리고 《베다》*의 권위를 절대시하지는 않는 점 등은 勝論說을 그대로 채용하였다고 생각된다. 이러한 주장은 정통 바라문의 계통이 아니라 일반 사상계에 속하는 것이다. 논리학적 연구에서는 勝論學派의 성립 이후에 성행한 논리학의 발달에 따라 그 부족한 점을 보충하면서 당시의 논리학적 연구를 집성하여 조직하려 했던 것으로 보인다. 이러한 사실은 宇井伯壽와 G.Tucci의 연구 등에 의하여 고찰되었다. 그러나 논리학적인 치밀함이나 조직적인 일관성이 결여되어 있어 잡동사니의 논리학이라 하지 않을 수 없고, 註釋이 없이는 연구가 거의 불가능하다. 그 중에서 주목할 만한 부분이라고 생각되는 것은 推論(比量)의 3형식이나 이를 표현하는 방식으로서의 5支作法이라고 하는 형식논리학적인 부분, 所量이라는 사고방식의 난삽함에 근거한 量·所量의 복잡한 관계, 그리고 現量과 比量과의 관계 등을 주로 하는 知識論이다. 오랜 후세까지 계속되어 온 註釋 연구와 불교도와의 논쟁에서 이러한 문제들이 거론되고 있다.

이에 대한 주석은 매우 많은데, 12세기의 Gaṅgeśa가 綱要書 《Nyāya-tattva-cintāmaṇi》를 저술하기까지 대표적인 것으로서 Vātsyāyana의 《Nyāya-bhāṣya》(약 4세기), Uddyotakara의 《Nyāya-vārtika》(약 6세기), Vācaspatimiśra의 《Nyāya-vārtika-tātparyaṭīka》(약 9세기), Udayana의 《Nyāya-vārtika-tātparyaṭīkā-pariśuddhi》(약 10세기)가 있다. 이들의 주석에

의해 점차 논리학설이 정리되어 발전하여 갔고, 推論의 3형식도 2형식으로 바뀌었으며, 5支作法에도 본질적인 변화가 보이게 되었다. Gaṅgeśa 이후에는 예를 들면 遍充관계(vyāpti)와 같은 항목에 대하여 번쇄한 주석과 고증을 능사로 삼는 학풍으로 변하여 갔다. 불교도와의 논쟁에 대해서는 龍樹 및 中觀派에 대한 것과 陳那로 대표되는 新因明에 대한 것이 있다. 후자에 대해서는 uddyotakara의 주석 이후 正理學說과 新因明과의 교섭이 많아 보이며, 대표적인 교섭은「因의 三相說」을 正理學派가 채용하기에 이르렀던 점을 들 수 있다. 전자에 대해서는《니야야 수트라》에서 주장하는 바와 龍樹의《廻諍論》(Vigrahavyāvartanī)·《廣破經·論》(Vaidalya-sūtra,-prakaraṇa)·《百論》(Śataśastra), 月稱(Candrakīrti)의《中論註》(Prasannapadā) 등과의 對比 연구를 통해 확인이 가능하다. 이 경우는 空觀과의 사상적 대립이지만 新因明과의 대립은《니야야 수트라》원래의 量論이라는 입장과 現·比 2量만으로 量을 한정하고 더구나 이 둘이 반드시 대상의 2相에 의해서만 다른 것과 관계를 갖는 것은 아니라고 하는 新因明 論理學說과의 대립에 근거한다.

〔참고문헌〕 宇井伯壽《印度哲學硏究》제1·제5, 山口益《中觀佛敎論攷》, G.Tucci《Pre-Dignāga Buddhist Texts on Logic》(1929),《History of the Mediaeval School of Indian Logic》(1909), L.Suali《Introduzione allo Studio della Filosofia Indiana》(1913), A.B.Keith《Indian Logic and Atomism》등.

原典의 원문을 제시하고 英譯한 것으로는 Mahāmahopādhyāya Satiśa Chandra Vidyābhuṣana《The Nyāya Sūtras of Gotama》(2ed ; New Delhi : Oriental Books Reprint Corporation, 1975)가 있다. 근래에 들어서 최근의 記號論理學으로써 후기 正理學派의 所論을 해명하려는 움직임이 있다.

## ㉰

### 달마다라선경 達摩多羅禪經 2卷

東晋시대 佛陀跋陀羅(Buddhabhadra, 覺賢, 359~429)가 번역했다. ㊅15-300, Ⓚ 30-258. 修行道地經·修行方便禪經·不浄觀經 등으로도 불린다. 이 경전은 5세기 초엽, 西域에서 禪觀을 고취하는 데 있어 제1인자였던 達摩多羅와 佛大先이라는 두 사람에 의해 저작된 것으로 알려져 왔으나, 최근의 연구에 의하면 大乘禪을 설한 達摩多羅의 所說은 없고 오로지 小乘禪에 전문인 佛大先의 所說이 주로 실려 있다. 역자는 羅什과 거의 같은 시대 사람으로서 廬山의 慧遠의 청에 의해 남쪽에 禪觀을 일으키고자 廬山에서 번역했다. 羅什이 번역했던 《좌선삼매경》*을 「關中의 선경」이라 칭하였던 데에 대하여 이 경전은 「廬山의 선경」이라 불리면서 남쪽의 禪觀 實修者들에게 애독되었다. 이 두 경전은 大·小 2乘의 禪觀을 총합하고 있는데, 특히 이 경전은 선관 實修의 심리를 상세히 논하고 實修者의 마음가짐을 설하는 실제적 지침서로서의 특색을 갖고 있다. 이 경전이 達摩多羅라는 이름을 달고 있기 때문에, 후세에 禪門에 들어선 사람들은 達摩대사의 所說이라고 생각하여 이 경전을 열심히 논구하였다.

### 당대화상동정전 唐大和上東征傳 1卷

일본의 元開(722~785)가 唐나라 鑑眞(688~763)화상(律宗에서는 和尙을 和上으로 쓴다)이 일본에 건너온 여행기를 중심으로 하여 저술한 개인의 전기이다. ㊅51-988, 佛全 113. 이 책은 내용상 3부분으로 분류된다. 제1부는 감진이 불교에 입문하여 일본 유학僧을 만나기까지의 약력, 제2부는 전후 6회의 우여곡절 끝에 일본에 도래한 기록으로서 이 책의 중심이 되는 부분, 제3부는 일본에 도착하여 타계할 때까지의 약전이다.

〔내용〕 제①부 / 감진의 속성은 淳于이다. 唐나라 揚州 江陽縣 사람으로서 14살 때 부친을 따라 절에 가서 불상을 보고는 감동하여, 부친의 허락으로 출가하였는데, 知滿선사를 모시는 沙彌가 되었다. 705년에 道岸율사에게서 보살戒를 받고, 707년에 長安으로 가서 實際寺에서 구족계를 받았다. 그 후 3藏을 연구하고 계율을 전문으로 하였는데, 淮南으로 돌아온 후로는 계율을 教授하여 왔다. 733년 당시에 唐나라에 파견된 丹墀眞人 廣成(多治比廣成일 것이다)을 수행하여 唐에 유학한 榮叡·普照가 귀국에 앞서 揚州의 大明寺로 감진을 찾아가, 일본에 佛法을 전해주길 간청했다. 이로부터 이 책의 중심부인 여행기가 시작된다.

제②부 / 榮叡와 普照의 청원에 따라 鑑眞은 제자들을 모아 놓고 전법에 뜻이 있는 자를 구했다. 고참中의 1人인 祥彥이, 일본은 너무 멀어서 배를 타고 건너가기엔 100사람 中 1人이 성공하기도 어렵다고 듣고 있다고 하면서, 아직 수행이 부족하여 큰 성과가 없으므로 제자들이 결심하지 못한다는 뜻을 전했다. 이에 감진은 『어찌하여 身命을 아끼려 하는가. 아무도 가지 않겠다 하더라도 나는 갈 것이다』고 언명하였다. 그래서 祥彥은 수행할 것을 결의하니, 道興·道航·如海·澄觀·德清·思託 등 21인이 이에 따랐다. 東河에서 배를 조성하였으나, 바로 이 무렵 해적이 빈번히 출몰하였기 때문에 항해가 위험하게 되었고, 또 제자인 道航과 如海 사이에 싸움이 발생하여 여해가 관청에 밀고하여 왜곡하였으므로, 이들은 해적질하려는 것으로 오해되어 배를 몰수당하고 말았다. 그래서 항해는 중지되고 제1차의 시도는 실패로 끝났다(제1회).

다시 榮叡·普照의 요청에 의해 감진은 80貫錢으로 嶺南道 採訪使인 劉臣의 군함 1척을 사서 水夫 18人을 고용하고, 祥彦·道興·德清·榮嚴·普照·思託 등 17인과 공예·그림 등의 기술자를 포함한 총 85인을 승선시켰다. 식량 외에 漆合子盤·金泥像·6扇佛·菩薩障子·《金字화엄경》·《金字大品經》·雜經論·章疏部 등을 적재하고 743년에 출범했다. 狼溝浦에 이르러 심한 바람에 휩쓸려 배는 파손되고, 사람들은 물에 젖어 추위에 시달렸다(제2회). 744년에 파손된 배를 수리한 후 출범하여 大坂山·嶼山을 지나 桑石山으로 향하는 도중 격랑을 만나 배는 부숴졌다. 越州의 明州(寧波)에 있는 阿育王寺에 몸을 기탁한 감진은 越州·抗州·宣州의 승려들에게 律을 강의했다. 그러나 항해의 계획이 밀고되어 榮叡는 체포되었다. 병이 심해져서 석방된 그는 다시 감진에게 돌아왔다(제3회). 榮叡의 굳은 의지에 감격한 감진은 승려 法進에게 명하여 福州에서 배를 사도록 했다. 30여人의 제자와 함께 天台山을 목표로 삼아 南下하여 성지를 순례하면서 陸路로 출발지를 향해 나아갔으나, 다시 밀고되어 구속되고 호송되었다(제4회).

748년 揚州의 崇福寺에서 감진은 榮叡·普照와 상담하여 배를 만들고, 祥彦·神倉·光演·思託 등 도속 14人, 水夫18人, 기타의 사람들을 합하여 35인이 승선하여 출범하였다. 이번에서야 비로소 먼 바다로 나가는 항해가 이루어져, 이 책의 중심 내용이 된다. 양주의 新河에서 승선하여 常州의 界狼山, 越州의 界塔山·暑風山을 지나쳤다. 항해가 순조로왔으면 五島·壹岐를 지나든가 大島를 통과하여 九州에 도착하였을 것이나, 폭풍을 만나 남쪽으로 표류하였다. 뱀이 떠오르는 바다를 지나고, 날치떼를 만나고, 바다 새의 떼거리에 습격당하고, 음료수가 떨어져 몇 사람이 죽음에 직면하여, 觀世音보살을 염송하기도 하고 夢占을 치기도 하고 수호신이 내려오는 환상에 사로잡히기도 하면서 振州江 입구(海南道 海口)에 도착했다. 겨울이라고 하는데도 죽순이 자라고 꽃이 피어 있었다. 別駕인 崇債가 400인의 병졸을 이끌고 성으로 영접하여 大雲寺에 정착했다. 佛舍를 조영하여 1년을 보낸 후 800인의 병사의 호송을 받으면서 육로로 40일을 여행하여 萬安州(東해안)라는 해적촌의 수령 집에 묵기도 하면서 岸州(南해안)에 도착했다. 여기서 崇債와 헤어지고, 이 곳의 遊奕大使인 張雲의 영접으로 開雲寺에 들어갔다. 관민들의 많은 보시로 진기한 열대 식물의 과일을 먹었다. 澄邁州(海南島 서북)에서 승선하여 雷州(廣州만 반도)에 도착했다. 여기서 각지로부터 모인 승려들에게 수계하고, 廣西省의 梧州를 거쳐 廣東省 高要縣 端州의 龍興寺에 도착하여, 榮叡가 세상을 떠난다. 廣州를 거쳐 韶州에 이르자 普照는 이들과 헤어져 明州로 가고, 감진 자신도 발병하여 胡人의 의사에게 치료를 받았으나 결국은 눈을 잃게 된다. 비참한 사건이 계속된 후에도 吉州에서는 감진의 수제자인 祥彦이 선상에서 아미타불을 한번 부르짖고 사망한다. 감진은 「彦, 彦」하고 제자의 이름을 부르며 울었다. 748년에 출발하여 3년째인 750년에 揚州의 大龍寺로 돌아왔다

(제5회).

753년, 일본의 사신으로서 唐나라에 온 대사 藤原朝臣 清河, 부사 胡麻呂·眞備 등이 감진에게 일본으로의 밀행을 청원하였다. 이에 11月에 遣唐使의 배를 타고, 12月에 益救島를 경과하여 太宰府에 도착했다. 이 때 수행한 이들은 法進·曇静·思託·義静·法義·法成 등의 비구 14인과 비구니 3인, 胡人·崑崙人·胆波國人 등의 24인이었고, 기타 佛舍利 3천粒을 비롯한 功德繡普集變·阿彌陀如來像·救世觀音像 등 다수의 불상과 경전이 적재되어 있었다(제6회).

제③부 / 754년 정월에 胡麻呂가 감진이 太宰府에 도착한 사실을 조정에 보고함으로써, 이들은 2月에 入京하여 東大寺에 거주하게 된다. 여기서는 763년 76세로 입적할 때까지의 9년 동안 강의와 수계한 일 등으로부터 唐招提寺를 짓는 일 등, 일본에서 감진이 활약한 바를 기술하고 있다.

〔평가〕 이 책엔 海南島·廣西·廣東 등 중국 각지에 대한 기사가 많다. 또 일본과 중국의 교통史上 귀중한 자료이고, 불교 전파의 구체적인 자료로서도 흥미있는 문헌이다. 또 이 책의 말미엔 思託·石上宅嗣·藤原刷雄·唐의 사신인 高鶴林의 시 7首가 기재되어 있어, 일본의 漢文學史上 중요한 자료가 된다. 이 책의 원본은 감진의 제자였던 思託이 쓴 《大唐傳戒師僧名記大和上鑑眞傳》이었으나, 이는 현존하지 않는다.

〔참고문헌〕 安藤更生의 《鑑眞大和上의 연구》(平凡社, 1960), 그의 譯註인 《唐大和上東征傳》(唐招提社, 1964), 《鑑眞》(吉川弘文館, 1967). 石田瑞麿의 《鑑眞》(大藏出版, 1958), 常順·平岡定海가 편집한 《聖德太子·南都佛教集》(《佛教教育寶典》2, 玉川大學出版部, 1972), 中村元편 《聖德太子》(《日本의 名著》2, 中央公論社, 1970.) 佛全(新)72, 同98(解題).

## 대당내전록 大唐內典錄 10卷

간단히 《內典錄》 또는 《道宣錄》이라고도 한다. ㊅55-219, Ⓚ 31-658. 이 책은 唐시대의 律僧인 道宣(596~667)에 의해 664년에 찬술된 一切經 목록이다. 그는 일체경을 보관할 西明寺의 輪藏을 造營한다고 하는 실제적인 필요성 때문에 일체경의 내용을 검색하다가 종래의 經錄에 미비한 점이 있음을 통감했다. 이에 그는 隋시대에 찬집된 《역대삼보기》*《法經錄》《仁壽錄》의 세 책을 근간으로 하고, 다시 西明寺의 藏經을 참조하면서 획기적인 일대 經錄을 제작할 계획이었다. 그러나 그의 노력에도 불구하고 초기의 의도가 충분한 결실을 맺었다고는 말할 수 없을 것 같다.

〔내용〕 이 책은 전체가 10類로 분류되어 조직된다. 먼저 歷代衆經傳譯所從錄(제1~5卷)은 이 책의 총괄적인 목록(代錄)이라 할 수 있는데, 《역대삼보기》의 代錄을 거의 그대로 계승하고 있다. 따라서 부수, 有譯·失譯의 예, 번역자 등의 査定에는 상당히 의심스러운 것을 포함하고 있다. 다음에 歷代衆經翻本單重傳譯有無錄(제6~7권)은 《仁壽錄》을 계승하여 작성된 分類整理목록이다. 그러나 이 부분은 독립되어 있고, 앞의 代錄과는 전혀 연결하거나 한데 묶어 정리하기가 곤란하다. 여기서 이 책의 한계를 분명히 볼 수 있다. 歷代衆經見入藏錄(제8권)은 당시 西明寺에 소장되어 있는 入藏목록이다. 실제로 道宣이 西明寺의 藏經을 근거로 하여 이것을 제작했기 때문에, 이 책에서는 이 부분이 가장 특색있다.

歷代衆經擧要轉讀錄(제9권)은 독송 경전의 선택에 편리를 고려하여 제작된 것이다. 歷代衆經有目闕本錄(제10권)은 궐본이 지닌 의의를 논하고 있으나 궐본인 경전의 명칭은 기재하지 않고 있다. 歷代道俗述作注解錄(제10권)은 중국에서 저술된 불교 문헌의 목록이다. 歷代諸經支流陳化錄(제10권)은 支部경전의 의의와 部數를 제시하고 있다. 歷代所出疑僞經論錄(제10권)은 그 저작에 의심스러운 바가 있거나 僞經으로 판명된 162부의 經名을 제시하고 있으나, 이것은 《출삼장기집》*《역대삼보기》*《法經錄》의 기재 내용을 옮겨 놓은 것으로서 저자가 査定한 약간의 경전을 첨가하고 있을 뿐이다. 歷代衆經錄目終始序(제10권)는 有本10부 闕本24부라고 하는 前代에 제작된 經錄의 명칭을 열거한 것이고, 歷代衆經應感興敬錄(제10권)은 경전 독송의 공덕을 찬탄한 것이다.

이상에 대한 참고문헌은 《佛書解說大辭典》 卷7, 林屋友次郎의 《經錄硏究》, 姚名達의 《中國目錄學史》(pp.279~285) 등이다.

## 대당서역기 大唐西域記 12卷

단순히 《서역기》라고도 하며, 玄奘(602~664)과 辨機(?~652)가 646년에 찬술한 것으로 되어 있다. ㊅51-867, Ⓚ 32-369. 唐나라 太宗의 칙명에 의해서 찬술된 西域과 인도의 地誌이다. 玄奘이 번역하고 辨機가 찬술했다고 기록되어 있으나, 현장이 스스로 쓴 여행 기록에 기초하여 변기가 編述한 것이라고 생각된다. 고려本에는 敬播의 序, 宋·元·明本에는 燕國公(于志寧. 明本이 이를 張說이라 한 것은 잘못이다)의 序를 첨부하고 있고, 각 本이 모두 권말에 辨機의 記讚을 기재하고 있다. 한편 《玄奘上表記》에는 進西域記表가 있다.

〔내용〕 이 책에 의하면 현장은 627년(다른 서적들에서는 629년으로 되어 있다)에 인도를 향해 출발했다. 서역의 여러 나라들을 경유하여(소위 天山南道의 北路) 아프가니스탄으로부터 西北인도를 들어가고, 나아가 中인도에 이르러 다시 인도半島를 돌아 일단 中인도로 되돌아온 후, 西北쪽으로 길을 택해(南道의 南路) 葱嶺을 넘고 于闐을 거쳐 645년에 長安에 도착했다. 이러한 여행의 개괄적인 행로에 따라 오늘날의 東西투르케스탄의 諸國, 아프가니스탄 및 인도의 諸國에 대하여 각국의 영역·기후·풍토·언어·傳承·종교·특히 불교의 상황이나 佛寺·佛蹟의 현상 등을 기술한다. 여기서 열거하는 나라는 「직접 거친 곳이 110國, 전해 들은 곳이 28國」으로서 당시의 西域·인도의 거의 전역을 포함한다. 여행기風의 기술을 취하고는 있지만, 단순한 여행기는 아니다(여정에 대해서는 《慈恩傳》 및 《行狀》을 참조). 그러면서도 거리나 방위, 또 물건의 크기 등을 표시하고 원어를 정확히 表音하여, 세밀히 기록하려고 노력하는 정확성을 기하고 있다. 따라서 고대의 地誌로서는 이것을 따를 만한 것이 없다. 이 때문에 소재 지역에 있는 고대의 지리나 불교 문화 등을 연구함에 있어서, 또는 고고학적 발굴이나 탐험에는 없어서는 안될 지침서로서 현저한 성과를 이끌어냈다. 이러한 의미에서 근세의 인도學 및 西域學의 진보에 대단히 큰 공헌을 했다.

〔참고문헌〕 위와 같은 이 책의 뛰어난 가치 때문에 진즉부터 서구인의 관심을 끌어 19세기 중엽에 이 책은 번역되기 시작했다. 佛譯으로는 S.Julien의 《Mémoires sur les contrées occidentales》2 tomes(Paris, 1857~58)가 있

고, 英譯으로는 S.Beal의 《Si-yu-ki, Buddhist Records of the Western World》 2vols.(London, 1884) 및 T. Watters의 《On Yuan Chwang's Travels in India》2vols. (London, 1904~5)가 있다. 이 외에도 부분적인 번역은 많다. 원전의 校訂은 일본에서 이루어졌는데, 京大文科大學本(考異索引을 포함하여 2卷, 東京, 1911), 大正大藏經本(東京, 1928), 呂秋逸本(金陵刻經處, 1957)이 있다. 小野玄妙의 日譯이 譯一 和漢部, 史傳部16에 실려 있다.

연구로서는 堀謙德의 《解說西域記》(東京, 1912)가 편리하나 너무 오래되었고, 足立喜六의 《大唐西域記의 硏究》2卷(京都, 1942~3)는 잘못된 고증이 많다. 이 밖에 高桑駒吉의 《大唐西域記에 기록된 東南印度諸國의 硏究》(東京, 1926)도 있다. 국내의 번역으로는 權德周의 《大唐西域記》(日月書閣, 1983)가 있는데, 이는 史學의 입장에서 번역한 것으로서 表音된 고대어의 원어 표기가 정확치 못하고 註가 빈약한 흠이 있다.

## 대반야경 大般若經

大般若波羅蜜多經(Mahāprajñāpāramitā-sūtra) 600卷으로서 唐의 玄奘이 번역(660~663)했다. ㊅5~7, Ⓚ1~4, ㊞26~29. 般若部에 속하는 경전은 전체 經藏의 3분의 1을 차지하는데, 그 중 4분의 3이 大般若經이므로 이 경전은 그 사상적 내용에 있어서나 막대한 양에 있어서 실로 중요한 위치를 차지한다. 특히 이 경전은 般若部의 여러 經들을 집대성하였으므로 반야부의 一大叢書라 할 수 있다. 따라서 이 경전 전체를 玄奘이 번역한 것은 아니고, 玄奘代(602~664)까지 번역된 반야부의 經들과 玄奘이 번역한 經들을 총체적으로 수록한 것이다. 중국에 있어서 반야부의 경전들이 口傳되어 온 과정을 살펴보면, 근본 경전으로부터 大·小의 2部로 분류할 수 있는 것들이 중국에 口傳으로 전해져 와서, 이미 3세기경에는 2部의 존재와 그 실증이 시도되었다. 이어 4~5세기에는 4種說이 전래되고 그에 대한 논증이 시도되었으며, 6~7세기에는 8部說이 전해져 그에 대한 실증이 논해졌다. 그러다가 드디어 7세기의 玄奘에 의한 16會 大般若經이 실현됨으로써 반야부의 경전은 완결되었던 것으로 생각된다.

이 경전의 구성을 보면 600卷 4處 16會 275分으로 구분되는데, 4處란 이 경전이 설해진 네 장소를 말한다. 즉 ① 王舍城 鷲峰山 耆闍堀山(1~6會, 16會), ② 舍衛城 給孤獨園(7~9會, 11~14會), ③ 他化自在天王宮(10會), ④ 王舍城 竹林精舍(16會)이다. 16會 600卷은 내용상 크게 2部로 나눌 수 있는데, 1會부터 5會까지는 증광된 것들로서 제6會 이하의 경전들과는 명료하게 다르다. 먼저 제1會의 400卷에 대해서 僧叡는 10만偈가 존재한다고 말한 바 있기 때문에 250년 이상의 기간에 걸쳐 그 集錄이 실현되었던 것으로 생각된다. 번역된 것은 10만偈라고 말하고 있지만, 梵文은 13만 2600偈였다고 기록되어 있다. 梵藏本(티벳譯, ㊗12~21)은 모두 전해지고 있다. 日本의 東京大學 도서관에도 사본이 소장되어 있으나, Calcutta에서 Pratāpacandra Ghosa씨가 1902~1914년에 그 1部를 간행했을 뿐, 아직 완전하게 출판되어 있지는 않다. 제2·3會는 대개가 羅什이 번역한 《대품반야경》* 등에 포함되어 있고, 제3·4會는 같은 역자의 《소품반야경》* 등에 포함되어 있으며, 제6會는 《勝天王般若》에, 제7會는 《文殊般若經》에,

제8會는 《濡首菩薩經》에, 제9會는 《금강경》* 에, 제10會는 《이취경》*에 포함되어 있고, 아울러 따로따로 번역되어 출간되었으나, 제1會 및 제11會 이하의 경전들은 玄奘이 새롭게 번역하였던 것이다. 이와 같이 《대반야경》에 소속된 경전들은 單獨本으로서 따로 간행되기도 하였다. 그러나 《대반야경》에 대한 연구서는 흔치 않다.

일본에서는 국가의 보호와 흥륭, 그리고 재앙의 제거와 求福을 위해 종파의 구별이 없이 일률적으로 이 경전의 독송과 전파에 주력하였다. 이는 般若 즉 지혜가 佛母라는 사고방식에서 기인한 것으로서 경전 속에서도 이 經을 독송하여 간직하고 널리 전하여 강독하라고 권하기 때문이다. 특히 제398卷에서는 『般若波羅蜜多를 聽受할 때 모든 대중들은 곧 法을 잘 들어 誦持할 것이며, 書寫할 것이며, 轉讀할 것이며, 思惟할 것이며, 설해진 대로 행할 것이며, 다른 이들을 깨닫도록 해야 할 것이다. 이런 인연에 의해 그의 주변에 있는 生類들은 어떠한 惡趣에도 떨어지지 않는 法을 얻으며, 또한 無上正等菩提에서 영원히 退轉하지 않는다』고 한다.

이 경전에 대한 연구로서는 일본에서 渡邊海旭의 〈大般若經概觀〉(《壺月全集》上卷)이 최초인데, 椎尾弁匡의 《佛教經典概說》에서도 다루어지고 있다. 日譯은 [譯一] 般若部에 실려 있다. 이 경전과 직접 연관된 것은 아니지만 般若思想에 대한 최근의 연구서로는 春秋社에서 발행한 《般若思想》(《講座·大乘佛教》제2, 1983)이 있는데, 여기서 三枝充悳의 〈般若經典의 成立〉이 참고할 만하다.

## 대반열반경집해 大般涅槃經集解 71卷

南本《대반열반경》36卷(→대승열반경)에 대한 주석들을 梁나라 寶亮 등이 집성한 것을 宋나라 慧嚴 등이 다시 다듬은 것이다. ㊅37-377. 僧傳에 의하면 대표자 寶亮(444~509)은 靈味寺에 거주하면서 많은 경전을 강의하였는데, 특히 열반경에 대한 강의가 84편이라고 하는 열반학의 대가이며, 509년에는 梁나라 武帝의 칙령에 의해 《열반경義解》 10여만 言을 찬술했다고 전해진다. 이때 武帝는 친히 서문을 작성했다고 한다. 이 서문이 《고승전》* 속에 인용되어 있고, 이 책의 서두에도 이같은 梁무제의 서문이 게재되어 있기 때문에, 종래에는 이 책이 《대반열반경義疏》와 동일하고 칙령에 의해 寶亮이 찬술한 것이라고 믿어 왔다. 그러나 이 책 71권 속에는 寶亮 자신의 주석이 다른 사람들의 주석 사이에 삽입되어 있고, 이 책의 조직 형태상으로 보더라도 이 책 그대로가 보량이 찬술한 《義解》와 동일하다고는 생각되지 않는다. 예를 들면 이 책의 제1권은 〈序經題〉인데, 그 서두에는 앞에서 말한 武帝의 서문에 이어 道生·僧亮·法瑤·曇濟·僧宗·寶亮·智秀·法智·法安·曇准이라는 10師의 서문이 열거되어 있고, 다시 이들 서문을 釋名·辨體·敍本有·談絶名·釋大字·解經字·覈教意·判科段이라는 8科의 要義로 분류하고, 각각의 대표적인 주장을 받아들여 경의 제목을 해석하고 있다. 보량의 說은 이 중의 1說로서 諸師의 설과 동렬로 취급되고 있을 뿐이다. 따라서 이 책의 실제적인 찬술자는 따로 존재해 있었던 것 같다. 그런데 서두에 있는 梁무제가 쓴 서문의 표제 아래 『明駿案謹寫皇帝爲靈味釋寶亮法師製』라는 細註가 있고, 이 明駿의 학설은 본문 속에서도 보인다. 이 책이 諸家의 주석을 열거하는 순서는 대체로 서두에서 서문을 게재하는 순서에 따르고 있으나, 이것과는 별도로 明駿의 학설이 항상 맨 뒤에 서술되어 있고, 서술의 형식에 있어서도 諸家의 인용은 「案○○敍曰, 述曰, 曰」이라는 형태를 취하고 있는데에 대해 명준의 그것은 항상 「明駿案」이라 하여 서술되고 있다. 이러한 점에서 이 책의 사실상의 찬술자는 명준이라는 주장도 있다. 다만 명준의 학설은 제18권까지에서 끝나고, 제19권 이하에서는 보이지 않으나, 다른 사람들의 학설은 같은 형식으로 마지막까지 인용되어 있다. 이는 당초 명준을 중심으로 이 책의 편집이 진행되었으나, 아마도 명준이 입적하였기 때문에 그 유지를 계승한 제자들에 의해 제19권 이하가 완성되었음을 나타내는 것일 것이다. 명준의 전기는 잘 알려져 있지 않다. 그러나 이 책에는 후세에 涅槃學의 대가로 추측되었던 梁나라 智藏(458~522) 등의 3大법사의 학설에 대한 인용이 극히 적다는 사실 등으로 보아, 명준은 3大법사와 거의 동시대의 인물이든가 약간 선배가 되는 인물이었을 것으로 추정된다. 어쨌든 이 책은 梁무제의 재위 기간(502~549)을 경과한 지 그리 멀지 않은 시기에 당대까지의 대표적인 학자들에 의한 南本《열반경》의 주석을 집대성한 一大 논서이다.

〔내용〕 제2권 이하의 조직과 내용을 열반경의 各品에 대조하면 다음과 같다. 권2·3/序품, 권4·5/純陀품, 권6·7/哀歎품, 권8·9/長壽품, 권10/金剛身품·名字功德품, 권11~14/4相품, 권15·16/4依품, 권17/邪正품, 권18/4諦품·4倒품·如來性품(일부), 권19·20/如來性품, 권21/文字품·鳥喩품, 권22/月喩품·菩薩품(일부), 권23/보살품, 권24/보살품·大衆所問품(일부), 권25/大衆所問품, 권26/現病품, 권27~35/聖行품, 권36~44(전반)/梵行품, 권44(후반)/嬰兒行품, 권45~53/德王품, 권54~62/師子吼품, 권63~69/迦葉품, 권70~71/憍陳如품.

이 책은 71권이라는 웅대한 저작으로서 諸家의 학설을 집성한 것이라는 성격도 지니고 있으나, 꼭 조직적이고 체계적인 논서라고는 할 수 없다. 그러나 梁시대에 성행했던 열반學派의 대가들의 학설을 망라하고 있으므로, 吉藏이나 灌頂 등 후세의 열반 연구가의 저작에 인용된 대가들의 학설은 모두 이 책에 근거한 것이다. 이런 의미에서 이 책이 후세의 열반 연구에 미친 영향은 대단히 컸다고 말할 수 있을 것이다. 참고할 만한 연구서로는 布施浩岳의 《涅槃宗의 硏究》2권(東京 : 叢文閣, 1942)이 있다.

## 대보적경 大寶積經 Mahāratnakūṭa-sūtra

唐의 菩提流志가 譯編하여 713년에 완성한 49會(經) 120卷의 경전이다. ㊅11-1, Ⓚ 6-1, ㊥47. 티벳譯 (㊇22~24)의 명칭은 Dkon-mchog brtsegs-pa chen-poḥi chos-kyi rnam-graṅs leḥu stoṅ-phrag-brgya-pa (Dkon-brtsegs으로 약칭)이다.

49종의 독립된 경전類를 집대성한 것인데, 대장경 속에서 〈寶積部〉로 불리는 한 부문의 근간이 되는 경전이다. 「寶積」이란 法이라는 보배를 집적한다는 뜻인데, 각종 교설의 보고라는 의도로 이름붙인 것이라 생각된다. 이같은 명칭이 의도하는 바와 같이 이 경전을 구성하는 단행 경전들은 각각 독자적인 색채를 띠고 있으므로, 전체적으로는 일관된 특색을 지니지 않는다. 예를 들면 제5會는 《무량수경》*에 상당하여 浄土三部經의 하나이며, 제46會는 《700頌般若》로서 般若部의 경전이고, 제47會는 大集部의 《寶髻經》과 同本이며, 또 제48會는 《승만경》*과 같은 것이다. 뿐만 아니라 律에 관한 것(제13 · 23會), 小乘 계통의 경전(제13 · 14會)도 있으며, 또한 제12會《菩薩藏會》와 같이 명칭 자체가 교설의 집성임을 표시하는 것(보살장은 대승 경전과 같은 뜻)도 있다. 성립 연대도 다양하여, 龍樹에게 알려져 있었던 오래된 것(2세기 이전에 성립)으로부터 5세기 이후 인도 밖의 지역에서 성립된 것으로 추정되는 것까지 있다. 菩提流志는 이 경전을 편찬함에 있어서, 전부터 중국에 유포되어 있었던 것들에 대해서는 어떤 것들은 이미 번역되어 있는 그대로 이용하고 (제3 · 4 · 8 · 9 · 12 · 14 ~19 · 23 · 26 · 32 · 33 · 36 · 38 · 39 · 41 · 43 · 44 · 46 · 47의 총23), 어떤 것들은 改譯하였으며(제1 · 5 · 6 · 10 · 13 · 21 · 24 · 25 · 27~ 30 · 37 · 42 · 48 · 49의 총16), 또한 아직 전해지지 않은 것은 새롭게 번역하였다(제2 · 7 · 11 · 20 · 22 · 31 · 34 · 35 · 40 · 45의 총10). 그러나 49라는 숫자가 전부터 확정되어 있었던 것인지, 아니면 菩提流志의 의도에 의하여 이루어진 것인지는 확실치 않다. 티벳譯도 漢譯과 그 숫자가 같으며, 같은 순서로 구성되어 있으나, 그 중 7會(제7 · 11 · 13 · 14 · 17 · 20 · 40)는 法成의 번역을 포함한 한문으로부터 重譯된 것으로 보이므로, 전체적으로는 漢譯을 모범으로 삼아 편집된 것이 틀림없다. 《寶積經》이라는 명칭은 예로부터 알려져 있었는데, 그 내용은 제43會에 상당하는 것으로서 원래는 《迦葉所問經》(Kāśyapa- paripṛcchā )으로 불렸던 것 같다. 安慧의 저작이라고 하는 《大寶積經論》(㊀ 26–204, Ⓚ 15–181)은 이에 대한 주석이다. 이 단행 경전을 핵으로 하여 이를 신봉한 계통이 점차 경전을 새로 작성하고 혹은 편입하거나 전승하여 寶積部의 여러 경전들을 형성하여 왔던 것이라고 상상된다.

〔참고문헌〕 이 경전에 속한 49經 중에서 산스크리트 원전이 소개되어 있는 것은 몇 편에 불과하다. 제18會는 L.Finot에 의해 《Rāṣtrapāla- paripṛcchā》 (Bibl.Bud. Ⅱ, 1901)로 편집되었으며, 제43會는 A. von Staël Holstein이 梵藏漢의 6종을 合刊하여 편집한 것으로서 《Kāśyapaparivarta》(1926)가 있고, 제44會는 F.W.Thomas가 소개한 斷片으로서 《Ratnarāśi》가 있다. 제5 · 46 · 48 會에 대해서는 각각 《무량수경》 · 《般若經》(大品 · 小品 · 大) · 《승만경》의 항을 참조할 것. Friedrich Weller는 《Zum Kāśyapaparivarta》로서 제43會를 獨譯하였는데, 1권(Mongolischer Text)는 1962년에, 2권(Verdeutschung des sanskrit- tibetischen Textes)는 1965년에 각각 출판되었다. 日譯은 譯一 寶積部 1~6에 실려 있다.

이 경전에 대한 연구로는 櫻部女鏡 〈西藏譯大寶積經의 硏究〉(大谷學報, 11~13), M. Lalou 〈La version tibétaine du Ratnakūṭa〉(Journal Asiatique, tome 211, 1927), 月輪賢隆 〈古本大寶積經에 대하여〉 (《佛誕 2500年 記念 佛教學의 諸問題》, 1935) 등이 있는데 이 중 마지막의 논문은 同氏의 《佛典의 批判的硏究》(百華苑, 1971)에 재수록되어 있다. 비교적 최근의 연구로는 中村元 · 新井慧譽의 〈大寶積經解說〉(譯一 寶積部6의 개정판에 수록, 1972), 長尾雅人의 〈迦葉品의 序品과 大寶積經 成立의 問題〉(鈴木學術財團 硏究年報, 10, 1974), 中央公論社에서 《大乘

佛典》9로 발간한 (1974) 長尾雅人·櫻部建의 《寶積部經典》(여기에는 迦葉品·護國尊者所問經·郁伽長者所問經이 수록됨) 등이 있다.

## 대비바사론 大毘婆沙論

阿毘達磨大毘婆沙論(Abhidharma-mahāvibhāṣā-śāstra) 200卷으로서 500 阿羅漢 등이 짓고 656년에 玄奘이 번역했다. 漢譯만이 존재하는데, 《毘婆沙論》《婆沙論》 혹은 단순히 《婆沙》라고도 한다. ㊅27-1, ⓚ26-1·27-1. 異譯으로는 《阿毘曇毘婆沙論》이 있다. 이것은 古譯인데, 100卷 중 40卷을 잃고 60卷만이 현존한다. 北涼의 浮陀跋摩가 道泰 등과 공역한 것으로서 《舊婆沙》라고 한다. 이에 대해 玄奘의 번역을 新譯이라 한다. 玄奘은 《대당서역기》나 이 논서의 跋文 등에서 부처님이 열반하신 지 400년에 카니쉬카王이 500의 아라한을 카쉬미르에 모이게 하여 三藏을 주석케 하였는데, 이때의 論藏이 《대비바사론》이라고 쓰고 있다. 이는 脇尊者나 世友 등이 중심이 되어 카니쉬카王의 후원하에 제4結集을 가졌다는 전설이다. 그러나 이 《바사론》의 본문에 대한 연구에 의하면 이 논서의 제작은 카니쉬카王 치하에서 이루어진 것은 아니고, 世友 등이 직접 참여한 것도 아니다. 이 논서의 성립은 카니쉬카王 이후에서 龍樹(3세기) 이전의 사이라고 생각되고 있다.

《대비바사론》은 《발지론》*의 주석으로서 발지론과 마찬가지로 雜·結·智·業·大種·根·定·見의 8蘊(8章)으로 분류되고 다시 각 蘊이 세분되어 모두 8蘊41納息이 되는데, 발지론의 문장을 문맥에 따라 해석하면서 아울러 독자적인 教學을 제시한다. 『무엇 때문에 이 論을 짓는가? 답하노니, 他宗을 멈추게 하고 자신의 義를 드러내기 위함이다』고 하고, 『또 다음에는 他宗을 멈추게 하고 正義를 드러내기 위함이다』고 하며, 『契經의 義를 분별하고자 하기 때문이다』고 하는 등 저술의 취지를 밝히는 대목에서 이 논서의 목적이 드러난다. 즉 카쉬미르에서 세력을 형성한 有部(應理論者)의 正說을 밝히려는 것인데, 그 應理(yukti)는 분별(毘婆沙, 분석적 연구)에 의해서 밝혀진다고 하지만 동시에 이것은 理에 應하여 法에 합치할 필요가 있다고 하여, 이것이 阿毘達磨(abhidharma, 對法, 法의 연구)의 참뜻이라고 한다. 때문에 단순한 분별을 배격하는데, 分別論者(Vibhajyavādin) 의 설을 다수 인용하고서는 破斥한다.

이 논서에는 《발지론》 이후 有部의 교학적 발전이 상세히 드러나 있다. 특히 5位75法의 분류는 75法으로 종합되어 있지는 않으나 잘 정리되어 있고, 그 밖에 六因六緣說·三世實有說·十二緣起의 해석·四諦16行觀·번뇌의 분류 등 煩惱斷盡의 단계 등에 있어서 有部 교학의 정통성을 제시하고 있다. 동시에 당시 불교계의 정세가 드러나 있다. 즉 有部의 내부에서는 西方師·犍陀羅國(간다라國)師·外國師·舊迦濕彌羅(옛 카쉬미르)師 등을 타파하고 新迦濕彌羅有部說을 주장하여 《아함경》* 이하의 많은 경전을 인용하는데, 논서로는 《施設論》 102회·《品類足論》 77회 등 다수의 논서를 인용하고, 論師에 대해서는 世友 182회·妙音 158회 등 많은 논사의 주장을 인용하며, 部派에 대해서도 譬喩者 86회·分別論者 50회·犢子部 12회·大衆部 10회·法藏部 6회·化地部 3회·飲光部 3회·經量部 2회·聲論者 6회·數論 3회·勝論 2회 등 다수의 부파 및 外道의 주장을 인용하고서는 破斥한다. 이 밖에 心差別論者 · 一心相續論者 등과 같이 주장하는 사람이 명료하지 않은 說도 다수 있다. 이들의 논쟁을 통해 諸부파의 교리가 밝혀지고 있으므로 이 책은 有部를 중심으로 하는 부파불교 연구의 寶庫이다.

[참고문헌] 日譯은 譯一 毘曇部 7~16에 있고, 연구서로는 다음과 같은 것들이 있다. 木村泰賢의 《阿毘達磨論의 硏究》(1922)와 《小乘佛教思想論》(1937)이 있는데, 이 둘은 1965년에 大法輪閣에서 《木村泰賢全集》 제4권과 제5권으로 각각 재발간되었다. 渡邊楳雄의 《有部阿毘達磨論의 硏究》(1954), 勝又俊教 《佛教에 있어서 心識說의 硏究》(1961), 水野弘元 《팔리佛教를 중심으로 한 佛教의 心識論》(1964), 西義雄 《阿毘達磨佛教의 硏究–그 眞相과 使命》(國書刊行會, 1975), 河村孝照《阿毘達磨論書의 資料的 硏究》(日本學術振興會, 1974), 福原亮嚴 《有部阿毘達磨論書의 硏究》(永田文昌堂, 1965) 등이 있다. 논문으로는 椎尾弁匡 〈六足論의 硏究〉(宗教界, 제10권), 宮本正尊 〈譬喩者, 大德法救 · 童受 · 喩鬘論의 硏究〉(日本年報 1號, 1928), 平川彰 〈婆沙論에서 본 大乘教團의 존재방식〉(日本年報22號, 1957) 등이 있다.

## 대사 大史 Mahāvaṃsa

마하나마 Mahānāma (5세기), 담마킷티 Dhammakitti (13세기) 등 여러 사람이 저술했다. 《島史》*와 함께 스리랑카에 현존하는 史詩로서 스리랑카의 王統을 編年史적으로 기술했다. 팔리語로 씌어져 있고 《大王統史》라고도 한다. 이 책의 맨 앞부분(제37章 제50偈까지)은 5세기 말 마하나마長老의 저술인데, 스리랑카 역사의 여명으로부터 마하세나 Mahāsena(334~362)의 치세까지를 취급한 《島史》에 준하면서 여기에 古來의 전승을 부가하여 기록하고, 또 수식하여 편찬한 것이다. 이후 뒤를 이어 13세기에 담마킷티長老가 제37章 제51偈부터 제79章까지 편찬하고, 그 후 순차적으로 여러 사람의 손이 가해져 제101章 제29偈에 이르게 되었다. W.Geiger교수는 담마킷티長老 이후의 증보부분을 출라방사 Cūḷavaṃsa(《小史》 또는 《小王統史》라 칭함)라고 호칭하여 그 이전의 《마하방사》 Mahāvaṃsa(《大史》)와 구별한다. 그렇지만 W.Rahula 박사 (《History of Buddhism in Ceylon》 Colombo, 1956, P.xxii, note 1)를 비롯한 스리랑카의 팔리Pāli 문헌학자들은 이러한 분류가 史書에도 없음은 물론 스리랑카人의 전통적인 이해에도 부합하지 않는다는 이유로 채택하지 않고 있다. 마하나마의 기술 이후인 제51偈부터의 기술은 시리 메가반나 Siri-Meghavaṇṇa王(362~409)의 치세에서 시작하여 시리 빅카마 라자시하 Siri-Vikkama-rājasīha王(1798~1815)이 영국人에 의해 추방되어 王統이 끊기기까지의 編年史를 기술한다.

현행本은 제40 · 43의 두 章이 없어져 詩句의 총수는 6235이다. 《大史》는 《島史》를 포함하고 있으므로 스리랑카의 정통 보수적 불교를 견지한 大寺派(Mahāvihāra)가 전하는 불교사라고 해도 과언은 아니다. 다만 비자야Vijaya가 스리랑카에 건너 온 이후로부터 데바남피야 팃사 Devānampiya-Tissa王 (B.C. 250~210)에 이르기까지 여러 王들의 연대가 부당하게 길게 계산되어 있기 때문에(宇井伯壽 《印度哲學硏究》Ⅱ), 자료로서 취급하는 데엔 주의할 필요가 있다. 史詩는 아니지만 싱할리Siṅhalī語로 씌어진 간단한 편년사로서 《니카야상그라하》Nikāyasaṃgraha가 있다. 이것은 14세기 말 비라바후 Virabāhu 2세(1391~7)의 치하에서 다르마키르티Dharmakīrti(즉 Devarakṣita Jayabāhu Mahāsthavira)에 의해 저술되었는데, 붓다의 入滅로부터 부바나이카바후Bhuvanaikabāhu 5세(1360~91)에 이르기까지 大寺派의 전승에 의거한 불교사이다.

〔번역·연구〕 원전 및 번역은 다음과 같다. W.Geiger가 편집한 원전 《Mahāvaṃsa》(PTS, 1908)는 W.Geiger에 의해 1912년에 英譯(PTS)되었다. 역시 그에 의해 원전《Cūḷavaṃsa》2vols.(PTS, 1926·1928)는 1929년과 1930년에 英譯(PTS, 2vols.) 되었다. 日本에서는 立花俊道의 《大王統史》(南傳 60)와 東元慶喜의 《小王統史》(南傳 61)로 日譯되었다. Geiger 교수의 PTS本과 이의 英譯에는 상당한 오류가 있음을 지적한 스리랑카의 學僧인 A.P.Buddhadatta의《Corrections of Geiger's Mahāvaṃsa》(Ambalangoda in Ceylon, 1957)라는 책이 유익하다. 일본의 南傳 에 포함된 日譯은 立花俊道의 해설에서 말하고 있는 바와 같이 1895년 스리랑카(당시는 Ceylon) 정부가 발행한 《大史註》(Mahāvaṃsa-Tīkā )의 본문을 底本으로 하고, PTS本은 참조하는 정도에 그쳤다고 한다.

싱할리語로 씌어진 《니카야상그라하》의 英譯에 綱要的 설명을 부가한 것으로 Simon de Silva · A.Mendis Gunasekera · W.F.Gunawardhana tr.《Nikāyasaṃgraha》(Ceylon Goverment Press, 1907)가 있다. 《大史》의 주석서로는 8~9세기에 마하나마長老(《大史》)의 (저자와는 同名異人)가 쓴 《Vaṃsatthappakāsinī 》가 있는데, 일반적으로 《大史註》라 불리며 PTS에서 출판되었다. 즉 G.P.Malalasekera가 편집한 《Mahāvaṃsa-Tī kā 》 2vols. (PTS,1935·1936)가 그것이다. 한편 스리랑카 古代史(아누라다푸라期까지) 연구에 뛰어난 英文의 연구서로서 앞서 소개한 Rahula의 저서 (《History of Buddhism in Ceylon》)와 함께, Ceylon 大學의 전체 연구진의 협력으로 근래에 발간된 《History of Ceylon》vol. I, Part 1(Univ. of Ceylon Press Board, 1959)가 있다. 또한 《大史》의 연구를 돕는 것으로는 다음과 같은 考古學의 성과가 있다. 《Epigraphia Zeylanica》 4vols. (Oxford Univ. Press); 《Memoris of the Archaeological Survey of Ceylon》 (Dept. of Archaeology); 《Ceylon Journal of Science》JRAS (Ceylon Branch); 《University of Ceylon Review》 등은 內外 학자들의 논문을 게재하고 있다.

### 대송승사략 大宋僧史略 3卷

《송고승전》*으로 유명한 贊寧(930~1001)이 978~999년 사이에 찬술했다. ㊅54-234. 이 책은 흔히 《僧史略》으로 불린다. 불교 교단의 제도·의례·계율·懺法 등을 서술한 책으로서, 護教的 입장에 서서 저술된 일종의 불교教團史이다. 찬녕은 이 책의 서문에서 《弘明集》이나 《고승전》* 등의 史傳만으로는 만족할 수 없어서 이 책을 집필했다고 말한다. 권上에서는 붓다의 탄생시대로부터 불교의 전래에 대해서 서술하고, 나아가 伽藍의 창조와 譯經·譯論·譯律을 언급하며, 이어서 출가·수계·참회 등을 논한다. 다음에 經論에 대한 講義의 연혁을 설명하는데, 僧講과 都講을 논하고 끝으로 禪의 전래를 서술한다. 여기서는 禪法의 시작을 羅什의 제자인 僧叡로 보고 있는 점이 흥미 깊다. 권中에서는 주로 교단제도에 대해서 서술하는데, 僧正·僧統·沙門都

統·左右街僧錄·講經論首座·國史·祠部·內道場 등의 연혁을 서술한다. 이를 통해 중국불교의 교단제도를 알 수 있으므로, 이 부분은 중국불교사 연구에 커다란 공헌을 하고 있다. 권下에서는 승려에게 紫衣·大師號 등을 하사하는 일이라든가 戒壇, 종교結社의 역사를 서술하는데, 齋會나 結社의 기원이 밝혀져 있다. 또 度僧 등의 사항에 대해서도 기술하고, 이 밖에 외래종교인 末尼教에 대한 기사도 있다. 저자가 이 책을 찬술한 목적은 불교를 중흥하여 正法을 영원히 머무르게 하기 위함이었다.

저자인 찬녕에 대해서는 牧田諦亮의 〈贊寧과 그의 時代〉(《中國近世佛教史研究》, pp.96~)에 상세한 설명이 있다. [譯一] 和漢部, 目錄事彙部2에 日譯이 있다.(→송고승전)

## 대승기신론 大乘起信論

漢譯으로만 2종이 있다. 550년에 眞諦(Paramārtha, 499~569)가 번역했다는 1卷本(㊅ 32-575, Ⓚ 17-614)과 695~704년에 實叉難陀(Śikṣānanda, 652~710)가 번역했다는 2卷本(㊅ 32-583, Ⓚ 17-701)이다. 이 책은 아쉬바고샤 Aśvaghoṣa(馬鳴)의 저작으로 전해지고 있으나, 이에 대해서는 뒤에서 다시 언급하기로 한다.

〔내용〕이론과 실천의 양면에서 대승불교의 중심적인 사상을 요약한 것으로서 短篇이기는 하지만 불교史上 극히 중요한 문헌이다. 그의 구성은 序分, 正宗分, 流通分으로 되어 있다. 正宗分은 다시 因緣分·立義分·解釋分·修行信心分·勸修利益分으로 구성된다. 여기서 立義分과 解釋分은 이론面이고, 修行信心分은 실천面이라고 일단 말할 수 있겠는데, 그러나 해석分 속에서도 실천面이 강하게 나타나 있다. 해석分은 顯示正義·對治邪執·分別發趣道相이고, 이 중 顯示正義가 이론面의 중심을 이루는 것이다. 大乘이란 衆生心이고 그 중생심이 心眞如門과 心生滅門으로 구분되는데, 어느 것이라도 一切法을 받아들인다. 心생멸문에서는 깨달음이나 어리석음이라는 마음의 활동을 설하고 있지만, 그것은 心진여문을 떠나 있는 것은 아님을 분명히 하고 있다. 對治邪執에서는 人我見과 法我見을 거론하고, 分別發趣道相에서는 發心에 대하여 信·解·行·證의 3단계를 서술하고 있다. 실천면의 修行信心分에서는 근본과 佛·法·僧을 믿는 것이 信心이고, 施·戒·忍·進·止觀을 행하는 것이 수행이라고 한다.

〔주석〕이 책의 영향은 대단해서, 대승불교의 주요한 종파, 즉 華嚴·天台·禪·浄土·眞言 등에 미치고 있다. 따라서 이에 관한 주석서는 놀라울 정도로 많다. 그 중에서도 慧遠·元曉·法藏의 것은 《起信論》의 3疏라고 일컬어지고 있는데, 慧遠의 것은 정말 그의 작품인지에 대해 의심받고 있다. 法藏의 《義記》(→대승기신론의기) 는 가장 유명하여, 이후의 《기신론》에 대한 해석에 계속 영향을 미쳤다. 마찬가지로 元曉의 《대승기신론疏》*도 그 탁월함을 인정받고 있다. 宗密(780~841)에게는 《起信論註疏》가 있는데, 子璿(?~1038)은 다시 이것을 상세히 설하여 《기신론疏筆削記》를 저술했다. 이러한 것들은 모두 眞諦의 舊譯에 근거한 것이고, 實叉難陀의 新譯에 대한 주석은 智旭(1599~1655)의 《기신론裂網疏》뿐이다.

〔문제〕이 책에 대해서는 어디서 누가 제작하였는지가 문제로 되어 있다. 「馬鳴造, 眞諦

譯」으로는 되어 있으나, 산스크리트 原典도 티벳譯도 남아 있지 않고 앞에서 말한 漢譯 2부가 있을 뿐이어서, 과연 인도에서 저작되었는지의 여부가 의문시되는 것이다. 따라서 대강 다음과 같은 세 가지 說을 제기할 수 있다. 제①說은 나가르주나Nāgārjuna(龍樹, 150~250경) 이전의 아쉬바고샤(馬鳴)의 作, 제②說은 나가르주나 이후의 同名異人의 作, 제③說은 중국에서의 僞作이라고 보는 것이다. 이 중에서 ①은 아무래도 믿기지 않는다. 그래서 ②와 ③이 주목된다. ③을 주장하는 이는 일본의 望月信亨이다. 그의 주장은 隋나라 시대의 《法經錄》에서 眞諦의 번역임을 의심하고 있는 점을 발단으로 삼는다. 이 책에 표현된 譯語의 예로 보아 眞諦의 번역이 아니라고 판정하는 것이다. 한편 僞經이라고 전해지는 《仁王經》《瓔珞經》(→보살영락본업경)으로부터 인용한다든가 같은 僞經인 《占察經》과 내용적으로 유사한 점이 있기 때문에 중국에서 제작된 것이라고 보아, 南道地論의 계통이라 하고, 혹은 그 작자가 曇遵일지도 모른다고 推察하고 있다. 이에 대해 제②설을 대표하는 이는 常盤大定이다. 이 說에서는 이 책에서 「馬鳴造, 眞諦譯」이라고 하는 점을 근거로 삼고, 眞諦의 제자인 智愷의 서문이나 隋시대의 《歷代三寶紀》로써 그것을 뒷받침한다. 또한 내용적으로 《능가경》*과 밀접한 관계가 있기 때문에 나가르주나 이후의 인도에서 제작된 것이라고 인정한다. 중국에서의 제작을 믿는 학자로는 望月 외에 村上專精, 인도에서의 제작을 인정하는 학자는 常盤 외에 境野黃洋·羽溪了諦·松本文三郎·林屋友次郎 등이지만, 어느 쪽이 옳은지는 확정짓기 어렵다.

〔참고문헌〕 일본에서는 島地大等(譯大 論部 5), 望月信亨(譯一 論集部5), 宇井伯壽(岩波文庫) 등이 각각 해설과 함께 번역하였다. 또 渡邊照宏·栢木弘雄이 현대어로의 번역을 시도하였고, 근대의 연구로는 村上專精·望月信亨·久松眞一·武內紹晃·平川彰 등의 것이 있는데, 특히 望月의 《大乘起信論의 研究》(1921)와 平川彰의 《大乘起信論》(《佛典講座》22, 大藏出版社, 1976)이 참고할 만하다.

국내에서의 연구는 李箕永의 《元曉思想》(弘法院, 1967)이 참고가 된다.

## 대승기신론소 大乘起信論疏 2卷

한국의 대표적인 학승이요 실천가이며, 한국이 낳은 세계적인 불교 사상가라 할 만한 신라의 元曉(607~686)의 대표적인 저술이다. 원효의 저술은 질과 양에 있어서 他의 추종을 불허하는데, 여러 문헌 목록에 열거되어 있는 것만도 85部 170여卷에 이른다. 그러나 현존하는 것은 겨우 22部 30卷 1篇에 불과하며, 이 책은 다행히도 그 중에 포함되어 있는, 《대승기신론》*에 관한 대표적인 주석이다. 이 책은 중국 불교계에도 큰 관심을 불러일으켜 《海東疏》라 일컬어지게 되었다. 이와 쌍벽을 이루는 그의 저서로 《대승기신론別記》2卷이 역시 현존하는데, 이는《海東別記》로 별칭된다. 《疏》: ㊎1-698, ㊅44-202; 《別記》: ㊎1-677, ㊅44-226; ㊞156. 그런데 이 두 저서는 내용과 구성의 면에 있어 서로 불가분의 관계에 있다. 李箕永박사는 《別記》를 지은 다음 《疏》를 지은 것으로 추측한다. 즉 《소》에서는 《별기》에 관한 것이 빈번히 언급되어 있기 때문이라 한다. 《별기》는 《기신론》을 간략히 주석한 것으로서 《기신론》 가운데 중요한 두 가지 부분만을 해설하고 있다. 즉

《기신론》의 ① 因緣分(論을 짓는 이유를 설명한 부분) ② 立義分(論의 주제를 제시하는 부분) ③ 解釋分(제시된 부분을 상세히 풀이하는 부분) ④ 修行信心分(어떻게 신심을 배양하고 수행할 것인가를 설하는 부분) ⑤ 勸修利益分(수행을 권하고 그 이익을 설하는 부분)의 5분 가운데 ②와 ③만을 다룬다. 저자는 이에 대해 스스로 평하길 『자신을 위해서 기록할 뿐이니, 감히 세상에 내놓아 유통되기를 바라지 않는다』고 말하고 있으므로, 이 《별기》는 본격적인 연구를 위한 과정에서 나온 것이라고 짐작된다. 한편 《疏》는 본문을 따라 일일이 해석을 붙인 것이다. 그러나 종래의 중국의 현학적인 주석을 탈피하여 원문의 字句에 얽매이지 않고 원저자의 정신을 드러내고자 하였다. 이와 같은 《소》와 《별기》의 밀접한 관계 때문에 《대승기신론疏記會本》6卷이 따로 작성되었다(㊎1-733, ㊛제71冊). 즉 이 책은 《기신론》의 본문 속에 해당되는 《疏》와 《別記》를 각각 삽입하여, 《기신론》의 사상과 그에 대한 원효의 생각을 단절 없이 알 수 있게 하는 하나의 책으로 만든 것이다. 여기서는 이 《疏記會本》을 통해 《소》와 《별기》의 주된 내용을 소개한다.

〔내용〕 《소》는 먼저 《기신론》을 標宗體(宗體를 표시함) · 釋題名(제목을 설명함) · 依文顯義(글의 뜻을 드러냄)라는 세 부분으로 나누어 해석하겠다고 하므로, 《소기회본》은 이 3門으로 전체를 분류하고 다시 다음과 같이 세부적인 문제를 다룬다.

① 標宗體

② 釋題名

1. 大乘(대승이라는 것) / 經에 의거하여 설명함, 論에 의거하여 밝힘.

2. 起信(믿음을 일으킴)

3. 論

③ 依文顯義

1. 歸敬述意(귀경의 뜻을 술회함) / 3寶에 귀의함.

2. 正立論體(논의 본지를 바로 세움) / 전체 내용에 대한 해설, 章으로 나눔, 章에 의해 해설함.

위의 구성에서 마지막 부분인 「章에 의한 해설」이 이 책의 대부분을 차지하는 본론으로서, 《기신론》의 5分 구성을 따라 본문을 해석해 나간다. 원효가 이 본문을 해석해 나가는 입장은 〈釋題名〉에 명백히 드러나 있다. 그는 대승이란 소승과 상반된 개념으로 사용된 말이 아니라, 대승은 모든 진리를 포용한다는 의미로 해석한다. 또 起信이란 부처님을 믿으라는 교조적인 의미의 믿음이 아니라, 참된 이치가 있고 누구나 닦으면 그렇게 될 수 있고 거기서 무궁무진한 소질이 갖추어지는 그러한 믿음을 일으키는 것을 뜻한다고 한다. 論은 우리가 기준으로 삼을 만한 설명문, 인간이 실천해가야 할 이치를 밝힌 글이라 한다. 이는 원효의 독창적이고 포괄적인 관점의 표명이라 할 수 있다. 사상적으로 그는 《기신론》의 성격을 中觀사상과 唯識사상의 지양 · 종합이라고 해석하고 있다. 이는 《기신론》의 출현 시기에 인도의 불교 사상계에서 중관파와 瑜伽派(唯識派)가 서로 첨예하게 대립하고 있었던 역사적 사실에도 부응하는 것으로서, 그의 또 다른 저술인 《十門和諍論》과 맥을 같이 하고 있는 것이다. 그는 여기서 《기신론》의 본문에는 충분히 나타나 있지 않지만, 《기신론》의 논술에서 입증할 수 있는 중대한 이론을 발표하였다. 즉 근본無明이 眞如(인간의 청정한 마음)를 훈습함으로써 不覺心이 처음으로 나타나는

無明業相, 이 무명업상(극미한 動念)에 의해 所緣境相을 볼 수 있게 되는 轉相, 이 전상에 의하여 경계가 실제로 있는 것처럼 나타나게 되는 境界相의 세 가지 미세한 마음(3細)이 제8阿賴耶識에 해당된다고 한 것이다. 이러한 그의 생각은 중국의 法藏에게 답습되었고, 그 뒤 일본 학자들에게 찬반의 兩論을 일게 하였다. 그의 이러한 주장은 和合識으로서의 阿賴耶식을 구체적으로 예증한 것이라 할 수 있다. 그는 또 自性淸淨의 깨달음에 대하여 그 특징을 自利(내적인 觀行)와 利他(외적인 현실 참여)라고 파악하고, 心源에 도달한 覺者는 깨달은 상태(自利)에 안주하지 말고 이를 다시 사회에 환원할 것(利他)을 역설했다.

〔평가〕 보통 《기신론》의 3大疏로서는 중국의 慧遠·法藏, 그리고 신라 원효의 주석서를 든다. 그러나 慧遠의 것은 僞撰이라는 설이 있을 뿐 아니라 원효의 것에 훨씬 미치지 못하며, 법장의 것은 원효의 것을 그 分科와 言句 해석에 있어서 그대로 답습하고 있기 때문에, 원효의 이 《소》《별기》야말로 최고의 《기신론》 해설서라 할 수 있다. 이처럼 탁월한 사상과 실천관을 지닌 원효 이후, 한국불교가 5敎9山으로부터 5敎兩宗, 다시 禪敎兩宗이 되고 결국엔 禪·敎가 합하여 1宗으로 된 것은 그의 和諍에 의한 會通사상의 영향이라 아니 할 수 없다. 이러한 和諍·會通의 사상이 《기신론》을 해석함에 있어서도 《대승기신론疏》와 《대승기신론別記》를 통해 일관되게 흐르고 있는 것이다.

〔참고문헌〕 한글대장경 156에 번역이 있고, 《소》와 《별기》가 포함된 《疏記會本》이 李箕永의 번역으로 《韓國의 佛敎思想》(《三省版 世界思想全集11》, 1976)에 실려 있다. 국내의 본격적인 연구로는 李箕永의 《元曉思想》(弘法院, 1967)이 유명하며, 여기엔 원문이 부록으로 실려 있다. 한편 원본은 일본의 大正大學에 元錄9년 간본(《소》)과 萬治2년 간본(《별기》)이 소장되어 있다.

## 대승기신론의기 大乘起信論義記 5卷

唐나라 法藏(643~712)의 찬술이다. ㊅44–240. 이 책은 《대승기신론》*의 가장 유명한 주석서이다. 예로부터 元曉·慧遠의 주석과 함께 「기신론의 3疏」라고 일컬어지고 있으나, 혜원의 것은 의심의 여지가 있다. 《기신론》의 가장 오래된 註釋書는 曇延의 疏로서 上권만이 남아 있는데, 원효의 疏(→대승기신론소)는 담연에 의거하며, 이 책은 원효에 의거하는 바가 많다. 이후 《기신론》의 주석서는 놀랄 만큼 많이 출현하였으나, 모두 이 책을 기초로 한 것이다. 따라서 이 책은 《기신론》을 어떻게 이해해야 하는가를 가르친 것이라고 생각된다.

〔내용〕 이 책에 의하면, 《기신론》은 1心·2門·3大·4信·5行을 설하고 있다고 한다. 또 불교 전체를 네 가지 입장으로 나누어 제1은 隨相法執宗으로서 소승, 제2는 眞空無相宗으로서 《반야경》*이나 《중론》*, 제3은 唯識法相宗으로서 《해심밀경》*이나 《유가사지론》*, 제4는 如來藏緣起宗으로서 《능가경》*《密嚴經》《보성론》*《기신론》이라고 한다. 즉 이 책은 《기신론》을 처음으로 如來藏緣起의 사상이라고 간주하고 있다. 이 책이 유식법상종에 대하여 性相融會를 시도했다고 말하는 이유가 바로 이 점에 있는 것이다. 동시에 法藏이 취한 華嚴의 입장인 法界緣起로 향하는 중요한 교량 역할을 한 것이 이 여래장연기라고

생각되고 있다. 뿐만 아니라 이 책은 저자의 독자적인 화엄의 입장에서 《기신론》을 이해하고 있기 때문에, 《기신론》 자체를 해명한 것이라고는 단정적으로 말할 수가 없다. 따라서 일단 이 책을 이해한 후 , 다음에는 완전히 이 책을 떠나서 《기신론》을 읽어야 할 필요성이 요청된다.

이 책의 復註도 많이 있는데, 주요한 것으로는 子璿(?~1038)의 《筆削記》가 있다. 일본에서 저술된 것으로는 湛睿의 《教理鈔》(1322), 鳳潭(1654~1738)의 《幻虎錄》, 秀存(1788~1860)의 《顯正錄》 등이 있다. 근대의 연구로는 藤井玄珠(1813~1895)의 《講述》, 稻葉道貫(1822~1896)의 《講錄》, 山本儼識(?~1905)의 《大意》, 織田得能(1860~1911)의 《講義》 등이 있다. 日譯은 譯一 和漢部, 諸宗部 4에 있다.

### 대승법원의림장 大乘法苑義林章 7卷

唐나라 慈恩대사 基(632~682)의 찬술이다. ㊅45-245. 저자의 이름을 보통 窺基라고 하나, 전문가의 연구에서는 基라는 1자가 바른 이름이라고 한다. 이 책의 내용은 다음과 같은 7卷 29章으로 구성되어 있다.

제1권 / 總料簡장, 5心장, 唯識義林, 諸乘義林
제2권 / 諸藏장, 12分장, 斷障장, 2諦장
제3권 / 大種造色장, 5根장, 表無表장.
제4권 / 歸敬장, 4食장, 62見장, 8解脫장, 2執장
제5권 / 27賢聖장, 3科장, 極微장, 勝定果色장, 10因장, 5果장, 法處色장.
제6권 / 3寶장, 破魔장, 3慧장, 3輪장
제7권 / 3身義林, 佛土장.

현재 유포되어 있는 원본엔 이렇게 되어 있으나, 이 밖에 8卷 33章의 異本이 있다고 전해지고 있다. 이 異本은 일본에서 菩提院의 藏俊이 간청함에 따라 平淸盛이 宋나라로부터 法相宗의 典籍 100권을 가지고 귀국하였는데, 그 100권 속에 포함된 것이라 한다. 현재의 29장 외에 得非得장 · 諸空장 · 12觀장 · 3根장의 4장이 추가되어 있다. 그러나 이 책의 찬술자인 慈恩대사의 제자 慧沼와 孫제자 智周가 보았던 것은 이 7권29장本이었다. 이러한 사실은 그들의 저작에 담긴 내용을 통해서 알 수 있다. 이 책의 제목에 있는 章이라는 것은 내용의 단락을 장으로 구분한 것을 의미하지만, 일반적으로 隋 · 唐시대에 있어서 章이라고 칭했던 저술은 내용에 따라 해석한 책이 아니라, 어떤 문제에 대하여 한데 묶은 연구라는 형태를 지니고 있다. 그러므로 이 책에 나와 있는 29장 혹은 33장이라는 것은 일관된 체계를 지니고 있는 것이 아니라, 여기에 제시된 문제를 중심으로 잠시 통합된 논문을 합하여 하나의 책으로 만든 것이다. 그래서 어느 시기에 가서는 29장 전체가 하나의 책으로 되었던 것이 그 이후에 진행된 연구, 혹은 그때 이미 진행되어 있었으나 이 책에 포함되지 않았던 것을 추가함으로써 33장의 책으로 되었던 것인지도 모른다. 이와 같이 하여 만들어진 것이 이 책이다. 따라서 이 책은 어쩌면 찬술자의 사후에 門下에 의해 편집되었는지도 모른다. 저자는 중국 法相宗의 祖師로 간주되는 사람으로, 이 책에 나와 있는 것은 法相唯識學의 입장에서 정리된 논문으로서, 주로 《유가론》(→유가사지론)을 중심으로 논하고 있다.

참고서로는 慧沼의 《補闕》4권, 智周의 《決擇記》4권, 善珠의 《義鏡》1권, 基弁의 《獅子吼鈔》22권, 普寂의 《纂註》 등이 출판되어 있는 것들 중에서는 유명하다. 譯一 和漢部, 諸宗部2에 日譯이 있다.

## 대승성업론 大乘成業論 1卷

바수반두Vasubandhu(世親·天親, 320~400경)의 저술로서 玄奘(600~664)이 651년에 漢譯했다. ㊅31-781, Ⓚ17-422, ㊟135. 산스크리트 원전은 발견되지 않고 있으나 異譯으로는 541년 魏의 毘目智仙(Vimokṣaprajñārṣi)이 번역한 《業成就論》이 있고, 티벳譯도 현존한다.(㊇113-294~299).

〔내용〕身·口·意의 3業이 성립하는 이유에 대하여 소승의 諸派에서는 여러가지 학설을 세우고 있으나, 이들을 비판하여 결국 唯識說이 세운 알라야(阿賴耶)識의 존재를 인정함으로써 業이라는 현상이 설명됨을 논증한 것이다. 說一切有部를 대표로 하는 諸派에서는 業을 실체로 보아 身·口의 表業을 色法(물질)이라 하고, 또 業을 지속시키는 잠재적인 힘으로서 물질적인 無表業 혹은 不失壞法 등의 원리를 세운다. 바수반두는 이러한 實在論的인 생각을 배척하고, 思(의지적 心作用)의 발동에 의해 心이 熏習되어 그 힘에 의해 相續轉變하여 果가 생긴다고 주장하고 있다. 그의 이러한 주장은 經量部의 설을 따르고 있는 것인데, 경량부는 色과 心이 서로 훈습한다고 설하고 있어, 역시 실재론적인 경향을 불식하지 않고 있다. 그러나 그는 여기서 더 나아가 唯識說에 있어서의 異熟識 즉 알라야識을 설하고 經量部의 설이 그것에 귀착함을 논증하여, 결국에는 唯識의 一元論的 입장을 취하고 있다. 그리고 赤銅鍱部의 有分識, 大衆部의 根本識, 化地部의 窮生死蘊 등의 說도 알라야識으로 통일되어야 할 것임을 논하여, 결국 모든 業은 알라야識의 熏習力이 相續轉變함으로써 성립한다고 설하고 있다.

〔참고문헌〕 譯一 論疏部2에 日譯이 있다. 本論에 대한 연구로서 유명한 것은 벨기에의 Étienne Lamotte 교수가 《Mélanges Chinois et Bouddhiques》(中國學佛敎學誌) Ⅳ(1936)에 발표한 〈Le traité de l'acte de Vasubandhu, Karmasiddhi-prakaraṇa〉라는 논문이다. 여기서는 티벳譯과 玄奘 번역의 원본을 제시하고, 이의 佛譯 및 연구를 발표했다. 本論에 대한 인도人의 주석으로는 Sumatiśīla(善慧戒, 9세기)의 註가 있는데, 이는 티벳대장경 속에 수록되어 있다.(㊇114-203~223). 일본의 山口益은 本論에 대한 日譯과 연구를 발표했다(《世親의 成業論》, 1951). 漢譯에 대한 註로는 일본의 慈光이 1798년에 쓴 《成業論文林鈔》(日本大藏經 諸大乘論章疏1)가 있다.

## 대승열반경 大乘涅槃經

현존하는 《대승열반경》 중에서 중요한 것으로는 다음과 같은 종류가 있다.

1) 北涼의 曇無讖이 번역한 《大般涅槃經》 40卷(㊅12-365, Ⓚ9-1). 산스크리트 명칭은 《Mahāparinirvāṇa-sūtra》, 티벳 명칭은 《Yons-su mya-ṅan-las-ḥads-pa chen-p-oḥimdo》(㊇30-133).
2) 東晋의 法顯과 佛陀跋陀羅가 번역한 《佛說大般泥洹經》6卷(㊅12-853, Ⓚ9-361)
3) 唐의 若那跋陀羅와 會寧이 번역한 《대반열반경》後譯荼毘分 2卷(㊅12-900 Ⓚ9-429).

위의 1)을 통상 《大涅槃經》이라 하고 또는 大本涅槃이라고도 칭한다. 여기엔 南本과 北本의 2종이 있는데, 이 1)의 40卷本을 北本열반이라고 한다. 이것이 南方의 宋나라 땅으로 전해져서, 慧嚴 및 慧觀이 謝靈運과 더불어 40卷本의 앞 부분을 2)의 6卷本에 비추어 순서를 정하고, 이것을 다시 다듬어 36卷 25品으로 나눈 것이 南本열반이다(㊅12-604, Ⓚ 38, ㊥53). 40卷本은 13品으로 나누어져 있다. 즉 ① 壽命, ② 金剛身, ③ 名字功德, ④ 如來性, ⑤ 一切大衆所問, ⑥ 現病, ⑦ 聖行, ⑧ 梵行, ⑨ 嬰兒行, ⑩ 光明遍照高貴德王菩薩, ⑪師子吼菩薩, ⑫迦葉菩薩, ⑬憍陳如의 諸品이다. 6卷本은 18品으로 나누어져 있는데, 이 兩本을 비교하여 品數를 고친 南本열반경은 1品부터 16品까지를 6卷本에 따라 ① 序, ② 純陀, ③ 哀歎, ④ 長壽, ⑤ 金剛身, ⑥ 名字功德, ⑦ 四相, ⑧ 四依, ⑨ 邪正, ⑩ 四諦, ⑪四倒, ⑫如來性, ⑬文字, ⑭鳥喩, ⑮月喩 ⑯問菩薩의 諸品으로 나누고 있다.

涅槃經이 주장하는 바는 佛身常住·悉有佛性·闡提成佛로 요약된다. 즉 佛의 본체는 法性과 法身에 있으며, 法性과 法身은 有爲無常이 아니라 常住한다는 것이다. 그렇지만 이러한 사상이 般若經 이래로 대승불교의 佛身論을 철저하게 하였던 것이다. 특히 이 경전이 밝힌 깊은 비밀의 뜻은 悉有佛性이라는 佛性의 보편성이다. 즉 열반경은 菩薩乘과 二乘으로 구별하여 三乘을 차별하는 사상과 一乘成佛의 사상을 조화하려고 의도하였다. 확실히 모두가 佛性을 지니고 있다면(悉有佛性) 二乘은 물론이고 극악한 一闡提라 하더라도 成佛할 수가 있을 것이므로, 여기서 闡提成佛의 사상이 성립한다. 그런데 이 사상은 大本열반 쪽이 6卷本보다 한 걸음 앞서 있다. 이리하여 극악하고 믿음이 없는 一闡提까지도 佛性을 믿고 이해한다면, 二乘은 물론 그 근기를 떨쳐 버리고 성불해야 할 것임은 더 말할 나위도 없으며, 三乘 차별의 사상이 一乘 성불의 사상과 조화함으로써 열반경은 三乘을 버리지 않고 一乘을 설하는 것이 된다.《대승열반경》은 인도는 물론이고 漢字문화권에서 널리 성행하였다. 현존하는 13品 40卷의 열반경은 몇 단계를 거쳐 성립된 것으로 보이지만, 이것을 엄밀하게 분석하여 그 前後의 과정을 판별하는 일은 쉽지가 않다.

日譯은 譯一 涅槃部 1·2에 실려 있다. 한글대장경53에 실린 한글 번역은 36卷本인 南本열반경을 옮긴 것이다.

### 대승의장 大乘義章 20卷

隋나라 慧遠(523~592)의 저술이다. ㊅44-465. 불교 교리의 要目 249科를 ① 教法聚 ② 義法聚 ③ 染法聚 ④ 浄法聚 ⑤ 雜法聚의 5편으로 정리하고, 諸經論이나 隋시대 이전의 諸학파가 주장한 바를 모아 분류하여, 대승의 입장에서 평가와 주석을 가한 책이다. 불교의 백과사전적인 성격을 지니고 있으므로, 고래로 불교 술어를 설명함에 있어서는 이 책을 인용하는 경우가 많다. 현재 유통되고 있는 것은 ⑤가 빠진 222科의 20권本이다. 그러나 이 책의 머리에서『義에는 5聚가 있다』고 말하고, 道宣도《慧遠傳》에서『大乘義章 14권을 찬술하다. 합계 249科이고 5聚로 나뉘어 있다』고 기록하고 있기 때문에, 14권本 또는 이를 펼친 28권本(고려 義天의 기록)이 찬술 당시의 모습이었을 것이다. 이 책의 서술 방식은 예를 들어, ③의 煩惱義를 2障義로부터 8만4천煩惱義에 이르는 30門으로 배열하고 있는 바와 같이, 각 編마다 法數가 작은 것에서 큰 것으로 순차적으로 배열하여 각각을 4門 내지 8門 등으로 분별하여 해설하는 것이다. 불교 술어를 法數별로 배열하여 설명하는 사전적 성격을 갖춘 방법이 어느 때부터 시작되었는지는 확실하지 않다. 그러나 혜원의 스승인 法上에게 《대승의장》6卷 및 《增數法門》(《內法數林》이라고도 함) 40卷이라는 저서가 있었다고 하고(《속고승전》*10), 天台智顗가 찬술한 《法界次第初門》은 그 修禪의 입장에서 60科의 法數를 세우는데 그 대부분이 《대승의장》의 항목 명칭과 일치한다는 점 등으로 보아, 이러한 서적은 6세기 무렵 불교계의 요청이었는지도 모른다.

〔평가〕 이 책의 성립에 대해서 일본의 辻森要修는 설명의 중복을 피하여 다른 곳에 註釋이 있는 것은 거기서 해설을 유보하고 있는 점, 다른 저술에서의 술어에 대한 설명을 이 책에서는 싣지 않는 점, 그러면서도 그 지시에 하나의 착오도 없는 점 등으로 보아, 法上의 《增數法門》을 근저로 하고 자신의 견해에 따라 기록한 것을 다시 제자인 悲休가 정리한 것이리라고 추측하고 있다. 그런데 이 책에서는 諸經論의 취의에 대한 인용문이 몇 번이나 인용되더라도 동일하여, 이 책이 불교 술어에 대한 사전의 역할을 다하기에 충분하게 정리되어 있다는 점은 위의 견해를 뒷받침하는 것이라 할 수 있다. 이 책은 당시 유포되어 있던 대표적인 經論을 거의 망라하고, 그것들의 諸說을 요약하여 인용하고 있다. 저자는 스승인 法上을 이어받아 地論南道派에 속하였는데, 만년에 曇遷으로부터 《섭대승론》*을 이어받았다고 전하는 점으로 보아, 이 책은 그들의 입장에서 저작되었다고 생각되는데, 여기에는 《능가경》*《대승기신론》* 등의 사상도 강하게 드러나 있다. 그러나 그 해설에 있어서는 종종 대승과 소승의 차이를 말하는 대목도 있으나, 毘曇說 · 成實說 · 大乘說의 3說을 병기하여 대승의 正義를 서술하는 경우가 많다. 이러한 점은 成實學派의 견해를 상당히 높이 평가하고 있었음을 보여주는 것이라고 생각된다. 또 이 책의 5聚라는 분류도 《성실론》*의 發聚 · 苦諦聚 · 集諦聚 · 滅諦聚 · 道諦聚를 염두에 두었던 것은 아니었을까 하는 추측을 낳게 한다.

이 책은 그 성격상 주석서가 없으나 行深의 《賢首諸乘法數》와 《藏乘法數》, 一如의 《大明三藏法數》와 《教乘法數》, 寂照의 《大藏法數》 등 사전적 성격을 지닌 여러 서적들의 先例가 되었다. 譯一 和漢部, 諸宗部 10~13에 실린 辻森要修의 日譯 및 解題가 있어, 이 책을 이해하는 데 도움이 된다.

## 대승장엄경론 大乘莊嚴經論 13卷

산스크리트 명칭은 《Mahāyānasūtrālaṃkāra》(大乘經의 장엄)로서 아상가 Asaṅga(無着, 약 310~390경)의 작품이라고 전해지지만, 偈頌(운문) 부분은 마이트레야Maitreya(彌勒, 4세기 후반경)의 저작인데 이것을 아상가가 전해받아 세상에 알린 것이고, 長行(산문) 부분은 게송에 대한 註釋으로서 바수반두 Vasubandhu (世親, 5세기경)가 형인 아상가의 가르침을 받아 저술한 것으로 인정된다. 唐의 貞觀 3~7년경(630~3년) 프라바카라미트라Prabhākaramitra(627~633년 중국 거주)가 漢譯했다. ㊅31-590, Ⓚ16-843. 티벳譯으로는 頌(㊗108-1~19)과 無性의 註(㊗108-138~199)가 남아 있다. 瑜伽行派 즉 唯識學派의 開祖인 마이트레야가 지은 5部論의 하나이다.

〔내용〕 大乘經은 최상의 法이요 가장 뛰어난 중생 구제의 가르침임을 강조하는 동시에, 그 대승경에 근거한 보살의 실천적 사상을 여러 방면에 걸쳐 조직적으로 서술한 것인

데, 그 서술을 알랑카라 alaṃkāra(莊嚴)라고 칭하고 있다. 알랑카라란 산스크리트文學에 있어서 문체의 일종인데, 여기서는 大乘經의 本義를 開示顯揚한다는 의미로 쓰인다. 緣起品·成宗品·歸依品·種性品·發心品·二利品·眞實品·神通品·成熟品·菩提品·明信品·述求品·弘法品·隨修品·教授品·業伴品·度攝品·供養品·親近品·梵住品·覺分品·功德品·行住品·敬佛品의 24品으로 구성되어 있으나, 산스크리트本은 21品(章)으로 되어 있다. 그 내용은 대승의 광범하고 심원한 사상을 풍부하게 포함하고 있어서 一義的으로 특징지을 수는 없지만 教義理論의 면에서 말하면 다음과 같은 점들을 중요하다고 지적할 수 있을 것이다. 즉 大乘은 佛說이 아니라는 비난에 대응하여 대승이 佛說임은 논증하고 있는 점 (成宗品), 지혜의 완성인 菩提를 佛의 본질(佛身)로 삼아 法界와 중생의 一如, 一切衆生悉有佛性, 如來藏大我를 설한 점(菩提品), 唯識이란 虛妄分別에 근거한 2取(주관·객관의 2元)의 顯現이고 그것은 迷亂으로서 실체가 없는 것이기 때문에 有無不二·迷悟不二라고 설한 점(述求品) 등이다. 本論의 品名은 《유가사지론》* 菩薩地의 品目의 명칭과 일치하는데, 이는 다분히 菩薩地에 기초하여 本論이 저작되었음을 나타내는 것으로 보인다. 그러나 같은 주제를 논하면서도 兩者는 취지를 달리하는데, 本論쪽이 菩薩地보다 간결하면서 발달된 사상을 담고 있는 것 같고, 대승의 특색을 한층 더 선명하게 드러내고 있다. 특히 《유가사지론》에는 나타나 있지 않은 如來藏사상의 영향을 현저하게 남기고 있는 점을 주목할 만하다.

〔참고문헌〕 산스크리트 원전은 Sylvain Lévi가 네팔에서 발견하여 1907년에 교정본을 출판하고, 이어서 1911년 佛譯을 발표했다(《Mahāyānasūtrālaṃkāra》tome Ⅰ[원전], Paris, 1907; tome Ⅱ[번역], Paris, 1911). 일본에서는 長尾雅人이 Lévi의 출판본에 의거하여 산스크리트·티벳譯·漢譯의 대조 색인을 발표했다(Nagao《Index to the Mahāyāna-sūtra-laṃkāra》Tokyo, 1958). 譯一 瑜伽部12에 日譯이 있다. 本論에 대한 인도인의 주석으로는 Asvabhāva(無性, 6세기 전반경)의 註 및 Sthiramati(安慧, 6세기경) 의 註가 있는데, 이들은 티벳대장경 속에 수록되어 있다. 漢譯은 중요시되었을 것이지만, 慧浄(578~645)의 疏가 존재했다고 전해질 뿐이다.

근래의 연구서로는 宇井伯壽의 《大乘莊嚴經論研究》(東京 : 岩波書店, 1961) 가 유명하다.

**대승집보살학론** 大乘集菩薩學論 Śikṣāsamuccaya

《學處要集》이라고도 한다. 샨티데바 Śāntideva (寂天, 7~8세기, 티벳 이름은 Shi-ba lha)의 저작이다. 漢譯本(㊅32-75, Ⓚ 41-484)은 宋의 法護·日稱 등이 12세기 초에 25卷으로 번역한 것인데, 저자는 法稱으로 되어 있다. 티벳譯(Bslab-pa kun-las btus-pa)은 9세기에 이루어졌다.

〔내용〕 전체는 19章(한역에서는 18品)인데, 내용을 요약한 27頌과 이에 따른 여러 경전類의 인용과 저자 자신의 간단한 설명으로 이루어졌다. 말하자면 책의 명칭처럼 대승불교를 지망하는 수도자(보살)가 배워야 할 교설의 金言集이다. 19장의 내용은 다음과 같다. ① 集布施學品(제1~4頌) ② 護持正法戒品(제5~6頌) ③ 空品(梵本에는 章의 명칭이 없다) ⑤ 離難集戒學品(③~⑤는 제7頌) ⑥ 護身

品(제8~13頌) ⑦ 護受用福品(제14~16頌) ⑧ 清浄品(제17~19頌) ⑨ 忍辱品 ⑩ 精進波羅蜜多品 ⑪說阿蘭若品 ⑫治心品(⑨~ ⑫는 제20頌) ⑬念處品 ⑭自性清浄品(⑬~ ⑭) ⑮正命受用品(제21頌) ⑯增長勝力品(梵本에서의 명칭은 普賢行儀軌, 제22~25頌a) ⑰恭敬作禮品(제25頌 b) ⑱念三寶品(제25頌cd) ⑲漢譯에서는 ⑱의 계속, 梵本에서는 「功德의 增長」(제26~27頌)

위에서 ①은 布施, ②~⑧은 持戒, ⑨는 忍辱, ⑩은 精進, ⑪~ ⑭는 禪定의 덕목에 관한 것이고, ⑭의 말미에서 般若바라밀을 언급하고 있기 때문에 기본적으로 6바라밀을 덕목으로서 배열한 것이다. 그러면서도 持戒에 관하여 특별히 자세히 설하고 있는 점에서 같은 저자의 《입보리행론》*과 맥을 같이하고 있음을 알 수 있다. 이들은 내용을 자세히 알 수 없는 經集(Sūtrasamuccaya)과 더불어 저자 자신의 작품으로 서로 보완하고 있다. 이러한 점에서 보아 《입보리행론》은 아마도 이 책(및 經集)을 자료로 삼아 저자의 독자적인 교훈을 詩로서 마무리한 것이 아닌가 생각된다. 한편 이 책이 인용한 경전은 漢譯이나 티벳譯에 존재하는 것과 전혀 전하는 바가 없는 것을 포함하여 102종에 이른다. 이 점에서는 산스크리트 斷片의 집성으로서 귀중한 자료를 제공한다. 말하자면 후기 인도불교 중 탄트라를 援用하지 않은 정통파의 교설과 전승을 알 수 있게 하는 크나큰 보고인 셈이다.

〔원전 및 번역〕 산스크리트 원전은 C. Bendall 《Çikshāsamuccaya》(Bibl. Bud. l, 1897~1902)가 있는데 1957년에 재간행되었다(I.I.R.l, 's-Gravenhage). 티벳譯은 ㊗102-183에 있는데, 이 밖에도 ㊗102-181은 頌만을, ㊗103-1은 護身品의 일부를 싣고 있다. 27頌의 梵·藏·英의 對譯을 포함하고 있는 것으로서 W.H.D.Rouse의 《Śikṣāsamuccaya》(Indian Text Series, Calcutta, 1922)가 있다. 일본에서의 번역으로는 漢譯本을 저본으로 한 譯一 瑜伽部21이 있고, 연구로는 荻原雲來의 〈大乘集菩薩學論〉(《荻原雲來文集》에 수록, 1938), 田村智淳의 〈中觀의 實踐—寂天의 學處要集〉(講座·大乘佛教 7, 1982) 등이 있다.

## 대승현론 大乘玄論 5卷

嘉祥대사 吉藏(544~623)의 찬술이다. ㊅45-15. 三論教學의 大成者인 저자는 삼론종의 宗要를 개론한 《삼론현의》*나 所依로 삼은 3論(중론·백론·12문론)의 주석서를 논술했을 뿐만 아니라, 당시의 불교계에서 강학되어 있었던 많은 대승 경전에 대한 註疏도 많이 남기고 있다. 그가 註疏한 대승 경전들은 《법화》*(4부), 《대품반야》*(2부), 《유마》(4부), 《화엄》*《열반》(→대승열반) 《승만》*《미륵》(→미륵상생) 《仁王》《觀經》(→관무량수경)《무량수》*《금광명》*《금강》* 등에 이르는데, 여기서 화엄 이하의 경전들에 대한 註疏는 각각 1部씩이다. 이 책《대승현론》은 그러한 經論에 관한 저술들이 다루고 있는 중요한 문제가 거의 포함되어 있다는 점에서, 吉藏의 저작들 중에서도 가장 중요한 것의 하나이다. 또 諸교학을 대비하고 있어서, 三論宗으로서도 중요한 책이다.

〔내용〕 2諦義(10章)·8不義(6장)·佛性義(10장)·1乘義(3장)·涅槃義(3장)·2智義(12장)·教迹義(3장)·論迹義(5장)가 5卷으로 구성되어 있다. 2諦義는 南北朝시대의 불교계를 통하여 논의되었던 문제로서 三論에 있어서도 중요한 교의인데, 재래의 2諦說에 대해서

吉藏이 독자적인 견해를 발휘한 것이다. 이에 대해서는 거의 내용이 같은 별도의 《二諦義》3卷이 현존하며, 한편 그의 일부는 다음으로 설하는 8不義의 一節과 거의 같은 문장이다. 8不義는 예로부터 《四論玄義》의 저자인 慧均이 지어낸 것이라고 한다. 바로 앞서 말한 대로 중복이라고 생각되는 같은 문장이 이 책의 8不義에 있다는 점이나 《4론현의》에서 상용되는 毘曇·成實·地論·攝論의 4家를 이 8不義에서만 열거하고 있다는 점 등으로 보아 慧均의 說이라고도 수긍되는 것이다. 그러나 《中論疏》에서도 8不義10門을 논하고 있으므로, 三論教學을 세우기 이전에도 길장에게는 알려져 있었을 것이라고도 생각된다. 오래된 廣本 20卷, 中本 5卷, 略本 4卷이라고 하는 것은 8不義 1卷의 채택 여부에 따른 것이겠지만, 《東域錄》을 비롯한 옛 목록에는 어느 것이나 5卷本으로 되어 있다. 20卷本이라고 하는 근거는 이 책 속에서 다른 卷이 있었던 것처럼 표현하고 있기 때문일 것이지만, 명확한 자료는 없다. 佛性義·一乘義·열반義는 당시에 있어서 《열반경》(→대승열반경)의 강한 영향을 말하는 것이며, 2智義는 一乘義와 함께 法華教學과도 관련을 지닌다. 예를 들어 一乘義에는 天台 등의 4車家에 대한 3車家의 주장이 있고, 2智義에서는 이미 《法華玄論》에서 2智를 논했다고 말하며, 또 본문은 《淨名玄論》 제4권과 같은 문장이다. 教迹義·論迹義는 《삼론현의》*의 후반부와 공통점이 많은데, 《삼론현의》의 그것들을 이 책에서 자세히 설한 것으로 보인다. 그러나 이 점에 대해서는 당시 教判이 성행하였던 영향을 무시해서는 안될 것이다.

〔평가〕 이상의 내용으로 보면, 이 책은 吉藏이 저술한 여러 論著의 要義를 후대의 사람이 모아서 1部로 만든 것이라는 추측도 끌어낼 수 있다. 그러나 그러한 추측의 眞僞야 어쨌든, 길장이 내세운 교학의 중요한 문제를 이 책이 대표하고 있다는 점은 대단히 의의가 있다. 이러한 의의는 삼론 교학의 전파 과정에서, 특히 일본의 三論宗에서 인정된다. 이 책의 영향은 일본에서 두드러지게 나타났는데, 언제 이 책이 일본에 전래되었는지는 명확히 알 수 없으나, 1280년에 寂性이 간행한 것이 최초이므로 비교적 늦은 시기에 유포되었다고 한다. 또 《奈良朝現在目錄》 중에서는 三論 계통의 서적 22部의 명칭을 열거하고 있는데, 이 책의 이름은 보이지 않는다. 그러나 天長6本宗書로서 유명한 玄叡의 《大乘三論大義鈔》(829년)에서는, 앞부분인 顯正面으로서의 宗要에서 8不義·2諦義·2智義·方言義·佛性義·不二義·空入義· 一乘義·教迹義·3身義의 10門으로써 삼론종의 핵심적 교의를 소개하고 있다. 그 논술은 《대승현론》 및 《大乘三論略章》의 說에 준거하여 그것을 부연한 것이다. 또 珍海(1092~1152)의 《대승현론問答》은 그 명칭에서 알 수 있듯이 《대승현론》의 10科 內에서의 질의응답이고, 《三論名數抄》도 내용은 이 10科의 각 단락 내에서 중요한 語句를 해설한 것이며, 마찬가지로 《三論玄疏文義要》도 이 10科를 소개하여 그 순서가 異本에 따라 같지 않음 등을 서술할 뿐만 아니라, 中觀의 《三論玄義檢幽集》(1280년)도 이 책에 의거하는 바가 많다. 이와 같이 다른 교학이 성행하고 있을 때에도 三論을 앞에 내세운 여러 서적들이 있었다는 점은, 폭넓게 諸문제를 담고 있는 《대승현론》을 기초로 삼지 않으면 안되었다는 현실을 반영하

는 것이다. 여기에 이 책의 큰 의의가 있다.

宇井伯壽의 日譯이 譯一 和漢部, 諸宗部 1에 있다.

## 대일경 大日經 7卷

본래의 명칭은 《大毘盧遮那成佛神變加持經》으로서 唐의 善無畏가 번역했다. 산스크리트 명칭은 《Mahāvairocanābhisambodhi-vikurvitādhiṣṭhana-vaipulyasūtrendra-rāja-dharmaparyāya》인데, 원전은 현존하지 않고 티벳譯은 전해지고 있다. 산스크리트의 명칭이 뜻하는 바는 「大日(비로자나)이 체험한 成佛의 경지와 그로부터 示現하는 神變加持를 설하는 方廣大乘經 중의 帝王이라 이름붙여진 法門」인데, 이 명칭 자체가 이 경전의 내용을 단적으로 말해주고 있다. 이 경전은 밀교의 근본 경전 중의 하나로서 비밀불교로 하여금 독립된 체계를 취하도록 하기에 이른 근본이 된 것인데, 7세기 중반쯤에 西인도에서 성립되었다고 추정된다. 7卷으로 된 漢譯에서 제7권은 供養儀軌로서 뒤늦게 앞의 6권에 편성되었다. 그래서 앞의 6권은 티벳대장경에선 聖典部(bkaḥ-ḥgyur, 甘珠爾部) 속에 集錄되어 있으나, 제7권은 論疏部(bstan-ḥgyur, 丹珠爾部) 속에 편입되어 있다. 漢譯本의 36品은 다음과 같은 내용으로 이루어진다. ① 入眞言門住心, ② 入漫荼羅具緣眞言, ③ 息障, ④ 普通眞言藏, ⑤ 世間成就, ⑥ 悉地出現, ⑦ 成就悉地, ⑧ 轉字輪漫荼羅行, ⑨ 密印, ⑩ 字輪, ⑪祕密漫荼羅, ⑫入祕密漫荼羅, ⑬祕密漫荼羅位, ⑭祕密八印, ⑮持明禁戒, ⑯阿闍梨眞實智, ⑰布字, ⑱受方便學處, ⑲說百字生, ⑳百字果相應, ㉑百字位成, ㉒百字成就持誦, ㉓百字眞言法, ㉔說菩提性, ㉕三三昧耶, ㉖說如來, ㉗世出世護摩法, ㉘說本尊三昧, ㉙說無相三昧, ㉚世出世持誦, ㉛囑累, ㉜眞言行學處, ㉝增益守護淨行, ㉞供養儀式, ㉟持誦法則, ㊱眞言事業.

이 중에서 ㉛까지가 《대일경》의 원본으로서, 唐의 학승인 無行이 인도에 가서 입수하여, 후에 唐으로 가지고 온 것이다. ㉜이하는 供養절차법이라 하여 善無畏가 가져왔던 것인데, 그는 이 兩本을 번역하여 묶었다. 이것이 漢譯《대일경》(㊅18-1, Ⓚ 13-863)이다. 즉 이 경전의 梵本을 無行이 중국으로 가져 와 長安의 華嚴寺에 祕藏해 두었던 것을 唐에 들어온 善無畏(Śubhakarasiṁha, 637~735) 가 一行(683~727)의 간청과 조력에 의해 724년부터 洛陽의 大福先寺에서 번역했던 것이다. 이때 一行은 善無畏에게 강의를 요청하여 그 강의의 내용을 기술했는데, 이것이 《大日經疏》* 20卷이다. 一行은 이 기술의 초고를 충분히 정리하기 전에 입적하였다. 그의 입적 후, 그의 유촉에 의해 동문인 智儼과 溫古가 文義를 정리하고 읽기 쉽게 하여 《大日經義釋》* 14卷을 지었다. 한편 티벳譯本은 9세기 초에 인도의 승려인 쉴렌드라보디 Śīlendrabodhi와 티벳의 번역관인 펠쩩 Dpal-brtsegs의 공동 번역으로 티벳대장경(㊗5-240)에 수록되어 있으나, 漢譯과 비교하여 品의 구성에 차이가 있다. 즉 티벳譯에서는 漢譯本 ⑬과 ⑭의 순서가 뒤바뀌고, ㉘㉙㉚을 ⑦ 다음에 두며, ⑥을 ⑦에 합치고 ㉛을 ㉗에 합치며, ㉜이하의 5品을 제외하여 모두 29品을 이룬 후, 寂靜護摩儀軌品 등의 7品을 더하여 이것을 外篇이라 칭하는데, 모두 36品으로 구성되어 있다.

〔연구·번역〕 앞서 말한 대로 漢譯에 대한 註疏로서는 경전의 文義를 해석한 《대일

경소》와 이것을 다시 다듬은 《대일경의석》이 있는데, 일본의 眞言宗(東密)에서는 전자를, 台密에서는 후자를 이용한다. 또한 후자의 1卷을 해석한 것으로 《大日經供養次第法疏》2卷이 있는데, 저자(唐代의 사람)는 알려져 있지 않다. 日本에서는 空海가 《大日經開題》(7종)를, 圓珍은 《大日經指歸》(1卷)를, 實範(?~1144)은 《大經要義鈔》(7卷)를 저술했다. 티벳譯에 대한 주석으로는 8세기 중반 무렵의 인도 사람인 Buddhaguhya 가 저술하고 Śīlendra-bodhi가 번역한 《Vairocanābhisambodhi-tantra-piṇḍārtha》(大日經略釋, ㊗77–79)와, 같은 저자가 짓고 숀누펠 Gshon-nu-dpal이 번역한 《Vairocanābhisambodhi-tantra-vṛtti》(대일경廣釋, ㊗77–110)가 있다. 일본에서의 번역은 譯大 經部10과 譯一 密教部1에 실려 있는 것 외에, 티벳本으로부터 번역이 있었다. 즉 田島隆純의 《藏漢對譯大日經住心品》(1927)이 있고, 服部融泰는 《藏文大日經》(1931)을 출판하였는데, 河口慧海는 이를 《藏文和譯大日經》(1934)으로 번역하였다. 또 《대일경》 및 그의 疏에 관한 주석서의 연구서에 대해서는 譯一 密教部 제1에 달린 神林隆淨의 解題가 상세히 설하고 있다. 최근에 발간된 《大日經의 硏究》(栂尾祥雲全集 別卷 제2)는 최근의 연구 성과를 모은 것은 아니고, 栂尾祥雲의 대일경에 관한 遺稿 및 논문 16편을 栂尾祥瑞가 정리하여 펴낸 것인데(京都:臨川書店, 1984), 본격적인 연구 이전에 작성된 저자의 노트를 정리한 것인 만큼 未完의 상태로서, 종종 내용상의 오류도 지적되고 있다. 최근에 발간된 《講座·大乘佛教》 제1의 《大乘佛教란 무엇인가》(春秋社,1981;《大乘佛教槪說》로 국내에서 번역. 김영사, 1984)에 실린 津田眞一의 〈大乘佛教와 密教〉에서는 다른 밀교 경전과의 관계 및 사상의 요점을 다루고 있다.

**대일경소** 大日經疏 20卷

《대일경》*7卷 중 앞의 6권 31品에 대하여 善無畏(637~735)가 강설하였는데, 一行(683~727)이 이것을 筆錄한 동시에 자신의 중국 불교적 교양에 의해 해설을 가한 책이다. ㊅39–579, ㊋제36冊. 이 책은 一行의 입적 후 智儼에 의해 다시 다듬어졌음(再治本)이 温古의 《대일경義釋序》에 의해 알려져, 원본과 再治本이 병행하여 유포되었으나, 書名도 卷數도 확정되어 있지 않았던 것 같다. 일본에서는 德清이 이책을 전하였는데, 最澄이 依用한 것은 《대일경소》14卷이고 空海가 전한 것은 《대일경소》20卷이다. 圓仁은 《대일경義釋》*14卷을, 圓珍은 《대일경의석》10卷을 전했는데 이 둘은 再治本이다. 이후 일본密教의 東密에서는 오로지 《대일경疏》를, 台密에서는 《대일경義釋》을 依用하고 있다. 이 《疏》와 《義釋》과의 관계에 대해서는 고래로 종종 논구되어 저작이나 논문도 많이 있으나, 아직 해결되지 않은 문제들이 남아 있다.

맨 앞의 2권 半은 《대일경》의 제1住心品을 해석한 것인데 이것을 「口의 疏」라 하고, 뒤의 17권 半은 제2具緣品 이하를 해석한 것인데 이것을 「奧의 疏」라 한다. 「口의 疏」는 밀교의 教相을 설한 것으로서 활발히 연구·강의되어 주석서도 많다. 「奧의 疏」는 주로 事相에 관한 것으로서 통례상 口傳으로 강론되어 왔다. 일본에서의 이 강론에는 妙淨上人계통과 高野山계통이 있는데, 12口傳의 강론이 전해지고 있다. 이 책은 《대일경》의 字句를 해석한 단순한 주석서로 그치는 것은 아니고, 《대일경》의 사상을 재조직하여 발전시킨 것으로서 중국밀교의 성립에 커다란 역할을 했다. 뿐만 아니라 일본에서 眞言밀교가 전개되는 데 있어서도 매우 큰 영향을 끼쳤다. 즉 空海가 저술한 《即身成佛義》《聲字實相義》《吽字義》《十住心論》《祕藏寶鑰》 등에 있어서 나타나는 중요한 사상은 모두 이 책을 기초로 하고 있다. 또 鎌倉시대 이후에 이루어진 眞言교학의 발전도 이 책의 연구에 힘입은 바가 크다.

〔연구〕 따라서 高野·東寺·根來·智山·豊山 등의 학자들에 의한 연구서·주석서·강요서 등이 매우 많아, 그 수는 百수십 종에 이른다. 이것들은 住心品疏의 주석이 主를 이루는데 道範(1184~1252)의 《大疏遍明鈔》21권, 賴瑜(1226~1304)의 《大疏指心鈔》16권, 杲寶(1306~1362)의 《大疏鈔》29권, 宥快(1345~1416)의 《大疏鈔》85권, 法住(1723~1800)의 《大疏玉振鈔》10권, 權田雷斧(1846~1934)의 《續絃秘曲》5권 등이 있다. 또 이 책 전체에 대한 주석이 主가 되어 있는 것으로는 宥祥(~1305~)의 《大疏義述》31권, 信日( ~1307)의 《大疏勘文》30권, 宥範(1270~1352)의 《大疏印妙鈔》80권, 杲寶의 《大疏演奥鈔》60권, 曇寂(1674~1742)의 《大疏私記》85권 등이 있으며, 이 책의 문제점을 연구한 것으로는 賴瑜의 《大疏愚草》24권, 聖憲(1307~1392)의 《大疏百條三重並自證說法》11권 등이 있다.

이 책은 譯一 經疏部14에 日譯되어 있으며, 원문은 《佛教大系》제40에도 수록되어 있다.

## 대일경의석 大日經義釋 14卷

唐시대의 一行(683~727)이 저술한 것을 智儼·溫古 등이 다시 다듬은 것이다. ㊗제36冊. 이에 대해 一行의 원저를 《대일경소》*(20卷)라 한다. 《대일경疏》는 《대일경》* 7卷 중 앞의 6권 31品에 대한 善無畏의 강설을 一行이 筆錄한 동시에 자신의 생각을 첨가하여 상세히 설한 것으로서, 《대일경》 연구의 가장 권위있는 지침서로 간주되고 있다. 《대일경소》는 일본 승려 空海에 의해 일본에 전해졌는데, 空海의 10住心에 대한 教判이나 《吽字義》에 대한 해석 등 기타 광범위하게 그가 세운 眞言교학의 체계를 구축하는 근저를 이루었다. 그 후 일본密教의 東密에서는 《대일경》과 거의 동등한 권위를 지니는 것으로서 활발히 연구되었다. (이러한 연구 성과에 대해서는 《대일경소》항을 볼 것).

한편 이 책 《대일경義釋》은 圓仁에 의해 일본에 전래된 이래, 일본밀교의 台密에서 오로지 依用되었다. 이 책에 대해 특히 주목한 사람은 圓珍이었다. 그는 《대일경의석目錄》《대일경의석目錄緣起》《대일경의석批記》 각각 1卷을 저술하여, 《義釋》 성립의 사정이나 일본에 전래된 5本에 대해서 서술하고, 《대일경疏》가 이 《의석》보다 부족한 점 세 가지를 들고 있다. 즉 ①일반적인 疏의 형식에 위배되는 허물, ②文句가 난해하여 읽기 어려운 허물, ③祕要가 탈락된 허물의 셋이다. 그는 또 《대일경의석更問鈔》2권(上권은 소실)과 《대일경의석雜抄》1권을 저술하여 《義釋》에 드러난 문제점을 해설했다. 이 책의 주석서는 《대일경疏》의 주석서에 비해 훨씬 적어서, 겨우 遼나라 覺苑(~1077~)의 《대일경의석演祕鈔》10권과 일본 仁空(~1381~)의 《대일경의석搜決抄》12권이 있을 뿐이다. 그러나 이 仁空의 《搜決抄》에서는 이 책의 성립 사정이나 이 책과 《대일경疏》와의 차이점에 대해서 서술하고 있다. 특히 悉地出

現品에 나오는 4종阿字를 《법화경》*의 開示悟入에 배분하여 해석한 것은 이 책만의 특색으로서 《대일경疏》에는 설해져 있지 않다는 점, 또 一行이 이 책을 다듬은 것은 世間成就品까지이고 그 후는 智儼이 다듬은 것이며, 따라서 이 品 이후에선 많은 차이점이 발견되지 않는다는 점 등을 지적하고 있다. 근래에 이 책과 《대일경소》와의 관계를 논한 것도 있으나, 철저한 연구가 이루어져 있지는 않다. 따라서 이 두 책의 관계에 대한 문제는 아직도 미해결인 상태이며, 이에 대한 연구가 앞으로의 과제로 남아 있다.

### 대지도론 大智度論 100巻

산스크리트 명칭은 《Mahāprajñāpāramitā-śāstra》로서 나가르주나 Nāgārjuna(龍樹, 약 150~250)의 저작이다. 여러가지 다른 명칭이 있는데, 摩訶般若釋論·大智釋論·大智論으로 불리고, 또는 간단히 大論·智論·釋論 등으로도 불린다. 鳩摩羅什(344~413)이 弘始 7년(405)에 漢譯했다. ㊅25-1, Ⓚ14-493. 龍樹가 직접 찬술한 것으로 보는 것이 일반적인 견해이지만, 내용을 엄밀하게 조사하여 다른 저작과 비교·검토하여 보면 現存하는 것 그대로를 모두 그의 작품으로 보기는 어렵다. 羅什이 번역할 때 덧붙였거나 고친 부분이 상당히 있기 때문이다. 이 책의 산스크리트原典과 티벳譯이 모두 전해지지 않고 있는 점도 龍樹의 직접 찬술을 의심케 하는 하나의 요인이 되고 있다. 이 책은 《대품반야경》*의 逐條解釋이지만, 僧叡(378~444?)의 序文이나 이 책의 뒷말을 참고할 경우, 만약 원전을 全譯한다면 現存하는 것의 약 10배에 이를 것이다. 즉 현존하는 것은 최초의 34巻(《대품반야》의 初品에 상당)만을 全譯하고, 나머지는 羅什이 중국 사람들의 기호에 맞도록 적절하게 抄譯하여, 결국 100巻으로 마무리했던 것이다.

〔내용〕 이 책에서의 해설은 학설·사상·용례·전설·역사·지리·실천규정·僧伽 등에 걸쳐 매우 상세하며 관련된 설명이나 인용된 경전·論書도 원시불교의 성전은 물론이고 부파불교의 諸論書로부터 초기 대승의 法華·華嚴 등의 諸경전에 미치고 있다. 뿐만 아니라 바이쉐쉬카 Vaiśeṣika派 및 기타 인도의 일반 사상에도 미치고 있어, 당시의 불교백과全書로 불릴 만하다. 그러나 물론 단순한 全書의 類는 아니고, 般若空의 사상을 기본적 입장으로 삼고 있는데, 그의 主著인 《중론》*에 보이는 否定的인 면에 비해 오히려 諸法實相의 적극적인 肯定의 면에 注力하고 있고, 대승의 菩薩사상이나 6바라밀 등의 종교적 실천을 해명하는 데에 노력하고 있다. 이 책에 의해 龍樹 이전의 불교 학설의 大要를 알 수 있는 동시에 특히 龍樹를 기점으로 한 대승과 소승의 상호교류와 사상의 발달을 아는 데 있어서 극히 중요한 자료를 제공하는 것이다. 즉 龍樹는 空性에 근거한 中道說을 《반야경》(→대품·소품·대반야경)으로부터 계승하면서, 나아가 폭넓게 阿含·佛傳·律에 걸쳐 正統불교의 참정신을 탐구하고, 다른 한편으로 法華·華嚴·寶積·浄土 등의 입장을 소화하여 初期대승에 있어서는 아직 명확한 조직 연관이 없었던 大乘學(또는 佛菩薩의 學)에 不動의 기초를 제공했기 때문이다. 그리하여 龍樹 이전의 불교 학설의 거의 모두가 이 책에서 비판적으로 섭취되고 종합된 동시에, 그 이후의 대승불교에서 주장한 여러 학설들은 이 책을 중심으로 하여 전개되었던 것이다. 후세에

龍樹를 八宗의 祖師로 추앙한 所以가 여기에 있다.

〔영향〕 이의 영향을 개괄적으로 말하면, 먼저 인도에서는 唯識思想의 형성에 중요한 거점이 되고, 《대승기신론》*에서 설한 眞如도 요컨대 空과 中道사상의 相卽으로서 이 책의 영향下에 있으며, 나아가 이 책의 佛身觀 특히 法身觀은 密教思想의 先驅로서 眞言다라니의 母胎가 된다. 浄土사상으로서는 같은 저자의 《十住毘婆沙易行品》이 유명하지만, 이 책이 군데군데에서 阿彌陀佛國土를 칭찬하고 있는 의의도 간과할 수는 없다. 다음으로 중국에서는 이 책이 譯出됨으로써 종래의 《般若經》 연구에 뛰어난 지침을 제공한 이래, 南北朝로부터 隋·初唐에 걸쳐 빈번히 講究되어, 특히 羅什의 門下인 僧肇(384~414)·道融(372~445?)의 계통은 《중론》*《백론》*《십이문론》*의 소위 三論에 이 책을 덧붙여 四論學派를 일으켰다. 그 중에서도 天台의 慧文은 이 책에서 말하는 一心三智의 실천적 파악에 진력하고 나아가 慧思(514~577)로부터 智顗에 이르러 天台教學의 大成에 현저한 영향을 끼쳤던 것인데, 智顗의 一心三觀·三諦圓融은 이러한 傳承과 스스로의 체험의 결실이었다. 또한 華嚴宗의 大成者인 賢首대사 法藏(643~712)은 이 책의 不共般若를 한층 명확히 하였는데, 그의 教學은 이 책의 《화엄경》* 연구에도 힘입은 바가 많다. 浄土教 관계의 주요 인물이 거의 四論의 계통에서 나왔는데, 그 중 曇鸞(476~542)이나 善導(?~662)는 이 책의 사상을 받아, 자신들 저작의 곳곳에서 인용하고 있다. 이 밖에 禪宗의 형성에 있어서는 이 책에서 설한 禪바라밀의 사상에 영향을 받은 바가 크다.

〔참고문헌〕 이 책의 註釋으로서 현존하는 것은 北周의 慧影이 지은 《大智度論疏》24卷 ㊋1·74·3, 1·87·3)이 있다. 이 책의 漢譯에 근거한 佛譯이나 英譯·獨譯은 대개가 部分譯이다. 이 중에서도 E.Lamotte의 《Le Traité de la Grande Vertu de Sagesse de Nāgārjuna》(3vols. Louvain 1944: 1949, 1970)이 유명하다.日譯은 [譯一]釋經論部1~5에 실려 있다. 이 밖에 연구서로서 Mitsuyoshi Saigusa의 《Studien zum Mahāprajñāpāramitā(upadeśa) śāstra》(Tokyo:Hokuseido Verlag, 1969), K. V. Ramanan의 《Nāgārjuna's Philosophy》(Varanasi : Bharatiya Vidya Prakashan, 1971)가 있다.

## 대집경 大集經

大方等大集經 60卷이다. ㊅13-1, Ⓚ7-1, ㊒57·58. 산스크리트 명칭은 《Mahā-saṃnipāta-sūtra》이고 티벳 명칭은 《Ḥdus-pa chen-po》이다. 부처님이 十方의 佛菩薩을 모아 놓고 대승의 法을 설한 것인데, 空思想에 덧붙인 밀교적 요소가 농후하다. 고려대장경에서는 北涼의 曇無讖 등이 번역한 것을 1部 60卷으로 묶었는데, 다음과 같이 총 17分으로 나뉘어 있다. ① 瓔珞品(제1卷의 前半)에서는 부처님이 成道한 후 16년이 지나 師子寶座에 올라가 온갖 보살과 마왕 등을 위해 보살이 행해야 할 無礙의 法門을 설하려 함을 보여준다. ② 陀羅尼自在王菩薩品(제1卷 後半~4卷)에서는 부처님이 다라니자재왕보살을 위해 수행해야 할 戒·定·慧 및 다라니에 대한 4종의 瓔珞莊嚴한 法과 기타에 대해서 설한다. ③ 寶女品(제5·6卷)에서는 寶女童女가 성취한 32종의 寶心 등을 밝힌다. ④ 不眴菩薩品(제7卷)에서는 불현보살을 위해 8陀羅尼門·8精進·8法·8莊嚴·8發心 등을 설한다. ⑤ 海慧菩薩品(제8~11卷)에서는 해혜보살에 대해 浄印三昧·佛法·大乘의 의의·보살의 發願·魔業·四天王呪 등을 제시한다. ⑥ 無言菩薩品(제12卷)에서는 무언보살이 설하는 바에 따라 無言·無聲·空인 法性을 설한다. ⑦ 不可說菩薩品(제13卷)에서는 불가설보살이 설하는 바의 發無上菩提心의 16法, 增長菩堤心의 32法 등을 술회한다. ⑧ 虛空藏菩薩品(제14~18卷)에서는 허공장보살을 위해 6바라밀을 비롯한 보살의 각종 德業을 밝힌다. ⑨ 寶幢分(제19~21卷)에는 13品이 포함되어 있는데, 보살이 각종의 色을 示現하여 중생을 조복하고, 마귀들을 파괴하는 神力의 인연과 마귀의 권속을 파하는 呪文 등을 설하며, 梵天 등의 四天王은 이 경전을 護持할 것을 맹세한다. ⑩虛空目分(제22~24卷)에는 10品이 들어 있는데, 4諦·8正道·12緣起 등을 설하고, 4無量心의 修相과 여러가지 方便行을 설하면서 결국에는 大乘의 진리에로 회향하는 것을 설명한다. ⑪寶髻菩薩品(제25~26卷)에서는 보살의 波羅蜜行·助菩提行·神通行·調衆生行이라는 4종의 行을 설명한다. ⑫無盡意菩薩品(제27~30卷)에서는 6바라밀·4無量心·6通·4攝·4無礙智·4依 등을 아무리 열심히 닦아도 지나치지 않음을 말한다. ⑬日密分(제31~33卷)에는 6品이 들어 있는데, 사방의 보살들이 운집하여 正法의 수호를 서원한다. ⑭日藏分(제34~45卷)에는 13品이 들어 있는데, 惡業을 멸진시키는 다라니의 功能과 星宿의 인연 및 念佛三昧 등의 신통력을 설한다. ⑮月藏分(제46~56卷)에는 20品이 들어 있는데, 악귀들이 佛法에 조복하게 되는 인연과 塔寺건립의 공덕을 설한다. ⑯須彌藏分(제57·58卷)에는 4品이 들어 있는데, 菩薩道와 다라니의 공덕을 설한다. ⑰十方菩薩分(제59·60卷)에서는 50종의 校計罪의 모습을 설한다.

《대집경》 60卷本은 隋代의 僧就에 의해 그 편찬이 시작되었는데, 그 중 앞의 26卷 및 ⑬일밀분의 3卷은 北涼의 曇無讖이 번역한 것이고, ⑫무진의보살품 4卷은 智嚴寶雲의 번역이며, 이는 《無盡意菩薩經》으로 독립되어 있기도 하다. ⑭일장분 12卷·⑮월장분 11卷·⑯수미장분 2卷은 那連提耶舎의 번역인데, 각기 《大乘大方等大集日藏經》《大乘大方等大集月藏經》《大乘須彌藏經》으로 독립되어 있으며, ⑰시방보살분은 後漢의 安世高가 번역한《佛說明度五十校計經》으로 독립되어 있다. 이에 대해서는 《출삼장기집》* 제2, 《개원석교록》* 제4·6·7, 《貞元新定釋教目錄》제6 등을 참조할 것.

日譯은 譯一 大集部1~3에 실려 있다.

## 대품반야경 大品般若經

28, 30 또는 40권으로 이루어진 90品의 《摩訶般若波羅蜜經》을 가리킨다. 原名의 뜻을 살려 《二萬五千頌般若》 Pañcaviṃśatisāhasrikā-prajñāpāramitā라고도 한다. 鳩摩羅什(Kumārajīva, 343~413)이 404년에 번역했다(㊅8-217, Ⓚ5-225). 대승불교 초기의 般若空觀을 설하는 기초 경전으로서 2종의 異譯이 있다. 즉 竺法護가 286년에 번역한 《光讚般若波羅蜜經》10권 27品과 無叉羅가 291년에 번역한 《放光般若波羅蜜經》20권 90品이 그것이다. 그런데 玄奘이 660~663년에 번역한 제2회 78권 85품의 《大般若經》*과 같은 경전 제3회 59권 31품도 이 大品에 소속시킬 수 있을 것이다. 티벳譯(㊗18, p.39-19, p.204)도 있는데, 梵本은 N.Dutt에 의해 《The Pañcaviṃśatisāhasrikā Prajñāpāramitā》(Calcutta

Oriental Series No. 28)로 출판되었으나 이것은 전체의 일부분에 지나지 않는다.

이 경전에 대한 註釋書로서는 龍樹의 《大智度論》*100권과 彌勒의 《現觀莊嚴論》*이 있다. 중국에서는 嘉祥대사 吉藏의 《大品經義疏》10권과 《大品經遊意》1권(㊅1-38)이 대표적인 주석인데, 중국 三論宗·四論宗의 所依경전이었음에 비해 연구·주석서는 많지 않은 편이다. 그 이유는 반야경에 大品과 小品이 있었으므로 《대품반야경》을 연구하려면 《소품반야경》*과 비교하지 않으면 안 되는 어려움이 있었기 때문일 것으로 생각된다. 즉 大·小의 2品을 비교할 때는 各品을 해체하여야 經이 설하는 참뜻이 발전적 조직을 통해 드러날 것이다. 따라서 단순히 小品은 大品을 간략화한 것이고 大品은 小品을 증광한 것이라고 봐서는 안된다. 다시 말하면 大品은 小品에 대한 참조에 그치는 것이 아니라 小品에의 誘導性을 강하게 의식하고 있는 것이라고 생각된다. 따라서 《대지도론》도 지적하고 있듯이 이 경전을 ① 舍利弗品(《대품반야경》의 序品~제6舌相品) ② 實相品(대품의 제7 三假品~제56 度空品), ③ 方便品(대품의 제67 無盡品~제87 如化品), ④ 常啼菩薩品(대품의 제88 常啼品~제89 法上品)으로 나눌 수 있다면 제2의 實相品이 가장 중요할 것이다. 이것은 동시에 《소품반야경》과 일치하는 부분이다. 그리고 大·小 2品 모두 種性으로서의 善男女가 新發意菩薩이 되고, 나아가 久行菩薩이 되어 마침내 不退轉菩薩로서 無上正等覺을 얻도록 般若를 설한다. 이것은 《마하바스투》*(大事)에서 설하는 自性行·願行·隨順行·不退轉行의 4보살행과 비교된다. 그러나 《마하바스투》에서의 이 4보살행은 붓다의 本生 이야기로서 前生의 修行道였다. 이렇게 본다면 般若經에서 설하는 바는 붓다의 修行道로부터 발전하여 온 것이라고 말할 수 있다. 붓다라는 특정한 人格의 修行道가 일반화되어 善男女의 修行道가 된 것이다. 이러한 견해는 梶芳光運의 《原始般若經의 研究》(p. 403, p.653), 干潟龍祥의 《Suvikrāntavikrāmiparipṛcchā-Prajñā-pāramitā》(1958)의 Part 1, An Introductory Essay on Prajñāpāramitā Literature XXXXII에 지적되어 있다.

〔참고문헌〕 독일어로는 松本德明의 《Die Prajñāpāramitā-literatur》(1932)가 개관을 시도하고 있다. 日譯으로는 國民文庫刊行會의 國譯大藏經에 椎尾弁匡의 번역이 있다. 이에 대한 영어 문헌으로는 Edward Conze의 《The Large Sutra on Perfect Wisdom with the divisions of the Abhisamayālaṃkāra》 Part I ~ III (London, 1961·1964), 《The Gilgit Manuscript of the Aṣṭasāhasrikā-prajñāpāramitā Chapter 55 to 70, corresponding to the 5th Abhisamaya, Edition and traslation》(Serie Orientale Roma XXVI, XL VI, Ismeo, Roma, 1962)이 있다.

## 덴카르마목록 Ldan-dkar-ma 目錄

약칭으로 《Dkar-chag Ldan-dkar-ma》이지만 본래의 명칭은 「Pho-braṅ Stod-thaṅ Ldan-dkar-gyi chos-ḥgyur ro-cog-gi dkar-chag」(토탕의 덴카르마 宮殿의 譯經論目錄)이다. ㊈145-143~153. 원전은 일본 東北大學에 소장되어 있다(東北目錄 5205). 편찬에 참여한 사람들은 펠쩩 Dpal-brtsegs·루이왕포 Kluḥi dbaṅpo· 나겐드라크쉬타 Nāgendrakṣita·남케닝포 Nam-mkhaḥi Sñiṅ-po 등이다. 저작 연대에 대해서는 란다르마 Glaṅ Dharma(836~841 在位) 이전의 용의 해라는 기준만이 승인될

뿐, 학자들의 견해가 일치하지 않는다. (일본의 芳村修基는 레파첸Ral-pa-can王의 824년說을 내세우고, 佐藤長은 티송데첸Khri-sroṅ-lde-brtsan 王의 788년說을 제시하며, 이 밖에도 異說이 있다.)

이 책은 현존하는 한에서는 가장 오래된 티벳대장경의 목록이다. 란다르마王이 불교를 핍박하기 이전의 티벳에 있어서 경전의 번역 상황과 교학의 대세를 엿볼 수 있는 귀중한 자료이다. 이 책은 勅命에 의해 덴카르마(또는 란카르 Lhan-dkar)궁전에 머무르고 있던 편찬자들이 당시까지 번역되었거나 혹은 번역중에 있는 대승과 소승 및 顯教와 密教의 모든 經論의 題名을 기록한 것으로서, 그 수는 734部, 27項으로 분류되어 있다. 현존하는 티벳대장경(→불전개요)의 4500部에 비하면 그 수는 훨씬 못미치지만, 《法華》《涅槃》《(十萬頌)《般若》《楞伽》《毘奈耶》《深密》 등의 대승 경전 및 이들에 대한 釋·論 중 중요한 것, 밀교 경전 중의 어떤 것 등이 번역되어 있었음을 알 수 있다. 분류의 방식도 티벳대장경이나 漢譯대장경(→불전개요)의 방식과는 현저히 달라, 經→律→論의 순서와 양이나 지역의 차이를 중시한 독특한 기준으로 분류하고 있다. 뿐만 아니라 오늘날의 티벳譯과 漢譯의 양쪽에 포함되어 있지 않은 經論의 이름도 기록되어 있어, 인도·중국·티벳의 불교思想史에 있어서 이 책이 기여하고 示唆하는 바는 다대할 것으로 기대된다.

〔참고문헌〕 연구 및 校訂으로는 Shuki Yoshimura 의 《The Denkarma, an Oldest Catalogue of the Tibetan Buddhist Canons》 (Kyoto, 1950), M. Lalou의 《Les textes boud-dhiques au temps du Roi Khri-sroṅ-lde-dcan》 (JA. 241, 1953)이 있다. 최근의 논문으로는 芳村修基의 〈덴카르마目錄의 硏究〉(《인도 大乘佛教思想—카말라쉴라의 思想》 百華苑, 1974)가 있다.

## 도교의추 道教義樞 10卷

青溪道士 孟安排가 찬집한 도교의 문헌이다. 그러나 형식과 내용에 있어서 불교의 압도적인 영향을 받고 있으므로 佛典적인 자료 가치를 지닌다. 唐나라 초기, 불교와 도교의 논쟁이 치열하던 시대에 도교의 교리를 집대성한 책으로서, 도교의 教理學을 가장 잘 정리했다. 이 책의 서문에 의하면, 이는 《玄門大義》라는 책의 골자를 뽑아 정리한 것으로서 10卷 37條로 정리하여 至道의 大義를 표시한 책이라 한다. 道教義樞란 「至道의 教方을 드러내고, 大義의 樞要를 표시한다」는 의미이다. 내용은 다음과 같이 구성되어 있다.

제1卷 / 道德義, 法身義, 3寶義, 位業義
제2권 / 3洞義, 7部義, 12部義
제3권 / 兩半義, 道意義, 10善義, 4果義
제4권 / 5廕義, 6情義, 3業義, 10惡義
제5권 / 3一義, 2觀義, 3乘義
제6권 / 6通義, 4達義, 6度義, 4等義
제7권 / 3界義, 5道義, 混元義
제8권 / 理教義, 境智義, 自然義, 道性義
제9권 / 福田義, 浄土義, 3世義, 5濁義
제10권 / 動寂義, 感應義, 有無義, 假實義

이 중에서 6通·3界·5道·3世義 등은 모두 法數를 설하는 것인데, 거의가 불교의 기법을 도용하고 있다. 또 境智·有無·道生·法身義 등은 불교 사상의 영향에 의해 도교의 교리를 조직한 것이다. 이 책의 성립에 가장 큰 영향을 끼친 것은 三論사상이다. 또 隋시대에 활약했던 吉藏의 사상이 이에 끼친 영향은 크다. 그러나 玄奘의 唯識學이나 法藏의 華嚴學의 영향은 그다지 인정되지 않는다. 이 책에서 숱하게 인용하고 있는 《本際經》도 三論사상의 영향이 현저하다. 이 책의 찬술자가 「靑溪道士 孟安排」로 되어 있으나, 이는 梁시대의 大孟법사 孟安排가 아니라 후대 사람이 僞作하여 「맹안배」라는 이름을 씌운 것이라고 생각된다. 이 책에는 隋志의 《道教敍錄》이나 隋시대의 僞經이라고 생각되는 《海空錄》《本際經》이 인용되어 있으므로 분명히 唐나라 초기 이후에 찬술된 것이라고 추정되지만, 찬술 연대에 대해서는 연구의 여지가 있다. 이 책의 사상이 唐나라 중기 이후의 도교학이나 불교학에 끼친 영향은 크다

연구로는 吉岡義豊의 〈初唐에 있어서 道佛論爭의 一資料 道教義樞의 硏究〉(《道教와 佛教》제1)가 있다. 한편 원전은 道藏, 太平部 제762 · 763 冊에 있다.

## 도사 島史 Dīpavaṃsa

저자는 알 수 없다. 스리랑카에 현존하는 編年史的 史詩로서는 가장 오래된 것인데, 4세기 후반에서 5세기 초엽에 걸쳐 작성된 것으로 보이며, 팔리語로 씌어 있다. 《島王統史》라고도 칭한다. 5세기 말과 그 이후에 증광되어 작성된 《大史》*(Mahāvaṃsa)와 함께 스리랑카의 編年史書로서 스리랑카의 역사 및 스리랑카의 불교사 연구에 불가결한 문헌이다. 전체는 22章으로 구성되는데, 먼저 붓다의 간단한 생애와 스리랑카 방문(3번 다녀간다)을 소개하고, 이어서 佛典의 結集, 部派史, 아쇼카王의 불교로의 귀의, 비자야vijaya의 來島와 스리랑카 역사의 여명, 마힌다 Mahinda의 來島와 스리랑카 불교의 확립, 諸王의 사적을 상세히 서술하고 마하세나 Mahāsena(334~362)의 治世로 끝맺고 있다. 문체나 문법 등에 아직 세련되지 않은 점이 있고, 또 잦은 반복이나 구성상의 不統一이 보이는 점으로 보아 이 책은 한 개인의 지속적인 노작이 아니라, 몇 시대에 걸쳐 다수의 스리랑카 시인들에 의해 종합되었다고 보아도 좋을 것이다.

〔참고문헌〕 원전과 英譯으로 H.Oldenberg의 《The Dīpavaṃsa, An Ancient Buddhist Historical Record》(London, 1879)가 있고, Geiger 는 《島史》와 《大史》의 비교 대조를 발표하였다. 즉 W.Geiger 《Dīpavaṃsa und Mahāvaṃsa und die geschichtliche Überlieferung in Ceylon》(Leipzig, 1905)이다. 이것을 Miss.C. A. Nicolson이 1906년에 요약하여 英譯하고 (Indian Antiquary. vol. XXXV, pp.153~68), 다시 1908년에 E.N. Coomaraswamy가 英譯하였다. 일본에서는 平松友嗣가 《島王統史》(南傳 60, 1939)로 日譯했다.

## 돈오입도요문론 頓悟入道要門論 1巻

唐시대의 禪僧인 大珠慧海(8세기 전후, 연대 미상)의 어록이다. ㊂제110冊-420. 明나라 초기의 洪武 7년(1374)에 이 책을 편집했던 妙叶은 이 책에 《諸方門人參問語錄》1권을 추가하여 上下 2권으로 만들고, 다시 후에 《初祖菩提達摩大師安心法門》을 부록으로 추가하여 전체의 제목을 《頓悟要門》으로 간행했다. 그러나 《安心法門》은 慧海와는 전혀 직접적인 관계가 없고, 또 《參問語錄》도 혜해의 찬술이 아니라 후세에 누군가가 《경덕전등록》* 중의 혜해에 관한 기록을 뽑아서 재구성한 것이다. 따라서 혜해가 직접 찬술한 것은 이 《돈오입도요문론》1巻뿐이다. 다

만 1917년 중국의 長沙刻經處에서 출판한 《大珠慧海禪師語錄》은 上권이 이 책, 下권이 《참문어록》으로 되어 있다. 大日本續藏經에 수록된 현행의 원전도 각각 上下 2권으로 배당되어 있으나, 표제는 각각 달리하여 이 책만이 혜해의 찬술로 되어 있다. 따라서 이 책은 후세의 어록들과는 달리, 혜해가 스스로 집필하여 찬술한 논서라는 데에 그 특색이 있다. 형식적으로 보면 禪의 문헌에 있어서는 오히려 古型에 속한 것이라고 할 수 있다.

〔내용〕 저자는 江西의 馬祖道一(709~788) 아래서 6년간 수행하여 철저히 大悟했다고 전해진다. 이 책은 그러한 체험을 바탕으로 하여 頓悟入道의 요지를 간결하게 서술한 것이다. 서두에서 『어떠한 法을 닦아 해탈을 얻고자 바라는가』라고 묻고, 『오로지 頓悟의 1門만이 있어 곧 해탈을 얻는다』고 답하여, 해탈을 얻는 要門이 돈오임을 제시한다. 또 頓이란 일시에 망념을 제거하는 것이고, 悟란 無所得을 깨닫는 것이라 한다. 이를 위해서는 마음을 근본으로 삼고 근본을 닦는 일이 가장 큰 일인데, 그 근본을 닦는 법이 좌선禪定이라고 말한다. 이하에서는 이 돈오要門의 宗旨를 부연하여 설명하고 있으나, 그 서술은 평이하여 후세의 어록처럼 무턱대고 난해한 말을 사용하고 있지도 않으며, 禪者 특유의 기발한 표현도 거의 보이지 않는다. 오히려 폭넓은 불교학의 소양과 심연한 선의 체험이 일체가 되어, 투철하게 깨우친 경지가 평이하고 소박한 필치로써 멋지게 그려져 있다. 인용된 경전 중에서 특히 큰 비중을 차지하는 것이 《유마경》*이고, 다음이 《금강경》*이다. 이어서 《열반경》(→대승열반경)《화엄경》*《법화경》*《기신론》(→대승기신론) 등도 폭넓게 인용되어 있다. 이는 저자가 기반으로 삼은 불교학의 소양이 般若사상을 중심으로 한 것이었음을 엿보게 한다. 그리고 이러한 경향은 이 책과 같은 계통으로서 裴休(797~870)가 집록한 黃檗希運의 어록 《전심법요》*에서도 명확히 인정되는 것이다. 한편 저자 이전의 禪書로서는 荷澤神會(670~762)의 《神會語錄》으로부터 영향받은 바가 현저하다는 점이 지적되고 있다.

〔참고문헌〕 최근의 번역으로는 平野宗浄의 日譯《頓悟要門》(《禪의 語錄》6, 筑摩書房, 1970)이 있다. 이 연구서는 원문을 내용에 따라 자세히 단락짓고, 각 단락마다 원문-直譯-意譯-註로 배열하였으며, 뒤에 해설을 달아 충분한 이해를 도모하고 있다. 이 밖에 宇井伯壽의 《頓悟要門》(岩波書店, 1938), 平野宗浄의 《頓悟要門論》(《講座禪》제6권 〈禪의 古典一中國〉에 수록, 筑摩書房, 1968)이 있다.

㉣

**라마야나** Rāmāyaṇa

생존 연대가 확실치 않은 발미키 Vālmīki가 7권으로 편찬한 산스크리트 大敍事詩이다. 총 2만 4천 頌의 詩句로 이루어졌으며, 발미키의 작품이라고는 하나 이 이야기는 옛날부터 口傳되어 왔던 것이다. 이야기의 개요가 《마하바라타》*나 불교의 설화집인 《자타카》* 속에도 수록되어 있기 때문에, 발미키는 《라마야나》*의 창작자가 아니라 편찬자라고 봐야 할 것이다. 고대의 영웅인 라마王에 관한 전설이 하나의 정리된 형태를 갖춘 것은 기원 전 약 500~300년경이며, 그 후 여러가지로 보완되어 현존의 모습으로 정리된 것은 기원 후 2세기 말일 것이라고 한다. 전체 7권 중에서 제1권과 제7권은 2세기경에 부가된 것이라고 생각되는데, 이 두 권 속에는 많은 신화와 전설이 포함되어 있을 뿐만 아니라 역사적 인물인 라마Rāma를 비쉬누 Viṣṇu神의 權化로 취급하고 있다는 점에서 이 史詩에 종교적 성격을 부여하여 후세에 라마 숭배를 유행시킨 원인이 되고 있다.

〔내용〕 코살라Kosala국의 수도인 아요댜 Ayodhyā는 다샤라타Daśaratha王의 치하에서 번영을 누리고 있었다. 왕에게는 세 사람의 왕비가 있었는데 카우살랴Kausalyā왕비는 라마를, 카이케야Kaikeya왕비는 바라타Bharata를, 수미트라Sumitra왕비는 라크쉬마나Rakṣmaṇa 와 샤트루그나Śatrughna의 쌍둥이를 낳았다. 라마는 무예가 뛰어나 비데하Videha국의 공주인 시타Sītā를 아내로 맞이하여 국민의 신망을 받고 있었으므로 부왕은 라마에게 왕위를 계승하려고 결심하고, 이에 따른 의식을 거행할 준비를 하라고 명하였다. 이에 카이케야 왕비는 이의를 제기하고 자기의 아들인 바라타가 왕위를 계승하도록 함과 동시에 라마를 14년간 숲속으로 추방할 것을 승낙받았다. 라마는 부왕의 명령에 따라 아내인 시타와 동생인 라크쉬마나를 데리고 숲속으로 은둔하였으나, 부왕은 비탄에 잠겨 끝내 숨지고 말았다. 바라타는 정의로운 사람이었다. 그는 왕이 죽자 성으로 돌아왔으나 왕의 유언을 따르는 것을 떳떳하지 않게 여기고 라마를 맞이하기 위해 숲으로 갔다. 그러나 라마는 바라타의 간청을 받아들이지 않았다. 할 수 없이 바라타는 라마의 가죽신을 안고 성으로 돌아와, 그것을 라마 대신으로 삼아 왕좌에 앉혀 놓고 나라의 일을 처리하게 되었다. 라마는 단다카Daṇḍaka의 숲에서 숲의 정적을 깨뜨리는 악마를 정복하였는데, 이에 랑카 Laṅkā(오늘날의 스리랑카)를 본거지로 하고 열 개의 머리를 가진 마왕 라바나Rāvaṇa는 크게 노하여 공중을 날아 단다카로 왔다. 그는 부하를 금빛나는 사슴으로 변하게 하고서는 라마와 라크쉬마나가 그 사슴을 쫓고 있는 동안 시타를 생포하여 랑카로 데리고 갔다. 시타를 온갖 감언이설로 설득하여 아내로 삼으려 했으나 듣지 않으므로 라바나는 노하여 그녀를 왕궁에 감금했다. 한편 뒤늦게 공중을 날아 쫓아온 라마는 시타가 없음을 알고 크게 슬퍼하여 동생 라크쉬마나와 함께 시타의 수색에 나섰다. 그러다가, 시타를 구하고자 라바나와 싸우다가 중상을 입고 빈사의 상태에 있는 자타유스Jaṭāyus로부터 자초지종의 이야기를 전해 듣고 크게 노하여 시타를 수색하는 여행을 떠난다. 그 도중 라마는 사경을 헤매고 있는

원숭이王 수그리바Sugrīva를 구출하여 키쉬킨다Kiṣkindha성의 왕위를 되찾아 준다. 이에 원숭이 왕은 시타를 구출하는 일에 원조하겠다고 약속했다. 현명한 원숭이族 하누마트 Hanumat 는 홀로 랑카에 건너가서 시타의 몸이 안전함을 라마에게 보고하였으므로, 라마는 용기가 솟구쳐 원숭이 군대를 이끌고 바다를 건너가 격전을 벌인 끝에 라바나를 타도하고 시타를 구출했다. 시타는 몸의 순결을 의심받았으나 火神인 아그니Agni가 그녀의 순결을 증명하였으므로, 드디어 라마는 시타를 데리고 아요댜의 성에 개선하여 국민들의 환호 속에 왕위를 계승했다.

《라마야나》는 《마하바라타》와 함께 인도의 국민적 서사시로서 유명하지만 그 文體는 《마하바라타》보다도 훨씬 기교적이며 세련되어 있다. 후세에 발달한 카뱌 kāvya(詩的 작품)體 작품의 기원으로 간주된다. 현재 3종의 異本이 전해지고 있는데, 이 이야기는 古典 산스크리트 문학으로 유명함은 말할 나위도 없고 근대 인도의 여러 지방 언어로 번역되고 번안되어 있다. 특히 힌두語의 시인 툴시 다스 Tulsī Dās(1532~1623) 의 《람차리트마나스》 Rāmcaritmānas는 가장 유명하다. 《라마야나》는 자바 · 말레이 · 타이 등의 남방 각지에도 전해져서 그 곳의 문학과 예술에 커다란 영향을 미쳤을 뿐만 아니라, 티벳과 중앙 아시아에도 전해졌다. 중국에서는 佛典을 통해 라마의 전설이 전해졌는데, 漢譯 《六波羅蜜經》에 수록된 라마王의 이야기는 일본에까지 전해져 《寶物集》(권5)에 실려 있다.

〔참고문헌〕 원전은 G.H.Bhatt의 편찬에 의해 Baroda의 Oriental Institute에서 출판중이다. H.Jacobi 《Das Ramayana, Geschichte und Inhalt nebst Concordanz gedruckten Recensionen》 (Bonn, 1893). 池田澄達 《마하바라타와 라마야나》(日本評論社, 1944). 田中於菟彌 〈라마야나와 마하바라타〉(《醉花集》春秋社, 1974). 영어 번역으로는 R.T.H.Griffith(1895), 불어 번역으로는 A.Roussel(1903), 이탈리아어 번역으로는 G.Gorresio(1843~58) 등의 것이 있다. 일본에서의 번역은 모두 부분적인 것뿐인데, 田中於菟彌는 제2권의 1부만(世界文學大系《인도集》, 1959)을 번역했고, 阿部知二는 《발미키의 라마야나》(《世界古典文學全集》Ⅲ의 2, 河出書房, 1966)로 내용의 골자를 옮겼다. 《라마야나》에 관한 국내의 연구로는 徐幸正 〈VALMIKI RAMAYANA 의 倫理觀〉(동국대학교 대학원 인도철학과, 1981)이 있다.

## 마

**마누法典** Mānava-dharma-śāstra

《마누 스므리티》Manu-smṛti라고도 한다. 「다르마 샤스트라」dharma-śāstra란 法典을 뜻하는데, 이것은 이에 관계된 《다르마수트라》Dharma-sūtra(法經)라는 綱要書를 근거로 하고 있다고 생각된다. 즉《마누法典》도《마누法經》(Mānava-dharmasūtra)를 기초로 하여 수정·보충된 법전으로 보이는데, 《마누法經》은 현존하지 않는다. 「스므리티」란 기억을 뜻하는데, 太古의 賢者가 기억으로 간직하고 있던 성스런 傳承을 제작한 책이라는 의미이다. 이것은「쉬루티」śruti(天啓) 즉 신의 계시에 의한 《베다》*의 本集이나 《브라흐마나》*에 근거한 法의 권위로서 인정되어 法典과 같은 뜻으로 사용된다. 마누는 옛날 《리그베다》 이래 사람·인류를 나타내는 말로 사용되었고, 베다 문학의 발전과 함께 신성시되어 인류의 시조 또는 온갖 法規의 최고 권위로 간주되기도 하였으며, 이 이름을 앞에 붙인 法典은 인도의 모든 법전 중에서 가장 높은 권위를 부여받고 있었다.《마누法典》은 기원 전 2세기부터 서기 2세기 사이에 성립된 것으로 보인다.

현존하는《마누법전》은 전편이 12장, 2685偈로 이루어졌는데, 운문으로 씌어져 있다. G.Bühler는 총 12장 중 제2장~제6장 및 제11장은 이에 상응하는《마누法經》을 충실하게 재현한 것이고, 제7장~제10장은 현저히 변경된 부분이며, 제1장과 제12장은 새로 증보된 부분이라고 말한다. 제1장은 우주의 창조로부터 설명을 시작하여 아리야 민족의 사회제도인「카스트」caste(種姓)의 조직과 기능에 대하여 언급하며, 나아가 本典의 의의 및 내용을 略述한다. 제2장~제6장은 아리야 민족이 일생을 통해 시행해야 할 여러가지 儀式을 열거한다. 일생을 梵行者(brahmacārin)·家住者(gṛhastha)·林棲者(vānaprastha)·遊行者(parivrājaka)라는 4개의 생활기(Āśrama)로 분류하고, 각각의 시기에 관한 의무를 설명한다. 제7장에서는 王法 즉 帝王學·행정·외교·군사 등을 서술하고, 제8장과 제9장에서는 司法에 관한 규정을 18항목으로 분류하고 있다. 제10장에서는 카스트제도의 명칭·기원·기능 등을 설명하고, 잡종 카스트에 대해서도 언급한다. 제11장은 속죄법을, 제12장은 윤회·轉生 및 해탈에 이르는 모양을 설명한다. 以上에서 법률적인 조항으로 보이는 것은 전체의 약 4분의 1 정도이다. 따라서 法典이라고는 하여도 단순한 법규의 집성이 아니라, 전편에 종교적 윤리적 정신이 一貫하고 있는 하나의 大교훈이라고 해야 할 것이다. 뿐만 아니라 이것은 오랜동안 인도 민중의 생활에 있어서 準據가 되어 왔으므로 인도의 사회생활을 아는 귀중한 자료라 할 수 있다.

이 법전에 대해서는 많은 註釋이 있는데, Medhātithi(9세기경)·Govindarāja(12세기경)·Kullūka Bhaṭṭa(15세기경) 등의 주석이 유명하다.《마누法典》은 인도에서 뿐 아니라 버마·타이·자바·발리島 등에도 영향을 주었다. 버마의 佛教法典(Dhamma-saṭṭham)이나 타이의 옛 法律 등은 그의 두드러진 예이다.

인도에서 《마누법전》 다음으로 중요시된 것《야즈냐발캬 法典》(Yājñavalkya-smṛti)는 야즈냐발캬가 설한 스므리티인데, 白야주르베다(→베다)에 속하는《法經》에 근거를 두고 동방

인도에서 기원한 것이라고 생각된다.《마누法典》에 비해 정연한 구성을 보이고 있으며, 내용은 관습·법·속죄의 3부로 이루어져 있다. 그 성립은《마누法典》보다 늦은 것으로 생각되는데, 빨리 잡아서 서기 2~3세기 이전으로 올라가지는 않는다. 이 법전에도 다수의 주석이 있는데, 특히 Vijñāneśvara(11세기경)가 주석한《Mitākṣarā》가 유명하다.

《마누법전》의 번역으로는 Georg Bühler《The Laws of Manu》(Sacred Books of the East》vol.xxv) 와 田邊繁子《마누의 法典》(東京 : 岩波書店, 1953)이 있다.

## 마하바라타 Mahābhārata

총 18편으로 된 고대 인도의 산스크리트 大敍事詩이다. 전설에 의하면 이 위대한 역사詩의 작자가 뱌사Vyāsa 仙人이라고 하지만, 믿을 바는 못 된다. 이러한 장편이 한 사람의 손에 의해 한 시대에 저술되었다고는 생각할 수 없다. 아마도 기원 전 10세기경에 北인도로 넘어 온 두 개의 큰 부족이 서로 싸웠는데, 두 부족 간의 큰 전쟁을 배경으로 한 史話가 말로써 전해지면서 그 동안 다양하게 정리·수정·증보되었으며, 현존하는 모습으로 정리된 것은 약 4세기경일 것으로 짐작된다. 특징 있는 산스크리트 운문으로 씌어졌는데, 18편 10만頌(1頌은 16음절 2行으로 구성됨)의 詩句와 부록인《하리방샤》*Harivaṃśa 1편으로 성립된 大敍事詩로서 南과 北의 2종의 異本이 전해지고 있다.《마하바라타》란 바라타族의 전쟁을 이야기하는 大史詩라는 의미인 것 같다.

〔내용〕일찌기 北인도에서 웅비하던 바라타王의 후예로서 드리타라쉬트라Dhṛta-rāṣṭra와 판두 Pāṇḍu라는 두 왕자가 있었는데, 쿠루Kuru지방의 하스티나푸라Hastinā-pura(델리의 東北)라는 도시에서 백부인 비쉬마 아래서 양육되고 있었다. 형은 장님이었으므로 동생인 판두가 왕위에 올라 나라를 다스렸다. 판두에게는 다섯 왕자가 있어서 판다바Pāṇḍava라고 불렸고, 형인 드리타라쉬트라에게는 100명의 왕자가 있어서 카우라바Kaurava라고 불렸다. 그러나 판두王은 젊어서 죽었으므로 장님인 형이 왕위를 이어 동생의 다섯 왕자를 자기의 왕자들과 함께 길렀다. 다섯 왕자는 모두 무예가 뛰어났는데, 이들의 맏형인 유디쉬티라 Yudhi-ṣṭhira가 태자로 정해졌으므로 카우라바는 이를 질투하여 온갖 박해를 가하였다. 그 때 판찰라Pañcāla국의 공주인 드라우파디 Draupadī를 아내로 맞이하는 시합이 벌어져, 왕자들은 모두 이에 참여하여 무예를 겨루었다. 다섯 왕자의 한 사람인 아르주나Arjuna가 이에 성공하였는데, 다른 형제들도 그녀를 사랑하였으므로 드라우파디는 다섯 사람의 공동의 아내가 되었다. 그 후 카우라바는 하스티나푸라에, 판다바는 인드라프라스타Indra-prastha (현재의 델리)에서 각기의 나라를 다스리고 있었다. 그러나 판두바의 명성은 올라가고 나라가 번영하였으므로 카우라바의 맏형인 두르요다나Dur-yodhana는 이를 질투하여 숙부인 샤쿠니Śakuni와 공모하고, 유디쉬티라를 연회에 초대한 후 산산히 타도하였다. 그리고는 그의 왕국·재보·형제·아내를 가로챘다. 그러나 老王의 중재로 판두바는 노비가 되는 신세를 면하고, 그 대신 12년간의 방랑생활을 하고 나서 13년째를 사람들의 눈에 띄지 않게 보낸 후 국토를 회복하도록 되었다. 그리하여 12년의 은둔생활을 마친 후, 13년째에는 변장을 하고 다른 나라에 들어가 그 나라 왕의

허락으로 하인이 되어 지냈으나, 그 때 카우라바가 그 나라에 침입하였다. 이에 다섯 왕자는 그 나라 왕을 도와 카우라바를 격퇴하고, 사신을 보내 왕국의 반환을 요구하였다. 그러나 사신은 빈 손으로 돌아왔으므로 여기서 兩族은 각각 동맹군을 규합하여 쿠루크쉐트라에서 18일간 서로 대접전을 벌였다. 격전의 결과 카우라바는 괴멸하고 판다바의 승리로 끝났다. 유디쉬티라는 왕위를 계승하고 성대한 馬祠의 제사(아쉬바메다)를 거행하였다(→쉬라우타 수트라). 장님인 老王은 이후 15년간 궁정에서 생활했으나 이윽고 왕비와 함께 삼림에 은둔하였고, 후에 산불로 인해 죽었다. 판다바의 일족도 수십 년 후 숲속으로 은퇴하였고, 드디어 세상을 떠나 天界로 올라갔다.

《마하바라타》는 이상과 같은 이야기를 근간으로 하고 있지만, 그 양은 전체의 5분의 1에 지나지 않고, 그 사이에 신화 · 전설 · 종교 · 철학 · 도덕 · 法制 · 경제사회제도 등에 관한 무수한 삽화가 포함되어 있다. 이러한 삽화들 중에서 유명한 것은 《나라王 이야기》 《사비트리 이야기》 《바가바드기타》* 등이다. 이야기의 주제와 함께 이러한 삽화들은 후세의 문학에 좋은 자료를 제공하여, 인도 국민의 정신생활에 무한한 영향을 주었고, 나아가 인도 문화를 널리 알리는 동시에 남방 여러 나라의 문학과 예술에도 지대한 영향을 끼치고 있다.

〔참고문헌〕 H.Jacobi 《Mahābhārata》 Inhaltsangabe, Index und Concordanz der Calcutter und Bombayer Ausgabe, Bonn, 1903. H. Oldenberg 《Das Mahābhārata,seine Entstehung, sein Inhalt, seine Form》 Göttingen, 1922. 池田澄達《마하바라타와 라마야나》 日本評論社, 1944.

번역으로는 Ch. Roy(1926~32)와 M.N.Dutt(1895~1905)의 것이 있다. 원전으로는 V.S. Sukthankar 《The Mahābhārata, For the first time critically edited》(Poona : Bhandarkar Oriental Research Institute, 1927~54)이 가장 참고할 만하다.

**마하바스투** Mahāvastu 大事

첫머리에 『중국(인도의 중앙 지역)지방의 성스런 大衆部 중에서 說出世部의 律藏에 속하는 자료에 따른 마하바스투가 여기서 시작한다』고 하고, 맨 뒤에 『성스런 大衆部의 說出世部에 속하는 자료에 따른 상서로운 마하바스투 아바다나가 여기서 완결된다』고 한다. 이로 보아 이것은 웅대한 律藏의 簡易化를 도모하면서 說出世部의 율장으로부터 발췌한 것인데, 일반의 佛傳문학에 대한 요구에 답하여 자타카*나 아바다나 avadāna가 증광 발전한 것이 독립하여 마하바스투 아바다나로 되었다고 생각된다. 마하바스투에는 律이라는 용어가 거의 쓰이지 않고 있다. 대단히 오래된 요소를 포함하면서, 4~5세기경의 기술이라고 생각되는 것도 담고 있기 때문에 오랜 기간에 걸쳐 많은 編著者가 오늘의 형을 성립시켰다고 말할 수 있을 것이다.

그 내용은 붓다가 먼 과거인 燃燈佛의 시대에 보살로서의 大願을 발했던 일로부터 시작하여, 가까운 과거의 생애에 도솔천에 재생하여 마야 부인에게 托胎할 결심을 하고 현세에 태어나서 출가 · 降魔 · 成道를 거치며, 나아가 初轉法輪으로 비롯된 교화활동과 교단 성립을 이루는 붓다 傳記로서의 구성을 갖추고 있다. 그러나 그 사이사이에 수많은 경전 · 이야

기 · 因緣談 · 본생 설화 · 교리 등을 끼워 넣고 있다. 이는 통일성을 기하지 못한 것처럼 보이지만 넓은 의미에서는 인도 문학의 특징을 갖추고 있는 것이다. 이러한 삽화들이 불교의 다른 經 · 論 종류와 흥미있는 유사점을 보이고 있는 것도 많다. 《마하바스투》에는 漢譯도 티벳譯도 존재하지 않는다. 《佛本行集經》*이 이의 漢譯이라고 하는 것은 오해이다. 이 둘 사이의 유사점도 기대하는 만큼 많지가 않다. 《마하바스투》의 용어는 다분히 중기 인도語의 성격을 지닌 불교 특유의 산스크리트(佛教梵語) 중에서도 가장 오래된 층에 속하는 것이므로, 고전 문법만으로는 이해하기가 극히 곤란하다

〔참고문헌〕 원전으로는 유럽에서 어느 네팔系 사본 6종을 스나르가 교정하여 3권으로 나누어 출판한 것이(É.Senart《Le Mahāvastu》Paris : 1882, 1890, 1897) 있다. 그의 序說과 註解는 아직도 가치를 잃지 않고 있다. 일본의 東京大學 도서관에도 네팔系 사본이 소장되어 있다.

완역으로 J.J.Jones《The Mahāvastu》3vols., SBB(London : 1949, 1952, 1956)가 있다. 일부에 대한 번역과 연구로는 藤田(白石)眞道〈梵和對譯 MAHĀVASTU〉(密教研究50, 53, 55, 59)가 최초인데, 같은 필자의 독일어 번역(山梨大學學芸學部紀要1, 2)이 있다. 또 荻原雲來와 久野芳隆의〈梵文 Mahāvastu-avadāna 研究〉(聖語研究 1), 渡邊照宏〈마하바스투 地獄品의 研究〉(佛教學徒 4), 高原信一《마하바스투 地獄品의 研究》(九州大學哲學年報18), 久野芳隆〈菩薩十地 思想의 起源, 展開 및 內容〉(大正大學學報6, 7) 등이 있다. 개별적인 小論文은《宗教研究》《印度學佛教學研究》 등에 실려 있다. 주요한 저작으로는 平等通昭《梵文佛傳文學의 研究》(1930), B.C.Law《A Study of the Mahāvastu》(1930), E.Windisch《Die Komposition des Mahāvastu》(1909) 등이 있다.

1953년에 F. Edgerton이《佛教混淆梵語文法 · 辭書 · 讀本》을 저술하여 원전에 대한 비판적 연구의 범례를 보여줌으로써 새로운 연구 단계에 돌입했다. 보다 좋은 사본의 발견과 이에 따른 새롭고 주의 깊은 校訂本의 출판이 기대된다. 그때까지는 Senart의 교정본이 불가결하다. 최근에 이르러 벵갈語 번역을 첨부한 원전이 출판되었으나(Radhagovinda Basak《Mahāvastu Avadāna》3vols. Calcutta : 1963, 1964, 1968), 이것은 원전에 대한 비판적 연구에 몰두한 것은 아니다. Senart의 교정본이 출판된 이래 오늘날까지 부분적인 번역, 다른 전적과의 비교, 언어학적 혹은 사상사적인 연구 등 문헌학적 연구도 여러 방면에 걸쳐 있으며, 그 숫자도 적지 않다. 水野弘元의〈梵文大事에 대하여〉(《干潟博士古稀記念論文集》에 수록)는 典籍史상의 문제를 다루고 있는데, 시사하는 바가 많다. 平等通昭《印度佛教文學의 研究》제2권(1973)이 출판되어 있다.

律藏이나 본생 설화와의 관계에 대해서는 平川彰《律藏의 研究》(1960), 干潟龍祥《本生經類의 思想史的研究》(1954)가 특히 중요하다. 원전에 대한 연구로는 F.Edgerton《Buddhist Hybrid Sanskrit Grammar and Dictionary》(1953)와 H. Günther《Die Sprache Mahāvastu》(1942)가 있는데, 특히 앞의 것은 없어서는 안될 중요한 책이다. 문헌 목록으로는 湯山明〈A Bibliography of the Mahāvastu-Avadāna〉(1968)가 있다.

**마하지관** 摩訶止觀 20卷

갖춰진 명칭은《天台摩訶止觀》으로서 智顗(538~597)가 594년에 찬술한 것이다. ㊅46-1. 이책은 智顗가 설했던 것을 門人인 灌頂이 기록한 것으로서《법화현의》*《법화文句》와 함께 天台의 3大部를 이룬다. 이 중에서도 이 책은 지의가 만년에 강술한 내용을 담고 있다. 책 머리의 서문에 의하면, 隋의 開皇 14년(594) 4월 26일 荊州의 玉泉寺에서 강의가 시작되었다고 한다. 이 책은 일찌기 3本으로 있었던 것 같은데, 제1本과 제2本은 다같이《圓頓止觀》이라 일컬어졌고, 각기 20卷과 10卷이었다. 제3本이 현재의 이 책이다. 아마도 지의의 강술 후에 관정의 손에 의해 정리·수정되어, 현행본과 같은 형식을 갖추게 되었을 것이다. 만년의 강술인 이 책은 그의 작품 중에서도 가장 원숙하고 또한 가장 체계적인 논서이지만, 그 체계는 거의 同시대의 인물인 慧遠의《대승의장》*이나 吉藏의《大乘玄論》에 비해 현저한 차이가 있다. 이는 이 책이 智顗 특유의 종교 체험과 종교 실천으로 일관되어 있기 때문이다. 바로 이러한 점이 이 책을 불멸의 작품으로 만들었으며, 따라서 지의를 중국불교에 있어서 學德이 뛰어난 제1人인 자로 간주하게 한다.

전체의 조직은 소위 5略10廣으로 구성되어 있다. 10廣이란 ① 大意 ② 釋名 ③ 體相 ④ 攝法 ⑤ 偏圓 ⑥ 方便 ⑦ 正觀 ⑧ 果報 ⑨ 起教 ⑩ 旨歸이다. 이 중에서 ①은 전체의 개요인데, 이는 다시 發大心·修大行·感大果·裂大網·歸大處로 분류되어 5略을 이룬다. 또 ⑦은 陰入界境·煩惱境·病患境·業相境·魔事境·禪定境·諸見境·上慢境·二乘境·菩薩境의 10境으로 분류되고, 이 중에서 첫째인 陰入界境은 다시 觀不可思議境·發眞正菩提心·善巧安心·破法遍·識通塞·道品調適·助道對治·明次位·能安忍·無法愛의 10乘觀法으로 분류된다. 이 10승·10승관법이 이 책 속에서 가장 요긴한 논술로 간주된다. 그러나 이 책은 전체로서 완결되어 있지 않고, 10境 중의 諸見境으로 마치고 있으며, 그 나머지는 단지 항목만을 기재하고 있다. 이 책이 영향을 끼친 바는 대단히 크다. 그래서 많은 註釋書가 나와 있으나 그 중에서 가장 중요한 것은 湛然의《止觀輔行》10권,《止觀搜要記》10권,《止觀義例》1권,《止觀大意》1권 등이다. 그러나 이들에는 지의와는 다른 담연 특유의 견해가 드러나 있어서, 후대에 안팎으로 논쟁을 일으키는 기본 요인을 이루고 있다. 일본의 普寂은《마하지관復眞鈔》를 저술하여 담연 이후의 天台宗을 비판하여 智顗 자신의 입장으로 복귀하고자 했다. 근대의 연구로서 주요한 것을 열거하면 境野黃洋의《支那佛教史講話》下卷, 島地大等의《天台教學史》등이 있고, 石津照璽는《天台實相論의 研究》제4의 6~8章에서 극히 철학적이고 의미 깊은 논구를 시도하고 있다. 또 安藤俊雄의《天台性具思想論》에서는 一念三千의 의의를 논하고, 福田堯穎은《天台學概論》에서 천태종의 전통적인 입장으로부터 이 책을 詳述하며, 佐藤哲英의《天台大師의 研究》에서는 이 책에 대한 자료적 기초 연구를 정밀하게 진행하고 있다. 이 중에서 맨 뒤의 佐藤은 자신의 연구 결과, 4종 三昧의 行法을 정리한 것이나 一念三千說을 완성한 것은 오히려 灌頂에 의해 완수된 업적이 아닐까 하는 의문을 제시하고 있는데, 이는 주목할 만하다. 譯一 和漢部, 諸宗部 3에 日譯되어 있다. 최근의 연구는 安藤俊雄의

《天台學》제8~12장에 상술되어 있으며, 또 關口眞大가 校注한 《摩訶止觀》(岩波文庫) 이 출판되었다.

**만두캬카리카** Māṇḍūkya-kārikā

《아가마 샤스트라》Āgama-śāstra(聖傳論)라고도 하고 《가우다파디야 카리카》Gauḍapādīya-k.라고도 한다. 샹카라Śaṅkara의 스승인 고빈다Govinda의 스승인 가우다파다Gauḍapāda(640~690년경)의 저술이라고 한다. 4장 215頌으로 성립되어 있다.

〔내용〕 제1장인 聖傳章은 《만두캬 우파니샤드》에 대한 해설서인데, 브라흐만(梵) 즉 아트만(我)의 4位, 이것과 4音量과의 관계, 聖書를 마음 속에 간직하는 수행을 설하며, 현상 세계의 성립에 관해서는 후세에 말하는 轉變說의 입장에 서 있다. 제2장인 虛妄章은 꿈을 꿀 때의 경험이나 깨어났을 때의 경험이나 모두 허망이며, 세계의 전개 및 소멸은 마야māyā(幻)에 의한 것이고, 아트만의 分別에 의해 만물이 창조된다고 주장하여 다른 학파의 세계 창조 원리를 열거하고 비판한다. 또한 독자적인 실천론을 제시한다. 제3장인 不二章은 허공의 비유를 통해서 個我와 大我가 서로 다른 것이 아니라는 점을 내세우고, 聖典을 전거로 하여 이를 밝힌다. 여기서는 마야說을 채용하는데, 원인을 有라 하여 마나스manas로부터의 顯現이라는 독자적인 說을 서술하며, 無觸 요가에 의한 실천을 설한다. 제4장인 旋火寂靜章은 不生을 밝히는데, 대상도 마음도 不生이며 깨어났을 때의 경험은 허공이라고 설하고, 識의 顯現을 서술하면서 실천론으로써 끝을 맺는다. 이상과 같이 제2장 이하는 샹카라의 不二一元論과 유사한 사상을 설하며, 제1장과는 다른 내용을 지니고 있다. 뿐만 아니라 각 章도 독립된 조직과 사상을 표명하고 있기 때문에 《만두캬 카리카》의 전체가 한 사람의 작품이라고 보기는 어렵고, 가우다파다는 엄밀하게 말하면 편찬자일 것이다. 특히 주목할 만한 것은 불교의 영향이다. 제1장이 주해한 《만두캬 우파니샤드》가 이미 空觀의 영향을 명백히 드러내고 있고, 더우기 여기에는 經量部 혹은 唯識에서 말하는 種子라는 개념이나 2諦說이 내포되어 있다. 제2장 이하에서는 특히 대승불교의 영향이 농후하게 나타나는데, 제4장은 거의 불교 서적을 보고 있는 듯한 느낌이 들 정도이다. 진리를 깨달은 사람을 佛陀라고 부르고, 그러한 입장을 最上乘(大乘)이라고 칭한다. 또한 인도 철학의 일반적인 용어인 bhāva · manas · dvaita · advaita 를 대신하여 dharma · citta · dvaya · advaya라는 불교적 술어로 바꾸어 사용하고 있다. 中觀派의 四句分別에 의한 論法이 채용되고, 唯識說의 영향이라고 보이는 萬象의 識으로부터의 전개를 설하는 동시에 깨어나 있을 때의 경험이나 꿈꾸고 있을 때의 경험이나 모두 마찬가지로 허망하다고 말한다. 뿐만 아니라 신기루 · 새끼줄과 뱀 · 빙글빙글 돌리는 횃불의 비유를 들고 있는데, 이는 허공에 대한 불교적인 비유인 것이다. 또 三性의 원어도 사용하고 있음을 볼 수 있다. 여기서는 adhvan · prajñapti · lokottara · saṃvṛti 등과 같은 불교 특유의 용어도 많이 볼 수 있다. 더우기 여러 異說에 대해서도 각기의 존재 이유를 인정하고, 方便 사상이라고 할 수 있는 無論諍과 宥和의 입장을 드러내고 있다는 점에서도 《법화경》* 등의 사상에 의해 영향을 받은 것이라고 생각할 수 있을 것이다.

〔평가〕 후대에 이르러서는 이 책 전체가 우파니샤드라고 간주되었고, 베단타 학파에 있어서는 《브라흐마 수트라》*와 더불어 중요시되기에 이르렀다. 그리고 이에 대해서는 샹카라의 註解 및 아난다즈냐나Ānandajñāna의 復註 외에도 다수의 註解書가 저술되었다. 베단타 학파에 미친 불교의 영향을 고찰하는 데 있어서는 유력한 자료가 된다.

〔참고문헌〕 번역으로는 P.Daussen 《Sechzig Upanishad's des Veda》(1897), 木村泰賢 《우파니샤드 全書》제2권(1922)이 있다. 불교와의 연관을 명확하게 밝히면서 엄밀하게 비판적으로 연구하여 번역한 것으로는 中村元 《베단타 哲學의 발전》(1955)이 있는데, 이것과 함께 V.Bhattacharyya《The Āgama Śāstra of Gauḍapāda》(1943)는 원전의 교정본도 함께 싣고 있다.

## 명도집설 鳴道集說 5卷

金나라 李屛山(13세기경)이 찬술한 문헌이다. 이병산이 宋시대 儒家의 학설을 217종으로 정리하고, 이것을 비평한 것이다. 元나라 念常에 의하면 이 책은 宋代 유가의 排佛說을 집록한 《鳴道集》에 대한 평론이라 한다. 또한 이병산의 만년의 저작으로서, 이병산이 불교 사상에 원숙했던 시대의 것이라 한다. 이 책에 인용되어 비평된 儒者로는 周濂溪 · 司馬迂叟 · 張橫渠 · 程明道 · 程伊川 · 謝上蔡 · 劉元城 · 江民表 · 楊龜山 · 張橫浦 · 呂東萊 · 張南軒 · 朱晦菴 등이 있고 書名으로는 《安正忘筌》이 인용되어 있다. 유자 중에서 가장 많이 인용된 사람은 張橫渠 · 程明道 · 程伊川 · 謝上蔡 등이다. 《安正忘筌》이라는 책의 저자는 확실치 않으나, 楊龜山이 집록한 것일지도 모른다고 생각된다.

이 책의 원전으로는 ① 赤松本 ② 天和本 ③ 北京도서관抄本의 3종이 있다. ①은 일본의 京都 東山 清水寺에서 발견된 사본을 明治 28년에 赤松連城이 간행한 것으로서, 본문 외에 黃晋序 · 湛然序 · 李屛山序가 부가되고, 마지막에 雜說 · 心說의 2편이 추가되어 있다. ②는 일본에서 開版된 것으로서 京都의 大谷도서관에 소장되어 있는데, 1683년에 간행된 것이라고 생각된다. 그 내용은 ①과 거의 비슷하나, 이 판본에서는 내용을 5卷으로 나누고, ①에는 없는 〈鳴道諸儒姓氏〉와 〈諸儒鳴道集總目〉을 추가하고 있다. ③은 ②와 비슷한데, 그 본문이 증가되어 있다. 즉 程明道의 4편, 程伊川의 31편이 부가되어 전체가 216篇으로 되는데, 맨 끝에 있는 이병산의 跋語를 합하면 217편이 된다. 이는 217편이라고 하는 念常의 말과 부합하므로 ③이 完本이라고 간주된다. 이들 3本 중에서 원전으로서 가장 편리한 것은 ①이다. 念常은 《佛祖歷代通載》 권19 속에서 이 책의 일부를 인용하고 있다. 이 책은 唐시대 중기의 華嚴학자인 宗密이 《원인론》*으로 유교와 불교를 비교한 생각을 한층 더 진행시켜 화엄의 입장에 서서 3교를 조화시키고자 한 책으로서, 宋시대의 불교사상史上 중요한 의의를 지닌다.

이에 대한 연구로는 常盤大定의 〈金의 李屛山撰鳴道集說에 대하여〉(服部先生古稀祝賀記念論文集)와 〈排佛廢釋의 問題〉(《岩波講座 · 東洋思潮》)가 있다.

## 몽고원류 蒙古源流 8卷

몽고語의 명칭은 《Erdeni yin Tobci》(寶의 史)로서 사간세첸Sagan Secen의 저술이다.

이 책은 內몽고 오르도스의 귀족으로서 불교도인 저자가 1662년 59세의 나이 때 저술한 몽고민족의 史話이다. 불교 사상으로써 전편을 통일하여, 민족의 기원을 인도·티벳의 釋尊의 계보에서 구하는 일종의 本地垂迹思想으로써 기술을 진행하고 있다.

제1권은 천지개벽으로부터 인도에 불교가 홍통되는 과정을 서술한 것인데, 불교思想史의 측면에서는 가장 주목해야 할 부분이다. 여기서는 《구사론》* 제22分에서 分別世間品 제3의 5 및 元나라 國師인 팍파Ḥphags-pa(發合思巴)가 지은 《창소지론》* 卷上에서 情世界品 제2 등의 흐름을 계승한다. 즉 器世間·衆生·王 등의 기원에서 출발하여 佛陀의 출현과 입멸, 제4회에 이르는 佛典의 결집, 佛法의 홍망으로부터 한 廢王子가 티벳으로 들어가 초대의 티벳王이 되기까지의 과정을 기술한다. 제2권은 티벳에 불교가 들어와 란다르마王의 廢佛을 거쳐 다시 부흥하는 과정, 제3권은 징기스칸의 즉위에 이르는 몽고국의 開創과 건국에 얽힌 史話, 제4권은 元朝의 홍망, 제5권은 明代에 北元의 여러 제왕, 특히 다얀칸의 불교 부흥에 관한 事蹟, 제6권은 알탄칸에 이르는 그의 자손들에 관한 서술이다. 제7권에서는 알탄칸에 의한 內外몽고의 불교부흥을 서술하며, 제8권에서는 內外몽고의 사원 건설과 譯經의 진척을 서술하고, 佛法을 찬탄하는 句로써 전체를 마무리하고 있다. 이 책의 원본은 오랫동안 알려지지 않고 漢譯과 만주어譯의 刊本에 대한 연구만이 진행되어 왔으나, 최근에 수종의 원본이 발견되었다. 그리하여 먼저 몽고어 원본이 성립하고(1662년), 그것이 淸의 乾隆 25년부터 40년(1760~1775) 사이에 만주어로 번역되어 乾隆 42년(1777)에 漢譯된 사정이 밝혀지게 되었다.

〔참고문헌〕 만주어譯에 대한 日譯과 연구로서 江實의 《蒙古源流》(弘文堂, 1940)가 있다. Urga本 몽고어 원전을 소개한 연구로는 E. Haenisch의 《Eine Urga-Handschrift des mongolischen Geschichtwerkes von Secen Sagang》(Berlin, 1955)과, 역시 그의 연구로서 乾隆版 몽고文 원전을 소개한 《Der Kien-lung Druck des mogolischen Geschichtwerkers Erdeni yin Tobci von Sagan Secen》(Wiesbaden, 1959)이 있다. (기타 《창소지론》항의 참고문헌)

**무량수경** 無量壽經 2卷

曹魏의 康僧鎧가 252년에 번역한 것으로 되어 있다. ㊅12-265, Ⓚ 6-1039. 이 경전은 阿彌陀佛이 法藏보살로서 수행중에 세웠던 48가지의 本願을 성취하여, 생명을 지닌 모든 것이 西方極樂淨土에 태어나는 이유를 상세히 설한다. 또 淨土에 태어난다고 하는 것은 佛의 깨달음을 여는 것이며, 이를 위해서는 佛의 광대한 구제력인 慈悲를 믿고 그의 名號인 南無阿彌陀佛을 호칭하라고 설한다. 즉 이 경전이 설하는 바의 요점은 아미타불의 48願, 淨土의 장엄함, 往生하는 사람의 모습이라 할 수 있는데, 특히 下卷에서는 安樂淨土人을 上·中·下의 세 부류로 분별하여 淨土往生을 권하고, 5惡·5痛·5燒를 떠나 5善을 지키라고 권한다.

〔원전 및 異譯本의 제문제〕 淨土三部經의 하나로서 《아미타경》*을 小經이라 부르는 데 대하여 이 경전을 「魏譯의 大經」이라고 칭한다. 역자에 대해서는 근래에 野上俊静이 〈無量壽經漢譯攷〉(日佛年報15, 1950)라는 논문을 통해서, 境野·常盤·望月 등의 학자들이

寶雲의 번역이라고 주장한 定說에 반대하고, 敦煌本의 새로운 자료를 토대로 하여 泉芳璟과 마찬가지로 竺法護의 번역(西晋, 永嘉2년, 308)임을 밝히고 있다. 이 경전의 異譯에 대해서는 옛부터 5存 7欠 12譯이 있다고 하나, 이들의 원전·역자·번역의 眞僞·상호 관계 등에 대해 境野·椎尾·望月·泉·常盤 등의 여러 학자들 사이에서도 의견이 일치하지 않아 아직 定說을 세울 단계가 아니다(坪井俊映《浄土三部經概說》,1956,pp.21~30을 참조). 5存에 포함된 다른 4本은 ① 吳의 支謙이 번역(223~6)한 《大阿彌陀經》2卷 ㊅12-300), ② 漢의 支婁迦讖의 번역(147~186)이라는 《無量浄清平等覺經》4卷(㊅12-279, Ⓚ 6-979, ㊗51 : 그러나 이것은 白延이 256~259년에 번역한 것으로 보는 것이 유력하다), ③ 唐의 菩提流支가 번역한(693~713) 《無量壽如來會》2卷(㊅11-91, Ⓚ 6-1의 《대보적경》*제5, ㊗47) ④ 宋의 法賢이 번역한 《無量壽莊嚴經》3권(㊅12-318, Ⓚ 34-228)이다. 이상의 5本을 일괄하여 보려면 일본의 《眞宗聖教全書》Ⅰ의 三經七祖部(1949)가 편리하다.

이 밖에 梵本으로부터 번역된 것은 없고, 唐譯(위의 ③) 이외의 4本을 對校하여 1本으로 정리한 것으로는 王日休가 교정하여 편집한(1160~2) 《大阿彌陀經》2卷(㊅12-327)이 현존한다. 19세기에서 20세기에 걸쳐 《무량수경》의 梵本이 발견되어 현존하는 사본의 수는 28部에 달한다. 네팔에 전해진 여러 梵本들을 對校하여 梵文 《무량수경》을 세계에 최초로 소개한 것을 옥스포드本이라 하는데, 이는 F.Max Müller와 B.Nanjio(南條文雄)가 편집한 《Sukhāvatī Vyūha, Description of Sukhāvatī, the Land of Bliss》(Anecdota Oxoniensia, Aryan Series, vol.Ⅰ, partⅡ, Oxford, 1883)이다. 이것은 梵文《아미타경》을 포함하고 있는데, 大·小 모두가 수카바티뷰하Sukhāvatī-vyūha(極樂莊嚴 또는 樂有莊嚴, 具樂莊嚴이라고 번역된다)라는 동일한 經名을 갖고 있다. 티벳譯도 大·小가 있는데(㊗22-110, 30-90), 大經은「성스런 無量光莊嚴이라 칭하는 大乘經」이라는 梵名으로 되어 있다. 荻原박사는 옥스포드本에 있는 章句의 탈락과 문자의 잘못을 티벳譯에 의해 개정하였다. 荻原雲來의 《梵藏和英合璧浄土三部經》(浄土宗全書, 1930)에 수록된 《梵和對譯無量壽經》이 그것이다. 근래에 足利박사는 榊亮三郎이 1923년에 발견한 네팔의 手寫梵本(14 내지 15세기 이전에 작성된 것으로 보임)을 연구하여, 이것이 기존의 다른 梵本 중에서 가장 뛰어난 것이라고 논증하였다. 이에 대해서는 足利惇의 〈大無量壽經重誓偈의 梵文에 대하여〉(東洋學論叢, 佛大, 1952), 〈梵文無量壽經의 偈文〉(印佛研 1의 1), 〈大無量壽經嘆佛偈의 梵文에 대하여〉(佛教學研究8·9, 1953) 등의 논문이 있다. 漢譯 5本과 梵·藏 2本을 비교·대조함으로써 원전의 성립 연대와 그의 교리사적 전개를 추적하여 연구하고 있으나, 여러 譯本의 원전이 된 각기의 梵本이 발견되어 있지 않으므로 현존하는 梵本만의 비교로는 불충분하다.

이 경전의 성립에 관해서 宇井박사는 교리사적으로 보아 원시 般若나 法華에 이어지는 시기로서 기원 200년 이전에 존재하였다는 점을 의심하지 않고 있으며(《經典의 성립과 그의 傳統》, 1951), 春日井박사는 아마도 쿠샨王朝시대인 1~2세기경에 간다라 지방에서 세력을 떨친 化地部의 교단에서 編述하여 작성한 것으로 추정한다(〈原始無量壽經思想形態推定에의 課題〉, 佛教文化研究2, 1952). 현존하는 諸本에 대한 교리사적 연구에 의하면, 초기 무량수경에 속하는 吳譯(위의 ①)과 漢譯(위의 ②)에서는 本願의 수가 24願이라 하고, 46願인 梵本(荻原 박사는 티벳譯에 의거하여 49願이라고 헤아린다)과 49願인 티벳譯 및 48願인 唐譯(위의 ③)·魏譯(여기서 표제로 삼은 무량수경)은 후기 무량수경에 속한다고 한다. 그리고 36願인 宋譯(위의 ④)은 중기 무량수경에 속한다.

池本重臣은 초기 무량수경에서 설한 阿彌陀佛이 붓다의 正覺 내용을 염원한 妙有의 佛陀로 전개된 것이라고 하고, 浄土教는 붓다의 緣起觀을 본질로 삼은 근본불교와 서로 통한다고 하며, 후기의 무량수경은 般若經의 영향을 받아 들여 교리적으로 전개된 것임을 밝히고 있다(《大無量壽經의 教理史的研究》, 1958). 이에 대하여 藺田香勳은 池本을 비롯한 여러 학자들이 宋譯을 다른 諸本과는 계통이 다른 하나의 別本이라 하고, 또 池本이 후기의 무량수경보다 나중에 성립된 것이라고 주장하는 데에(明石惠達은 唐譯이 최신이라 하는데, 이것은 魏譯에 의해 다른 경전들을 참고하여 작성된 것이라고 본다. 《佛教學研究》8·9合併號, 1953) 반대하여 宋譯을 초기와 후기의 무량수경의 中繼點이라 보며, 또한 魏譯이 최후에 성립되었다고 논증한다(《無量壽經諸異本의 研究》, 1960).

〔연구·번역〕 근래에 들어서 梵本에 대한 언어학적 연구로는 足利惇을 비롯한 木村秀雄(《梵文大經 가타 프라크릿트에 관한 두 가지 問題》, 佛教研究3~5, 1939) 및 春日井眞也 등의 업적이 있다. 宗學의 면에서는 공통적으로 5惡段(梵本과 唐譯에는 없다)에 대해서 중국에서 찬술되었는가 아닌가가 문제시되는데, 인도에서 찬술되었다는 주장이 유력하다. 또한 生因願에 대한 연구 중 「唯除」라는 말이 차지하는 의의도 이 경전의 성립 문제와 더불어 연구되고 있다. 한편 浄土教를 불교 일반의 기반으로 삼으려는 사상사적 시도로서는 結城令聞의 〈阿彌陀佛信仰이 意圖하는 것〉(《大乘佛教의 成立史的研究》, 1954)과 〈浄土教의 眞理性〉(《佛教의 根本眞理》, 1956)이 있고, 또 종교철학적 해명에 의한 佐藤賢順의 〈浄土教에 있어서의 類比的表現에 대하여〉(印佛研 3의2, 1955), 春日井眞也와 藤堂恭俊의 〈浄土經典의 形成〉(《佛教의 根本眞理》, 1956), 鈴木宗忠의 《基本大乘浄土佛教》(1959), 早島鏡正의 〈浄土教成立에 관한 인도的 基盤의 考察〉(宗教研究 170號, 1961) 등이 발표되었다.

한편 번역에 있어서 梵本으로부터 日譯한 것으로는 藤田宏達의 《梵文和譯 無量壽經·阿彌陀經》(法藏館, 1975), 中村元·早島鏡正·紀野一義의 《浄土三部經上》(岩波文庫, 1963), 南條文雄의 《支那五譯對照梵文和譯佛說無量壽經》(1908 : 1958년 平樂寺書店에서 제3刷 간행), 荻原雲來가 편집한 《梵藏和英合璧浄土三部經》(浄土宗全書 別巻, 1930) 등이 있다. 이 중 마지막으로 소개한 荻原의 편집本에는 F.Max Müller의 英譯인 《The Larger Sukhāvatīvyūha》(SBE, vol. 49, part II)가 전재되어 있다. 魏譯으로부터의 英譯으로는 K.Yamamoto(山本晃紹)의 《Shinshū Seiten》(1955), 티벳譯으로부터의 日譯으로는 河口慧海師의 번역(앞의 荻原의 편집本에 수록) 및 寺本婉雅師·青木文教師 등의 번역이 있다. 魏譯으로부터의 日譯으로는 親鸞聖人700回忌記念(대표 森川智德) 《聖典意譯浄土三部經》(1958)이 있다. 기타 비교적 최근의 연구서로서 내외의 연구들을 정리하여 浄土教의 성립을 논설한 藤田宏達의 《原始浄土思想의 研究》(法藏館, 1975)이 있고, 浄土사상에 대한 최근의 서적으로는 春秋社에서 발행

한 《淨土思想》(講座 · 大乘佛教》제5)이 있다. 이 밖에는 《관무량수경》* 항목을 참조할 것.

### 무량수경련의술문찬 無量壽經連義述文贊 3卷

신라의 고승이었던 憬興이 《무량수경》*의 文意를 주석하고 弘法을 찬탄한 책이다. 《무량수경述贊》이라고도 약칭한다. ㊎2-18, ㊅37-131, ㊗제32冊. 저자 경흥은 元曉 다음으로 많은 저술을 남겼으나 《삼국유사》*에서 잠시 언급될 뿐, 그에 대한 전기가 없어 자세한 행적이 알려지지 않고 있으며, 그의 저술도 이 책과 《삼미륵경소》*만이 현존해 있다. 현존하는 이 두 저술은 신라불교의 연구에 있어 귀중한 자료가 된다. 특히 이 책은 잡다한 經論과 대가들의 說을 종횡으로 원용하여 《무량수경》을 해설하고 있는데, 여기서는 慧遠 · 元曉 · 法位 · 義寂 등을 비판하고 있어, 당시 淨土사상 연구의 일단을 엿보게 한다. 내용은 서론격인 ①來意(《무량수경》의 유래) ②釋名(명칭의 해석)과 본론인 ③文釋(본문 해석)의 3門으로 구성되어 있다. 고래로 《무량수경》의 註疏로는 慧遠의 《무량수경義疏》, 吉藏의 《무량수경疏》, 원효의 《무량수경疏》, 그리고 경흥의 이 책을 「4大疏」라 일컬어 왔는데, 일본 眞宗의 개조인 見眞은 이 중에서 경흥의 책을 가장 많이 인용하였다고 한다.

원본으로는 현재 일본의 大谷대학에 元祿 12년 刊本이 소장되어 있다.

### 무량수경론 無量壽經論 1卷

본래의 명칭은 《無量壽經優婆提舍願生偈》이며, 《淨土論》《往生論》 등으로도 불리고 있다. 北인도의 바수반두Vasubandhu(世親 · 天親, 320~400경)가 저술하고 北인도의 菩提流支(Bodhiruci, 菩提留支)가 漢譯했다. 菩提流支는 508~535년에 중국에서 번역에 종사하였는데, 《貞元錄》에서는 529년에 洛陽의 永寧寺에서 이 책을 번역했다고 전한다. ㊅26-230, Ⓚ15-439.

〔내용〕 24行 96句의 偈頌과 이 게송의 의미를 부연한 長行(산문)으로 구성되어 있다. 偈의 大意는 安樂세계를 생각하여 阿彌陀佛을 봄으로써 아미타불의 淨土에 태어나길 원하는 것이다. 偈의 맨 앞에서 『安樂國에 태어나길 원한다』고 표명하고, 다음에 觀見의 대상인 淨土의 장엄을 서술하며, 끝으로 廻向句로써 맺고 있다. 長行에서는 정토에 왕생하는 방법을 부연하여 5念門을 제시하고, 5念門을 수행하여 그 行이 성취됨으로써 안락국에 태어나는 5果門을 얻는다고 한다. 5念門이란 禮拜門 · 讚嘆門 · 作願門 · 觀察門 · 廻向門이고, 5果門이란 近門 · 大會衆門 · 宅門 · 屋門 · 園林遊戲地門이다. 요컨대 이는 정토에 있어서의 깨달음을 순서대로 설명한 것이다. 위의 5念門을 설명하면서 대부분을 觀察門에 대해 서술하고 있는데, 관찰의 대상인 정토는 17종의 國土장엄과 8종의 佛장엄과 4종의 菩薩장엄, 총 3嚴 29종으로 되어 있다. 龍樹의 《십주비바사론》* 易行品에서는 阿彌陀신앙이 下劣의 중생을 위한 것이라고 했기 때문에 자칫하면 淨土사상을 수준이 낮은 것으로 보려고 하는 경향이 있음에 대하여 本論은 정토의 行을 대승의 菩薩道로서 수립하고 있다. 바로 이 점에 印度불교로서의 중대한 의미가 있다. 또한 曇鸞에 의해 註가 저술됨으로써 중국에 있어서 善導류의 불교를 일으키게 한 원류가 되고, 일본에서는 法然이 淨土正依의 經論으로서 선별한 3經1論의 1論으로서 本論을 채택함

으로써 《정토론》은 경전에 필적하는 격조 높은 문헌이 되었으며, 또 曇鸞의 註를 통해 親鸞 등의 일본 浄土教家에 커다란 영향을 끼쳤다.

대표적인 주석으로는 曇鸞의 《註》2巻, 근대의 것으로서 僧鎔의 《述要》, 慧然의 《大意》, 法界의 《講議》, 月珠의 《隨釋》 등이 있다. 연구서로는 山口益의 《世親의 浄土論》(法藏館, 1966), 藤堂恭俊의 〈浄土論과 浄土論註〉(《講座大乘佛教5-浄土思想》, 春秋社 1985) 등이 있다.

### 무량의경 無量義經 Ananta-nirdeśa 1巻

蕭齊의 曇摩伽陀耶舍의 번역(481)이다. ㊅ 9-383, Ⓚ 9-715, ㉻38. 이 외에도 劉宋의 求那跋陀羅의 번역이 있었다고 하나, 전하지는 않는다. 이 경전은 옛부터 法華3部經의 하나로서 열거되어, 開經이라고 칭해진다. 《법화경》* 의 제1 序品에서 『모든 보살을 위하여 大乘經을 설하시니 그 이름을 無量義教菩薩法佛所護念(보살을 가르치는 法이요 부처님이 호념하시는 바인 無量義)이라 하였다. 이 經을 모두 설하시고 결가부좌하여 無量義處三昧에 드시니, 몸과 마음이 움직이지 않으시다』고 하는 데에 근거하여 중국의 주석가들은 「이 經」이 《무량의경》이라고 믿었다. 그러나 일본의 荻原雲來는 이 경전의 번역어에 통일성이 없고, 문체가 중국風이며, 기타 내용의 면에서 보아, 《무량의경》이라는 경전이 중국에서 찬술된 것이 아닌가 하고 의심한다(《荻原雲來文集》, p.478). 이 경전의 명칭은 그 내용에서 『性欲이 無量하기 때문에 說法이 무량하다. 說法이 무량하기 때문에 義도 역시 무량하다. 無量義란 一法으로부터 생긴다. 그 一法이 곧 無相이다』고 설하는 데에 연유한다. 3品으로 나누어진 경전의 내용은 《법화경》의 요점에 근거하여 구성되어 있으므로, 이는 아마도 《법화경》의 開經으로서 중국에서 찬술되었던 것으로 보는 것이 좋을 것이다. 제1의 德行品에서는 佛弟子의 덕행, 제2의 說法品에서는 說一切諸法 · 實相 · 無二言唯一音 · 方便說, 제3의 十功德品에서는 10不思議의 공덕을 각각 설하고 있다.

### 무문관 無門關 1巻

無門慧開(1183~?)가 1228년에 지은 《禪宗無門關》이다. ㊅48-292. 古則公案을 발췌한 것으로서 《벽암록》*《종용록》*과 함께 고래로 총림에서 중시되어 왔다. 그러나 이 두 책보다도 《무문관》은 公案의 수도 적고 내용도 간단하여 읽기가 편하기 때문에, 오히려 더욱 간편하게 이용될 만한 점이 있다. 이 책은 臨濟宗에 속하는 무문혜개가 46세의 여름, 福州 永嘉의 龍翔寺에서 학인의 청에 따라 佛祖機緣의 古則공안 48則을 발췌하여, 여기에 評唱과 頌을 더하고 《무문관》이라는 명칭을 달았다. 그리고 이 책을 찬술하게 된 緣起를 기술한 自序를 붙여, 같은 해 겨울에 간행했다. 그 후 8년이 지나서(1236) 鄭清之(호는 安晩)의 찬술로 된 제49則을 더하였다.

〔내용〕 이 책은 유사한 다른 책들보다도 더 많이 이용되었는데, 그 이유는 이 책이 참선하는 이들의 입문서적인 성격을 지니고 있을 뿐만 아니라, 古則을 열거하는 순서도 제1則을 출발점으로 하여 修道를 위한 상당히 유기적인 연락下에 배열되어 있기 때문일 것이다. 당시 중국의 禪界에는 大慧宗杲와 天童正覺을 대표로하는 看話禪과 默照禪의 대립이 있었는데, 이러한 상황에서 저자는

看話禪의 전통을 이어받았다고 한다. 즉 그는 臨濟의 사상을 충분히 존중하고 있었으며, 그 근거를 唐시대의 馬祖 · 百丈 · 南泉 · 趙州에서 구하면서 5祖 하의 看話선의 전통 속에서 이 책을 작성했다는 것이다. 이 책에 나타난 바에 의하면 저자가 내세운 선의 특색은 크게 두 가지이다. 첫째는 「作略의 禪」이다. 作略이란 단숨에 일상적인 知見解會를 물리치고 온갖 정이나 의식을 멸진하는 방법을 가리키는 것이다. 그것은 일순간의 방심도 허용하지 않는 투철한 것이어야 한다. 또 그것은 「擊石火, 閃電光」의 禪으로 표현되는 것이기도 하다. 이와 유사한 言句는 이 책의 도처에서 발견된다. 예를 들면 제39則의 『간신히 입을 여는 그 찰나에 생명은 완전히 소멸해 버리고 만다』(口縫纔開, 性命喪却)라든가, 제8則의 『눈은 유성처럼 빠르고 움직임은 번갯불과 같다』(眼似流星, 機如掣電)든가, 제21則의 『번쩍이는 번갯불, 돌을 쳐서 흩날리는 불똥, 눈 깜짝하는 순간에 이미 스쳐 가버리고 만다』(閃電光 擊石火, 眨得眼已蹉過)는 등등이다. 따라서 이 책의 두번째 특색은 「閃電光 擊石火」의 禪이라고 말할 수 있다.

〔참고문헌〕 이 책은 중국이나 일본에서 누차 간행되었는데(일본에는 1254년에 心地覺心에 의해 전해졌다), 이 책의 간행이나 주석서 등은 《벽암록》 등보다 훨씬 많다. 譯一 和漢部, 諸宗部6에 日譯이 있고, 이 밖에도 古田紹欽의 문고本 《無門關》(角川文庫) 등 많은 번역이있다. 그러나 번역 및 해설서로서 가장 훌륭한 것은 《禪의 語錄》시리즈 제18권인 平田高士의 《無門關》(筑摩書房, 1969)이다. 여기서는 각 則 마다 원문 —直譯—意譯—註의 순서로 배열하고 뒤에 전체의 해설을 첨부하였다. 자세한 註와 解題격인 해설이 자랑이다. 강의로는 山下行誠의 《平易하게 說한 無門關》, 金子白夢의 《無門關의 硏究》, 紀平正美의 《무문관解釋》, 井上秀天의 《무문관의 新硏究》, 菅原時保의 《무문관講話》, 朝比奈宗源의 《무문관提唱》, 山本玄峰의 《무문관提唱》(大法輪閣) 등이 있다.

한편 R.H.Blyth의 英譯 《Zen and Zen classics》vol. 4 (東京 : 北星堂, 1967), Heinrich Dumoulin의 獨譯 《Wu-men-kuan(無門關)》 (Sophia University, 1953)이 있고, 일어 · 중국어 · 영어의 對譯으로서 緒方宗博의 《英文禪宗無門關》(1955)이 있다. 이러한 英譯과 獨譯에 있어서 번역상의 문제는 앞의 平田高士가 거론하고 있다(《禪의 語錄》18, pp.215~). 이 밖에 《佛書解說辭典》10(p.422), 《現代禪講座》5 (p.164)를 참조.

## 미륵상생경 彌勒上生經

劉宋의 沮渠京聲이 번역한 觀彌勒菩薩上生兜率天經 1卷이다. ㊅14-418, ⓚ11-195, ㉾64. 예로부터 彌勒六部經의 하나로 열거되고 있으나, 일군의 미륵 경전 가운데서도 가장 늦게 성립된 것으로 보인다. 그 내용은 미륵보살이 12년 후에 지상에서의 생명을 마치고 兜率天宮에 태어남을 설하고, 그 도솔천에서 56억만년 동안 천상의 모든 신들을 교화하여 밤낮으로 끊임없이 설법함을 밝히는 것이다. 여기에서 보이는 천궁에 대한 묘사 등은 《彌勒下生經》 등보다도 훨씬 정교하여 사람의 마음에 호소하는 면을 지니고 있다. 그 천궁에 태어나는 방법은 十善을 행하는 것이 중심이지만, 부처님의 형상을 생각하고 미륵의 이름을 호칭하는 것만으로도 往生할 수 있으며,

96억겁 동안 지은 生死의 죄를 초월한다고 설하는 등, 다른 여러가지 면에서 《관무량수경》*이 설하는 바와 공통하므로 거의 같은 시대의 경전임을 알 수 있다. 아마도 4세기 말에는 인도에서 유행하고 있었던 것이라고 보아도 좋을 것이다.

〔참고문헌〕 松本文三郎의 《彌勒浄土論》, 赤沼智善의 《佛教經典史論》(pp.194~216), 小野玄妙의 〈彌勒三部經解題〉 (譯一 經集部2), , 石上善應의 〈彌勒授記〉(《鈴木學術財團 · 研究年報》4, 1967) 등.

**미망사수트라** Mīmaṃsaā-sūtra 彌曼蹉經 · 彌曼差經

자이미니Jaimini(B.C. 200~100)의 저작이라 하는데, 현재의 모습으로 편찬된 것은 서기 100년경이라 본다. 미망사 학파의 근본 경전으로서 12부60장 2742經 915論題(adhikaraṇa)로 이루어졌다. 베다* 성전의 祭式에 관한 부분, 즉 《우파니샤드》*를 제외한 《브라흐마나》*(祭式篇)의 연구와 그의 통일적 해석을 목적으로 한다.

〔내용〕 경전의 주제는 다르마dharma(法)의 연구이다. 다르마란 教令(codanā)으로서 《베다》에 설해져 있는 아리야人이 지켜야 할 의무이며, 구체적으로는 祭式의 실행을 가리킨다. 따라서 「다르마에 대한 연구」는 먼저 다르마의 실행을 명하는 《베다》의 절대성 등에 관한 기초적인 논의에서부터 시작되며, 이어서 祭式의 실행에 당면하여 발생하는 여러가지 문제를 다방면에 걸쳐 세세하게 논한다. 첫째로, 베다의 절대성이라는 문제는 소위 「聲」(śabda)의 常住無常에 대한 논의로서 제1부의 주제를 이루는데, 옛날부터 本典의 가장 철학적인 논제로서 종종 취급되어 왔다. 《베다》는 인간이 만든 것이 아니라 영원한 實在인데, 이는 《베다》를 구성하는 「말」이 음성과 의미의 매개체로서 常住하기 때문이라 한다. 나아가 이 성전을 형식상으로는 神歌(mantra)와 《브라흐마나》로 나누고, 내용적으로는 儀規(vidhi : 祭式의 규정) · 神歌(세 베다의 本集) · 名稱(nāmadheya : 火祭 · 新滿月祭 등과 같은 祭式의 명칭) · 釋義(artha-vāda : 祭式의 유래와 공덕을 설명)의 넷으로 나눈다. 여기서 神歌를 제외한 셋은 형식상의 분류인 《브라흐마나》의 내용이다. 둘째로, 제식의 실행에 관한 규정이 本典의 대부분을 차지한다. 祭式은 神 · 供物 · 공물을 바치는 儀式의 셋으로 이루어진다. 공물을 바치는 儀式이 제식의 핵심이며, 神은 제식을 성립시키기 위해 요청되었던 「이름뿐인 것」에 지나지 않는다. 신들 중에서는 인드라 · 아그니 · 바루나의 3神이 중심이고, 공물은 정제된 버터 · 우유죽 · 소마液 등이다. 祭主는 家長이어야 한다. 祭官에는 신을 초청하는 勸請官, 신의 덕을 찬미하는 咏歌官, 실제로 祭를 올리는 行祭官, 이들의 제관을 감독하는 감독관이 있다. 또 제식에는 正祭와 贖罪祭(naimittika-karma)가 있는데, 正祭는 끊임없이 행해야 하는 「일상의 제사」(nitya-karma) 와 祭主의 특정한 목적을 위해 행하는 「임의의 제사」(kāmya-karma)의 2종이고, 贖罪祭는 죄를 소멸시키기 위한 것이다. 이러한 祭式을 규정에 따라 실행할 때, 그 사람에게는 각각의 제식에 따라 이제까지는 없었던 새로운 잠재적인 힘이 획득되고, 이 힘에 의해 미래에서는 生天 등의 과보를 얻게 된다. 이상과 같은 제식의 실행에 관하여 성전의 字句 해석 · 그의 문법적 해부 · 모순의 會通 등에서부터 실제로 제식을 행함에 있어

서 당면하게 되는 미심쩍은것, 예를 들면 규정된 공물이 없을 경우엔 무엇으로 대용해야 하는가 등의 하나하나에 이르기까지, 극히 번잡한 논의를 전개하고 있다.

이와 같은 내용을 지닌 《미망사 수트라》가 아리야人의 일상생활을 현실적으로 규제하고, 그 정신적 유형을 형성함에 있어 실질적인 영향력을 끼쳤다는 사실은 간과할 수 없지만, 원래 철학의 개념에는 포괄될 수 없는 것이다. 이 때문에 사상사적 입장에서는 겨우 聲常住論이 바이쉐쉬카Vaiśeṣika학파 · 니야야Nyāya학파 · 불교 등과의 연관에서 취급되고, 또 연구 대상 · 의문점 · 반대론 · 反駁定說 · 余論의 5단계로 전개된 論題의 토의와 연구에 학문적 탐구의 기초를 확립시켰다는 점에서 그 의의가 인정될 뿐이다.

〔참고문헌〕 번역으로는 원전을 함께 실은 것으로서 Pandit Mohan Lal Sandal 《The Mīmāṃsā Sūtras of Jaimini》(1923~5)가 있는데, 이것은 《Sacred Books of the Hindus》vol.27로 출간되었다.

Śabara의 주석서로는 Maheśacandra Nyāyaranta ed. 《The Mīmānsā Darśana》2vols., Bibl. Ind. Work 45(Calcutta, 1873 · 1889), Gaṅgānātha Jhā의 英譯 《Shabara-bhāṣya》2vols. GOS. 66(Baroda, 1933f.)가 있다.

이에 대한 연구로는 다음과 같은 것들이 있다. A.B.Keith 《The Karma-Mīmāṃsā》(London, 1921), Pandit Mohan Lal Sandal 《Introduction to the Mimamsa Sutras of Jaimini》 SBH. vol.28(1925), 宇井伯壽 《印度哲學研究》제1, 中村元의 《브라흐마 수트라의 哲學》(岩波書店, 1953)과 《베단타哲學의 發展》(同, 1955), 木村日紀의 〈彌曼蹉學派가 顯示한 Dharma의 意義〉(印佛硏 4의 1)와 〈印度의 祭祀에 대하여〉(大崎學報 No.76).

## 밀린다판하 Milindapañhā 밀린다왕의 질문

스리랑카에서는 《Milindapañho》라고 칭하고, 漢譯에서는 彌蘭王問經 또는 那先比丘經(㊅32-694, Ⓚ 30-243)으로 칭한다. 佛說은 아니기 때문에 스리랑카에서는 팔리 三藏 속에 포함시키지 않고 있다. 이 책은 기원전 2세기 후반에 西北인도를 지배하고 있었던 그리스人 국왕인 Milinda(Menandros)와 불교의 論師인 나가세나Nāgasena(那先)장로가 불교의 교리에 관하여 문답한 후, 드디어 王이 출가하여 아라한이 된 顚末을 대화 형식으로 다루고 있다. 그리스的 사유와 인도 또는 불교적 사유와의 對比라는 면에서 두 사람의 대론을 볼 때, 이 책이 지닌 가치는 오늘날에 있어서도 매우 중시되지 않을 수 없다. 또한 여기서 다루고 있는 불교 교리상의 여러 문제는 번쇄한 아비다르마 教學을 능사로 삼던 소승불교(특히 說一切有部)에서 취급하던 것들과는 다르다. 오히려 불교의 실천에 관하여 널리 上座部불교의 입장에서 논구하고 있어, 대승불교의 흥기와 거의 시대적으로 일치하는 작품이다.

현행의 팔리文에는 ①스리랑카本(Rhys Davids 가 英譯할 때 참조한 것), ②Trenckner本(PTS), ③샴本이 있는데 이들의 성립에는 증보 · 발전의 몇 가지 단계가 발견된다. 漢譯된 《那先比丘經》과 팔리文 사이에서 공통되는 부분의 원형은 팔리文 전체의 원형보다 앞서 성립되었다는 것은 재론의 여지가 없다. 中村元박사는 기원전 1세기의 중엽보다 늦지는 않았을 것이라고 보고, 水野弘元박사는 팔리文으로서 보다 정리된 연대가 기원후 1세기 전반 또는 이보다 빠를 것으로 논증하고 있다. 아마도 밀린다王에 대한 기억이 희미해지기 전에 아비다르마教學에 정통한 불교학자의 손에 의해 西北인도 주변에서 편찬되었을 것이며, 한편 원어는 뒤섞인 산스크리트로 씌어져 있었을 것으로 생각되는데, 이로부터 팔리文으로 바뀌어 증광되었던 것은 동부 마가다 지방에서였을 것으로 보아도 좋다.

〔내용〕 이 책은 크게 나누어 다음과 같은 네 부분으로 구성되어 있다. ①밀린다王과 나가세나長老의 前生 이야기를 기술하는 序話, ②두 사람이 대화를 계속하는 3일간으로서, 서로 師弟가 되기에 이르는 부분. ③밀린다王이 주로 불교 교리상의 難問(兩刀論法의 질문)을 제기하는데, 일찌기 붓다가 설했던 말씀 중에 모순된 곳이 있음을 지적하여 그 설명과 해석을 나가세나에게 구하는 대화. ④수행자가 지켜야 할 덕목을 비유로써 밝히는 대화. 이 책의 말미에 의하면 王이 제기한 질문은 304가지라 하는데, 실제로는 236가지가 전해져 있다. 王의 질문은 그리스的인 사유를 근저로 하고 있는데, 한편 古層의 부분에서는 불교 신자가 아닌 입장에서 질문하고 있다는 점에서 우리 현대인에게도 매우 피부에 와닿는 친밀감을 지니고 있다. 나가세나는 여러가지 질문에 대하여 풍부한 비유로써 명쾌하게 답하는데, 불교의 입장을 번잡하지 않은 사고나 설명 방법으로 표현하여 해답을 제시하고 있다. 개인의 존재에 대해서는 영혼론·개체의 구조·윤회의 주체와 應報로부터 문제를 논하고, 또 불교의 독자적인 지식론이나 심리 현상의 고찰, 혹은 佛陀論이나 해탈·열반에 대한 실천수행론 등 다방면의 문제가 다루어지고 있다.

〔원전·번역〕 현존하는 한역《那先比丘經》의 역자는 밝혀지지 않았다. 東晋시대의 번역이라 하는데, A本(2권本)과 B本(3권本)이 있고, 내용은 Trenckner本의 P.89까지, 샴本의 P.132까지에 해당된다. 원래는 같은 번역인데, A本은 중앙부분이 사라져 문맥상 혼란스러우며, B本에 비하면 번역 후의 後人에 의한 가필이나 개정이 적어 원형에 가깝다. 번역은 불교가 유행되지 않은 변두리 지역에서 이루어진 것 같으며, 그 시기는 後漢代인 듯하나 낮춰 잡더라도 삼국시대(4세기) 밑으로는 내려가지 않을 것이다. 번역의 언어는 매우 번잡스럽다. 한역본은 팔리文에 비하면 序話나 그 밖의 곳에서 취지를 달리하는 면이 있다. 書名이 나타내듯 한역본은 나가세나를, 팔리文은 밀린다王을 주제로 하고 있기 때문에, 한역본은 팔리文의 계통과 다른 것이었을 것이다. 또한《구사론》*이나《雜寶藏經》에서 언급하고 있는 것은 한역본이나 팔리文의 원전과는 다른 계통의 것인데, 현재 전해져 있지 않다. 샴本은 Trenckner本보다 후대에 증보·수정된 것인데, Trenckner本이 지닌 팔리語의 아름다움을 갖추지 못하고 있다.

로마字本으로서는 V.Trenckner ed.《The Millindapañho》PTS, 1880(그후 영인판에 색인을 갖추어 1928年에 再刊되었다)이 있다. 英譯은 T.W.Rhys Davids《The Questions of King Milinda》(SBE, vols. XXXV, XXXVI, 1890), Miss. I. B. Horner《King Milinda's Questions》(SBB, No. 22, 23, 1963~64)가 있다. 獨譯은 Nyānatiloka《Die Fragen des Milindo》(Leipzig : 1919)가 있는데, 이 밖에 독일어·프랑스어에 의한 부분적인 번역이 있다. 근래에 캄보디아에서 발견된 註釋書《Milindaṭīkā》가 P.S.Jaini의

교정에 의해 출간되었다(PTS, 1961). 우리 말 번역은 한글대장경 201에 실려 있다. 日譯은 상당히 다양하게 이루어졌다. 金森西俊역《彌蘭王問經》(2권, 南傳 59上下, 1939, 1940. 이는 삼本을 底本으로 삼았다). 中村元 · 早島鏡正 공역《밀린다王의 질문》(3권, 東洋文庫, 平凡社, 1963~64). J.Takakusu(高南順次郎)의 《Chinese Translations of the Milindapañha》(JRAS, 1896)는 漢譯本을 英譯한 것이다. 譯一 論集部2는 干潟龍祥이 漢譯을 日譯한 것이다.

〔참고문헌〕 이에 대한 연구는 다음과 같은 것들이 있다. 中村元《인도的 思惟》1950(증보개정판 《인도思想과 그리스思想과의 交流》1959). 楠山賢由〈那先比丘經研究序說〉(佛教學研究 10, 11, 1955). 勝又俊教〈밀린다판하에 있어서 心理學說의 特異性〉(印佛研 5의 1). 和辻哲郎〈밀린다王問經과 那先比丘經〉(平凡社, 《心》1958, No.1~5). 水野弘元〈밀린다問經類에 대하여〉(駒大研究紀要17, 1959). 早島鏡正《밀린다판하의 佛陀觀》(日本教學研究所紀要 1, 1961).

## ㉯

**바가바드기타** Bhagavad-gītā

고대 인도의 2대 서사시 중의 하나인 《마하바라타》* 중의 한 節(Poona 교정판, vol. 6, chap. 23~40)인데, 4×8음절인 Śloka를 주로 하는 700頌 18권으로 된 것이 일반에 유포되어 있는 形이다. 역사詩라는 성격상 그 성립 연대를 확정짓기는 곤란하지만 다른 문헌과의 관계나 문체 및 어법 등으로 보아, 기원 전 1세기경으로 추측된다. 원래 이의 역사성은 Mahābhāṣya나 碑文 등으로 추정할 수 있다. 西北인도의 한 부족이었던 Yādava의 우두머리, Vāsudeva, Devakī의 여덟번째 아들, Ghora Aṅgirasa의 門弟(Chānd.Up. Ⅲ · 17 참조), Rukminī 의 남편, Kaṃsa의 살해자인 크리쉬나 Kṛṣṇa (Archer《Loves of Kṛṣṇa》참조)를 숭배의 대상으로 삼은 바가바타Bhāgavata派의 성전이었으나, 教主를 베다*에 보이는 비쉬누Viṣṇu 神과 동일시함으로써 정통 바라문圈內로 흡수되어 점차 인도사상 일반에 영향을 끼쳤다. 내용은 성지인 쿠루크쉐트라Kurukṣetra에서의 친족끼리의 결전을 무대로 하여, 전쟁에 대해 의혹을 품은 아르주나Arjuna에게 그의 주인이요 義兄인 크리쉬나가 격려하고 教唆하는 것을 골자로 한다. 불교를 포함한 당시 사상계의 여러 추세를 절충하는 입장을 취하고 있기 때문에 부분적으로는 教義에 일관성이 결여되어 있으나, 가장 두드러진 특징은 唯一神에 대한 헌신적인 사랑(Bhakti)이며, 기존의 사회 제도에 입각하여 각자의 本分(sva-dharma)을 私心없이 수행할 것을 설하는 것이다. 여기서 교주로 삼는 크리쉬나라는 이름이 기독교의 Christ와 유사한데, 《바가바타 푸라나》Bhāgavata-purāṇa (X)나 그 밖의 문헌에서 전하는 출생 및 유아기의 전설, 나아가 여기서 강조하는 헌신적인 사랑인 Bhakti의 내용으로 보아 기독교와 어떤 연관 관계가 있지 않나 하는 주장이 종종 거론된다. 그러나 《리그베다》에서 보이는 신과 인간과의 관계(M. Dasgupta 〈Śraddhā and Bhakti in Vedic Literature〉 IHQ 6, pp. 315~ 333 참조), Śvetāśvatara 우파니샤드 제6장과 그 밖의 Kāṭhaka및 Maṇḍaka 우파니샤드 속에서도 보이는 유사한 귀절(G.C.O. Hass 〈Recurrent and Parallel Passages〉 JAOS 42, PP.1~43)을 참조한다면 그러한 가설의 필요성이 반드시 인정되는 것은 아니다. 더듬어 보면 그 철학적 기반을 상캬Sāṃkhya에서, 그 실천적 원리를 요가Yoga에서 찾을 수 있으며, 중성적 근본 원리인 브라흐만(梵)에근거를 둔 범신론적인 베단타Vedānta 사상을 포함하고 있다. 그리하여 인도에서는 《우파니샤드》*《브라흐마 수트라》*와 더불어 베단타의 세 體系(prasthāna)로 간주되어, 샹카라Śaṅkara와 라마누자Rāmānuja를 비롯한 베단타 학파의 거장들이 그에 대한 많은 주석을 남겼다.

원전의 成立史를 밝히는 데 있어서 주목할 만한 것은 탁월한 독일어 번역을 남긴 가르베 R.Garbe와 캐시미르 異本을 발견한 쉬라데 O.Schrader의 업적이다. 가르베는 원전 비판에 있어서 唯一神教적 바가바드 계통과 汎神論적 베단타의 계통으로 구별하는 하나의 視點을 제공하였고, 쉬라데는 異本과 流布本을 대비하여 양측의 같은 점과 다른 점 및 우열을 논했다. 일찌기 윌킨스 C.Wilkins는 1785년에 《바가바드 기타》를 영어로 번역하였고, 1808년에는 캘거타에서 梵文 원전을 출판하였다. 유명한 쉴레겔W.A. von Schelegel의 라틴어 번역은 1822년에 출간되었다. 훔볼트 W. von Humboldt 가「우리에게 알려진 모든 문학이 제공할 수 있는 가장 아름답고 단 하나의 진정한 철학 詩篇」(1826)이라고 절찬한 이래,《바가바드 기타》는 인도의 대표적인 古典으로서 전 세계에 알려지게 되었고, 또한 근세의 인도 사상가들에게 있어서도 정신적인 지주가 되었다(高崎直道《宗教研究》166, p.48ff).

〔참고문헌〕辻直四郎《바가바드 기타》(刀江書院, 1955[2]), R. Garbe《Die Bhagavad-gītā》(Leipzig, 1921[2]), O. Schrader《The Kashmir Recension of the Bhagavad-gītā》(Stuttgart, 1930), É. Senart《La Bhagavadgītā, traduite du Sanscrit avec une introduction》(Paris, 1944[2]), F. Edgerton《The Bhagavadgītā》(Cambridge Mass · 1944), S.Radhakrishnan《The Bhagavadgītā》(London, 1948), H.Raychaudhri《Materials for the Study of the Early History of the Vaishnava Sect》(Calcutta, 1920). 원전에 대한 주석을 갖춘 것으로는 R.C. Zaehner《The Bhagavadgītā》(Oxford, 1969)가 있다. 개개의 章句나 어휘에 대한 연구는 일일이 소개할 수 없으나,《마하바라타》중의 위치에 대해서는 다음의 연구가 참고할 만하다. Georg von Simson,〈Die Einschaltung der Bhagavadgītā im Bhīṣma-parvan des Mahābhārata〉,《Indo-iranian Journal Ⅱ(1969),pp.159～174.》

**바이쉐쉬카 수트라** Vaiśeṣika-sūtra 勝論經

카나다Kaṇāda의 저작이라 전하는데, 약 1세기경에 성립되었다고 생각된다. 많은 간행본이 있다. 10편 20장으로 되어 있는데, 그 속에서 勝論철학의 전체가 서술되어 잘 정리되어 있다고 할 만하다.《사르바다르샤나 상그라하》*(全哲學綱要)의 설명에 의하면 제1편에서는 6句義의 개론, 제2편에서는 實體, 제3편은 我(아트만)와 內官, 제4편은 身體, 제5편은 運動, 제6편은《베다》*에 설해진 法, 제7편은 屬性과 普遍, 제8편은 2종의 現量, 제9편은 특수한 覺, 제10편은 比量에 대하여 서술하고 있다. 句義란 실체(實)·속성(德)·운동(業)·보편(同)·특수(異)·內屬(和合)의 여섯 가지로서 勝論철학의 範疇이다. 이 경의 자연철학이나 지식론은 경험을 중시하고 가능한 한 합리적인 해석을 내리고자 하는 입장에 서 있어, 정통 바라문의 입장과는 다른 면을 보이고 있다.《베다》의 권위에 대해서는 자기 파의 학설이 경험적으로 입증할 수 있을 뿐만 아니라《베다》에서 말하고 있는 바와도 모순되지 않는다고 하여, 베다의 말을 절대적인 것으로는 보지 않고 聲에 대해서도 無常이라고 주장한다. 그리고 실체·속성·운동을 엄격히 구별하는 그의 입장은 聲에 대해서도 분석적으로 나타나는데, 말과 말이 나타내는 의미·내용을 갈라 놓고 그 둘의 관계는 편의적이고 관습적인 것에 지나지 않는다고 한다. 말이 사물의 個體·種·類 중 어느 것도 나타낼 수 있다고 했던 점, 관념은 본디부터 있는 것이 아니라 경험만을 통하여 생긴다고 했던 점 등은 이 학파가 경험적인 입장에 근거하여 생각하고 있었음을 보여 준다. 6句義의 하나하나에 대해서도 그것이 실제로는 별개의 것이 아니지만 개념상 따로따로 구별함으로써 각각에 존재성을 부여하여 생각하고 있다. 이러한 점은 모든 개념에 대해서도 마찬가지이다. 이 경험 중시의 입장은 그의 知識論에서도 나타나는데, 量을 現量과 比量의 2종으로 정리하고, 直接知覺에 대해서는 感官과 對象에 주체측의 요인이 더해져서 생겨난다고 했다. 이러한 설명은 오히려 후대에 성립한《니야야 수트라》*(正理經)의 설명에 의해서도 명쾌하게 된다. 아울러 比量說(laiṅgika)도 상당히 진보해 있었던 것으로 보이지만, 부분으로부터 전체로의 推論이 주가 되고 그 반대는 드물다. 요컨대 演繹的 推理의 면에서 빈약하다. 他학파와의 관계에 대해서 살펴보면, 이 經의 자연철학이 거의 그대로 正理學派에 전해져 후세에는 두 학파가 마치 하나의 학파인 것처럼 되었으며, 이 經 속에서 我(ātman)의 존재 근거를 나타내는 문장이 많은 佛典에 인용되었던 점 등, 커다란 영향력을 갖고 있다.

약 5세기에 Praśastapāda가 나타나 주석서《Padārthadharmasaṃgraha》(Praśastapāda-bhāṣya라고도 한다)를 썼는데, 이것은 조직적으로 정연하게 勝論철학을 설한 독립된 책이라고 볼 수 있으며, 陳那와의 교섭도 살필 수 있어 매우 중요시된다. 이후 후세까지 완전한 주석서가 나타나지 않아,《正理經》의 경우와는 다른 일면을 보이고 있다.

〔참고문헌〕慧月《勝宗十句義論》*(玄奘역), D.C. Chatterji《The Hindu Realism》, B. Faddegon《The Vaiśeṣika System》, 宇井伯壽《印度哲學硏究》제1·제3, Jadnath Sirha《Indian Realism》, Sadananda Bahaduri《Studies in Nyāya-Vaiśeṣika Metaphysics》.

### 반야등론 般若燈論

산스크리트 명칭은《Prajñāpradīpa-mūlamadhyamaka-vṛtti》(根本中論註「般若燈」)이고, 티벳譯(㊕95-153~262)의 명칭은《Dbu ma rtsa baḥi ḥgrel pa śes pa sgron ma》이며, 漢譯으로는《般若燈論釋》15권(㊅30-51, Ⓚ16-401)이 있다. 저자는 바바비베카 Bhāvaviveka(혹은 Bhavya. 淸弁, 490~570경)라 한다.

〔내용〕淸弁이 자신의 主著인《中觀心論頌》(Madhyamakahṛdaya-Kārikā)에 대하여 저술한《중론》*의 註釋書이다. 단순히 語句 해석에 치우친 설명을 부가하는 데 그치지 않고,《중론》의 표현은 어디까지나 의미를 主로 한 것이므로 이에 기초하여 학설을 부연할 수가 있다고 한다. 그 敷衍의 방법은 당시 확립되고 있었던 논리학說에 의거하여 주로 三支作法의 형식을 취한 推論式을 도출·제시하고, 그 논리적 타당성을 설명하는 것이었다. 그러나 실제로 적용되는 그의 推論式은 예를 들면 陳那(Dignāga)의 논리학 체계보다 한 걸음 더 나아간 것이었다. 즉 주장命題(宗) 속에「勝義에 있어서는」이라는 조건을 끼워 넣어 한정하였으며, 또한 否定판단을「非定立的否定」(prasajya-pratiṣedha)이라 규정했다. 非定立的否定이란 절대적 부정 또는 無의 부정을 뜻하는 개념으로서 A의 부정이 非A를 含意하지 않는다는 것과 같은 부정을 가리킨다. 이상에 대해 예를 들면, 自不生에 대해서는『勝義에 있어서 온갖 內處는 그 자체로부터 生起하지 않는다. 왜냐하면 현재 존재하기 때문에, 예를 들어 精神性(caitanya)과 마찬가지이다』고 하는 推論式을 구성한다. 이러한 추론식을 하나하나 자세히 전개함으로써《中論》을 주석하고 있는 것이다. 그러나 2諦의 입장에서 본다면 여기서 적용된 추론식, 혹은 이를 중심으로 하는 논리학적 방법은 그 자체가 구극적으로는 부정되어야 할 것이라 하는데, 강을 건널 때의 뗏목과 같이 일시적으로 채용되는 것에 불과하다고 한다.

이러한 방법은 논리학적 방법으로의 접근, 先行하는 諸주석에 대한 비판적 섭취를 의미하고, 특히 佛護(Buddhapālita, 470~540경)의 歸謬論證的방법에 대한 통렬한 비판이 되어 나타났다. 그런데 이 비판은 月稱(Candrakīrti, 650경)에 의한 反비판을 불러일으키게 된다. 月稱은 자신의 저작인 《明句論》(Prasannapadā)의 맨 앞부분을 淸弁에 대한 비판을 위해 할애하고 있는 것이다. 月稱 자신이 推論式을 전혀 사용하지 않고 있는 것은 아니지만, 勝義로 나아가기 위한 방도로서 추론식이 지닌 유효성을 淸弁의 경우만큼 높이 평가하는 것은 아니다. 후대에 月稱 계통의 학설을 중심적으로 수용한 티벳에서는 淸弁과 佛護·月稱의 이러한 대립된 입장을 근거로 삼아 中觀學派의 분열을 설정하고, 前者를 스바탄트리카Svātantrika(獨立論證派), 後者를 프라상기카Prāsaṅgika(歸謬論證派)라고 부르게 된다.

한편 이 책에서는 佛護의 註뿐만 아니라 다른 註釋에 대해서도 언급하는 바가 많고, 현존하지 않는 주석에 대하여 그 일부 내용을 알 수 있게 한다. 觀誓(Avalokitavrata)의 復註(㊣96·97)는 극히 상세하여 이 책을 이해하는 데 있어 매우 중요한 자료이다. 이 책의 漢譯本에는 번역이 불완전한 곳이 많으므로 티벳譯本에 따르는 것이 좋다.

〔참고문헌〕 부분적인 校訂을 거친 원전으로는 M.Walleser의 《Prajñāpradīpa, a commentary on the Madhyamakasūtra by Bhāvaviveka》(Bibl. Ind., work 229)가 있다. 번역 및 연구로는 다음과 같은 많은 성과가 있다.

E.Frauwallner 《Die Philosophie des Buddhismus》 3 (Aufl, Berlin, 1969, S. 224f.).

Y.Kajiyama 〈Bhāvaviveka's Prajñāpradīpaḥ (l, Kapitel)〉 (WZKSO, Bd. Ⅶ, 1963 ; Bd. Ⅷ, 1964). 梶山雄一 〈知惠의 등불〉(《世界의 名著》2, 東京, 1967, p.287f.).

安井廣濟 《中觀思想의 硏究》(京都, 1961, p. 305 f).

一鄕正道의 〈中觀派와 勝論·正理派와의 對論〉(東方學, No.34, 1966), 〈中觀派와 數論派와의 對論〉(印佛硏 15의 2, 1967).

이상에서의 번역은 어느 것이나 部分譯이다. 이 외에 다음과 같은 연구가 있다.

野澤靜證의 〈中論觀四諦品 第七偈에 대한 淸弁의 解釋〉(印佛硏 2의 1, 1953) 등.

安井廣濟의 〈中觀說의 입장으로서의 二諦說〉(大谷年報, No.8, 1955) 등.

梶山雄一의 〈中觀哲學의 論理形態〉(哲學硏究, Nos. 415·416), 〈中觀哲學과 歸謬論證〉(日佛年報, No.26, 1961) 등.

北畠利親의 〈淸弁과 月稱의 二諦論〉(印佛硏 11의 1, 1963).

江島惠教의 〈『般若燈論』에 있어서 推論式의 一斷面〉(印佛硏 16의 2, 1968), 〈Bhāvaviveka 硏究〉(東大東文硏紀要, Nos. 51·54, 1970·1971) 등.

## 반야심경 般若心經

《般若波羅蜜多心經》(Prajñāpāramitā-hṛdaya-sūtra)1卷으로서 唐의 玄奘이 번역(649)했다. ㊅8-848, Ⓚ 5-1035. 원전의 梵本은 大本과 小本의 2종이 전해지고 있다. 小本이 이에 해당한다. 般若部의 여러 경전들이 주장하는 근본적인 中心사상을 간략하게 압축하여 제시한 극히 짧은 經으로서, 다루고 있는 주요 내용은 般若, 5蘊, 諸法, 6根, 6塵, 界, 12因緣, 4諦, 無所得, 涅槃, 般若波羅蜜多, 아뇩다라

삼먁삼보리, 呪이다. 609년에 중국에 전해져, 이것이 일본의 法隆寺에 보존되어 있었던 것인데, 이에 대해서는 白石眞道의 〈般若心經略梵本의 硏究〉(《日本年報》12, 1939)에서 소개되어 있다. F.Max Müller와 Bunyiu Nanjio(南條文雄)가 大本과 小本을 교정하고 英譯하여 《The Ancient Palm-leaves containing the Prajñāpāramitā-hridaya-sūtra and the Ushnīsha-vigaya-dhāranī》 Anecdota Oxoniensia, Aryan Series, vol.I, part.3(Oxford : clarendon press, 1884)로 출발하였다. 漢譯으로는 ① 羅什(Kumārajīva) 번역의 摩訶般若波羅蜜大名呪經 1卷, ② 法月 번역(738)의 普遍智藏般若波羅蜜多心經 1卷, ③ 般若와 利言 등이 번역한(790) 般若波羅蜜多心經 1卷, ④ 智慧輪이 번역한(~859) 반야바라밀다심경 1권, ⑤ 法成이 번역한 반야바라밀다심경 1권, ⑥ 施護 번역(982~)의 佛說聖佛母般若波羅蜜多經 1卷 등이 있다. 또 티벳譯(東北目錄No.21)도 있다.

〔참고문헌〕橋本光寶의 〈梵藏滿漢四譯對照廣般若波羅蜜多心經〉(《大正大學學報》제9~제13집), 榛葉元水의 《般若心經異本大成》上下 2권(代代木書院, 1932)이 편리하다. 玄奘의 번역에 대한 주석서는 《昭和法寶目錄》제1卷에 의하면 중국에서 77部, 일본에서 45部나 된다. 또한 卍續藏經의 제41套~ 42套에서는 46종을 수록하고 있는데, 《佛書解說大辭典》 vol. 9에서는 이를 일괄하여 열거하고 있다. 中村元과 紀野一義가 譯註한 《般若心經 · 金剛般若經》(岩波文庫, 1960)에서는 원전으로부터의 日譯과 漢譯으로부터의 日譯을 열거하고, 解題에서는 사료를 종합하고 있어, 이 경전의 내용과 역사를 아는 데에 가장 종합적인 도움을 준다.

**반야심경찬** 般若心經贊 1卷

신라의 승려로서 唐나라에서 활동한 圓測(613~696)의 저술로서 玄奘이 번역한 《반야심경》*에 대한 최초의 註釋이다. 본래의 명칭은 《반야바라밀다심경贊》. ㊎1-1, ㊅33-542, ㊉제41册, ㊊156. 이 책은 원측과 窺基의 교학적 입장의 차이를 구명하는 데에도 중요한 자료가 된다. 규기의 《반야심경幽贊》2卷이 현존하는데, 동일한 경전에 대해 두 사람이 동일한 체재로 주석을 붙인 것은 이 두 문헌뿐이기 때문이다. 한편 고려 義天의 《신편제종교장총록》*에서는 원측의 저술로서 《반야심경疏》1卷은 기재하고 있으나 이 《贊》은 기재하고 있지 않은 것으로 보아, 이 《疏》·《贊》이 同書異名이 아닌가 하는 짐작을 낳게 하고 있다.

〔내용〕이 책에서는 《반야심경》을 ①教起因緣(불교 흥기의 인연을 밝힘) ②辨經宗體(《반야심경》의 宗旨를 밝힘) ③訓釋題目(「반야바라밀다심경」이라는 명칭의 의미를 밝힘) ④判文解釋(《반야심경》의 본문을 나누고 그 내용을 해석함)의 4門으로 나누어 자세히 해설한다. ①에서는 《해심밀경》*의 3法輪說(4諦법륜 · 無相법륜 · 了義법륜)을 소개하고 있다. 그러나 여기서는 般若中觀을 제2無相법륜으로 간주하는 3법륜설에 절대적인 지지를 보내는 입장을 취하지 않는다. 단지 간략한 소개로 그치는 것이다. 뿐만 아니라 ②에서는 『모든 聖教는 각각 一義에 의하므로 서로 다름이 없다』고 하여 대 · 소승의 모든 宗體를 폭넓게 수용하고 있다. 이러한 입장은 3법륜설을 강조하며 철저하게 唯識의 우위성을 내세우는 窺基의 입장과는 크게 다른 것이다. 中觀과 唯識의 대립은 반야의

無自性(空)說을 놓고 발생한 문제이다. 그래서 원측은 《반야심경》에서 空이라는 말이 처음 등장하는 「照見五蘊皆空」을 주석하는 곳에서 이 문제를 제기하고는 『清弁(Bhāvaviveka, 600~650경)은 空을 취하고 有를 부정하여 有執을 제거하며, 護法(Dharmapāla, 530~561)은 有를 세워 空을 부정하여 空執을 제거하였다. 그러므로 空은 「有가 곧 空」이라는 이치에 어긋나지 않고, 有는 「空이 곧 色」이라는 교설에 어긋나지 않는다』고 자신의 견해를 표명하고 있다. 즉 중관과 유식을 각각 대표하는 청변과 호법을 대립적으로 파악하지 않고 그 둘이 佛意를 이루는 데 있어 상호보완적인 역할을 한 것으로 이해한다. 또 원측은 청변의 空觀을 「歷法遣相觀空門」, 호법의 唯識사상을 「在識遮境辨空觀門」이라고 각각 표현하여 그 사상적 특징을 대비하고 있다. 아무런 논평이 없이 대비하는 그러한 태도는 양측을 동등하게 인정하는 것이지만 그가 주석의 기준으로서 3종自性說을 채택한 점에서도 저자 자신은 唯識家임이 분명함을 알 수 있다. 한편 원측은 《반야심경》의 주석 과정에서 간혹 玄奘의 번역과 梵本 및 他本을 참고하여 「等」이나 「一切」와 같은 말을 보충해서 읽을 필요가 있는 곳을 지적한다. 즉 「照見五蘊[等]皆空」이나 「受想行識[等]亦復如是」 「遠離[一切]顚倒」의 부분이 그것이다. 그런데 이렇게 지적된 말들이 대립적인 관계에 있었던 窺基에게서 그대로 사용된다는 점에서는 규기도 선배격인 원측의 영향을 받았을 것으로 짐작된다.

〔평가〕 窺基와 비교할 때 원측의 사상적 특색은 《반야심경》의 첫 귀절에 나오는 「行」에 관한 문제에서 두드러진다. 원측은 이 책에서 「行深」(行이 깊다)이라는 말에 대해, 「行하는 주체도 행하는 대상도 없는 것으로써 行의 모양(相)을 삼는 것」이라는 요지의 짧은 해석을 가하고 있다. 즉 반야空觀의 사상을 긍정하는 일면이 엿보이는 것이다. 그러나 규기는 그의 《반야심경幽贊》2권의 반절(1권)에 해당하는 부분을 이 行에 대한 주석으로 할애하고 있을 만큼 行을 중시하고 있다. 그는 『행하는 바가 전혀 없다』는 勝空者(청변)의 견해를 철저히 논박하고, 『行이 전혀 없는 것은 아니다』는 如應者(호법)의 입장을 옹호하며, 나아가 원측을 승공자로 전락시킨다. 이 책에서 보이는 원측의 일관된 태도는 중관과 유식을 全불교적 체계 내에서 포용하고 그 空·有의 대립을 화해시키려는 것이었다. 그러나 호법系의 유식학을 고집하던 규기學派에 의해서는 그의 입장이 심하게 배척당할 수밖에 없었을 것이다. 그럼에도 불구하고 원측의 유식학은 중국 法相宗의 형성과 발전에 막대한 기여를 했을 뿐만 아니라 「원측→道證→太賢」으로 계승되어 신라 유식학의 주류를 이루게 되었다. 이러한 이유에서 후대의 학자들은 규기의 慈恩학파에 대하여 원측의 西明학파를 상정하게 된 것이다. 특히 그의 《해심밀경소》*10卷이 티벳어로 번역되었다는 사실로 보아, 당시 그의 유식학이 얼마나 큰 영향력을 지니고 있었는가를 충분히 짐작할 수 있다.

한글대장경156에 번역이 있다.

## 반주삼매경 般舟三昧經

본래의 명칭은 《十方現在佛悉在前立定經》이며, 산스크리트 명칭은 《Pratyutpanna-buddhasammukhāvasthita-samādhi-sūtra》이나 梵本은 전해지지 않는다. 般舟란 「對하여 가까

이 서다」라는 뜻인데, 이 삼매를 얻으면 十方의 부처님들이 앞에 서 있음을 보게 될 것이다고 설하는 것이다.《반주삼매경》3卷本의 行品에서는『혹은 沙門, 속인의 장소에서 西方의 阿彌陀佛刹을 들으면 마땅히 그 곳의 부처님을 생각하라. 戒를 소홀히 하지 말라. 一心으로 염원하길 혹은 하루의 낮과 밤, 혹은 7日7夜, 7日을 경과한 이후엔 아미타불을 뵙게 된다. 깨어 있을 때 보이지 않으면 꿈속에서 이를 본다』고 말한다. 이 경전은 淨土 경전의 선구로서 주목할 만한 내용을 지니고 있는 것이다. 이에 대해서는 赤沼智善의 연구가 있다(《佛教經典史論》, pp.388~422).

《개원석교록》*에 의하면 漢譯은 7종이 있었다고 하나, 현존하는 것은 4종이다. 이 중 역자가 밝혀지지 않은《拔陂菩薩經》1卷(㊅13-920, Ⓚ 7-956)이 가장 오래 되었고, 이어서《반주삼매경》1卷(㊅13-897, Ⓚ 7-949),《반주삼매경》3卷(㊅13-902, Ⓚ 7-925),《大集經賢護分》5卷(㊅13-872, Ⓚ 7-887, ㊥2의2)의 순서로 번역되었다고 추정된다(望月信亨《佛教經典成立史論》, p.192). 현재 ㊅13(Ⓚ 7)에 수록되어 있는《반주삼매경》은 1卷本과 3卷本이 모두 支婁迦讖의 번역으로 되어 있으나, 그가 後漢시대의 靈帝 光和2년(179년)에 번역했던 것은 3卷本 쪽이고, 1卷本 쪽의 역자는 분명하지 않다. 또한《대집경현호분》(Bhadrapāla)에 해당하는 梵文의 단편이 東투르케스탄에서 발견되어 A.F.R. Hoernle에 의해《Manuscript Remains of Buddhist Literature Founid in Eastern Turkestan》(Oxford, 1916) pp.88~93에 수록되어 있는데, 이것은 3卷本의 제8擁護品에 있는 長行의 뒷 부분과 偈頌의 대부분에 상당한다.《대집경현호분》戒行具足品의 한 구절에『佛滅後 500년의 마지막 100歲 중에 正法이 멸하려 할 때, 여러 나라들이 서로 싸울 때, 이 經은 또한 당연히 閻浮提에서 유행하리라』는 말이 있다. 여기서 500년의 마지막 100세란 아마도 佛滅後 401년부터 500년까지의 기간을 가리키는 것으로서, 佛滅 연도를 기원전 383년으로 보는 中村元의 설(東方學報 10輯에 수록된〈마우리야王朝의 年代에 대하여〉)에 따른다면, 이는 기원전 19년부터 기원후 80년까지의 기간이 된다. 즉《반주삼매경》은 기원을 전후로 한 1세기 정도에 편찬되었던 것이다.

## 발지론 發智論

《阿毘達磨發智論》(Abhidharma-jñānaprasthāna-śāstra)20卷이다. 漢譯만이 존재하는데,《發慧論》《發智經》이라고도 하며, 또《八犍度論》이라는 명칭으로도 알려져 있다. 迦多衍尼子(Kātyāyanīputra, B. C. 2세기경)가 짓고, 玄奘이 657~660년에 번역했다. ㊅26-918, Ⓚ 24-918. 異譯으로는《阿毘曇八健度論》30卷이 있다.《西域記》(→대당서역기)에 의하면 迦多衍尼子가 至那僕底(Cīnabhukti)에서 佛滅 300년에 제작한 것이라 한다. 이 책에 의해서 說一切有部의 교리가 독립했다고 한다. 초기의 有部에는 이것 외에도 6종의 논서가 있었는데, 그것들을 六足論이라 호칭한 데 대해서《발지론》을 身論이라 한다. 내용은 雜·結·智·業·大種·根·定·見의 8蘊44納息(8章44節)로 구성되어 있는데, 教法의 연구를 새로운 조직으로 종합하여 원시불교보다 한 걸음 나아가 새로운 교학을 열어, 有部교학의 기초를 구축하였다. 이것을 주석한 것이《대비바사론》*이다. (내용에 대해서는《대비바사론》항을 참조)

〔참고문헌〕 日譯은 譯一 毘曇部17 · 18에 있다. 연구로는 木村泰賢의 《阿毘達磨論의 研究》(1922 ; 1965년에 大法輪閣에서 《木村泰賢全集》제4권으로 재발간), 渡邊楳雄의 《有部阿毘達磨論의 研究》(1954), 福原亮嚴의 《有部阿毘達磨論書의 研究》(永田文昌堂, 1965), 河村孝照의 《阿毘達磨論書의 資料的研究》(日本學術振興會, 1974), 西義雄의 《阿毘達磨佛教의 研究—그 眞相과 使命》(國書刊行會, 1975) 등이 있다.

## 백론 百論 2卷

提婆(Āryadeva, 聖天, 3세기)보살의 저술로서 鳩摩羅什(Kumārajīva, 羅什)가 漢譯(404)했다. ㊀30–168, Ⓚ16–548, ㊞126.

〔내용〕《중론》에 표현된 나가르주나의 說을 받아들여, 다른 철학이나 종교의 諸派가 주장하는 바를 論破함으로써 대승불교의 空 · 無我說을 명확히 한 책이다. 전체는 ① 捨罪福, ② 破神(神=Ātman, 個我), ③ 破一, ④ 破異, ⑤ 破情(情=감각기관), ⑥ 破塵(塵=感官의 대상), ⑦ 破因中有果, ⑧ 破因中無果, ⑨ 破常, ⑩ 破空의 10品으로 구성되어 있는데, 各品은 「修妬路」(sūtra)라고 불리는 저자 自作의 短文과 婆藪開士(Vasu)가 쓴 註釋을 포함하고 있다. 僧肇는 〈百論序〉에서 현재의 漢譯은 前半의 10品만을 번역한 것이고, 後半 10品은 불필요하여 번역하지 않았다고 말한다. 또 《百論》이란 題名은 各品이 5偈로 구성되어 20品 전체로는 100偈가 되기 때문이라고 말하지만, 漢譯을 살펴보면 偈頌의 숫자가 확실하지 않고, 산스크리트 원전이나 티벳譯도 전해지지 않고 있으므로 원전의 구성도 분명하지 않다. 같은 저자의 작품으로서 《사백론》*이 있고 그 大綱에 있어서 本書와 일치하지만, 이 책이 《사백론》의 綱要書로서 僧肇가 말하는 원전이 《四百論》을 가리키는지, 아니면 거꾸로 《사백론》이 이 책에 기초하여 敷衍된 것인지를 확정지을 수가 없다. 더우기 漢譯에는 提婆의 저작으로서 《百字論》1卷(㊀30–250, Ⓚ 17–769)이 있는데, 이것이 티벳에서는 龍樹의 저술로 되어 있고, 뿐만 아니라 漢譯의 말미에 있는 10偈 200字中 後半 5偈에 상당하는 것이 「百字」(Akṣara-śataka)라는 이름으로 따로 소개되어 있다(㊓95–65~68). 이것이 龍樹의 眞作인가 아닌가는 별개의 문제로 보류하더라도, 《百字論》《百論》《四百論》이 순차적으로 증광되어 百論 3部作을 형성하고 있다고 볼 수도 있을 것이다. 本書는 數論派 · 勝論派의 학설을 많이 언급하고, 또 勝論派의 주장으로서 《니야야 수트라》*의 본문을 언급하고 있으므로 3세기경의 인도에 있어서 哲學諸派의 형세, 특히 正理學派의 성립 시기에 대하여 중요한 자료를 제공한다. 이 책이 인도에서 언제 유포되었는가에 대해서는 매우 불확실하지만, 중국에서는 龍樹의 《중론》*《십이문론》*과 함께 「三論」으로 불리고, 三論宗의 근본 성전으로서 중시되었다.

이에 대한 註釋은 여러 종류가 있었으나 隋의 吉藏이 지은 《百論疏》 3卷(혹은 9卷, ㊀42–232)만이 현존한다.

〔참고문헌〕 연구 및 번역으로는 譯一 中觀部와 譯大 論部5에 日譯되어 있다. 이 밖에 G.Tucci의 〈Āryadeva's Śataśāstra〉(《Pre-Diṅnāga-Buddist Texts on Logic from Chinese Sources》 G.O.S. 49, Baroda, 1929), 山口益의 《中觀佛教論攷》와 〈四百論破常品의 要項〉(大谷大學研究年報 14), 宮本正尊이 교정한 《昭和校訂 · 百論論疏會本》(佛教大系52) 등이 있다.

## 백유경 百喩經 4卷

百句譬喩經·百句譬喩集經·百譬經 등으로 도 불린다. 인도의 승려 상가세나Saṅghasena(僧伽斯那, 5세기)가 지었고, 그의 제자 구나브릿디Guṇavṛddhi(求那毘地)가 492년에 漢譯했다(㊅4-543, Ⓚ 30-1, ㊅16). 우스개의 비유를 모은 것인데, 모두 98개의 이야기로 되어 있다. 일반 민중을 대상으로 설한 것이 대부분을 차지하고 그 밖에 外教者·出家者·王에 대하여 설한 것이 있다. 또 이들 98개의 이야기는 두 부류로 나눌 수 있는데, 즉 우스개를 중심으로 삼아 이야기하는 것과 비유를 교훈에 이용하여 그 이해의 수단으로 삼는 것이다. 한역대장경 중에는 이 경전과 같은 목적을 갖고 편찬된 경전으로서 《雜譬喩經》 4종과 《衆經撰雜譬喩》가 전해지고 있다. 인도에서 유명한 古典 설화집인 《Kathāsaritsāgara》(11세기의 Somadeva撰) 속에 이 경전과 같은 종류의 이야기가 있다. 日譯은 譯一 本緣部7에 수록되어 있다.

## 백장청규 百丈淸規 2卷

百丈懷海(720~814)가 저술한 《勅修백장청규》이다. ㊅48-1109. 백장회해가 제정한 禪林의 규범을 서술한 것으로서 禪宗의 계율을 정한 책이다. 중국의 선종은 초기에 있어서는 律寺 등에 의해 律宗의 계율에 따라 생활하고 있었으나, 8세기로부터 9세기에 걸쳐 교단으로서의 큰 세력을 갖고 발전하여 왔기 때문에, 선종 독자의 교단생활을 유지할 규범이 필요하게 되었다. 이러한 요구에서 생겨난 것이 이 책이다.

〔내용〕 上下 2권으로 되어 있는데, 卷上에는 祝釐章제1·報恩章제2·報本章제3·尊祖章제4·住持章제5·卷下에는 兩序章제6·大衆章제7·節臘章제8·法器章제9가 있다. 祝釐章제1에서는 聖節·景命四齋日祝讃·且望藏殿祝讃·每日祝讃·千秋節·善月 등을 서술한다. 여기에는 帝王에 대한 聖壽의 만세를 기원하는 등 국가 권력의 통제下에 있는 종교 교단의 의례가 명확히 표현되어 있다. 尊祖章제4에서는 達磨忌·百丈忌·開山歷代忌·嗣法師忌 등 선종의 傳燈에 속하는 조사들의 忌에 대하여 서술한다. 다음의 住持章제5에는 禪院의 주지가 행하는 각종의 儀式이나 入院·退院·遷化 등의 일이 서술되어 있다. 大衆章제7에는 坐禪儀 등도 수록되어 있고, 선원에서 修業하는 데 필요한 규범이 모두 설해져 있다.

〔평가〕 현존하는 《백장청규》는 원형 그대로라고는 할 수 없는 것으로서, 여기에는 새로 제정하게 된 연혁이 있다. 懷海가 정한 청규의 원형은 宋시대에 이미 사라져 버렸다. 그래서 회해의 올바른 古청규를 제정하고자 하는 기운이 일어났는데, 1335년 元시대의 東陽德輝는 順宗의 칙명을 받아 회해의 古청규를 찬술코자 하였으나 소실되어 구할 수가 없었다. 이에 1103년 宗賾이 찬술한 《崇寧淸規》, 1274년 惟勉이 편찬한 《咸淳淸規》 등을 자료로 삼아 《백장청규》의 원형을 복원하여, 9章2卷으로 완성하였다. 이것이 현재 일본의 大正新修大藏經에 수록된 이 책이다. 德輝가 중수했던 그 청규는 그 후 모든 승원에서 실행되어, 널리 승원생활의 규범이 되었다. 이 책의 註釋으로서 가장 유명한 것은 儀潤의 《백장청규證義記》이다. 이 책의 사상사적 의의는 교단으로서의 선종을 독립시킨 점에 있다. 또한 懷海는 『뭔가를 일하지 않은 날이면, 그날은

먹지도 않는다』(一日不作 一日不食)는 생활태도를 견지하여, 생산노동을 인정했다. 인도불교에서는 생산에 종사하는 것을 律의 규정으로 금지하고 있었으나, 회해는 노동도 또한 佛行이라 하여 노동을 「作務」라고 일컫고, 수행의 중요한 덕목으로 삼았다. 이는 불교가 중국사회에 적응하여 살아간 한 예를 보여 주는 것이다. 또 이 책은 道教의 청규 제정에도 큰 영향을 미쳤는데, 宋代에 성립한 《全眞清規》에는 이 책의 영향이 나타나 있음을 볼 수 있다.

譯一 和漢部, 諸宗部9에 日譯이 있다. 또 鏡島元隆·佐藤達玄·小坂機融의 《譯註禪苑清規》(曹洞宗宗務廳, 1972)도 있다.

## 범망경 梵網經 Brahmajālasutta

팔리語로 씌어진 南方上座部의 經藏인 長部의 제1경으로서 漢譯으로는 장아함 제14經인 《梵動經》(㊅1-88, Ⓚ 17-93 ㊞1) 및 《梵網六十二見經》(㊅1-264, Ⓚ 19-253, ㊞5)이 이에 해당한다. 그런데 梵動이라고 번역한 것은 적절하지 않다.

梵網이란 달리 말하면 見網의 法門이라고도 할 수 있는데, 어부가 그물로 고기를 포획하듯이 모든 견해를 떠올린다는 의미이다. 이 경전의 내용은 2부로 구성된다. 제1부에서는 世人들이 여래를 찬탄함에 있어 자질구레하고 번쇄하여 흔히 戒로써만 하는데, 이러한 것은 당시의 바라문 沙門들이 행하고 있는 것이라 하여, 小戒·中戒·大戒로 나누어 설한다. 제2부에서는 여래가 스스로 깨달아 體現하여 설하는, 매우 어렵고 미묘한 諸法이 있는데, 이를 통해서만 사람들은 진실로 여래를 찬탄할 수 있다고 한다. 이 法을 설함에 있어 먼저 62見의 제1論, 즉 常住論의 4見을 서술한다. 『그러나 여래는 이처럼 집착되고 이처럼 取着된 뭇견해가 결국은 그들을 지옥·아귀·축생의 어느 하나로 이끌어 각기의 미래의 果를 얻게 할 것임을 안다. 여래는 이것을 알 뿐만 아니라 또 이보다 훨씬 뛰어난 것을 알고 있는데, 이것을 알므로 집착하지 않고 집착하지 않기 때문에 자기 혼자서 스스로 열반을 알며, 뭇受의 원인과 滅과 味와 患과 出離를 여실히 알아 집착하지 않음으로써 해탈한다』고 하여 여래를 여실하게 참된 의미로 찬탄할 수 있는 길을 설하고 나서 62見을 설한다. 62見은 정통 바라문의 諸說과 일반 사상계의 諸法, 즉 당시 주장된 諸說을 포함시켜 망라한 것인데, 다음과 같이 2類 8論으로 분류된다.

1)과거에 관한 說 : ① 常住論 4見, ② 一分常住論 4見, ③ 邊無邊論 4見, ④ 詭辯論 4見, ⑤ 無因論 2見.

2)미래에 관한 說 : ① 死後에 관한 論(有想論 16見, 無想論 8見, 非有想非無想論 8見), ② 斷滅論 7見, ③ 現在涅槃論 5見.

〔참고문헌〕 英譯된 원전이 T. W.Davids & J.E.Carpenter 《Dīgha-Nikāya》 vol. Ⅰ(PTS, 1890)에 수록되어 있다. 같은 내용이 T.W.Rhys Davids《Dialogues of the Buddha》 part Ⅰ(1899)에 실려 있고, 獨譯으로는 R.O.Franke《Dīghanikāya》(1913), 日譯으로는 南傳 6에 있다. 宇井伯壽 〈六十二見論〉(《印度哲學研究》제3)은 이 경전을 연구하여 붓다 시대의 일반 사상계의 동향을 밝혔다. 雲井昭善《佛教興起時代의 思想研究》(平樂寺書店) 참조.

## 범망경고적기 梵網經古迹記 3卷

신라 太賢(또는 大賢, 8세기)이 대승의 보살戒

를 설하는 《범망경》(→범망보살계경)에 대해 그 宗趣는 「心行을 바탕으로 證覺利生하는 데에 있다」고 논하고, 그런 입장에서 10重48輕戒를 충실히 주석한 책이다. ㊎3-418, ㊅40-689, ㊕제60册. 저자는 한국 승려中에서 元曉·憬興 다음으로 많은 저술(52部 180여卷)을 남겨 신라의 3大저술가로 꼽히나, 그의 행적은 자세히 알려진 바 없고, 다만 圓測→道證의 법계를 이은 瑜伽(唯識)의 대가로 알려져 있다. 스스로는 青丘沙門이라 칭하였다. 그런데 이 책의 卷數에 대해서는 기록상의 차이가 있다. 《신편제종교장총록》* 등의 목록에는 2卷으로 되어 있으나, 일본의 《高山寺聖教目錄》에는 3卷으로 기록되어 있다. 일본의 大日本續藏經에는 이 책이 4卷으로 기록되어 수록되어 있고, 大正新修대장경에는 3권으로 수록되어 있으며, 최근의 《한국불교전서》에는 4권으로 수록되어 있다. 그러나 이는 分卷의 차이일 뿐, 내용상의 차이는 아니다.

〔내용〕 전체는 7門으로 구성된다. ① 時處에서는《범망경》의 本說을 盧舍那佛 蓮華臺藏의 세계에서 설한 것으로 보고, 末說을 석가모니佛 寂滅道場에서 설한 것으로 본다. ② 機根에서는 이 경전이 설하는 대상은 보살種性이라 한다. ③ 藏攝에서는 이 경전을 통해 보살의 계율에 통섭된다 한다. ④ 飜譯에서는 鳩摩羅什의 번역과 아울러 眞諦·曇無讖 등이 戒本을 번역하여 전파한 일을 기록한다. ⑤ 宗趣에서는 이 경전은 正行을 가르쳐 惡行을 경계함을 宗으로 삼고, 如來性·發趣 등의 證覺利生을 趣로 삼고 있음을 설한다. ⑥ 題名에서는 경전의 명칭을 해석한다. ⑦ 隨文解釋에서는 경전이 담고 있는 내용의 의미(文義)를 폭넓게 해설한다. 이 책에는 36종의 경전과 14종의 논서가 인용되어 있다.

〔영향〕 이 책은 智顗·法藏·義寂·傳奧 등의 諸疏를 참조하여 따로 1家의 견해를 세운 것이다. 그래서 天台·浄土 등에서는 智顗의《菩薩戒義疏》를 이용한 데 대해, 律·眞言·法相 등의 여러 종파에서는 고래로 이 책을 중시하였다. 특히 일본의《律宗瓊鑑章》 제6에서는 『南門律師는 대개 太賢의《古迹》을 이용하고, 학자들은 이를 근거로 하여 각기 鈔記를 작성한다』고 하면서 睿尊·繼尊·覺澄·禪觀 등이 각기 이 책에 대해 鈔記를 지었음을 기록하고 있다. 이처럼 이 책은 일찌기 일본에 전해져 일본의 律學(특히 南都계통의 律師)에 큰 영향을 끼쳐, 末疏주석만도 10여종에 이른다. 현존하는 것만도 전체에 대한 주석으로는 定泉의《補妄抄》10권, 上권의 주석으로는 清算의《網義》10권, 下권의 주석으로는 睿尊의《科文》1권과《輔行文集》10권, 照遠의《述述抄》10권, 慈泉의《撮要》6권, 通玄의《資講鈔》10권, 圓鏡의《温知》6권, 照遍의《玄談》1권에 이른다. 한편 그의 저술에는 「古迹記」라는 명칭이 많은데, 이는 古德이 남긴 말씀을 기록한다는 뜻으로서 私見의 오류를 스스로 경계하는 자세를 표명한 것이다.

원전은 현재 국립도서관에 古鈔本 2册이 소장되어 있고, 일본에서는 大正大學에 寬文8년刊本과 元祿2년 刊本이 있다.

## 범망보살계경 梵網菩薩戒經 2卷

《梵網經盧舍那佛說菩薩心地戒品》제10으로서《梵網經》《菩薩戒本》이라고도 한다. (《범망경》이라는 약칭으로 더 잘 알려져 있으나 초기 경전의

《범망경》과 구별하기 위해 여기서는 《범망보살계경》으로 통용함). 鳩摩羅什의 번역이라 하지만, 근래의 연구에 의하면 劉宋시대에(5세기) 중국에서 성립된 것으로 본다. ㊅24-997, Ⓚ 14-314. 上卷에는 盧舍那佛에 대한 설명과 10發趣心·10長養心·10金剛心·10地에 대한 설명이 있고, 下卷에서는 10無盡藏戒品을 설하겠다고 하여 10重·48輕戒를 설한다. 전체적으로는 그 설법의 모습이 《화엄경》*과 통하는 점이 있어서, 옛부터 華嚴의 마무리가 되는 경전이라고 판정되어 있다. 그러나 무엇보다도 중요시되는 것은 下卷에 설해진 大乘戒이다. 《범망경》의 戒를 「梵網戒」라고 부르는데, 그 특성은 在家나 出家의 구별이 없이 받아들여지는 점이며, 자기의 佛性을 개발하는 것을 목적으로 하는 「佛性戒」이다. 父母·師僧·三寶 등에 孝順하길 권하는 孝順과 慈悲를 중시하여 『중생이 佛戒를 받으면 곧 諸佛의 위치에 들어간다』고 설하는데, 佛子가 自覺을 바탕으로 하여 菩薩道를 행함을 기조로 삼은 戒이다. 그러나 『孝를 이름하여 戒라 한다』고 함에서 엿볼 수 있듯이 중국적인 성격도 강하다.

이 경전에서는 10重·48輕戒라고 하는 대승戒의 戒相을 제시함과 아울러 受戒의 作法과 대승의 布薩이라는 집회作法 등을 제시하여 종합한 戒經이다. 10重(10波羅夷)이란 波羅夷罪 10조를 열거한 것이다. 바라이란 律藏에서는 교단으로부터 추방해야 할 죄를 의미하지만, 《범망경》에서는 『10重戒를 범하는 일이 있다면, 가르쳐 참회시킨다』고 그 의미가 바뀌어 墮地獄의 죄가 된다. 10重이란 殺生·劫盜·無慈行欲·妄語·酤酒·談他過失·自讚毀他·慳生毀辱·瞋不受謝·毀謗三寶의 10조이다. 이것은 《菩薩善戒經》의 8重戒, 《우바새계경》*의 6重戒 등으로부터 채용한 것이라고 한다. 48輕戒는 不敬師長·飮酒·食肉·食五辛·不擧敎懺·住不請 등인데, 식육과 食五辛의 금지, 放生의 권유, 名利私欲의 금지, 追善供養, 日常行儀의 규정 등은 후세에 커다란 영향을 끼쳤다. 《地持經》(菩薩地→보살지지경)의 瑜伽戒가 소승의 계율을 안에 포함시킨 大乘戒(通三乘)임에 대하여, 이것은 대승의 독자적인 戒이기 때문에 중국·한국·일본에서 매우 중시되었고, 강설과 註疏도 많다.

주석에 대해서 말하자면, 일찌기 天台대사는 《범망경》을 羅什이 번역한 것으로 보고, 여기에 《菩薩戒義疏》2卷을 자신의 교학 속에 끌어넣었다. 華嚴의 法藏은 《범망경菩薩戒本疏》6卷을 찬술하였고, 新羅의 大賢은 《범망경古迹記》3卷을 저술하였는데, 특히 이 세 주석이 후세에 끼친 영향은 대단하여 주석에 대한 주석이 작성되어 있다. 이러한 것들 중 明曠의 《天台菩薩戒疏》3卷은 특히 유명하다. 이 밖에 義寂·元曉·玄奘·智周·袾宏·智旭 등의 유명한 불교인의 주석이 있다. 다만 근래에 望月信亨이 《범망경》이 중국에서 찬술되었다고 주장한 이래 거의 이 說이 학계에서 승인받고 있다.

〔참고문헌〕 日譯은 [譯一] 律部12에 있고, 연구로는 望月信亨의 《浄土教의 起源及發達》(1930)과 《佛教經典成立史論》(1946), 大野法道의 《大乘戒經의 硏究》(1954), 石田瑞磨의 《梵網經》(大藏出版社 발행 《佛典講座》14, 1971) 등이 있다. (《보살지지경》항의 참고문헌을 참조)

**범학진량** 梵學津梁

일본의 慈雲(1718~1804)이 梵語의 문법과

어휘를 수록한 책으로서 약 1000권에 이르는 웅대한 문헌이다. 明治시대 이후에 근대적 방법론에 기초한 산스크리트 연구가 이입되어 발전하기 이전에도 일본에는 그 질적인 면이야 어떻든간에 산스크리트學의 전통이 있었다. 그래서 이 책은 당시 산스크리트學의 집대성이고 그 절정을 나타내는 작품이다. 중국에서 시작된 산스크리트學은 悉曇學이라는 명칭으로 총칭되었는데, 一面的인 音韻·文字論을 중심으로 전개되어 왔다. 이 전통은 奈良시대 무렵부터 唐나라 유학승 등에 의해 일본에 그대로 移入되어 불교와 함께 발전되기 시작했다. 이 悉曇學의 내용은 소위 「梵字建立」(悉曇문자를 쓰는 방법)과 「音義考察」(문자 그 자체에 특수한 의미가 있다 하여 교의적인 해석을 가하는 것)에 한정되어 있었다고 말할 수 있다. 특히 「범자건립」에 관해서는 본래의 문자에 있는 의의가 상실되고, 어떻게 하면 좋은 모양으로 쓸 수 있을 것인가 하는 일종의 회화적인 유파마저 생겨나기에 이르렀다. 이러한 편파적인 태도는 江戶시대까지 거의 변함없이 지속되고 있었으나, 이 무렵부터는 원전에의 접근을 추구하여 梵語學 일반을 중시하는 풍조가 나타나기 시작했다. 淨嚴의 《梵漢對翻》, 曇藏의 《梵文大例》《梵語雜集》, 大寂의 《梵語名句考》, 慧晃의 《枳橘易土集》 등이 그러한 경향을 드러내고 있다. 이러한 풍조 속에서 편찬된 것이 慈雲의 이 《범학진량》이다. 약 1000卷에 이르는 이 웅대한 작품은 당시 일본에 존재한 모든 자료를 수집하여 문법으로부터 字彙까지를 망라하고 있다. 종래의 편협한 悉曇學으로부터 한 걸음 나아가 원전을 해독하려는 노력이 이루어진 점이나 그 총합적인 자료의 가치가 크다는 점에서, 이 책이 일본의 梵語史上 가장 중요한 작품이라는 점은 의심할 나위가 없다.

〔내용〕 전편은 7부문으로 나뉘어 있다. ① 〈本詮〉은 梵語 자료의 수집이다. 당시로서 입수 가능한 모든 사본을 모았는데, 이 중에는 法隆寺·海龍寺·清涼寺·瑞泉寺·高貴寺·來迎寺에 소장되어 있던 9葉의 貝葉원전도 포함되어 있다. ② 〈末詮〉은 이들 자료를 번역·해독하고 주석한 해석 부문이다. ③ 〈通詮〉은 문법에 상당하는 부분으로서 여기에는 智廣의 《悉曇字記》도 포함된다. ④ 〈別詮〉은 古來로 범어와 관계있는 도서를 모은 부분인데, 여기에는 義浄의 《梵語千字文》, 同異本, 禮言의 《梵語雜名》, 寶唱의 《翻梵語》, 全眞의 《唐梵文字》, 惟浄의 《天竺字源》, 安然의 《悉曇藏》, 《枳橘易土集》《翻譯名義集》 등 중국과 일본에 있어서 悉曇學상의 중요한 문헌은 거의 망라되어 있다고 할 수 있다. ⑤ 〈略詮〉은 사전部로서 범어 字彙 104권, 범어 省要 5권, 범어 要省 5권으로 구성되어 있다. ⑥ 〈廣詮〉도 일종의 사전部로서 항목별로 佛號·佛稱號·法藏諸目·法相差別·國界·天界·天趣·人趣·阿修羅 등의 9부, 또 지옥·草木 등으로 분류하여 字句를 배열하고 있다. ⑦ 〈雜詮〉은 補遺인데, 여기서는 또한 범어와 직접적인 관계는 없으나 참고가 될 만한 문헌을 모아 놓고 있다. 예를 들면 蒙古學, 和蘭字, 韃靼字, 法顯의 《佛國記》(→법현전), 玄奘의 《대당서역기》*, 義浄의 《남해기귀내법전》* 등이다.

원본은 高貴寺에 소장되어 있고, 이 책 내용의 총목록은 ㊅84-810에 있다. 《慈雲尊者全集》 참조.

**법계관문** 法界觀門 1卷

杜順(557~640)의 저술로서 갖춰진 명칭은 修大方廣佛華嚴法界觀門이다. ㊅ 45-684. 이 책은 독립된 책으로서의 형태를 취하고 있는 것이 아니라, 모두가 다른 책 속에 혹은 註釋書 속에 흩어져 있다. 예를 들면 法藏의 《發菩提心章》의 일부가 되어 있고, 또 澄觀의 《法界玄鏡》과 宗密의 《註華嚴法界觀門》은 이 책의 주석으로 이루어져 있는 등이다. 이와 관련된 문제는 다시 거론하기로 하고, 우선 이 책의 내용을 개괄하면 다음과 같이 구성되어 있다.

1) 眞空觀 / ①會色歸空觀 ②明空即色觀 ③空色無礙觀 ④泯絶無寄觀
2) 理事無礙觀 / ①理遍於事門 ②事遍於事門 ③依理成事門 ④事能顯理門 ⑤以理奪事門 ⑥事能隱理門 ⑦眞理即事門 ⑧事法即理門 ⑨眞理非事門 ⑩事法非理門
3) 周遍含容觀 / ①理如事門 ②事如理門 ③事含理事門 ④通局無礙門 ⑤廣陜無礙門 ⑥遍容無礙門 ⑦攝入無礙門 ⑧交涉無礙門 ⑨相在無礙門 ⑩普融無礙門.

[문제] 앞에서 언급한 바와 같이 이 문헌은 그 성격상 저자에 대한 문제가 제기되어 있다. 즉 《속고승전》* 속에서는 《화엄경》*에 관해 杜順으로부터 智儼으로 전수되었다는 사실이 보이지 않는 점이나, 法藏의 《화엄경傳記》에서는 杜順과 《화엄경》과의 관계를 취급한 기사가 거의 없는 점 때문에 이 책의 저자에 관한 문제가 제기되어 왔던 것이다. 일본의 境野黃洋은 《支那佛教史講話》下卷에서 두순을 제1祖로 하여 智儼·法藏으로 이어졌다는 종래의 華嚴宗의 전승을 의문시하고, 오히려 지엄은 두순으로부터가 아니라 智正으로부터 화엄을 전수받은 것이라 하며, 따라서 두순說인 것으로 전해진 일련의 저작은 사실은 智正설의 와전이 아닌가 하는 문제를 제기하고 있다. 이에 대해 常盤大定은 學統과 宗統을 구별하여 불교인의 계승 관계를 고찰하지 않으면 안된다고 주의하고 나서, 智儼은 학통상으로는 智正으로부터 화엄을 이어 받고 있지만, 소위 심령상의 영감과도 같은 종통은 전승에서 말하는 바와 같이 杜順으로부터 이어 받은 것이라고 주장한다. 그 하나의 증거로서 法藏의 《화엄경傳》에서는 神僧 두순이 《화엄경》을 독송하는 일을 業으로 삼고 있었다고 하여 두순과 화엄경과의 관계를 드러내고 있다는 점을 통해서도, 그 추정이 가능하다고 말한다. 따라서 常盤씨는 이 책이 두순의 說이라는 점을 의심치 않는다. 한편 鈴木宗忠은 《原始華嚴哲學의 硏究》에서 智正이 화엄종의 제1祖라고 하는 境野씨의 주장에도 반대하고, 杜順이 제1조라고 하는 常盤씨의 주장도 인정하지 않는다.

이에 대한 연구로는 木村清孝의 〈法界觀門撰者考〉(《宗教研究》195), 結城令聞의 〈華嚴의 初祖杜順과 法界觀門의 著者와의 問題〉(印佛研 18의1) 등이 있다.

**법구경** 法句經 Dhammapada

「진리의 말씀」이라는 의미로서 팔리語로 씌어진 南方上座部의 經藏 중 小部에 포함되어 있다.

전편 423수로 이루어진 시집인데, 그 시들을 對句·不放逸·마음·꽃·어리석은 자·賢者·존경받을 만한 사람·千의 數·惡·無知·老·自己·世間·붓다·안락·愛好·노여움·더러움·진리에 태어남·道·雜集·지옥 · 코끼리 · 욕망 · 수행승 · 바라문이라는 26章으로 분류하고 있다. 주로 단독의 偈(시)를 모으고 있으나 때에 따라서는 둘 또는 몇 개의 偈가 무리를 이루고 있다. 초기불교의 교단 내에서 다양한 형태로 전해지고 있던 시를 모아서 편집한 것이라고 생각된다. 편집 시기는 기원전 4~3세기경이라고 보이는데, 그 기원이 훨씬 오래된 시도 있다. 웅대한 불교 성전 중에서도 가장 오래된 것으로서 불교의 윤리적 教義를 가르치고 있으므로 불교 입문의 지침이 된다. 뿐만 아니라 주옥같은 문자로서 붓다의 참뜻을 전하고 있어, 그 가치가 높이 평가되고 있다. 예로부터 가장 널리 불교도에게 애송되어 왔으므로, 이것보다 오랫동안 또 널리 불교도에게 읽혀진 성전은 달리 없다고 해도 과언이 아니다. 따라서 이의 異本도 많다. 팔리語《法句經》에 가까운 계통의 것으로는 漢譯《法句經》2권 및《法句譬喩經》4권의 2本이 있다. 한역《法句經》(㊅4-559, Ⓚ 30-560)은 224년 支謙 · 竺將焰의 번역(維祇難等의 번역이라고 전해진 것은 잘못임)이다. 26章 500偈로 된 원본을 기본으로 하고, 다른 데서 취한 13章 250偈를 추가로 덧붙인 것이다.《法句譬喩經》(㊅4-575, Ⓚ 30-514)은 290~306년에 번역된 것으로서 39品으로 되어 있는데, 한역《법구경》의 偈에서 약 3분의 2를 가려뽑아 그것이 설해지게 된 사정이나 인연을 이야기하는 비유를 덧붙인 것이다. 팔리《법구경》에 대한 註釋書《Dhammapada-ṭṭhakathā》가 이와 비슷한 성격을 지닌다.

大衆部 계통인 說出世部의 소속인《마하바스투》*(大事)에서는《법구경》1000品(Sahasr-avarga)이 인용되고 있는데, 이것의 성립 연대는 기원전 2~1세기경이라 짐작된다. 또 다른 계통으로서 간다라語로 된《법구경》(Gāndhārī Dhammapada)이 있다. 코탄에서는 카로쉬티文字로 씌어진 것이 발견되었는데, 1~3세기경의 것으로 보인다.

說一切有部의 계통에서는 法句經과 비슷한 내용을 지닌 작품을 만들어《우다나品》(Udāna-varga)이라고 칭했다. 偈의 수도《법구경》보다는 훨씬 많은데, 이는《법구경》과 팔리 성전인《우다나》*를 합한 듯한 성격을 지닌다. 이것은 1~2세기경에 法救(Dharmatrāta)가 편찬한 것이라 한다. 티벳語로 번역된 것도 있다. 漢譯《出曜經》30권(398~399譯)과《法集要頌經》4권(990~1000譯)의 2本도 동일한 계통의 것이다.《출요경》은 산문으로 된 비유 이야기를 덧붙이고 있는데,《법구비유경》과는 그 조직이 매우 다르다.《법집요송경》은 그 명칭에서 알 수 있듯이 순전히 偈經인데, 章의 수와 偈의 수에 있어서《출요경》과 극히 유사하다.《우다나品》으로는 토카라Tokhara語로 된 斷片도 있다.

팔리《法句經》에 대한 번역은 극히 많다. 여기서는 중요한 것만 소개한다. 그러나 국내의 한글 번역은 한역《법구경》을 대본으로 한 것이다.

〔참고문헌〕원전으로는 Sūriyagoda Sumaṅgala Thera《The Dhammapada》new ed.(London : PTS, 1914)가 있고, 英譯으로는 SBE.vol.x,part Ⅰ(Max Müller trans., 1881, new ed. 1924), 獨譯으로는 R.O.Franke《Dhamma Worte》(1923)이 있다. 日譯으로는 南傳 XXⅢ, 立花俊道《法句經註解》, 筑摩書房世界文學大系《인도集》, 友松円諦《담마파다(法句經)》이 있으며, 연구서로는 前田惠學《原始佛教聖典의 成立史研究》(山喜房)가 참고할 만하다.

## 법법성분별론 法法性分別論

산스크리트 명칭은《Dharmadharmatā-vibhaṅga》또는 《Dharmadharmatā-vibhāga》(法과 法性의 辯別)로서 마이트레야Maitreya(彌勒, 4세기)의 저술이라고 전해진다. 산스크리트 원전은 斷片이 일부(전체의 약 5분의 1)만 발견되어 있을 뿐이며, 漢譯은 없고 티벳譯만이 현존한다. 티벳의 傳承에 의하면 이 책은《대승장엄경론》*《중변분별론》*《현관장엄론》*《보성론》*과 함께 彌勒이 지은 5部書의 하나로서 중요시되고 있다. 다만 漢譯되지 않았기 때문에 중국의 전승에는 이 책이 없다.

〔내용〕이 책은 극히 간결하고 조직적으로 唯識思想, 특히 法이라는 관념에 대하여 논한 것인데, 크게 네 부분으로 나뉜다(金倉박사의 논문을 참조. 山口박사는 10章으로 구별하고 있다). 먼저 제1에서는 法(dharma)과 法性(dharmatā)에 의해 일체가 포섭된다 하여, 法과 法性을 辯別(vibhaṅga)하는 것이 이 책의 취의라 하고, 法과 法性의 定義 및 그 둘의 관계를 논한다. 제2에서는 法의 自覺, 제3에서는 法性의 자각, 제4에서는 轉依(法의 입장으로부터 法性의 입장으로의 전환)의 자각을 논한다. 즉 法은 實在性이 없는 無인 것의 顯現이기 때문에 虛妄分別을 특질로 갖고 있으며, 윤회의 세계이며, 어리석고 혼란스러우며, 雜染의 因이며, 절연하여 없애 버려야 할 것이다. 法性은 法의 無로써 顯現되는 것이며, 주관과 객관의 차별이 없는 眞如이며, 열반이기 때문에 깨달아 체득하여야 할 것이다. 따라서 法과 法性은 서로 대립하는 것이긴 하지만, 한편으로는 法이 法性을 얻기 위한 불가결의 요소임을 자각하고, 瑜伽行의 실천을 통해 모든 것을 淨化하여, 法性을 향해 轉依悟入해야 할 것임을 설한다.

〔참고문헌〕티벳譯에는 다음과 같은 3本이 있다. ①수트라sūtra體의 小論書인《Chos daṅ chos ñid rnam-par ḥbyed-pa》(東北目錄 No.4022), ②앞의 小論書를 頌體로 쓴 것(東北目錄 No.4023), ③世親(Vasubandhu)이 ①의 全文을 인용하면서 釋을 가한 것(東北目錄 No.4028). 이상의 3本 중에서 ①이 彌勒의 作이라고 생각된다. 이 책의 全文은 일본의 山口益박사가 世親의 釋(앞의 ③)과 함께 日譯함으로써 그 전모가 밝혀지게 되었다(常盤大定博士還曆記念《佛教論叢》, 弘文堂書房, 1933. 그의 연구는 1972년 春秋社에서 발간한《山口益佛教學文集》上에 재수록되어 있다). 한편 梵文의 斷片은 일본 학자들에 의해 세상에 알려지게 되었다. 즉 Sylvain-Levi는 소속 불명의 梵文 斷片을 《Mahāyāna-sūtra-alaṁkāra》(Paris,1907.→대승장엄경론)의 梵本 말미에 부록으로 첨부하여 발간하였는데, 河合英男은 이것이《법법성분별론》의 단편임을 발견하였고(1936), 이러한 사실을 宇井伯壽박사로부터 통보받은 山口益은 이것을 검증하고 교정하여 발표하였다(《大谷學報》17의4. 上記의《山口益佛教學文集》上에 재수록됨). 티벳譯에 대한 校訂은 野澤靜證에 의해 발표되어 있다(山口博士還曆記念《印度學佛教學論叢》, 1955).

이에 대한 본격적인 연구로는 金倉圓照의《인도哲學佛教學研究》I (春秋社, 1973)이 있는데, 여기서의 관계 내용은 원래 《叙説》제2輯(小山書店, 1948)에 발표되었던 것이다. 그는 여기서 本論의 내용을 상세히 연구하였는데, 彌勒이 쓴 다른 論書와의 관계, 本論의 위치와 의의 등에 대하여 극명하게 究明하고 있다.

**법원주림** 法苑珠林 100卷

唐시대의 道世(?~683)가 668년에 편찬했다. ㊅53-269, Ⓚ 39-216, ㊥195 · 196.이 책은 현대적으로 말하면 불교의 백과사전이라고도 할 수 있는 성격을 지니고 있다. 즉 전체 100卷을 항목별로 100篇 668部로 분류하고, 불교에서의 사상 · 술어 · 法數 등을 각각 개설하면서 諸經論으로부터 풍부하게 인용하고, 그 典據를 명시하고 있다. 여기서 인용한 經論 등은 4백10여종에 이르는데, 이 중에는 현존하지 않는 것도 포함되어 있어, 귀중한 자료로 되어 있다. 내용별로 분류하여 인용하고 있기 때문에 대단히 편리하므로, 예로부터 많은 학자들이 이 책을 이용하여 왔다. 그러나 이 책에서의 인용문은 전체가 원전의 문장을 그대로 옮기는 具文인용인 것은 아니고, 그 의미를 옮기거나 간략히 가려뽑아 옮기는 取意인용과 略抄인용도 적지 않다. 또 어떤 경우에는 인용이 하나의 경전이나 논서 전체에 미치는 예도 있으나, 대체로 짧은 인용이 많다.

〔내용〕 여기서는 100편 전체의 항목을 卷수와 함께 열거함으로써 그 대강을 짐작케 한다. ① 劫量편(1권) ② 三界편(2~3권) ③ 日月편(4권) ④ 六道편(5~7권) ⑤ 千佛편(8~12권) ⑥ 敬佛편(13~16권) ⑦ 敬法편(17~18권) ⑧ 敬僧편(19권) ⑨ 致敬편(20권) ⑩ 福田편(21권) ⑪歸信편(21권) ⑫士女편(21권) ⑬入道편(22권) ⑭慚愧편(23권) ⑮奬導편(23권) ⑯說聽편(23~24권) ⑰見解편(25권) ⑱宿命편(26권) ⑲至誠편(27권) ⑳神異편(28권) ㉑感通편(29권) ㉒住持편(30권) ㉓潛遁편(31권) ㉔妖怪편(31권) ㉕變化편(32권) ㉖眠夢편(32권) ㉗興福편(33권) ㉘攝念편(34권) ㉙發願편(34권) ㉚法服편(35권) ㉛然燈편(35권) ㉜懸幡편(36권) ㉝華香편(36권) ㉞唄讚편(36권) ㉟敬塔편(37~38권) ㊱伽藍편(39권) ㊲舍利편(40권) ㊳供養편(41권) ㊴受請편(41~42권) ㊵輪王편(43권) ㊶君臣편(44권) ㊷納諫편(45권) ㊸審察편(45권) ㊹思愼편(46권) ㊺儉約편(46권) ㊻懲過편(47권) ㊼和順편(47권) ㊽誡勗편(48권) ㊾忠孝편(49권) ㊿不孝편(49권) (51)報恩편(50권) (52)背恩편(51권) (53)善友편(51권) (54)惡友편(51권) (55)擇交편(51권) (56)眷屬편(52권) (57)校量편(52권) (58)機辨편(53권) (59)愚戇편(53권) (60)詐僞편(54권) (61)惰慢편(54권) (62)破邪편(55권) (63)富貴편(56권) (64)貧賤편(56권) (65)債負편(57권) (66)諍訟편(57권) (67)謀謗편(58~59권) (68)呪術편(60~61권) (69)祭祠편(62권) (70)占相편(62권) (71)祈雨편(63권) (72)園果편(63권) (73)漁獵편(64권) (74)慈悲편(64권) (75)放生편(65권) (76)救厄편(65권) (77)怨苦편(66~67권) (78)業因편(68권) (79)受報편(69~70권) (80)罪福편(71권) (81)欲蓋편(71권) (82)四生편(72권) (83)十使편(72권) (84)十惡편(73~79권) (85)六度편(80~85권) (86)懺悔편(86권) (87)受戒편(87~89권) (88)破戒편(90권) (89)受齋편(91권) (90)破齋편(91권) (91)賞罰편(91권) (92)利害편(92권) (93)酒肉편(93~94권) (94)穢濁편(94권) (95)病苦편(95권) (96)捨身편(96권) (97)送終편(97권) (98)法滅편(98권) (99)雜要편(99권) (100)傳記편(100권). 이상과 같은 100편은 다시 述意 · 引證 등의 細目으로 분류된다. 여기서 인용하고 있는 경전이나 논서 등에는 疑僞經이라고 간주되는 것, 道教의 여러 서적, 또 중국에서 통용되는 잡서 등도 적지 않다. 그러나 그 광범위한 인용과 내용별로 자세한 분류에 의한 해설은 一切經을 면밀히 검토하는 데 있어서 편리할 뿐만

아니라, 중국불교史上 빼놓을 수 없는 중요한 자료로 되어 있다고 말할 수 있겠다.

〔참고문헌〕《昭和法寶總目錄》제1권(p.619),《佛書解說大辭典》제10권(p.5),《望月佛教大辭典》제5권(p.4555) 등의 日書.

### 법현전 法顯傳 1卷

원래의 명칭은 《高僧法顯傳》인데 法顯(4세기 후반~420 전후)이 414~416년에 저술한 것이다. ㊅51-857, Ⓚ 32-549. 또는 《佛國記》《歷遊天竺記》라고도 한다. 법현이 스스로 지은 인도 여행기이다. 東晋의 隆安 3년(399)에 求法의 여행을 출발하여 西域의 南道를 경유하고, 葱嶺과 懸度의 험난한 길을 거쳐 西北인도에 들어갔다. 불교가 성행했던 그 당시 각지의 塔寺를 돌아다니면서 東南쪽으로 내려가 中인도에 도달하여 佛蹟을 순례했다. 그러면서 經律을 배우고 베끼고는 다시 현재의 스리랑카로 건너갔다. 이후 상선에 편승하여 귀로에 올랐으나 폭풍을 만나 자바 섬에 漂着하였다. 여기서 본국의 廣州로 향하던 도중 다시 폭풍 때문에 표류하여 義熙 8년(412)에 드디어 靑州의 해안에 도착하였다. 이 책은 이러한 여행의 과정을 기록하고 있다. 내용은 간략하지만 경과한 각지의 중요한 견문을 정확히 전하고 있어, 5세기 초엽에 있어서 서역·인도의 불교 및 불교문화에 관해 귀중한 자료를 제공한다. 불교 승려의 인도 여행기로서는 현존하는 最古의 것이기도 하다.

〔참고문헌〕 이 책은 일찌기 서구 학자들에게 주목된 이래 19세기부터 영어나 불어로 번역되었다. 그 번역 상황은 다음과 같다.

A.Rémusat의 《Foe Koue Ki, ou relation des royaumes bouddhiques》(Paris, 1836)는 J.W.Laidlay에 의해 1848년 Calcutta에서 英譯되었다.

S.Beal의 《Travels of Fah-hian and Sung-yun, Buddhist Pilgrims from China to India》(London, 1869)는 《Buddhist Records of the Western World》(London, 1884)에 수록되어 있다.

H.A.Giles의 《Record of the Buddhistic Kingdoms》 (London, 1877)는 《The Travels of Fa-hsien, or Record of the Buddhistic Kingdoms》(Cambridge, 1923)로 改譯되었다.

J.Legge의 《A Record of Buddhistic Kingdoms, being an Account by the Chinese Monk Fa-hsien》(Oxford, 1886).

이 책은 《대당서역기》*와 함께 인도學 및 西域學의 중요한 자료로서 활용되어 왔다. 일본에는 足立喜六의 《考證法顯傳》(東京, 1936)이 있는데, 이는 원전의 교정에는 뛰어나지만 해설에는 잘못이 많다. 이 외에 小野玄妙의 日譯이 譯一 和漢部, 史傳部16에 실려 있다.

### 법화경 法華經

《妙法蓮華經》(Saddharmapuṇḍarīka-sūtra)7卷 또는 8卷本이 있다. ㊅9-1, Ⓚ9-725, ㊥38. 漢譯은 6종이 있었으나 현재 남아 있는 것은 西晋의 竺法護가 번역한(276) 《正법화경》, 姚秦의 鳩摩羅什이 번역한(406) 《묘법연화경》, 隋의 闍那堀多 및 笈多가 번역한(601) 《添品묘법연화경》의 3종인데, 이 중에서 羅什의 번역본이 가장 널리 유포되어 있다. 別譯으로서는 역자가 알려지지 않은 《薩曇分陀利經》1卷이 있는데, 이는 寶塔品의 일부와 提婆達多品에 상당한다. 또한 티벳譯(㊥30-2), 위구

ㄹ語譯, 西夏語譯, 蒙古語譯, 滿州語譯, 우리나라의 조선시대 諺文譯 등이 있다. 이만큼 이 경전은 광범위한 지역에 유포되어 많은 민족들에게 애호되었다.

고대 인도에서는 기원전부터 이미 比丘의 교단과는 별도로 在家의 보살을 중심으로 한 菩薩團이 존재해 있었다. 그 중에서도 보다 진보적이고 신앙심이 강렬한 한 집단이 나타나, 기원을 전후로 하여 새로운 입장을 추구한 새로운 경전의 결집이라는 宗教文學運動을 벌여 나가게 되었다. 그러한 운동의 하나로서 西北인도에서는 《법화경》이 결집되었던 것이다. 최초의 《법화경》은 오늘날 볼 수 있는 것과 같은 큰 규모의 경전이 아니라 아마도 8章 또는 10章으로 성립된 小品이었을 것으로 생각된다. 즉 그것은 序品의 일부, 方便品과 譬喩品이 먼저 성립되고 이어서 見寶塔品의 앞 부분과 勸持品의 극히 일부가 성립된 후, 從地涌出品 · 如來壽量品 · 如來神力品이 성립되었으며, 어느 정도의 기간이 지나 分別功德品 · 常不輕菩薩品이 첨가된 10章의 경전이었을 것으로 생각된다. 여기서 見寶塔品은 보살단 신앙의 중심이었던 佛塔에 대한 사고방식을 반영하고 있으며, 壽量品은 영원한 생명이요 근원적 생명으로서의 붓다를 체현하고자 한 보살들의 佛陀觀을 반영하고 있다. 또한 從地涌出品에서 地下의 虛空界에 머무르고 있던 地涌의 보살들이 대지의 온갖 틈바구니로부터 용출하여 허공에 우뚝 솟은 광경은, 教團史의 저류로서 오랜동안 교단의 표면에 나타난 일이 없었던 보살단이 강대한 세력이 되어 출현하였던 역사적 사실을 반영하는 것이다. 「허공에 서다」라는 표현은 「시간과 공간의 한정을 초월한 입장에 서다」는 것인데, 이는 시간적 · 장소적인 한정을 지닌 역사상의 붓다가 아니라 그러한 한정을 초월한 「無量한 생명의 상징으로서의 붓다」를 보고자 하는 입장을 나타내고 있다. 이 영원한 생명으로서의 붓다에 대해 아버지를 사모하는 자식이 歸入하듯이 입장을 바꾸어, 붓다를 나의 생명으로 삼아 살아가는 一如의 입장을 一乘이라 하는데, 方便品에서는 이 一乘의 입장을 명확히 밝히고 있다.

〔원전 · 번역〕 현재 출판되어 있는 梵本은 다음과 같다. 1)H.Kern과 Nanjio가 편집한 《Saddharmapuṇḍarīka-sūtra》(Bibliotheca Buddhica, No.10. St.Petersburg, 1908~1912). 2)Wogihara와 C.Tsuchida가 편집한 것으로서 1934년에 Tokyo에서 출판한 것(荻原雲來 · 上田勝彌 《改訂梵文法華經》, 大正大學聖語研究會 발행). 3)Nalinaksha Dutt가 1953년에 Calcutta에서 출판한 것. 4)河口慧海 · 池田澄達편 《貝葉梵文法華經》(梵文法華經頒布會, 1925). 위에서 1)의 교정본은 네팔에서 발견된 사본을 底本으로 하여 그간의 여러가지 出土本을 참조한 것이다. 2)의 교정본은 1)의 교정본을 底本으로 하고 티벳譯과 漢譯 등을 교합하여, 부적당하거나 오류라고 생각되는 곳을 訂正하여 로마字로 바꾸어 출판한 것이다. 그러나 여기서 정정한 것은 그 대부분이 문제가 있다. 위의 4)는 티벳의 샤르곰파寺에서 증정받은 貝葉을 간행한 것이다. 3)의 교정본은 가장 새로운 것으로서 러시아의 미로노프가 조사한 기르깃트 出土本과 일본의 大谷탐험대가 수집한 것을 교합하였다. 이 밖에 중앙아시아에서 출토된 여러 사본들을 1950년에 일본에서 本田義英박사의 환갑을 기념하여 사진판으로 공간한 것이 있으나, 활자본으로는 출판되지 않았다.

번역으로는 다음의 5종이 있다. ①Eugène Burnouf《Le Lotus de la Bonne Loi》I. Paris, 1852 (Nouvelle édition avec une préface de Sylvain Lévi, 1925). ②Jan Hendrik Kasper Kern《The Saddharmapuṇḍarīka or the Lotus of the True Law》(SBE, vol.21, Oxford, 1884). ③南條文雄・泉芳璟《梵漢對照新譯法華經》, 1913. ④岡教邃《梵文和譯法華經》, 1923. ⑤河口慧海《梵藏傳譯沙法白蓮華經》(世界聖典全集刊行會, 世界文庫, 1924). 위에서 ①은 유럽에서 梵語 연구의 태두인 Burnouf가 梵語佛典 속에서 법화경을 발견하여, 이것을 정확히 축어적으로 佛譯한 것으로서 오늘날에도 학문적 생명을 잃지 않고 있는 위대한 작품으로 평가된다.

[참고문헌] 이 경전에 대한 주석으로는 隋의 天台大師 智顗가 저술한 法華三大部만큼 압도적인 영향력을 발휘한 주석서는 없다. 《법화현의》*《法華文句》《마하지관》*이 그것인데, 智顗는 이것들의 저술을 통해 법화경을 주석했다기보다는 天台의 사상을 구성하는 재료로서 법화경을 사용했다는 느낌이 든다. 그러나 이 주석서들은 아직까지도 심대한 영향을 끼치고 있다. 국내에서는 洪庭植박사의 논문〈法華佛敎硏究〉(1974)가 법화경의 역사 및 사상을 잘 정리하고 있다. 근래에 일본에서 발간된 문헌으로는 Shoko Watanabe의《Saddharmapuṇḍarīka Manuscripts found in Gilgit》(Tokyo : The Reiyukai, 1975)와 中央公論社에서 발행한《法華經》I , Ⅱ(《大乘佛典》4,5, 1975, 1976)가 있다. 법화경에 대한 최근의 연구서로는 春秋社에서 발행한《法華思想》(《講座・大乘佛敎》제3, 1983)가 여러 학자들의 연구 성과를 정리하고 있다.

## 법화현의 法華玄義 10卷

본래의 명칭은《妙法蓮華經玄義》로서, 593년에 智顗(538~597)가 저술했다. 大33-681. 이 책은 지의가 설한 것을 門人인 灌頂이 기록한 것이다. 《마하지관》*《법화文句》와 더불어 天台의 3大部라고 한다. 지의의 강설은 隋의 開皇 13년(593)에 荊州에서 이루어졌는데, 그 장소가 玉泉寺였는지 아니면 다른 곳이었는지가 확실치 않다. 이 책은《법화文句》와 더불어《법화疏》라고도 일컬어지고 있는데, 이 둘은 모두《법화경》*에 대한 견해를 명시한 책이다. 그러나 灌頂에 의해 정리・통일되어 있기 때문에 이 책 그대로가 지의의 강술을 거친 것이라고는 말할 수 없다.

[내용] 전체의 조직은 ① 釋名 ② 顯體 ③ 明宗 ④ 論用 ⑤ 判敎相의 5章으로 되어 있는데, 名・體・宗・用・敎라는 지의 특유의 뛰어난 논법이 구사되어 있다. 이 5장을 해석함에 있어서 通釋과 別釋으로 구분하는데, 앞의 것은 7番共解, 뒤의 것은 5重各說이라 칭하는 것이다. 7番共解란 ⓐ 標章 ⓑ 引證 ⓒ 生起 ⓓ 開合 ⓔ 料簡 ⓕ 觀心 ⓖ 會異이며, 5重各說은 앞의 5장에 대해 상세히 논한다. 이 5중각설 중에서 ①은 다시 ㉠ 法(心・佛・衆生의 3法妙) ㉡妙 ㉢蓮華 ㉣經으로 나뉘는데, ㉠과 ㉡은 모두 이 책 전체의 거의 ⅔를 차지하는 가장 중요한 논술이다. 이 중 ㉡妙는 다시 通釋(相待妙・絶對妙)과 別釋으로 나뉘고, 別釋은 迹門10妙와 本門10妙로 분류되는데, 迹門10妙란 境妙・智妙・行妙・位妙・3法妙・感應妙・神通妙・說法妙・眷屬妙・利益妙이며, 本門10妙는 本迹과 10妙로 분류된다.

[평가] 이와 같이 정연하게 정리된 체계는

단순한 이론적 조직이라고는 할 수 없고, 저자인 智顗 자신의 생생한 종교 체험에 의해 확인되어 있음을 주목해야 할 것이다. 이 책의 주석으로서 중요한 것은 湛然의 《玄義釋籤》이 제일로 꼽히고, 이 책을 해석하는 데 있어서 전통적인 지침서가 되어 왔지만 한편으로는 湛然 자신의 견해에 근거하는 곳도 적지 않다. 일본에서는 證眞이 지의와 담연의 견해에 따라 《법화현의私記》를 저술하고, 다시 普寂은 《법화현의復眞鈔》를 저술하여 담연 이후의 견해를 비판하는 동시에 지의에 복귀하고자 했다. 근래의 연구로는 島地大等의 《天台教學史》(pp.99,105,107~8)에서 간단히 다룬 것이 있을 뿐이나, 佐藤哲英은 《天台大師의 研究》에서(pp.302~340) 이 책의 성립 유래에 관하여 가능한 자료들을 답사하여 면밀한 고증을 시도하고 있다. 그에 의하면 다음과 같은 사실이 밝혀진다고 한다. 즉 지의는 어려서부터 《법화경》에 친숙해 있었다. 이 책을 강설한 장소와 시기에 대해서는, 玉泉寺에서 있었다면 開皇 13년의 夏安居, 그 이외의 장소에서 있었다면 同年의 秋冬이라고 생각된다. 이 책은 내용적으로 《次第禪門》《마하지관》* 《大本四教義》와 밀접한 관계가 있고, 또 吉藏의 《法華玄論》을 참조하였으며, 지의가 살아 있을 때에 이미 저술의 형태를 취하고 있었는데, 오늘날의 형태로 다듬어져 고정된 것은 開皇 17년(597) 가을에서 仁壽 2년(602) 8월 사이의 기간이다는 등의 사실이다. 한편 安藤俊雄은 《天台性具思想論》(특히 前編 제3장 등)에서 이 책을 언급하고, 石津照璽는 《天台實相論의 研究》(특히 제4장 등)에서 이 책에 대한 철학적 이해를 시도하고 있다. 이 책의 日譯은 [譯一] 和漢部, 經疏部1에 있다.

## 베다 Veda 吠陀

語義的으로는 「지식」이라는 뜻을 지니는데, 고대 인도의 종교적 성전을 의미한다. 이 성전들은 서로 연관되어 하나의 무리를 형성하고 있다. 기원전 1200년경, 서북 인도로부터 침입하여 편잡 지방에 정착한 아리안의 손으로 이룩한 웅대한 祭式 문헌이다. 인도 最古의 문헌으로서 인도 사상의 연원일 뿐만 아니라, 현대에 있어서도 성스런 仙人들이 영감으로써 받은 神의 계시(Śruti) 중의 하나로서, 인도人의 종교 意識 속에 최고의 권위를 갖고 있다. 이 중의 가장 먼저 형성된 부분은 인도-유럽語族이 보유하고 있는 문헌들 중 가장 오래된 것들 중의 하나로서, 言語史적으로 보아도 중요한 자료이다.

일반적으로 《베다》라 할 경우, 그것은 상히타 Saṃhitā(本集)를 의미한다. 그것은 리츠Ṛc(讚歌)·사만Sāman(歌詠)·야주스Yajus(祈禱)·아타르반Atharvan(呪文)의 넷으로 구성되고, 이 넷은 각기 호트리Hotṛ·우드가트리Udgātṛ·아드바류 Adhvaryu·브라흐만Brahman 祭官에 소속된다. 《리그베다》Ṛg-veda에는 샤칼라Śākala派와 바쉬카라Vāṣkara派의 전승이 있고, 《사마베다》Sāma-veda에는 전설에 의하면 1000派가 있었다고 하는데 현재 알려져 있는 것은 3派(Kauthuma·Rāṇāyanīya·Jaiminīya)이며, 《야주르베다》Yajur-veda는 黑야주르베다와 白야주르베다로 구분되는데, Maitrāyaṇīya·Kāṭhaka·Kapiṣṭhala·Taittirīya는 전자에, Vājasaneyī는 후자에 속한다. 《아타르바베다》Atharva-veda에는 9派가 있었다 하는데, 현존하는 것은 샤우나카Śaunaka 와 파입팔라다Paippalāda의 2派이다. 이들 네 베다 중

《사마베다》는 인도의 音樂史상 중요하고, 《야주르베다》는 고대 인도의 祭式 문헌으로서 중요하며, 《아타르바베다》는 그 중에서 옛날의 토착적인 요소를 담고 있어 文化史적으로 흥미를 불러일으킨다. 그러나 무엇보다도 가장 중요하고 또 오래된 것은 《리그베다》이다.

《리그베다》는 보유된 것을 포함하여 1028개의 찬가(sūkta)로 이루어져 10卷(maṇḍala)으로 정리되어 있는데, 頌의 수로 계산하면 총 10462頌에 이른다. 성립의 연대나 지역에 관해서는 여러가지로 주장하고 있어 뭐라고 단정지을 수는 없으나, 10권의 성립 순서를 추정하는 것은 불가능하지 않다. 즉 2권부터 7권까지는 각각 그리트사마다Gritsamada · 비쉬바미트라 Viśvāmitra · 바마데바 Vāmadeva · 아트리Atri · 바라드바자Bhāradvāja · 바시쉬타Vasiṣṭha라는 聖仙의 가문에서 전한 것이라고 한다. 이것들은 운율이나 편찬 방식에서 공통성을 보이고 있으며, 《리그베다》의 가장 중심적인 내용을 형성한다고 생각된다. 창조에 관한 찬가나 철학적인 시편 등을 포함하고 있는 제10권은 언어사적으로 보아 분명히 가장 나중에 성립된 것이다.

〔사상〕《리그베다》는 그 대부분이 신들에게 바치는 찬가로 되어 있다. 여기서 신봉되는 신들은 그 성격상 하늘(天)의 신 · 대기(空 또는 水)의 신 · 땅(地)의 신으로 구별되는데, 그 수는 33을 이룬다. 그 연원을 자연 현상에 두는 것이 적지 않고 또한 극도로 擬人化되어 있으므로, 이를 통해 옛날 인도인의 생활의식을 비추어 볼 수 있다. 司法神인 바루나Varuṇa를 제외하면, 신들과 인간의 관계는 매우 명랑하여 互惠의 관계를 유지하고 있다. 찬가들의 약 4분의 1이 인드라Indra에게 바쳐지고 있는데, 인드라는 신들의 술인 소마Soma를 마시고 대장장이 신인 트바쉬트리Tvaṣṭṛ의 손으로 만든 金剛杵(vajra)를 휘둘러 악마인 다사Dāsa의 성루를 파괴하며, 뱀의 모습을 한 악마 브리트라Vṛtra를 죽이고 물을 인간 세계로 끌어낸다. 이러한 이야기는 인더스 문명과의 연관을 짐작케 하는 동시에 아리안 戰士의 理想像을 반영한다고 보아도 좋을 것이다. 한편 司法神인 바루나를 통해서는 당시의 倫理觀의 일면을 엿볼 수 있다. 바루나는 리타 Ṛta의 保持者인데, 리타는 태양과 달 및 네 계절의 운행과 순환을 주재할 뿐만 아니라, 인간의 정신 세계에 있어서 破邪顯正을 담당하는 하늘의 법칙인 것이다. 여기에 불의 신 아그니Agni, 태양의 신 수랴Sūrya, 폭풍의 신 루드라Rudra와 마루트Marut들, 그리고 처음으로 사후 세계의 길을 개척한 야마Yama에 이르기까지 다채롭고 다양한 신들이 베다의 神界를 채우고 있다. 이 밖에도 새벽의 신 우샤스Uṣas, 언어의 신 바크Vāk 등 소수의 여신들이 그 사이에 끼어 있어 일종의 흥미를 더한다. 뿐만 아니라 신비한 힘을 갖고 있다고 생각되는 것은 動 · 植物이든 器物이든 모두 신격화하였고, 때에 따라서는 보통 추상명사로서 불리는 것(예를 들면「계약」·「격정」)도 숭배의 대상으로 삼았다.

이러한 종교적인 시편 외에도 혼례 · 장례의 儀式 등 일상생활에 관한 시편, 대화 형식의 敍事 시편 및 半세속적인 시편을 담고 있는 《리그베다》는 魔法呪文을 담고 있는 《아타르바베다》와 함께 신화학 · 민속학 등에 귀중한 자료를 제공하고 있다.

결국 《리그베다》는 종교심이 남달리 강했던 아리안族이 신들을 찬양하여 재산 · 戰勝 · 長

壽·행운을 빌고 신들의 은총을 기원했던 찬가들의 집성이다. 우수한 찬가로써 신들을 동요시켜 소원을 성취하고, 비호자인 왕족과 귀족들로부터 보수를 얻기 위해 시인들은 서로 경쟁하였던 것 같다. 이러한 경쟁이 문학적으로도 뛰어난 작품들을 남겼다. 인도인에게 있어서 이러한 찬가는 인간의 언어로써 구체화된 리타(天則)의 발현이며, 신의 은총으로써 영감을 얻은 시인들이 내보인 하늘의 계시였다. 우수한 찬가와 감미로운 공물, 특히 신의 술인 소마를 바치는 제사로써 신들을 만족시키고 비호자들의 소원을 달성시켜, 자기의 경쟁자들을 능가하는 많은 보수를 얻는 것은 당시의 시인인 祭官들의 관심사였다. 이 결과 시를 짓는 기법과 제사 의식의 규칙은 오랜 기간을 걸쳐 진보하였지만, 시대의 진보에 따라 문학적으로는 점차 신선한 맛을 상실하고 복잡한 제사 의식을 직능으로 하는 제관계급의 횡포를 초래하여, 祭祀萬能의 폐풍을 낳기에 이르렀다. 그리하여 당시의 제관들이었던 브라흐만을 최상 계급으로 하여 그들의 권위를 고수키 위한 四姓制度라는 계급제도가 확립하게 되었다.

1864년 튀빙겐Tübingen의 학자 로트R.Roth가 《Zur Litteratur und Geschichte des Weda》를 발표한 이래 언어학자·문헌학자·철학자들이 각기의 입장에 따라 베다를 연구하여 탁월한 업적을 남겼다. 이의 研究史는 학문 연구에 있어서 하나의 모범을 제시하는 것으로 평가된다.

〔참고문헌〕辻直四郎《베다와 우파니샤드》(創元社, 1951), 辻直四郎 《인도文明의 여명》(岩波新書619, 1967), 辻直四郎《現存 야주르베다 문헌》(東洋文庫, 1970), L. Renou 《Bibliographie vēdique》(Paris, 1930), R.N. Dandekar 《Vedic Bibliography》 Ⅰ(1946)·Ⅱ(Bombay, 1961), H. Oldenberg 《Die Religion des Veda》(Stuttgart & Berlin, 1917²), R. C. Majumdar(ed.) 《The Vedic Age》(London, 1941), K·F·Geldner 《Der Rig-Veda》(Cambridge Mass.:1951), R. N. Dandekar 《Vedic Bibliography》Ⅲ(Poona, 1974), 국내에서 리그베다 시편의 일부 내용을 소개하고 해설한 책으로는 鄭承碩편역 《리그베다》(김영사, 1984)가 있다. 일어 번역으로는 辻直四郎역 《리그베다 讚歌》(岩波書店, 1970)이 있다. 베다의 종교와 사상 전반을 다룬 책으로는 Arthur Berriedale Keith 《The Religion and Philosophy of the Veda and Upanishads》(Harvard Oriental Series, vol.31·32, 1925)가 유명하다.

**베다르타 상그라하** Vedārtha-saṃgraha

라마누자Rāmānuja(1017~1137)의 주요한 저작 중의 하나다. 그에게는 9점의 작품이 있는 것으로 믿어지는데, 이 책은 아마도 그가 당시의 사상계에 자기의 입장을 선명하게 밝히기 위해 처음으로 세상에 내놓은 처녀작인 것 같다. 그의 主著는 최초로 힌두교의 종교적 색채를 띠고 《브라흐마 수트라》*를 註釋한 《쉬리바쉬야》 Śrībhāṣya인데, 그는 이 책에서 《베다르타 상그라하》를 언급하고 있다. 오늘날 하나의 중요한 작품으로서 《바가바드 기타》*를 주석한 《바가바드기타 註解》(Bhagavadgītābhāṣya)가 있다. 이것은 《Śrī-bhāṣya》보다 나중에 씌어진 것으로 추정된다. 그에게는 이 밖에도 《브라흐마 수트라》에 대한 두 개의 짧은 註釋書 《Vedāntadīpa》와 《Vedāntasāra》(Sadānanda가 쓴 同名의 책과는 다름→

베단타사라)가 있다고 하는데, 정말 그의 작품인지를 의심하는 학자도 있다. 라마누자의 다른 작품들이 註釋 문헌인 데 대하여 《베다르타 상그라하》는 그가 직접 저술한 것임이 거의 확실시되는 독립된 작품이라는 점에서, 라마누자를 연구하는 데 있어 중요한 의미를 발견할 수 있다. 그런데 그의 저술인 것으로 들리고 있는 독립 작품으로서 세 개의 Gadyatraya 와 《Nityagrantha》는 진짜 그의 저작인지에 대해 의심받고 있다.

〔내용〕《베다르타 상그라하》는 「베다* 성전의 의미에 대한 綱要」를 뜻하는데, 우파니샤드*의 취지를 명확히 밝히려는 것이다. 먼저 맨 앞에서는 서론격으로서 자신과 적대자의 입장을 요약하며, 이어서 베단타Vedānta학파 內의 서로 대립하는 諸견해, 즉 Śaṅkara 계통의 不二一元論과 Bhāskara · Yadava-prakāśa의 不一不異說을 배척한다. 그 후 브라흐만(梵) · 순수 정신 · 근본 原質 등의 諸원리를 상세히 논술하고, 마지막으로 神과 그에 대한 信愛(bhakti)에 대하여 서술한다.

라마누자는 브라흐만을 최고 人格인 Nārāyaṇa神과 동일시했다. 브라흐만은 무한하며 완전무결의 속성을 갖추고 있고, 세계의 動力因이요 또한 質料因이다. 세계를 창조함에 있어서 브라흐만은 자신의 의지에 의해 자신의 유희를 위해 이제까지 자기의 내부에 歸入되어 있었던 자기의 부분, 즉 순수 정신과 근본 原質을 분리하여 이 둘에 의해 세계를 창조한다. 창조의 결과, 순수 정신은 무수한 個我가 되는데, 이를 총칭하여 정신적인 것이라 부른다. 한편 根本原質로부터는 非정신적인 것이 전개되어 實在한다. 그래서 個我와 非정신적인 것은 경험主體와 경험對象이라는 관계에 있다. 브라흐만 · 個我 · 물질세계라는 세 實在는 각각 다르다. 브라흐만은 창조한 후, 스스로 최고의 아트만Ātman으로서 個我와 물질세계 속으로 들어가 그것들의 內制者(antaryāmin)가 된다. 따라서 三者는 不可分離의 관계에 있다는 의미에서 브라흐만과 다른 둘은 不一不異이다. 個我와 물질세계는 브라흐만의 신체이고 樣相이며 완전히 브라흐만에 의존하고 있다. 이런 의미에서 個我와 물질세계는 브라흐만과 同一하고 不異이다. 바꾸어 말하면 個我와 물질세계는 브라흐만의 모습이기 때문에 브라흐만은 두 實在에 의하여 한정되어 있다(viśiṣta). 이렇게 한정된 브라흐만은 다른 두 實在와 不二(advaita)이다. 이러한 점에서 라마누자의 철학적 입장을 被限定者不二一元論(viśiṣṭādvaita) 또는 限定不二論이라고 하니, 곧 「성질이 부여된 不二論」이라는 뜻이다. 그는 해탈을 위해 信愛의 필요성을 설하였으나 아직 정통 바라문 학자의 틀을 벗어나지 못하여, 그가 설하는 信愛는 지식의 색채가 농후한 것으로 머물렀다.

〔참고문헌〕원전에 대한 概說 · 교정 편집 · 註가 달린 번역을 고루 갖춘 연구서로서 J.A.B.van Buitenen 《Rāmānuja's Vedārthasaṃgraha》(Poona, 1956)이 있다. 이 밖에 S.Dasgupta 《A History of Indian Philosophy》vol. Ⅲ(Cambridge, 1940), J.B.Carman 《The Theory of Rāmānuja》(New Haven, 1974)이 있다.

## 베단타사라 Vedānta-sāra

사다난다 Sadānanda(15세기 말)의 저술로서 샹카라Śaṅkara 계통의 不二一元論派에 속한다. 書名은 베단타 철학의 精髓 또는 綱要를 의미하는데, 형이상학의 체계를 평범한 문장으로 조직적이고 간결하게 서술하고 있다.

〔내용〕 제사는 內的인 의의를 갖고 실행해야 한다. 現世·來世의 과보는 일시적인 것이므로 멀리하지 않으면 안된다. 베단타Vedānta의 목적은 個我와 브라흐만(梵)의 同一性을 아는 것이다. 브라흐만이 오직 實在이고 제4位이다. 無明은 이것에 付託되어 있기 때문에 有라고도 無라고도 말할 수 없다. 無明은 純質·激質·翳質이라는 3종의 구성 요소로 이루어지는데, 그 어느 것이 우세하느냐에 따라서 다른 3位가 성립한다. 개별성과 보편성이란 그 각각의 別相과 總相의 관계로서 설명된다. 無明의 제한을 받은 정신이 動力因과 質料因이 되어 새끼줄을 뱀으로 오인하듯이 세계를 창조한다. 먼저 虛空이 생기고 虛空으로부터 風이, 風으로부터 火가, 火로부터 水가, 水로부터 地가 생긴다. 이 다섯은 미세한 要素로서 한편으로는 5分 결합에 의해 元素를, 다른 한편으로는 미세한 身을 형성한다. 미세한 身은 다섯 感覺기관·統覺기능·意·다섯 作業기관·다섯 生氣로 이루어진다. 다섯 元素로부터 上界·下界 및 生類 등이 형성된다. 「너는 그것이다」고 하는 의미는, 「나는 브라흐만이다」고 하는 聖句에 의해 나타나는 이 직관에 도달하기 위해 念想·三昧 등의 실천이 필요함을 나타낸다. 現生에서 완성에 도달한 자를 生前 해탈자라 하고, 이러한 사람은 신체가 멸할 때 브라흐만과의 合一에 이른다. 이상과 같은 내용을 담은 이 책은 《Pañcadasī》(十五章篇)와 밀접한 관계가 있으며, 또 상캬Sāṃkhya 철학의 영향이 두드러진다.

〔참고문헌〕 원전으로는 Nṛsiṃhasarasvatī와 Rāmatīrtha의 주석을 함께 실어 편집한 것으로서 G.A.Jacob에 의해 1894년에 최초로 출간되었으며, 1934년에 제5판이 출판되었다. 원전과 함께 번역을 실은 것으로는 中村元 《베단타 사라》(1962)가 있다. 번역으로는 O. Böhtlingk 《Sanskrit-Chrestomathie》3. Aufl. (1909), Jacob 《A Manual of Hindu Pantheism》(1881), P.Deussen 《Allgemeine Geschichte der Philosophie》 I, 3 이 있으며, 이 밖에 金倉圓照 《吠檀多哲學의 硏究》가 있다.

## 벽암록 碧巖錄 10卷

본래의 명칭은 《佛果圜悟禪師벽암록》 또는 《圜悟老人벽암록》이라 하는데, 錄 대신 集이라 하는 경우도 많다. 雪竇重顯(980~1052)의 頌을 佛果圜悟(1063~1135)가 評釋한 책이다. ㊅48-139. 중국 禪宗의 5家 중 雲門宗에 속하는 重顯이 《경덕전등록》*에 실린 1700則의 公案 속에서 학인의 辨道修禪에 참고할 만한 것으로서 가장 중요하다고 생각되는 100則을 선별하여, 그 하나하나에 대해서 宗旨를 들추어 내어 알리는 운문의 頌古를 달았다. 내용도 내용이려니와 그 시적 격조가 높아 매우 빼어나기 때문에 널리 애송되어 왔다. 후에 臨濟宗의 圜悟가 이 頌古에 대하여 각 則마다 垂示·著語·評唱을 달았는데, 이것이 《벽암록》이다. 垂示란 그 則의 宗旨나 착안점을 제시하는 서문적인 것이고, 著語란 本則이나 頌古의 하나하나의 語句에 대한 부분적인 단평이다. 評唱이란 本則과 頌古에 대한 전체적인 詳評이다. 이렇게 하여 간절한 마음으로 제창된 이것은 圜悟의 제자들에 의해 편집·간행되어, 매우 중시되었다. 그러나 제자인 大慧宗杲는 이 간절한 교과서가 거꾸로 禪을 형식화하고 안이化함을 우려하여, 刊本을 회수하여 소각하였다. 그럼에도 잔존한 것이 있어, 그 후 중국이나 일본에서 수차 간행되고, 宗門第一의 책으로서 중시되었다. 특히 임제종에서는 참선辨道를 위한 최고의 지침서로 간주되어 오늘에 이르고 있다. 따라서 주석서도 매우 많다.

〔참고문헌〕 譯一 和漢部, 諸宗部8에 日譯이 있고, 朝比奈宗源이 譯註한 3冊의 문고本(岩波文庫)도 있다. 또 山田孝道의 《和訓点註碧巖集》은 원문에 토를 달고 번역한 것이다. 강의로는 大內青巒의 《碧巖錄講話》4권, 釋宗演의 同名 2권, 中原鄧州의 《提唱碧巖錄》3권 등이 있다. 해설로는 앞의 譯一 에 있는 解題와 《現代禪講座》5(p.145)가 참고할 만하다. 한글 번역은 安東林의 《新譯碧巖錄》(玄岩新書 66)이 있다.

### 보경삼매 寶鏡三昧 1卷

洞山良价(807~869)의 작품으로서 본래의 명칭은 洞山良价禪師寶鏡三昧이며, 寶鏡三昧歌라고도 약칭한다. ㊅47-515(《筠州洞山悟本禪師語錄》內), ㊅48-321(《人天眼目》권3). 중국 曹洞宗의 조사인 동산양개가 지은 이 작품은 《참동계》*와 더불어 조동종에서는 宗典으로서 중시되고, 일상의 독송으로 애송된다. 4言 94句 376字로 성립된 소편으로서, 조동종의 正偏回互의 宗旨를 서술한 것이다. 주해서는 극히 많다. 指月慧印의 《參同契보경삼매不能語》, 面山瑞方의 《參同契보경삼매吹唱》이 가장 유명하다. 일본의 道元은 如浄으로부터 이것을 전해 받았으나 《참동계》와 마찬가지로 한 번도 그의 저서 속에서 언급하고 있지 않다. 譯一 和漢部, 諸宗部6에 日譯이 있다. (《佛書解說大辭典》8, p.218 ; 《現代禪講座》5, p.120 참조).

### 보리도등론 菩提道燈論

산스크리트 명칭은 《Bodhipathapradīpa》인데, 티벳譯으로는 《Byaṅ-chub lam-gyi sgro-n-ma》이다. 별명이 아티샤Atiśa(Rjo-bo-rje)인 디팡카라쉬리즈냐나Dīpaṃkaraśrījñāna(982~1054. 티벳語로는 Mar-me mdsad ye-śe)의 저술이다. 이 책은 저자가 티벳으로 들어간 1042년에 토링Tho-liṅ寺에서 창춥훼Byaṅ-chub ḥod(Bodhiprabha, 菩提光)의 권유에 의해 저술된 것이다. 이 권청자는 티벳의 한 王家에서 태어나 父의 유지에 따라 저자를 티벳으로 초대하는 데 진력하여 성공했다고 한다. 이 책은 저자인 아티샤의 教學의 기초로서 그의 문하에서 카담파에게 계승되고, 다시 쫑카파의 《람림》(→보리도차제론)의 기본이 되었던 점에서 티벳불교의 교학 형성에 기여한 영향은 대단히 크다.

〔내용〕 전부 68頌으로 구성된 小品이지만 저자의 主著라고도 할 만한 중요한 논서로서 菩提에 이르는 길, 즉 올바른 방편을 밝히는 데에 목적을 두고 있다. 맨 처음에 三寶에의 귀의와 저술의 동기를 1頌으로 서술한 후, ① 下·中·上의 3士(skyes-bu gsum-pa)를 열거하고, 이 중 上士 즉 최상의 중생(보살)을 위해 이 論을 설한다고 말한다(제2~6송). ② 올바른 수단으로서 《普賢行願讚》에 설해진 7供養에 의한 歸依三寶(제7~9송)를 권한다. ③ 《華嚴》(Gaṇḍavyūha : 《화엄경》*의 入法界品)에서 설한 바와 같이 일체중생을 구제한다고 하는 보살의 誓願을 내용으로 하는 發菩提心(제10~13송), 《地勇所問經》(《대보적경》*제28會) 등에서 설하는 발보리심의 공덕(제14~17송), 보리심을 지속하려는 노력(제18~19송)을 가르친다(發菩

提心). ④賢師에 대하여 보살의 律儀를 保持해야 할 것임을 《菩薩地》(→보살지지경)의 戒品이나 《文殊師利佛國土功德莊嚴經》(《대보적경》의 제45會)에 따라 가르치고, 身口意 3業의 정화를 설한다(제20~33송, 增上戒學). ⑤福과 智라는 菩提를 얻기 위한 2資糧을 축적함으로써 생기는 神通力이 없이는 중생의 구제가 불가능하다는 것(제34~35송), 그것을 구하는 노력을 태만히 해서는 안된다는 것(제36~37송), 三昧의 수행으로써 寂靜處를 구하고 뜻을 善에 安立해야 할 것(제38~41송)을 서술한다(增上心學). ⑥5바라밀을 「方便」(수단)이라 칭하고 「般若」와 대비시켜 이 兩者를 함께 수행해야 할 필요성을 설한다(제42~45송). 이어 《根本中頌》(→중론) 《空七十論》 등에 의해 諸法이 不生·緣起·空·無自性인 義를 설명하고, 이 無所得空의 正觀이야말로 般若바라밀의 修習이라고 말한다(제46~53송). 다시 경전의 偈를 2개 인용하여(제54·55송) 반야에 의해 有無의 분별을 없앤 無分別의 경지에 서는 것이 최상의 열반이다 하고, 이상에서 말한 단계를 곧 修習함으로써 佛菩提의 성취에 가까워질 수 있다고 설한다(제57~59송)(波羅蜜乘). ⑦마지막으로 논하는 바는 般若바라밀 修習의 배후인데, 이와 상응하여 秘密眞言의 道를 약설함으로써 本論을 가름한다(제61~67송). 제68송은 저자의 跋文이다. 이상의 구성에 대해서 저자는 自作의 《細疏》(Pañjikā)에서 제19송까지를 〈聲聞乘章〉, 제20~57송을 〈波羅蜜乘章〉, 제58~65송을 〈秘密眞言乘章〉이라 일컫고 있다. 전체적으로 이 책에는 Kamalaśīla(蓮華戒), Śāntjdeva(寂天), 그리고 저자의 스승인 Bodhibhadra 등의 교학의 영향이 강하게 나타나 있다.

〔원전 및 연구〕 티벳 원전은 2종이 있으나 내용은 같다(㊗103-20~21 ; 103-183~186). 주석으로는 저자 자신의 《細疏》(Byaṅ chub lam-gyi sgron-maḥi dkaḥ-ḥgrel shes-bya-ba,㊗103-21~46)가 있다. 校訂版으로는 《Tibetan Buddhistology》 vol. 2(1951, pp.53~79)에 실린 芳村修基의 것이 있는데, 이것은 원문 및 註, 그리고 頌을 헤아리는 방식에 있어서 위에서 소개한 내용과는 다소 차이가 있다. 최근의 연구는 주로 중국 학자들에 의해 이루어졌는데, 法尊의 《菩提道次第廣論》(新文豊出版公司, 中華民國64년), 大勇의 《菩提道次第略論》(新文豊出版公司, 1975), 湯薌銘의 《菩提正道菩薩戒論》(同, 1975) 등이 있다.

## 보리도차제론 菩提道次第論

티벳 명칭으로는 《Byaṅ-chub lam-gyi rim--pa》인데 흔히 《람림》Lam-rim이라 칭한다. 쫑카파Tsoṅ-kha-pa(宗喀巴, 1357~1419)의 저작으로서 大小의 2本이 있다. 大本(㊗152-1~182)의 명칭은 「三士가 수용해야 할 모든 순서를 명시한 菩提道次第」(Skyes-bu gsum-gyi ñams-su blaṅ-baḥi rim-pa thams-cad tshaṅ-bar ston-paḥi byaṅ-chub lam-gyi rim-pa)인데, 저자가 46세 때 라사 북방의 레팅寺에서 저술한 것이다. 小本(㊗152-182, 153-31)은 「Skyes-bu gsum-gyi ñams-su blaṅ-baḥi byaṅ-chub lam-gyi rim-pa」라고 하는데, 저자가 53세 이후 간덴寺에서 前者의 略本으로서 저술한 것이다. 따라서 양자는 내용의 순서 및 전개에 있어서 완전히 동일하다.

〔내용〕 본론의 시작에 앞서, 12세기에 티벳에 들어와 法을 전한 인도의 승려 아티샤Atīśa(Dīpaṃkaraśrījñāna)와 그의 저서인 《보리도등

론》*의 위대함을 찬탄하고, 그의 가르침을 계승한 자로서 자신의 저서가 지닌 정통성과 修學의 마음가짐을 설한다. 이어 본론으로 들어가 修學者의 단계를 下·中·上의 3士로 구분하고, 각각의 단계에 있어서 修學의 道로서 人天乘(세간적 가르침)·聲聞과 緣覺의 2乘(小乘)·大乘의 菩薩道를 설한다. 여기서 大乘道인 上士敎가 이 책의 중핵을 이룬다. 그리하여 發菩提心의 의의, 6바라밀과 4攝法의 修習을 설하는데, 특히 6바라밀 중의 제5와 제6에 상당하는 止(śamatha=禪定)와 觀(vipaśyanā=般若)에 대하여 상세히 설명한다. 이 책에서는 인도불교의 主流를 형성한 中觀 및 瑜伽行의 2派의 여러 經論들을 이용하고 있다. 특히 月稱(Candrakīrti)의 《入中論》*《中論釋》《四百論釋》이나 寂天(Śāntideva)·蓮華戒(Kamalaśīla) 등의 저서들이 《유가사지론》* 을 비롯한 唯識說의 다른 문헌들과 함께 인용되고 있는데, 前者의 문헌들이 後者인 유식설의 문헌들 이상으로 중요한 역할을 담당하고 있다. 이를 통해 저자인 쫑카파의 입장은 인도의 後期불교와 마찬가지로 《반야경》(→大品·小品·大반야경)을 기본으로 하고, 그에 대한 이해를 瑜伽行派적인 《현관장엄론》*에서 구하여 그것을 구극의 가르침으로 하면서, 中觀派적인 해석을 많이 도입하여 兩派를 융합시키고자 한 것임을 알 수 있다. 말미에서는 止와 觀의 양면을 병행하여 修習해야 할 것임을 설하고, 결론으로서 金剛乘(밀교)으로의 도입을 설하여, 저자의 다른 主著인 《비밀도차제론》*으로 나아가는 서론으로 삼는다.

쫑카파는 개혁파의 라마敎인 黃帽派의 시조로서 추앙받고 있다. 이 책은 《비밀도차제론》과 함께 황모파의 근본 성전이다. 이에 대해 후계자들은 주석·綱要書·입문서 등을 강론함으로써, 이 책에 대한 연구는 라마僧이 되기 위한 필수의 학문으로 존중되고 있다.

〔참고문헌〕 大本에 대한 중국어 번역으로 法尊의 《菩提道次第廣論》(重慶 : 漢藏敎理院, 1936)이 있다. 이 책에 대한 상세한 解題 및 후반부에 대한 日譯을 싣고 있는 것으로서 長尾雅人의 《西藏佛敎硏究》(1954)가 있다. (기타 《보리도등론》항의 참고문헌을 참조)

## 보살계의소 菩薩戒義疏 2卷

智顗(538~597)가 설한 것을 灌頂(561~632)이 기록한 것으로서 《梵網보살계經의소》《보살戒經義疏》《보살계경의記》《天台戒疏》《戒疏》 등의 여러 명칭으로도 불린다. ㊅40-563. 《범망경》下권은 특히 《범망보살戒經》*이라고도 불리는데, 여기에 天台圓敎의 입장에서 주석을 가한 책이다. 梁나라 慧皎(497~554)에게 《범망경疏》가 있었다고 하는데, 이미 사라져 전하지 않으므로, 이 책은 《범망경》(→범망보살계경)에 관한 현존의 주석서로서는 가장 오래된 것이다. 이 책을 찬술하게 된 사정은 명확하지 않다. 그러나 智顗는 陳主나 煬帝를 비롯한 50여州의 도속에게 보살계를 주었다고 하기 때문에 그에게 이러한 저술이 있었다 하여 불가사의할 바는 아니다.

〔내용〕 맨 앞에서는 보살戒를 찬탄하고 《범망경》이 羅什의 번역임을 서술하며, 이 책의 취의를 밝힌다. 이어서 釋名·出體·料簡의 3重玄義를 세워 저자의 계율관을 전개한다. 제①의 釋名에서는 「보살계」의 보살과 계를 각각 해설한다. 戒에 대해서는 律儀계·定共계·道共계의 3종戒나 攝律義·攝善法·攝衆生의 3聚戒를 언급한다. 다시 《대지도

론》*의 10종戒를 거론하고 이것을 中道第一義諦의 戒라 한다. 이어서 보살의 계위에 藏·通·別·圓(4教)의 구별이 있다 하는데, 圓教의 보살은 修와 行을 원만히 하여(圓修圓行) 一心으로 온갖 行을 갖춘다 한다. 제②의 出體에서는 戒體의 有無에 관한 의론을 취급한다. 戒體란 수계 후 잘못을 예방하고 악을 그치게 하는 힘으로서, 마음을 구속하면서 지속적으로 존속하는 일종의 효력이다. 이 눈에 보이지 않는 힘을 어떻게 파악하느냐에 따라 여러가지 戒體론이 성립하게 된다. 저자 자신은 여기서『처음에 戒體란 일어나지 않으면 그친다. 일어나면 곧 性인 無作의 假色이 된다』고 하는 無作假色의 계체론을 제시한다. 한편 저자는 그의 다른 책(《釋禪波羅蜜次第法門》권2)에서『대승의 어떤 가르침에서는 계는 마음으로부터 일어난다고 설한다. 즉 善心을 계체로 삼는다. 이 교의는 瓔珞經에서 설하는 바와 같다』고 서술하여, 대승戒의 戒體는 心法계체라고 주장한다. 이 두 가지의 계체론을 어떻게 회통시키는가가 후세 주석가들의 과제로 되었다. 다음에는 보살의 3種戒와 3聚戒의 흥폐를 논하고, 또 無作의 止·行 2善을 밝힌다. 제③의 料簡에서는 信因果 등 6종의 신심을 갖추고 번뇌障 등의 3障을 떠나 人緣과 法緣이 풍부하게 될 때 계를 얻을 수 있다고 한다. 人緣에는 諸佛·聖人·凡師의 3종이 있다 하고, 이 중 諸佛·聖人에 대해서는 각각 眞과 像의 구별이 있다고 한다. 또 法緣에는 梵網本·地持本·高昌本·瓔珞本·新撰本·制旨本이라는 6종의 戒儀本이 있다 하고, 制旨本을 제외한 각本에 대해 수계의 순서와 과정을 서술한다. 이에 의하면 범망의 수계儀式은 매우 간단하고, 3聚戒의 범주를 서술하지 않는 점이 주목된다. 이는《범망경》에 3聚戒가 포함되어 있지 않음과 상응한다. 이상과 같은 3重玄義에 이어《범망경》의 본문 해석으로 들어가는데, 먼저 경의 명칭을 해석하고, 이어서 본문을 序分·正宗分·流通分으로 나눈다. 10重48輕戒를 설한 부분이 正宗分이고, 그 앞뒤가 序分과 流通分이다. 본문의 해석은 대체로 간략하다.

〔평가〕이 책은『대승계와 소승계의 구별은 법의 제정이 같지 않기 때문이다. 보살은 일시에 급히 58事를 제정한다. 聲聞은 犯을 기다려 그에 따라 결성한다』고 서술하여, 대승계(범망戒)와 소승계의 구별을 역설한다. 그런데 이 책이 智顗의 찬술이라는 점에 대해 의문을 제기하는 학자도 있다. 즉 지의는 일반적으로 釋名·辨體·明宗·論用·判教의 5重玄義를 이용하는데, 이 책은 3重玄義라는 점, 앞에서 소개한 대로 心法戒體論에 잘 융합되지 않은 점이 있다는 사실, 8세기 이전에 이 책이 존재했음을 문헌학적으로 확증하기 어렵다는 점 등을 이유로 들고 있다. 한편 이 책은 天台·浄土 계통에서 활발히 연구되어, 많은 末注가 작성되었다. 중국에서는 明曠·與感·智旭·袾宏의 것, 일본에서는 圓琳·光謙·了惠·惟賢·癡空·仁空·眞流·慈泉·普寂의 것이 유명하다.

藤本智董의 日譯이 [譯一] 律疏部2(1938)에 있다.

## 보살영락본업경 菩薩瓔珞本業經 2巻

竺佛念의 번역으로 되어 있으나, 근래의 연구에 의하면 5~6세기경에 중국에서 찬술된 것으로 보인다. ㊅24-1010, Ⓚ14-374. 8品으로 구성되어 보살의 階位와 수행을 설한다.

瓔珞本業이란 華嚴 계통의 용어인데, 이 경전에서도 화엄(→화엄경)의 教相에 부합하는 說이 많다. 특히 10信·10住·10行·10廻向·10地·無垢地·妙覺의 52位를 설하는 것은 유명하다. 大衆受學品에서는 三聚淨戒를 설한다. 즉 8만4천의 法門을 「攝善法戒」라 하고, 慈悲喜捨의 4無量心을 「攝衆生戒」라 하며, 10波羅夷를 「攝律儀戒」라 한다. 이 10바라이는《범망보살계경》*의 10重戒와 동일하여, 범망보살계경을 받아들이고 있다. 이 三聚淨戒의 내용은 모두 大乘戒이므로,《보살지지경》*의 瑜伽戒가 小乘戒를 포함한 삼취정계를 설하는 것과는 그 입장이 다르다. 다음에는 이에 대하여 3종의 受戒와 10無盡戒의 受法 등을 밝히고,『보살戒에는 受法이 있고 捨法은 없다』고 하여「한번 얻으면 영원히 잃지 않음」(一得永不失)을 설하며, 바라이를 범하더라도 戒의 본체를 잃은 것은 아니라고 한다. 또 戒는 모두 마음을 體로 하며, 마음은 다함이 없기 때문에 戒 또한 다함이 없다고 하여 戒體無盡을 설하는 등, 그 밖에도 특징있는 戒觀을 드러내 보이고 있다. 따라서 중국·한국·일본의 불교에서 중요시되는데, 天台는《法華玄義》에서 이 경전의 52位說을 언급하여 이 경전에 각별한 주의를 쏟고 있다. 그 이후에도《범망보살계경》과 아울러 중시되었다. 그러나 근래에 일본의 望月信亨은 이 경의 내용을 정밀하게 조사하여, 梁代 이전의 중국에서 작성된 僞經이라고 판정하였는데, 그 후 이 주장이 학계에서는 대체적으로 승인되고 있다.

〔참고문헌〕 日譯은 譯一 律部12에 있고, 연구서로는 望月信亨의《淨土教의 起源及發達》(1930), 大野法道의《大乘戒經의 硏究》(1954)가 있다.

**보살지지경** 菩薩地持經 10卷

《菩薩地持論》《地持論》《菩薩戒經》이라고도 한다. 원어는《Bodhisattva-bhūmi》(菩薩地)이다. 曇無讖이 北涼의 沮渠蒙遜(401~433년 재위)을 위해 漢譯했다. ㊅30-888, Ⓚ14-71.《유가사지론》*의 本地分에 있는 菩薩地와 同本으로서 거의 흡사하다.《보살지지경》은 經이라 불리고는 있지만 본래 論으로서 彌勒의 설법을 無著이 기록했다고 한다. 그래서 漢譯《瑜伽論》(→유가사지론)에서는 彌勒보살이 지었다 하고, 티벳譯(㊗110-131)에서는 無著의 저술로 되어 있다. 漢譯에는 또 求那跋摩가 번역한 9卷本과 1卷本의《菩薩善戒經》이 있으나 1卷本은 9卷本의 제4권과 제5권 사이에 끼워 1本으로 되어야 할 것이라 한다. 이것은《보살지지경》과 同本異譯인데, 내용은 상당히 다르다. 梵本《보살지》는 일본의 荻原雲來에 의해 1930년과 1936년에 2冊本으로 출판되었다. 漢譯《유가사지론》에서는《보살지》가 그 일부분으로 되어 있으나, 티벳譯에서는 독립되어 있고, 梵本에서도《보살지》만이 단행본으로 되어 있다. 漢譯《보살지지경》도 독립되어 있는 것으로 보아《보살지》는《유가론》에 수록되는 동시에 한편으로는 독립하여 유포되었을 것이다.《金剛般若經論》卷上이나 梁시대의 번역인《攝大乘論釋》등에서는『地持論에 설해진 바와 같이』라고 인용되어 있다.

〔내용〕《보살지지경》은 大乘보살의 수행방법과 方便을 상세히 설한 것인데, 初方便處·次法方便處·畢竟方便處의 세 부분으로 분류되어, 다시 27品으로 細分되어 있다. 그러

나 이 경전이 예로부터 중시된 것은 이 속에 大乘戒가 설해져 있기 때문이다. 初方便處의 戒品 제10(卷4·5)에서는 보살의 戒바라밀을 自性戒·一切戒 등 9종의 모습으로 제시한다. 보살의 一切戒를 「在家戒」와 「出家戒」로 나누고, 또한 三聚淨戒로 나누어 설한다. 즉 일체의 惡을 모두 단절하는 律儀戒, 일체의 善을 모두 닦는 攝善法戒, 중생을 등에 업고 널리 이익을 베푸는 攝衆生戒이다. 제1 律儀戒의 내용은 7衆의 別解脫戒, 즉 비구戒(250戒)·비구니戒·正學女戒·沙彌戒·沙彌尼戒·信士戒·信女戒로 이루어진다. 따라서 삼취정계는 小乘戒를 포함하고, 다시 그 위에 적극적으로 善을 행하는 攝善法戒와 攝衆生戒를 덧붙인 것이다. 이를 위해 大乘戒의 폭넓은 입장을 드러내고 大·小乘을 戒의 입장에서 종합하고 있다. 이런 다음에 보살의 波羅提木叉(別解脫戒·戒本)로서 4波羅夷法과 42犯事(단《유가론》의 보살지에선 43事)를 제시한다. 즉 자신을 칭찬하고 남을 비방하는 것(自讚毁他)·法에 인색함·타인의 충고를 받아들이지 않음·正法을 비방함의 4重과 三寶를 찬탄하지 않음·재물에 탐착함·스승과 어른을 공경하지 않음 등의 42犯事이다. 이런 것들은 순수한 大乘의 戒인데, 여러 大乘經 속에 설해진 戒(學, śikṣā)를 論主가 찾아내어 뽑아서 모으고 편집한 것이다. 이에 의해 종합된 대승의 「戒本」이 성립하였던 것이다. 그러나 이 4重42犯事의 大乘戒와 앞에서 말한 三聚淨戒 중의 律儀戒(小乘戒)와의 관계가 瑜伽論에서는 명확하지 않다. 大乘의 戒經으로서는 이 외에도 다른 것이 있으나, 중국과 일본에서는 《범망보살계경》*과 나란히 중요시되었다. 이 戒의 조문만을 발췌하여 편집한 것을 「菩薩戒本」이라 하는데, 보살戒를 받아들인 作法을 제시하는 《菩薩羯磨文》(㊅24-1104, Ⓚ 14-414)도 편집되어 있다. 한편 이 三聚淨戒는 道宣이 주창한 律宗의 교리에도 편입되었는데, 律儀戒(이 경우는 四分律*)만을 받아들인 分受와 三聚淨戒를 모두 받아들인 通受가 설해져, 律宗의 교리에 있어서 중요한 요소가 되었다.

〔참고문헌〕 U.Wogihara의 《Bodhisattva-bhūmi》(Tokyo, 1930·1936), N.Dutt의 《Bodhisattvaprātimokṣasūtram》(Calcutta, 1931)과 그의 편집인 《Bodhisattva-bhūmi》(Patna : Jayaswal Research Institute, 1966)가 있고, 日書로는 大野法道의 《大乘戒經의 研究》(1953), 宇井伯壽의 《瑜伽論의 研究》(1958), 논문으로서 平川彰의 〈大乘戒와 菩薩戒經〉(福井博士頌壽記念 《東洋思想論集》, 1960) 등이 있다. 大乘戒를 개괄한 최근의 논문으로는 冲本克己의 〈大乘의 戒律〉(1981년에 春秋社에서 발간한 《講座·大乘佛教》 제1 ; 국내에서의 번역은 鄭承碩 《大乘佛教概說》, 1984)이 있다.

## 보성론 寶性論 4卷

산스크리트 명칭은 《Ratnagotravibhāga-mahāyānôttaratantraśāstra》(寶性分別大乘究竟要義論)이고, 漢譯의 본래 명칭은 《究竟一乘寶性論》(㊅31-813, Ⓚ 17-354, ㊥135)이다. 티벳譯(㊇108-24~32, 32~56)의 명칭은 《Theg-pa chen-po rgyud bla-maḥi bstan-bcos (rnam-par bśad-pa)》인데, 티벳에서는 《웃타라탄트라》 Uttaratantra(Rgyud bla-ma)라고 약칭한다. 저자에 대해서는 원전에 기재되어 있지는 않으나 중국에서는 사라마티Sāramati(沙羅末底, 堅慧)라고 전하고, 티벳에서는 운문을 마이트레야(彌勒)의 작품이라 하며, 산문으로 된 註釋을

아상가(無著)의 저작이라 한다. 漢譯者는 勒那摩提(Ratnamati)인데, 번역 연대(511년) 및 내용으로 보아 원전의 성립은 4세기 말에서 5세기 초일 것으로 생각된다.

〔내용〕 인도의 대승불교 중에서 如來藏사상을 조직적으로 설한 대표적인 저작이다. 산스크리트本에 의하면 전체는 5章(①如來藏章 ②菩提章 ③功德章 ④佛業章 ⑤稱讚功德章)으로 구성되어 있는데, 漢譯에서는 제1章에 상당하는 부분을 7品으로 나누어 모두 11品으로 되어 있다. 제1장은 서론으로서의 7종 金剛句(教化品 제1) 및 三寶에의 귀의(佛·法·僧寶品 제2~4)에 대한 설명을 담고 있다. 7종의 金剛句란 佛法僧의 3寶와 如來性·菩提·佛功德·佛業의 일곱을 말하는데, 이 중 뒤의 넷은 如來性의 4종이라는 견지를 나타내는 것으로서 각기 제1~4장의 題名을 형성하고 있다. 여기서 여래성이란 佛性, 즉 佛이 갖추어야 할 성질을 뜻하는 것으로서 그것이 因이 되어 3寶를 낳으므로 寶性(ratnagotra)이라 불린다. 이 여래성이 중생 속에 있으면서 번뇌에 얽히어 있을 때, 이것을 如來藏(tathāgatagarbha)이라 부른다. 그런데 이 책은 이것을 自性·因·果·業(활동)·相應·行(현상)·時差別·遍一切處·不變·無差別이라는 10종의 관점 및 法身·眞如·性이라는 3종의 의의에 의해 서술하고(一切衆生有如來藏品 제5), 9종의 비유를 통해 설명한다(無量煩惱所纏品 제6). 제2장은 같은 여래성이 離垢清浄으로 된 상태 즉 菩提에 대한 설명인데, 이것을 佛의 法身이 완전히 드러난다는 의미에서 轉依라고 칭한다(身轉清浄成菩提品 제8). 그리고 轉依에 의해 佛의 덕성(如來功德品 제9)과 자비의 활동(佛業品 제10)이 남김없이 顯現한다는 것이 제3·4장의 주제이다. 제5장(校量信功德品)은 이 책의 無上性을 강조하는데, 말미에서는 阿彌陀佛에 대한 귀의를 볼 수 있다. 한편 이 책을 저술한 목적에 관해서는 제1장의 말미(爲何義說品 제7)에서 《반야경》(→大品·小品·大반야경)의 空說을 비판하여 이 《보성론》에서는 佛性이 있음을 설한 것이라고 서술하고 있다. 이 책에는 《화엄경》*의 性起品,《智光明莊嚴經》《여래장경》*《승만경》*《不增不減經》《대승열반경》*, 그리고 《대집경》*의 諸品(陀羅尼自在王品·無盡意菩薩品·寶女品·海慧菩薩品·虛空藏菩薩品·寶髻菩薩品 등)이 인용되어, 인도에 있어서의 如來藏說의 발전을 엿볼 수 있게 하는 좋은 자료를 제공하고 있다. 또한 《대승장엄경론》*《大乘阿毘達磨經》의 인용을 비롯하여 논술의 여기저기에서 唯識說과의 깊은 관계가 엿보인다.

〔참고문헌〕 E.H.Johnston이 편집한 산스크리트 원전(Patna, 1950)이 있고, 쫑카파의 제자인 Dar-ma rin-chen의 티벳 註釋 Ṭīkā(Ṭikkā)가 있다(東北·西藏撰述, No.5434). 이에 대한 연구 및 번역으로는 다음과 같은 것들이 있다.

E.Obermiller 《Sublime Science of the Great Vehicle to Salvation》. Acta Orientalia Ⅸ, 1931(티벳譯을 英譯한 것으로서, 上海版은 1940년에 출간).

H.W.Bailey & E.H.Johnston 《A Fragment of the Uttaratantra in Sanskrit》. Bull. S.O.S.vol. Ⅷ, 1935(Obermiller의 上記 上海版에 수록).

宇井伯壽 《寶性論研究》, 1959(梵文의 日譯이 실려 있다).

中村瑞隆 《梵漢對照·究竟一乘寶性論研究》, 1961.

月輪賢隆 〈究竟一乘寶性論에 대하여〉. 日佛

年報7年, 1934.
高田仁覺〈究竟一乘寶性論序品에 대하여〉. 密教文化 31號, 1955.
高崎直道〈究竟一乘寶性論의 構造와 原型〉. 宗教研究 155號, 1958.
J.Takasaki《A Study on the Ratnagotravibhāga(Uttaratantra)》S.O.R. XXXIII. Roma, 1966.
中村瑞隆《藏漢對譯・究竟一乘寶性論研究―付, 梵藏漢・藏梵索引》. 鈴木學術財團, 1967.
小川一乘《인도佛教에 있어서의 如來藏・佛性의 研究―다르마린첸造寶性論釋疏의 解讀》. 文榮堂, 1969.
D.S.Ruegg《La théorie du tathāgatagarbha et du gotra》Publ. d'EFEO, LXX. Paris, 1969.
高崎直道《如來藏思想의 形成》. 春秋社. 1974. (→《불성론》)

## 보장론 寶藏論 1卷

중국에서 僧肇(374~414로 추정)가 찬술한 것이다. ㊅45-143. 전체는 廣照空有品・離微體淨品・本際虛玄品의 3品으로 구성되어 있다. 이 책의 맨 앞에서는 老子의《道德經》에서의 유명한 말인『道를 道라고 言表하면 그것은 이미 道가 아니다』(道可道非常道) 이하의 문장을 불교적으로 변용하여,『空을 空이라고 언표하면 그것은 참된 空이 아니고, 色을 色이라고 언표하면 그것은 참된 色이 아니다. 참된 色은 無形이요 참된 空은 無名이다』고 서술하고 있는 점에서 분명히 알 수 있듯이, 이 책은 老莊사상과 불교를 융합하여 저술한 것이다. 먼저 제1〈廣照空有品〉에서는 智의 빛은 햇살처럼 멀리 퍼지고 만물을 포용함을 설한다. 제2〈離微體淨品〉에서는, 만물의 본성은 淸淨이고 그것은 妄染의 세계를 떠난 것이라는 점을 밝힌다.「離微」에 대해서는『無相의 相을 離라 하고, 相即無相을 微라 한다』고 설하여, 불교의 空의 입장에서 해석했다. 제3〈本際虛玄品〉에서는 天眞의 묘리를 밝힌다. 本際의 동의어인 열반・如來藏・佛性・法界 등은 만물을 안으로 포용하여 남기는 바가 없다고 설했다. 만물의 근원으로서의 大道가 모두를 포함하기 때문에「寶藏」이라는 이름을 붙인 것이고, 이 大道를 깨달음으로써 法界의 진리를 밝혀, 佛道의 핵심을 드러낼 수가 있다고 한다.

〔평가〕이 책은 승조의 저작으로 되어 있으나, 그 속에서 一即一切의 華嚴사상을 포함하고 있기 때문에, 후세의 僞作이라고 한다. 중국의 湯用彤교수는 中唐 이후의 僞作이라 하고, 일본의 塚本善隆박사는 唐의 開元 무렵 노장적 세계에 불교를 알리려는 목적에서 저술되었을 것이라고 한다. 그러나 이 책이 인용한 經文 속에 實叉難陀가 번역한《大乘入楞伽經》(→능가경)의 1節이 인용되어 있으므로, 이 책은 701년 이후에 찬술되었을 것임이 확실하다. 보다 자세히 추정해 보면, 8세기 후반 牛頭禪 또는 淨衆宗의 계통에 속하는 禪者에 의해 僞作된 것으로 생각된다. 이 책은 禪宗의 가르침에 적합했으므로 中唐 이후 선종의 어록 속에 많이 인용되었다. 또 화엄종에서는 제5祖 宗密이 이 책을 인용한 이래, 宋의 淨源 등도 많이 依用했다. 이 책은 唐나라 중기 불교의 사상사적 의의를 밝혀준다는 점에서, 僞作의《法句經》이나《萬物不遷經》이라고 命名된《究竟大悲經》등과 더불어 극히 중요한 지위를 차지하고 있는 문헌이다.

참고문헌으로는 湯用彤의《漢魏兩晋南北朝佛教史》, 塚本善隆의《肇論研究》, 鎌田茂雄의〈寶藏論의 思想史的意義〉(宗教研究 171號) 등이 있다.

### 보행왕정론 寶行王正論 1卷

산스크리트 명칭은《Ratnāvalī》(寶의 花環)이며, 나가르주나 Nāgārjuna(龍樹, 약 150~250경)의 저술이다. 티벳譯(㊗129-173~183)《Rgyal-po-la gtam-bya-ba rin-po-che phreṅ-ba》(王에의 교훈 · 寶의 花輪)가 현존한다. 漢譯은 陳의 眞諦가 557~569년에 번역했다. ㊅32-493, Ⓚ17-626.

〔내용〕安樂解脫, 雜, 菩提資糧, 正教王, 出家正行의 5장으로 이루어져 있다. Śātavāhana王을 위해 대승불교의 입장에서 설한 政道論으로서 귀중한 가치가 있다. 제1장에서는 먼저 불교의 세계관을 설하고 外教者의 그것을 비판하며, 業과 緣起의 教義를 서술한다. 제2장에서는 善惡의 행위를 들어 선행을 권하고 악행을 경계하며, 제3장에서는 선행에 의해 위대한 王者와 佛의 공덕이 완성된다 하여 王者는 寺塔 · 佛像의 건립 및 사회에의 봉사를 이루어야 할 것임을 설한다. 제4장에서는 王者로서 이루어야 할 道를 상세히 논하고, 제5장에서는 보살의 十地사상을 서술하고 佛道修行의 道를 설하여 이 論을 마친다.

〔연구 및 참고문헌〕이탈리아의 Tucci는 네팔에서 梵本을 발견하고, 英譯을 첨부하여 校訂出版했다(G. Tucci〈The Ratnāvalī of Nāgārjuna〉JRAS, 1934, pp. 307~325 ; 1936, pp.237~252 ; pp.423~435, 未完). 이 사본은 완전한 것이 아니고, 제3장과 제5장이 탈락되어 있다. E.Frauwallner 는 그의 제1장을 獨譯했다(《Die Philosophie des Buddhismus》S.208~217). 일본에서는 和田秀夫가 이 내용을 소개하였고(〈寶鬘論(Ratnāvalī)의 內容外觀〉大谷學報23의 5), 다시 같은 梵文에 의거하여 불교의 政道論을 논했다(日佛年報18, pp.1~17). 中村元박사는 이 책을 비롯한 각종의 불교 문헌을 섭렵하여 佛教徒의 政道사상을 논했다(〈佛教徒의 政治思想〉,《大乘佛教의 成立史的研究》pp.381~446). 한편 本書에 대한 주석으로서 티벳 대장경에는 Ajitamitra의《Ratnāvalī-ṭīka》(寶의 花輪에 대한 廣註)가 수록되어 있다.

日譯은 譯一 論集部6에 있다. 최근의 연구로서 梵本을 티벳譯으로 보완하여 全譯한 것이 있는데, 瓜生津隆眞의 번역(《大乘佛典》14, 中央公論社, 1974)이 그것이다.

### 부모은중경 父母恩重經 1卷

부모의 은혜가 深重함을 설하는데, 은혜를 갚기 위해 盂蘭盆 공양을 행하고 이 經을 書寫 · 讀誦할 것을 권하며, 나아가 그런 행위를 통해 부처를 뵙고 法을 들을 수 있다고 가르치는 小部의 경전이다. 그러나 그 내용이나 경전으로서의 형식이 부자연스러운 것으로 보아 중국에서 작성된 僞經임이 분명하다.《開元釋教錄》*은 제18 僞妄亂眞錄 속에 이 경전을 싣고 있는데, 그 이유를 經 속에서 丁蘭 · 薰黯 · 郭巨 등 중국 고대의 효자들의 이름을 열거하고 있기 때문이라 한다. 그 이전의 經錄에서는 이 경전에 대한 아무런 언급이 없다. 그러나 唐시대의 宗密이 쓴《盂蘭盆經疏》등에서도 인용되고, 더우기 한국이나 일본에도 전해져 널리 유포되어 많은 주석이 씌어졌다. 특히 일본에서는 문학 작품 속에서도 종종 인용되었다. 소위 유교적으로 변용된 佛典의

하나로서 중국·한국·일본에서 불교를 받아들인 태도를 알 수 있게 하는 자료가 된다. 유포本의 종류도 많은데, 대정신수대장경에 수록된 것은 근년에 敦煌의 千佛洞에서 발굴된 것이다(㊅85-1403). 이 밖에 일본에서 유포된 것과 《大報父母恩重經》이라 불려 한국에서 유포된 것이 있는데, 서로 약간의 차이가 있다. 현존하는 경전들에는 《개원석교록》에서 말하는 것과 같은 「丁蘭」 등의 이름이 언급되어 있지 않다. 더우기 고려대장경에는 이와 유사한 내용으로 보이는 《父母恩難報經》(Ⓚ20-1257, ㉿73) 1권이 安世高의 번역으로 수록되어 있다. 따라서 이러한 사실로 보아 이 경전이 僞經이라 하더라도 원래는 불교 경전이었던 것이 도중에 유교적으로 변용되었다고 간주된다. 우리나라에서는 조선시대 초기부터 특유한 삽화를 곁들인 판본이 많이 발행되었고, 중기 이후에는 諺解本이 출판되기도 했다. 특히 正祖는 부모의 은혜를 기리는 뜻에서 수원 龍珠寺에서 한문과 순 한글을 併記하여 출간토록 하였는데, 여기에는 당시의 유명한 화가였던 金弘道의 그림을 곁들였다.

이 용주사의 판본과 현대 한글 번역은 李民樹역 《父母恩重經》(乙酉文庫100)으로 소개되어 있다.

**부톤 불교사** Bu-ston 佛教史

부톤린첸둡 Bu-ston rin-chen-grub(1290~1364)의 저작으로서 본래의 명칭은 「善逝者의 가르침을 명확히 하는 法의 원천인 大寶經藏」(Bde-bar gśegs-paḥi bstan-paḥi gsal-byed, Chos-kyi ḥbyuṅ-gnas gsuṅ-rab-rin-po-chehi mdsod ces-bya-ba)이라는 의미이다. 티벳 원전은 일본의 東北大學에 소장되어 있다(東北目錄 5197). 통칭 「부톤」이라 하는 저자는 칸규파Bkaḥ-rgyud-pa派의 한 분파인 투푸파Khro-phu-pa에 속하는 學僧인데, 그의 스승은 네팔에 14년간 유학했던 니마겐쩬페상포 Ñi-ma rgal-mtshan dpal-bzan-po이다. 부톤의 학풍은 스승을 이어받아 阿含·律의 연구를 비롯하여 顯教와 密教에 통달한 웅대한 것이었다. 현교에서는 《반야경》(→大品·小品·大반야경)에 대한 연구를 《현관장엄경론頌》(→현관장엄론)이나 《입보리행經》(→입보리행론)에 기초를 두면서 발전시키고, 밀교에서는 쫑카파Tsoṅ-kha-pa의 《비밀도차제론》*의 선구를 이루는 업적을 남기고 있다. 이 책은 1322년에 저술되었으나 그 구성은 저자의 이러한 불교학의 체계화이므로, 단순한 역사서는 아니다.

〔내용〕 이 책에서는 法이 어떻게 나타났는가 하는 그 양상이 역사인 것이다. 이러한 입장에서 이 책에선 먼저 法을 배우고 연구하려 하는 자(聽聞者)와 法을 설하려 하는 자(講說者)의 근본으로부터 출발하여, 法이라는 개념의 규정, 그것이 드러나는 방식으로서 인도 및 티벳의 佛教史를 서술하고, 마지막으로 대장경의 목록을 제시하고 있다. 인도에 대해서는 10事의 非法, 제2·3의 結集으로부터 18部의 分派, 대승의 결집에 이르기까지를 상세히 기술하고, 티벳에 내해서는 란다르마 Glaṅ-dharma의 廢佛을 경계로 하여 티벳불교사를 소위 前傳과 後傳으로 나누는 전통적인 분류에 따라, 王들의 治世의 순서를 따르면서도 불교의 교리사·教會史를 순서대로 잘 서술하고 있다. 말미에 붙인 대장경 목록은 스승의 역량을 서구의 학계에 인식시킨 노작으로서, 이 방면은 《덴카르마 목록》*으로 大成되어 있다. 이와 같이 이 책은 단순한 불교사

에 그치지 않고, 顯·密을 止揚한 저자의 불교관을 전개한 것이다. 불교사로서는 가장 오래되고 중국佛教史의 영향이 적은 불교史料로서 평가받고 있다. 그러나 사료적인 精確性은 《텝텔곤포》*에 비길 바가 못된다.

〔참고문헌〕 이 책은 Obermiller의 《The Jewelry of Scripture, History of Buddhism》(2vols. Heidelberg, 1931)으로 英譯되어 있는데 1964년에 일본의 東京에서 再刊되었다. 芳村修基는 〈부톤의 티벳佛教史〉(《佛教研究》6)로 티벳불교의 前傳시대의 부분을 日譯했다.

## 분별공덕론 分別功德論 5卷

저자는 확실치 않고 역자도 마찬가지이지만, 後漢시대의 번역이라고 전해진다. ㊅28–30, Ⓚ 29–486. 이것은 《증일아함경》(→아함경)의 맨 앞 4品을 문장에 따라 상세하게 해석한 논서이다. 내용 속에서는 매우 많은 사항이 인용되어 있는데, 특히 숱한 佛弟子의 사적에 관한 일화를 소개하고, 그 수행의 공덕을 칭송한다. 小乘論에 속하는 것인데, 논술의 내용에 있어서 6度나 10住에 관해 설하고, 대승戒와 소승戒의 구별을 인정하며, 혹은 《般若經》(→大品·小品·大반야경)에 유사한 사상을 설하는 등, 저자가 대승불교를 알고 있었음을 보여주고 있다. 또한 大天을 추켜세우고 있는 점으로 보아 大衆部와 가까운 관계에 있었지 않나 짐작된다. 後漢시대의 번역이라면 그 성립연대는 늦어도 2세기 이전일 것이다. 그러나 번역 연대에 관한 이러한 전승은 의심스러운 바가 있으므로, 東晋 이후의 번역일 것이라는 주장도 있다.

## 불본행집경 佛本行集經 60卷

跋文에서 『摩訶僧祇師(大衆部)는 이름하여 大事(마하바스투)*라 하고… 曇無德師(法藏部)는 이름하여 釋迦牟尼本行이라 한다』고 말하고 있으나, 마하바스투가 說出世部가 전하는 律藏을 자료로 삼아 佛傳을 골자로 하면서 자타카*와 아바다나avadāna(譬喩)를 주체로 삼아 발전·독립한 것임에 대하여 《불본행집경》은 그 주체가 처음부터 끝까지 佛傳이라는 점에 커다란 차이가 있다. 律藏이라는 웅대한 자료를 간략화하고 佛傳에 대한 일반의 요망에 답한 것이라는 점에서는 그 계기가 마하바스투와 같으나, 그 성립의 면에서는 다른 부파의 다른 傳承에 의해 이루어진 佛典이다. 따라서 이것이 《마하바스투》의 번역 경전이라 함은 잘못이다. 실제로 兩者의 유사점은 많지 않으며, 비슷한 경우라도 그 목적을 달리하고 있다는 점에 주의를 기울이지 않으면 안된다.

이 경전은 北인도로부터 중국에 온 闍那堀多(Jñānagupta)가 중국인 학자의 협력을 얻어 587~591(592)년에 번역한 것인데(㊅3–655, Ⓚ 20–586, ㊥12·13), 원전은 아직 발견되지 않고 있다. 그러나 철저히 直譯의 입장을 취하였기 때문에 번역문으로도 원전의 모습을 유추할 수 있어, 다른 佛傳文學의 작품을 읽는데 중요한 자료를 제공하고 있다. 이러한 면에서 원래의 제목은 《Buddha(-pūrva)carita-saṁgrahasūtra》, 또는 跋文에 의하면 《Śākyamunibuddha(-pūrva)-caritasūtra》일 것으로 생각된다. 그 내용은 3部 60章으로 되어 있는데, 제1부는 붓다의 前生譚으로서 菩提心을 발하여 도솔천에 올라가 다시 마야 부인에게 托胎하기까지의 5章이다. 제2부는 現世에 탄생하여 학습·결혼생활에 접어들지만 염세적 사상에 빠지게 되는 在俗期, 출가하여 仙人을 방문하고 고행을 거듭하는 出家修行期, 깨달음을 얻은후 初轉法輪까지의 成道期라는 3期를 32장으로 담고 있다. 제3부는 傳道생활을 시작하여 교화된 제자들의 列傳을 기록한 傳道期를 15장으로 할애하고 있다.

〔참고문헌〕 日譯은 譯大 經部, 譯一 本緣部에 실려 있다. 연구로는 池田澄達〈佛本行集經과 摩訶婆羅他〉(佛教研究 4-4), 平等通昭〈佛所行讚과 佛本行集經과의 關係〉(宗教研究1 23).

**불성론** 佛性論 4卷

바수반두Vasubandhu(天親 · 世親, 4세기)의 저술이고, 眞諦(Paramārtha)가 6세기에 漢譯했다. ㊅31-787, Ⓚ 17-266, ㊫135.

〔내용〕 佛性 즉 如來藏을 체계적으로 설명한 대승의 논서로서 緣起分, 破執分(3品), 顯體分(3品), 辯相分(10品)으로 구성되어 있다. 緣起分에서는 一切衆生悉有佛性이라 설하는 의의와 목적을 밝힌다. 破執分에서는 소승의 無佛性說, 外教 諸派의 我(ātman)說, 대승불교 內에서의 無에 대한 집착을 논파하여 2諦가 모두 非有非無라 한다. 이어 顯體分에서는 佛性의 본질을 3因(應得 · 加行 · 圓滿), 3種性(住自性 · 引出 · 至得)으로써 규정하고 3性 · 5法 · 3無性과의 관계를 언급하며, 나아가 여래장의 3義(所攝 · 隱覆 · 能攝)를 논한다. 끝으로 辯相分에선 佛性의 特相을 여래장의 10가지 관점(自體 · 因 · 果 · 事能 · 總攝 · 分別 · 階位 · 遍滿 · 無變異 · 無差別의 10相, 10品)에서 설명한다. 이 중 總攝品에서는 여래장의 果位로서의 轉依, 法身 · 涅槃에 대해서 상세히 설하고, 佛性이란 人과 法이라는 2空이 드러난 眞如임을 밝힌다. 또 無變異의 항에서는 前後 · 染浄 등의 6面에서 佛性이 不變임을 논하고, 특히 因位에 있어서의 여래장과 果位에 있어서의 法身의 同一性으로서 前後無變異를 설명하며, 여래장이 번뇌에 가려져 있는 상태, 法身과 이 法身이 겉으로 드러난 모습으로서의 佛의 3身(法身 · 應身 · 化身)을 언급하고 있다.

〔평가〕 佛性의 문제는 대승불교, 특히 중국의 불교에 있어서 중대한 관심을 쏟았던 과제인데, 이 책은 唯識說의 無佛性을 인정하는 說에 대립하여 一切衆生悉有佛性을 주장하는 대표적인 典籍으로서 중국에서 중시되었다. 많은 종류의 주석이 저술되었으나 현존하는 것은 일본의 賢洲가 쓴 《佛性論節義》4卷뿐이다. 한편 역자인 眞諦는 스스로 《佛性義》3卷을 지어 이 책에 주석했다고 하나 이것도 전해지지 않는다. 다만 이 책 속에서 「釋曰」이라 하여 표현하고 있는 부분이 혹시 그의 斷片일지도 모른다고 추정되고 있을 뿐이다. 그러나 이 책의 논술中 緣起分 및 如來藏說에 관한 부분은 거의 《보성론》*과 동일한 내용으로서, 단지 배열을 달리하거나 주석적 부분을 부가한 것으로밖에 보이지 않는다. 이 책의 저자가 기본적으로 유식설에 입각해 있다는 것은 顯體分에서 佛性을 3性5法說과 연관시켜 설명하고 있는 점, 破執分의 설명에서 《유가사지론》*과 일치하는 부분이 많다는 점을 통해 인정된다. 그러나 한편으로 이 책이 인용한 《無上依經》(眞諦譯, ㊅16-468, Ⓚ 11-469, ㊫65)은 구성과 내용상 상당한 부분이 《보성론》과 일치함에도 《寶性論》은 《무상의경》과 《불성론》에 대해 아무런 언급도 없으므로, 양쪽 모두 《보성론》에 근거하여 저술된 것으로 생각되며, 또한 이 책의 원전과 티벳譯이 존재

하지 않는 점도 고려하면 이 책의 저자와 성립 연대에 관해서는 현재 상당히 의심스러운 바가 도사리고 있다.

〔참고문헌〕 연구 및 번역으로서 |譯一| 瑜伽部9에 坂本幸男의 日譯 및 解題가 실려 있다. 기존의 연구로는 月輪賢隆의 〈究竟一乘寶性論에 대하여〉(日佛年報7, 1936), 宇井伯壽의 《寶性論硏究》 제4장 제2, 服部正明의 〈佛性論의 一考察〉(佛敎史學4-3 · 4, 1955), 常盤大定의 《佛性의 硏究》(1930) 등이 있다.

**불소행찬** 佛所行讚 Buddhacarita

원전의 명칭은 「붓다의 생애」라는 의미인데, 5세기경 寶雲이 5권으로 번역했다(㊅4-1, Ⓚ 29-638, ㊥13). 아쉬바고샤Aśvaghoṣa(馬鳴)가 거의 원칙에 가까운 산스크리트語로 쓴 《붓다차리타》를 漢譯한 것이다. 아쉬바고샤는 1세기의 사람으로서 이 책은 《사운다라난다》*와 함께 그의 대표작 중의 하나이다. 불교 시인의 손으로 쓴 작품의 대부분은 산스크리트 문학의 主流에 들지 못하는 것이 일반적인 현상인데, 이 책은 그 드문 예외의 하나이다. 화려한 필치로 붓다의 一代記를 서술하고 있다. 문학사적으로는 宮廷詩의 선구적 위치를 차지한다. 現存하는 梵本은 17장까지 있는데, 14장의 후반부터 17장까지는 후대에 부가한 부분으로 알려져 있다. 아쉬바고샤가 직접 쓴 14장 전반까지는 카필라城에 대한 묘사로부터 시작하여 붓다의 탄생 · 성장 · 인생에 대한 고민 · 出城 · 出家 · 빔비사라王과의 만남 · 두 仙人을 방문 · 降魔까지가 서술되어 있다. 사상적으로는 대승불교적인 요소가 없고, 오히려 說一切有部의 영향이 강하다.

漢譯《불소행찬》에 대해서는 종래에 曇無讖이 412~421년 사이에 번역한 것이라 하였으나 최근의 연구 성과에 의해 寶雲의 번역이라 믿어진다(金倉圓照〈馬鳴의 著作〉宗敎硏究 153, p. 110). 다소의 增減이 있으나 전체적으로 산스크리트 원본에 충실하게 번역되어 있다고 볼 수 있으며, 원본에는 없는 14장 이하 28장(分舍利)까지가 덧붙여져 완전한 붓다의 一代記로서 정리되어 있다. 내용이 티벳譯과도 완전히 일치하는 점 등으로 보아 梵文 원작도 완전한 一代記였던 것이 후반부를 분실하였으리라 추정된다. 중앙아시아에서 발굴된 梵語寫本의 단편이 漢譯의 제3장과 제16장에 합치하는 것으로 알려졌다(F.Weller 〈Abhandl.d. Säochs. Akad. d. Wiss. zu Leipzig Philol-hist. Klasse〉46-4, 1953). 이를 통해 이제까지의 추측이 옳았다고 증명되었고, 동시에 이 작품이 널리 유행하고 있었음도 알 수 있게 되었다. 漢譯은 전체가 偈頌으로 이루어져 문학적인 번역을 꾀한 형적을 보이고 있으나, 때에 따라서는 간결명료함을 잃고 번삽함에 빠진 경향이 있다.

〔참고문헌〕 E.H. Johnston 《The Buddhacarita》part Ⅰ(1935, edition), partⅡ(1936, translation). Samuel Beal 《Fo-sho-hing-tsan-king》 SBE ⅩⅨ(漢譯 佛所行讚을 英譯한 것). |譯一| 本緣部 4,5. 原實 《佛所行讚》(中央公論社 《大乘佛典》13, 1974). 연구서로는 平等通昭 《梵文佛傳文學의 硏究》(1930), 同《梵詩 邦譯 佛陀의 生涯》(1929), 金倉圓照 《馬鳴의 硏究》(1961)가 있다.

**불조통기** 佛祖統紀 54卷

宋시대의 志盤이 찬술한 책으로서 중국 天台宗의 입장에서 正史의 형식을 모방하여 편찬한 불교의 역사이다. ㊅49-129.

〔내용〕 卷1~4는 釋迦牟尼佛本紀로서 석가모니佛의 本迹·8相成道·分舍利·3藏結集 등의 사적을 서술한다. 권5는 西土24祖紀로서 摩訶迦葉 이하 師子比丘에 이르는 24祖의 전기, 권6·7은 東土9祖紀로서 龍樹·慧文·慧思·智顗·灌頂·智威·慧威·玄朗·湛然의 전기, 권8은 興道下8祖紀로서 道邃 이하 智禮에 이르는 8조의 전기, 권9·10은 諸祖旁出世家로서 慧思로부터 義通까지의 諸祖로부터 분리해 나간 諸家의 전기를 서술하고, 권11~20은 諸師列傳, 권21은 諸師雜傳, 권22는 未詳承嗣傳으로 되어 있다. 이상으로써 本紀·世家·列傳은 끝난다. 권23 이하는 表 및 志이다. 이 중 表는 歷代傳敎表(권23)·佛祖世繫表(권24)의 2表로 되어 있고, 志는 山家敎典志(권25)·淨土立敎志(권26~28)·諸宗立敎志(권29)·三世出興志(권30)·三界名體志(권30·31)·法門光顯志(권33)·法運通塞志(권34~48)·名文光敎志(권49·50)·歷代會要志(권51~54)의 9志로 되어 있다. 따라서 전체는 「본기·세가·열전·표·지」의 5편으로 구성되고, 총 19科로 분류된다. 自序에서 『紀·傳·世家는 太史公을 본받고, 通塞志는 司馬公을 본받는다』고 말하는 바와 같이 본기·세가·열전·표는 《史記》의 體裁를 모방하고, 法門通塞志는 《資治通鑑》의 형식을 모방한 것인데, 9志를 맨 뒤에 놓은 것은 《魏書》의 예를 따른 것일 것이다. 본문의 서술에 앞서 通例를 두고서는 5篇19科로 나눈 이유를 논하고 있다. 즉 이보다 먼저 鏡菴의 《宗源錄》 및 良渚의 《釋門正統》이 있었으나, 앞의 것에는 體統을 세우지 못한 허물이 있고 뒤의 것에는 名과 位가 뒤바뀌거나 뒤섞인(名位顚錯) 오류가 있다고 하여, 이 책이 그들을 계승하면서 그 미비점을 바로잡은 것임을 밝히고 있는 것이다. 다음에, 근세의 諸師에 대한 전기를 싣는 데 있어서는 觀行과 講訓과 저서의 3例를 기준으로 삼았다고 말한다. 그러나 이 책의 제작에 임해서 依用한 典籍에 대해서는, 이것을 大藏經典·天台敎文·釋門諸書·儒宗諸書·道門諸書로 분류하여 178부의 이름을 열거하고, 다시 참조한 史書에 대해서도 취사선택했음을 밝히고 있다.

〔평가〕 저자 志磐은 寶祐 6년(1258)에 집필을 시작하여 咸淳 5년(1269)에 이것을 완성했다. 이 책은 천태종이 山家·山外의 양파로 갈라진 뒤를 이어서 知禮 문하의 山家派를 정통으로 삼는 견지에 서 있다. 그러나 그 설하는 바는 광범위한 분야에 미친다. 즉 淨土立敎志에서는 蓮社7祖를 비롯하여 18賢·123人 및 往生고승 등의 전기를 상세히 서술하며, 諸宗立敎志에서는 諸宗을 達磨禪宗·賢首宗敎·慈恩宗敎·瑜伽宗敎·南山律學으로 분류하고 있는 점은 宋代불교의 대세를 보여주는 것으로서 주목할 만하다. 특히 法運通塞志에서 석가모니佛의 탄생으로부터 南宋 理宗의 端平 3년(1236)까지에 이르는 불교 관계의 編年史를 서술하고, 歷代會要志에서 56항으로 구분하여 史實의 개요를 기술하고 있는 점은 불교史學上의 귀중한 자료라 할 만하다.

한편 이 책의 卷18·19의 2권은 목차만 있을 뿐, 그 내용을 담고 있지 않다. 이 점은 대장경의 諸本이 모두 동일하다. 그러나 大日本續藏經본(제131冊)은 전체를 55권으로 하고 권21을 공백으로 두고 있으므로, 이 續藏본의 권22가 다른 諸本의 권21에 상당한다. 또 이 續藏本은 法運通塞志의 다음에 南宋 端平

3년(1236) 이후 元의 順帝의 至正 28년(1368)에 이르는 133년을 덧붙이고 있다. 이는 후인의 追補에 의한 것일 것이다. 또 이 續藏本은 찬술자가 알려져 있지 않은 별도의《續불조통기》2권을 게재하여, 法照 이하 30人의 전기를 集錄하고 있다. 이책의日譯은 譯一 和漢部, 史傳部2·3·5에 실려 있다.

**브라흐마나** Brāhmaṇa 梵書

기원전 1000~500년경에 고대 인도에서 성립된 一群의 祭式 문헌을 말한다. 넓은 의미로는 베다 문헌의 한 부분을 형성한다. 베다 문헌의 가장 오래된 부분을《베다 本集》(→베다)이라 하고, 이는 찬가·祭詞·呪詞(이를 총칭하여「만트라」라고 함)로 이루어져 모두 祭式과 밀접한 관계를 지니고 있는데,《브라흐마나》는 이를 뒤이어 祭儀를 설명하고 그 의의를 考究하는 문헌이다. 이것이 일종의 철학사상으로 발전하여《아라냐카》및《우파니샤드》*를 낳았다. 이상의 베다·브라흐마나·아라냐카·우파니샤드를 총괄하여 인도에서는「天啓聖典」(śruti)이라고하는데,이밖에도 다수의 베다 보조 문헌이 있다. 그 중에서도《쉬라우타 수트라》*라고 하는 일군의 祭式 綱要書는 내용상《브라흐마나》와 밀접한 관계가 있다.

4종의 베다에 대해서는 각각 많은 학파가 존재하였는데,《브라흐마나》에 대해서도 역시 많은 학파가 있어서 각 학파의 고유한《브라흐마나》가 존재한다. 현존하는 대표적인 것을 열거하면《리그베다》에 속하는 것으로는《아이타레야》Aitareya·《카우쉬타키》Kauṣītaki의 브라흐마나가 있고,《사마베다》에 속하는 것으로는《판차빙샤》Pañcaviṁśa·《자이미니야》Jaiminīya의 브라흐마나가 있으며,《아타르바베다》에 속하는 것으로는《고파타》Gopatha 브라흐마나가 있다. 이상의 브라흐마나들은《베다本集》과는 분리되어 독립된 문헌으로서 존재한다. 그러나《야주르베다》의계통에 있어서는 경우가 다르다. 白야주르베다에 속하는《샤타파타》Śatapatha브라흐마나는 위의 예와 같이 독립되어 있으나, 黑야주르베다는《베다本集》에 상당하는 부분과 브라흐마나에 상당하는 부분이 분리되지 않고 동일한 문헌으로 되어 있다. 즉《마이트라야니 상히타》Maitrāyaṇī-saṃhitā·《카타캄》Kāṭhakam·《카피쉬탈라 카타 상히타》Kapiṣṭhala-Kaṭha-saṃhitā·《타잇티리야 상히타》Taittirīya-saṃhitā가 그것이다. 그런데 타잇티리야派의 경우엔《타잇티리야 브라흐마나》로 불리는 것이 따로 존재하고 있으나, 이것은 본질적으로 같은 이름의 베다 本集(Saṃhitā)과 그 성질이 동일한 것이므로, 베다 本集의 補遺라고 생각해도 좋을 것이다.

연대적으로 보면 黑야주르派의 브라흐마나에 상당하는 부분이 가장 오래되었고《판차빙샤》가 그 다음이다.《아이타레야》가 중간 층이고,《샤타파타》와《자이미니야》가 새로운 층을 대표한다. 제사에서는 本集에 포함된 만트라mantra를 사용하였는데, 이것을 사용하는 個個의 祭儀에 대하여 설명·해석하면서부터《브라흐마나》가 성립하게 되었다. 따라서 원래 브라흐마나는 그러한 설명과 해석에 있어서 하나하나의 작은 단위에 대하여 호칭하는 말이었다. 그러다가 드디어 그러한 것들의 집합체로서 문헌의 명칭이 되었던 것이다. 黑야주르派의 문헌이 그러한 성립 과정을 나타내고 있다고 생각된다. 이후의《아라냐카》Āraṇyaka(森林書)나 《우파니샤드》*도 문헌적으로는 《브라흐마나》의 한 부분을 형성하는 예가 종종 있다. 《브라흐마나》는 산문으로 되어 있고, 물론 당시엔 口傳이었다.

〔내용〕《브라흐마나》의 내용은 祭式의 규칙을 설명하는 부분(儀軌, vidhi)과 그의 의의와 유래를 설명하는 부분(釋意, arthavāda)으로 나누어진다. 후자 속에는 간혹 흥미있는 전설·신화·철학 사상이 포함되어 있으나 그것들도 본래는 모두가 祭式과의 관련 속에서 설해졌던 것이다. 祭式의 종류는 대단히 많아서 그의 조직 규칙은 극히 복잡하다. 처음에 제사란 신들에게 기도하고 공물을 바침으로써 신들의 은총을 받고자 하는 행사였으나, 브라흐마나 시대에 있어서는 祭式이 신들을 강제하는 독자적인 힘을 갖는 일개의 메카니즘으로 변모하였고, 이것을 관장하는 祭官은 극히 오만해져서 스스로 일종의 신이라고 칭하게 되었다. 신은 인간의 理想像에 지나지 않으며, 신들도 일찌기 제사를 행하여 이것으로써 승천하여 현재의 힘을 얻었다고 한다. 브라흐마나에서의 祭式이란 그러한 신들의 所行을 모방하는 것이기도 했다. 祭式의 主目的은 祭主인 왕족과 귀족들이 제사를 통해 죽은 후 天界에 올라가 신들처럼 不死를 성취하는데 있었다. 물론 현세적인 여러가지 소원을 성취하는 것도 그 속에 포함되지만, 보다 중요한 것은 생명의 연장이라는 욕망의 달성으로서, 곧 내세에서 다시는 죽지 않는 것이었다. 제사는 상징적으로 우주이며, 곧 祭主 자신이다. 내세에서는 결코 죽지 않는 當體로서의 祭主인 自我(ātman)가 개개의 신성한 제사 의식을 통하여 신성하고 멸하지 않는 존재로 완성된다는 생각은, 우주와 祭式과 개체가 相應한다는 생각에 근거한 것이다. 또 《브라흐마나》에서의 최고의 신은 프라자파티Prajāpati(生主)인데, 프라자파티는 일체의 우주이고 동시에 제사이다. 祭式을 통해 祭主는 프라자파티가 된다고 한다. 이러한 사상이 극도로 발전하여 드디어는 梵我一如라는 우파니샤드의 사상에 이르게 되었다고 생각된다.

〔참고문헌〕근래의 두드러진 연구 성과로서는 다음과 같은 것들이 있다.

1) 《Jaiminiya-BRAHMANA》 Nagpur, 1954. Raghu Vira박사와 Lokesh Chandra박사가 처음으로 교정 편집.

2) 《Trois Énigmes sur les Cent Chemins Recherches sur le Śatapatha-Brāhmaṇa》 par Armand Minard Tome Ⅰ, Paris, 1949 · Tome Ⅱ, Paris, 1956.

이 방면의 연구로서 고전이라 할 만한 것은 S. Lévi 《La doctrine du sacrifice dans les Brāhmaṇas(Paris, 1898)과 H.Oldenberg 《Die Weltanschung der Brāhmaṇa Texte》(Göttingen, 1919)가 있다. 일본에서의 연구로는 辻直四郎의 다음과 같은 책들이 있다. 《베다와 우파니샤드》(創元社, 1953), 《인도文明의 여명》(岩波新書, 1967), 《現存 야주르베다 문헌》(東洋文庫, 1970), 《世界古典文學全集》의 제3권으로서 번역된 《베다 아베스타》(筑摩書房). 그의 논문으로는 〈브라흐마나와 쉬라우타 수트라와의 관계〉(《東洋文庫論叢》33, 1952)가 있다.

## 브라흐마 수트라 Brahma-sūtra

Bādarāyaṇa(기원전 1세기경)의 작품이라고 하나, 현재의 모습으로 편찬된 것은 400~450년경일 것이다. 4편 16장으로 구성되어 있다. 베단타Vedānta학파의 근본 성전으로서

書名의 앞에 『이것으로써 브라흐만에 대한 고찰이 이루어진다』는 말이 있기 때문에 《Brahma-vicāra-śāstra》라고도 한다. 이 밖에 《Vedānta-mīmāṃsā-śāstra》 또는 《Vedānta-śāstra》라고도 하고 4편으로 구성되었다고 하여 《Caturlakṣaṇī》라고도 한다 《Śārīraka[-sūtra]》라고 하는 경우, 신체인 것을 個我라 하는 說과 최고의 브라흐만(梵)이라고 하는 說이 있다. 《베단타 수트라》라는 호칭은 후세에 쓰인 것이다. 이 책이 편찬되기 이전에는 베단타 학파의 내부에 각《우파니샤드》*의 군데군데에 관한 해석이나 형이상학적 근본 사상에 대하여 학자들 간에 많은 異說이 있었다.《브라흐마 수트라》는 베단타 학파의 여러 계통 중에서 특히 《사마베다》에 속하는 《찬도갸 우파니샤드》를 중심으로 하여 그들의 각종 해석과 학설을 요약하고 정리·비판하여 하나의 체계로 조직한 것이다. 따라서 같은 우파니샤드와 관계있는 부분(제1편, 제2편의 제3·4장, 제3편, 제4편의 제2·3장)은 꽤 일찌기 성립되었을 것이다. 동시에 다른 여러 우파니샤드의 說도 받아들여, 각종 우파니샤드의 종합과 통일을 지향하고 있다.

〔내용〕 각종 우파니샤드의 기술은 여러가지로 다르지만, 어느 것이나 절대자인 브라흐만(梵)을 가르치는 것을 취지로 삼고 있다. 브라흐만은 質料因인 동시에 動力因으로서 세계의 生起·존속·歸滅의 원인이다. 브라흐만으로부터 허공이 생기고, 허공으로부터 바람(風), 바람으로부터 불(火), 불로부터 물(水), 물로부터 땅(地)이 생기며, 이 5요소에 의해 세계가 형성된다. 세계가 소멸할 때는 순서가 거꾸로 되어 온갖 존재가 브라흐만 속으로 歸入한다. 이 과정은 무한하게 반복되는데, 세계 창조의 목적은 브라흐만의 유희에 지나지 않는다. 個我는 無始以來로 윤회하고 있는데, 브라흐만의 부분이요 그것과 다른 것이면서도 다르지 않은 것이다. 밝은 지혜를 획득함으로써 個我는 윤회에서 벗어나 브라흐만과 合一한다. 이상과 같은 사상을 표명함에 있어서 《브라흐마 수트라》는 다른 여러 종파들의 학설을 공격한다. 그 중 가장 열을 올려 공격하는 대상이 상캬Sāṃkhya학파이다. 그의 형이상학說을 배격할 뿐만 아니라 각 《우파니샤드》의 부분부분에 대해서도 상캬的으로 해석해서는 안될 곳을 상세히 논하고 있다. 이러한 사실은 바꾸어 말하면 초기의 상캬학파가 《우파니샤드》를 典據로 삼아 베단타 학파에 대항하는 강대한 세력으로 존재했음을 증명하는 것이다. 이와 아울러 요가派·바이쉐쉬카Vaiśeṣika派·불교·자이나교·獸主派·바가바타Bhāgavata派·順世派를 공격한다. 이 중 불교에 대해서는 제2편 제2장의 18~25에서 說一切有部를 주로 하여 小乘의 여러 派, 26·27에서 주로 經量部의 說, 28~32에서 唯識派를 논한다. 그 내용은 대강 이러하다. 五蘊으로 이루어진 집합과 原子로 이루어진 집합이란 성립할 수 없다. 十二因緣의 各支는 다음 支를 일으키는 원인이기는 하지만 집합을 이루기 위한 動力因일 수는 없다. 刹那滅의 說에 의하면 各支 사이의 因果관계도 성립할 수 없다. 원인이 없이 결과가 生起한다고 하면 四緣을 인정하는 것과 모순되며, 원인이 있을 때에 결과가 생기한다고 하면 因果同時가 되어 刹那滅說과 모순된다. 個體의 연속은 斷滅하지 않는다는 등의 이유 때문에 擇滅·非擇滅은 성립할 수 없다. 기억이라는 사실은 刹那滅說을 부정한다(18~25). 無로부터 有가

생기한다는 주장은 사실에 부합하지 않는다. 만약 그것을 인정한다면 노력하는 일이 없이도 목적을 달성한다는 말이 될 것이다(26·27). 外界의 대상을 감각하기 때문에 그것이 無는 아니다. 꿈을 꿀 때와 같은 경우에 있어서의 관념은 성질을 달리하기 때문에, 깨어났을 때 경험하는 관념이 허망인 것은 아니다. 外界의 대상이 없다고 한다면, 그것을 감각하는 것은 없기 때문에, 또한 모든 것은 刹那滅이기 때문에 習氣가 있는 것은 아니다(28~32). 이상과 같이 여기에서도 종종 歸謬論法이 채용되고, 내용적으로 中論과 일치하는 것이 있다. 《브라흐마 수트라》에 대한 여러 주석서 중에서 불교에 대한 이해는 샹카라Śaṅkara의 주석이 가장 정확하다고 생각된다. 그는 五蘊을 色·識·受·想·行의 순서로 열거하며, 唯識說에 관한 기술 중에서는 다르마키르티 Dharmakīrti(法稱) 등의 영향이 발견된다.

[평가] 이 책은 《우파니샤드》의 각종 사상을 종합하는 것이기 때문에 후대의 베단타 학파뿐만 아니라 인도의 모든 학파에도 통하는 성전으로 간주되며, 《우파니샤드》와 《바가바드 기타》*와 더불어 3學의 하나로서 중요한 지위를 획득했다. 극도로 간결하여 수트라 本文만으로는 거의 이해할 수 없고 또 상위의 세 계급만이 브라흐만의 明知를 얻을 수 있다고 하여 비밀의 教說로서 전수되었다는 사실은, 역으로 자유로운 해석을 받아들이는 결과를 낳았다. 그래서 베단타 학파의 내부에서 각 派의 開祖나 중요한 철학자는 각기 독자적인 입장에서 주석서를 저술했다. 不二一元論을 주장한 샹카라(8세기 전반)의 《Bhāṣya》는 그러한 대표적인 예이며, 바차스파티미쉬라 Vācaspatimiśra(9 또는 10세기)의 復註인 《Bhāmatī》도 중요하다. 또 不一不異論을 주장한 바스카라Bhāskara(8세기 후반)의 《Bhāṣya》를 비롯하여 制限不二論을 주장한 라마누자Rāmānuja(1017~1137, Śrīvaiṣṇava派)의 《Śrībhāṣya》, 二元論을 주장한 마드바Madhva(1230, Madhva派)의 《Sūtrabhāṣya》 등 다수에 이른다.

〔참고문헌〕 원전으로는 《Ānandāśrama Sanskrit Series》(1900)가 있다. 번역으로는 中村元 《브라흐마 수트라의 哲學》(1951), Radhakrishnan 《The Brahma sūtra》(1960)가 있다. 샹카라의 註釋書를 완역한 것으로는 P.Deussen 《Die Sūtras des Vedānta》(1887), G.Thibaut 《Vedānta Sūtras》(SBE XXXIV·XXXVIII, 1890·1896), V.M. Apte 《Brahma-sūtra》(1960)가 있다. 같은 주석서의 부분譯으로는 L.Renou 《Prolégomènes au Vedānta》(1951), S.K.Belvalkar 《The Brahma-sūtras of Bādarāyaṇa》(1923, 1924)가 있다. 라마누자의 주석서를 완역한 것으로 G.Thibaut의 번역(SBE vol.XLVIII)이 있으며, 마드바의 주석서를 완역한 것으로 S.S.Rau 《The Vedānta Sutras》(1904)가 있다. 논문으로는 中村元의 〈샹카라의 小乘佛教批判〉(中野教授古稀記念論文集, 1960)과 〈샹카라의 唯識說批判〉(塚本博士頌壽記念·佛教史學論集, 1961)이 있다.

## 비나야 피타카 Vinaya-piṭaka

팔리語로 전해진 律藏이다. 흔히 「팔리Pāli律」이라 한다. 漢譯과 티벳譯은 없다. 붓다가 제정한 계율의 諸규칙들이 제1차結集에서 집합되어 律(vinaya)이라 불렸는데, 그 후 원시불교 교단에서 정비되고 증보되어 律藏이 되었다. 藏(piṭaka)은 담는 것이라는 의미인데, 律의 조직을 가리킨다. 이 조직에 의해

律의 내용이 드러나기 때문이다. 佛滅 100년경에 원시교단이 上座·大衆의 2部로 분열하고, 다시 그 후 그 양측이 각각 枝末분열을 하였다. 팔리律은 上座部(Theravāda)가 전한 律인데, 이 부파를 分別說部(Vibhajjavādin)이라고도 한다. 기원전 3세기경 아쇼카王의 시대에 그의 왕자인 마힌다Mahinda(西인도 Ujjeni부근의 출신)가 인도 서해안으로부터 해로로 스리랑카에 전도할 때 이 律藏도 전했다고 한다. 스리랑카에 전해진 이 불교는 팔리어를 구사하였으므로 그 律藏을 팔리律이라 한다. 部派불교는 각자의 律藏을 지니고 전하였는데, 현존하는 율장 중에서는 팔리律이 비교적 오랜 형태를 보존하고 있다.

팔리律은 經分別(Suttavibhaṅga)·犍度部(Khandhaka)·附隨(Parivāra)의 세 부분으로 구성된다(→佛典개요의「팔리語 三藏」). 經分別이란 經의 주석을 의미한다. 계율의 하나하나 조문을 經(sutta)이라 하고, 이것을 모은 것을 戒經(Pātimokkha,波羅提木叉)이라 한다. 戒經에는 비구戒經(227조의 조문을 포함. 다만 四分律*에서는 250戒)과 비구니戒經(311조의 조문이 있음)이 있으므로 經分別도 大分別(Mahāvibhaṅga)과 비구니分別(Bhikhunīvibhaṅga)로 구분된다. 비구의 계율은 다음과 같은 8章으로 나누어져 있다. 1)波羅夷法(Pārājika)인데, 가장 무거운 죄를 말한다. 婬·盜五錢·殺人·大妄語의 4조로서, 이것을 범하면 교단(僧伽)으로부터 추방된다. 2)僧殘法(Saṅghādisesa) 13조이다. 이것을 범하면 승가의 모든 사람들 앞에서 죄를 참회하여야 하는데, 그 사람에겐 1주일간의 근신이 부과된다. 바르게 근신하면 승가는 그 죄를 용서한다(出罪). 3)不定法(aniyata) 2조이다. 심사의 결과 죄가 결정되므로 不定이라 한다. 여성에 관계된 의심스런 죄의 경우이다. 4)捨墮法(nissaggiyā pācittiyā)30조. 이것은 비구의 소유물에 대한 제한에 관계되는 규정이다. 衣服·坐具·食鉢 등을 얻을 경우, 그 입수하는 방법이나 수량 등에 대한 제한이 있다. 이를 어기면, 죄를 낳게 한 물건을 버리고 2~3인의 비구 앞에서 참회한다. 5)波逸提法(Pācittiya)92조. 팔리律과 僧祇律은 92조이지만, 五分律은 91조, 四分律·十誦律*·根本有部律에선 90조이다. 이것을 범하면 2~3인의 비구 앞에서 참회해야 한다. 거짓말·험담 등의 도덕적인 규칙과 비구의 일상생활이나 교단의 단체생활에 관계된 규칙 등을 포함한다. 6)波羅提提舍尼法(Pāṭidesanīya)4조. 이것은 식사에 관한 가벼운 죄인데, 계를 범하면 1인의 비구 앞에서 참회한다. 7)衆學法(sekhiyā dhammā) 75조. 이것은 行儀作法 등에 관한 마음가짐인데, 범하더라도 마음 속으로 참회하면 된다. 四分律에선 100조가 있고, 다른 律들도 각기 다르다. 8)滅諍法(adhikaraṇa-samatha) 7조. 승가에 쟁론이 생겼을 때 裁定하는 방법을 제시한다. 이상과 같이 비구戒經은 8章으로 구성되어 총 227조를 담고 있다. 經分別에는 하나하나의 조문에 대한 상세한 주석이 있다. 비구니戒經은 不定法이 없이 7章으로 구성된다. 즉 바라이法 8조, 승잔법 17조, 사타법 30조, 바일제法 166조, 바라제제사니法 8조, 중학법 75조, 멸쟁법 7조이다. 총 311조 중 비구戒와 공통되는 조문이 181조인데, 이것들에 대한 설명은 생략되어 있다. 비구니戒는 조문이 많으나, 기본적인 성격은 비구戒와 마찬가지이다.

戒經의 조문은 비구와 비구니가 개인으로서 지켜야 할 규칙을 제시한 것이지만, 〈犍度部〉

는 승가의 운영에 관한 규정을 제시한다. 大品·小品으로 大別하는데, 大品(Mahāvagga)에 10건도, 小品(Cullavagga)에 12건도가 담겨 있다. 大品을 보면, ① 大건도는 入團 규정을 제시한다. ② 布薩건도는 포살의 집회에 관한 규정이다. ③ 入雨安居건도는 안거의 방법을 제시한다. ④ 自恣건도는 안거를 마친 후의 自恣의 방법을 제시한다. ⑤ 皮革건도. ⑥ 藥건도는 식물이나 약의 종류와 소유 방법을 규정한다. ⑦ 카치나Kachina衣건도는 카치나衣를 만드는 방법과 받는 방법을 제시한다. ⑧ 衣건도는 옷의 종류·作法·수량 등을 제시한다. ⑨ 참파Champā(瞻波)건도. ⑩ 코삼바Kosamba건도. 이상이 大品이고, 다음에 小品을 보면 ① 羯磨건도, ② 別住건도, ③ 集건도, ④ 滅諍건도인데 大品의 참파건도로부터 여기까지의 6건도는 승가에 쟁론이 일어났을 때의 裁定方法과 범죄자에게 벌주는 방법 등을 자세히 설명한다. ⑤ 雜事건도, ⑥ 臥坐具건도는 皮革·藥·衣·臥坐具·雜事의 諸건도로서 교단의 衣食住와 침대·침구 및 기타의 비품 등에 대하여 자세히 규정한다. ⑦ 破僧건도는 승가 분열의 차이에 대한 규정. ⑧ 威儀건도. ⑨ 遮說戒건도는 계를 범한 자가 포살에 출석하려 할 때면 다른 비구가 그를 방해할 수 있음을 규정하고, 그 방법을 제시한다. ⑩ 比丘尼건도는 비구니의 생활이 그 골격에 있어서 비구의 생활과 마찬가지이므로 다른 점만을 제시한다. ⑪ 五百人건도는 제1結集을 보여준다. ⑫ 七百人건도는 제2結集의 발단이 된 十事사건을 설명한다. 이상의 22건도로써 犍度部는 종결된다.

제3의 〈附隨〉는 이상의 2部에 대한 보충적 설명을 한데 모은 것이다. 디파Dīpa장로가 지은 것이라 하는데, 經分別과 犍度部의 내용을 항목적으로 통합하여 이해와 암기에 편리하도록 한 것으로서 19章으로 나누어져 있다. 새로운 요소는 없고, 후대에 성립하였다.

팔리律은 스리랑카·버마·타이·크메르 등의 南方불교국에서 현재에도 실행되고 있고, 옛부터 많은 주석이 있다. 유명한 것으로는 붓다고사Buddhaghosa(佛音)가 지은 《善見律毘婆沙》*가 있는데, 이것은 옛날의 주석인 《Mahāṭṭhakathā》 《Mahāpaccārī》 《Kurundī》 등에 근거하여 작성되었다. (주석의 종류에 대해서는 《선견율비바사》항을 참조할 것)

〔참고문헌〕 팔리律의 원전으로는 H.Oldenberg의 《The Vinayapiṭakam in Pāli, one of the principal Buddhist holy scriptures in the Pāli language》(5vols. London, 1879~83)가 있는데, 이에 대한 上田天瑞의 日譯이 南傳 1~5에 있고, I.B.Horner는 《The Book of the Discipline》 5vols.(《Sacred Books of the Buddhist》vols. X·XI·XIII·XIV·XV, 1949~51)로 英譯했다. 이보다 앞선 英譯으로는 T.W. Davids와 Hermann Oldenberg의 《Vinaya Texts》(SBE, vols. XIII·XVII·XX)가 있다. 연구서로는 R.D.Vadekar의 《Pātimokkha(戒經)》(Poona, 1939), 長井眞琴의 《南方所傳佛典의 硏究》(1936), E.Waldschmidt의 《Bruchstücke des Bhikṣunī-Prātimokṣa der Sarvāstivādins》(Leipzig, 1926), W.Pachow의 《A Comparative Study of the Prātimokṣa》(Santiniketan, 1955) 등이 있다. 律藏을 이해하는 데엔 佐藤密雄《原始佛教教團의 硏究》(1963), 平川彰《原始佛教의 硏究》(1964), 同《律藏의 硏究》(1960), 西本龍山〈諸部僧尼戒本의 對照硏究〉(大谷學報, 제9권 제2호, 1928), 赤沼智善〈戒律의 硏究〉(《佛教經典

史論》) 등의 연구가 도움이 된다.

국내에서 발간된 연구서로는 李智冠의 《南北六部律藏比較硏究》(1976)와 《比丘尼戒律硏究》(1971)가 있다.

## 비밀도차제론 秘密道次第論

통칭으로 《각림》Sṅags-rim이라 하는데, 본래의 명칭은 《勝者普遍主大金剛持의 道次第》(Rgyalba khyab-bdag rdo-rje-ḥchaṅ chen-poḥi lam-gyi rim-pa) 또는 「一切秘密精要의 開顯」(Gsaṅ-ba kun-gyi gnad rnam-par phye-ba shes-bya-ba)이다. ㊄161-53~226. 쫑카파Tsoṅ-kha-pa(宗喀巴, 1357~1419)의 저술이다. 이 책은 티벳 불교의 개혁자이며, 오늘날 티벳과 몽고 불교의 대표적 종파인 黃教 게룩파 Dge-lugs-pa의 開祖인 쫑카파의 밀교에 관한 主著이다.

〔내용〕 내용이 방대하여 441枚로 되어 있으나 略本이나 입문서도 많다. 그의 教義나 실천법은 널리 알려져, 티벳과 몽고에 있어서 密教의 기본으로 되어 있다. 여기서는 克主의 《密宗道次第論》(=續部總建立廣釋. 1937년 法尊이 중국어 번역으로 간행)을 참조하면서 그 내용을 개괄적으로 소개한다. 맨 앞에서 대승불교에는 波羅蜜多乘과 密呪乘이라는 2乘이 있음을 열거하고, 다시 그 밀주승에 作(kriyā)·행(caryā)·瑜伽(yoga)·無上瑜伽(anuttarayoga)라는 4部의 순서가 있음을 서술하는데, 특히 뒤의 둘이 중요한 이유를 강조한다. 그 중 瑜伽에 대해서 5종의 現證菩提, 즉 5相成身觀 또는 5智를 설명하는데, 《탓트바상그라하》*《금강정경》* 등을 典據로서 제시하고 있다. 그리고 無上瑜伽에 대한 전거로서는 《비밀집회》*를 제시하는데, 이것을 전하는 사람들의 流派로는 聖者流(Nāgārjuna流)와 智足流(Jñānapāda流)의 둘이 있다고 한다. 〈轉法輪의 相〉이라는 제목으로 다루고 있는 제2의 문제는 각 시대 각 派의 불교 教義의 大要와 각각의 중요한 典籍을 약술하여 불교史 전체를 小乘·大乘·密教의 3流로 大別하는 것이다. 이 중에서 가장 역점을 두어 설명하는 것은 밀교인데, 여기서도 앞에서와 같이 밀교를 넷으로 구분하고, 다시 이 4部의 각각에 따른 種性을 세분하여 설명을 덧붙인다. 예를 들면, 無上瑜伽部를 事行·毘盧遮那·寶性·彌陀·不空·金剛持의 6종성(kula, 部)으로 나누고, 최후의 금강지(Vajradhara)가 諸尊 중 최고라 한다. 事行部는 세간과 출세간의 2부로 나뉘는데, 출세간部는 다시 如來·蓮花·金剛으로 구분된다. 또 如來部를 部尊·部主·部妃·部類·兒女明王·男女使者·佛部·天龍藥叉의 8부로 나누어, 각각에 소속하는 경전名을 배당하고 있다. 따라서 이것은 神格論이고, 동시에 典籍의 분류이며, 教判論이라고 할 수 있다. 제3의 문제로는 供養法이나 靜慮法을 서술한다. 정려법에 대해서는 有相·無相의 瑜伽로 大別하여 각종의 念誦法을 설하며, 공양법에 있어서는 灌頂法이나 만다라의 畵法 등을 상세히 설한다.

요컨대 이 책은 黃教밀교의 지침서로서 教義·教判·供養法의 일체를 망라하고 있다. 그 설명은 顯教의 경우와 마찬가지로 瑜伽와 中觀을 집대성한 입장에 선 밀교로서, 후기의 인도密教, 특히 《비밀집회》를 중심으로 하는 아티샤Atīśa의 흐름을 계승한 것이다. 이러한 점에서 중국이나 일본 등의 밀교와는 크게 다른 면이 있으며, 이 책에 대한 연구는 아직 미개척 상태이므로 앞으로 기대되는 바가 많다.

**비밀집회 秘密集會**

산스크리트로는《Guhyasamāja-tantra》또는《Tathāgathaguhyaka》라고 칭하는데, 秘密集會軌 또는 如來秘密이라는 의미이다. 前編(pūrvārdha)은 18章, 後編(parārdha)은 약 35章으로 구성되어 있다. 원형은 3세기경에 성립되었다고 보고, 약간의 시기가 지난 후에 전체가 완성된 것으로 본다. 前編은 B.Bhattacharyya에 의해서 출판되어(G.O.S.LⅢ, 《Guhyasamāja-tantra》, 1931) 있는데, 漢譯과 티벳譯(㊗3-174)은 대등한 비교가 가능하다. 漢譯은 985년경에 施護가 번역한《佛說一切如來金剛三業最上祕密大教王經》7卷(㊅18-469, Ⓚ 40-90)이다. 後編은 아직 간행되지 않았으나, 일찌기 Bhattacharyya가 그의 존재에 대해서 주목하였고, 東京大學도서관 및 네팔의 비르Bir 도서관에 다수의 사본이 존재하고 있다고 보고되어 있다. 그러나 「비밀집회」라 할 때는 전편의 18章을 가리키는 것이 보통이다. 후편은 그 내용이 분명히 밝혀져 있지 않으므로 여기서는 전편의 내용에 대해서만 해설하고자 한다.

이 경전의 서두에선 먼저 설법 주체인 大毘盧遮那여래가 요쉬드바가Yoṣidbhaga(淸淨法界)에 거주하고, 동시에 그곳에 거주한 阿閦여래가 大三昧耶만다라를 加持할 때, 대비로자나여래로부터 諸佛의 만다라가 출현하는 순서를 설한다. 이어서 이 대비로자나여래는 실천적으로는 일체 여래의 身·口·意의 주체로서 표현된다. 中觀과 瑜伽唯識의 대승불교가 표현하였듯이 諸佛의 菩提心은 無相의 心으로 나타나야 하고, 아울러 그것은 보살의 실천원리로서 內實性이 풍부한 것으로 나타나지 않으면 안된다. 이러한 의미에서 菩提心은 신체와 언어를 통해서 보이며, 대비로자나여래가 그것을 統御한다고 간주되는 것이다. 이 경지에 도달하기 위해서는 곡예적인 하타요가 Hata-yoga를 포함한 각종의 요가行이 필요하게 된다. 즉 觀想의 대상으로서 볼 때 大三昧耶만다라에 있는 대비로자나는 우주 그 자체(sacarācara)이다. 이 우주를 담아 요가에 의해 心中의 芥子(sarṣapa) 속에 재현하는 行이 觀想(bhāvanā)이고, 그 최상의 단계에 도달한 것을 微細요가(sūkṣama-yoga)라든가 最上觀想이라고 칭한다. 이 경전의 내용은 성립사적으로 보아 3단계로 이루어진다고 보는 주장이 있다. 즉 제1의 前分(제1장~12장)에서 각 集會탄트라 tantra의 기본이 성립하고, 제2의 後分(제13장~17장)에서 그것이 집성·조직되며, 마지막으로 그것들을 해설·요약한 형태인 제18장이 첨가되어 지금과 같은 모습으로 되었을 것이라고 한다. 그리하여 최후의 제18章은 初會의《금강정경》*인《眞實攝經》(→탓트바상그라하)에 대하여 최종儀軌(uttaratantra)의 입장에서 있다고 간주되어, 앞의 17장과 구별되어 있다.

인도와 티벳에서 이 경전이 유행하였음은 梵文과 티벳譯의 주석이 현재 많이 남아 있다는 점에서 알 수 있는데, 이러한 유행이 이어서 중국과 일본의 불교에 전해지게 되었다. 梵本은 근래에 교정·출간되었다.

〔참고문헌〕 논문으로 長澤實導의〈구햐사마자의 基調〉(智山學報 5輯), 羽田野伯猷의〈티벳佛教形成의 一課題〉(日佛年報 16), 松長有慶의〈祕密集會탄트라의 成立過程〉(印佛硏 4의 2) 등이 있는데,《講座·大乘佛教》제1의《大乘佛教란 무엇인가》(春秋社, 1981 ;《大乘佛教概說》로 국내에서 번역됨. 김영사, 1984)에 실린 津田眞一의

논문 〈大乘佛教와 密教〉는 다른 밀교 경전과의 관계와 사상을 밝히고 있다. 단행본으로는 Yūkei Matsunaga의 《The Guhyasamāja-tantra : A New Critical edition》(《高野山大學論叢》제10권, 1975)이 있다.

## 비화경 悲華經

원명은 《Karuṇāpuṇḍarīka》(白蓮華와 같은 연민)이다. 漢譯은 曇無讖이 419년에 번역한 《비화경》10卷(㊅3-167, Ⓚ 9-1195, ㊞9)과 失譯 《大乘悲分陀利經》8卷(384~417년경 번역, ㊅3-233, Ⓚ 9-1113)의 2本이 현존하고, 티벳譯(㊌29)도 있다. 또한 토카라語 佛典 속에 이 경전에 상당하는 것으로 생각되는 斷片이 발견되어 있다(S. Lévi 〈Un légende du Karuṇāpuṇḍarīka en langue tokharienne〉, 《Festschrift W. Thomsen》, Leipzig, 1912, S.155~165).

〔내용〕 이 경전의 주제는 釋迦如來의 穢土成佛을 찬탄하는 데 있는데, 그 大悲를 고양하기 위해 阿彌陀佛을 비롯한 諸佛과 보살의 淨土成佛을 대비시켜 각각의 本生이나 本願을 설명한 이색적인 경전이다. 산스크리트本에 의하면 6章으로 구성되는데, 曇無讖의 번역도 마찬가지로 6品이다. 먼저 제1章(轉法輪品)과 제2章(陀羅尼品)에서는 아미타불의 극락세계와 유사한 蓮華尊(Padmottara)여래의 연화(Padmā)세계를 묘사하여 이것을 도입부로 삼고, 제3章(大施品)으로 들어가면 寂意(Śāntimati)보살로 하여금 부처님이 五濁의 예토에 출현한 이유를 묻게 하고, 이에 대해 이 不淨한 佛國土에 부처님이 출현한 것은 前世의 서원(本願)에 의한 大悲心의 발로라고 하는 本經의 주제를 명시한다. 이하에선 이것을 받아들여 諸佛과 보살의 本生을 소개한다. 옛날 無諍念(Araṇemin)이라 하는 전륜성왕이 세상을 다스릴 때, 寶海(Samudrareṇu)라는 대신이 있었는데, 그 아들이 成佛하여 寶藏(Ratnagarbha)여래가 되어 무쟁념王에게 시방세계를 보여주고, 淨土를 취하느냐 不淨土를 취하느냐 하는 것은 보살의 本願力에 의하는 것이라고 가르치고 나서 1000人의 왕자들에게도 각각 無上菩提心을 일으키게 한다. 이에 제4章(諸菩薩本授記品)에서는 먼저 무쟁념王이 寶海의 권청에 의해 淨土成佛의 서원을 일으켜 寶藏如來로부터 장래에 無量壽(Amitāyus=Amitābha, 阿彌陀)佛이 되리라고 授記된다. 또한 1000人의 왕자들도 차례로 觀世音·得大勢·文殊師利·普賢·阿閦佛 등이 되리라고 授記된다. 다음, 寶海의 아들 80人과 300萬(漢譯에선 3억)의 제자들도 無上菩提心을 일으켜 穢土成佛을 원하지만, 아직 貪·瞋·癡가 없는 시대를 택하여 五濁惡世의 중생을 구제하는 일에 힘쓰지 않음을 한탄한다. 끝으로 寶海 혼자서 「500의 誓願」을 일으켜 惡世에 성불하길 원한다. 寶藏여래는 이를 찬탄하여 白蓮華와 같은 4法精進의 보살·大悲보살이라 칭하고, 娑婆(sahā)세계에서 釋迦여래라고 호칭될 것임을 記別한다. 제5章(檀波羅蜜品)에서는 大悲보살의 보살행과 布施바라밀을 主로 한 여러가지 本生話가 계속된다. 제6章(入定三昧門)에서는 釋迦여래의 入定三昧를 제시하고, 10종의 經名을 열거하며, 無怨佛宿(Merupuṇya)이라는 夜叉의 仙人에게 이 경전을 부촉함으로써 전체를 종결한다. 이와 같이 이 경전은 정토성불과 예토성불을 대조적으로 서술하여 예토성불의 석가여래가 지닌 大慈悲를 칭송한 경전이다. 석가여래의 「500誓願」이 구체적인 조항으로 소개되어 있지 않기 때문에 그것이 실제의 숫자라고는

보기 어렵지만, 중요한 점은 浄土成佛의 다양한 誓願說에 대한 탁월성을 나타낸 것일 것이다. 여기에 설해진 아미타불 · 아촉불 등의 誓願說은 앞선 《무량수경》*《阿閦佛國經》 등에서 설해진 바를 답습한 것이지만, 그래도 이 경전에선 변용과 증광도 발견되므로 本願사상의 전개상 중요한 의의를 지니고 있다. 이 밖에 《반야경》(→대품 · 소품 · 대반야)이나 《법화경》* 등 여러 경전의 영향도 인정되어, 이 경전이 대승경전으로서 비교적 후대에 편찬된 것임을 보여준다. 아마도 3~4세기경에 성립되었다고 볼 수 있을 것이다.

〔참고문헌〕 梵文 원전은 이제까지 2회 출판되어 있다. 즉 Ś.C.Dās와 Ś.C.Śāstri가 편집한 《Karuṇāpuṇḍarīkam》(Calcutta, 1898), I.Yamada가 편집하고 서문과 註를 단 《Karuṇāpuṇḍa-rīka》(2vols. London, 1968)이다. 日譯은 譯一經集部5에 있다. 연구서로는 望月信亨의 《浄土教의 起原及發達》(1930, 複刻版은 1972), 宇治谷祐顯의 《悲華經의 研究》(1969)가 있다. 논문은 J.W.de Jong의 〈Review of Karuṇāpuṇḍarīka, ed. I.Yamada〉(IIJ, XIII, 1972, pp.301~303)가 있다.

㉳

## 사르바다르샤나 상그라하 Sarva-darśana-saṃgraha 全哲學綱要

마다바 Mādhava(1350년경)의 저술로서 《Government Oriental Series》No.1에 실려 있다. 베단타Vedānta철학의 입장을 취한 저자는 진리(Brahman)를 단순한 추상적 관념으로서가 아니라, 현실 속에서 그 자체를 특수화하면서 오히려 그것들을 초월한 절대적 정신으로서 파악한다. 따라서 진리의 구체적 내용은 다양하게 전개되며, 서로 對立·抗爭하는 사상사적 현실 그 자체에 지나지 않는다. 이러한 입장에서 사상계에 있어서의 대립하는 여러 哲學說을 객관적이고 전체적으로 서술함으로써 만족스럽게 진리의 파악에 이르게 된다. 이러한 견해 하에서 베단타 학파에서는 많은 각종의 철학 체계에 대한 개괄적인 綱要書를 저술하였다. 그 중에서도 가장 대표적인 것이 이 책이다.

여기서 취급하는 「一切의 哲學說」은 Cārvāka說을 필두로 하는 後述의 16학설인데, 저자는 특히 샹카라Śaṅkara의 不二一元論의 입장에서서, 이것을 「全哲學의 왕관」이라 하여 究極의 위치에 놓고, 이를 향하여 순차적으로 15학설을 서술한다. 그 실제에 있어서는 각 학설이 근거로 삼는 각각의 典籍을 인용하여 서술의 객관성을 기하고, 全學說을 不二一元論으로 향하여 위치를 정해 줌으로써, 각 학설을 구극의 입장으로 가는 한 단계로서 그 사상적 존재 가치를 인정하고자 한다. 그러나 이 위치 부여에 있어서 사상의 역사적·시간적 변천에 대한 고려가 완전히 배제되어 있음은 印度的 사유의 한 특질로서 주목된다. (中村元《哲學的思索의 印度的展開》pp.52ff.참조)

諸학설의 서열을 정하는 기본 원리는 《베다》* 성전의 권위를 인정하느냐 않느냐 하는 것이다. 그리하여 모든 학설은 그것을 거부하는 異端派(Nāstika)와 승인하는 正統派(Āstika)의 둘로 大別된다. 이어서 不二一元論과의 사상적인 親疎 관계에 따라 自說과 가장 거리가 먼 ① Cārvāka說(Lokāyata : 唯物論)을 맨 밑에 두고 차례로 ② 불교說, ③ Ārhata說(자이나교說)을 두는데, 이 셋은 異端派이다. 계속하여 비쉬누 Viṣṇu派로서 ④ Rāmānuja說, ⑤ Pūrṇa-prajña(Madhva)說을 들고 쉬바 Śiva派로서 ⑥ Nakulīśa-pāśupata說(獸主外道), ⑦ Śaiva說, ⑧ 再認識說(Pratyabhijña), ⑨ Raseśvara(水銀派)說을 든다. 그리고 ⑩ Aulūkhya(勝論派)說, ⑪ Akṣapāda(正理派)說, ⑫ Jaimini(미망사派)說, ⑬ Pāṇini(文法學派)說, ⑭ Sāṃkhya(數論)說, ⑮ Patañjali(요가派)說을 서술하고 마지막으로 ⑯ Śaṅkara說에 이른다.

이상과 같은 서술이 논리적으로나 체계적으로 꼭 首尾一貫한 것이라고 말하기는 어려우나 그렇다고 단순히 학설을 유형적으로 나열한 것이라고도 할 수 없다. 한 학설로부터 다른 학설로 移行함에 있어서 하나의 과제를 제기하여 連繫하고자 노력한 흔적이 보인다. 그리고 일반적으로는 앞의 학설을 뒤의 학설에 의해 비판하고 논란하면서 구극의 입장으로 향해 서술을 전개하여 나간다. 여기서 하나의 예로서 불교說을 중심으로 하여, 차르바카 Cārvāka說로부터 불교說로, 불교說로부터 아르하타Ārhata說로의 移行을 간단히 더듬어 본다. 차르바카說은 일체의 정신적 가치를 인정하지 않고 오직 육체에 입각한 감각적인 쾌락만을 추구한다. 때문에 「육체가 재로 되어 버린 자에게 어떤 再生이 있을 것인가」하고, 死後세계의 존재도 인정하지 않는다. 이러한 견해는 인식론적으로는 現量만을 인정하고 다른 어떠한 量도 인정하지 않는 것이다. 바로 이러한 점에서 現量과 함께 比量을 인정하는 불교 瑜伽行派로부터의 비판을 끌어내어 불교說의 단계에로 나아간다. 불교說로서는 中觀派 · 瑜伽行派 · 經量部 · 毘婆沙師의 4派의 이름을 들고, 차례로 이들이 각각 一切空性 · 外境空性 · 外境所比性(bāhya-artha-anumeyatva) · 外境現量性 (bāhya-artha-pratyakṣatva)을 주장하는 것으로 삼고 있으나, 주로 비판의 대상이 된 것은 瑜伽行派이다. 곧 識에 대한 刹那滅을 주장하는 瑜伽行派의 입장이 實體로서의 5원리(法 · 非法 · 虛空 · 命我 · 素材)를 說하는 아르하타說(자이나교)의 입장으로부터의 반박을 유발시킨다. 이리하여 아르하타說의 단계로 나아간다.

여기서 취급하고 있는 16학설 및 거기에 포함된 여러 과제의 타당성에 대해서는 비판의 여지가 있으나 이를 통해서 인도에 있어서의 철학 비판의 한 유형을 볼 수 있다는 점, 또 인도의 思想史 그 자체 속에서 어떠한 학설이 철학적 입장으로서 중요시되었는가 하는 점, 나아가 각 학설의 내용이 어떠한 것으로서 이해되었는가 하는 점을 알아낼 수 있다는 면에서 귀중한 문헌의 하나라 할 수 있다.

〔참고문헌〕 完譯된 것으로는 E.B.Cowell & A.E.Gough《The Sarva-darśana-saṃgraha》(1882)가 있고 部分譯으로는 다음과 같은 것들이 있다.

H.T.Colebrooke《On the philosophy of the Hindu》Transactions of the Royal Asiatic Society of Great Britain and Ireland, Ⅰ. London, 1828(Ārhata가 번역됨).

Sylvain Lévi《Deux Chapitres de Sarvadarśanasaṃgraha》BEHE(Sr.), Ⅰ.Paris, 1889(Pāśupata와 Śaiva가 번역됨).

Louis de la Vallée Poussin《Le Bouddhisme d'aprés les Sources Brahmaniques》Le Muséon N.E.2. 1901~2(Bauddha가 번역됨).

P.Deussen《AGPh》I. Leipzig, 1894f.(Cārvāka · Bauddha · Ārhata · Rāmānuja · Pūrṇaprajña · Pāśupata · Śaiva · Pratyabhijñā · Rāseśvara가 번역됨).

《Festschrift E.Windisch zum siebzigsten Geburstag am 4. September 1914》Leipzig, 1914(Rāseśvara가 번역됨).

M.Hara《Nakulīśa-Pāśupata-Darśana》Indo-Iranian Journal, vol.2.The Hague, 1958.

中村元《말의 形而上學》1955, p.390(Pāṇini說이 번역됨).

〈順世派研究資料〉《宗教研究》新 XI-3. 1934(Cārvāka가 번역됨).

이 밖에 논문으로는 井原徹山〈라마누자의 學說〉(《佛教研究》Ⅳ-4, 1940), 荻原雲來〈佛教의 組織〉(《雲來文集》1938)이 있다. 이와 관련된 국내의 논문으로 李芝洙의〈印度佛教哲學의 몇 가지 問題들—마드하와(Mādhava)의 全哲學綱要와 관련하여〉(《韓國佛教學》제11집, 1986)가 있다.

## 사명십의서 四明十義書 2卷

知禮(960~1028)의 찬술이다. ㊅46-831. 天台智顗가 찬술한《金光明玄義》는 唐시대 말기 5代의 난 이후 廣 · 略 2本이 유포되어 있었으나, 廣本 중의 10종의 觀心 등은 후세에 첨가된 것이라고 주장하는 慈光悟恩의《金光

明玄義發揮記》가 저술되었다. 그리고 慈光의 제자인 源清·洪敏도 難詞 20條를 작성한 이래, 이 문제가 발단이 되어 소위 山家·山外의 논쟁이 전개되어, 80여년에 걸쳐 정통파로 간주되는 山家派와 反主流派인 山外派의 대립이 발생했다. 이 대립의 제1 논쟁이라고도 불릴 만한 사건이 咸平 3년(1000)에서부터 7년간에 걸쳐 벌어졌다. 이것은 주로 山家派의 거장 知禮와 山外派의 慶昭·智圓 사이에 문답 서간이 5회에 걸쳐 교환된 것이다. 이 왕복 문서를 景德 3년(1006)에 編述한 것이 이 책이다. 그런데 이에 대해 다음 해에 慶昭가 반론한 《答十義書》를 재반론했던 《觀心二百問》을 비롯하여 고래로 山家山外논쟁이라 불리는 주요한 내용도 이 책에는 수록되어 있다. 이 논쟁에 있어서 山外派의 주장은 거의 현존하지 않으나 이 책에서 인용된 悟恩의 《金光明玄義發揮記》, 이에 답한 知禮의 《釋難扶宗記》, 慶昭·智圓의 《辨訛》, 이를 힐난한 지례의 《問疑書》, 경소의 《答疑書》, 이에 대한 지례의 《詰難書》, 경소의 《五義書》, 이에 반박하는 지례의 《問疑書》《覆問書》, 경소의 《釋難書》 등 10종의 문답 왕복 문서를 編述한 것이 이 책이므로, 山外派의 주장이 山家派의 입장에서 인용되어 있다고는 말할 수 없고, 이 7년 논쟁의 내용을 알 수가 있다. 지례는 이 책을 편술하기 2년 전에 《十不二門指要鈔》를 저술하였고, 이 책의 집성 후에는 《觀心二百問》 등을 작성하게 되는데, 이들을 아울러 살펴보면 그의 의도는 어디까지나 天台 정통의 올바른 교의를 천명하고자 함에 있었음을 엿볼 수 있다. 앞의 두 책과 《觀經妙宗鈔》 등에 의해 知禮의 교학 내용은 뒷받침된다. 이 《4명10의서》는 어디까지나 논쟁에 초점을 맞추어 편술된 것이므로 근대에 새로운 자료가 발굴되기 이전까지는 山家山外논쟁의 유일한 자료로서 중시되었던 것이다.

한편 이 책은 단순히 5회의 문답을 편집한 것이 아니라 「①能觀의 法을 이해하지 않는다 ②所觀의 法을 식별하지 않는다 ③內外의 2境을 구분하지 않는다. ④事理의 2造를 분별하지 않는다 ⑤觀法의 功을 밝히지 않는다 ⑥心法의 다스림을 근본으로 하지 않는다 ⑦觀心의 단계를 알지 않는다 ⑧觀心의 뜻을 모으지 않는다 ⑨文을 소화하는 데 능하지 않다 ⑩理를 궁구하는 데 익숙하지 않다」는 10義 항목 아래, 觀心의 문제를 중심으로 완전히 編者의 주장을 강조하는 형식으로 편술한 것이기 때문에, 공정하게 자료를 수집한 것이라고는 말할 수 없다. 그러나 반면에 이것은 知禮의 저작인 만큼, 그의 주장이 이를 통해 확실히 이해된다. 이와 같은 논쟁의 자료가 근대에 일본에서 발견되었다. 明治 末年에 續藏經을 편찬할 때에 東福寺의 古藏으로부터 知禮의 《釋難扶宗記》, 源清等의 《難詞20條》, 제1차 이후의 논쟁에 관계되는 仁岳의 《十門析難書》《止疑書》《抉膜書》《十諫書》, 知禮의 《解謗書》 등이 발견된 것이다.

〔참고문헌〕 이 책을 중심으로 한 논쟁의 내용에 대해서는 島地大等의 《天台教學史》 《十不二門講義》, 石津照璽의 《天台實相論의 研究》, 安藤俊雄의 《天台性具思想論》 등이 상세하다. 日譯은 [譯一] 和漢部, 諸宗部14에 있다.

## 사문과경 沙門果經 Sāmaññaphalasutta

팔리語로 씌어진 南方上座部의 經藏인 長部의 제2經으로서 漢譯 장아함 제27經인 《沙門

果經》(㊅1-107, ⓚ 17-963, ⓗ1), 增一阿含經 권39의 제7經(㊅ 2-762, ⓚ18, ⓗ8의 2) 및 《寂志果經》(㊅1-270, ⓚ 19-245, ⓗ5)이 이에 해당한다.

이 경전의 전반부에서는 六師外道의 설을 소개하여 유명하다. 이러한 유례를 다른 경전에서는 거의 찾아볼 수 없는 중요한 자료이다. 후반부에서는 불교의 중심 사상을 소개하고, 沙門이 현세에 얻는 과보와 戒·定·慧의 3學을 자세히 설명하고 있다. 6師外道란 붓다의 시대에 정통 바라문의 권위를 인정하지 않고 자유로운 입장에 서 있었던 6인의 사상가를 말한다. 즉 푸라나캇사파 Pūraṇa-Kassapa·막칼리고살라Makkhali-Gosāla·아지타케사캄발린Ajita-Kesakambalin·파쿠다캇차야나 Pakudha-Kaccāyana·니간타나타풋타Nigaṇṭha-Nāthaputta, 산자야벨랏티풋타Sañjaya-Belatthiputta의 6인이다. Ajita는 地水火風의 4원소만이 진실한 實在라 한다. 인간도 이들 4원소로 구성되어 죽으면 無로 돌아가고, 영혼은 물론 아무것도 남지 않는다. 現世도 來世도 없고, 제사는 무의미하다고 하여 唯物論·快樂論을 설했다. 인도에서 말하는 順世派(Lokāyata)의 원조이다. Pakudha는 인간이라는 개체는 4원소 외에 苦·樂·生命(jīva : 영혼)의 셋을 더한 7요소로 구성된다고 설했다. Pūraṇa는 완전한 도덕부정론을 설했다. Gosāla는 생명체의 구성 요소로서 영혼·地·水·火·風·허공·得·失·苦·樂·生·死의 12종이 있다고 생각했다. 인간 생활에 있어서의 윤회나 해탈도 無因無緣이며, 모든 운명은 결정되어 있다고 설했다. 그는 生活派(Ājīvika : 邪命外道)에 속한다. Sañjaya는 회의론을 설했는데, 붓다의 2大 제자인 舍利弗과 目連도 처음에는 그의 제자였다고 한다. Nigaṇṭha는 자이나교의 개조인 Mahāvīra이다.

〔참고문헌〕 宇井伯壽의 〈六師外道研究〉(《印度哲學研究》제2)는 이 경전의 연구를 통해 붓다 시대의 인도에는 정통 바라문의 사상 계통과 일반사회의 사상 계통이라는 2大 조류가 존재했음을 입증하고, 이 두 조류를 초월한 곳에 붓다의 입장이 있음을 밝혔다. 영역된 원전으로는 T.W.Rhys Davids & J.E.Carpenter 《The Dīgha-Nikāya》vol. Ⅰ (PTS, 1889), 이와 같은 내용으로서 T.W.Rhys Davids 《Dialogues of the Buddha》 Part Ⅰ (1899)이 있다. 獨譯으로 R.O. Franke 《Dīghanikāya》(1913), 日譯으로는 南傳 Ⅵ에 각각 실려 있다. 연구로는 中村元 《原始佛教》5vols. (春秋社) 참조.

**사문불경왕자론** 沙門不敬王者論 1卷

404년 慧遠(334~416)의 찬술이다. ㊅ 52-29(《弘明集》卷5에 수록됨). 東晋시대 桓玄의 불교 탄압에 대하여, 불교 교단은 국가 권력의 밖에 있음을 선언한 것이다. 東晋시대에 庾氷은 불교의 사문이 王者에게 열심히 禮敬해야 한다고 주장하였고, 다시 安帝의 시기에는 桓玄이 유빙의 의견을 지지하여 불교 교단을 국가의 권력下에 종속시키고자 하였다. 이에 대해 불교인의 주장을 분명히 주장하여, 사문이 帝王을 예배하지 않는 이유를 논술한 것이 이 책이다. 인도불교의 이념으로는 法(다르마) 앞에서는 帝王이나 沙門이 서로 동등하고 法이야말로 불변의 진리라고 간주되어 있었으나, 중국에 불교가 수용되어 그 세력이 강대하게 됨에 따라 국가 권력과 불교의 이상은 충돌하지 않을 수 없게 되었다. 이 책의 내용을 보면, 먼저 서론에서 저자인 혜원이 이 책을 찬술하기에 이른 이유를 서술하고, 이어서 제1〈在家〉와 제2〈出家〉에 있어서는 불교에서 뜻하는 출가의 본질을 논하는데, 출가자의 생활은 세속을 초월하지 않으면 안됨을 강조했다. 다음의 제3〈求宗不順化〉는「宗을 구하는 것은 化에 따르지 않는다고 하는 것에 대하여」논하는데, 구극의 道를 구하는 것은 세속적인 생계를 부정하는 것이라 한다. 제4〈體極不兼應〉은「구극의 道를 체득한 것은 겸하여 응하지 않는다고 하는 것에 대하여」논한 것이고, 끝으로 〈形盡神不滅〉은「形(육체)은 다하더라도 神(정신)은 불멸이다고 하는 것에 대하여」밝힌 것이다. 그러나 이 책에서 나타나는 바의 불교인의 기백, 즉 종교적 진리를 지켜 세속의 권위를 한 걸음이라도 접근하지 못하게 했던 기백도 시대가 지나면서 점차 타협하고 영합하는 길을 걷기에 이르렀다.

唐의 彦悰은 이 책을 기초로 하여 국가 권력에 굴복하지 않는 역대의 不拜論을 집록한 《集沙門不應拜俗等事》6卷을 편집했다.

## 사백론 四百論 Catuḥśataka

아랴데바Āryadeva(提婆·聖天, 3세기)의 저술로서 16品 400頌으로 되어 있다. 티벳譯《Bstan-bcos bshi-brgya-pa》(㊎95-131~140)가 현존한다. 漢譯 廣百論本은 玄奘의 번역인데(㊅30-182 Ⓚ 16-568, ㉻126), 이는 원전의 後半 8品 200頌에 상당한다.

〔내용〕《百論》*《百字論》과 아울러 저자의 기본적 저술로서, 오히려 그의 主著라 할 만한 것이다.《백론》과 마찬가지로 나가르주나에게서 받아들인 대승의 空觀의 입장으로부터 他派의 학설을 反論하는 데에 주안점을 두고 있다. 전체를 大別하면 說法百義로 註釋된 前半 8品과 論議百義라 불리는 後半 8品으로 二分된다. 說法百義는 주로 실천의 입장에서 常·樂·我·浄의 4執을 비롯한 여러가지 번뇌를 제거하여 菩薩行에 힘쓰는 방법을 설하고, 끝으로 제8品에서 실천 방법의 근본인 空無自性의 의의를 開示한다. 이 제8品에서 설한 바를 入門으로 삼아 전개한 것이 論議百義 8品인데, 순차적으로 常·我·時·見·根과 境·邊執·有無相 등을 논파한 후, 제16品에서는 제자에 대한 教誡라 하여 다시 空性·空義를 설하는 것으로 결론을 삼는다.《百論》과 비교하면, 그의 捨罪福品 제1이 本書의 前半 8品에 해당하는 것이라고 이해된다. 이 책은 인도와 티벳에서 오랫동안 널리 보급되었으나, 중국에서는 後半 8品에 대한 護法(Dharmapāla)의 釋만이《大乘廣百論釋論》(㊅30-187)이라는 이름으로 玄奘의 번역에 의해 전해졌다. 티벳에서는 月稱(Candrakīrti)의 주석인《Byaṅ-chub sems-paḥirnal-ḥbyor-spyod-pa bshi-brgya-paḥi rgya-cher ḥgrel-pa》(보살의 瑜伽行을 설한 四百頌의 廣釋, ㊎98-183)와 함께 전해져 있다. 20세기 초에 산스크리트 斷片이 발견되어 공표된 이래, 많은 학자들이 티벳譯과 대조하여 짜맞추며 연구했다.

〔참고문헌〕연구 및 번역으로는 Haraprasad Śāstri의 《Catuḥśatikā by Ārya Deva》(Memoirs of the A.S.B., vol.Ⅲ, 1910~14, 산스크리트 斷片), P.L. Vaidya의 《Études sur Āryadeva et son Catuḥśataka, chaps.Ⅷ~ⅩⅥ》(Paris, 1923), V. Bhattacharya의 《The Catuḥśataka of Āryadeva》(Calcutta, 1931)가 있다. 이 중에서 맨 뒤의 것은 산스크리트 斷片과 티벳譯을 대조하고 일부는 梵本으로 환원하였으며, 제2部라는 이름으로 後半 8品만을 출판한 것인데 제1

部는 未刊이다. 같은 저자에 의한 還元 梵本과 英譯도 있다. 일본에서의 연구로는 山口益의 〈月稱造四百觀論釋疏의 序에 대하여〉와 〈聖提婆造四百觀論에 있어서 說法百義의 要項〉(《中觀佛教論攷》, 1944)이 있다. 漢譯에 대한 日譯은 譯一 中觀部3에 실려 있다.

## 사분율 四分律 60卷

《四分律藏》이라고도 한다. 인도人 佛陀耶舍가 중국人 竺佛念의 협력을 얻어 410~412년에 長安에서 번역했다. ㊅22-567, Ⓚ 23-1, ㊥93 · 94 · 96. 梵本은 발견되지 않았고, 티벳譯도 없다. 法藏部(法密部, 曇無德部, Dharmaguptaka)가 가지고 전했던 律藏이다. 법장부는 上座部系의 부파인데, 스리랑카의 《島史》*와 《大史》*에 의하면 化地部로부터 분파했다고 하며, 《이부종륜론》*에 의하면 佛滅 300년 중반에 마찬가지로 化地部로부터 분파되어 나왔다고 한다. 붓다가 제자의 일상생활의 규칙으로서 제정했던 계율 및 교단(僧伽, saṅgha)의 규칙이 제1結集 때에 집성되어 律(vinaya, 毘尼)이라 불렸다. 이것이 다시 佛滅 후의 교단에서 정비 · 증보되고 한데 모아져서 律藏이 되었다. 원시교단이 佛滅 100년경에 진보적인 大衆部와 보수적인 上座部로 분열하고, 다시 그 각각이 많은 부파교단으로 분화했다. 그 때문에 律藏도 각각의 부파에서 전승되었다. 法藏部에서 전승하고 있던 율장을 《四分律》이라 부른다. 현존하는 율장에는 더욱 많은 것이 있으나(→비나야피타카), 그것들은 어느 것이나 붓다가 제정한 律이 전승되는 과정에서 분리된 것이기 때문에 골자는 어느 율장과도 동일하다. 다만 세부적으로는 차이가 있다.

《4분율》은 네 부분으로 나뉘어 있으므로 「4분율」이라 불리는데, 이 구별은 내용에는 관계가 없다. 내용은 팔리律(→비나야피타카)의 經分別과 犍度部에 상당하는 것이 순서대로 서술되어 있다. 조직은 팔리律에 잘 부합하여, 비구(남자 수행승)가 지켜야 할 계율로서 波羅夷法(교단으로부터 추방되는 殺 · 盜 · 婬 · 妄의 중죄) 4조, 僧殘法(교단의 전원 앞에서 참회하여 근신이 부과되는 죄) 13조, 不定法 2조, 捨墮法(비구의 소유물에 관한 규칙. 규칙에 어긋난 물건을 버리고 참회하도록 한다) 30조, 波逸提法(單墮法이라고도 한다. 도덕 관계의 죄. 범할 경우엔 2~3인의 비구 앞에서 참회한다) 90조, 波羅提提舍尼法(悔過法이라고도 한다. 식사에 관한 輕罪) 4조, 衆學法(行儀作法에 관한 규정. 범하더라도 마음 속으로 참회하면 된다) 100조, 滅諍法(승가에 쟁론이 일어났을 경우의 裁定法) 7조로서 총 250조(250戒)의 규칙을 서술하고 설명한다. 이러한 조문들만을 모은 것을 戒本(戒經)이라 한다. 戒本에 대해 律藏을 廣律이라 한다. 이어서 비구니(여성의 출가 수행자)의 계율을 설한다. 비구니戒의 조직은 비구戒와 같지만 不定法의 항목이 없다. 또 비구戒와 비교하여 조문의 숫자가 많다. 《4분율》에서는 총 348조(한마디로 비구니 500戒라 한다)이다. 그 내용은 바라이法 8조, 승잔법 17조, 사타법 30조, 바일제法 178조, 바라제제사니法 8조, 중학법 100조, 멸쟁법 7조이다. 이 중 비구戒와 공통되는 조문이 205조인데, 이에 대한 설명은 생략되어 있다. 다음엔 교단(승가)의 조직이나 운영에 관한 규정을 설한다. 이것은 팔리律의 犍度部에 상당하는데, 22章(22건도)으로 되어 있다. 入團규칙을 제시하는 受戒건도, 매월 2회의 집회(布薩) 운영을 제시하는 說戒건도, 雨期 3개월의 定住

생활을 설명하는 安居건도 등등이다. 마지막으로 佛滅 직후의 제1結集과 100년 후의 제2結集에서 教法과 戒律이 어떻게 결집되고, 邪說이 배격되었는가를 보여주는 2章이 부가되어 있다. (犍度部의 내용에 대해서는 《비나야피타카》항을 참조). 건도부의 다음에는 〈調部〉와 〈毘尼增一〉의 2章이 있다. 이것은 250戒의 해설이나 건도부의 설명을 보충하는 부분으로서 후세에 부가된 것이다.

이상과 같은 내용의 《4분율》 외의 4분율系로는 비구戒의 조문을 모은 《四分僧戒本》(佛陀耶舍의 번역, ㊅22-1023, Ⓚ 23-725), 懷素가 《4분율》속에서 비구戒 및 비구니戒의 조문을 발췌하여 편집한 《四分律比丘戒本》1卷과 《四分比丘尼戒本》1卷이 있다(㊅22-1015, Ⓚ 23-764). 승가의 회의는 羯磨作法에 의해서 진행되는데, 이것을 설명하는 것이 犍度部이고, 건도부로부터 갈마를 발췌하여 편집한 것을 羯磨本이라 한다. 四分系로는 《曇無德律部雜羯磨》1卷(㊅22-1041, Ⓚ 23-924), 《羯磨》1卷(㊅22-1051, Ⓚ 23-878), 《四分比丘尼羯磨法》1卷(㊅22-1065, Ⓚ 23-940) 등이 있다.

중국에서는 《4분율》 《10송율》* 외에 《五分律》《摩訶僧祇律》《根本說一切有部律》(→십송율) 등이 번역되었다. 《摩訶僧祇律》(㊅22-227, Ⓚ 21-1)은 法顯이 中인도의 파트나 부근에 있는 阿育王塔天王精舍에서 발견하고, 사본을 얻어 갖고 와서 佛馱跋陀羅와 함께 416~418년에 번역한 것인데, 40卷으로 되어 있다. 大衆部의 律로서 그 조직이 上座部 계통의 여러 律과는 상당히 다르지만 내용의 골자는 합치한다. 내용은 상세하지만 조직이 복잡하다. 티벳譯은 없다. 《五分律》(㊅22-1, Ⓚ 22-971)은 法顯이 스리랑카에서 발견하여 갖고 돌아왔으나 번역하지 않아 없어진 것인데, 남아 있던 梵本을 인도의 佛馱什이 慧嚴·竺道生과 함께 422~423년에 번역한 것으로서 30卷으로 되어 있다. 역시 티벳譯은 없다. 이것은 분량도 적고 내용도 간결하다. 《마하승기율》과 《5분율》은 《10송율》과 《4분율》 후에 번역되었고, 내용이 복잡하거나 간략하여 이해하기 곤란한 점이 있었기 때문에 , 이들에 대해선 후세에 그다지 연구되어 있지 않다.

〔참고문헌〕 日譯으로는 《4분율》이 [譯一] 律部1~4, 《마하승기율》이 [譯一] 律部8~11, 《5분율》이 [譯一] 律部13·14에 각각 수록되어 있다. 연구 서적으로는 다음과 같은 것들이 있다. 境野黃洋 《律藏硏究》上下([譯大] 附錄, 1928), 西本龍山 《四分律比丘戒本講讃》(1955), 平川彰 《律藏의 硏究》(1960), 佐藤密雄 《律藏》(大藏出版社 발행 《佛典講座》4, 1972). W.Pachow & Ramakanta Mishra 《The Prātimokṣa-sūtra of the Mahāsāṅghikas (Allahabad : Ganganatha Jha Research Institute, 1956). Gustav Roth 《Bhikṣuṇī-Vinaya》(Patna : K.P. Jayaswal Research Institute, 1970). Charles S. Prebish 《Buddhist Monastic Discipline, the Sanskrit Prātimokṣa Sūtra of the Mahāsāṅghikas and Mūlasarvāstivādins》(The Pennsylvania University Press, 1975). B. Jinananda M.4 《Abhisamācārikā-Bhikṣuprakīrṇaka》(Patna : K.P. Jayaswal Research Institute. 1961).

국내에서 발간된 연구서로는 李智冠의 《南北六部律藏比較硏究》(1976)와 《比丘尼戒律硏究》(1971)가 있다.

## 사분율행사초 四分律行事鈔

본래의 명칭은 四分律刪繁補闕行事鈔인데

약칭으로는 行事鈔·六卷鈔라고도 하며, 3卷本·6卷本·12卷本이 있다. ㊅40-1. 道宣(596~667)이 626년에 찬술하였다가 630년 또는 634년에 다시 수정하여 완성했다고 한다. 중국에서 예로부터 유포된 律의 주석에 있어서 번잡(繁)한 것은 깎아내고 부족한 것은 채워서 《사분율》*을 기본으로 하여 계율의 행사를 설명한 책이다. 《4분율》을 規準으로 하면서도 《4분율》만으로는 설명하기가 불완전한 점이나 의미가 분명하지 않은 점은 폭넓게 《10송율》*《摩訶僧祇律》《5분율》 등의 廣律은 물론, 《薩婆多論》《毘尼母經》《摩得勒伽》《明了論》《善見律》(→선견율비바사) 등의 律에 대한 주석을 참조하고, 다시 대·소승의 經을 인용하여 계율의 운영을 종합적으로 해설했다. 같은 도선의 저술인 《사분율羯磨疏》와 《사분율戒本疏》를 합하여 律宗의 3大部라 일컬어진다.

〔내용〕 전체는 30篇으로 구성된다. 3권本을 중심으로 하여 각 篇을 열거하면, 제①卷에서 제1 標宗顯德편은 계율의 正宗을 제시하고 3보住持의 덕을 제시하며 修學을 권한다. 다음의 集僧通局편·足數衆相편·愛欲是非편·通辨羯磨편·結界方法편·僧網大綱편 등에서는 불교 교단의 성립, 조직을 밝힌다. 다음의 受戒緣集편·師資相攝편·說戒正儀편·安居策修편·自恣宗要편 등에서는 교단에 입단하는 作法·스승과 제자의 관계·布薩·安居·自恣 등의 행사를 제시한다. 제②卷의 篇聚名報편에서는 계율에 있어서 죄의 종류를 제시하고, 隨戒釋相편에서는 250戒에 대해 해설하는데, 이 해설이 ②권의 대부분을 차지한다. 다음의 持犯方軌편·懺六聚法편에서는 범죄나 죄를 정화하는 참회의 作法 등을 제시한다. 제③卷의 二衣總別편에서는 의복(袈裟) 및 기타의 衣類, 四藥受淨편에서는 음식물과 약, 鉢器制聽편에서는 식기와 住居, 對施興治편에서는 보시물의 종류, 頭陀行편에서는 두타행, 僧像致敬편에서는 예배의 대상으로서의 僧寶·불상·經卷 등, 計請設則편에서는 음식을 청하는 作法, 導俗化方편에서는 교화의 작법, 主客相待편에서는 舊비구와 客비구의 작법, 瞻病送終편에서는 병든 비구의 간호와 장례법, 諸雜要行편에서는 雜事, 沙彌別行편에서는 사미(出家)의 작법, 尼衆別行편에서는 비구니의 작법, 諸部別行편에서는 다른 部派의 律에 대한 異說을 각각 제시한다.

이상에서 僧伽(교단)의 행사는 갈마作法에 의해 진행되기 때문에 이 중에 羯磨에 대한 설명도 포함되어 있다. 따라서 《羯磨疏》를 포함하며, 隨戒釋相편에서는 戒條에 대해 설명하고 있으므로 따라서 《戒本疏》도 포함한다. 다시 말하면 이 저자의 다른 두 저서, 즉 《4분율갈마소》와 《4분율계본소》가 이 책의 일부에 포섭된다고 말할 수 있다. 이 책은 후대까지 律宗의 표준적인 저서로서 강구되었고, 무려 60여家에서 이에 대한 記나 釋을 달았다고 한다. 그 중에서도 允堪(1005~1061)의 《會正記》와 元照(1048~1116)의 《行事鈔資持記》16卷이 중요하다. 이들에 의해 南山律宗이 會正·資持 2宗으로 갈라졌다고 한다. 譯一 和漢部, 律疏部1·2에 日譯되어 있다.

## 사십이장경 四十二章經 1卷

後漢시대인 1세기경에 洛陽의 白馬寺에서 迦葉摩騰(Kāśyapamātaṅga)과 竺法蘭(Dharmarakṣa)이 함께 번역했다고 한다(㊅17-722, Ⓚ 19-865, ㊞77). 고려대장경에서 작자를 알 수 없는

序文에 의하면, 後漢의 孝明帝(58~75 재위)가 꿈에 金人을 보고 나서 月支國에 사자를 보내어 佛經을 베껴 오도록 하였는데, 그 때 얻었던 것이 이 경전이라고 한다. 이에 따라 옛날부터 중국에서 최초로 번역된 경전이 이 경전이라 한다. 그러나 일부의 학자들은 이 경전이 중국에서 만들어진 僞經이라고 생각하고 있다. 그 이유는 이 경전이 평이하고 간명한 입문서로서 널리 애독되고, 따라서 약 10종의 異本이 생겨나 본문 자체에 증광·발전의 흔적이 역력하기 때문일 것이다. 異本은 크게 古型本(고려·宋·元의 대장경 속에 있는 것)과 寶林傳本(唐의 中期인 801년에 寶林이 전한 卷의 맨 앞에 있는 것)의 두 계통으로 분류되는데, 후자는 宋代 이후에 유행한 여러 異本의 원류가 된다. 최근에 柳田聖山씨는 寶林傳本을 중심으로 여러 異本에 대한 연구를 발표하여, 이 경전을 宋시대 이후 禪宗의 사람들이 일상적인 경전으로 간주하였다고 함으로써 이 경전이 佛祖三經의 하나가 되었던 이유를 밝히고 있다. 이 경전은 불교 윤리에 관한 42장이라고도 할 만한 내용을 갖추고 있는데, 苦·無常·無我라는 근본 도리, 애욕의 단절, 자비·보시의 행위를 해야 할 것 등을 적절한 비유로써 설하고 있다. 티벳語(東北目錄 p.180, No.359A)·만주語·몽고語·영어에 의한 번역이 있다.

〔참고문헌〕 英譯은 S.Beal《Catena of Buddhist Scriptures from the Chinese》(1871), D. Suzuki《Sermons of a Buddhist Abbot》(1906)에 각각 수록되어 있다. 티벳譯과 몽고譯은 L.Feer《Le Sūtra en Quarante deux Articles, Textes Chinois, Tibetain et Mongol》(1878)에 있다. 日譯과 해제는 [譯一] 經集部3에 있고 연구로는 望月信亨〈支那佛教初渡의 年時와 四十二章經〉(佛教文化研究1, 1944·4), 柳田聖山〈寶林傳本四十二章經의 課題〉(印佛研3의2), 常盤大定〈四十二章經에 대하여〉(《支那佛教의 研究》1, 1938년 春秋社 발행, 1974년 名著出版에서 재판 발행) 등이 있다.

**사운다라난다** Saundarananda 단정한 난다

불교 시인으로 유명한 馬鳴(2세기)이 지은 산스크리트의 敍事詩로서《단정한 난다》라는 제목으로 번역된다. Mahākāvya의 형식으로 씌어졌다. 문학적으로나 사상적으로나 가치가 높아서 같은 저자의《佛所行讚》*과 함께 인도 문학의 최고 걸작품 중의 하나로 꼽힌다. 특히 이 속에 서술되어 있는 불교 사상은 馬鳴의 教學을 아는 데 있어 귀중한 자료이다.

〔내용〕 붓다의 배다른 동생인 난다Nanda가 붓다의 지도에 따라 출가하여 수행하고 道를 이루기까지의 편력을 중심으로 카필라城, 浄飯王, 젊은 아내 순다리와의 사랑에 대한 생활 등을 묘사하여 문학적인 화려함을 갖추고 있으나, 그 중심 목적은 자기가 신봉하는 불교를 설하여 사람들에게 권하고자 함이다. 18장으로 되어 있다. 제①카필라城에 대한 서술 / 붓다가 태어난 카필라성은 원래 카필라 仙人의 苦行林이었으나 그것이 釋迦族에게 주어지게 된 경위와 도성에 대해 묘사한다. 제②人王에 대한 서술 / 붓다의 부친인 浄飯王이 人王으로서 이상적인 통치를 하고 있음에 대해, 그리고 난다의 탄생과 붓다의 탄생이 상대적으로 비슷함을 서술한다. 제③如來에 대한 서술 / 붓다의 출가·수행·正覺·轉法輪·카필라城 방문·父王과의 면담·붓다 教化의 성과 등을 서술한다. 제④아내의 바

람 / 아름답게 어울리는 부부로서의 난다와 순다리는 궁전에서 애욕의 생활을 즐긴다. 그 사이 붓다가 탁발하러 왔으나 이들 중 누구에게도 영접을 받지 못하고 아무것도 얻지 못한 채 돌아간다. 난다는 하인으로부터 이 소식을 듣고 아내에게 얼굴에 발라 준 화장이 마르기 전에 돌아올 것을 약속하고 붓다의 뒤를 따른다. 제⑤난다의 출가 / 붓다는 사람이 없는 길로 난다를 데리고 가 발우를 건네주며, 그대로 앞서서 精舍로 들어가 난다에게 설법하여 출가를 권한다. 난다는 할 수 없이 승낙하고 阿難에 의해 눈물을 흘리며 머리를 깎인다. 제⑥아내의 비탄 / 궁전에서 순다리는 난다가 돌아오지 않음을 슬퍼하고 의심한다. 시녀들은 순다리를 위안하고자 한다. 제⑦난다의 비탄 / 정사에서 난다는 아내를 생각하며 괴로워하다가 집으로 돌아가려고 결심한다. 제⑧婦女라는 장애~제⑨교태를 비탄함 / 한 사문이 그를 두 번이나 훈계하지만 난다의 마음이 결정되지 않으므로 붓다에게 말씀드린다. 제⑩天界를 구경함 / 붓다는 神力으로써 그를 雪山으로 데리고 가서 외눈박이 암컷 원숭이를 보여주고 순다리와 비교시킨 뒤, 인드라神의 낙원으로 데리고 가서 天女를 보게 한다. 난다는 天女에게 愛着을 일으킨다. 붓다는 天女와 생활하기 위해서는 수행이 필요 조건임을 가르치고 함께 下界로 내려온다. 제⑪天界를 비난함 / 난다는 天女를 얻고자 수행에 힘쓴다. 阿難은 그의 수행하는 마음가짐이 바르지 않음을 훈계한다. 제⑫勸戒 / 난다는 부끄럽게 여겨 올바른 믿음으로 들어가 붓다를 뵙고 심경을 토로하며, 붓다의 설법을 듣는다. 제⑬~제⑯戒根의 勝捷·初發趣·尋思捨斷·聖諦解明 / 붓다의 설법. 제⑰不死의 증득 / 난다는 물러 나와 수행에 힘써 阿羅漢果를 얻는다. 제⑱聖智授記 / 붓다의 허락으로 행한 바를 보고하니 佛은 授記하고 난다는 감사의 뜻을 표한다. 붓다는 이제부터 포교에 힘쓸 것을 권한다.

이상에서 나타난 사상을 살펴보면 겉으로 드러난 바는 소승적이지만 대승적인 색채가 농후하고, 저술의 태도도 대승적이다. 禪定을 체계의 중심으로 삼음으로써 후세의 瑜伽行派와 관계가 있듯이 역시 《대승기신론》*과도 사상적인 연관이 있어, 초기 大乘思想史上 중요한 문헌이다.

〔참고문헌〕 원전 및 번역으로서 E.H. Johnston 《The Saundarananda of Aśvaghoṣa》(London,1928), Johnston《The Saundarananda or Nanda the Fair》(London, 1932)가 있다. 日譯으로는 松濤誠廉 〈馬鳴著, 端正한 難陀〉(《大正大學研究紀要》42, 1957)가 있다.

## 삼계불법 三階佛法 4卷

三階別集·三階集錄·三階集 등으로도 불리는데, 信行(540~594)이 592년에 찬술했다. 三階教의 교의를 설한 근본 자료로서 三階教徒는 특히 이 책을 立教의 근본 성전으로 간주하여 존숭했다. 敦煌에서 출토된《三階佛法密記》에 의하면 이 책은 3大段(章) 10子段(節) 25子句(項)로 성립되어 있다고 한다. 삼계교의 교의를 이 分科에 맞추어 설하면 제1大段에서는「짝을 이루어 人法을 밝힌다」이고, 제2大段에서는「能行人을 밝히고, 또한 所詮法이라 일컫는다」이며, 제3大段에서는「所行法을 밝히고, 또한 能詮教라 일컫는다」라고 설명되어 있다. 삼계교에서는 法에 能依·所依, 人에 能證·所證이 있다 하고, 能依의

法이란 三階佛法, 所依의 法은 大乘經, 능증의 人이란 一切의 經·律·論, 소증의 人은 三階根機의 중생이라고 한다.

〔내용〕 이 책의 제1·2卷이 각각 제1·2大段에 해당하고, 제3권과 제4권이 함께 제3大段을 설한다. 보다 상세히 말하면 제1大段은 3段으로 나뉘는데, 제1段은 根으로서 法에 대하여, 제2段은 行에 대하여 계속해서 설하고, 제3段은 位에 대하여 따로 설한다. 이 중에서 제1·2段은 子句로 구분되지 않으나, 제3段은 3子句로 나누어 三階의 근기를 설한다. 끝에서는 所依의 대승 경전으로서 《大般涅槃經》(→대승열반경)과 《大方廣佛華嚴經》(→화엄경)을 들고 있다. 제2大段은 「現在人行賞罰出世」를 밝히기 위한 것인데, 제1段에서는 삼계人의 행동에 있어서 옳음과 그름을 설하고, 제2段에서는 삼계人의 賞罰行에 있어서 가볍고 무거움이 다름을 설하며, 제3段에서는 삼계人의 出世行에 있어서 깊고 얕음이 다름을 설한다. 이에 각각을 3子句로 나누어 제1계人·제2계人·제3계人을 배당하고 있다. 제3大段은 「三階法賞罰出世及所依境」을 밝히기 위한 것인데, 역시 3段으로 구분한다. 제1段에서는 삼계교의 文教法에 上中下가 있다 하고, 제2段에서는 삼계교의 賞罰法에 가볍고 무거움이 다름을 설하며, 제3段에서는 삼계교의 出世法에 7別7普의 얕고 깊음이 다름을 설하는데, 각각 3階로 나누어 설명하고 있다. 이 중 제3段 제3句의 앞 부분까지가 이 책의 卷3에 속하고, 제3句의 후반이 제4권에 수록되어 있다. 이상과 같은 내용이 앞의 돈황本에 기재되어 있다.

이 책은 진즉부터 일본에 전해져, 鎌倉시대에는 完本이 존재했으나 그 후에 산실되었다고 생각하고 있었다. 그런데 근래에 奈良正倉院·法隆寺·京都의 興聖寺 등에서 이것이 발견되었다. 이들 3本을 교정한 원전이 矢吹慶輝의 《三階教의 研究》 別篇으로 수록되어 있다. 한편 西域 탐사에 나섰던 Stein이나 Pelliot에 의해 각각 제2권의 斷片이나 제3권의 일부가 돈황에서 발견되었는데, 이들은 위의 《三階教의 研究》 속에 수록되어 있다. 따라서 이들을 살펴봄으로써 《삼계불법》의 대체적인 내용을 이해할 수가 있다. 이에 대한 연구로서는 부분적인 것이 몇 가지 있으나, 矢吹慶輝의 《三階教의 研究》야말로 불멸의 업적이라 할 만하다.

## 삼국유사 三國遺事 5卷

몽고족의 침입으로 불우했던 한 시대를 겪으며 살아야 했던 고려의 승려 一然(1206~1289)이 고구려·백제·신라에서 전해져 오던 이야기들을 기록한 책이다. ㊎6-245, ㊅49-953. 이 책은 金富軾의 《삼국사기》보다 약 140년 후인 忠烈王 때 저자가 80평생을 두고 정진을 거듭하여 이룩해 놓은 노작으로서, 당시의 어지럽고 불우한 사회 상황과 민족의 수난 속에서 역사와 전통에 대한 민족적 의식을 표출했다는 점에서 史書로서의 귀중한 가치를 인정받고 있다. 즉 여기에는 불교 관계의 기사가 풍부하고 사료로서도 우수할 뿐만 아니라 신라의 고대 가요(鄕歌)나 단군 설화, 가락국의 개국 전설 등 불교 이외의 귀중한 사료도 포함되어 있는 것이다. 이 책의 기술이 비록 正史의 형식을 취하고 있지는 않지만 철저한 실증주의적 태도를 견지하였으며, 불교적 입장에서는 초인간적인 佛이나 보살의 자비가 인간 세계에 작용한 역사를 그렸다고 평가된다. 이 책의 저자가 一然이라는 사실도 正德本의 마지막 卷의 첫머리에 우연히 적힌 「迦智山下麟角寺…」라는 기록을 통해 밝혀졌듯이, 저자는 9山禪門 중 迦智山派의 法統을 계승하고 있었으며, 閔漬의 碑記에 의하면 그에겐 100권이 넘는 편저가 있었다고 한다.

〔내용〕 卷頭에는 〈삼국유사王曆〉이라는 略연표가 부가되어 있다. 이것은 신라·고구려·백제·가락·후삼국 내지 고려의 통일에 이르기까지의 王曆을 중국의 연대와 대조하여 기록한 것으로서 원래는 독립된 연표였던 것 같다. 본문은 다음과 같은 5卷 9門으로 구성된다.

권1 / 개국과 帝王에 관한 奇異한 설화 및 記載를 수록한 부분인데 두 권으로 되어 있다.

①紀異제1 / 고조선 이하 동방의 여러 소국과 삼국통일 직전까지 역대 제왕에 관한 것.

권2 / ②紀異제2 / 文武王 이후 통일신라시대의 여러 王에 관한 이야기, 前백제·後백제, 〈駕洛國記〉 등.

권3 / ③興法 / 고구려·백제 불교의 전래과정, 신라불교의 침투 설화, 異次頓의 순교, 불교의 공식 인정.

④塔像 / 불탑·불상·鐘을 중심으로 여기에 얽힌 기록. 신비스런 이야기도 있지만 귀중한 사료가 실려 있다.

권4 / ⑤義解 / 元曉·圓光·慈藏·義湘을 포함한 신라의 명승들의 행적과 사적.

권5 / ⑥神呪 / 신통술이나 주술적인 이야기로 얽힌 異僧傳.

⑦感通 / 영험과 감응에 관한 설화. 兜率歌나 彗星歌의 유래 등.

⑧避隱 / 은거·도피 생활을 즐겨했다는 사람들의 이야기.

⑨孝善 / 孝行者들에 대한 신기한 이야기와 미담.

〔평가〕 이러한 9門의 구분은 《梁고승전》(→고승전)을 비롯한 중국 僧傳의 영향을 무시할 수는 없으나, 나름대로의 독창성도 인정된다. 즉 여기서의 科目들은 거의가 중국의 3朝 고승전(梁·唐·宋)에서 이미 사용되어 온 것이지만 〈紀異〉만은 《해동고승전》*의 〈流通〉처럼 저자의 독자적인 분류인 것이다. 여기서 ③과 ⑤는 전편을 통해 가장 잘 다듬어진 부분이며,③~⑨는 그대로 삼국의 불교사로 보아도 좋을 것이다. 저자는 이 책을 저술함에 있어서 적어도 신라에 관한 한, 어느 것 하나 직접 답사하여 실증하지 않은 바가 없었다고 한다. 즉 ③의 天龍寺條에서 저자는 崔齊顔의 私書를 천룡사에서 목격하였고, ⑤의 寶壤梨木條에서는 晋陽府五道按察使·各道禪教寺院始創年月形止案 등 당사자들의 手稿를 낱낱이 점검하였다. 또 채택한 자료의 내용이 상반될 때는 양쪽을 함께 취급함으로써 저자의 경솔한 판단을 경계하고 있다. 따라서 이 책의 문장이 일견 다듬어지지 않은 것 같은 인상을 주는 것은 대개 이러한 실증주의에 연유한 탓일 것이다.

〔판본〕 현행본의 〈跋〉에 의하면 이 책은 찬술된 지 200여년을 경과한 조선조 中宗의 正德 7년(1512)에 경주府 병마절제사였던 李繼福에 의해서 재간되었다. 그 이전에 간행되었다고 생각되는 零本이 해방 직후에 나타났으나 지금은 그 소재를 알 수 없다고 한다. 일본에서는 그 正德本을 德川·神田의 양家에서 소장하고 있었는데, 이것이 坪井九馬三과 日下

寬에 의해 관계 사료와의 대조를 거쳐 1902년에 비로소 교정본(東大史誌叢書本)으로 작성되었다. 이 교정본에는 〈叙〉〈例言〉〈目次〉가 교정자들에 의해 추가되어 있다. 그리고 이것이 大日本續藏經에 수록되었으며(제150册), 또 大正新修대장경에 수록할 때 對校本으로서 이용되었다. 한편 京都大의 今西龍은 보다 완전한 正德재간본을 입수하여 1921년에 內藤虎次郎의 〈序〉를 첨가하여 출판하였다(景印正德本). 이것은 탈락된 곳이 없는 良本으로서 후에 대정신수대장경의 저본이 되었다. 1964년에 末松保和가 출판한 영인판(學習院東洋文化研究所)도 본문 연구에는 중요하다. 국내에는 조선사학회本과 崔南善의 校勘本과 증보본 등이 있었다.

〔참고문헌〕 국내에서의 연구 및 번역은 李丙燾의 《번역三國遺事》, 李載浩의 《번역三國遺事》 등을 대표적으로 들 수 있겠다. 이 밖의 연구로는 李弘稙의 〈三國遺事索引〉(《歷史學報》5, 1953), 張德順의 〈三國遺事說話分類〉(연세대학교 人文科學 2, 1958), 安啓賢의 〈一然의 三國遺事〉(《韓國佛教史研究》, 1982, pp. 228-249) 등이 있다. 그러나 대개의 연구가 사학자의 입장에서 이루어지고 있으므로, 불교학자에 의한 본격적인 연구가 아쉬운 실정이라 하겠다. 일본에서의 번역·연구로는 坪井九馬三·日下寬이 교정한 《原文和譯對照三國遺事》(朝鮮研究會, 1902), 村野耀昌의 번역(譯一史傳部 10, 1962), 林英樹의 《三國遺事》上下(1976), 金思燁의 《完譯三國遺事》(1976) 등이 있다.

## 삼론현의 三論玄義 1卷

597년경에 저술한 嘉祥대사 吉藏(549~623)의 저작이다. ㊅45-1. 隋의 시대에 三論宗의 교리를 조직하고 大成한 길장의 저작 약 50종 중에서 가장 간명하게 삼론종의 교의를 概論하여, 인도의 나가르주나(龍樹, 150~250경)를 시조로 하는 中觀불교의 입문서라 할 만한 것이 이 책이다. 그러나 그 자신의 체계를 서술한 것이라는 점에서, 이 책은 대승의 空觀에 입각한 불교개론이라고 할 수가 있다. 물론 현대의 역사적인 비판적 시각에서 보면 타당하지 않은 대목도 있으나, 귀중한 문헌에 대한 인용도 있을 뿐 아니라, 탁월한 논리적 재능과 진리 탐구의 열의가 이 책의 가치를 높여줌으로써, 현재에도 필독의 古典으로서 평가받고 있다.

〔내용〕 이 책은 서론(계속하여 大歸를 서술한다)과 各論(따로 衆品을 해석한다)으로 大別된다. 인도불교에 있어서 中觀派의 위치를 규정하고, 아울러 《중론》*《百論》*《十二門論》*의 3論과 《대지도론》*을 가한 4論의 상호 관계 및 4論의 教義的 특색을 논함으로써, 당시 중국 南北朝의 불교계를 풍미한 成實宗의 교학에 대항하여 自宗의 우위성을 논증하고 있다. 따라서 예로부터 이 책의 입장은 破邪와 顯正에 있다고 한다. 서론에서는 먼저 破邪와 顯正을 밝히면서 먼저 破邪에 대하여 다음과 같은 네 입장에서 서술해 간다. ① 外道, 즉 인도에 있어서 불교 이외의 대표적인 학설 넷과 중국에 있어서 3玄(莊·老·周易)의 가르침을 破한다. ② 阿毘達磨(論藏)를 신봉하는 毘曇宗의 교의를 小乘教라 하여 破한다. ③ 成實宗의 權大乘의 입장을 破한다. ④ 대승 중에서 5時教와 2諦說을 설하는 사람들을 대승에 집착하여 있다 하여 破한다. 다음으로 顯正의 부분에서는 삼론종의 시조인 나가르주

나가 출현한 이유와 本宗이 선양하는 진리에 대한 올바른 관찰을 설한다. 이어서 各論으로 들어가는데, 前단계로서 다양한 經과 論이 왜 설해지는가 하는 문제, 그리고 經과 論이 설하는 진실과 방편이라는 두 지혜의 관계를 2項으로 제시하고 있다. 요컨대 서론에서는 破邪와 顯正이라는 둘이 相即不離의 관계에 있기 때문에 邪見을 깨뜨리는 것이 正見을 드러내는 것과 다름이 없다고 하여, 삼론종 宗義의 특징을 역설한다. 후반의 各論은 이 宗義를 보충하면서 삼론종의 다른 특징적인 교의, 즉 中道 · 2諦 · 無所得正觀 등을 설함으로써 불교概論다운 모양을 갖추고 있다. 그러면서도 《中論》에서 설하는 2諦說이 전체의 골자가 되어 있다. 다양한 事象이 있는 그대로의 모습을 현상과 실재라는 兩面, 즉 世諦(俗諦)와 제1義諦(眞諦)라는 2諦(2종의 진리)로부터 고찰하여, 현상으로서의 有든 실재로서의 空이든 모두 실체로서 파악돼서는 안되며, 또 否定도 단순한 부정으로 그쳐서는 안될 것이라 하는 無執着의 경지를 밝힌다. 이 正理를 깨닫는 것이 正觀이고 中道에 들어맞는다고 한다.

〔참고문헌〕 그의 학설을 보다 상세히 알기 위해서는 그의 다른 저서인 《二諦義》《대승현론》*《중관론소》*를 보아야 한다. 대표적인 주석서로는 中觀의 《삼론현의檢幽集》7卷(1280년, ㊅70-379), 尊祐의 《科註삼론현의》7卷(1685년, 日本大藏經에 수록), 鳳潭의 《頭書삼론현의》1卷(1701년, 佛教大系에 수록)이 있다. 日譯 및 解題로는 椎尾辨匡의 번역(譯一 和漢部, 諸宗部1, 1937)과 金倉圓照의 번역(岩波文庫, 1941)이 있다. 이 중 金倉의 번역은 특색이 있을 뿐 아니라, 종래의 諸연구를 참조하여 해설하고 있기 때문에 연구자에게는 편리하다. 최근의 연구로는 三枝充悳의 《三論玄義》(《佛典講座》27, 大藏出版社, 1971)가 있다.

## 삼미륵경소 三彌勒經疏 1卷

신라의 고승이었던 憬興이 彌勒3部經(《미륵上生經》* 《미륵下生經》 《미륵成佛經》)의 전부를 내용에 따라 주석한 책이다. ㊎2-77, ㊅37-303, ㊍제35冊. 저자 경흥은 元曉 다음으로 많은 저술을 남겼음에도 현존하는 것은 몇 권에 지나지 않을 뿐만 아니라, 《삼국유사》*에 잠시 언급될 뿐, 그에 대한 전기도 없어 자세한 행적이 알려지지 않고 있다. 삼국시대에 크게 유행했던 불교 신앙의 하나로 미륵 신앙을 들 수 있다. 신라의 화랑제도도 미륵 신앙에 입각한 것이라는 학설이 있으므로 미륵 신앙과 彌陀淨土사상과의 관계는 앞으로 구명되어야 할 하나의 중요한 과제가 된다. 그러나 미륵 신앙에 관한 당시의 저술로는 元曉의 《미륵상생경宗要》1卷(㊎2-547)과 경흥의 이 책만이 현존해 있다. 이 둘 중에서도 원효의 《종요》는 미륵3부경 중의 하나에 대해서만 大義를 밝히고 있음에 대해, 이 책은 3부경 전체를 다루고 있으므로 훨씬 더 중요한 자료로 간주된다. 따라서 경흥의 《삼미륵경料簡記》라고 命名되는 책은 이 책과 동일한 저술일 것이라고 본다. 즉 이 책은 같은 저자의 《미륵상생경料簡記》《미륵하생경疏》《佛說미륵성불경疏》의 3권을 1卷으로 합본한 것이다.

이 책에 실린 3疏의 첫째인 《미륵상생경料簡記》는 전체를 5門으로 구분하여 ①教를 일으킨 緣起를 서술하고 ②宗體를 설명하고 ③本經(미륵상생경)의 單重과 眞僞를 설하고

④경의 제목을 해석하며 ⑤본격적으로 경의 본문을 해석한다. 둘째의 《미륵하생경疏》에서는 ①來意 ②釋名 ③講文의 3門으로 《미륵하생경》을 해석한다. 세째의 《미륵성불경疏》도 마찬가지 방식으로 3門으로 나누어 《미륵성불경》을 주석·해설하고 있다.

현재 일본의 大谷大學에 이 책의 사본이 보관되어 있다고 한다.

## 상바로다야 탄트라 Saṁvarodaya-tantra

본래의 명칭은 《Śrī-mahāsaṁvarodaya-tantrarāja》로서 티벳譯(㊗No.20)이 현존한다. 이것은 상바라Saṁvara系 탄트라群의 중심을 이룬다고 하는 《Cakrasaṁvara-tantra》(실제는 현행의 《Laghusaṁvara-tantra》 ㊗No.16) 의 주석 탄트라라고 할 수 있는 것인데, 내용적으로는 후자보다 한층 나아가 상바라系 밀교의 근본 전적으로 간주될 만한 중요한 자료이며, 그 소에 많은 귀중한 정보를 담고 있다.

〔내용〕 전체는 33品으로 구성되는데, 그 중 제①品은 제②品 이하의 내용을 62항목으로 나누어 金剛手가 세존에게 설명을 구하는 〈請問品〉인데, 이 탄트라가 일종의 略탄트라임을 나타내고 있어 뭔가의 그 형태가 다른 廣本의 존재를 예상케 한다. 주요 내용은 다음과 같다. 제②品에는 生起의 순서, 제③品에는 究竟의 순서, 제④品에는 4大種·5蘊·18界 등의 法數와 5智5佛과의 대응, 제⑤品에는 달이나 태양의 운행과 신체 속에 있는 바람의 순행과의 대응, 제⑥品에는 신체 속의 5風, 제⑦品에는 순례지(pīṭha)와 신체의 부분 및 그 부분에 존재하는 脈管(nāḍī)과의 대응이 설해져 있어, 「內의 pīṭha說」의 중요한 자료를 이룬다. 제⑧品에서는 曼荼羅의 공양, 阿闍梨의 특성이나 행위, 施主에 대한 의무 등의 만다라에 관한 실천을 설하고, 제⑨品에서는 瑜伽者와 瑜伽女(ḍākinī)가 서로를 확인하기 위한 비밀의 몸짓(chomā), 순례지의 종류와 그 실제의 지명, 순례지(pīṭha)와 보살 10地의 대응, 息災·降伏·句召 등 각종 행법, 제⑩品에서는 護符(yantra) 등을 사용하여 각종의 呪法이 설해지며, ⑬品에서는 13尊으로 이루어지는 Saṁvarodaya만다라가 설해진다. 제⑰品에서는 구체적으로 선을 끌어 만다라를 그리는 방법이 설해진다. 제⑱品은 灌頂을 설하는 점에서 중요하고, 제⑲品은 죽음의 조짐과 바람의 瑜伽를 설한다. 제㉑品은 行品인데, 탄트라 行者의 생활 태도를 설한다. 제㉓品과 제㉘品에는 護摩가, 제㉖品에는 聖酒를 빚는 방법이, 제㉛品에는 4종의 瑜伽女·4輪(cakra)說·菩提心의 전개 등이 설해져 있다. 끝으로 제㉝品에서는 悉地의 상태로서의 상바라가 설해진다. 이 밖에도 단편적이긴 하지만 흥미 깊은 정보를 곳곳에서 볼 수 있다.

〔연구〕 Shinichi TSUDA의 《The Saṁvarodayatantra Selected Chapters》(Tokyo : The Hokuseido Press, 1974)는 전체 33品 중에서 중요하다고 생각되는 19品을 택하여 梵文 원전과 그의 티벳譯 및 英譯을 제시하여 연구하고, 권말에 어휘를 첨부하였다. 논문으로는 津田眞一의 〈상바라系密教에 있어서 pīṭha說의 研究(Ⅰ)〉(豊山學報16, 1971년 3월), 〈同(Ⅱ)〉(同, 17~18合併號, 1973년 3월), 〈ḍākinījāla의 實態〉(東方學45, 1973년 1월), 〈ḍākinījālasaṁva의 原像〉(印佛研20의1, 1971년 12월), 〈sañcāra(瑜伽女의 轉位)〉(同, 21의1, 1972년 12월), 〈四輪三脈의 身體觀〉 (中村元博士還曆記念論集《인도思想과 佛教》,

1973),〈pīṭha說에서 본 ḍākinījāla의 原型〉(印佛研22의1, 1974) 등이 있다.

**상캬 카리카** Sāṃkhya-kārikā 數論頌 · 數論偈

저자 이쉬바라크리쉬나 Īśvarakṛṣṇa(自在黑, 4~5세기경)는 陳那와 같은 시대의 인물이거나 그의 선배라고 고증된다. 72偈로 구성되는데, 《六十科論》(Ṣaṣṭitantra)이라는 책의 주요한 내용이 모두 포함되어 있다고 한다. 상캬Sāṃkhya철학의 사상은 《Kaṭha-upaniṣad》 이래 널리 여러 종류의 문헌에서 그 說이 발견되지만, 독립된 책으로서 현존하는 것은 이것이 최초이다. 이 책에서 주장하는 것이 옛부터 일관되어 온 상캬學派의 표준 학설인지, 혹은 다양하게 변천하고 발전한 결과로 성립된 古典 학설인지는 아직 학계에 미해결의 문제로 남아 있다. 그러나 그 내용은 체계적으로 잘 정비되어 있으며, 이후 많은 註釋書가 저술되어 이 派의 대표적인 서적이 되었다. 《상캬 카리카》에 대한 주석으로는 《金七十論》*《Yukti-dīpikā》《Gauḍapāda-bhāṣya》《Māṭhara-vṛtti》《Tattvakaumudī》《Candrikā》《Jayamaṅgalā》 등이 있다. 이 중에서 특히 《金七十論》은 가장 오래되었는데 眞諦에 의해 漢譯되어 한문 문화권의 불교도에게도 알려졌다.

〔내용〕 인생을 苦라고 관하는 입장을 출발점으로 하여 25諦(原理)를 기본으로 하는 觀法의 수행으로써 해탈을 얻는다고 설한다. 25諦란 神我(puruṣa)와 自性(prakṛti)을 근본적인 두 원리로 삼고, 自性으로부터 차례로 覺(buddhi) · 我慢(ahaṃkāra)이 전개되는데, 我慢으로부터 한편에서는 意(manas, 根) · 5知根(감각기능, buddīndriya) · 5作根(운동 기능, karmendriya)이, 또 한편에서는 色 · 聲 · 香 · 味 · 觸의 5唯(tanmātra)가 전개되며, 다시 5唯로부터 地 · 水 · 火 · 風 · 空의 5대(mahābhūta)가 전개된다는 것이다. 이 25諦에 의해 개체 및 우주의 一切가 포섭된다고 한다. 覺 이하의 원리는 현상적인 것인데, 이들 존재로부터 상캬 철학의 특징인 因中有果論에 의해 근본 自性의 존재가 推論된다. 根本自性은 또한 善性(sattva) · 動性(rajas) · 闇性(tamas)이라는 3德(guṇa)을 본질로 하여, 이것들이 평형을 유지하고 있는 상태이다. 그러나 이 3德의 변화 · 활동(pariṇāma)에 의해 根本自性은 전개되어 一切의 현상이 된다. 따라서 萬有는 3德性에 의한 것이지만 神我만은 이들과 본질적으로 전혀 다른 無屬性 · 無作用의 純粹智이다. 自性은 神我 때문에 전개하지만, 覺이 自性과 神我의 본질적인 차별을 깨달을 때 自性은 그 활동을 중지함으로써 해탈이 이루어진다고 한다. 이 해탈의 이론은 교묘하기는 하나 또한 당연한 문제를 안고 있어서, 후세의 《상캬 수트라》* 및 그의 주석인 《Sāṃkhya-pravacana-bhāṣya》에 이르러 베단타Vedānta的 一元論에 접근하는 하나의 원인이 되었다. 《상캬 카리카》 이전에도 여러 종류의 異說이 있었다. 제26諦를 세운 有神論적 사상, 전개의 계열에 관한 異說, 특히 5唯와 5大의 위치를 뒤바꾸는 것은 현저한 문제가 되었다.

```
神我
自性 ── 覺
         │
        我慢 ──┌意 · 5知根 · 5作根
               └5唯→5大
```

漢譯 대장경의 佛典에서는 數論에 관한 기술이 많다. 이 점에 대해서는 최근까지 일본의 학자들에 의해 점차 해명되어 왔다. 이러한

연구들을 종합함으로써 《상캬 카리카》의 역사적 지위를 다시 검토하려는 경향이 있다.

**샤쿤탈라** Śakuntalā

정확한 명칭은 《Abhijñāna-śakuntalā》이며, 산스크리트 희곡작가로 유명한 칼리다사Kālidāsa(4~5세기)가 지은 7막의 희곡이다. 이 극의 주제가 된 것은 옛날의 大敍事詩인 《마하바라타》*(Ⅰ·68~74) 혹은 《파드마 푸라나》(Ⅲ·1~5) 속에서 전해지고 있는 이야기이다. 그러나 작자는 교묘하게 이 전설을 윤색하였다. 그리하여 그 구상의 절묘함과 詩文의 아름다움은 古典 산스크리트文學, 아니 인도文學의 최대의 걸작이라고 평가받고 있다.

〔내용〕 푸루Puru族의 두샤얀트라Duṣayantra王은 사슴을 쫓다가 히말라야山 속의 칸바Kaṇva仙人이 사는 암자에 이르도록까지 헤쳐 나아갔다. 거기서 양육되고 있던 天女 메나카Menakā의 딸인 샤쿤탈라를 만나, 비밀리에 결혼하고서는 기념으로 반지를 남기고 성으로 돌아왔다. 샤쿤탈라는 사랑에 마음을 뺏겨 두르바사스Durvāsas仙人에 대한 예의를 지키지 못한 잘못으로 인해, 사랑하는 왕에게 망각되고 마는 저주를 받았다. 그러나 친구들의 주선으로 이 저주는 기념으로 남긴 반지를 왕에게 보일 때 풀어지도록 되었다. 샤쿤탈라는 仙人들이 사는 숲의 거처를 떠나 왕의 궁전으로 갔으나 왕의 기억은 완전히 사라져 있었다. 더군다나 기념 반지마저 어느 사이엔가 잃어버리고 말았으므로 그녀는 비탄에 잠겨 왕궁을 나와 결국 天界로 갔다. 그런데 그 나라에 살던 한 어부가 어느 날 물고기의 뱃속에서 왕의 이름을 새긴 반지를 발견하고 그것을 팔려다가 경찰에게 붙잡혔다. 경찰이 그 반지를 왕에게 보이자 왕은 곧장 기억이 되살아났으므로 샤쿤탈라에 대한 사모의 정으로 괴로워한다. 이 때 天界로부터 인드라神의 사자가 와서 악마를 정복하기 위해 왕이 와서 도와주길 요청했다. 天界의 악마를 정복한 왕이 전차를 몰아 공중을 날아갈 때, 헤마쿠타의 산 속에서 한 남자 아이가 새끼 사자들과 장난하고 있음을 발견하는데, 이 아이야말로 샤쿤탈라와 왕 사이에서 태어났던 아들 바라타Bharata인 것이다. 드디어 그녀도 거기에 나타나 두 사람은 재회의 기쁨을 나눈다.

이 극은 벵갈本·데바나가리本·드라비다本·카시미르本이라는 4종의 異本으로 전해지고 있는데, 이 중에서 데바나가리本이 간결하기는 하지만 원본의 모습을 가장 잘 전하는 것일 거라고 한다. Williams와 Jones(1789)의 英譯에 의해 이 극이 최초로 유럽에 소개된 이래, 유럽 각국의 언어로 번역되었다. Jones의 英譯을 대본으로 삼은 獨譯은 괴테나 헤르델 등의 독일 시인들을 감격시켰다. 특히 괴테의 《파우스트》 중 序曲의 구상은 이 극의 序幕에서 힌트를 얻었다고 하여, 유럽 문단에 인도文學의 진가를 알리는 계기가 되었다. 칼리다사는 걸작 《샤쿤탈라》 외에 서정시·서사시·희곡에 뛰어난 작품을 남겨 인도文學史上 최대의 작가라고 불리고 있으나, 그의 연대·전기에 관해서는 전설적인 것이 많다. 일설에 의하면 그는 웃자이니의 비크라마디티야王의 宮廷詩人으로서 그의 9寶 중의 한 사람으로 명성을 떨쳤다고 한다. 이 왕은 인도 역사에서 유명한 굽타王朝의 찬드라굽타 2세(375~413)를 가리키는 것이라고 하기 때문에, 그의 연대도 약 4세기에서 5세기경일 것으로 추정된다.

〔참고문헌〕《샤쿤탈라》의 번역으로는 다음과 같은 사람들의 작품이 있다. 英譯으로는 W.Jones(1789) · M.Williams(1853, 2nd ed. 1876), 獨譯으로는 E.Meier(1870) · L. Frize(1877) · H.C.Kellner(Reclam, 1890) · C.Cappeller(1922) · H. Losch(Reclam, 1960), 프랑스語 번역으로는 P.E.Foucaux(1867) · A.Bergaigne(1884), 日譯으로는 河口慧海(世界文庫, 1924) · 辻直四郎(刀江書院, 1956) · 田中於菟彌(世界文學大系《인도集》, 1959) 등의 책이 있다.

**샤타카** Śataka 百頌詩集

바르트리하리Bhartṛhari(7세기경)가 지은 산스크리트 서정시집이다. 《샤타카》란 원래 「百」을 의미하는데, 산스크리트文學에 있어서 100頌의 詩句를 모은 시집의 한 형식이며, 따라서 특정한 작품의 명칭은 아니다. 《샤타카》는 1人 100首의 詩集을 의미하지만 현존하는 것으로서 《샤타카》라는 이름을 붙인 시집은 꼭 100頌으로 한정하지 않고 다소의 증감이 있다. 이러한 《샤타카》들 중 바르트리하리가 지었다는 3종의 《샤타카》가 가장 유명하지만, 그 모두를 그 자신이 지었는가에 대해서는 의문의 여지가 있으므로, 그것은 그의 작품을 중심으로 하여 집성한 것이리라고 생각된다. 그의 《샤타카》 중에서 제일 먼저 소개해야 할 것은 《Śṛṅgāra-śataka》(戀愛百頌)이다. 이것은 연애의 정서를 주제로 한 시를 모은 것인데, 작자는 자신의 풍부한 어휘 구사와 우아한 詩句로써 연애를 찬미하고 여성의 매력을 高揚하고 있다. 그러면서도 이들 연애 抒情詩의 밑바탕에는 번뇌를 떨쳐 버리고 인생의 궁극적 목적인 해탈에 도달해야 함을 깨닫도록 하려는 교훈적인 의도가 깔려 있음을 엿볼 수 있다. 《Nīti-śataka》(處世百頌)와 《Vairāgya-śataka》(離欲百頌)의 2편은 실천 도덕의 요체를 설하는데, 번뇌를 떨치고 최고의 이상을 품음으로써 해탈의 경지에 도달하여 神에 대한 신앙으로 태어나야 할 현자의 길을 가르치고 있는 것으로서, 작자의 인생관과 철학 사상을 솔직하게 표현하고 있다. 여기서 이 세 편의 시집에 담긴 시를 하나씩 소개한다.

만약 당신이 그녀를 생각한다면
당신 마음은 깊이 번뇌한다.
만약 당신이 그녀를 본다면
그것은 광란한다.
만약 그녀가 당신을 만진다면
그것은 착각한다.
어찌 그녀를 애인이라 부를 수 있으리오.

그대는 나, 나는 그대,
이것이 우리들 서로의 감정이었다.
이제 그대는 그대, 나는 나,
어찌 이런 일이 있을 수 있는가.

(《연애百頌》)

우리는 기뻐하지 않았다. 기쁨은 우리를 빠져 나갔다.
우리는 悔悟하지 않았다. 우리는 그것을 견디었다.
시간은 멈추는 일이 없고, 우리들이 갔다.
욕망은 늙는 일이 없고, 우리들이 늙고 있다.

죽음이 인생을 엄습한다.
電光처럼 빠르게 늙음은 젊음을 엄습한다.
재물에 대한 갈망이 만족을,

바람난 여자의 교태가 마음의 행복한 평화를,
시샘 많은 사람이 德을,
맹수가 森林을,
惡人이 諸王을,
무절제가 위대함을 엄습한다.
괴멸되지 않는 것이 있는가?
괴멸하지 않는 것이 있는가?

온갖 욕망을 가득 채워주는 재물을 얻는다 해도, 그 뒤는 무엇인가?
적의 머리 꼭대기를 발로 짓밟는다 해도, 그 뒤는.
부귀와 무력으로 愛妾에게 은혜를 베푼다 해도, 그 뒤는.
우주의 끝없는 시간처럼 인간의 신체가 계속된다 해도, 그 뒤는 무엇인가?

나의 어머니인 大地여,
나의 아버지인 바람(風)이여,
나의 친구인 불(火)이여,
나의 친족인 물(水)이여,
나의 형제인 대기(空)여,
그들에 대해 나는 마지막으로 존경하여 합장하노라.
그들에 결부되어 나는
내가 닦은 善業의 덕분에
청정한 지식의 빛을 받을 수 있었다.
미혹의 힘은 사라지고, 나는 절대 속에 침잠한다.

우리를 낳은 사람들은 바로 앞서 갔다.
우리들이 모두 위대하게 여긴 사람들은 추억의 길로 들어갔다.
당장의 우리들도 언제 함몰될지 모를 일.
강가의 모래 언덕에 서 있는 수목과도 같은 신세도다.

베다*, 論書, 푸라나*를 읽은들,
그 많은 전문서가 무슨 소용 있을까
천상의 마을에서 작은 집을 갖게 될 것이라고
果報로서 약속하는 일과 행위의 와중은 [어떠한가].
단 한 가지 열중할 것은
이 세상을 마감하는 불이다.
그것은 생존의 고통을 짊어지고 있는 이 構築을 파괴하여
우리의 혼을 최상의 낙원으로 이끌어 간다.
그 밖의 것은 장사꾼이 할 일이다.

몸뚱이는 우그러들고, 발걸음은 흔들리고, 이빨은 빠지고, 시력은 감퇴하고, 귀는 멀고, 침은 질질 흘리고,
주위 사람은 그가 말하는 것을 眼中에 두지 않는다.
마누라는 그를 따르지 않는다.
늙어가는 사람은 불행하다.
그의 자식은 적이 된다.

다섯 개의 화살을 가진 사랑의 신이
그대의 四肢 속에서 불을 지피지 않았음에도 불구하고
그대는 위대하지도 사랑이 풍부하지도 않으며
총명하지도 고귀하지도 않다.

(《離欲百頌》)

인도의 전설에 의하면 시인 바르트리하리는 왕족 출신으로서 젊어서 인생의 쾌락을 향수하였으나 후에 세속을 버리고 고행과 은둔의 생활로 들어갔다고 한다. 산스크리트 文學史上 이름 높은 이 서정시인에 관해서는 이 외의 다른 傳記도 연대도 전하는 바가 없다. 그런데 義浄의 《南海寄歸傳》(→남해기귀내법전) 권4에서는 大학자인 伐檄呵利라고 하는 인물은 학덕이 뛰어난 文典家로서 산스크리트 문법에 관한 철학적 저서 3종을 남겼는데, 일찌기 불교에 깊은 뜻을 품고 있었으나 번뇌를 끊기가 어려워 僧과 俗 사이를 왕복하길 7회에 이르렀다고 스스로 탄식하는 시를 기재하고 있다. 이 伐檄呵利는 言語哲學書 《바캬파디야》Vākya-padīya의 저자인 바르트리하리를 가리키는 것일 것이나, 서정시인과 이 언어철학자가 동일 인물인지 아닌지의 여부는 분명치 않다. 《샤타카》의 내용을 통해 엿볼 수 있는 시인 바르트리하리는 힌두교의 쉬바Śiva神을 숭배하는 사람이며 베단타 Vedānta 철학의 사상을 지니고 있었던 것으로 생각된다. 따라서 義浄이 말하는 것과 같은 불교 신자는 아니다. 시인 바르트리하리의 연대를 7세기경으로 잡은 것은 義浄의 伐檄呵利에 관한 기재를 근거로 하여, 文典家와 시인을 동일 인물로 보는 견해에 따른 것이지만, 文典家의 연대에 대해서는 약 450~500년이라고 하는 說이 있다. 바르트리하리와 그의 《샤타카》는 네델란드 사람인 아브라함 로겔Abraham Roger에 의해 1651년에 인도人으로서는 처음으로 유럽에 소개되었다.

〔참고문헌〕 P.V.Bohlen(1835)은 독일어로, H.Fauche(1852)와 P.Regnaud(1871)는 프랑스어로, J.M.Kennedy(연대 不明)와 H.Wortham(1836)은 영어로 각각 번역한 바 있으며, 松山俊太郎(《世界名詩集大成》18,1950)은 日語로 抄譯했다. 이에 대한 전문적인 연구서로는 D.D. Kosambi의 《The Epigrams attributed to Bhartṛhari, including the three centuries》(Bombay, 1948)와 《Śataka-trayam of Bhartṛhari》(Bombay, 1946)가 있다. 최근의 英譯으로는 B.S.Miller 《Poems. With the transliterated Sanskrit-Text of the Śatakatrayam》(New York & London : Columbia University Press, 1967)가 바르트리하리의 시를 소개한다.

**석가여래행적송** 釋迦如來行蹟頌 2卷

고려 忠肅王 때의 고승 雲默(字는 無寄, 호는 浮菴)이 1328년에 부처님의 행적을 776句의 頌(5言)으로 읊고, 뜻이 잘 나타나지 않는 곳에는 다시 주석을 가한 佛傳문학이다. ㊎6-484. 上권은 126偈頌으로 구성되는데 부처님의 출생 이후 열반에 이르는 과정을 서술하며, 특히 성도 이후의 傳法 과정을 天台의 5時教判說에 의해 서술하고 있음이 주목된다. 下권은 74偈頌으로 되어 있는데 인도불교가 중국으로 전래된 과정을 道佛相爭·傳譯·毀佛의 순서로 서술하고, 末法시대에 접어든 불자들의 行法에 대해서 상술하고 있다. 즉 3武1宗의 法難과 正·像·末의 3時說을 다루고, 당시 승단의 末法的 상황을 비판한 것이다. 상권의 도입 부분에서는 이 책의 제목을 설명하고, 불교에서 보는 國土와 3身佛에 대하여 해설하였다. 그리고 본문의 처음 33偈에선 사바세계의 형태와 조직을 《樓炭經》 등의 초기 소승경전을 인용하여 해설하고 있는 것이 특색이다.

저자는 天台宗 白蓮社 계통의 고승으로서 始興山에 한 암자를 짓고 20년 동안 서민층을 상대로 천태사상을 선양했다고 한다. 이 책은 1330년에 간행되었는데 현존하는 古刊本은 다음과 같다.

①1571년 頭流山 金華道人 義天 書(서울大 소장), ②1572년 두류산 臣興寺 개판(국립중앙도서관 소장), ③1643년 水淸山 龍腹寺 개판(동국大, 국립중앙도서관 소장), ④1709년 曹溪老漢 枕肱門人 桂陰浩然謹後 跋(동국大 소장).

## 석마하연론 釋摩訶衍論 10卷

《대승기신론》*의 주석서이다. ㊅32-591, Ⓚ 37-989. 龍樹보살이 짓고 筏提摩多가 번역했다고 전해지고 있으나, 《대승기신론》의 성립 자체에 문제가 있기 때문에(→대승기신론) 이는 신빙성이 없다. 성립의 문제에 대해서는 일찌기 781년에 戒明에 의해 일본에 전해진 이래 일본의 여러 종파의 학자들 사이에서 이것이 僞撰이라는 견해가 많았다.(이에 대해서는 賢寶의 《寶册鈔》제8의 〈釋摩訶衍論眞僞事〉㊅77-820을 통해 알 수 있다.)

安然의 《悉曇藏》卷1(㊅84-374)에서는 圓仁이 신라의 승려인 珍聰의 口說에 따라, 本論을 新羅國 大空山의 사문인 月忠의 찬술이라 했음을 전하고 있다(《東域傳燈目錄》, 《法華玄義私記》 제5의 末, 《成唯識論同學鈔》제2의 4 등도 이에 따른다). 이것은 이 책이 고려대장경에 포함된 사실로 보아도 그 가능성이 크다. 또한 本論의 여러 呪 속에 則天文字와 유사한 것이 있고, 현재 일본 近江의 石山寺에 武周시대의 사본 5卷(제1~5)이 보관되어 있는 점으로 보아, 어쩌면 唐나라 則天武后의 시대에 중국에서 성립되었는지도 모른다. 아마도 7세기에서 8세기에 걸쳐 중국 혹은 한국에서 성립되었을 것이다. 중국에서는 宗密(780~841)의 《圓覺經略疏鈔》제19에서 비로소 인용되고, 그 후 唐나라 말기로부터 宋시대의 학자에 의해 주석이 이루어졌다. 일본에서는 空海가 이 책에 있는 특히 不二摩訶衍의 說 · 如義言說 · 一一心識의 說 등에 주목하여 眞言所學 論典에 포함시킨 이래, 주로 東密의 학자에 의해 연구 · 註釋이 이루어져 있다.

〔참고문헌〕 鹽入亮忠의 日譯 및 解題(譯一論集部4)가 있다. 기타의 연구로는 望月信亨의 《大乘起信論의 硏究》(1921, pp.234~256), 那須政隆의 〈釋論所說의 三十二法門에 대하여〉(智山學報7~8, 1935), 大山公淳의 〈衆生에 대하여〉(日佛年報20, 1955)와 〈無明과 覺〉(密教文化32號, 1956) 및 〈釋摩訶衍論眞僞問題〉(《干潟博士古稀記念論文集》, 1964, pp.455~468)등이 있다. 본격적인 연구로는 森田龍僊의 《釋摩訶衍論之硏究》(1935)가 있는데, 이것은 1969년에 再版되었다.

## 석씨계고략 釋氏稽古略 4卷

覺岸(14세기경)이 1354년에 저술했다. ㊅ 49-737. 중국 歷世의 세대에 따라서 인도 및 중국의 불교史를 編年體로 기술한 책으로서 《계고략》이라 약칭하기도 한다. 각안은 念常이 찬술한 《佛祖歷代通載》에 서문을 썼던 사람이다. 이 때문인지 이 책 속에는 그 《通載》를 인용한 곳도 몇 군데 있다. 卷①에서는 시작 부분에 〈國朝圖〉 및 5祖 弘忍에 이르기까지의 〈釋迦文佛宗派祖師授受圖略〉을 《전법정종기》*에 근거하여 수록하고 있다. 이어서 3皇 · 5帝로부터 시작하여 중국 역대의 帝王의 세대를 西晋까지 밝히고, 釋迦로부터 출발하여 헤아린 西天28祖를 설한다. 권②는 東晋으로부터 시작하여 隋에 이르는 불교사를 기술하는데, 道安·鳩摩羅什·傅大士·達摩 등의 전기도 수록하고 있다. 권③은 唐의 高祖로부터 5代시대에 이르는 불교사를 서술하는데, 慈恩教·賢首教·祕密教 등도 서술한다. 권④는 宋의 太祖로부터 南宋까지의 불교사를 기술하고 있다. 저자는 처음에 이 책의 원형을 찬술하자 《稽古手鑑》이라 불렀으나, 1354년에 이를 보정하여 《석씨계고략》4권으로 만들었다. 이것이 1553년, 1886년의 2회에 걸쳐 재간되었는데, 卷머리에는 中山李桓의 서문이 첨부되어 있다. 1638년 大聞幻輪은 이 책이 다루고 있는 시대의 뒤를 이어 元代부터 明代까지의 불교사를 수록한 《釋鑑稽古略續集》3권을 편집했다. 이 《석씨계고략》은 《佛祖歷代通載》 등과 더불어 중국불교사의 연구에 크게 공헌하고 있다.

이에 대해 참고할 만한 연구로는 陳垣의 《中國佛教史籍概論》이 있고, 譯一 和漢部, 史傳部4·5에 日譯이 있다.

**석화엄교분기원통초** 釋華嚴教分記圓通鈔 10卷

고려의 均如(923~973)가 唐나라 法藏의 《華嚴教分記》(→화엄5교장)를 주석한 책이다. Ⓚ 47-161, (全)4-239. 이 책은 균여가 《화엄5교장》*을 강설한 것을 理原·惠藏·僧逍 등이 기록한 것이다. 《화엄오교장》의 異本(소위 和本과 宋本)에 대한 유래를 밝히는 데 귀중한 자료로 평가되고 있다.

〔내용〕 전체는 5門으로 구성되는데, 그 체제는 다음과 같다.

辯章主·因緣·行狀

辯造文因緣 및 次第 ┬ 辯因緣 ┬ 摠辯
　　　　　　　　　 └ 辯次第 └ 別辯

辯宗趣 ┬ 宗 ─ 問答
　　　 └ 趣 ─ 開海印

釋章名 ┬ 正題名 ┬ 所依本教 ─ 華嚴一乘
　　　 └ 所依處 └ 能釋章名 ─ 教分記

入文解釋

여기서 중심 내용인 끝의 입문해석은 《화엄교분기》의 10門을 해설한 것인데, 그 10門의 내용을 다음과 같이 파악하고 있다. ①建立一乘은 別教일승보다 同教일승을 강조하면서 10門을 여는 이유를 밝혔다. 종국에는 《법화경》*의 會三歸一의 사상을 내세운다. ②教義攝益은 三乘의 교의를 밝혔다. ③釋古今立教에서는 신라 승려를 비롯한 여러 고승들의 教相判釋을 논했다. 그러나 여기서 중심적으로 논하는 10家는 《화엄교분기》에 나타나는 10家와는 차이가 있다. ④分教開宗에서는 처음엔 5教로 나누고 다음엔 一下開合을 논한다. ⑤乘教開合에서는 ①~④를 開合하여 本教인 實際頓과 末教인 下3乘을 회통하고, 5교를 하나로 총괄코자 하였다. ⑥教起前後에서는 3승·소승의 末教와 《화엄경》*에 의한 本教를 밝혔다. ⑦決擇其意에서는 10종의 근기에 따라 처음엔 언설의 教를, 다음엔 絶言의 교를 논했다. ⑧施設異相에서는 일시에 異就一乘을 해석하여 相攝義를 드러냈다. ⑨所詮差別에서는 1승·3승의 구분이나 5교의 차별을 논했다. 여기서는 다시 10門으로 나누어 해설하는데, 이 10門은 곧 心識·明佛種性·行位差別·修行時分·修行所依身·斷惑分齊·2乘廻心·佛果義相·攝化分齊·佛身開合이다. ⑩義理分齊에서는 3乘義理·緣起因門6義法·10玄緣起無礙法門義·6相圓融義의 4門으로 나누어 설명했다. 이 책의 제10권 말미엔 前進士 赫連挺이 찬술한 〈均如傳〉이 부록으로 실려 있는데, 여기엔 균여가 지은 향가 11수가 있고, 또 이 향가에 대한 崔行歸의 한문 번역이 동시에 실려 있어, 국문학 연구의 좋은 자료가 되고 있다.

이 책의 원본은 開泰寺(方言본)·光教寺·가야산 法水寺(방언 부분 삭제本) 등에서 전하고 있던 사본을 발견하여, 제자들이 교정한 뒤에 1251년에 정서하여 大藏都監 江華本司에서 開刊한 것이다. 참고문헌으로는 金杜珍의 〈均如의 生涯와 著述〉(《均如華嚴思想研究》, 1983)이 있다. 한편 《한국불교전서》 4에 실린 원문은 《화엄교분기》의 본문을 이 책의 해당 주석 사이에 보충한 것으로서 저술의 이해에 편리를 도모하고 있다.

### 선가귀감 禪家龜鑑 1卷

조선시대의 西山대사 休静(1520~1604)의 대표적인 저술로서 45세(1564) 여름에 금강산에서 서문이 작성되었으며, 60세(1579)의 봄에 그의 문인들에 의해 간행되었다. ㊗제112册, ㊞151. 휴정의 호는 清虛인데, 스스로는 曹溪退隱·조계老衲·白華道人·楓岳山人·頭流산인·妙香산인 등으로 자칭하였다. 이 책은 한국불교의 주류를 이어온 禪의 사상과 방법을 간추린 일종의 입문서로서 선학 개론서라고 말할 수 있다. 이러한 성격은 그의 서문에서 명백히 표출되어 있다. 『내 비록 하찮은 사람이기는 하나 바다같이 넓고 아득한 대장경의 세계를 헤쳐나갈 후배들의 수고를 덜어줄까 하여, 가장 요긴하고 간절한 것들을 뽑아 추린다. 참으로 말은 간단하나 뜻은 두루 갖추어졌다고 말할 수 있다. 만약 이로써 스승을 삼아 끝까지 연구하고 묘한 이치를 깨닫는다면 마디마디에 살아 있는 석가여래가 나타나리니, 부디 힘쓸지니라.』

〔내용〕이 책의 주제는 마음과 그 깨달음의 효용에 관한 것이다. 특히 중국 禪宗의 사상적 흐름과 그 요체를 상술하여 서로의 상이점을 일목요연하게 나타내고 있다. 이 책의 내용을 대략 세 부분으로 요약할 수 있다. ①禪과 教의 定義에 관한 것, ②불교를 공부하는 이들이 필히 알고 지켜야 할 것, ③선종의 5家에 관한 설명이다. ①에서는「禪은 佛心이요 教는 佛語」「心은 禪法이요 語는 教法」이라고 압축하고, 보다 구체적으로는『無言으로써 無言에 이르는 것이 禪이며, 有言으로써 無言에 이르는 것이 教다』라고 선과 교를 정의한다. 선을 교보다 우위에 두는 입장을 분명히 하고 있다. ②에 대해서는 폭넓게 언급하고 있는데, 그 골자는 看話의 實修를 권하는 것이다. 그러나 논리에 얽매여 지혜만능주의로 떨어지는 일 없도록 할 것을 환기하고, 아울러 방일과 교만을 경계하여 계율을 엄히 지킬 것을 강조한다. ③에서는, 공부하는 사람은 宗派의 갈래부터 자세히 알아야 한다고 전제하고, 臨濟宗·曹洞宗·雲門宗·潙仰宗·法眼宗의 傳燈과 종풍을 약술하는데, 특히 임제종을 자세히 설명한다. 이 책의 후반부에서는 禪學의 병폐를 통렬히 지적하고 있다. 선종이 교종보다 우월하다는 아무런 설득력이 없는 자만심을 비판하였고, 이어서 선공부에서 빠지기 쉬운 함정들을 열거하였다. 즉 戒行을 무시하는 파계는 결코 無碍行과 혼동될 수 없음을 지적한 것이다. 아울러 기복적인 他力信行을 비판하고 출가의 참 정신이 무엇인지를 역설하였다. 이 책을 통해 그는 선을 主로 하여 교를

융섭하려는 불교통일운동을 전개한 것으로 평가된다. 이러한 그의 宗旨와 宗風은 이후 「西山宗」이라 일컬어도 무방할 만큼 한국 불교계에 파급되었으며, 이것이 그대로 한국불교의 성격을 형성하였다. 그래서 이 책은 더욱 일본 · 중국 등으로 유포되어 佛書 중의 명저로 꼽히게 되었다.

〔참고문헌〕 현존하는 刊本으로는 1590년 간행의 楡岾寺판, 1605년의 圓寂寺간, 1612년의 묘향산 內院庵 開板, 1618년의 송광사 刊, 1633년의 龍腹寺간 등이 있다. 한글 번역(諺文역)은 일찌기 1610년에 金華道人에 의해 이루어졌다. 현대의 번역은 수종에 이르므로 굳이 열거하지 않으나, 대표적인 것은 한글대장경151(1969)에 있다. 일본에서의 연구로는 忽滑谷快天의 《禪家龜鑑講話》가 있다. 한편 휴정의 《三家龜鑑》은 이 《선가귀감》과 《儒家귀감》 《道家귀감》을 합본한 것이다.

### 선견율비바사 善見律毘婆沙 18卷

《善見律》 《善見論》 《毘婆沙律》 등으로도 칭한다. 원어로는 《사만타파사디카》 Samantapāsādikā라 한다. 5세기경 스리랑카의 大寺에서 佛音(Buddhaghosa)이 저술했고, 僧伽跋陀羅가 廣州에서 僧禕(혹은 僧猗)와 함께 489년에 漢譯했다. ㊅24-673, Ⓚ 24-294, �96. 漢譯 《善見論》이 《사만타파사디카》를 번역한 것이라는 점은 학자들이 논증한 바이지만, 論의 앞부분은 비교적 충실하게 번역되어 있으나 뒷쪽으로 가면 거의 抄譯되어 있다. 전체적으로 보면 2분의 1이하가 抄譯되어 있다. 즉 漢譯에서 비구戒는 맨 앞의 15卷과 제16卷의 중반까지 번역하고, 비구니戒는 제16卷 중의 10분의 1쯤 번역하고, 犍度部는 제16卷의 중반부터 제18卷의 중반까지 약 2卷을 번역하였으며, 나머지가 〈附隨〉의 번역으로 되어 있다. 그러나 원전에서는(PTS의 7권本을 기준) 1416페이지 중, 비구戒의 주석이 750페이지, 비구니戒의 주석이 200페이지, 건도부의 주석이 350페이지, 부수의 주석이 116페이지로 되어 있다.

漢譯은 抄譯일 뿐만 아니라 팔리 원본과는 다른 문장이 있다. 특히 波逸提法을 90조로 하고 衆學法에 佛塔에 관한 조문을 삽입하고 있는 점은 분명히 《4분율》*에 의해 바로잡은 것이다. 이 밖에도 《4분율》의 영향을 받아 문장이 바뀐 점이 있다. 다만 漢譯 《선견론》에선 팔리律(→비나야피타카)의 본문이 곳곳에서 발견되며, 《사만타파사디카》의 독자적인 내용이 번역되어 있는 점으로 보아 兩者는 원전과 번역의 관계에 있음이 명백하다. 한편 《역대삼보기》*에서 《선견율비바사》의 傳譯에 관한 기록 중에는 佛滅 연대에 관한 衆聖点記說이 있다는 점도 유명하다.

이 책의 저자인 佛音은 스리랑카의 律에 대한 주석이 싱할리Sinhalī語(스리랑카의 토착語)로 씌어져 있기 때문에 스리랑카 이외의 사람들에게는 읽히지 않음을 안타깝게 생각하여, 옛날 주석인 《大義疏》(Mahāṭṭhakathā)와 《鳩淪陀》(Kurundī) 및 《Mahāpaccarī》를 참조하여 《사만타파사디카》를 저술했다고 한다. 맨 앞에 〈序品〉을 두고, 律의 전승을 밝힌다. 제1 · 제2結集과 아쇼카王시대의 전도사 파견을 이야기하면서 그때 마힌다Mahinda가 스리랑카에 전도했다는 것 등을 밝히고, 스리랑카 불교의 정통성을 내세운다. 이러한 기술 속에는 불교사에 관한 귀중한 자료가 많다. 이어서 4波羅夷法부터 차례로 비구律에 대해 주석하고, 다음에 비구니律의 주석, 건도부의 주석,

파리바라Parivāra(附隨)의 주석으로 이어진다. 이 주석에선 팔리律보다 진보된 주장이 보이므로 스리랑카 불교에 있어서 律의 발전을 알 수 있다.《선견론》은 중국에서도 律의 주석으로서 옛부터 중요시되어 왔다. 佛音에게는 팔리 戒經에 대한 주석으로서《캉카비타라니》Kaṅkhāvitaraṇi가 있으나 이것은 漢譯되지 않았다. 이 원전은 근래에 팔리聖典協會(PTS)로부터 출판되었다(D.Maskell《Kaṅkhāvitaraṇī, Buddhaghosa's Commentary on the Pātimokkha》London : PTS, 1956). 한편《선견론》의 팔리 원전은 스리랑카 등에 전해져서 일찌기 高楠·長井·水野三 등의 일본 학자들에 의해 팔리성전협회로부터 출판(J.Takakusu·M.Nagai·K. Mizuno《Samantapāsādikā, Buddhaghosa's Commentary on the Vinaya Piṭaka》7vols. London : PTS, 1924~47)되었다.

〔연구〕스리랑카에는 佛音과 同시대의 인물인 Buddhadatta의 저술로서 律에 대한 주석인《Vinayavinicchaya》가 있다.《사만타파사디카》에 대한 후대의 주석으로는 Vinayagandhi의《Khuddasikkhā》《Mūlasikkhā》가 있고, 12세기 이후의 저술로는《Vinayasaṅgaha》《Khuddasikkhāṭikā》《Vinayatthamañjūsā》《Mūlasikkhābhinava-ṭīkā》《Vinayasamuṭṭhānadīpanī》《Pātimokkhavisodhanī》《Vinaya-gūḷhatthadīpanī》《Vinayālaṃkāra》등이 있다.

〔참고문헌〕日譯은 譯一 律部18에 있는데, 長井眞琴의〈一切善見律註序〉(南傳 65)는 팔리 원문을 日譯한 것이다. 근래의 선구적인 연구로는 J.Takakusu(高楠順次郎)의〈Pāli Elements in Chinese Buddhism〉(Journal of the Royal Asiatic Society, 1896)이 있고, W.Geiger의《Pāli Literatur und Sprache》(Strassburg, 1916), 長井眞琴의《南方所傳佛典의 研究》(1936), 水野弘元의〈善見律毘婆沙와 사만타파사디카〉(佛教研究1의3·2의3, 1937년 9월·1938년 6월) 등이 있다. 최근의 연구로는 A.Hirakawa의 협력으로 P.V.Bapat가 Poona에서 펴낸《A Chinese version by Saṅghabhadra of Samantapāsādikā》(Poona : Bhandarkar Oriental Research Institute, 1970)가 있다.

## 선관책진 禪關策進 1卷

1600년에 찬술한 雲棲袾宏(1532~1615)의 저작이다. ㊅ 48-1097. 禪宗의 參禪공부에 있어서 가장 중요하다고 생각되는 것을 祖師의 언행을 들어 기록한 것으로서, 수행자를 고무하여 見性시키기 위해 설해진 책이다. 이 책은 前集으로《諸祖法語節要》와《諸祖苦功節略》을 싣고, 後集으로《諸經引證節略》을 수록하고 있다.

먼저 제1《제조법어절요》는 조사들의 법어를 인용한 것인데, 黃檗希運·玄沙師備·鵝湖大義·永明延壽 등 39人의 조사들의 示衆·普說 등을 수록하고, 그 뒤에 저자의 견해를 서술한「評日」을 첨부하고 있다. 제2의《제조고공절략》은 조사들이 어떻게 열심히 고행하여 깨달음을 열었는가를 서술한다. 그 속에는 獨坐靜室·懸崖坐樹·草食木棲·衣不解帶·引錐自刺·暗室不怠·晩必涕泣·三年力行·圓枕警睡·被雨不覺·誓不展被·擲書不顧·堅誓省發·無時異緣·造次不忘·忘抵河津·寢食兩忘·口體俱忘·諸緣盡廢·杜門力參·以頭觸柱·關中刻苦·脅不至席·獨守鈍工 등의 사실을 열거하고 있다. 그 중에서도 慈明화상이 졸음이 오면 자신을 송곳으로 찔러가며 수행했다는 이야기(引錐自刺)는 수행자로

하여금 분발케 하는 이야기다. 後集으로 수록되어 있는 제3《제경인증절략》은 경전으로부터 수행자의 정진노력에 관한 사항을 발췌하여 모은 것이다. 여기에 인용되어 있는 문헌은 《대반야경》*《화엄경》*《大集月藏經》《16觀經》《出曜經》《大灌頂經》《遺教經》《楞嚴經》《彌陀經》(→아미타경)《능가경》*《금강반야경》(→금강경)《보적경》(→대보적경)《대집경》*《念佛三昧經》《自在王菩薩經》《如來智印經》《中阿含經》(→아함경)《雜譬喩經》《雜아함경》(→아함경)《아함경》*《法集要頌經》《무량수경》* 등의 경전과, 《유가사지론》*《대승장엄경론》* 등의 논서이다.

이 책의 刊本으로는 일본의 大正新修대장경에 수록된 것 외에 《雲槽法彙》 제14册이나 和刻本도 있다. 日譯은 《國譯禪宗叢書》제2권, 譯一 和漢部, 諸宗部9에 수록되어 있다. 그러나 이 책에 대한 해설과 번역으로서 가장 뛰어난 것은 《禪의 語錄》시리즈 제19권인 藤吉慈海의 《禪關策進》(筑摩書房, 1970)이다. 여기서는 원문의 단락마다 원문–直譯–意譯–註를 배열하여 정확한 이해를 도모하였고, 머리말로서 이 책의 解題를 대신하고 있다. 이 밖의 해설로는 《現代禪講座》제5 (角川書店, 1956), 《講座禪》제6권(筑摩書房, 1968) 등이 있다.

## 선문염송집 禪門拈頌集 30卷

普照국사 知訥의 뒤를 이어 고려 曹溪의 제2世가 된 眞覺국사 慧諶(1178~1234)이 조계산 修禪社에서 46세 때인 1226년에 제자인 眞訓 등과 더불어, 禪家의 古話 1125則과 이에 관한 여러 선사들의 徵·拈·化·別·頌·歌 등을 모아서 편찬한 책이다. 즉 諸家의 어록과 傳燈을 연대별로 체계적으로 분류하여, 고려人의 입장에서 처음으로 정리한 방대한 책이다. 부처님의 古話(佛), 華嚴 등의 경전(法), 西天 28祖·중국 6祖·諸선사 및 善知識의 古則(僧)의 순서로 배열하여 선맥의 유통을 살필 수 있도록 구성하였다. 따라서 이 책은 한국禪의 중심 문헌이 되어 오늘에 이르고 있다. Ⓚ 46–1, ㊎5–1, ㉿160~163. 그런데 여기서 古則의 주인공은 334人으로서 대부분은 고승대덕이지만, 비구니·거사·노파·소녀 등도 있어 入道機緣의 다양함을 보이고 있다. 또 이 책의 초판본은 몽고족의 침입으로 소실되어, 그 뒤에 제자인 夢如가 1125則에 347則을 더하여 총 1472則을 수록하여 再刻하였다는데, 실제 이 재각版의 古則은 1463則뿐이고, 1961년에 간행된 《懸吐선문염송》에는 1454則만 수록되어 있으므로, 이 책에 대해서는 보다 새로운 검토가 요구된다. 한편 편찬자 혜심은 지눌의 충실한 祖述者로서 고려시대의 禪사상과 禪門의 위치를 견고하게 다지는 한편, 정권에 깊이 관여하는 승려들을 경책하였고, 주술적 폐습으로 불교의 타락을 야기하는 왕실 주변의 신앙 풍조를 배격하였다.

〔내용〕 이 책의 내용은 徵·拈·代·別·頌·歌·着語·垂示·示衆·廣語·晩參法語 등으로 분류된다. 이 중에서 拈과 頌이 대부분을 차지하므로 서명을 拈頌이라 하였을 것이다. 徵은 話頭 속의 사건을 예로 들고 어떻게 생각하는지를 설문하는 형식이며, 拈은 한 사건을 예로 들어 대중에게 제시하고 풀이하는 형식이고, 代는 화두 속에서 답변이 막힌 쪽을 대신해서 한 마디하는 형식이며, 別은 화두 속에서 문답의 주인을 대신하여 다르게

말하는 형식이다. 또 頌은 화두 속의 사건을 운문으로 唱頌하는 형식이고, 歌는 頌이 긴 것이며, 着語는 화두에 붙이는 말이란 뜻이니 곧 화두에 대한 평가요, 垂示·示衆·廣語 등은 설교의 형식이다. 이상과 같은 형식으로 서술된 이 책의 내용은 다음과 같은 순서로 전개된다. 권①~②는 大覺世尊 釋迦文佛, 권③은 達摩~道信, 권④는 5조弘忍~慧忠국사, 권⑤는 吉州의 青原山 行思선사~百丈懷海선사, 권⑥은 百丈~南泉普願선사, 권⑦은 南泉~幽州의 盤山寶積선사, 권⑧은 歸宗寺 智常선사~龐蘊거사, 권⑨는 丹霞山 天照선사~大潙山 靈祐선사, 권⑩은 靈祐선사~趙州從諗선사, 권⑪~⑫는 趙州선사, 권⑬은 長沙景岑선사~華亭般子德선사, 권⑭는 慧省선사~仰山 通智선사, 권⑮는 仰山~臨濟義玄선사, 권⑯은 臨濟~徑山道欽선사, 권⑰은 德山宣鑑선사~洞山良价선사, 권⑱은 幽谷화상~魏府大覺선사, 권⑲는 魏府 興化存獎선사~福州의 雪峰山 義存선사, 권⑳은 鄂州의 巖頭全奯선사~韶州의 靈樹如敏선사, 권㉑은 洪州의 雲居道膺선사~明州의 天童山 咸啓선사, 권㉒는 越州乾峰화상~越州의 諸賢越山 師鼎鑑眞선사, 권㉓은 福州의 玄妙師備宗一선사~韶州의 雲門山 文偃선사, 권㉔는 雲門, 권㉕는 福州의 長慶慧稜선사~大原孚상좌, 권㉖은 福州의 鼓山 神晏國선사~福州의 臥龍山 安國院慧球선사, 권㉗은 益州의 淨衆寺 歸信선사~芭蕉繼徹선사, 권㉘은 鼎州 梁山緣觀선사~汝州 寶應省念선사, 권㉙는 鼎州 文殊應眞화상~郢州 大陽山楷선사, 권㉚은 洪州 黃龍慧南선사~昔有婆子. 이상의 내용에서 권㉖에는 신라의 고승인 泊岩·大領·雲在 등의 어록이 수록되어 있다.

〔평가〕 앞에서 언급한 바와 같이 徵·拈·代·別·頌·歌 등의 형식을 통해 부연된 이 책의 전편은 부처님의 正法眼藏을 拈弄하는 것으로 일관한다. 그래서 臨濟의 3玄3要와 曹洞의 5位偏正사상이 兩大 주류를 이루고 있으며, 大機大用 또는 殺活賓主 등 작가의 수단도 엿볼 수 있다. 고승대덕은 물론 국왕·대신·行者·童女 등 각 계층의 대화가 수록되어 있어, 이 책은 禪門의 어록으로서 뿐 아니라 언어·생활·풍토 등을 참고할 수 있는 좋은 자료다. 많은 화두의 주인공들 사이에는 신라의 冠號를 가지고 禪法을 拈弄하는 이가 많은데, 문답의 내용으로 보아 분명히 우리나라 승려로 보이는 경우도 있으므로 앞으로 이에 대한 연구가 기대된다. 이 책과 비견되는 중국의 문헌으로는 《경덕전등록》* 30卷이 있다. 이보다 분량상 훨씬 미치지 못하는 것으로는 《벽암록》* 《종용록》* 등이 있다. 이 셋은 모두 《선문염송집》 이전에 성립하였다. 따라서 이들이 이 책에 영향을 미친 흔적이 발견된다. 특히 《경덕전등록》과 《벽암록》의 내용이 이 책에 실려 있음을 볼 수 있는 것이다. 이 책의 권30에는 《벽암록》의 편자인 圜悟克勲의 어록이 수록되어 있기도 하다.

〔참고문헌〕 이 《선문염송집》에 설화를 붙인 覺雲의 《선문염송說話》30卷(㊎5에 이 책과 會編의 형태로 수록되어 있다)이 있다. 이는 《염송집》 가운데서 특수한 어휘를 가려 뽑아 거기에 관계되는 출전을 인용하고 해설을 붙인 것이다. 저자는 慧諶의 제자라는 것 이외에 별로 알려진 것이 없다. 일설에는 각운이 혜심의 《염송집》을 전해 받고 修禪社에 들어가 3년 동안 세간과의 교섭을 끊고 이 《설화》를 지었

다고 하나, 이의 저자는 혜심의 제자인 각운이 아니라 龜谷覺雲이라는 異說도 있다. 이《염송집》의 판본은 많이 있으나, 최근에 동국대학교 출판부에서 발간한《한국불교전서》(本 사전에서는 ㊎으로 표시) 제5권에서는《선문염송說話》와 會編(관련 내용을 연결시킴)하여 수록하면서 각 則마다 古則의 표시를 두어《설화》와 구별하였고, 그 밑에 일련번호를 붙여 古則의 수를 알게 하였을 뿐만 아니라, 현존하는 이 책의 서문과 跋文을 모두 수집하여 수록하고 있으므로 매우 편리하고 유익하다. 이 책의 古刊本은 다음과 같은 것들이 있다.

①해인사 소장, 고려대장경 補遺版에 수록된 것. 초간본은 몽고와의 전란으로 소실되어 再刻한 것인데, 혜심의 1125則에 曹溪老師가 347則을 더하여 1472則을 수록한 것으로서, 1244년에서 1248년 사이에 大藏都監 南海分司에서 개판한 것이다.

②고려 高宗 20년(1233) 逸庵거사 鄭晏 誌. 李秉直소장.

③1568년의 法弘山 法興寺 留板. 동국大 소장(卷6~10).

④1634년의 水清山 龍腹寺板.

⑤1636년 天鳳山 水原寺 開刊. 현재 가장 많이 알려진 간본이다. 서울大, 동국大 소장.

⑥1682년의 大原寺刊.

⑦1707년의 八影山 楞伽寺板.

이 밖에 현대版으로 雪峰鶴夢편《懸吐禪門拈頌》(1961)이 있고, 한글대장경(160~163)에 번역이 있다.

## 선원제전집도서 禪源諸詮集都序 4卷

宗密(780~841)의 저서이다. ㊅48-397. 종밀은 원래《禪源諸詮集》이라는 책을 저술했다. 그것은 禪 계통의 諸家에서 나온 言句나 偈頌을 모은 것으로서《禪那理行諸詮集》이라는 별명으로 불렸다. 그러나 이 책은 아마도 會昌의 法難(845) 때문이든가 혹은 唐시대 말기에 있었던 5代의 난으로 인해 사라져 버리고, 다만 여기에 덧붙여진 都序만이 남게 되었다. 그것이 바로 이 책이다. 宗密은 禪에 있어서는 荷澤宗에 속하고, 華嚴宗에 있어서는 澄觀의 뒤를 이은 제5祖로 되어 있다. 이 때문에 화엄종의 교의에 따르는 입장과 선의 체험에 따르는 입장을 접목하여, 드디어 教禪一致論을 부르짖기에 이르렀다. 이 책은 그러한 주장이 표현된 대표적인 것으로서 불교사상史上 특기할 만한 책이다. 이 점에서 말한다면, 산실된《선원제전집》과는 별도의 의미를 지니고 있다고 할 만하다.

〔내용〕이 책에서는 一切衆生의 근원을 本覺眞性이라고 칭하는데, 또는 이것을 佛性이라고도 하고 心地라고도 한다. 이것이 중심적인 주제이다. 이것을 중심으로 하여 이론적으로 전개한 것이 教義이고, 이 교의를 닦아 깨닫는 것이 禪이다. 따라서 그것은 선의 本源이기도 하므로 禪源이라 한다. 교의로서 전개된 경우에 저자는 종종《대승기신론》*의 心眞如와 心生滅의 조직을 이용한다. 또 선의 실천에는 얕고 깊음의 단계가 있는데, 그것을 5종으로 분류한다. 즉 ①外道禪 ②凡夫선 ③小乘선 ④大乘선 ⑤最上乘선이다. ①은 불교 이외의 도리에 의한 선, ②는 因果에 의거하는 선, ③은 我空만을 진리로 삼는 선, ④我·法 2空을 진리로 삼는 선, ⑤는 自心은 본래 清淨으로서 이 心이 佛이라고 깨닫는 禪이다. 저자는 教禪일치를 주장하는 하나의 방법으로서 禪의 3종과 教의 3종을 대조하고, 이어서 서로

융합하여 일치함을 밝히고 있다. 교의 3종이란 密意依性說相教·密意破相顯性教·顯示眞心即性教이고, 선의 3종이란 息妄修心宗·泯絶無寄宗·直顯心性宗이다.

宇井伯壽는 이 책을 日譯(岩波文庫)하고, 이 책과 저자의 내력에 대해서 상세히 해설하였다. 다른 해설서로는 鎌田茂雄의 《禪源諸詮集都序》(禪의 語錄 9, 筑摩書房, 1971)가 있다. 여기서 鎌田은 원문을 내용별로 상세하게 단락지어(58단락), 각 단락마다 원문—直譯—要旨—주해의 순으로 배열하여 해설하며, 뒤에 전체적인 해설을 덧붙이고 있으므로 이 책의 이해에 매우 유익하다.

**선원청규** 禪苑淸規 10卷

宋나라 宗賾이 찬집한 것으로서 《崇寧淸規》라고도 한다. ㊈제111冊. 중국의 禪宗에 있어서 처음으로 승단의 생활 규정을 제시한 淸規가 제정된 것은 唐시대의 중기 百丈山의 懷海(720~814)에 의해서였다(→백장청규). 그러나 이 百丈이 제정했던 古청규는 일찌기 사라져 전해지지 않았기 때문에 北宋 徽宗의 崇寧 2년(1103)에 長蘆宗賾이 百丈의 古청규를 祖述하여 그 정신을 부흥코자 제정한 것이 이 책이다. 《숭녕청규》라는 별칭은 이 책의 찬술 연대에 따른 것이다. 그 후 100년이 지난 南宋 嘉泰 2년(1202)에 虞翔이 이 책의 성행으로 인해 자획이 마멸되기에 이르렀음을 안타깝게 여겨 再刻했다. 이것이 《重刻補註선원청규》 10卷이다. 말미에 있는 〈濾水法〉1권은 아마도 이 때에 부가된 것일 것이다. 현재 일본에 보관되어 있는 판본에 의하면 舊岩崎文庫本·고려版本·金澤文庫本·五山판본·寶永판본·寬政판본의 6종의 판본이 알려져 있으나 이 중 고려版을 제외한 나머지는 모두 이 1202년에 重刻한 補註本이다. 大日本續藏經에 수록된 원전은 寶永판과 寬政판을 전재한 것이다. 그런데 고려本(駒澤大學에 재직한 小坂機融이 소장)만은 그 계통을 달리한다. 즉 현행본은 南宋의 寶祐 2년(1254)에 다시 새긴 것인데, 그 底本은 北宋의 政和 元年(1111)의 판본이다. 1103년에 北宋에서 《선원청규》가 창간되었으므로 겨우 8년 후의 판본에 근거하고 있는 것이다. 따라서 가장 오래된 형태를 전하는 것으로서 주목되는데, 현행본의 《선원청규》와는 본문의 구성과 그 밖의 면에서 두드러진 차이가 있음이 지적되고 있다. 이에 대해서는 일본의 鏡島元隆·佐藤達玄·小坂機融이 함께 저술한 《譯註禪苑淸規》(曹洞宗宗務廳, 1972)에 상세히 대조되어 있다.

〔내용〕 각 卷은 다음과 같은 내용을 싣고 있다.

권1 / 受戒, 護戒, 辨道具, 裝包, 旦過, 掛搭, 赴粥飯, 赴茶湯, 請因緣, 入室.

권2 / 上堂, 念誦, 小參, 結夏, 解夏, 冬年, 人事, 巡寮, 迎接, 請知事.

권3 / 監院, 維那, 典座, 直歲, 下知事, 請頭首, 首座, 書狀, 藏主.

권4 / 知客, 庫頭, 浴主, 街坊, 水頭, 炭華嚴頭, 磨頭園頭, 莊主廨院主, 延壽堂主淨頭, 殿主鐘頭, 聖僧侍者爐頭直堂, 寮主寮首座, 堂頭侍者.

권5 / 化主, 下頭首, 堂頭煎点, 僧堂內煎点, 知事頭首煎点, 衆中特爲尊長煎点.

권6 / 法眷及入室弟子特爲堂頭煎点, 通衆煎点 燒香法, 置食特爲, 謝茶, 看藏經, 中筵齋, 出入, 警衆, 馳書, 發書, 受書, 將息參堂.

권7 / 大小便利, 亡僧, 請立僧, 請尊宿, 尊宿受疏, 尊宿入院, 尊宿住持, 尊宿遷化, 退院.

권8 / 龜鏡文, 坐禪儀, 自警文, 一百二十問, 誡沙彌.

권9 / 沙彌受戒文, 訓童文.

권10 / 勸檀信, 齋僧儀, 百丈規繩頌 · 附, 新添濾水法並頌.

[평가] 현존하는 《勅修百丈淸規》(→백장청규)는 1338년에 東陽德煇가 이 《선원청규》에 惟勉의 《叢林校定淸規總要》2권과 弌咸의 《禪林備用淸規》10권을 대조하여 번쇄한 것은 삭제하고 잘못된 것을 바로잡아 집성한 것이다. 따라서 이 책은 현존하는 청규中 最古의 것으로서 諸청규의 기준이 되었던 것이다. 이 책의 연구로는 1274년에 宋나라 道齊가 《선원청규總要》2권을 찬술했다고 《백장청규雲桃鈔》(1567)에 기록되어 있으나, 이 책은 현재 전승되어 있지 않다. 현대의 연구로서는 일본에서 《譯註선원청규》가 간행된 이외에 거의 전무한 상태이므로 앞으로의 연구가 기대된다. 한편 일본에서는 특히 曹洞宗에서 道元의 《永平淸規》와 瑩山의 《瑩山淸規》의 원천으로서 중시되어, 1796년(寬政8년)에 永平寺 玄透即中이 寶永판본을 다시 새기고 永平寺 소장版으로서의 緣起를 付刻한 《重雕補刻本선원청규》가 유통하게 되었다.

## 선택집 選擇集 1卷

일본 淨土宗의 개창자인 源空(法然, 1133~1212)의 찬술로서 본래의 명칭은 《選擇本願念佛集》이다. 몇 가지 異說은 있으나 저자의 나이 66세 때인 1198년에 후원자였던 藤原兼實의 청에 의해 찬술된 것이라 한다. ㊅83-1, 譯一 諸宗部22. 이 책의 刊本은 많이 있으나, 京都의 廬山寺에는 「南無阿彌陀佛往生之業念佛爲先」이라는 表題를 저자가 직접 쓴 원고本이 현존해 있다.

[내용] 이 책은 淨土3部經(무량수경* · 관무량수경* · 아미타경*)과 善導의 《觀經疏》(→관무량수경소)를 주로 하고, 《안락집》*《淨土五會法事讚》《西方要決》 등을 인용하여 選擇本願念佛의 취지를 밝히고자 한 것이다. 전체는 16章으로 구성된다. 제①장 「道綽선사가 聖道 · 淨土라는 2門을 세우고 있더라도 성도를 버리고 정토로 돌아서는 文」에서는 道綽의 《안락집》을 전거로 하여 聖 · 淨 2門과 難 · 易 2道의 판단에 따라 정토로 돌아서야 함을 설한다. 제②장에서는 往生정토의 行에 대해 正과 雜을 분류하고, 正行 속에 다시 助와 正의 2業을 분별하여, 오로지 稱名과 正定이라는 2業을 닦아야 함을 밝힌다. 제③장에서는 그 염불이라는 1行만이 아미타佛에게 선택되는 本願임을 《무량수경》의 18願, 善導의 《觀念法門》《往生禮讚》 등의 내용을 통해 명시한다. 제④장은 「3輩章」이라 불리는데, 定과 散이라는 2善을 버리고 염불이라는 1行으로 돌아서는 것이 《무량수경》의 뜻이라 한다. 제⑤장에서는 일념으로 稱名하는 데에 더없는 큰 이익이 있음을 밝힌다. 제⑥장에서는 《무량수경》 下권의 내용을 인용하여, 末法시대의 萬년이 지난 후에도 염불만은 100세까지 살 수 있게 하는 뛰어난 法임을 밝히고 있다. 제⑦장에서는 아미타佛의 광명은 다른 行을 닦는 사람에겐 비춰지지 않고 오직 염불의 行者를 섭취한다고 설한다. 제⑧장에서는 《관경疏》에서 말하는 3心에 대한 해석을 통해 염불의 행자는 반드시 至誠心 · 深心 · 廻向發願心의 3心을

갖추어야 할 것임을 밝힌다. 제⑨장에서는 염불의 행자는 반드시 恭敬·無餘·無間·長時라는 4修의 법을 행해야 할 것임을 밝히고 있다. 이상의 ③⑧⑨는 이 책의 중요한 주장을 나타내는 부분이라 할 수 있다. 제⑩장에서는 아미타佛이 이 땅에 도래하면 경전의 말씀을 듣는 데에 노력한 善을 찬탄하는 것이 아니라, 염불을 오로지 행하는 것만을 찬탄한다고 서술하고 있다. 제⑪장에서는 雜善에 대하여 염불을 찬탄하고, 제⑫장에서는 부처님이 《관무량수경》에서 定·散의 여러 善에 대해 설하지만 오로지 염불의 1行만을 阿難에게 부촉하였다고 말한다. 제⑬장에서는 염불이 많은 善의 뿌리요 그 밖의 行은 적은 善의 뿌리임을 밝힌다. 제⑮장에서는 염불의 행자는 여러 부처에게 護念되어 현재와 미래의 이익을 얻을 것임을 밝힌다. 제⑯장에서는 《아미타경》* 등을 인용하여, 부처님이 아미타의 名號를 舍利弗에게 부촉하였음을 서술하고 있다. 이 마지막 부분에서는 정토3부경에 선택本願 이하 찬탄·留教·化讃·付囑·證誠의 소위 8선택이 있다 하고, 3經 모두가 念佛一行을 선택할 것을 주장한다고 하며, 나머지 雜行은 모두 떨쳐버리고 염불의 1行에만 의지해야 한다고 결론짓고 있다.

〔평가〕 이 책은 일본에서 종래에 지배적인 위치를 확보하고 있던 奈良·平安시대의 諸宗에 대하여, 처음으로 그들을 聖道門이라는 이름을 붙여 비판하고, 浄土門 독자의 입장을 체계적으로 집대성하여 주장한 문헌이다. 그 비판의 성격이 고대로부터 중세로 이어지는 과도기적인 것인가 아닌가에 대해서는 서구의 종교개혁과 대비할 경우 문제가 되기도 하겠지만, 일본의 불교史에 있어서는 一大 지표가 되었다는 지위는 확고한 것이다. 이 책을 통하여 일본의 정토교는 비로소 소위 寓宗인 성격을 탈각하고 독립된 종파로서의 주장을 내세웠던 것이라고 말할 수 있다. 이 책의 내용에도 여전히 이익 추구에서 벗어나지 못한 기복적인 요소가 남아 있거나, 또 염불을 권장함에 있어 타협적인 설명이라고 인정되는 부분도 눈에 띄므로 저자의 과도기적인 성격이 지적되긴 하지만, 공표를 억제하고 소수의 제자들에게만 書寫를 허가하고 있는 점을 통해 보더라도, 이 책이 당시로서는 획기적인 저작이었음을 알 수가 있다. 이 책이 일단 일본 사회에 출현하자 그 반향은 대단히 격렬했다. 일찌기 저자가 생존해 있을 때부터 公胤은 《浄土決疑鈔》(3권)로써 이를 반박하였다. 이를 필두로 하여 明惠의 《선택집摧邪輪》(3권)과 《摧邪輪莊嚴記》(1권), 定照의 《彈選擇》(1권) 등의 반론이 이어졌고, 日蓮도 자신의 저서에서 많은 반론을 제기하였다. 이에 대하여 저자의 문하側에서도 재반박하는 책이 빈번히 공표되었다.

〔연구〕 이 책의 반향이 컸던 만큼 주석서도 굉장히 많다. 辨長의 《徹選擇本願念佛集》(2권), 良忠의 《선택傳弘決疑鈔》(5권), 證空의 《선택宗要決》(5권), 覺如의 《肝要義》(2권) 등 수십部에 이른다. 현대의 것으로는 石井教道의 《選擇集之研究》3권(註疏편, 1945 ; 總論편, 1951 ; 全講, 1955)이 가장 상세하다. 이 책은 예로부터 저자인 源空의 主著인 동시에 정토종의 開宗을 선언한 책이라고도 간주되었기 때문에, 처음부터 宗學的인 내용의 검토가 이루어졌고 진즉부터 이에 대한 서지학적 연구가 진행되었다. 親鸞의 《教行信證》*과의 관계에 대해서도 연구되었다(結城令聞 〈選擇集

과 教行信證의 關係에 대하여〉, 印佛研4의1, 1956). 源空에 대한 사상사적 연구는 종래에 宗學的으로 일단 완성되었다고 간주되어 있었는데, 근래엔 주로 역사학적 연구의 진전에 따라 자료 자체에 대한 재검토가 요청되어, 이 책도 저자의 사상사적 편력에 따라 위치가 평가되고 동시에 일본의 불교史上 차지하는 커다란 역할이 어떠한 성격을 지니고 있었는가에 대해서 다시 고찰되고 있다. 이 방면의 연구로서 大橋俊雄의 《法然上人研究의 回顧와 展望》(1958)이 있다. 이 밖에 같은 저자의 《法然·一遍》(《日本思想大系》10, 岩波書店, 1971), 石田充之의 《選擇集研究序說》(百華院, 1976), 塚本善隆편의 《法然》(《日本의 名著》5, 中央公論社, 1971) 등이 있다.

## 섭대승론 攝大乘論

산스크리트 명칭은 《Mahāyānasaṃgraha》(대승을 포괄한 論)로서 아상가Asaṅga(無着, 약310~390)의 저술이다. 漢譯은 여러 종류가 있는데, 佛陀扇多(Buddhaśānta)가 531년에 번역한 2卷本(㊅31-97, Ⓚ 16-1262), 眞諦(Paramārtha)가 563년에 번역한 3卷本(㊅31-113, Ⓚ 16-1052), 玄奘이 647~649년에 번역한 8卷本(㊅31-132, Ⓚ 16-1284)이 대표적이다. 이 밖에 達摩笈多(Dharmagupta)의 번역도 있는데, 이것은 독립된 論本이 아니라 世親의 주석 속에 수록된 것이다. 티벳譯(㊗112-215~236 ; 272~끝 ; 113-1~50)도 현존한다.

〔내용〕 이 책은 《반야경》(→大品·小品·大반야경)이나 龍樹의 般若불교를 계승하여 般若바라밀(이 책에서는 無分別智라 칭함)을 근본으로 삼고, 《해심밀경》*《大乘阿毘達磨經》을 비롯한 彌勒의 《중변분별론》*《대승장엄경론》* 등의 瑜伽불교를 수용하여 대승불교 전체를 나란히 하나의 정연한 조직으로 조립하고 있어서, 가히 「대승불교를 포괄한 論」이라는 書名을 붙일 만하다. 대승 전체의 綱要를 10항목으로 나누고, 1항목에 1章을 할당하여 10章으로 전체를 서술하고 있다. 各章의 명칭과 그 내용은 다음과 같다(題名은 眞諦의 번역을 따름). ① 應知依止勝相品제1(알라야識·緣起), ② 應知勝相品제2(三性·實相), ③ 入應知勝相品제3(唯識觀), ④ 入因果勝相品제4(六波羅蜜), ⑤ 入因果修差別勝相品제5(十地), ⑥ 依戒學勝相品제6(戒), ⑦ 依心學勝相品제7(定), ⑧ 依慧學勝相品제8(慧), ⑨ 學果寂滅勝相品제9(無住處涅槃), ⑩ 智差別勝相品제10(佛의 三身).

應知(jñeya : 所知)란 依他起·分別性·眞實性의 3性을 의미하고 있다. 제1品부터 제5品까지의 題名을 보면, 應知(3性)가 기본임을 알 수 있다. 알라야(阿賴耶)識은 3性의 依이고, 唯識觀은 3性으로 悟入하는 것이며, 6度는 3性으로 悟入하는 因과 果이고(入因果란 入應知因果라는 뜻), 10地는 3性으로 悟入하는 因果에 있어서의 수행 단계이다. 《성유식론》*의 唯識說에서는 阿賴耶識을 근본으로 하는 8識이 轉變하여 諸法이 나타난다고 하고, 萬法唯識이라 한다. 따라서 이 唯識說은 心識論이라는 기초 위에서 있는 것이다. 그런데 《섭대승론》에서는 3性說이 唯識說의 기초가 되어 있다. 依他起性은 識을 의미하며, 따라서 有이고, 分別性은 境을 가리키며, 따라서 無이다. 依他性과 分別性으로 識有境無를 드러내고 있는 이 識(有)과 境(無)의 관계가 眞如 즉 진실성을 나타내고 있는 것으로서 識만이 있고 境이 없다(唯識無境)는 것은 곧 眞如일 뿐이다. 唯識에 들어간다는 것은 眞如에 들어가는 것이다. 唯識을

觀하는 것(唯識觀)은 眞如를 觀하는 것이고, 그 觀知는 加行無分別智(얕은 단계)·根本智·後得智이다. 따라서 수행자가 진실로 唯識에서 있을 때는 그것을 無分別智·法身·轉依 등으로 호칭한다(《유식30송》* 제28,29,30의 各頌). 소위 境識俱泯이 참된 唯有識이라는 것, 바꾸어 말해서 참된 唯識은 識이 없는 동시에 識이 있다는 것은 《중변분별론》*相品 제7偈에서 『得(=識)과 無得(=非識)이란 平等이다』고 말함을 통해서 알 수 있다. 3性은 이렇게 識의 有와 識의 無(이것은 境의 無, 곧 分別性에 의함)라는 관계와, 이에 따라 나타나는 眞如를 나타내고 있다. 이러한 의미에서 3性은 唯識을 나타내고 있는 것이다. 3性을 설하고 있는 제2品을 보면 『이와 같은 도리에 따라 諸法은 唯識이다』든가 『이 때문에 諸法唯識의 도리를 믿어야 한다』고 하는 등의 말이 종종 등장한다. 이것은 3性을 설명하는 것이 곧 諸法唯識을 설하는 것에 지나지 않기 때문이다. 알라야識을 설하고 있는 제1品에서는 이러한 말이 한 번도 등장하지 않는다. 이러한 사실이 시사하는 바는, 《섭대승론》에서는 諸法唯識說을 지탱하고 있는 기초가 3性說이지 알라야說인 것은 아니라는 점이다.

다음에 주목해야 할 점은 알라야識識(ālaya-vijñāna-vijñapti)이라든가 意識識(mano-vijñāna-vijñapti)이라 하는 것과 같이 vijñāna와 vijñapti를 결합하여 사용한 말이 등장하는 점이다. 이것은 다른 책에서는 좀처럼 볼 수 없는 특색이다. 이 말의 의미에 대한 종래의 해석으로서 普寂 등이 설명한 예를 보면, 諸識의 別은 一識의 義分이라 하고, 諸識은 一識임을 나타낸 것으로서 그 취의는 諸識이 眞如를 體로 하고 있음을 의미하며, 一識이란 一眞如에 지나지 않는다는 의미라고 해석했다. 그러나 이 해석은 《섭대승론》의 뛰어난 사상을 완전히 무시하고 《대승기신론》*과 동일하게 보아 버리고 만 오류에 지나지 않는다. 이 알라야識識은 本識識이라든가 一本識이라는 등으로 번역되고 있는 바와 같이 一識을 표현하지만 그 一의 의미는 普寂 등이 주장한 종래의 견해와는 다른 것이다. 本識·染汚意·알라야識이 동시에 대상을 향해 활동할 때는 이 전체가 하나의 主體를 구성하여 거기서 의식의 統一態를 이루는데, 이것을 一本識이라 한다. 마찬가지로 意識識이란, 意識과 5識이 동시에 대상을 향해 활동할 때는 이 6識이 하나의 통일체로서 활동함을 의미하고 있는 것이다. 이와 같은 本識識이나 意識識이라는 사상은, 識이 모든 主體요 주체는 통일체 곧 一識으로서 활동함을 나타내고 있다는 점에서, 주요한 사상이다.

이 책은 眞諦에 의해 중국에 전해지고, 이로부터 攝論宗이 일어났으나, 현존하는 섭론종의 章疏 등을 통해서 보면 이 책의 사상이 중국인에게 소화되었다고는 생각할 수 없다. 眞諦 이후 약 100년이 지나서 玄奘이 瑜伽불교의 진수를 구하려 인도에 가지 않을 수 없었던 이유도 거기에 있었다고 생각되지만, 필생의 노력을 기울여 玄奘이 새롭게 가지고 온 것은 이미 無着·世親의 사상에 의해 크게 변화된 후의 것이었다. 현대의 학계에서는 이의 가치가 재인식되어, 연구가 진행중이다.

〔참고문헌〕 주석서로는 普寂의 《攝大乘論略疏》(㊅68-120)가 있고, 현대의 연구서로는 宇井伯壽의 《攝大乘論研究》, 上田義文의 《佛教思想史研究》와 《唯識思想入門》이 있다. 漢譯本에 대한 본격적인 연구로는 佐佐木月樵

의 《漢譯四本對照 攝大乘論》(東京：日本佛書刊行會, 1959)이 있는데, 이는 원래 1930년에 발표된 것을 재간행한 것으로서 山口益이 校訂한 티벳譯이 원문으로 첨부되어 있다.

## 성실론 成實論

산스크리트 명칭은 《Satyasiddi-śāstra》로서 16卷 혹은 20卷이다. 訶利跋摩(Harivarman, 약 250~350)의 저술인데, 玄暢(416~484)이 쓴 전기(《출삼장기집》*序卷 제11)에 의하면 저자는 원래 바라문 출신으로서 베다*나 인도철학 전반에 통해 있었으며, 후에 불교에 입문하여 쿠마랄라타Kumāralāta(童受, 3세기경)의 제자가 되어 파탈리푸트라에서 이 책을 제작했다고 한다. 鳩摩羅什(344~413)이 411~412년에 번역했다. ㊅32-239, Ⓚ 28-737. 산스크리트 원전 및 티벳譯은 모두 전하지 않는다.

〔내용〕 이 책을 번역할 때 正寫者인 曇影은 이 책의 내용을 發聚(序論)·苦諦聚·集諦聚·滅諦聚·道諦聚(이상은 本論)의 5聚 202品으로 분류하였다. 《成實論》이라는 제목에서 특히 「實」(satya)이 뜻하는 바에 대해서 중국에서는 여러가지 異說도 있었지만, 苦諦聚의 맨 앞에서 서술한 바와 같이 4諦의 의의를 분명히 밝히는 일이 이 책의 주된 의도이다. 전체에 걸쳐 문답을 주고받는 형식을 채택하여 예리한 논설로써 異說을 取捨하고 있다. 먼저 ① 發聚(1~35品)에서는 최초의 12品에서 佛·法·僧을 논하고 다음의 23品에서 論을 세운 이유나 4諦를 개설한 후 불교 내에서 중요한 異說 10종을 열거하여 本論의 입장을 명확히 한다. ② 苦諦聚(36~94품)에서는 5受陰(5取蘊)이 苦라 하고, 전체를 5陰으로 할당하여 각각을 논하는데, 色·受·想·行·識의 순서를 色·識·想·受·行으로 하는 등, 논란을 위주로 한 취급 방법이 현저하다. ③ 集諦聚(95~140品)에서는 苦의 원인으로서의 業(95~120品)과 번뇌(121~140品)를 설명하고, ④ 滅諦聚(141~154品)에 이르러 이 책의 독특한 견해를 피력한다. 즉 3종의 心(假名心·法心·空心)이 멸함으로써 열반이 실현된다. 제3心인 空心이 멸함으로써 비로소 有餘涅槃과 無餘涅槃이 실현된다는 것인데, 空觀의 부정을 통한 滅諦의 실현을 이상의 3종心에 돌리고 있는 점이 이 책의 특색이며, 새로운 4諦說을 제창한 것이라고 할 수 있다. 왜냐하면 원래 有部의 교학에 있어서 4諦觀은 아라한의 깨달음을 지향하는 실천적 觀法으로서 法相分別에 빠져 있었는데, 이것을 타파하여 4諦의 핵심을 空觀智慧의 입장에서 보살의 실천도로 삼고자 한 것이 초기 大乘의 法性分別이었기 때문이다. 그럼에도 이 空을 부정함에 있어서 「세속의 진리는 有이고 참된 진리는 空이다」(世諦有眞諦空)이라는 二諦中道說을 채용하고 있는 점이 주목된다. 마지막으로 ⑤道諦聚(155~202品)에서는 苦를 멸하여 깨달음을 실현하는 방법으로서 禪定(155~188品)과 智慧(189~202品)를 설한다. 여기서도 智는 空無我의 眞智인데 이것이 번뇌를 멸할 수 있게 한다고 하여, 空과 無我의 실천 등도 언급하고 있다.

〔의의〕 이 책은 부파불교(소승불교)의 교리를 거의 망라하고 있는데, 大乘的 견해도 섞여 있고 종종 說一切有部의 해석을 배척하여, 주로 經量部의 입장을 취하고 있다. 많은 경전을 인용할 뿐만 아니라, 바이쉐쉬카Vaiśeṣika·상캬Sāṃkhya·니야야Nyāya· 자이나Jaina 등 인도 일반의 사상도 언급하고 있는데, 특히 바이쉐쉬카(勝論)의 학설에 정통해 있다. 따라

서 본서에 인용된 바이쉐쉬카의 주장은《바이쉐쉬카 수트라》* 이후 학설이 어떻게 변천하는지를 아는 데 있어 중요한 자료가 된다.

이 책은 인도에서는 그다지 각광을 받지 못하여 그 영향은 거의 알려져 있지 않으나, 羅什의 번역 이후 중국에서는 연구와 강설이 성행함으로써 成實宗이라는 一派가 발생하여 다수의 학자를 배출하고 엄청나게 많은 註疏류가 저술되었다. 그러나 그것들은 지금 전해지지 않고, 각종 僧傳의 기재나 嘉祥대사 吉藏(549~623)의 저서 및 《大乘四論玄義》* 등에 보이는 단편에 의해 교학의 일단을 엿볼 수 있을 정도이다. 여기서 중국불교의 특색을 이루는 教判을 매개로 하여 成實宗의 사상형태를 보면, 僧旻(?~534)의 四時教判이나 僧柔(431~494)·慧次(434~490)·法雲(467~529)·智藏(458~552) 등의 五時教判이 있는데, 어느 것이나 諸經을 三藏經·大品·浄名經·法華經*·涅槃經(→대승열반경)의 순서로 서술하고 있을 뿐,《성실론》그 자체의 教判的 위치를 명확하게 밝히고 있지는 않다. 따라서 成實宗 자체는 명백한 종교적·教判的 의식을 지니지 않고, 오히려 他학파로부터 다양한 모습으로 보여지고 있었다고 하는 것이 옳다. 즉 南北朝시대나 隋·唐시대에는 假名宗이라 불리고, 이 책은 소승 경전과 반야 경전의 중간 위치에 놓여졌다. 또《涅槃經》(→대승열반경)이나《十地經論》을 제1로 삼는 교판에서는 제2의 위치에 놓여진다. 그러나 成實宗에 있어서 치명적인 타격은 《성실론》 자체가 소승이냐 대승이냐 하는 論判이다. 梁의 3大法師가 般若·法華·涅槃의 諸經의 입장에서 이 책을 大乘論이라고 보아 옹호했음에도 불구하고, 嘉祥대사 吉藏은 僧郎(5~6세기)으로부터 비롯되는 新三論의 계통을 이어받으면서 10개조의 이유를 들어 이 책을 小乘論이라고 단정했다. 이후 이 책에 대한 講究는 쇠미해져 갔으나, 이 책이 본래 3論(《中論》*《百論》*《十二門論》*) 이후의 저술이고 그 영향 아래 있었음을 생각한다면, 吉藏의 비판은 오히려 三論宗의 우위를 확보하려는 의도에 의한 것이라고 말하지 않을 수 없다. 成實宗에서는 二諦說이나 이것과 관련된 三假說(因成假·相續假·相待假)이 논의의 중심이 되고, 특히 3종 中道說(世諦中道說·眞諦中道說·二諦合論中道說)에 역점을 두고 있다. 그러나 어느 것이든 三論이나 天台에 의해 논파의 대상이 되면서 비판적으로 섭취되어, 성실종만이 홀로 時代교학의 범위 밖으로 밀려나간 결과를 초래하였던 것이다. 생각해 보면 이는《성실론》이 소승에서 대승으로 이르는 과도기의 내용을 지니고 《구사론》*처럼 部派의 교리를 명쾌하게 조직적으로 해설하지도 못하며, 대승 사상에 의한 새로운 의의를 발휘하는 데도 철저하지 못하고 끝나 버린 당연한 귀추일 것이다.

《성실론》의 주된 註疏류는 현존하지 않고, 安澄(763~814)의《中觀論疏記》나《출삼장기집》*제11巻 등에 인용되며, 그 밖의 목록에서 이름이 열거될 뿐이다.

日譯은 [譯大] 論部15와 [譯一] 集論部3에 있다. 연구서로는 福原亮嚴의《佛教諸派의 學術批判·成實論의 研究》(永田文昌堂, 1969)가 있다.

## 성유식론 成唯識論 10巻

산스크리트 명칭은《Vijñaptimātratāsiddhi-śāstra》이다. 다르마팔라Dharmapāla(護法, 530~561)가 찬술했다. 玄奘이 漢譯했다. ㊅31–

1, Ⓚ 17-510. 이것은 世親(Vasubandhu)의 저작인 《유식30송》*을 註釋한 것이다. 그러나 이 책 전체가 護法의 작품인 것은 아니고 10大 論師의 주석中 護法의 주석을 主로 하고, 다른 학자들의 주장을 취사선택하여 하나의 논서로 편집한 것이다. 唐의 高宗 때에(659년) 玄奘이 번역했는데, 그는 애초에 安慧의 주석이나 10大 論師의 주석을 따로따로 번역하려 했으나, 慈恩대사 基가 護法의 학설을 正義로 삼고 다른 학설을 모아서 한 책으로 만들 것을 현장에게 청원한 결과 이 책이 태어나게 됐다고 전해진다.

〔내용〕 이 책의 내용을 간단히 말하면 제1卷과 제2卷의 앞 부분에서 外道說을 破하고, 제2卷의 중간 부분에서부터 제4卷에 걸쳐 알라야識(ālaya-vijñāna)을 설명했다. 알라야識을 설명함에 있어서는 《瑜伽論》(→유가사지론)《섭대승론》* 등을 인용하여 인도瑜伽行派의 학설을 서술하면서 護法의 입장에서 해석했다. 제4卷에서 제5卷에 걸쳐 마나識(mano-nāma-vijñāna)을 설명했다. 제5卷에서 제7卷에 걸쳐서는 6識을 밝힘과 동시에 心所說을 설하고, 제7卷에서 제8卷에 걸쳐서는 一切唯識의 의의를 설명하며, 제8卷의 중간에서부터 제9卷에 걸쳐서 3性3無性의 사상을 설했다. 제10卷에서는 唯識을 수행하는 階位인 5位의 相을 명확히 했다. 이 책 속에서는 인도瑜伽行派의 다른 論師들인 安慧 · 難陀 · 陳那 등의 학설을 인용하고, 끝으로 護法의 학설을 正義로 삼는 입장에서 護法의 해석을 서술하고 있다. 이 책은 중국 法相宗의 근본 문헌이 되어, 法相宗의 학설은 이 책을 기초로 하여 형성되었다.

〔참고문헌〕 이 책에 대한 註疏는 여럿이 있으나 가장 유명한 것으로는 法相宗의 開祖인 慈恩대사 基가 주석한 《成唯識論述記》*20卷을 비롯하여 慧沼나 智周의 주석서가 있다. 이에 대한 상세한 내용을 아는 데엔 結城令聞의 《唯識學典籍志》가 편리하다. 한편 護法의 《성유식론》의 입장을 비판한 것으로는 江戶시대의 普寂과 戒定의 저서가 있다.

이 책의 원전으로서 편리한 것은 일본의 小島惠見이 편집한 《新編成唯識論》이 있고 日譯은 譯大 論部10과 譯一 瑜伽部7에 각각 島地大等과 加藤精神의 번역으로 실려 있다. 한편 Louis de la Vallée Poussin의 佛譯은 《Vijñaptimātratāsiddhi, La Siddhi de Hiuan-Tsang》이라는 제목으로 1928년에 파리에서 출판되었다. 연구로서는 普寂 · 戒定의 학설에 근거하여 護法을 비판한 것으로서 宇井伯壽의 《印度哲學研究》제5에 수록된 논문들이 있다. 또 宇井伯壽의 《唯識三十頌釋論》은 安慧의 梵文 《唯識三十頌釋疏》를 日譯하고, 護法의 《성유식론》과 비교 · 대조한 것으로서 이 방면의 연구에 크게 도움이 된다. 최근의 英譯으로는 Wei Tat의 《Ch'eng Wei-Shih Lun》(Hong Kong : The Ch'eng Wei-Shih Lun Publication Committee, 1973)이 있고, 唯識說의 전반에 관한 연구로는 《講座大乘佛教》 시리즈의 제8권인 《唯識思想》(春秋社 1982)이 있다.

### 성유식론고적기 成唯識論古迹記

신라의 太賢(또는 大賢, 8세기)이 《성유식론》*의 주석들을 집성하고 자신의 견해를 피력한 책이다. 《성유식론學記》(菩薩藏阿毘達摩古迹記) 라고도 칭하는데 卷數와 명칭에 대해선 현존하는 원본마다 차이를 보이고 있다. 그러나 이 《古迹記》와 《學記》가 동일本이 확실하다는 사실과 卷數의 문제는 《韓國佛教撰述文獻總錄》(동국대학교출판부, 1976, pp.77~78)에 고증되어 있다. 한편 《한국불교전서》(㊎)에는 이 책이 6卷으로 수록되어 있다. ㊎3-483, ㊋제80册. 저자 태현은 신라의 3大 저술가로서 元曉·憬興 다음으로 많은 저술(52部 108여卷)을 남겼으나, 그의 행적은 자세히 알려진 바 없고, 다만 圓測→道證의 법계를 이은 瑜伽(唯識)의 대가로 알려져 있다. 이 책은 현존하는 태현의 저술 중에서 특기할 만한 것인데, 일본의 京都대학에 소장된 사본이 발견되어 大日本속장경에 수록되었다. 사본에 「《보살장아비달마고적기》권3~5」라는 부제가 부기되어 있는 것으로 보아, 이 책은 일찌기 그러한 총서에 편입되었던 것 같다. 이 책은 ①顯宗出體門 ②題名分別門 ③解釋文義門의 3門으로써 《성유식론》10권을 해석·논술하고 있다. 그런데 저자의 기술 태도는 唯識 諸家의 파벌에 휩싸임이 없이 항상 엄숙한 中正을 기하여, 자신의 선배인 원측과 도증의 釋義라도 비판할 것은 비판하고, 원측과 대립하였던 窺基와 惠沼의 설이라도 취할 것을 취하고 있다. 따라서 그의 해석은 원측과 규기라는 兩派의 온당한 견해를 집성한 것이라고 호평받고 있다. 더우기 중국 法相宗의 所依論 중 가장 중요시되는 《성유식론》에 대한 원측의 《疏》20권이 규기의 계통에서는 배척되었다는 점에서 원측의 사상적 입장이 학계의 관심을 끌게 되지만, 애석하게도 원측의 《疏》는 자취를 감춘 지가 오래이므로, 그의 계통을 잇는 太賢의 이 책은 학계에서 큰 비중을 차지하는 것이다. 그는 자신의 저술에 「古迹記」라는 명칭을 자주 사용하는데, 이는 古德의 遺述을 기록한다는 뜻으로서 私見의 오류를 스스로 경계하는 자세를 표명한 것이므로, 그의 학문적 자세가 높이 평가되었던 것이다.

현재 일본의 高野山대학과 龍谷대학에 8권으로 된 이 책의 필사본이 소장되어 있다. 原사본과 大日本속장경에 수록된 사본은 卷의 순서에 있어서 혼란이 있는데, 《한국불교전서》에서는 이를 정정하고, 《성유식론》의 원문을 함께 게재하였으므로 독해에 매우 편리하다.

**성유식론술기** 成唯識論述記 10卷 또는 20卷

唐나라 慈恩대사 基(632~682)가 찬술한 책으로서 成唯識論疏·唯識述記·述記 등으로도 불린다. 찬술 연대는 659~682년의 사이라고 본다. ㊅43-229. 玄奘이 번역한 護法(Dharmapāla)의 《성유식론》*을 주석한 것으로서 法相宗의 근본 성전이다. 이 책의 내용을 보면 맨 앞의 서문에 이어 概論이 있는데, 이 개론은 5門으로 이루어진다. 5門이란 ① 教의 시기, ② 論의 宗體, ③ 藏乘의 所攝, ④ 說教의 年主, ⑤ 본문의 判釋이다. 서문에서는 먼저 世親의 《유식삼십송》*을 찬탄하고, 이어서 護法의 《성유식론》을 모든 論의 정수라고 칭송했다. 그런데 여기서는 《성유식론》을 《淨유식론》이라고도 일컬어 말하고 있다. 이어서 玄奘三藏을 칭송하고, 다시 《성유식론》이라는 제목을 설명한다. ①「教의 시기」를 설명함에 있어서는 說教時會와 教所被機의 둘로 나누어 서술한다. 說教時會는 有空中의 제3時教, 教所被機는 대승 및 不定姓의 보살이라 하여, 聲聞·獨覺 및 無姓을 제외하고 있다. ②「論의 宗體」를 밝힘에 있어서는 唯識을 宗으로 삼고, 4重의 出體를 열거함으로써 體를 논한다. ③「藏乘의 所攝」에서는 《성유식론》

이 一乘의 所攝이고 3藏 중의 보살藏의 소섭임을 명확히 한다. ④에서는 慧愷법사의 俱舍論序에 의해 世親이나 10대 論師의 연대를 논하고, 이어서 10대 논사의 각자를 설명한다. ⑤에서는 본문의 判釋을 서술했다.

이 책의 末註로서는 唐나라 道邑의 《義蘊》 5卷, 唐나라 如理의 《義演》26卷 등을 비롯하여 많은 책이 있다. 이 책은 奈良시대 이래 일본에서 활발하게 강술되었기 때문에 널리 출판되었는데, 奈良興福寺나 日光輪王寺의 天海藏 및 法隆寺 등에 古版本이 소장되어 있다. 이 책에 대한 연구는 唯識학도의 필수일 뿐만 아니라, 불교학의 기초학으로서도 중요하다. 日譯은 |譯一| 和漢部, 論疏部13~16에 있다.

## 소품반야경 小品般若經

10권 29品으로 된 《摩訶般若波羅蜜經》인데, 原名의 뜻을 살려 《八千頌般若》(Aṣṭasāhasrikā-prajñāpāramitā)라고도 한다. 408년에 鳩摩羅什(Kumārajīva, 343~413)이 번역했다(㊅8-536, Ⓚ5-759). 대승불교 최초기의 空觀에 의한 般若를 설한 기초 경전인데, 같은 원전의 異譯은 다음과 같이 여러 종류가 있다. ①支婁迦讖이 번역(179년)한 《道行般若經》10권 30品, ②支謙이 번역(222~228년)한 《大明度無極經》6권 30品, ③竺法護가 번역(265~)한 《摩訶般若波羅蜜鈔經》5권 13品, ④玄奘이 번역(660~663)한 《大般若經》* 제4회 18권 29品 및 제5회 10권 24品, ⑤施護가 번역(982~)한 《佛母出生三法藏般若波羅蜜多經》25권 32品이 있고 티벳譯(㊗21, pp.57~185)도 있다. 梵本은 尼波爾에서 전한 것을 기초로 하여 1884년에 Rājendralāla Mitra가 Calcutta에서 출판하였고, 또 일본에서도 荻原雲來에 의해 東洋文庫本으로서 1932년 이래 출판되어 있다. 특히 후자는 이 經과 아울러 彌勒(Maitreya)의 《現觀莊嚴》*에 의거한 師子賢(Haribhadra)의 《八千頌般若波羅蜜經註解》(Abhisamayālaṃkārālokā Prajñāpāramitāvyākhyā)를 대조하여 출판되었다. 물론 현존하는 《八千頌般若》의 梵本은 《二萬五千頌般若》와 마찬가지로 彌勒이 저술한 것이라 하는 《現觀莊嚴》(Abhisamayālaṃkāra)에 따라서 그의 頌(Kārikā)을 經文 속에 삽입하고 있는 것이므로, 이것은 현저하게 《현관장엄》의 영향을 받았음을 알 수 있다.

이 《소품반야경》은 《대반야경》*600권 혹은 《대품반야경》의 그늘에 가려 거의 중시되지 않은 것 같다. 이에 대한 주석서나 참고서가 거의 없다고 해도 좋을 정도이다. 그러나 중국에서는 이미 道安(312~385)이나 支道林(314~366)에 의해 연구가 개시되었음을 《출삼장기집》*에 의해서도 알 수 있다. 일본에서도 干潟龍祥이 1958년에 《Prajñāpāramitrā-sūtra》를 출판하면서 그 서문에 《소품반야경》의 중요성을 인정하였다. 서양에서는 일찌기 Max Wallese가 《Prajñāpāramitā》(Göttingen : 1914)를 출판하였고, Edward Conze도 法賢이 漢譯한 《佛母寶德藏般若波羅蜜經》(Ratnaguṇa-saṃcaya-gāthā)上下 2권과 그 밖의 반야경전을 출판하여 개관을 시도함으로써 이 경전에 관심을 보였다. 중국에서 支道林과 道安이 각각 저술한 《大小品對比要抄》와 《道行經集異注》는 모두 소실되어 전하지 않는다. 그러나 이 두 사람의 업적을 잇는 연구가 앞으로 계속될 때 大·小 2品의 각각에 대한 존재 가치는 분명하게 될 것이다. 그리고 小品에 대해 大品이 지닌 주석적인 성격과 설법의 대상(對告

衆)을 보다 강하게 끌어들이고자 하는 면을 인지할 때, 小品의 순수성이 부각되고 그 중요성이 인정될 것으로 생각된다. 이러한 방면에서의 연구서를 참고문헌으로 소개한다.

〔참고문헌〕 일본 학자들의 논문 및 저서로서 다음과 같은 것들이 있다. 渡邊海旭 〈大般若經槪觀〉(壺月全集 上卷), 椎尾弁匡의 〈國譯摩訶般若波羅蜜經 解題〉(譯大 經部2)와 《佛教經典槪說》, 干潟龍祥〈般若經의 諸問題〉(宗教研究 新2-4), 鈴木宗忠 〈般若經의 原形에 대하여〉(哲學雜誌, 1932년 10 · 11월號), 鹽見徹堂〈般若經의 原形에 대하여〉(宗教研究 新10-6), 赤沼智善 《佛教經典史論》. 한편 비교적 새로운 저술로서 山田龍城의 《大乘佛教成立論序說》과 《梵語佛典의 諸文獻-資料篇》은 종합적인 설명을 하고 있어서 편리하다. 이 경전을 梵本으로부터 英譯한 것으로는 Conze의 《Aṣṭasāhasrikā Prajñāpāramitā》(Bibliotheca Indica no.284, Calcutta : The Asiatic Society, 1958)가 있는데, 이것은 반복된 내용을 생략하여 교묘하게 抄譯한 것이다.

## 속고승전 續高僧傳 30卷

唐시대의 律僧인 道宣(596~667)이 찬술한 것으로서 《唐고승전》이라고도 한다. ㊅50-425, Ⓚ 32-908. 梁나라 慧皎가 찬술한 《고승전》*을 이어서 梁의 초기로부터 唐의 초기에 이르기까지 고승의 사적을 기록한 것이다. 自序에 의하면 梁의 초기부터 唐의 貞觀 19년(645)까지 144년간의 고승들을 소개하는데, 340인에 대한 正傳과 160인에 대한 附見을 집록한 것이라고 한다. 그러나 664년에 타계한 玄奘의 전기가 있고, 645년 이후의 기사를 다룬 예가 20여 군데나 있는 외에, 曇光의 전기에서는 「今麟德2년(665)」이라는 말이 보이므로, 실제로는 645년에 일단 완성되었다가 그 후 20년간에 걸쳐 보수되었을 것으로 알려진다. 그 결과 여기서 다루는 사람의 숫자는 正傳 485인, 附見 219인이 되어 당초에 비해 현저하게 증가되어 있다.

〔내용〕 이 책은 《고승전》에서 채택한 10科의 분류를 계승하여, ①譯經 4卷 ②義解 11卷 ③習禪 5권 ④明律 2권 ⑤護法 2권 ⑥感通 2권 ⑦遺身 1권 ⑧讀誦 1권 ⑨興福 1권 ⑩雜科 1권으로 구성된다. 《고승전》에서의 神異 · 經師 · 唱導 대신 護法 · 感通 · 雜科를 세우고 있다는 점에서 불교 신앙의 추이를 엿볼 수 있다. 梁시대의 慧皎가 찬술한 《고승전》14卷을 《梁고승전》이라고 일컫고, 이 책 《續고승전》30卷은 唐시대의 道宣이 찬술하였으므로 《唐고승전》이라고도 일컫는다. 이 두 서적과 아울러 이후 宋시대의 太平興國 7년(982)에 贊寧이 勅에 의해 찬술한 《宋고승전》30卷 및 明시대의 萬曆 45년(1617)에 如惺이 찬술한 《大明고승전》8卷을 통상 《4朝고승전》이라고 한다. 이 중에서도 江南의 梁나라에서 편찬된 혜교의 《고승전》은 초기에 있어서 성황이었던 傳譯과 강남에서 흥륭했던 義學의 실정을 알 수 있게 하는 극히 중요한 자료이다. 이에 비해 이 책 《속고승전》은 南北朝가 통일된 후에 北方의 長安에서 편찬되었기 때문에, 앞의 책에 결여되어 있는 北朝불교의 기록을 보충하고 있다. 뿐만 아니라 隋唐시대가 불교 諸종파의 발흥기였다는 점에서, 또 당시 불교와 정치 및 불교와 儒 · 道 2교와의 관계가 극히 긴요한 과제로 되어 있었다는 점에서, 이 책이 지닌 역사적 의의는 자못 크다고 할 수 있다.

저자 도선은 南山律宗의 祖師로서 그의 찬술에는 律의 3大部(四分律行事鈔*·사분율羯磨疏·사분율戒本疏) 외에 《釋迦譜》《釋迦方志》와 같은 역사서, 《대당내전록》*과 같은 經錄, 《광홍명집》*과 같은 護法文集이 있고, 학식이나 공적은 梁의 僧祐에 뒤지지 않는다. 실로 그는 중국에 있어서 불교史學의 제1人者이다. 이 책을 찬술함에 있어서는 선배들에게 자문을 구하고, 修行人을 찾아다니며 묻고, 실지를 답사하고, 國史를 토의하며, 비석을 뒤지는 등 온갖 노력을 기울였다. 따라서 자료의 풍부함과 기술의 정확성에 있어서는 전후의 高僧傳 중 가장 빼어나지만, 단지 자유분방하게 용어를 구사한다든가 종횡으로 故事를 구사하기 때문에 문장이 대단히 난해하다.

〔연구〕 일본의 常盤大定은 이 책이 자료로서 이용했던 別傳·行狀·碑文의 종류를 열거하고, 또 난해한 語句의 일반적인 예를 제시하고 있다. 또 陳垣은 《中國佛教史籍概論》에서 이 책의 史學的인 이용 가치를 논하고 있다. 한편 이 책의 卷數를 고려本과 頻伽本은 30권, 宋·元本과 磧砂藏本은 31권, 明本은 40권으로 싣고 있다. 고려本에 비해 宋·元本은 正傳에 71인, 附見에 7인이 많다. 頻伽本과 明本은 내용상 宋·元本과 완전히 동일하다. 正傳에 있어서 70여人이 증가한 것은, 원래 道宣에게는 《後集속고승전》10卷이 있었는데, 宋代에 이것을 《속고승전》 속에 편입했기 때문이라고 생각된다. 常盤大定의 日譯이 [譯一] 和漢部, 史傳部8~9에 있고, 참고서로는 牧田諦亮·諏訪義純편 《唐高僧傳索引》上中下(平樂寺書店, 1973·1975)가 있다.

## 송고승전 宋高僧傳 30卷

원래는 고려 출신의 승려라 하는 贊寧(930~1001)의 찬술이다. ㊅50-709. 중국에서 찬술된 불교도의 전기中 대표적인 梁·唐·宋·明의 4朝 고승전의 하나로서, 중국불교史上 빠뜨릴 수 없는 중요한 자료이다. 이 책은 太平興國 7년(982) 칙명에 의해 편찬되어, 端拱 元年(988)에 太宗에게 봉정된 것이다. 서문에서 道宣의 《속고승전》*에 마지막으로 기재된 貞觀 19년 이래 이러한 책이 이루어질 수 없었던 바, 황제의 어진 뜻에 따라 미력이나마 다하여 편찬했다고 말하고 있듯이, 《속고승전》에 이어 약 350여년 동안의, 주로 唐·5代의 고승들에 대한 전기를 집성한 책이다. 편자인 찬녕은 道宣으로부터 비롯되는 南山律宗의 10祖인 法榮의 문하이다. 따라서 그 기술 방법도 완전히 《속고승전》의 10科를 답습하고 있는데, 《속고승전》의 414人을 상회하는 533人(附見 130人 포함)으로 되어 있다. 즉 譯經 32인(附見 12인), 義解 72인(22인), 習禪 103인(29인), 明律 58인(10인), 護法 18인(1인), 感通 89인(23인), 遺身 22인(2인), 讀誦 42인(8인), 興福 50인(6인), 雜科 45인(12인)으로서 실제로는 531인(125인)이다. 義解·明律·感通이 《속고승전》에 비해 감소되었고, 그 밖의 것은 약간씩 증가했다. 이와 같이 《속고승전》을 계승하면서 北魏의 慧凝, 宋의 智一, 北周의 法成, 신라의 玄光, 隋의 法喜·行堅·法智 등 11인의 貞觀 이전(즉 《속고승전》이 취급한 시기)의 고승들을 보완하고 있다. 이 점에 대해 찬녕은 편자가 알지 못하면 당연히 빠뜨리게 되는 법인데, 국토가 광대하기 때문에 그것은 어쩔 수 없다고 말한다. 그리고 그 자신도 황제에게 진상한 후, 後序로써 至道 2년(996)에 法照傳의 내용을 수정하여 그 미비점을 보완하고 있다.

贊寧에게는 중국불교사의 각 분야에 대해서 그 연유를 기록한 《大宋僧史略》*3권이 있다. 여기에는 儒·佛 일치라는 명목下에 불교를 유교의 윤리에 접근시키고자 하는 의도가 강하게 드러나 있는데, 이 책에서도 그러한 면을 도처에서 볼 수 있다. 이는 곧 당시의 국가적 정황에서 佛法이 王法에 순응하지 않을 수 없었던 입장을 보여주는 것이다. 唐나라 말기의 5代의 전란에 의해 典籍을 많이 잃어버렸던 쇠퇴기의 불교를 부흥하는 데에 왕실이 관여하여 힘쓴 시대이기도 하고, 前시대에 이루어졌던 2종의 高僧傳과는 달리, 왕의 뜻에 의해 편찬되었던 것이기 때문에 그러한 경향을 취하게 되었을 것이다. 전란 후의 宋나라 초기에 있었던 상황으로서, 《太平御覽》《册府元龜》《太平廣記》 등의 편찬에 의한 문화 부흥의 일환으로서 《鷲嶺聖堅錄》의 찬집(990)에도 종사했던 편자는, 僧傳의 찬집에 상당한 고심을 쏟았던 것 같다. 직접 史料로서 碑銘이나 野史의 종류를 풍부하게 취급하고 있는데, 이것 역시 이 책의 특색일 것이다.

〔평가〕 慧洪覺範(1071~1128)은 이 책에 대해 예리한 비판을 가했다. 즉 그에 의하면, 唐·宋의 僧傳은 修禪을 전문으로 하지 않은 講師의 손에 의해 이루어진 것으로서 文詞가 불충분하다는 것이다. 또 南山律宗의 계통에 속하는 찬녕이 禪宗에 대해 의식적으로든 무의식적으로든 편파적으로 자료를 취급하거나 빠뜨린 점이 있다는 것이다. 이에 반해 四庫全書의 總目提要에서는 소소한 史的 오류가 있는 부분의 각 전기 뒤에 論斷을 부가하고 있고, 傳授의 원류에 대해서는 특히 의욕을 발휘하고 있다 하여 높이 평가한다.

편자인 찬녕에 대해서는 일본의 牧田諦亮이 《中國近世佛教史研究》(p.96 以下의 〈贊寧과 그의 時代〉) 등에서 상세한 연구를 보여주고 있다. [譯一] 和漢部, 史傳部12에 日譯이 있다.

## 수능엄삼매경 首楞嚴三昧經

梵文(《Śūraṅgama-samādhi-sūtra》)은 현재 전하지 않으나 直立의 굽타文字로 씌어진 斷片이 발견되었다. 이것을 A.F.R. Hoernle는 티벳譯과 대비하고 英譯을 첨부하여 《Manuscript Remains of Buddhist Literature Found in Eastern Turkestan》(pp.125~132)에 수록하였다. 또 寂天(Śāntideva)이 지은 《대승집보살학론》*속에도 2회 인용되어 있다(C. Bendall Çikshāsamuccaya》, p.8과 p.91). 이 경전은 384~417년 鳩摩羅什이 漢譯하였고(㊅15-629, Ⓚ12-295, ㊞67), 티벳譯(㊍32-71)도 있다. 이 경전은 廣本과 略本의 4종이 있었다고 생각되는데, 廣本의 漢譯이라고 간주되는 《大佛頂如來密因修證了義諸菩薩萬行首楞嚴經》10卷(唐의 般剌密帝 번역)에 대해서 法相系의 학자들은 이것이 僞經이라 하고, 望月信亨도 중국에서 만들어진 僞經이라고 말하고 있다. 《수능엄삼매경》의 가장 오래된 漢譯은 현존하지 않으나 185년에 支婁迦讖에 의해 번역되었고, 내용적으로도 《화엄경》*《유마경》*《법화경》*의 사상에 있어서 선구가 되는 것이므로, 그 원전의 성립은 기원전 100년경까지의 기간에 이루어졌다고 보아도 좋을 것이다. [譯一] 經集部7에 日譯이 있고, 근래의 번역으로는 丹治昭義의 《維摩經·首楞嚴三昧經》(中央公論社 발행 《大乘佛典》 7, 1974)이 있다.

**수심결** 修心訣 1卷

고려의 普照국사 知訥(牧牛子, 1158~1210)이 1210년에 저술한 것으로서 《牧牛子수심결》《보조국사수심결》이라고 불린다. ㊎4-708, ㊅48-1005, ㊍제113册, ㊥153. 10여권이 넘는 지눌의 저서 중에서 이 책은 문장이 간결하면서도 매우 평이하여 많은 사람들에게 널리 읽히는 대표적인 명문으로 꼽히고 있다. 여기서는 修心의 要諦를 頓悟門과 漸修門으로 나누고, 이 定慧雙修(→정혜결사문)를 점수문의 綱要라고 설명하고 있다. 돈오는 인간의 본성이 諸佛과 동일하다고 깨닫는 것이며, 점수는 이 돈오에 입각하여 인간에게 항상 달라붙어 있는 習氣의 망념을 점차로 닦아 나가는 것을 말한다.

〔내용〕 내 마음이 참 부처요 나의 본성이 참 진리라는 사상은 이 책을 일관하는 지눌의 신념이다. 지눌은 이러한 신념에 이론적 체계를 세우기 위해 스스로 몇 가지 문제를 제기하고 이에 대한 해답을 시도하고 있다. ①내 마음이 참 부처요 내 본성이 참 진리라면 어찌하여 지금의 나는 어리석기만 한 것일까? 이에 대해선 여러가지 비유와 故事를 들어, 「나는 어리석다」고 보는 그 생각에 억눌려 자신의 佛性을 확신하지 못할 뿐이므로 먼저 그 생각을 그치면 된다고 한다. ②자기가 바로 부처임을 깨달으면 부처로서의 영원한 면과 무한한 능력이 나타나야 할 텐데, 왜 오늘날 깨달았다는 사람에겐 그러한 면이 나타나지 않는가? 이에 대해선 첫째, 일상의 모든 행위가 神通이 아님이 없는데 이것 밖에 따로 신통을 찾고 있으니, 이는 중생을 떠나 따로 부처를 찾는 것과 같은 어리석음이라 한다. 둘째, 「이치를 깨닫는다」는 것과 「실지로 그렇게 된다」는 것을 혼동해서는 안된다고 한다. 즉 우리는 오래도록 나쁜 습관에 젖어 있었기 때문에 그것이 일시에 없어지는 것은 아니므로, 이제까지 익혀온 모든 習氣마저 완전히 녹이려면 깨달은 다음에도 꾸준히 닦아 나가야 한다는 것이다. 이러한 이론 체계가 바로 頓悟漸修說이다. ③우리는 어떻게 해야 깨달을 수 있는가? 이에 대해선 오직 자기 자신이 원래 「진리의 덩어리」임을 확신하고 나 밖에서 진리를 구하는 마음을 그치면 된다고 한다. 이 책의 후반부에서는 사람의 마음이 어떠한 것인지를 밝히고 있다. 이를 요약하면, 사람의 마음이란 형체가 없기 때문에 이렇다 할 고유한 본질을 끄집어낼 수는 없으나, 일체를 다 알아 보는 능력이 있는 동시에 시간과 공간을 초월하여 영원한 것이라 한다. 결국 《수심결》은 인간이란 무엇인가를 밝히는 글이라고도 할 수 있을 것이다.

〔참고문헌〕 이 책은 禪宗뿐 아니라 教宗에서도 마음을 밝히는 중요한 典籍으로서 전수되어 왔다. 世祖 13년(1467)에는 최초의 한글 번역인 諺解본이 간행된 이래, 연산군 6년(1500)에 그 언해本이 覆刻되기도 할 정도였다. 뿐만 아니라 외국의 명나라 대장경, 頻伽대장경, 大正新修대장경 등에도 수록되어 있다. 중요한 古刊本으로는 다음과 같은 것들이 있다.

①1467년에 刊經都監에서 간행한 《牧牛子修心訣》(丕顯閣 訣, 信眉언해). 서울大 소장.

②1483년의 고성 碧雲寺 개판본을 복각한 《禪宗唯心訣》(가야산 鳳棲寺, 1499)의 合刊本. 李載昌 소장.

③앞의 ①을 복각한 《牧牛子修心訣》(가야산 봉서사, 1500). 해인사 寺刊藏, 서울大, 국립중앙

도서관 소장.

④《修心訣附眞心直說》(송광사, 발문年記 1799). 藏書閣 소장.

⑤《禪門撮要》(금정산 범어사, 1908)의 수록本.

현대의 판본 및 번역은 《정혜결사문》항의 참고문헌을 참조. 참고 논문으로는 金芿石의 〈佛日普照國師〉(《佛敎學報》제2집), 朴性焙의 〈知訥의 悟修觀〉(《韓國思想》제6집) 등이 있다.

## 순정리론 順正理論

《阿毘達磨순정리론》80卷(《Abhidharma-nyāyānusāra-śāstra》)으로서 《正理論》 또는 《俱舍雹論》이라고도 한다. 梵本과 티벳역은 없고, 漢譯만이 존재한다. 衆賢(Saṇghabhadra, 4세기경)이 짓고 653~4년에 玄奘이 번역했다. ㊅ 29-329, Ⓚ 27-680. 전체가 2만5천頌 80만言이라 하는데, 弁本事·弁差別·弁緣起·弁業·弁隨眠·弁賢聖·弁智·弁定의 8品(8章)으로 되어 있다. 이는 《구사론》*의 조직을 그대로 이용한 것이다. 世親은 說一切有部의 교리에 의거하면서도 그것을 비판적으로 취급하여 《구사론》을 저술하였던 것인데, 이 책의 저자는 有部의 정통성을 드러내고자 12년간의 고심 끝에 《俱舍論》의 偈文을 활용하면서 世親의 설을 여러가지로 破斥하여 《순정리론》을 저술하였다. 이를 통해 世親과 대론코자 하였으나 이루어지지 않았다고 한다. 《順正理論》의 正理란 有部의 正統說을 의미하는데, 《구사론》을 파척함에 있어 오히려 그것에 영향을 받아서 전통적인 주장에서 벗어나 새로운 주장을 내세우는 면도 있다. 이 때문에 저자의 설을 「新薩婆多」라고 한다. 같은 衆賢의 저술인 《阿毘達磨顯宗論》이 顯正門(正門을 드러냄)인 데 대해, 이 논서는 破邪門(邪門을 깨뜨림)이다. 《구사론》을 연구함에 있어서는 비교연구상 불가결한 책이다.

〔참고문헌〕 日譯은 譯一 毘曇部27~30에 있다. 佐佐木現順의 《阿毘達磨思想硏究》(1958)가 참고가 된다.

## 숫타니파타 Sutta-nipāta 經集

팔리語로 씌어진 南方上座部의 經藏 중 小部에 포함되어 있다. 길고 짧은 가지각색의 시를 담은 시집인데, 때에 따라서는 산문도 섞여 있다. 蛇品·小品·大品·義品·彼岸道品의 5章으로 되어 있다.

초기불교의 성전 중에서는 가장 오래된 작품으로서, 특히 義品과 彼岸道品의 2장은 최초엔 독립되어 전해진 불교 最古의 성전이라 해도 좋다. 蛇品에는 12經이 있는데, 그의 제1經에서 「비구는 뱀이 묵은 허물을 벗듯이 彼岸이든 此岸이든 모두 버린다」는 句를 반복하여 사용하므로 《蛇經》이라는 이름으로 불린다. 제3經에는 「코뿔소처럼 마땅히 홀로 遊行해야 하리」라고 설하는 유명한 시가 수록되어 있다. 小品은 비교적 짧은 經들을 모아 14經으로 되어 있으며, 大品은 약간 긴 12經을 모은 것이다. 그 중에서도 《出家經》(大品 제1경), 《精勤經》(同 제2경), 《나라카經》(同 제10경)의 세 경은 붓다의 傳記에 관한 가장 오래된 자료이다. 《바셋타經》(제9경)은 四姓이 평등한 이치를 설하고, 《二種隨觀經》(제12경)은 소박한 형식으로 緣起의 이치를 설한다. 義品(Atthakavagga)은 그 원어에 따라 八偈品이라고도 해석되는데 《窟八偈經》(제2경)이나 《瞋怒八偈經》(제12경)처럼 8偈로 구성된 經이 많다. 예로부터 16經의 구성을 유지하며 전해 왔는데, 漢譯《義足經》(㊅4-174, ⓚ 19-1012)이 이에 해당하며, 마찬가지로 16經으로 되어 있다. 彼岸道品(Pārāyanavagga)은 다른 品들과 모양을 달리하여 전체가 통일성을 지닌다. 16인의 學童이 붓다에게 질문하는데, 이에 대해 붓다가 답하는 문답 16節과 그 앞의 序偈 1節 및 뒤에 經語 1節을 더하여 모두 18節로 되어 있다.

팔리語 3藏(→佛典개요) 중에는 많은 숫타(經)가 존재하는데 이 경전만은 특히 《經集》이라 불리는 이유는, 여기서의 經에는 이름을 붙일 만한 특별한 특징이 없기 때문이라 한다. 즉 다른 經에는 각각 특정한 이름을 붙여 부를 만한 특징이 있는데, 여기에는 그런 것이 없으므로 그냥 「經의 모음」이라는 뜻으로 부르는 것이다. 여기에는 이처럼 잡다한 經이 집성되어 있는데, 다른 部派의 傳承에서는 《經集》이라는 이름이 보이지 않는다. 따라서 이는 남방상좌부 특유의 것으로서 이와 같이 편찬된 시기는 기원전 3세기 이후일 것이다. 이 경전에 대해서는 《義釋》(Niddesa)이라 불리는 오래된 주석서가 있다. 이는 義品·彼岸道品의 2章과 蛇品 제3經에 대한 語句 註解이다. 《義釋》의 성립 시기는 기원전 3세기의 아쇼카王 시대 또는 그 전쯤일지도 모르는데, 이 시대에는 아직 《經集》의 전체가 정리되지 않았을 것으로 생각된다. 그러나 義品이나 彼岸道品만이 아니라 다른 3章 중에 있는 각 經은 어느 것이나 그 기원이 극히 오래된 것이다. 새로운 요소가 전혀 없는 것은 아니지만 그 내용은 가장 오래된 불교를 밝혀 주는 자료이다. 순수하고 소박한 불교 사상을 설하여, 최초기 교단의 본연의 자세를 반영하고 있다.

〔참고문헌〕

원전 / Dines Andersen & Helmer Smith 《Sutta-nipāta》 new ed. London : PTS, 1948.

英譯 / V. Fausböll. SBE, Ⅹ, part Ⅱ, 1881. E.M. Hare. SBB, 15. 〈Woven Cadences〉, 1948. Lord Chalmers. HOS, 35. 〈Buddha's Teachings〉, 1932.

獨譯 / K.E. Neumann 《Die Reden Gotamo Buddho's》 München, 1905, Nyāṇatiloka 《Das Wort des Buddha》 Leipzig : 1923.

日譯 / 譯大 經部13(立花俊道)·南傳 VXIV(水野弘元)·荻原雲來《釋迦牟尼聖訓集》. 中村元《붓다의 말씀》岩波文庫.

한글 번역은 ㉻201(法頂)에 실려 있다. 연구서로는 前田專學《原始佛教聖典의 成立史硏究》(山喜房)를 참조.

## 쉬라우타 수트라 Śrauta-sūtra 隨聞經

기원전 약 400~200년경에 성립되었다. 넓은 의미의 《베다》*를 쉬루티 Śruti(天啓聖典)라 하는데, 이 베다에 대한 一群의 보조 문헌을 베당가vedāṅga라 하여 6종을 포함한다. 그 하나로서《칼파수트라》Kalpa-sūtra가 있는데, 祭式과 밀접한 관계가 있다. 《칼파수트라》는 다시 4종으로 나누어지는데, 그 중에서 《쉬라우타 수트라》와 《그리햐 수트라》*(家庭經)는 순수한 祭式의 綱要書이다. 후자는 하나의 祭火를 사용하는 소규모의 가정적인 祭儀를 취급하는 데 대하여, 전자는 3개의 祭火를 사용하는 공식적인 베다의 祭式을 대상으로 한다. 따라서 《쉬라우타 수트라》는 《베다本集》《브라흐마나》*《아라냐카》와 밀접한 관계가 있다. 祭儀를 설명하는 것은 이미 브라흐마나의 주요한 한 요소를 이루고 있으나, 《브라흐마나》는 이와 아울러 그의 해석과 의의에 대하여 철학적 사색을 담고 있으며, 완만한 산문으로써 서술되어 있다. 이에 대해 《쉬라우타 수트라》는 祭儀에 대한 설명만을 수트라體라고 칭하는 간결한 문체로써 여러가지 祭式에 관하여 조직적으로 서술한다. 그 언어는 문법학자 파니니Pāṇini가 규정한 고전梵語와 거의 다를 바가 없으나 브라흐마나 문헌보다는 약간 늦게 성립하였다. 이것은 후세의 미망사 學派가 발생하는 하나의 기초를 이루었다.

《베다》에 대해서는 이미 다수의 학파가 성립하였는데, 수트라에 있어서도 수트라 學派라고 총칭하는 독자적인 分派가 발생했다. 주요한 《쉬라우타 수트라》의 명칭을 열거하면 《리그베다》에 속하는 것으로서 Āśvalāyana · Śāṅkhāyana, 《사마베다》에 속하는 것으로서 Drāhyāyaṇa · Lāṭyāyana, 《黑야주르베다》에 속하는 것으로서 Mānava · Baudhāyana · Āpastamba, 《白야주르베다》에 속하는 것으로서 Kātyāyana 등이 있다. 그런데 4베다 중 《아타르바베다》는 순수한 베다 祭式의 입장에서 보면 다른 3베다와 그 위치를 동일한 계열에 두기가 곤란하지만, 쉬라우타에 상당하는 것으로서Vaitāna-sūtra를 갖고 있다.각 베다에 속하는 《쉬라우타 수트라》는 각각의 베다를 취급하는 祭官의 직무를 주로 규정한다. 예를 들어 《리그베다》에 속하는 것은 호트리 제관의 직무를 서술한다(→베다). 이들 각 제관의 역할을 종합함으로써 비로소 하나의 祭式이 어떻게 집행되는지 그 전모를 이해할 수 있다.

쉬라우타의 제사에는 여러 종류가 있다. 이들을 분류하는 법은 꼭 일정치 않지만, 아그니아데야agni-ādeya祭 · 매일 아침 저녁의 火祭 · 新月祭 · 滿月祭 · 三季節祭 · 初穗祭 · 供獸祭 · 사우트라마니sautrā-manī祭 · 소마soma祭 등이 있다. 이러한 제사들은 곡물 · 우유 · 버터 등을 공물로 바치고, 또 짐승을 犧牲의 제물로 바치는데, 아그니아데야祭에서는 家長이 되는 사람이 맨 처음 祭火를 설치한다. 신의 술인 소마를 제물로 삼는 소마祭에서 주요한 의식은 소마를 짜는 것인데, 소마는 어느 날에 짜는가에 따라, 또 소마를 짜는 데 걸리는 날짜에 따라 그 종류가 숱하게 많다. 가장 간단한 기본형은 아그니神을 찬양하는 아그니쉬토마agni-ṣṭoma祭이고, 대규모적인 것으로는 아쉬바메다 aśvamedha(馬祠)祭가 있다. 이 馬祠祭는 당시 군주국가의 왕권을 과시하는 제사로서, 일정 기간 동안 무장한 군사가 호위하는 말을 방목시킨 뒤 , 그 말을 제물로 바침으로써 그 말이 거친 영역을 自國의 소유로 삼고자 하였다.

〔참고문헌〕 근래의 연구로서 다음과 같은 것들이 있다.

C. Heersterman 《The ancient Indian royal consecration》 's-Gravenhage, 1957.

《Śrautakośa, Encyclopaedia of Vedic sacrificial ritual comprising the two complementary sections》 the Sanskrit section vol. Ⅰ, by C. G. Kashikar ; the English section vol. Ⅰ, part l, by R.N. Dandekar, Poona, 1958.

A. Hillebrandt 《Ritualliterature, vedische Opfer und Zauber》(Strassburg, 1897)는 이 방면에 대한 연구의 고전이라 할 만하고, 《Sanskrit section》vol. Ⅱ, part Ⅰ(1970)이 참고가 된다. 일반적인 참고 문헌으로서는 《브라흐마나》항에서 소개한 辻直四郎의 저서들이 유익하다.

## 승만경 勝鬘經

求那跋陀羅(Guṇabhadra, 394~468)가 436년에 번역한 勝鬘師子吼一乘大方廣方便經 1卷인데, 산스크리트 명칭은 《Śrīmālādevī-siṃhanāda-sūtra》이다. ㊅12-217, Ⓚ6-1361, ㊥51. 이 경전은 대승경전 중에서 如來藏思想을 설하는 대표적 작품 중의 하나이다. 이야기는 舍衛國의 波斯匿왕의 王女로서 阿踰陀國의 왕인 友稱에게 출가한 勝鬘부인이 부처님께 10大誓願과 3大願을 세우고, 나아가 正法에 관해 자기가 생각한 바를 말하려고 하자, 부처님이 이를 기쁘게 받아들여 듣기를 허락한다고 하는 형식을 취하고 있다. 그 正法의 설명으로서 三乘의 가르침이 모두 大乘의 一乘에 귀일한다는 것, 중생이 모두 번뇌에 싸여 있지만 本性은 清淨無垢하여 여래와 마찬가지로서 여래의 성품(佛性, 如來藏)을 갖추고 있다는 것을 제시한다. 그리하여 이것을 空과 不空의 양면으로부터 아는 것이 正知라고 한다. 또한 여래장에 의거하여 生死輪廻의 세계도 열반의 획득도 가능하다고 한다. 이 경전의 一乘思想은 《법화경》*의 그것을 계승한 一大 요지인데, 在家의 부인으로 하여금 그 法을 설하게 하고 있다는 점에서 維摩居士가 설하는 《유마경》*과 아울러 대승불교의 在家主義를 표방하는 대표작으로 간주되어, 널리 보급되고 친밀해지게 되었다. 여래장 사상은 《法界無差別論》《보성론》*《無上依經》《불성론》* 및 《능가경》*《起信論》(→대승기신론)에서 받아들여지고 발전됨과 아울러, 중국에 들어간 華嚴教學 속에 흡수되어 대성되었다. 한편 고려대장경 등에서 채용하고 있는 15章의 科段은 原譯에는 없는 것이나, 매우 편리한 것으로서 예로부터 이용되었다.

漢譯으로는 이 외에 菩提流志가 改譯한 《대보적경》* 제48會(㊅11-672, Ⓚ 6-1의 제48 勝鬘夫人會, ㊥47)가 있으나 오래 유포된 것은 求那跋陀羅의 번역이고, 주석서도 모두 이 후자에 근거하고 있다. 주석서로는 淨影寺 慧遠의 《義記》2卷(下卷은 산실), 吉藏의 《寶窟》3卷(㊅37-1), 窺基의 《述記》2卷, 일본 聖德太子의 《義疏》1卷(㊅56-1), 기타 돈황에서 출토된 註疏 3部(㊅85-253) 등이 있다. 이 경전의 원전은 산실되었으나 《寶性論》 속에서 상당한 부분을 인용하고 있고, 《大乘集菩薩學論》* 속에도 인용이 있어서 산스크리트의 단편을 엿볼 수 있다. 티벳譯(㊄24-251)은 漢譯의 제2譯이라 할 수 있는 《대보적경》의 제48會로 구성하였는데, 내용도 이와 거의 일치한다.

〔번역·연구〕 日譯으로는 [譯一] 寶積部7(漢譯①), [譯一] 寶積部6(漢譯②), [譯大] 經部3(漢譯①), 月輪賢隆 《藏漢和三譯合璧, 勝鬘經·寶月童子所問經》(興教書院, 1940), 高崎直道 《如來藏系經典》(中央公論社, 발행 《大乘經典》12, 1975), 雲井昭善 《勝鬘經》(大藏出版 발행 《佛典講座》10, 1976) 등이 있다. 英譯으로는 Alex Wayman & Hideko Wayman 《The Lion's Roar of Queen Śrīmālā》(New York & London : Columbia University Press, 1974)가 있다. 논문으로는 宇井伯壽의 〈勝鬘經의 梵文斷片〉이 있는데, 이는 名古屋大學文學部10周年記念論集(1959)에 실려 있고, 또 그의 《寶性論研究》(1959)에도 수록되어 있다.

## 승종십구의론 勝宗十句義論

약 6세기경 慧月(Mati-candra)의 작품으로서 唐의 玄奘이 번역했으며(貞觀 22년), 梵本은 없다. ㊅54, p.1262.

宇井伯壽의 《The Vaiśeṣika Philosophy according to the Daśapadārthaśāstra》(London : 1917)에 의해 내용이 밝혀진 勝論학파의 책인데, 이 학파로서는 특이한 내용을 담고 있다. 勝論 학설은 《바이쉐쉬카 수트라》*(勝論經) 이래 6句義를 인정하였고, Praśastapāda의 주석 《Padārthadharmasaṃgraha》에서도 마찬가지인데, 이 책에서는 實體(dravya)·屬性(guṇa)·運動(業, Karman)·普遍(sāmānya)·特殊(viśeṣa)·內屬(和合, samavāya)의 6句義 외에 有能(śakti)·無能(aśakti)·俱分(sāmānya-viśeṣa)·無說(非有, abhāva)의 넷을 더하여 10句義를 설한다. 有能은 잠재적인 힘, 無能은 그것이 없는 것이고, 또 俱分이라는 句義를 덧붙임으로써 同은 最高類, 異는 最低種이라고 생각하는 것이 된다. 無說에 대해서는 《勝論經》에서도 설하고 있는데, 他학파에선 無體量으로서 量의 하나로 들고 있었던 점에 영향을 받아 勝論派에서도 10세기경부터는 이것을 더하여 7句義를 설했다. 이러한 점 외에 이 책이 후세에 영향을 끼쳤던 것은 거의 없었다.

## 시륜탄트라 時輪tantra

본래의 명칭은 《Paramādibuddhoddhṛta-śrīkālacakra-nāma tantrarāja》인데, 《Kālacakra-tantra》로 약칭한다. 티벳譯(㊗No. 4)이 전해진다. 이 탄트라 자체에 필적하는 권위를 지닌 주석서 《Vimalaprabhā》(㊗No. 2064)에 의하면, 근본 탄트라 1만2천頌은 붓다가 열반하기 2년 전에 金剛手의 化身인 Sucandra王의 청문으로 Śambala國 등에 유포되었는데, 600년 후 Śambhara國에 출생한 제1代 kalki인 文殊의 化身 Yaśa王이 다시 800년 후에 메카에 흥기하여, 드디어 Śambhara를 멸망시키려는 회교에 대항하기 위해 梵天·쉬바Śiva·비쉬누Viṣṇu의 신도를 규합하고자 그들을 時輪曼荼羅에 끌어들여, 살생을 엄금하고 金剛灌頂을 주려 하였다. 그들이 처음엔 이에 따르지 않고 도망하려 했던 것을 王은 신통력으로써 멈추게 하고, 그들의 청에 의해 laghu-tantra 3000頌을 설하였던 것이 현행의 《Kālacakra-tantra》이다. 그리하여 제2代 kalki인 觀音의 化身 Puṇḍarīka王은 붓다의 授記에 의해 근본 탄트라에 수순하여 주석인 《Vimalaprabhā》를 지었다고 한다. 《시륜탄트라》와 《Vimalaprabhā》가 相承한다는 전설에는 異說이 많으나, 그것들을 정리하면, 전설에서의 Yaśa王과 Puṇḍarīka王에 比定할 만한 인물로서 1040년 이후 마가다國을 중심으로 활동했던 大時足(Kālamahāpāda. Dus shabs chen po)·小時足(Dus shabs chuṅ ṅu)이라는 2인의 학자가 《時輪탄트라》 및 《Vimalaprabhā》를 지은 역사상의 인물일지도 모른다고 한다. 이 경전의 성립은 적어도 1027년 이전이다.

〔내용〕 부톤 Bu-ston은 이 탄트라를 未了義의 方便·父탄트라와 般若·母탄트라에 대한 了義의 空悲不二를 설하는 無二탄트라(gñis su med paḥi rgyud)라고 하여, 全 탄트라 중 최고·구극의 위치에 둔다. 내용적으로는 般若方便의 了義에 있어서 雙入無二와 진실에 대한 지혜의 실현을 구극적인 목적으로 삼고, 그 방법으로서 시간적 존재인 大宇宙의 구조와 활동(日·月·星辰의 운행, 시간이 경과하는 양식)을 고찰하여, 그에 대응하는 개인 존재의 시간적 측면(nāḍī : 脈管 ; cakra : 輪 ; prāva-vāyu : 氣息)을 제어함으로써 구극적 실재와의 합일을 실현코자 한다. 따라서 天文學的·曆學的

기술이 이 탄트라의 내용으로서 본질적인 중요성을 갖는다. 이 경전의 성립은 회교의 인도 침입이라는 공포와 혼란을 농도 짙게 반영하고 있다. 이런 면은 앞의 전설에서도 엿볼 수 있다. 즉 비쉬누教의 Śambhara-grāma와 비쉬누의 제10權現인 내세의 구제자 kalki라는 구상을 채택하여, 그에 의해 인도에 존속하는 諸종교를 규합하고 연합함으로써 현재 인도를 석권해 가고 있는 회교도를 박멸하려 했던 의도가 엿보이는 것이다. 이는 회교문화와 격돌한 인도문화의 한 측면을 보여주는 것으로서 흥미 깊다.

〔참고문헌〕 Bu-ston의 全書(Lokesh Chandra ed. 《The Collected Works of Bu-ston》. New Delhi, 1965)에서 part 1(Ka)부터 part 5(Ca)까지는 《Kālacakratantra》에 관한 것인데, 기본적인 자료이다. 일본에서의 연구는 羽田野伯猷의 〈時輪탄트라成立에 關한 基本的課題〉(密教文化 8, 1950년 2월)와 〈탄트라佛教에 있어서 칼라차크라(時輪)의 位置〉(宗教研究122, 1949년 10월) 및 〈인도教佛教交涉의 一斷面 -回教對策을 目的으로 한 時輪의 形成에 있어서-〉(印佛研1의2, 1953년 3월)가 있다.

## 신심명 信心銘 1巻

僧璨(~606)의 찬술로서 본래의 명칭은 《三祖僧璨大師信心銘》이다. ㊅51-457. 《경덕전등록》* 巻제30에 수록되어 있다. 禪宗의 제3祖인 승찬이 禪사상의 궁극적 경지를 「信心不二」로서 설한 것인데, 전문이 584字로 구성되어 있는 韻文이다. 『至道無難이니 오로지 揀擇을 피한다』로 시작해서, 『言語道斷이니 오고 감이 지금에 있지 않다』로 마치고 있다. 온갖 대립과 차별과 是非得失의 망념을 떠나, 평등자재의 경지에 머무를 것을 설했다. 우리들의 정이나 의식이 미치는 세계는 진실의 세계가 아니고, 非思量의 세계야말로 절대적인 眞如法界의 세계이며, 거기에 마음이 머무를 때에 극대와 극소, 有와 無는 평등一如가 된다고 한다. 이 글 속에 一即一切의 융통을 설하는 華嚴사상이 서술되어 있다는 점은 사상史上 매우 중요하다. 또한 「萬法齊現, 歸復自然」이라고 말하는 바와 같이, 莊子나 僧肇의 사상 밑바닥에 흐르고 있는 만물一切觀이 표현되어 있다. 중국적 사유를 기반으로 하여 禪의 진리를 韻文의 세계에 드러내 보인 것이 이 글의 성격이다. 傅大士의 《心王銘》이나 牛頭法融의 《心銘》등과 그 사상을 같이 하는 것이며, 초기 禪사상의 형성에 커다란 영향을 불러일으켰다. 이 글은 《참동계》*《보경삼매》*《證道歌》 등과 더불어 禪僧들에게 애송되어, 선종의 발전과 함께 교단의 생활 속에 깊이 침투하여 왔다.

이의 註疏로서는 《信心銘拈提》《信心銘夜塘水》 등이 유명하다. 日譯은 譯一 和漢部, 諸宗部6에 있고, 한글 번역은 ㊥182에 있다.

## 신편제종교장총록 新編諸宗教藏總錄 3巻

고려의 大覺국사 義天(1055~1101)이 1090년에 찬술한 책으로서 《의천目錄》《의천錄》 《海東有本現行錄》이라고도 일컬어진다. ㊎4-679, ㊅55-1165. 의천이 고려·宋·遼·일본 등으로부터 수집한 經律論의 章疏류 1082部의 목록이다. 자신의 서문에서 20년의 세월을 전심전력으로 이 사업에 기울여 왔다고 할 만큼 의천이 만전을 기해 이룩한 작품이다. 그는 이 목록의 작성을 위해 宋나라에 들어가 諸宗의 教藏 3천여巻을 입수하였으며, 귀국 후에도 興王寺에 教藏都監을 설치하고서 멀리 遼와 일본으로 사신을 보내 자료를 수집하였던 것이다. 이렇게 수집한 자료들을 자신의 관점에 따라 엄선하여 이 책을 완성하였다. 따라서 이 책은 章疏목록으로서는 세계 최초이며, 이후 이에 준하여 興王寺에서 고려 續藏經이 간행된 것으로 보인다. 또한 여기에는 신라의 고승 20인의 찬술 목록 142부 402권이 수록되어 있어, 귀중한 사료로서도 주목되고 있다.

〔내용〕 권1에는 경疏 615부, 권2에는 율疏 및 律宗章소 145부 권3에는 논疏 322부가 수록되어 있다. 그 배열의 순서는 다음과 같다.

권1 / 華嚴, 涅槃, 大日, 法華, 無量義, 楞伽, 楞嚴, 圓覺, 維摩, 金光明, 仁王, 金剛般若, 般若理趣分, 大品반야, 般若心, 6바라밀, 金剛三昧, 勝鬘 , 不增不減, 諸方無行, 般舟三昧, 思益, 解深密, 無上依, 大寶積, 心地觀, 文殊般若, 觀無量壽, 大무량수, 阿彌陀, 稱讃淨土, 彌勒上生, 미륵下生, 미륵成佛, 미륵, 藥師, 灌頂, 方廣, 42章, 温室, 盂蘭盆, 報恩奉盆, 無常, 天請問, 請觀音, 消災, 8大菩薩만다라.

권2 / 梵網, 瓔珞, 地持, 遺教, 4分, 10誦, 5分, 律22明了論, 기타 律宗章疏.

권3 / 起信, 釋마하연, 成唯識, 百法, 因明, 正理門, 瑜伽, 5蘊, 顯揚, 攝大乘, 雜集, 中邊, 唯識20, 成業, 觀所緣緣, 掌珍, 法界無差別, 中觀, 百, 廣百, 12門, 3論, 大智度, 10地, 法華, 遺教經, 아비담, 大비바사, 俱舍, 順正理, 雜아비담心, 異部宗輪, 기타 諸宗章疏 · 史傳 · 목록 · 찬집 · 右繞行道 관계.

〔평가〕 이 책에서의 분류 · 배열 방식은 종래와는 다른 새로운 취향을 보여 준다. 예를 들면 禮讃 · 懺儀로부터 비문 · 행장에 이르기까지의 자료를 일괄하여 관계되는 경전 아래에 배열하는 등 새로운 시도를 하고 있는 것이다. 그러나 이러한 시도가 꼭 성공적인 것으로는 보이지 않는다. 그러나 이 책은 광범위하게 내외의 章疏류를 망라하고 있을 뿐 아니라 내용적으로는 매우 풍부하여 그 이용 가치도 높다고 말할 수 있다. 또 우리나라에서 찬술된 章疏로는 신라의 元曉 · 義湘 · 慈藏 · 憬興 · 可歸 · 太賢 · 義寂 · 圓測 · 勝莊 · 緣起 · 順璟 · 明晶 · 智通 · 道身 · 圓勝 · 道證 · 悟眞 · 端目 · 崔致遠 (이 밖에 智明 · 玄一 · 道倫 · 惠雲 · 宗一 · 梵如 · 義融 · 慧景 · 極太는 출신국이 밝혀져 있지 않으나, 이들이 신라의 승려라고 한국史 전공인 閔泳珪씨는 파악하고 있다)에서 고려의 諦觀까지의 거의 150부에 이르는 목록이 수록되어 있다. 이 중에서 元曉와 太賢의 목록이 반 이상을 차지한다. 중국에서 찬술된 것은 의천이 入宋(1085)하기 전후의 것이 많은데, 그 중에는 淨源 · 有誠 · 希仲 · 善聰 · 道璘 · 從諫 · 元淨 · 元照 · 擇其 등, 그가 교유했던 宋나라 승려들의 저작도 포함되어 있다. 한편 遼(契丹)나라에서 찬술된 章疏를 채록하고 있는 점도 이 책의 특색인데, 道宗 · 覺苑 · 志福 · 守臻 · 法悟 · 澄淵 · 常眞 · 非濁 · 詮明 · 詮曉 · 希麟 · 志延 등의 저작 약 30부가 열거되어 있다. 그러나 당시 대량으로 존재했던 것으로 보이는 禪宗 관계의 저작에 대해서는 몇 가지 예외적인 것은 있으나 거의 묵살한 점, 또 일본에서도 자료를 수집했음에도 불구하고 일본에서 찬술된 것은 전혀 채록하지 않은 점 등도 주목할 만하다. 현재 일본의

大正新修대장경이나 大日本佛教全書에 수록되어 있는 원전은 京都의 高山寺에 소장된 1176년의 사본과 1693년의 刊本을 校合한 것이다. 이 사본은 이 책의 鈔本으로서 현존하는 것 중 가장 오래된 것이다.

〔참고문헌〕 趙明基의 〈高麗大覺國師와 天台思想〉(白性郁博士回甲紀念論文集), 閔泳珪의 〈新羅章疏錄長編〉이 있다. 일본에서의 연구로는 大屋德城이 편찬한 《影印高山寺本新編諸宗教藏總錄》(1937), 《高麗續藏雕造攷》(1937), 《高麗續藏雕造攷補遺》(1938)가 있다.

## 심진문집 鐔津文集 19巻

明教대사 契嵩(1007~1072)의 文集이다. ㊅52-646. 계숭의 출생지가 심진(湖南省)이었기 때문에 그의 문집을 《심진문집》이라고 命名했다. 계숭은 禪宗의 雲門宗에 속하는 사람으로서 유교에도 통달해 있었다. 그는 당시 유교의 排佛論에 대해 반론하고, 유·불의 일치론을 설했다. 儒佛一致의 사상은 이 책의 도처에서 설해지고 있다.

〔내용〕 맨 앞에 尙書 屯田員外郎 陳舜兪가 찬술한 《明教大師行業記》를 수록하고 있는데, 이 속에 저자의 전기가 서술되어 있다. 巻1~3에서는 《輔教篇》을 수록하고, 불교의 5戒10善과 유교의 5常의 일치 등을 설한다. 권4에서는 《皇極論》과 《中庸解》를 수록하고, 권5~7에서는 《論原》40편을 싣고 유교의 「禮樂」「4端」「仁孝」등에 대하여 불교의 입장에서 논한다. 권8에는 「雜著」 6편과 「書狀」, 권9·10에는 仁宗황제 등에게 올렸던 「書狀」이 수록되어 있다. 권11에는 「敍」 23편이 있는데, 이 속에는 《傳法正宗定祖圖敍》《六祖法寶記敍》 등도 포함되어 있다. 권12에는 「志記銘碑12편」이라는 제목으로 《武林山志》 등이 수록되어 있다. 권13에는 《碑記銘表辭》7편과 《述題書贊傳評》12편이 있다. 권14~16에서는 「非韓」이라는 제목으로 唐나라 중기의 배불론자인 韓退之의 주장을 반론했다. 권17·18에서는 《古律詩》120수의 詩文, 권19에서는 《石門惠洪禮嵩禪師塔詩》 등 여러 선사들의 詩文을 수록하고 있다. 이 책에 표현된 저자의 儒佛일치 사상은 宋代 이후 불교의 존재방식을 규정하는 데 있어서 커다란 영향을 끼쳤다. 저자의 시대는, 사회적으로는 宋代의 봉건제도가 확립되어 있었던 시대이고, 사상적으로는 한편에서 宋學이 발흥해 가던 시대이다. 그는 이러한 시대 속에서, 불교를 중국 사회에서 살려 나가기 위해 儒佛일치를 설했던 것이다.

저자인 契嵩에 대해서는 牧田諦亮의 〈趙宋佛教史에 있어서 契嵩의 立場〉(《中國近世佛教史研究》, p.134)이라는 논문이 있다.

## 십만가요 十萬歌謠 Mgur-ḥbum

본래의 명칭은 《Rje-btsun Mi-la-ras-paḥi rnam-thar rgyas-par phye-ba mgur-ḥbum》(聖者 미라뢰파의 傳記에 관한 廣說 10만 가요)으로서 티벳 원본은 290枚로 되어 있는데, 일본의 東北大學에 소장되어 있다(東北目錄7047). 티벳에서 가장 존경받고 있는 고승인 미라뢰파 Mi-la-ras-paḥi(1040~1123)의 저술이다.

미라뢰파는 티벳불교의 칸규파Bkaḥ-rgyud-pa派의 시조인 마르파Mar-pa(1011~1096)의 제자인데, 瑜伽自在者(Yogeśvara : 요가에 능통한 자)로서 알려져 있다. 전해지는 바에 의하면, 그는 숱하게 기구한 운명 속에서 성장하였다. 처음엔 「黑呪」 등을 배워 사람을 살해하는 일도 하였으나, 마음을 돌려 마르파의 門下에 들어간 이후 엄격한 고행에 전념하여, 드디어 스승으로부터 「密呪」의 秘義를 전수받았다. 만년에는 吟遊詩人으로서, 또는 암굴에 거주하여 헐벗고 굶주린 엄격한 금욕생활을 함으로써 칸규派의 宗風을 떨쳤다. 교의보다도 신앙의 실천을 중시하고 業의 가르침을 설하여 민중教化에 노력한 그의 종교생활은 密呪者로서의 위대성과 더불어 신비적으로까지 찬미되고, 티벳에서 태어난 최고의 詩聖으로서 또는 티벳의 이상적 人格으로서 존숭되고 있다. 그의 아름다운 시는 깊은 종교적 체험을 나타내어 저절로 뛰어난 종교詩를 형성하는데, 그것들은 인간은 물론이고 동물까지도 감동시켰다고 전해진다. 후대에 이러한 시들을 모아 傳記風으로 정리한 것이 이 책이다. 그의 생애를 어떤 悲愴性으로써 찬미하고 교훈詩를 포함하며 또 흥미진진하기까지 한 그의 전기인 《미라뢰파傳》(Mi-la-ras-paḥi rnam-thar, 東北目錄7946. 河口慧海 《苦行詩聖 미라뢰파–히말라야山의 光》)과 더불어, 이 책은 티벳문학에 있어서 最古의 하나로서 현재에 이르기까지 널리 애송되고 있다. 전체는 61章으로 구성되는데, 간결하고 아름다운 詩句로써 씌어져 있으며, 자유로운 作詩法을 채용하고 있다. 그 내용은 자연의 찬미나 종교생활에 관한 노래를 비롯하여 스승인 마르파에게 바치는 노래, 고결한 도덕생활을 칭송한 것, 業(karma)이나 空性(śūnyatā) 등의 불교 教義에 관한 것, 종교적 일상적 교훈 등의 노래를 포함하고 있어, 당시 티벳의 생활이나 종교는 물론이고 그의 사상을 알 수 있다는 점에서도 대단히 귀중한 자료이다.

〔참고문헌〕 티벳대장경에 수록된 經論들이 산스크리트로부터의 直譯임에 비해, 이 책은 티벳에서 발생한 진짜 문학 작품으로서 작자의 생명이 흘러 넘치고 있는 향기 높은 작품이다. 따라서 이 책에 대한 소개는 이미 19세기 후반에서부터 시작되었다(H.A. Jäschke 〈Problem aus dem Tibetischen Legendenbuche〉ZDMG, 1869; S. C. Das 〈Contributions on the Religion, History, etc. of Tibet〉 JASB, 1881 ; W. W. Rockhill 〈The Tibetan 'Hundred Thousand Songs' of Milaraspa〉PAOS, 1884). 20세기에 들어와서는 많은 部分譯과 연구 및 소개가 공표되었다. 먼저 번역으로는 다음과 같은 것들이 있다(최후의 것을 제외한 나머지는 모두 부분적인 번역이다).

B. Laufer의 《Zwei Legenden des Milaraspa. Archiv für Religionswissenschaft 10》(1901).

H. Hoffmann의 《Mi-la Ras-pa, Sieben Legenden》(München, 1950)은 3·5·8·22·24·26·27章의 獨譯이다.

H. Meyer의 《Des Cent des Hemiones》(1938)와 《Chant Sixiéme des 100,000 Chants de Milarepa》.

A.K. Gordon의 《The Hundred Thousand Songs》(Tokyo, 1960)는 抄譯이다.

S.C.C. Chang의 《The Hundred Thousand Songs of Milarepa》, University Books 2vols. (New York : New Hyde Park, 1962)는 完譯이다.

연구 및 소개로는 H. Sandberg의 《Tibet and the Tibetan》(1906), B. Laufer의 《Milaraspa》 (1922), J. Bacot의 《Le Poéte Tibétain Milarépa. Les Classiques de l'Orient ll》(Paris, 1925), W.Y. Evans-Wenz의 《Tibet's Great Yogi Milarepa》(London, 1928) 등이 있다. 1952년에 T. Schmid 여사가 公刊한 미라뢰파의 그림傳記에 관한 연구인 《The Cotton-clad

Mila, the Tibetan Poet-Saint's Life in Picture》는 이 책의 개요를 아는 데 있어 대단히 편리하다.

이 책에 대한 여러가지 티벳版本에 대해서는 폴란드의 L.W. de Jong가 간행한 《Mi la ras pa'i rnam thar》(IIM. 4, 1959)의 서문 속에서 상세히 해설하고 있다. 한편 이 책은 몽고語로도 번역되어 유포되고 있다고 한다.

## 십만백룡 十萬白龍

본래의 명칭은《神聖十萬白龍大寶不可思議眞理大乘經》(Gtsaṅ-ma Klu-ḥbum dkar-po Bon rin-po-che ḥphul-ṅag ḥden-pa theg-pa chen-poḥi mdo)인데, 2卷으로 되어 있고, 톤파쉔랍Ston-pa Gśen-rab의 저작이라 한다. 이 책은 티벳의 민간종교인 본Bon教의 2大流派 중의 1파인 白본派(Oṃ-dkar-pa, 唵白派)의 근본 경전으로서 옛 藏版의 사본(寺本婉雅씨에 의하면 현재 포타라宮의 藏版)으로는 총 238枚, 上卷 31章 下卷 24章으로 구성되어 있다. 그 派의 開祖인 톤파쉔랍 자신의 口述이라고 전해지지만, 저자는 명확하지 않다. 원래 白본派란 토착의 종교인 본教가 불교의 영향을 받아 체계화된 것이므로, 이 책의 구성도 언뜻 보아 완전히 불교서적인 것처럼 생각된다.

〔내용〕 이 책에서 가르침을 설하는 주체는 開祖 자신으로 되어 있고, 여기에 각종의 龍族이 설문하는 형식을 취하고 있다. 上下권 58章 중 본教의 기본적인 교리를 아는 데 있어서 중요한 것은 제1장과 제2장이다. 이에 의하면 3世에 걸쳐 일체중생을 해치는 3종의 生類가 있다고 한다. 즉 하늘에 서식하는 녠gñan(猛惡者)類, 땅에 거주하는 사닥sa-bdag(地主)類, 물 속에 있는 루klu(龍)類이다. 중생이 당하는 온갖 종류의 환난은 이 때문이므로, 이《십만백룡》이라는 경을 설하는 것도 필경은 彼岸을 教示하여 중생에게 안온을 가져다 주기 위한 것이라 한다. 이 3類 중 녠類는 하늘과 광명·광선에 거주하면서 일체에 대하여 맹폭하고 神通不思議한 위력을 지닌다. 사닥類는 땅 속에 거주하는데, 초목·꽃·암석·地殼의 주인이다. 이들 2종은 모두 自在力을 갖추고 上下 2法에 化力을 발휘하는 데에 대하여, 루族은 十方(4面·4隅·上下)에 거주하면서 모든 악과 병의 근원이 된다. 그들을 왕족·귀족·바라문족·평민족·천민족의 5종으로 분류하고 있는데, 이러한 분류 방식은 인도의 4姓制度를 모방하면서도 티벳 특유의 순서를 정하고 있는 점이 흥미깊다. 이러한 惡類들도 解脫得果를 위해선 이 우주를 구성하는 진리의 본Bon을 알아야만 한다고 하여, 윤회 59位의 본, 涅槃解脫 83位의 본, 총 129位를 설한다. 이것은 法을 본으로 바꾸어 말한 것일 뿐, 완전한 불교적인 分位로서 5蘊·12處·18界·5度(智度는 빠짐)·5智 등이 구비되어 있는 것이다. 해탈을 위한 또 하나의 요인은 융충 gyuṅ-druṅ의 不思議力과 이에 대한 각종의 秘儀秘法인데, 본教를 구성하는 실제적인 내용은 이것이다. 융충이란 그들의 天인데, 그의 化現인 보살에게 힘을 부여하기 위한 梵音의 眞言도 많이 설해지고 있다. 그러나 그러한 본教의 실제 修習法에 대해서는 불교의 영역을 벗어나므로 생략하기로 한다. 다만 근래에 독일에서 그에 대한 연구가 성행하고 있음을 밝힌다.

〔참고문헌〕 이 책에 대한 원전과 獨譯이 B. Laufer의 《Klu Bum Bsdus Pai Sñin-po》(1898)로 발표되었다. 일본에서는 이미 190

6년에 寺本婉雅가 《十萬白龍》으로 日譯을 발표하였다. 한편 本教에 대한 가장 완비된 연구서로는 H. Hoffmann의 《Quellen zur Geschichte der tibetischen Bon Religion》(1950)이 있고, 기타 J.E. Rock의 《The Na-khi Nāga Cult and Related Ceremonies》(1952)가 참고할 만하다.

**십불이문** 十不二門 1卷

唐나라 湛然(711~782)의 찬술이다. ㊅33-918. 《법화현의》*에서는 경전의 명칭인 妙法蓮華經(→법화경)의 妙를 해석하기 위해 迹門의 10妙와 本門의 10妙를 세운다. 이것은 實相의 이치를 밝히는 것인데, 佛의 성도에 대한 自他의 因果를 수행과 득과의 면에서 境·智·行·位 등등과 各 10妙로써 이해한 것이다. 이에 대해 담연이 《법화현의釋籤》으로 이것을 주해하게 되면서, 불교 사상 일반에 부연하는 범주로써 이들을 통섭한 것이 이 책이다. 《법화현의》에서 迹門10妙를 설하고 本門10妙로 들어가는 곳에 논술된 色心·內外·修性·因果·染淨·依正·自他·三業·權實·受潤이라는 10종의 不二門은 그 양이 일본의 大正新修대장경으로 겨우 13면에 불과하다. 그러나 이 10不二門이라는 略文은 단순히 本迹2門의 10妙를 통섭하는 데 그치는 것이 아니라, 후세의 주석가들이 이 略門을 통해 《법화현의》의 폭넓음을 드러내고 여기서 서술된 一念三千의 손쉬움을 통해 《마하지관》*의 어려움을 관통한다고 말하는 바와 같이 이 책은 담연이 이해한 《법화현의》와 《마하지관》의 통일론적 성격을 지니는 것이며, 天台교학의 妙解妙行을 완전히 이해하고 체현시키기 위한 것이다.

이 책을 별도로 독립시킨 사람에 대해서는 《十不二門指要鈔》에서 『일본에 전래된 別行으로서 제목이 國淸止觀和尙錄인 것이 있다』고 서술하고 있고, 또 《謙順錄》이나 《指要鈔詳解》의 說로 보더라도 담연의 문하인 行滿일 것이라고 추정하고 있다. 그러나 담연 자신이 『모두 不二十門의 說과 같다』(《文句記》)든가 『이 十門不二를 목적으로 삼는다』(《釋籤》)고 서술하고 있는 점으로 보아 그 스스로 독립시켰다고 보는 사람도 있다(了然의 《十不二門樞要》). 또 제목에 대해서도 주석자에 따라 다르다. 源淸은 《法華十妙不二門示珠指》, 宗昱은 《法華本迹不二門註》, 知禮는 《십불이문 指要鈔》라고 하는데, 정통파가 아닌 앞의 두 사람의 說에 대해 性惡說이나 妄心觀 등 天台사상을 전개시킨 知禮의 《指要鈔》가 후세에 오로지 유포되었으므로, 일반적으로 이 제목으로 불리게 되었다. 이 밖에도 유사한 호칭은 많다. 특히 일본의 승려 最澄이 작성한 請來目錄에는 《十不二門第一卷》, 圓珍의 목록에는 《十不二門論一卷》으로 되어 있고, 《守護章》 속에서는 「不二十門」이라는 명칭으로 인용되어 있다. 이 책의 전파에 대해서는 請來目錄에도 기록되어 있다. 源淸의 《示珠指》와 宗昱의 《註》에 대하여 知禮가 《指要鈔》를 찬술하여 비판하면서부터 이 책의 유포가 활발하게 되었다. 즉 앞의 둘이 觀心의 대상인 心을 眞心으로 파악한 데 대하여, 지례는 현재 이대로의 어리석음에 싸인 妄心을 觀心의 대상으로 삼지 않으면 안된다고 전편을 통해 서술하고, 10門 각각이 一念三千을 구비한다고 觀하는 데에 修行을 귀결시키고 있다. 華嚴·起信論 등의 영향을 받고 있던 天台교학을 본래의 性具說로 돌려, 그로부터 性惡法門이나 色心雙

具 · 即의 문제 등을 전개시킨 것이 《指要鈔》의 특색이다.

중국에서는 이 밖에 仁岳 · 處謙 등에 의한 주석이 나왔으나 可度의 《指要鈔詳解》4권이 백미이다. 일본에는 60여종에 달하는 《지요초》의 註疏가 있다. 《십불이문》 그 자체에 대한 강의는 많지 않으나, 了然의 《십불이문樞要》나 島地大等의 《십불이문論講義》는 참고할 만하다. 譯一 和漢部, 諸宗部14에 日譯이 있다.

**십송율** 十誦律 61卷

鳩摩羅什이 인도人 弗若多羅와 공동으로 弗若多羅가 암기한 내용에 따라 2/3를 번역하고, 多羅가 죽자 나머지를 曇摩流支가 가지고 온 經本에 의해 그와 함께 404～409년에 長安에서 번역했다. 다만 羅什이 譯文을 충분히 퇴고하지 못한 채 입적하였으므로, 卑摩羅叉가 이것을 보충하여 교정하고 章節을 정리하여 61卷으로 번역을 완성했다. ㊅23-1, Ⓚ 21-478. 붓다가 제정한 계율을 모은 것을 「律」이라 하는데, 佛滅 후의 교단에서 다시 정리하고 증보하여 이것은 「律藏」이 되었다. 佛滅 후 100년경에 원시교단이 上座 · 大衆의 근본 2부로 분열하고, 이 각각은 다시 많은 부파로 나누어졌다. 스리랑카의 《島史》*와 《大史》*에 의하면 上座部 계통의 化地部로부터 說一切有部가 갈라져 나왔다고 하고, 《이부종륜론》*에서는 佛滅 200여년에 上座部로부터 說一切有部가 성립하였다고 한다. 有部는 카쉬미르를 중심으로 번성했던 가장 강대한 부파였다. 《10송율》은 이 부파가 전한 律藏이다. 漢譯은 완본으로 전하나 티벳譯은 없고, 梵本은 斷片이 다수 발견되어 있다.

《10송율》은 내용이 10誦(10章)으로 구분되어 있으므로 「10송율」이라 칭한다. 律藏은 붓다가 제정한 계율에서 유래하기 때문에 어느 부파의 율장이라도 그 골자는 거의 동일하지만, 세부적인 면에 있어서는 다른 점이 있다. 《10송율》에서는 처음에 비구의 戒를 열거하는데 波羅夷法 4조, 僧殘法 13조, 不定法 2조, 捨墮法 30조, 波逸提法 90조, 波羅提提舍尼 4조, 衆學法 107조(다만 十誦戒本에서는 113조), 滅諍法 7조, 총 257조(263조)를 들어 해설한다. 다음에 7法 · 8法 · 雜誦2法의 총 17法(17章)으로 승가(교단)의 조직과 운영을 설명하는데, 다른 律에서의 〈犍度部〉에 상당한다. 나아가 다음엔 비구니戒를 설명한다. 《10송율》의 비구니戒는 모두 355조이다. 이 뒤에 增一法 · 優波離問法 등의 補說(附隨) 부분이 있다. (이상과 같은 율장의 조직 · 내용에 대해선 《비나야피타카》《사분율》항에서 보다 상세히 설명했음). 다른 律에서는 비구戒 다음에 비구니戒를 두지만, 《10송율》에서는 이것을 犍度部 다음으로 돌리고 있는 점에 특징이 있다. 뿐만 아니라 廣本과 戒本에 있어서 衆學法이 다르다는 점도 특이하다. 有部는 인도와 西域에 널리 퍼져 세력을 형성하고 있었으므로 律典도 다른 것이 사용되었던 것 같다. 《鼻那耶》10卷도 有部 계통의 비구律인데, 조문의 수는 十誦戒本과 일치한다. 有部의 戒本은 자세히 말하면 《十誦比丘波羅提木叉戒本》1卷, 《十誦比丘尼波羅提木叉戒本》1卷이다. 羯磨本으로는 《大沙門百一羯磨法》1卷, 《十誦羯磨比丘要用》1卷 등이 있다. 주석으로는 《薩婆多毘尼毘婆沙》9卷, 《薩婆多部毘尼摩得勒伽》10卷 등이 있는데, 이에 대해서는 중국에서 좋은 연구가 있었다. 중국에서 《10송율》은 번역 당초엔 잘 강구되어 주석도 저술되었으나, 설명에 번잡한 면이 있어서 이후 그 지위가 《4분율》*로 넘어가고 주석서도 산실되었다.

說一切有部의 내부에 根本說一切有部가 있는데, 이 부파의 율장이 《根本說一切有部毘奈耶》이다. 내용은 10송율에 가까우나 교훈적인 이야기가 곳곳에 삽입되어 있고, 전체적으로는 규모가 큰 律이다. 이는 義浄에 의해 695~713년에 漢譯되었는데, 廣律·戒經·註釋을 포함한 18部 199卷이다. 규모가 크긴 하지만 약간 빠진 부분이 있어, 完本은 아니다. ㊅23-627~1058, 24-1~659(Ⓚ에선 22·23·37에 흩어져 있고, 이 중 《근본설일체유부비나야雜事》40卷의 한글 번역이 ㊕101에 있다). 그런데 티벳譯(ḥdul-ba)은 完譯(㊗41~45)이다. 길기트와 중앙아시아로부터 梵文 단편도 다수 발견되어 출판되어 있다.

〔참고문헌〕 《10송율》은 譯一 律部5~7, 《근본설일체유부》는 譯一 律部9~26에 각각 日譯되어 있다. 梵本은 다음과 같이 출간되었다.

M.L. Finot 《Le Prātimokṣa des Sarvāstivādins, text sanskrit, avec la version chinoise de Kumārajīva》J.A. nov.-déc. 1913.

A. Chandra Banerjee 《Prātimokṣa-sūtram, Mūlasarvāstivāda》, Calcutta, 1954.

V. Rosen 《Der Vinayavibhaṅga zum Bhikṣuprātimokṣa der Sarvāstivādins》, Berlin, 1959.

H. Härtel 《Karmavācanā》, Berlin, 1956.

N. Dutt 《Gilgit Manuscripts》 vol. Ⅲ, parts 1~4, etc.

W. Pachow 《A Comparative Study of the Prātimokṣa》, Santiniketan, 1955.

B. Jinananda 《Upasampadājñapitḥ》. Patna : Kashi Prasad Jayaswal Research Institute, 1961.

연구서로는 平川彰의 《律藏의 硏究》(1960)가 유명하다. 국내에선 李智冠의 《南北六部律藏比較硏究》(1976)가 있다.

## 십이문론 十二門論 1卷

나가르주나 Nāgārjuna(龍樹, 약150~250경)의 저작으로서 산스크리트 명칭은 《Dvādaśamukha-śāstra》. 鳩摩羅什(344~413)이 弘始 11년(409)에 漢譯했다. ㊅25-1, Ⓚ 16-526, ㊕126. 산스크리트 原典과 티벳譯은 모두 전해지지 않는다. 내용은 大乘의 空觀을 12門(章)에 걸쳐 해석한 것인데, 저자의 主著인 《중론》*의 綱要書이다. 26개의 偈頌과 註釋文으로 이루어져 있는데, 이 중 2偈를 같은 저자의 《空七十論》으로부터, 또 17偈를 《중론》으로부터 각각 인용하고 있다. 이 밖의 偈頌도 《중론》의 그것과 근사하거나 밀접한 관계에 있다. 이 책이 과연 龍樹가 직접 찬술한 것인지에 대해서는 아직도 의문의 여지가 있다. 이미 일찌기 嘉祥대사 吉藏(549~623)이 《十二門論疏》에서 게송만이 용수의 진짜 작품이고 주석문은 靑目의 저술이라 하는 등, 어떤 사람의 說로서 소개하고 있는데, 최근에는 제8장 〈觀性門〉 맨 앞의 게송(《중론》 제13장 〈觀行品〉의 제3偈에 상당)을 둘러싼 諸註釋의 취급 방식의 相違, 유력한 中觀學派의 諸論師들이 《중론》을 주석함에 있어 《십이문론》에 관해 설하지 않은 점 등을 들어 龍樹의 진짜 작품이 아닐 것으로 생각하고 있다. 이런 점은 용수의 다른 저작(《대지도론》*《십주비바사론》*)에 대해서도 문제가 되는 바인데, 아무래도 앞으로도 더 검토되어야 할 것이다. 이 책은 《중론》 및 용수의 제자인 아랴데바Āryadeva(提婆·聖天, 약170~270경)의 《백론》*과 더불어 소위 三論으로서 옛부터 중국에서 널리 講究되었다. 특히 嘉祥대사 吉藏이 三論宗을 大成하여 이 계통이 널리 전해졌다.

〔참고문헌〕 註釋으로는 吉藏의 《十二門論疏》6卷(또는 3卷)이 유명하고, 이 밖에 賢首대사 法藏(643~712)의 《十二門論宗致義記》2卷이 있다. 일본에서의 주석으로는 藏海의 《十二門論聞思記》2卷, 尋慧의 《十二門論疏抄》2卷 등이 있다. 이 책의 日譯은 譯一 中觀部1에 있다. 한편 漢譯으로부터 산스크리트로의 還元譯을 시도한 것이 있는데, Aiyaswami Sastri 교수의 《Dvādaśamukha-śāstra of Nāgārjuna》(Viśva Bharati Annals, vol. Ⅵ)가 그것이다.

## 십주비바사론 十住毘婆沙論 17卷

산스크리트 명칭은 《Daśabhūmika-vibhāṣā-śāstra》. 저자는 전통적으로 龍樹(Nāgārjuna, 약 150~250경)라고 알려져 있으나, 최근에는 용수의 작품이라는 점에 대해 신중히 고려해 볼 필요가 있음이 강조되고 있다. 즉 같은 용수의 《대지도론》*과 그 내용을 비교하여 연구한 결과, 예를 들면 教學上의 배경이나 종교적 실천, 특히 계율에 대한 이해의 相違 등이 지적되고 있는 것이다. 後秦의 鳩摩羅什(344~413)이 5세기 초엽에 漢譯했다. ㊅26-20, Ⓚ16-670, ㉻107. 산스크리트 原典과 티벳譯은 모두 전해지지 않는다.

〔내용〕 이 책은 《화엄경》* 속에서 가장 중요한 위치를 차지하는 〈十地品〉(혹은 《十地經》)에 저자가 주석을 가한 것이다. 다만 《十地經》의 본문에 대한 逐語的 해석으로 그치는 것이 아니라 偈頌으로써 經의 大意를 요약하고, 다시 이것을 敷衍하여 해석한 文字 위주의 釋論이다. 漢譯者인 羅什이 十地를 十住라고 표현한 것인데, 十地란 원래 대승 보살의 願行을 조직하여 佛이 되기까지의 修道 단계를 10으로 정리한 것이다. 그런데 용수의 주석은 《十地經》 전체에 대한 것이 아니라, 겨우 初地(歡喜地)와 제2地(離垢地)의 절반쯤에 그치고 있다. 이것은 原典 자체가 그렇게 미비한 탓인지, 아니면 번역의 미완성 때문인지가 확실하지 않다. 이에 대해서는 이미 賢首大師 法藏(643~712)이 《華嚴經傳記》 속에서 그 이유에 대해 다소 언급하고 있고, 또 최근에는 漢譯에 관한 연구도 진행되고 있다. 이 책의 내용은 먼저 序品에서 十地의 의의나 三乘의 구별을 분명히 하고 보살의 의의를 설한다. 다음에 전체를 35章(品)으로 나누어 제27장 〈略行品〉까지는 初地를 주석하고, 제28장 이하에선 제2地를 논하고 있다. 初地에서는 먼저 歡喜地의 내용을 설명하고 나서 보살의 理想(願)·실천(行)·果報(果)를 설명한다. 제2地에서는 먼저 十方便心의 필요성을 역설하고 나서 대승 보살의 十善業道를 상세히 설하고 있다.

〔영향〕 이 책의 전체에 대한 연구로서는 《화엄경》 十地品과의 상호 대조나 인용 경전의 탐색, 이 밖에 약간의 章節에 대한 論及이 있으나, 그 어느 것이라도 미완결된 註釋이기 때문에 十地사상으로서는 그다지 중시되지 않는다. 그러나 阿彌陀佛의 신앙을 설한 제9장 〈易行品〉만은 옛부터 특별히 중요시되었는데, 龍樹의 淨土教사상뿐만 아니라 널리 淨土사상 일반의 형성에 끼친 영향을 아는 데 있어

서도 필수적인 典據이다. 물론 정토교와 관계 있는 章節로서는 〈易行品〉 이외에 제20장 〈念佛品〉으로부터 제25장 〈助念佛三昧品〉에 이르는 6장도 주의할 만하지만 일찌기 曇鸞(476~542)이 《往生論註》 속에서 〈易行品〉을 취하여 難易2道의 대립을 보다 명확히 한 이래 그의 영향은 결정적인 것이 되었다. 즉 그는 믿음에 의해 쉽게 不退轉地에 證入하는 道(信方便易行)를 곧 自力·他力이라는 실천적 태도의 문제에 視點을 두고서 難易를 決擇케 하고자 했던 것이다. 그리하여 他力을 받아들이는 태세로서의 믿음을 강조하게 되어, 정토교의 입장이 명확하게 되었다. 다시 道綽(562~645)은 《安樂集》*에서 曇鸞의 입장을 계승하면서 末法사상과 결부시켜 聖道·淨土의 2門을 구분하였다. 한편 일본에서는 정토교의 開祖인 法然(1133~1212)이 그의 《選擇集》에서 그러한 易行觀을 일체에 통하는 것으로 보고, 끊임없이 稱名·名號의 적응성을 찾고자 하였다. 또 일본에서는 眞宗의 親鸞(1173~1262)이 〈易行品〉을 正依의 經論에 덧붙인 이래, 眞宗의 학자들은 여기에 누차의 주석을 가하여 〈易行品〉의 大意는 오직 彌陀易行을 설한 것일 뿐이라는 독자적인 易行觀을 성립시키기에 이르렀다.

〔참고문헌〕 日譯은 譯一 釋經論部7에 있는데, 譯大 論部5에 실린 것은 易行品만의 번역이다. 易行品에 대한 주석은 많이 있으나, 그 중에서도 유명한 것은 《十住毘婆沙論易行品講纂》(眞宗全書 4卷에 수록)이다.

**십주심론** 十住心論 10卷

일본 밀교의 대가인 空海(774~835)의 저술로서 본래는 《祕密曼茶羅十住心論》이라 한다. ㊅77-303. 저자의 57세 때인 830년의 작품이라고 추정된다. 일본에서는 淳和왕의 天長 연간에 각 종파의 학자들이 칙명에 의해 佛書를 저술하였는데, 이를 天長의 「6本宗書」라 한다. 諸宗의 학자들이 自派의 宗義를 서술한 듯하기 때문이다. 즉 화엄종의 普機는 《華嚴宗一乘開心論》(6卷), 삼론종의 玄叡는 《大乘三論大義鈔》(4권), 律宗의 豊安은 《戒律傳來記》(3권), 법상종의 護命은 《大乘法相研神章》(5권), 천태종의 義眞은 《天台法華宗義集》(1권)을 저술하였는데, 6本中의 나머지 하나인 空海의 이 책은 眞言宗(밀교)의 입장을 대변하는 것이다.

〔내용〕 이 책은 《대일경》* 住心品의 사상에 근거하여 眞言行者의 住心이 전개되는 순서, 바꾸어 말하면 菩提心이 전개되는 순서를 서술한 것이다. 또 동시에 당시의 종교 사상을 유형적으로 분류·비판하여 진언종이 가장 뛰어나다는 점을 명확히 한 책이다. 맨 앞에 서문을 붙인 후 제1住心으로부터 제10住心까지를 상설하고 있다. 제①異生羝羊주심은 도덕적인 善惡을 모르고 因果의 도리를 믿지 않는 어리석은 사람의 마음 상태로서, 그것은 마치 牡羊이 오로지 식욕과 성욕에 사로잡혀 있는 것과 같은 동물적인 사람의 마음이다. 제②愚童持齊주심은 어떠한 동기에서 善心이 싹터 6齊日에 보시를 하는 등, 보다 도덕적이고 종교적인 선을 이루는 마음의 상태로서 유교의 3綱·5常이나 불교의 5戒10善을 이루는 마음이다. 제③嬰童無畏주심은 도덕적인 선행으로부터 한 걸음 나아가 諸神을 신앙하고 天에 태어나는 것을 이상으로 삼아 종교적으로 일종의 安心을 얻은 두려움이 없는 마음의 상태로서, 인도의 여러 종교의 신앙 등을

이룬 사람의 마음이다. 이상의 ①~③은 아직 불교의 신앙에는 들어서 있지 않기 때문에 世間의 3住心이라 한다. 제④唯蘊無我주심은 불교中 聲聞乘의 가르침을 받고 있는 사람의 마음 상태, 제⑤抜業因種주심은 緣覺乘의 가르침을 스스로 실천하고 있는 사람의 마음 상태인데, 이 둘은 소승의 住心이다. 제⑥他緣大乘주심은 법상종의 가르침, 제⑦覺心不生주심은 삼론종의 가르침, 제⑧一道無爲주심은 천태종의 가르침, 제⑨極無自性주심은 화엄종의 가르침을 받고 있는 사람의 마음 상태로서, 이들을 4家대승의 住心이라 한다. 끝으로 제⑩祕密莊嚴주심은 진언종의 비밀曼荼羅를 깨닫는 마음의 상태인데, 이것이 불교의 구극적인 깨달음이라고 한다. 이와 같이 이 책은 眞言행자가 머무르는 마음의 순서를 설하면서, ①~⑨를 顯教라 하고 제⑩을 密教라 하는 사고방식과, ①~⑩을 모두 밀교라고 보는 사고방식을 내포하고 있다. 앞의 것을 9顯1密, 뒤의 것을 9顯10密의 사상이라 한다.

이 책에 인용된 經論은 극히 많고 인용의 빈도도 600회에 이르고 있으므로 그 사상적 배경이 다양한 방면에 걸쳐 있음을 알 수 있다. 그러나 그 내용이 너무 번잡해서, 이 책을 간결하게 고쳐 쓴 것이 《秘藏寶鑰》3卷이다. 이 책 《10주심론》(廣論)과 《비장보약》(略論)의 상위점을 지적하면 다음과 같다. ①총괄적으로 보아 廣論엔 인용문이 많고, 略論은 그것을 생략하고 있다. ②廣論에는 없는 새로운 내용으로서 略論에서는 제4住心에서 憂國公子와 玄關法師의 14문답을 덧붙이고 있다. ③제10住心에 있어서 略論에서는 菩提心論에 나오는 三摩地(삼매)段의 전문을 새로이 인용하여 廣論과 상당히 다른 내용을 싣고 있다. ④광론의 9住心에는 얕고 깊은 두 가지 해석이 있으나, 약론에는 제9住心에만 그렇게 되어 있다. ⑤광론에는 없는 것으로서 약론에서는 제6·7·8·9住心에서 釋論의 5重問答을 새로이 인용하고 있다. 이리하여 광론에는 9顯10密의 사상이 주가 되어 있고, 약론은 9顯1密의 사상을 표면에 드러내고 있다.

〔연구〕 이 책은 眞言교학의 근간을 이루는 것이므로 후세에 활발하게 연구되어 刊本도 많다. 日譯은 [譯一] 諸宗部20에 있다. 주석서로서 주요한 것은 重譽(1139~)의 《십주심론肝要鈔》(3권), 賴瑜(1226~1304)의 《십주심론勘文》(38권)·《愚草》(38권)·《衆毛鈔》(25권), 凝然(1240~1321)의 《십주심론義批》(36권), 宥快(1345~1416)의 《십주심론義林》(2권), 政祝(1366~1439)의 《십주심론私記》(12권), 印融(1435~1519)의 《십주심론廣名目》(6권), 秀翁(1626~1699)의 《십주심론科註》(22권), 英岳(1639~1712)의 《십주심론目瞳抄》(15권), 如實(1699~1755)의 《십주심론冠註》(10권) 등이 있다. 이 10住心의 사상은 진언종의 教判사상으로서 중요한 의의를 지니고 있으므로 他宗에 있어서 그대로 승인되지 않음은 당연하다. 그래서 천태종의 圓珍은 《大日經指歸》, 安然은 《眞言宗教時問答》, 法然은 《勅修御傳》, 日蓮은 《眞言見聞》, 화엄종의 鳳潭은 《五教章匡眞抄》 등으로써 10住心의 교판을 비판하고 논란하였다. 그러나 10住心의 사상이 사람들의 信心에 깊고 얕은 단계가 있음을 고려하고, 또 사상을 비판하는 태도를 밝히고 있는 점은 일본의 사상史上 주목할 만한 것이다.

이에 대한 연구로서 인용문을 註記한 것으로 勝又俊教의 《秘密曼荼羅十住心論譯註》

(1954)가 있다. 이 밖의 참고문헌으로는 역시 勝又가 편집한《弘法大師著作全集》1(山喜房佛書林, 1968), 川崎庸之의《空海》(《日本思想大系》5, 岩波書店, 1975)가 있다.

㉯

## 아르타 샤스트라 Artha-śāstra 實利論

카우틸랴Kautilya의 저술이라고 보는 것이 통례이다. 기원전 317년경 마가다Magadha국의 찬드라굽타Candragupta는 난다Nanda 왕조를 무너뜨리고 마우랴Maurya(孔雀)왕조를 창건하고, 나아가 서북 인도에 진출해 있던 그리스人의 세력을 축출하여 거의 인도 전역에 이르는 인도 최초의 대제국을 건설하였다. 카우틸랴는 이 찬드라굽타王의 재상으로서 王이 인도의 통일을 성취케 하는 원동력이 되었다고 한다. 다만 《아르타 샤스트라》의 연대에 대해서는 학자들 사이에도 異論이 있다. 빈테르니츠 M. Winternitz 같은 학자는 그 성립이 서기 3세기 이전으로 올라가지는 않을 것이라고 하나, 확정적인 것은 아니다. 《아르타 샤스트라》의 저자를 카우틸랴라고 하는 점에도 異論이 있으나, 이 역시 유력한 주장은 아니다. 덧붙여 말하면 이 책의 저자로는 카우틸랴 · 차나캬Cāṇakya · 비쉬누굽타Viṣṇugupta의 세 사람의 이름이 거론된다.

아르타artha는 實利라는 뜻인데, 다르마dharma(法) · 카마Kāma(愛)와 함께 「tri-varga」(하나의 범주에 포섭되는 세 가지)라고 불린다. 인도의 哲人 중에는 인생의 최고 목적으로서 이상의 셋 외에 해탈(mokṣa)을 네번째로 열거하는 사람도 있으나, 《아르타 샤스트라》는 實利를 특히 중시하는 實利論이다. 이는 그 입장이 功利主義에 입각하고 있음을 나타낸다.

《아르타 샤스트라》는 전편이 15권으로 되어 있다. 제1권은 국왕으로서 필요한 학문과 교육에 대해서 논술한다. 제2권은 국왕에 의해 임명된 각종 행정관의 소관 사항과 그 내용에 대해서 설명한다. 제3권과 제4권은 국가의 질서 유지를 위해 필요한 司法 규정과 죄악의 방지에 대해서 논한다. 제5권에서는 관리의 복무 규정과 그 밖의 공무에 관계된 사항에 대하여 서술한다. 제6권과 제7권은 국가의 구성 요소 외에 우호국 · 非우호국 · 중립국과의 국제관계 등과 같은 외교정책에 대해서 논한다. 제9권 이하에서는 군사 · 兵法 등에 관해서 설명한다. 이상과 같이 이 책에서 설하는 것은 국가 통치의 이념인데, 이것은 정치 · 외교 · 군사의 지침서라고도 할 만하다. 그리고 그 所論은 사회제도 · 법률 · 경제 · 산업 · 교통 · 교육 · 종교 · 문화의 각 방면에 걸쳐 있다. 특히 학문(vidyā)을 철학(ānvīkṣikī) · 3베다學(trayī) · 實業學(vārtā) · 정치학(daṇḍanīti)의 4종으로 분류하고, 이를 통해 法과 實利를 알게 하는, 왕을 위한 교육을 설하고 있다. 이 책은 마우랴王朝시대의 사회 상태를 널리 알 수 있는 중요한 자료이다. 따라서 이 책을 《마누法典》*이나 《아쇼카王 碑文》* 등과 함께 고찰하면 불교가 흥성했던 당시의 사회상태를 보다 명확하게 알 수 있을 것이다.

〔참고문헌〕 R. Shama Sastri가 교정 · 편집하고 University of Mysore Oriental Library Publications에서 펴낸 《Arthaśāstra of kauṭilya》(《Sanskrit Series》V. 54, Mysore, 1919)가 있다. 일어 번역으로는 中野義照《카우틸랴 實利論》이 있고, 이에 관한 논술로는 藤謙敬의 〈아르타 샤스트라에 있어서의 教育〉(印佛研 5의1)이 있다.

## 아미타경 阿彌陀經 1卷

梵本의 말미에서 經의 명칭을 《Sukhāvatīvyūho nāma mahāyānasūtraṃ》(極樂莊嚴이라 칭하는 大乘經)이라 하고, 티벳譯은 ārya(聖)라는 말을 덧붙여 「성스런 극락장엄이라 칭하는 大乘經」이라 부른다. 일반적으로 《무량수경》* (大經)에 대비하여 《小經》이라 부른다. 양쪽의 梵名이 동일하므로 《大經》과 구별하기 위해 이 경전을 《Smaller Sukhāvatīvyūha》라 칭한다. 《무량수경》《관무량수경》*과 함께 묶어지는 淨土三部經의 하나로서 그 내용의 취지는 다른 두 경전과 크게 다를 바가 없다. 역시 西方阿彌陀佛의 공덕이 장엄함을 稱說하고, 아미타불의 名號를 마음 속에 굳게 간직하여 흐트러짐이 없으면 往生한다고 하며, 極樂國土의 장엄한 모습, 아미타의 名義 등을 설한다.

〔원전 · 번역〕 원전은 인도에서 阿彌陀佛신앙이 성행할 때로서 《大經》의 원형이 성립된 후, 거의 1세기 정도 지나서 편찬되었다고 본다. 漢譯은 420년경 鳩摩羅什(Kumārajīva)에 의해 이루어졌다. ㊅12-346, Ⓚ11-185. 후에 2本의 異譯이 번역되었는데, 이 중 劉宋의 孝武帝 때인 455년경(孝建의 초기)에 求那跋陀羅가 번역한 《小無量壽經》 1巻은 일찌기 산실되어 呪文과 利益文만이 현존하고 있으나, 650년(唐나라 高宗의 永徽1년)에 玄奘이 번역한 《稱讚淨土佛攝受經》 1巻(㊅12-348, Ⓚ11-189)은 현존해 있다. 그러나 이 羅什의 번역本만이 널리 유포되어, 간결하고 유려한 譯文과 어울리는 독송 경전의 으뜸으로 열거된다. 이 경전은 아미타불의 西方淨土가 장엄함을 설하고, 여러 부처들이 열렬히 찬탄하는 정토에 왕생하려면 오로지 아미타불의 名號를 호칭하라고 하여, 평이하게 淨土신앙을 밝히고 있다. 그리하여 일본에서는 法然 이후에 淨土三部經의 하나가 되었다. 이 경전의 梵本은 일찌기 일본에도 전해졌는데, 慈覺大師의 請來目錄에 보이는 《梵漢對譯阿彌陀經》 1巻에 의하여 그 시기는 840년 이전일 것이라고 생각된다. 이후 悉曇문자와 한자를 대조한 교정본이 몇 종 출판되었다(足利惇 〈石山寺所藏阿彌陀經梵本에 대하여〉, 印佛研 3의2). 1879년에서 1883년에 걸쳐 막스 뮬러는 南條文雄 등의 협력을 얻어, 일본에 전래된 여러 梵本들 중에서 맨 처음엔 常明本을, 다음엔 法護本을 底本으로 삼아 慈雲本을 참조하여 이 경전의 梵本을 교정하였으며, 또한 네팔에서 전래된 5종을 참조하여 《무량수경》의 梵本을 교정하였는데, 이것들을 모아서 한 권으로 출판하였다(山田龍城 《梵語佛典의 諸文獻》, p.96). 이것이 바로 F. Max Müller와 B. Nanjio의 《Sukhāvatī Vyūha, Description of Sukhāvatī, the Land of Bliss》 (Anecdota Oxoniensia, Aryan Series vol. Ⅰ, part Ⅱ, Oxford, 1883)이다. 이것을 옥스포드本이라 부른다. 이의 英譯이 F. Max Müller의 《Sukhāvatīvyūha》인데, 이것은 JRAS(1880)의 pp.168~173에 실려 있고, 또한 SBE의 vol. 49, part Ⅱ에 실려 있다(大經은 pp.1~72, 小經은 pp.87~103). 日譯으로는 南條文雄의 《梵文和譯佛說無量壽經 · 阿彌陀經》(1908년 4월에 첫번째 간행되었고, 1958년 8월에 平樂寺書店에서 세번째로 간행됨)이 있다. 최근의 번역으로는 옥스포드本을 교정하여 번역한 藤田宏達의 《梵文和譯無量壽經 · 阿彌陀經》(法藏館, 1975)이 있다.

月輪賢隆에 의하면(앞의 책) 티벳譯은 9세기경에 성립된 것으로 보이는데, 8세기 중엽이라는 주장도 있다(楠基道《阿彌陀經成立史論》, 永田文昌堂, 1956). 漢譯 2本과 梵本 및 티벳譯을 모아서 이 4本을 대조해 보면, 梵本에 가장 가까운 것이 羅什의 번역이고, 티벳譯이 그 다음이며, 玄奘의 번역은 매우 상세하게 증광되어 있다. 예를 들어 羅什의 번역에서 6方段은 6方38佛로 되어 있는데(梵本은 6方40佛, 티벳譯은 6方42佛), 玄奘의 번역에서는 10方42佛로 되어 있다. 일본에서는 옥스포드本에 대하여 수많은 梵本의 간행·번역·연구가 발표되었다. 예를 들면 榊亮三郎의《佛說阿彌陀經梵文 및 和譯》(1907년에 발행된《解說梵語學》의 pp.250~265), 藤波一如의《和英支鮮四國語譯梵文阿彌陀經》(博文館, 1917), 荻原雲來의《梵藏和英合璧淨土三部經》(淨土宗全書 別卷, 1930), Hideo Kimura의〈The Smaller Sukhāvatī-vyūha, Description of Sukhāvatī, The Land of Bliss, collaterating Sanskrit, Tibetan, Chinese texts with commentarial foot-notes》(Collateral Buddhist Texts Series, vol. Ⅰ, Ryūkoku Univ., 1948) 등이 있다. 梵本과 티벳譯을 참조하여 羅什譯으로부터 英譯한 것으로는 宇津木二秀의《Buddha-bhāṣita-Amitāyuḥ-sūtra》(Kyoto, 1941)가 있고, 寺本婉雅·河口慧海·青木文教·月輪賢隆 등의 학자들은 티벳文을 日譯하였다. 山本晃紹(K. Yamamoto)의《Shinshū Seiten》(1955)은 三部經의 漢譯으로부터 英譯한 것이다.

〔연구〕근래의 연구로는 1955년에 石山寺所藏本을 底本으로 하고 옥스포드本을 참조하여 발표한 足利박사의 梵本교정(앞의 논문, 印佛研 3의2)이 있고, 같은 해 7월에 月輪박사가 출판한(앞의 책) 梵藏和英合璧의《佛說阿彌陀經》이 있다. 木村秀雄은 언어학적인 원전의 비판에 관하여 일련의 논문을 발표하였고, 春日井眞也는 이 경전의 성립과 전파를 인도나 중앙아시아의 문화적 배경을 기반으로 하여 연구하였다(→관무량수경). 이에 대해서는 山田龍城의《梵語佛典의 諸文獻》(p.97의 註6~10)을 참고할 만하다. 비교적 최근에 간행된 연구서로서 藤田宏達의《原始淨土思想의 研究》(岩波書店, 1970)가 있다.

《아미타경》의 연구에 있어서 특히 주목되는 견해가 있다. 즉 春日井박사는 이 경전에 나오는 7寶와 8寶를 통해 大陸문화와 海洋문화의 교섭을 설정하고, 金의 일반적인 사용에 따른 사회 구조를 이 경전이 제작된 기반으로 생각하고 있는(宮本正尊편《佛教의 根本眞理》, pp.530~8) 점이다. 또 干潟龍祥은 보다 의욕적으로 연구하여 羅什 번역의 大焰肩佛이라는 말을 미술사적인 고찰에 의해 해명하고, 인도와 중앙아시아에 유포된 상황을 탐구하려 한다(山口博士還曆記念《印度學佛教學論叢》, 1955, pp.124~35).《아미타경》《무량수경》《관무량수경》에 대한 교리사적 연구는 옛부터 정토교의 여러 종파에서 이루어져 왔다. 특히 근년에 이르러 성전의 성립사적 연구에 관해서는 赤沼智善·望月信亨·椎尾弁匡·楠基道 등의 학자들 사이에 견해가 일치하지 않지만, 일반적으로《阿閦佛國經》으로부터 吳譯의《大經》(大阿彌陀經)과《반주삼매경》*, 그리고《아미타경》으로 사상적인 전개가 이루어졌다고 생각하는 쪽이 많다. 고래로 이 경전에 대한 주석과 연구서는 대단히 많아,《佛書解說大辭典》에서는 270여部를 열거하고 있다. 기타의 참고문헌으로는 中村元·早島鏡正·紀野一義의《淨土三部經下》(岩波文庫, 1964), 정토종의 坪井俊映이 쓴《淨土三部經概說》(隆文館, 1956), 眞宗의 高峯了州가 쓴《阿彌陀經敍說》(永田文昌堂, 1959) 등이 뛰어나다.

## 아비다르마디파 Abhidharmadīpa

1937년 Rāhula Sāṃkṛtyāyana에 의해 티벳에

서 발견된 사본을 1959년 P. Jaini가 교정 출판한 것이다. 韻文(kārika) 부분의《Abhidharmadīpa》와 散文으로 된 주석 부분인《Vibhāṣāprabhāvṛtti》의 둘로 이루어진 소승의 논서로서, 이 둘은 같은 사람에 의해 작성된 것으로 추정된다. 작자는 스스로를 Dīpakara, 世親을 Kośakāra라고 칭하여 世親이 저술한《구사론》*에 대한 강한 반발과 비판을 기조로 삼고, 카쉬미르의 정통적 說一切有部의 입장을 관통하고 있다고 할 수 있다. 이 점에서는 衆賢(Saṃghabhadra)의《순정리론》*이나《顯宗論》과 궤를 같이 하지만, 그의 두 저작이《俱舍論》의 kārikā를 거의 모두 답습하는 데 대해 이 책은 새로운 kārikā를 짓고 있다. 그러나《구사론》의 것과 대응하는 점이 극히 많아 교정출판本의 解題(Introduction)에는 그 대조표가 첨부되어 있다(pp.143~4).

本書는 8개의 adhyāya로 구성되고, 각 adhyāya는 4개의 Pāda로 나누어진다. Adhyāya Ⅷ(Jñāna-vibhāga)를 제외하고 각 adhyāya는 명칭이 없으나,《구사론》과 꼭 같은 조직을 갖고 있음은 의심의 여지가 없다. 다만《구사론》의〈破我品〉에 해당하는 것이 있는지 없는지는 분명치 않다. 사본은 한 종류인데, 그럼에도 산실이 심하여 Adhyāya Ⅰ의 71, Ⅱ의 78, Ⅲ의 4, Ⅳ의 105, Ⅴ의 125, Ⅵ의 92, Ⅶ의 58, Ⅷ의 64, 합계 597kārikā와 이들에 대한 주석이 현존하는 데 지나지 않으나, 원형은 이의 세 배는 되었을 것으로 추정된다(Introduction, p.3). 이 중 몇 가지 내용을 소개하면, Adhyāya Ⅰ은 5蘊·12處·18界의 조직을 기술한다. 世親의 有漏法에 대한 규정인 隨增(anuśerate)을 비판하고, 또한 眼根이 보는가 眼識이 보는가 하는 문제에서는 毘婆沙(→대비바사론) 학자들의 전통에 따라 根見說에 가담하고 있다. 또 有對의 항에서는《阿毘曇心論經》《구사론》과 마찬가지로 Kumāralāta(童受, 3세기경)의 한 게송을 열거하고 있음이 주목된다. 한편 바이쉐쉬카 Vaiśeṣika학파의 padārtha說이나 상캬Sāṃkhya학파의 prakṛti說에 대한 비판은《구사론》에서는 보이지 않는 것이다. Adhyāya Ⅱ에서는 22根을 다루고 있는데, 譬喩者(Dārṣṭāntika)의『일체의 인식은 直接知覺(pratyakṣa)으로는 불가능하다』고 하는 주장이 있어, 經部(Sautrāntika) 계통의 인식론이 발전한 자취를 더듬는 데에 있어서 주목된다. 다음, 尋(vitarka) 伺(vicāra)에 대하여 世親의 태도를 비난하고, 이것들이 모두 實有의 心所法임을 강조한다. 또한 心不相應行 속의 名身(nāmakāya)·句身(padakāya)·文身(vyañjanakāya)의 항에서는 Mīmāṃsaka·Vaiyākaraṇa·Vaiśeṣika를 비판한다. Adhyāya Ⅲ은 사본의 산실이 가장 심해, 세계의 파괴(saṃvartanī)에 관한 4kārikā가 남아 있을 뿐이다. Adhyāya Ⅳ는 業論 일반을 취급하는데, 無表色이 假냐 實이냐에 관해 논쟁하는 부분은 산실되어 있다. 한편 여기서는《대비바사론》*과 마찬가지로 相·戒·進·慧의 4바라밀을 설하고 있는 점도 주목된다. Adhyāya Ⅴ에서는 隨眠(anuśaya)을 다루고 있는데, 經部의『번뇌(kleśa)가 잠들어 있을 때를 anuśaya라 이름하고, 깨어 움직이고 있을 때를 prayavasthāna(纏)라 이름한다』고 하는 해석에 강하게 반대하여, anuśaya(隨眠)는 kleśa(煩惱)에 지나지 않는다고 설한다. 한편《구사론》과 마찬가지로 이 章에서 三世實有論을 전개하여 法救·妙音·世友·覺天의 4人이 주장한 전통적 實有說을 열거하지만, 이 밖에 實有說을 지지하는 Kumāralāta의 설을 인용한다거나

Vaitulika · Ayogaśūnyatāvādin(이 말에 대해서는 Introduction p.124 ; text p.101의 n.3을 참조) · Paudgalika 의 설에 언급하고 있는 점은 《구사론》에서 볼 수 없다. Adhyāya Ⅵ은 《구사론》의 賢聖品, Adhyāya Ⅶ은 智品, Adhyāya Ⅷ은 定品에 각각 상당하는 것의 일부가 남아 있다.

이 책의 저자는 밝혀지지 않았으나 이것을 교정한 Jaini는 매우 주저하면서도, 그 내용으로 보아 《대당서역기》*에 기록된 衆賢의 후배인 無垢友(Vimalamitra)이며, 그 연대는 450~550년경일 것이라고 하는데, 물론 단순한 추측이다. 이 문헌은 연구 도중에 있는데, 특히 《順正理論》의 내용과 상세히 비교하며 연구할 필요가 있다. 이 책의 교정자는 144페이지에 걸친 Introduction에서 이 책의 大要를 소개하고 있다. (《구사론》과 《순정리론》의 항을 참조)

〔원전〕 P.S. Jaini가 Abhidharmadīpa 및 Vibhāṣāprabhāvṛtti를 교정하여 편집하고 註와 解題를 붙인 《Tibetan Sanskrit Works Series》vol. Ⅳ(Patna : K.P. Jayaswal Research Institute, 1959).

〔참고문헌〕 이하는 모두 BSOAS(Bulletin of the School of Oriental and African Studies, University of London)에 게재된 교정자 Jaini의 논문이다. On the theory of two Vasubandhu(vol. XXI, 1958) ; The Buddha's prolongation of life (vol. XXI, 1958) ; The Vaibhāṣika theory of words and meanings(vol. XXII, 1959); The Sautrāntika theory of bīja(vol. XXII, 1959) ; The development of the theory of Viprayukta saṃskāras(vol. XXII, 1959). Jaini의 교정본에 대한 書評은 J.W. de Jong 교수의 것(Indo-Iranian Journal, vol. Ⅵ, 1962~1963, pp.173~175) 및 佐佐木現順의 것(BSOAS, vol. XXV, 1962, pp.373~375)이 있다.

## 아비담마교의강요 Abhidhamma教義綱要

원명은 《Abhidhammatthasaṅgaha》로서 《攝阿毘達磨義論》이라고도 번역한다. 南方불교의 교리綱要 중 白眉라고 평가된다. 스리랑카의 학승 아누룻다Anuruddha의 작품으로서 1100년 전후에 편찬된 것으로 추정되고 있다. 이 책의 조직은 9品으로 이루어지는데, ① 攝心分別 ② 攝心所分別 ③ 攝雜分別 ④ 攝路分別 ⑤ 攝離路分別 ⑥ 攝色分別 ⑦ 攝集分別 ⑧ 攝緣分別 ⑨ 攝業處分別의 순으로 팔리Pāli 分別說部의 阿毘達磨 교학을 망라하면서 이것을 간명하게 설명한다. 아누룻다는 붓다고사Buddhaghosa(佛音, 5세기 중엽)의 《청정도론》*이나 붓다닷타Buddhadatta(佛受 : 佛音과 同시대의 후배)의 《入阿毘達磨論》 등 기타의 說을 받아들인 동시에 그 이전의 논서에는 없는 새로운 조직이나 교리를 덧붙이고 있기 때문에, 이 책은 초학자에게 안성마춤인 綱要書로서 중요하게 학습되고 있다. 분량으로는 PTS本(뒤에서 소개하는 英譯本)에서 46페이지에 불과하다. 이 책의 용어는 팔리語이지만 당시의 梵語化의 영향을 적지 않게 받고 있다.

이 책의 특색 중 心所論에 대해 말한다면, 有部는 心所法을 6類 46種(《구사론》*)으로 나누었고 이것을 받아들인 瑜伽行派가 최종적으로 6類 51種으로 분류하고 있음에 대하여, 이 책은 7類 52種이라는 心所法의 분류를 완성하고 있다. 이 책의 위치라든가 《清浄道論》 등의 여러 논서와의 대조 및 교리의 특색에 대해서는 B. C. Law의 《A History of Pāli Literature》

Ⅱ(pp.598~608), PTS의 英譯 및 水野박사의 日譯이 참고가 된다.

〔번역 · 주석〕 먼저 원전으로는 T.W. Rhys Davids가 교정 출판한 것(JPTS, 1884)이나 샴 Siam 版 등이 있다. 英譯으로는 S. Z. Aung과 Mrs. Caroline 및 A.F. Rhys Davids의《Compendium of Philosophy》(PTS, 1910), 獨譯으로 E.L.Hoffmann(Brahmacari Govinda)의《Ein Compendium buddhistischer Philosophie und Psychologie》Bd. I(München-Neubiberg, 1931), 日譯으로 水野弘元의《攝阿毘達磨義論》(南傳 65)이 있다.

본서에 대한 팔리文의 대표적인 주석으로는 12세기 후반의 작품으로서 Vimalabuddhi의 저작이라 하는《古註》(Porāṇa-Ṭīkā), Sumaṅgala의《阿毘達磨廣明》(Abhidhammattha-vibhāvanī), 버마 승려인 Chapaḍa의《略疏》(Saṅkhepa-vaṇṇanā)등이 있다. 근세(19세기 말부터 20세기 초)에 이르러 버마의 석학인 레디 사다우 Ledi Sadaw의 《第一義燈註》(Paramatthadīpanī -Ṭīkā)가 저술되었다. 이들 중에서 Sumaṅgala의 주석서가 가장 권위있다.

### 아쇼카王 碑文

아쇼카 Aśoka王(B.C. 273~232경)은 즉위한 후 8년째(B.C.261년경)에 있었던 칼링가 Kaliṅga 전쟁에서 승리한 후, 전쟁의 죄악을 통감하고 이것을 機緣으로 삼아 불교로 개종했다. 이후 그는「法」에 의한 지배를 지향하여 정치를 실행하였으며, 스스로만이 아니라 다른 사람에게도「法」의 실천을 권유했다. 이를 위해 그는 다양한 詔勅文(edict)을 선포하여 인민들 사이에 알려지도록 하였는데, 이 詔勅文이나 몇 가지의 사항에 대한 記念碑文(inscription)을 국내의 각지에 건립한 石柱나 혹은 암벽의 일부를 평편하게 깎아 그 위에 새겼다. 이것들을 아쇼카王 碑文이라 한다. 이러한 碑文들의 내용은 E.H. Hultzsch가 편집한《Inscriptions of Asoka》(1925)에 정리되어 있다.

碑文의 종류는 다양한데, 小摩崖法勅(Minor Rock Edict)이라 불리는 것이 가장 이른 시기, 즉 아쇼카王이 즉위한 지 11~12년째에 布告되어 암벽을 깎은 면에 새겨졌다. 이는 法의 실천을 권하는 내용으로서 南北인도의 여러 곳에 걸친 12군데에서 발견된다. 연대적으로 보아 이 다음 시기의 것이 摩崖法勅(Rock Edict)이라고 불리는 16종의 詔勅文이다. Ⅰ~Ⅳ는 즉위 후 12년째, Ⅴ~ⅩⅥ는 13년째의 것인데, 北인도의 Mansehra · Shabazgarhi, 西인도의 Girnar, 南인도의 Yerrāguḍi에 있는 각 암벽에는 Ⅰ~ⅩⅣ까지의 각 詔勅이 새겨져 있다. 그러나 西인도의 Sopānā에는 Ⅷ의 단편만이 남아 있고, 東인도의 Dhauli · Jaugaḍa에 있는 摩崖는 Ⅰ~Ⅹ · ⅩⅣ~ⅩⅥ를 담고 있다. 그 내용은 예를 들면『종교적인 목적을 위해 동물을 供物로 희생하지 말 것』(Ⅰ), 『인간 · 동물을 위한 의료 설비, 거리의 가로수, 음료수를 공급할 것』(Ⅱ), 『아쇼카王은 모든 종교에 공평하다는 것』(Ⅶ), 『전쟁에 의한 정복보다 法에 의한 정복이 뛰어나다는 것』(ⅩⅢ) 등이다.

즉위 후 20년에 王은 붓다의 탄생지인 룸비니Lumbini를 방문하고, 이곳을 기념하여 石柱 碑文을 새겼다. 한 덩어리로 된 돌 기둥을 세우고 여기에 새긴 詔勅文은 石柱法勅(Pillar Edict)이라 불린다. 7종이 있다. Allahabad · Meerūt · Lauḍiyā-Ararāj · Lauḍiyā-

Nandangarh에 있는 각 石柱는 Ⅰ~Ⅵ의 詔勅을 새기고, Rampūrvā의 石柱만이 Ⅰ~Ⅶ의 전부를 담고 있다. Ⅰ~Ⅵ는 즉위 후 26년, Ⅶ는 27년의 布告로서『現世·來世의 행복은 法을 바람으로써 도달된다』고 하여「法의 실현」을 권하며(Ⅰ), 구체적으로는「자비·진실·布施 등」이라 한다. 즉『나는 인간이나 새·짐승에게 온갖 은혜를 베풀어 善業을 쌓았다. 그대들도 이 法勅에 따라 행위할 것』을 권하며(Ⅱ), 고위의 관리에게「法」에 입각한 의무를 정해 주고(Ⅳ), 동물을 죽인다든가 상해하여 괴롭히는 것을 금지(Ⅴ)하는 등의 勅文을 내용으로 하고 있다. 이 밖에 Allahabad·Sanchi·Sārnāth에는 불교 교단의 분열을 훈계하는 石柱 勅文이 있어, 당시의 실상을 반영하고 있다. 또 Allahabad의 王妃勅文(제2 왕비에 대한 선물의 등록을 말한다)이나 Nigālīsāgar의 石柱碑文이 있는데, 특히 후자는 王이 불교에서 말하는「과거7佛」중의 하나인 Konaka-muni(拘那含牟尼)佛의 塔을 방문했다는 기념 비문이다. 그리고 Bairāṭ로부터는 회색의 화강암 위에 새겨진 비문이 발견되었다. 아쇼카王이 三寶에 귀의하고 있음을 말하고, 승려든 속인이든 같이 배워야 할 7종의 경전名을 들고 있어, 당시의 佛教史를 해명하는 데 밝은 빛을 던져 주고 있다(平川彰《律藏의 硏究》pp.31ff.).《大唐西域記》*나 기타의 옛 기록으로 어림잡아 보아도 이들 石柱의 수는 매우 많았으리라고 추정된다(V.A. Smith《Asoka》3rd. ed. 1920, pp.124ff.). 따라서 현재 또는 장래에 새로이 발견될 가능성이 있다. 최근에 탁실라와 칸다하르로부터 새로운 비문이 발견되었다.

아쇼카王의 비문이 주안점으로 삼은 것은 결국은「法」을 고취하고 그 실천을 권하는 데에 있다. 그「法」이란 모든 사람이 지켜야 할 보편적인 理法이며, 구체적으로 말하면 종교인이나 빈궁자에 대한 布施, 동료나 緣故者에 대한 친절, 연장자와 노인에 대한 순종과 존경, 청정한 생활과 善行 등의 실천 윤리요 사회 도덕이었다. 따라서 당시의 인도에서 신봉되었던 각 종교가 설한 기본적인 덕목과 큰 차이가 있는 것은 아니다. 다만 祭式을 위해 동물을 犧牲으로 바치는 것을 금지한 점에서 그가 신봉하고 있었던 불교의 영향을 발견할 수 있다. 그러나 碑文만을 한정하여 살펴볼 때 四諦도 八正道도, 또한 涅槃·無我·無常·因果와 같은 일상적인 불교 용어는 사용되고 있지 않으므로 그의「佛教」는 독특한 一種이었던 것 같다. 아쇼카王에게 있어서 종교란 결국, 철학이나 祭式과는 무관한 활동적이고 현실적인 것이요 人道主義적인 것이며, 모든 사람의 善을 구하는 社會道德이었다.

비문의 언어는 일반 대중을 대상으로 하고 있으므로 각 지방의 方言을 사용하고 있다. 따라서 각지에 산재한 같은 내용의 비문에서도 그 언어는 꼭 같은 것이 아니다. 그것은 당시의 각 지방에서 쓰고 있던 會話語를 대표하는 것이었다(S.K. Chatterjee《Spoken Middle Indo-Aryan Dialects》, A.C. Sen《Asoka's Edicts》1956, Preface, P.V ; cp. S. Sen《A Comparative Grammar of MIA》1960, p.7). 또한 사용된 문자는 브라흐미 Brāhmī인데, Mansehra·Shabazgarhi에서는 카로쉬티 Kharoṣṭī문자가 사용되고 있다. 또 최근 탁실라에서 발견된 비문은 아람語와 아람文字를 사용하고 있다.

아쇼카王 碑文은 그 후 시대의 경과에 따라 망각되고, 혹은 밀림 속에 묻히거나 또는 부수어져 남아 있는 것도 그 문자를 이미 알아볼 수 없게 되어 버리고 말았다. 1837년 J. Princep은 이 비문의 해독에 성공하였다. 이후의 이에 대한 출판 · 번역 · 연구는 일일이 열거할 수 없을 만큼 많다.

〔참고문헌〕 위에서 인용한 것 외에 다음과 같은 것들이 있다. A.C. Woolner 《Asoka Text and Glossary》(1924), D. R. Bhandarkar 《Asoka》 (1925), J. Block 《Les Inscriptions d'Asoka》(1950), G.S. Murti & A.N. K. Aiyangar 《The Edicts of Asoka》(1951), M.A. Mehendale 《A Comparative Grammar of Asoka Inscriptions》(1942), 塚本啓祥의 《아쇼카王》(平樂寺書店, 1973)과 《아쇼카王碑文》(第三文明社, 레귤스文庫54, 1976).

**아쉬타댜위** Aṣṭādhyāyī 八章篇

베다* 문학의 후기, 시대가 경과함에 따라 점차 성전의 내용을 변질됨이 없이 보전하기가 어렵다고 느껴질 무렵, 《문다카Muṇḍaka 우파니샤드》(Ⅰ · 1 · 5)와 같은 곳에서 언급된 베당가 Vedāṅga (베다의 보조 문헌)의 하나로서 뱌카라나 Vyākaraṇa(文法學)가 등장한다. 그의 기원에 대해서는 《브라흐마나》*나 《프라티샤캬》Prātiśākhya의 언어학적 사변을 통해 단편적으로 짐작할 수 있으나, 베당가로서의 뱌카라나는 현재 전하지 않고 파니니 Pāṇini의 《아쉬타댜위》에 그 성과의 진수가 남아 있다. 이것은 현존하는 인도의 文法書 중에서 가장 오래되었고 중요한 책이다. 이 책은 「語根表」(dhātupāṭha) · 「名詞表」(gaṇapāṭha) · 「接辭表」(Uṇādipāṭha) · 「설명적 해석서」(paribhāṣā)의 존재를 언급하면서 베다의 말기(B. Liebich 《BB》X, p.205 및 XI, p.273 참조)에 통용된 梵語 문법의 규칙을 아마도 서북 인도에서 통용된 듯한 당시 식자층의 공용어(Renou 《Histoire》p. 70, n.2 참조)에 기초를 두고 극히 간결하게 기술하였으며, 규정된 3976 수트라sūtra(수트라의 語義에 대해서는 M. Eliade 《H. Lommel Festschrift》 pp.49ff 참조)로 구성되어 있다. 이 규정에 의한 古典 梵語는 「올바른」(Saṃskṛta) 규범을 제공하며, 梵語 · 梵文學史上 최고의 권위로서 《리그베다》와 마찬가지로 정확하게 전승되었다. 뿐만 아니라 여기서는 모든 것이 代數的 기호 · 조직과 含意的 교시의 조직 하에 가능한 한 가장 적은 말로써 표시하는 내적 구조를 충실하게 완비함으로써, 이 문법서는 인간의 지성이 낳을 수 있는 걸작으로 꼽힌다. 여기서 취급하는 音韻論과 形態論은 근대 언어학의 발달을 촉진시켰다. 이러한 공헌이 梵語 자체가 지니고 있는 「구조적 明晰性」때문이라고도 하지만, 오히려 그것은 파니니에 의한 「明晰化」의 덕분이라고 봐야 할 것이다(J. Brough 《TPS》1951, pp.27ff 및 M.B. Emeneau 《JAOS》75, p. 149 참조).

파니니의 생애에 대해서는 몇 가지의 전설이 전하고 있다. 예를 들면 玄奘의 《大唐西域記》*권2, Kathāsaritsāgara의 《Taraṅga》4와 《Haricaritacintāmaṇi》27 등에서 언급된다. 그러나 서북 인도의 Śalātura라고 짐작되는 그의 출생지(그러나 파니니 자신은 北인도와 東인도를 언급하고 있다)와 기원전 5세기경이라는 그의 연대에 대해서는 확실한 것을 알 수 없다. 또한 그가 어떠한 구상 하에 문법을 기술하였는지(Belvarkar 《Systems》pp.20ff)를 확실하게 알 수는 없으나, 문법 이외의 모든 것은 기술되어 있다고 보아도 좋다.

기원전 300년경에 카탸야나 Kātyāyana는

여기에 《Vārttika》를 썼고, 기원전 2세기 전반에 Bhāṣya문학의 개조인 파탄잘리Patañjali는 《Mahābhāṣya》를 저술하여 여기에 trimuni vyākāraṇa를 大成하였으며, 이후 Jayāditya와 Vāmana(Kāśika) · Bhartṛhari (Vākyapadīya) · Kaiyata (Pradīpa)로 학통이 계승되었다. 그러나 《아쉬타다위》의 규칙이나 그의 배열을 둘러싸고 견해의 차를 보여 변경하면서 몇 개의 학파가 성립되었다. 이러한 학파로서는 Kātantra · Cāndra · Jainendra · Śākatāyana · Haima · Jaumara · Sārasvata · Vopadeva의 문법이 열거된다. 이 중에서 Kātantra는 Durgasiṃha의 註釋과 함께 티벳語로 번역되어 중앙 아시아로 전해졌으며, 또 唯識派의 유명한 학자인 Candragomin의 《Candravyākaraṇa》는 불교와 함께 각지로 전파되었던 것 같다. 이 밖에도 자이나敎의 학자인 Hemacandra의 프라크리트 Prākrit 문법은 Vararuci의 그것과 함께 중요시되는데, 팔리語로 캇차야나Kaccāyana의 문법에 나타나지만, 이것들은 모두가 《아쉬타다위》에 그 연원을 두고 있다. 이런 의미에서도 파니니는 인도 문법학의 개조라고 생각된다.

〔참고문헌〕 O.Böhtlingk 《Pāṇini's Grammatik》 (Leipzig, 1887), L.Renou 《La Grammaire de Pāṇini》(Paris, 1954), B. Liebich 《Zur Einführung in die indische einheimische Sprachwissenschaft》(Heidelberg, 1919), Th. Goldstrucker 《Pāṇini, His Place in Sanskrit Grammar》(Allahabad , 1914), L. Renou 《Histoire de la langue sanskrite》pp. 62ff(Paris, 1956), P. Thieme 《Pāṇini and the Veda》(Allahabad, 1935), S.K. Belvarkar 《Systems of Sanskrit Grammar》(Poona, 1915), Y.Ojihara & L.Renou《Kāśikāvṛtti》(Paris, 1960～).

언어철학에 관해서는 金倉 《印度中世精神史》上, pp. 27～82, 中村 《말의 形而上學》, D.S. Ruegg 《Contributions ā l'historie de la philosophie linguistique indienne》(Paris, 1959)가 있다. 그리고 최근까지의 연구를 망라한 개설로서는 辻直四郎이 자신의 《산스크리트文法》의 부록으로 쓴 논문인 〈인도文法學概說〉 《산스크리트文法》부록〉(鈴木學術財團研究年報, vol.ll, 1974, pp.1～28)이 있다.

## 아함경 阿含經

아함이란 산스크리트語 아가마 āgama를 音寫한 말인데, 처음 전승된 가르침이라는 뜻을 지니고 있으며, 붓다의 가르침을 전하는 성전을 가리킨다.

律이 교단의 규칙을 정한 것임에 대하여 아함은 붓다의 언행을 전하고, 그의 설법을 집성한 것이다. 때에 따라서는 法(dhamma 또는 dharma)과 같은 뜻으로 사용된다. 불교의 교단이 성립된 이후로부터 分派 이전까지의 초기 불교 시대에는 붓다의 제자나 신자들은 붓다로부터 들은 가르침을 기억하기 쉽게 시나 짧은 산문의 형태로 정리하여 입에서 입으로 전하여 갔다. 결국 붓다의 교설을 줄거리로서 정리하여 기억에 의해 전승하였던 것이다. 붓다는 자신의 교설을 기록으로 남기지는 않았다. 오늘날 남아 있는 붓다의 교설도 원래 행했던 설법의 줄거리에 지나지 않는다. 이렇게 설법의 줄거리를 대략 정리한 梗概要領은 최초엔 각자의 나름대로의 방법으로 기억되어 전해 왔다. 그러나 교단이 확립되고 점차 발전함에 따라 붓다의 교설을 전하는 방식도 어떤 통일성을 갖추어 정비할 필요성이 요구되었다. 이 결과 梗概 요령에 어떤 특정한 문학 형식을 부여하여, 이를 통해 성전으로서의 권위를 살리는 동시에 기억하는 데 편리하도록 하였다. 이러한 문학 형식은 드디어 「九分教」라든가 「十二分教」라는 명칭으로 정리되었다. 먼저 「9분교」는 다음과 같다.

1. 숫타sutta(經) : 교설을 10여行 이내로 간결하게 정리한 산문.
2. 게이야geyya(重頌) : 숫타의 내용을 다시 詩로써 반복하여 설한 양식.
3. 베이야카라나veyyākaraṇa(記答) : 간단한 문답체.
4. 가타gāthā(偈) : 산문에 대한 韻文.
5. 우다나udāna(感興偈) : 붓다가 기뻐하거나 슬퍼할 때 느낀 감흥을 그대로 표현한 詩.
6. 이티붓타카itivuttaka(如是語) : 게이야가 특수하게 발달한 형식. 定型文句를 사용하는 것이 특징이다.
7. 자타카jātaka(本生譚) : 붓다의 前生 이야기.
8. 베달라vedalla(方廣) : 아랫사람이 윗사람에게 중층적으로 기뻐하며 질문하는 교리문답. 定型句를 사용하는 것이 특징이다.
9. 압부타담마abbhutadhamma(未曾有法) : 不可思議의 일을 다룸.

또 「12분교」는 위의 9분교에 다음과 같은 셋을 더한 것이다.

10. 니다나nidāna(因緣譚) : 특히 계율의 本文이 성립된 배경에 대한 이야기.
11. 아바다나avadāna(譬喩) : 過去世의 이야기. 이야기가 교훈적이며 비유적으로 이용되고 있다.
12. 우파데샤upadeśa(論議) : 숫타의 해설과 註解.

이 9分과 12分에서는 9分 쪽이 더 오래되었고, 9分 중에서도 앞의 다섯이 뒤의 넷보다 더 오래되었다. 9분교와 12분교는 阿含과 律의 양쪽에 해당하는 문학상의 장르로서 분류된 것이라 할 수 있다.

붓다의 설법을 직접 들은 제자나 신자들은 이 9분교와 12분교와 같은 간단한 梗概要領만으로도 붓다가 설법하던 때의 정경이나 이야기의 상세한 내용이 충분히 되살아났다. 그러나 이것을 다른 사람에게 전하는 과정에서는 그 줄거리에 설법의 때와 장소 또는 인물같은 상세한 내용을 설명할 필요가 생기게 되었다. 따라서 줄거리에는 여러가지 상세한 부수적 설명이 덧붙여져 전승되어 왔다. 동시에 이 유형에는 들지 않지만 뛰어난 문학성을 지닌 경전도 만들어지게 되었다. 9분교나 12분교는 원래 梗概要領의 형식을 분류한 것이므로 부수적인 전승 등까지도 널리 포함하는 붓다의 언행록 내지는 성전의 분류로서는 적당하지 않았다. 따라서 붓다가 入滅한 무렵부터 점차 불교 성전을 집대성하여, 한편에서는 教法을 經藏(Sutta-piṭaka)으로서 정리하고, 다른 한편에서는 수행승과 교단의 규칙 규정을 律藏(Vinaya-piṭaka)으로서 정리하였다. 이로써 經·律의 2藏이 성립한 것이다. 경장은 최초에 長·中·相應(또는 雜)·增支(또는 增一)의 넷으로 분류되었는데, 分類名으로서 阿含이라는 명칭을 사용하였다. 후에 제5의 아함을 세우려는 경향도 생기게 되었고, 또 阿含 대신에 部(nikāya)라는 분류명을 사용하는 일파도 생겨났다. 《아함경》이란 단지 하나의 경전을 뜻하는 명칭이 아니라, 이들 經藏의 전체를 나타내는 總稱이다.

붓다가 입멸한 지 100년경, 초기불교의 통일 교단이 上座와 大衆으로 兩分되고, 그 후 다시 細分되어 흔히 「小乘20部」라고 말하는 것과 같은 分派가 형성되었다. 각 부파는 과거의 전승에 근거하여 自派의 독자적인 경장을 갖추고 있었다. 지금까지 전해져 오는 자료에 의하면 적어도 南方上座部·有部·化地部·法藏部·大衆部·飮光部·經量部 등은 독자적인 傳承을 지니고 있었다. 성전의 용어도 프라크리트나 산스크리트 등이 자유롭게 사용되었다. 이 중에서 한 부파의 경장이 유일하게 오늘날까지 완전히 보존되어 있으니, 이것은 팔리語로 씌어진 五部이다. 이 五部는 南方上座部의 傳承이다. 이 밖에 그 일부가 전해져 내려온 것으로는 法藏部의 雜阿含, 有部 계통이라고 간주되는 中阿含과 雜阿含, 大衆部 계통이라고 말하고 있으나 확실치는 않은 增一阿含의 네 가지가 있다. 그러나 이것들은 거의가 원어로는 전해지지 않고, 漢譯되어 현재까지 전해지고 있다(㊅1-2, Ⓚ 17-19, ㊗1-8). 현재 전하고 있는 4阿含은 다른 부파에서 전해져 온 것들을 끌어 모아 중국에서 4阿含의 체재로 정리한 것이다. 기타 하나하나 전해져 오던 小經典들이 산스크리트·프라크리트·漢譯·티벳譯으로 남아 있다. 물론 이러한 것들 중에는 중요한 것들이 많이 있으나, 예로부터 전해 온 전체의 經藏에 대비한다면 지극히 일부에 지나지 않는다. 팔리語로 전해진 5니카야(部)는 다음과 같이 구성되어 있다.

1. 長部(Dīghanikāya) : 내용이 긴 경전 34經을 모은 것으로서 3편으로 분류되어 있다. 이 중에는 梵網經*·沙門果經*·涅槃經*·六方禮經* 등의 중요한 경전이 포함되어 있다. 漢譯 長阿含經은 30經으로 집성되어 있다.
2. 中部(Majjhimanikāya) : 중간 정도 길이의 152經을 모은 것으로서 약 50經씩 3편으로 분류되어 있는데, 다시 각 편은 5품으로 나누어지고, 각 품은 대개 10經 단위로 구성되어 있다. 漢譯 中阿含經은 222經이다.
3. 相應部(Saṁyuttanikāya) : 다음의 增支部와 마찬가지로 짧은 경전으로 집성되어 있다. 2875經으로 되어 있는데, 불교의 주요한 教理綱目·天·魔·人·經을 설하는 사람 등의 관점으로부터 내용에 따라 분류되어 있다. 전체를 5품으로 나누고 각 품마다 상윳타saṃyutta라는 명칭을 붙이고 있다. 漢譯 雜阿含은 1362經인데, 이 외에도 別譯 雜阿含과 單卷 雜阿含이 포함되어 있다.
4. 增支部(Aṅguttaranikāya) : 4諦라든가 8正道가 法의 數에 따라 분류되어 집성된 것이다. 2198經이 1法에서부터 11法까지 순서대로 배열되어 있다. 漢譯 增一阿含은 이에 상당하는데, 472經을 1法부터 10法으로 분류한 것이다.
5. 小部(Khuddakanikāya) ; 다음과 같은 15經으로 구성되어 있다. ① 小誦(Khuddakapāṭha) ② 法句經*(Dhammapada) ③ 感興偈(Udāna) ④ 如是語(Itivuttaka) ⑤ 經集(Suttanipāta)* ⑥ 天宮事(Vimānavatthu) ⑦ 餓鬼事(Petavatthu) ⑧ 長老偈*(Theragāthā) ⑨ 長老尼偈*(Therīgāthā) ⑩ 本生譚(Jātaka)* ⑪義釋(Niddesa) ⑫無礙解道(Paṭisambhidāmagga) ⑬譬喩(Apadāna) ⑭佛種姓(Buddhavaṁsa) ⑮所行藏(Cariyāpiṭaka). 그런데

이의 발달과정을 살펴보면 대략 3단계로 구분된다. 가장 먼저 성립되었다고 생각되는 것은 ②③④⑤⑧⑨⑩인데, 그 기원은 아쇼카王(기원전 3세기) 이전으로 거슬러 올라간다. 제2단계는 ⑥⑦⑪⑫인데, 아쇼카王 시대 또는 그 후대쯤에 성립된 것으로 보인다. 그리고 가장 나중에 성립된 제3단계는 ①⑭⑮이다. 이 小部에 해당하는 경전들을 雜藏이라 칭하는 부파도 있었다.

4部 · 4阿含은 기원전 4~3세기에 성립되었다. 長 · 中 · 相應(雜) · 增支(增一)의 넷 사이에서 어느 것이 먼저 성립되었는가 하는 시간적인 先後관계를 확정하기는 어렵다. 다만 4部 · 4阿含의 각 部에는 새로운 층과 오래된 층이 뒤섞여 있다. 특히 增支部에는 새로운 층이 많이 실려 있다. 小部 · 雜藏은 약간 늦게 성립된 것으로 보이지만, 그렇다고 그 내용이나 경전 자체가 나중에 성립된 것은 아니다.

阿含을 阿含經이라고 부르는 것은 중국에서 시작된 관례이다. 대승불교 측에서는 아함을 小乘이라 하여 멸시하였지만, 중국 · 한국 · 일본의 전통적 불교에서는 꼭 그렇게 생각하지는 않았다. 특히 팔리語 계통의 아함은 극히 그 일부만이 중국에서 번역되었을 뿐, 나머지의 대부분은 그 존재조차도 모르고 있었다. 팔리語성전은 옛날부터 스리랑카 · 버마 · 타이 등의 남방 아시아 여러 국가에서 上座部 불교도에 의해 신봉되었다. 그러다가 근세에 이르러 그 지역에 식민지를 구하여 진출했던 유럽의 여러 국가들이 일찌기 그 존재를 알고서 1820년대부터 연구를 시작했다. 이 때부터 팔리語에 대한 어학적인 연구가 시작되었고, 1885년엔 파우스뵐V. Fausböll이 진짜 학술적으로 가치있는 원전으로서《法句經》을 출판하였다. 1870년대부터는 원전 출판이 더욱 성행하여, 1881년 리스 데이비즈T.W. Rhys Davids는 런던에 팔리성전협회(Pali Text Society)를 설립하고 조직적이며 계획적으로 팔리어 원전을 출판하기 시작하였다.

팔리 성전에 대해선 아무것도 모르고 있었던 한문 문화권에서 처음으로 팔리學을 전한 사람이 일본의 高楠順次郎이다. 그는 일찌기 유럽에 유학하여 영국 · 독일 · 스리랑카 등을 거치면서 팔리學을 연구하였다. 그리하여 팔리 성전들이 전하여짐으로써 예로부터 전해 온 漢譯 阿含經의 가치를 재인식하게 되었고, 양측을 비교함으로써 근본 불교의 참뜻을 되찾고자 하는 학문적 풍토가 형성되었다. 姉崎正治의《The Four Buddhist Āgama in Chinese》(1908)와 赤沼智善의《漢巴四部四阿含互照錄》(1929)은 阿含 연구의 눈부신 성과이다. 유럽 쪽에서의 불교 연구는 팔리 성전에 치우쳐 있는데에 반하여, 일본에서의 연구는 팔리와 漢譯을 같은 비중으로 취급하고 있는 것이 특색이다.

팔리語 律藏의 전래 역시 불교계에 파문을 일으켰다. 원래 한문 문화권의 불교도는 대승불교를 佛說로서 신봉하고 있었다. 그러나 사실 대승불교는 후세에 발달한 사상이고, 붓다의 근본 사상은 이제까지 경시되어 온 阿含 속에 담겨 있다. 이 때문에 大乘은 佛說이 아니라는 주장도 나오게 되었다. 그러나 자세히 살펴보면 阿含에도 後世的인 요소가 포함되어 있어, 아함 그대로를 붓다가 직접 설한 것이라고 보기는 곤란하다. 小乘은 佛說이 아니라는 주장이 나오게 된 이유가 여기에 있다. 그러나 여러가지 제약이 있기는 하지만, 오늘날까지 남아 있는 자료들 중에서 붓다의 직접적인 교설이 보존되어 있는 것으로는 阿含과 律을 들 수밖에 없다.(→佛典概要의 팔리語 三藏).

## 안락집 安樂集 2卷

道綽(562~645)의 찬술이다. 迦才의 《정토론》*에서 隋의 大業 5년(608) 48세에 道綽이 정토교로 귀의했다고 하므로, 저술의 시기는 609~645년의 사이라고 볼 수 있을 것이다. ㊅47-4.

이 책의 내용은 12大門으로 되어 있다. 각 大門 속에는 다시 科를 세우는데 많은 것은 9科, 적은 것은 1科로 구성된다. 그리고 기본 입장에 대해서는『모든 經論을 끌어내어 증명하고, 믿음을 권하여 往(生)을 구하게 한다』고 말하고 있다. 후세에 불교 전체를 聖道門과 淨土門으로 구분하는 풍습은 이 책에서 비롯한다. 저자인 道綽의 시대는 北周 武帝의 排佛 사건으로 인해 중국불교 전체에 末法의식이 보편적으로 깔려 있었다. 正法期·像法期라는 2기 형태의 불교에서는, 오히려 불교는 존속할 수 없다고 하는 위기감이 조성되어, 《대집경》*의 5五百年說에 따라 그 시기 시기마다의 불교의 존재방식을 탐구하였다. 그리하여 당장의 제4의 500년이 참회하고 복을 닦으며 佛名을 칭해야 할 불교의 시대임을 확인하는 한편, 1代의 불교 속에서 成佛하는 방식에 관한 각종의 방법을 가려내고, 그 중에서 부처님의 名號를 칭하여 성불하는 방법이 있음을 발견하였다. 이것이야말로 당장의 시대 곧 제4의 500년代의 사람들에게 실행 가능한 불교라 하여, 念佛의 법문을 수립하였다. 그리하여 이에 대한 聖道門으로부터의 항의를 배격하면서 念佛門의 정당성을 주장한 것이 이 《안락집》이다.

〔평가〕 위와 같은 저자의 주장 속에는 曇鸞의 불교가 흡수되어 있다. 이 주장은 그의 제자인 善導에 의해 大成되었으며, 후에 일본에 전해져서 鎌倉시대의 法然·親鸞이 내세운 정토교의 골격이 되었는데, 이들의 불교는 담란·선도의 불교와 대응한다. 따라서 이 책은 일본의 정토교에 큰 영향을 미쳤다. 일본에서는 이 책의 저술 목적에 대하여 예로부터 다음과 같은 여러가지 학설이 있었다. ①이 책은 불교 전체의 교설 속에서 淨土教의 要義를 가려 뽑은 것이다(鎭西, 良忠의 《私記》; 西山, 貞準의 《新鈔》; 眞宗, 崇廓의 《覆述》 등). ②정토3經(무량수경*·관무량수경*·아미타경*)의 要義를 서술하고, 왕생을 권한 것(眞宗, 敬恩의 《唯淨記》). ③《觀經》(→관무량수경)의 要義釋 및 玄義에 해당하는 것(약간의 차이는 있으나 眞宗의 若霖이 《正錯錄》에서 이 주장을 제시한 이후, 이 說을 받아들이거나 또는 이에 근접한 說을 취한 사람들이 많다. 예를 들면 僧僕·僧鎔·僧叡·惠然·惠琳 등). 저자인 도작 직후의 迦才가 이 책을 평하길『그의 文義가 복잡하며 章과 品이 뒤섞여 있다』고 말하는 바와 같이, 이 책엔 때에 따라서 의미가 통하기 어려운 곳이 있다. 이 때문

인지 若霖의 《正錯錄》(위의 ③)에서는 문장을 바꾸어 읽는 곳이 13군데이며, 그의 門人인 法霖은 《辨僞》에서 『綽스승이 돌아가신 후 여러 門人이 모은 것이다』고 말하고 있다. 그러나 僧叡는(위의 ③) 이 두 사람의 주장을 부인하여 도작 자신의 저술이라 하고, 現本에 간혹 뒤섞이고 복잡한 곳이 있긴 하지만 그것은 鎭西 계통인 義山의 분별에 의한 교정본 때문이라 한다.

현재 일본에 있는 最古本은 高野山大學에 소장된 1112년의 사본이다. 대표적인 주석서는 앞에서 언급한 良忠의 《私記》 이하 수십 부에 이른다. 日譯은 譯一 和漢部, 諸宗部5에 있다.

## 야선한화 夜船閑話 1卷

일본에서는 일반에게 잘 알려져 있는 이 책은 白隱慧鶴(1685~1768)의 저술인데, 白隱선사가 禪을 수행하면서 생긴 병을 치료하는 秘要가 서술되어 있는 것으로서 유명하다. 白隱은 장년 무렵에 지나치게 좌선 참구에 힘쓴 나머지 心火가 거꾸로 올라와 정신이 나른해지고, 양쪽 겨드랑이에서 항상 땀이 솟고, 양쪽 눈에선 항상 눈물이 흐르게 되는 지경에 이르렀다. 이에 명의를 찾아다니며 치료에 전념하였으나 아무리 약을 써도 효험이 없었다. 우연히 어떤 사람과 이야기하다가 京都에 있는 白河村의 산 속에 白幽仙人이라고 불리는 200살 정도의 사람이 있다는 말을 듣고서, 1710년 그를 찾아가 治病의 道를 물었다. 이 책은 이 때 들은 치병의 방법을 제시하는 것인데, 여기서 설해진 이야기는 漢醫에서 말하는 5行(木火土金水) 9竅(인체에 있는 9穴)의 說을 따른 것으로서 특별히 새로운 것은 아니다. 이것을 들은 백은은 禪觀을 버리고 마음을 丹田과 足心에 모으는 법을 수행함으로써 드디어 심신이 가볍고 편안함을 느낄 수 있게 되었다고 한다.

이 책은 《白隱和尙全集》, 《禪門法語集》卷中, 《大日本文庫佛敎篇》의 白隱禪師集 등에 수록되어 있다. 이 1卷本 《야선한화》에 대해 「小嶋城之太守松平房州殿下近侍의 요구에 응한 草稿」를 제목으로 한 1文을 붙여 2卷으로 된 것이 있으나, 내용은 앞의 것과 완전히 이질적인 것이다.

## 약사여래본원경 藥師如來本願經

唐의 玄奘이 번역한《藥師瑠璃光如來本願功德經》1卷(㊅14-404, Ⓚ10-1347, ㊕64)으로서 산스크리트 명칭은 《Bhagavān-bhaiṣajyaguru-vaidūrya-prabhasya pūrva-praṇidhāna-viśeṣa-vistara》이다. 이 梵文의 원전은 현존한다. 漢譯에는 5종이 있었다고 한다. 오래된 순서로 열거하면 ① 東晋의 帛尸梨密多羅가 번역(317~322)한 것, ② 宋의 慧簡이 번역(457)한 것, ③ 隋의 達磨笈多가 번역(615)한 것(Ⓚ10-1341), ④ 唐의 玄奘 번역(650), ⑤ 唐의 義淨이 번역(707)한 것(Ⓚ10-1353, ㊕64)이다. 이 중 ②는 ①과 완전히 동일했으므로 經錄으로부터 제외되어 4종이 전하는 것으로 되어 있다. 松本박사의 주장에 의하면 ①은 慧簡의 번역으로서 帛尸梨密多羅는 譯經과는 관계가 없다고 한다(《佛典批評論》, p.328). 오늘날 유행하고 있는 것은 ④의 玄奘 번역인데, ①과 ②에 비해서 밀교적인 성질을 띠고 있다. 이 경전의 특징은 現世利益을 설하고, 藥師세계로의 왕생을 권하는 동시에 天界에의 왕생도 배척하지 않는 것이다. 따라서 종래의

現世利益·淨土往生 사상을 모두 포괄하려는 의도 하에 씌어진 것이라고 생각된다. 日譯은 譯一 經集部12에 있다.

## 여래장경 如來藏經

《大方等如來藏經》1卷 또는 《大方廣如來藏經》1卷으로서 산스크리트 명칭은 《Ārya-tathāgata-garbha-nāma-mahāyāna-sūtra》이고, 티벳譯으로는 「Ḥphags pa de bshin gśegs paḥi sñiṅ po shes bya ba theg pa chen poḥi mdo (㊗36-240)이다. 東晉의 佛陀跋陀羅(Buddhabhadra, 覺賢, 359~429)가 420년에 번역한 것(㊅16-457, ⓚ12-118, ㊞65)과 唐의 不空(Amoghavajra, 不空金剛, 705~774)이 번역한 것(㊅16-460, ⓚ37-231)의 漢譯 2本이 있다. 經錄에 의하면 네 차례 漢譯되었다고 하는데, 현존하는 것은 제3譯과 제4譯이다. 첫번째의 번역은 西晉의 法炬(290~312)에 의해 이루어졌다고 전하므로, 3세기 초에는 이미 이 경전이 성립되어 있었다고 볼 수 있다.

《여래장경》은 그 명칭에서 알 수 있듯이 如來藏(tathāgata-garbha)을 설한 경전이다. 중생의 번뇌 속에 있으면서도 그것에 의해 더럽혀지는 일이 없는 如來藏이 實在함을 說示하려는 것이 이 경전의 요점이다. 《여래장경》은 이 주제를 9종의 비유로써 설하고 있는 극히 小部의 경전으로서, 이 비유의 설명이 거의 대부분을 차지하고 있다. 경전의 형식은 長行의 내용 다음에 반드시 偈頌을 제시하여 비슷한 내용을 반복하는 重頌의 형식을 취하고 있다. 내용적으로도 단순하여 여래장이 內在함을 강조할 뿐, 阿賴耶識과의 관계를 설한다거나 여래장과 아뢰야식을 아울러 설하는 일도 아직 전혀 찾아볼 수가 없다. 이러한 내용과 형식의 어느 면을 보더라도, 또한 漢譯 연대로 헤아려 보더라도 이 경전은 여래장을 설하는 여러 經論 중에서 최초기에 성립된 것이다. 이 경전에서 주장하는 「一切衆生如來之藏常住不變」이라는 요지는 《열반경》*의 「一切衆生悉有佛性」을 계승한 것이다. 또 여래장에 관한 9개의 비유는 나중에 《究竟一乘寶性論》(→보성론)이나 《불성론》*에서 계승되는데, 9종의 비유는 9종의 번뇌를 표현하는 것으로서 교리적인 조직化가 이루어지게 되었다는 점 등, 후세에 많은 영향을 끼쳤다.

〔참고문헌〕 常盤大定의 日譯 및 解題가 譯一 經集部6에 실려 있고, 藤堂恭俊의 解題가 《漢藏三譯對照如來藏經》(佛教文化研究所편, 京都, 1958)에 있다. 최근의 번역으로는 高崎直道의 《如來藏系經典》(中央公論社 발행 《大乘佛典》12, 1975)이 있다. 연구서로서는 高崎直道의 《如來藏思想의 形成》(春秋社, 1974)이 있는데, 여래장 사상의 전반에 관해서는 春秋社에서 발행한 《如來藏思想》(《講座·大乘佛教》6, 1982)이 유익하다.

## 역대삼보기 歷代三寶紀 15卷

隋의 開皇 17년(597) 費長房의 찬술로서 開皇三寶錄·開皇錄·三寶錄·長房錄 등으로도 불린다. ㊅49-22, ⓚ31-476. 불교가 중국에 전해진 이래, 隋시대까지에 걸쳐 佛·法·僧의 3寶가 어떻게 퍼져 나갔는지를 기록한 것으로서, 譯經 및 저작의 목록과 이에 관련된 佛家의 전기가 주된 내용을 이룬다.

〔내용〕 앞의 3卷은 帝年으로서, 붓다 탄생의 해로 추정되는 周나라 莊王 10년(B.C. 689)으로부터 隋代까지의 帝王年表를 甲子에 따라 나열하고, 불교 관계의 주요 사항을 기록

하고 있다. 다음의 9卷은 譯經인데, ④ 後漢錄 ⑤ 魏吳錄 ⑥ 西晋錄 ⑦ 東晋錄 ⑧ 前秦後秦錄 ⑨ 西秦北涼魏齊陳錄 ⑩ 宋錄 ⑪ 齊梁周錄 ⑫隋錄으로 구분하여 각 시대의 譯著를 정리한 編年史이다. 卷⑬은 大乘錄入藏目, ⑭는 小乘錄入藏目이며, ⑮에서는 上開皇三寶錄表와 卷⑭까지의 總目 및 고래의 經錄名을 기재하고 있다. 고래의 經錄 중에서 작자 미상의 《衆經別錄》, 僧祐의 《출삼장기집》*, 李廓의 《魏世衆經錄目》, 法上의 《齊世衆經目錄》, 寶唱의 《梁世衆經目錄》, 法經 등의 《大隋衆經目錄》이라는 6家의 목록이 당시에 현존해 있었으므로, 이들의 總目을 열거하고 있는 것이다. 한편 《漢時佛經目錄》 이하 24家의 목록은 당시에 현존하지 않았으므로 그 명칭만을 열거하고 있다.

〔평가〕 《속고승전》*卷2의 達摩笈多전에 부기되어 있는 費長房전 및 《대당내전록》* 卷5에 의하면, 비장방은 成都의 사람으로서 원래는 출가하였으나 北周의 廢佛 때에 환속하였는데, 隋시대가 되면서 부름을 받아 속인인 채로 入京하여 번역에 참여했다고 한다. 따라서 이보다 앞선 梁나라 僧祐의 《출삼장기집》이 南朝의 諸經에 상세한 점에 대해, 이 책은 北朝의 諸經에도 상세한 점이 특색이다. 특히 隋시대의 불교에 대한 연구에 있어서는 귀중한 자료이다. 이 무렵의 유사한 것으로는 法經 등이 찬술한 《衆經目錄》(594년)과 彥琮 등이 찬술한 《중경목록》(602년)이 있으나, 歷代별로 譯經을 분류하여 譯著者의 사적을 기술하고 있는 점은 이 책만의 독특한 형식이다. 또 入藏目을 세워서 有譯과 失譯을 구분하고 있는데, 다음의 唐시대에 이루어진 諸經錄은 이러한 형식을 답습하기에 이르렀다. 입장목은 대승錄과 소승錄을 구분하고 각각을 修多羅(sūtra, 經) 有譯·失譯, 毘尼(vinaya, 律) 有譯·失譯·阿毘曇(abhidharma, 論)有譯·失譯의 6부로 구분하는데, 대·소승을 합하여 1076部 3292卷으로 분류한다. 經律論의 3藏을 大小乘으로 구분한 것은 李廓의 《魏世중경목록》을 모방한 것이고, 有譯失譯을 구분한 것은 僧祐의 《출삼장기집》을 모방한 것이다. 道宣의 《대당내전록》 卷5에서는 이 책이 수록한 바는 풍부하지만 자료의 검토가 불충분하다고 지적하고, 智昇의 《개원석교록》*卷10에서도 이 책에 10失이 있다고 평한다.

근래에 陳垣씨는 《中國佛教史籍概論》에서 이 책의 특색 및 史學上의 이용 가치를 다음과 같이 논술한다. 이 책의 특색은 紀年에 있다. 南北朝 중에서 齊梁을 존중하고 北魏를 물리쳐 晋宋齊梁周隋의 순서로 기술하고 있는 것은 《資治通鑑》 이전의 史家들이 南朝에 치우쳐 있었음으로 인한 隋시대 사람들의 일반적인 심리를 나타낸다. 그는 이렇게 해석한 외에도 이 책에는 역사학상으로 보충하는데 도움이 될 만한 귀중한 史料가 적지 않다고 한다.

한편 이 책은 《隋書經籍志雜家類》 및 《唐書藝文志釋家類》에 3卷인 것으로 기록되어 있는데, 그것은 맨 앞의 〈帝年〉 3卷을 가리키는 것으로서 기술이 잘못된 것은 아니다.

## 열반경 涅槃經 Mahāparinibbānasuttanta

원래의 명칭은 《大般涅槃經》으로서 팔리語로 씌어진 南方上座部의 經藏인 長部의 제16經이다. 漢譯으로는 장아함의 제2經인 《遊行經》(㊅1-11, Ⓚ17-826, ㊞1) 및 독립된 《佛般泥洹經》 2권(㊅1- 160, Ⓚ19 -182, ㊞5), 《般泥洹

經》2권(㊅1-176, Ⓚ19-205, ㊉1), 《大般涅槃經》 3권(㊅1-191, Ⓚ19-157, ㊉5)이 이에 해당한다. 長部 경전 중에서는 그 내용이 가장 길며, 붓다가 만년에 王舍城을 출발하여 열반의 장소가 되는 쿠시나라Kusinārā에 이르기까지의 道程과 그 事跡을 기록한 것이다. 또 설법의 모양과 入滅 후의 화장, 유골(舍利)의 분배 등을 자세히 기술하고 있다. 붓다의 傳記에는 명확하지 않은 내용을 담은 것이 많으나, 이 경전은 入滅 전후의 事跡을 명확하게 알 수 있게 하는 가장 중요한 자료이다.

붓다의 만년 무렵, 마가다Magadha의 수도인 라자가하(王舍城)에서는 아자타삿투Ajātasattu 王이 밧지Vajji국의 정복을 계획하여, 붓다에게 대신을 보내어 의견을 구했다. 붓다는 사회 안정의 기준으로서 7不衰法을 설하여, 밧지의 사람들이 그것을 유지하고 있으므로 계획을 중지해야 할 것임을 示唆했다. 더불어 教團이 번영하기 위해서는 어떻게 해야 좋을 것인지를 설한다.

이윽고 붓다는 라자가하를 출발하여 여행을 떠난다. 가르침을 설하면서 날란다Nālandā를 거쳐 갠지스江의 나루터인 파탈리Pāṭali村에 이른다. 이 촌은 머지 않아 인도의 수도가 되는데, 이 때 붓다는 이 촌이 미래에 번영할 것임을 예언한다. 갠지스江을 건너 베살리Vesālī에 이르러 그 부근에서 최후의 雨安居를 보낸다. 붓다는 이 때 병이 들어 심한 고통에 시달린다. 어느 정도 회복하자 붓다는 侍者인 아난다Ānanda에게 『스스로를 燈으로 삼고, 스스로를 의지처로 삼으라』는 自燈明法燈明의 가르침을 설한다. 붓다는 코끼리가 바라보듯이 베살리를 바라보면서 『아난다야, 이는 여래가 최후로 베살리를 바라보는 것이리라』고 말한다. 여행은 계속되었다. 파바Pāvā 마을에서 대장장이 춘다Chunda가 공양한 돼지고기(또는 버섯)요리를 들고서는 병이 더욱 악화되어 열반의 장소가 되는 쿠시나라로 향했다. 이 때 아난다가 비탄에 잠기자 붓다는 『아난다야, 슬퍼하지도 애닯아하지도 말아라, 사랑하는 이나 좋아하는 이와는 언젠가 헤어져야 한다고 전부터 가르치지 않았으냐』 『내가 설하여 가르쳤던 法과 律이 내가 사라진 후 그대들의 스승이니라』고 설한다. 『모든 것은 스러져 가는 것. 방일에 빠지지 말고 정진하라』는 것이 최후에 남긴 교훈이었다.

遺體는 화장되었다. 그리고 유골은 여덟 부족에게 분배되었다. 즉 마가다國 라자가하의 아자타삿투王, 베살리의 릿차비Licchavi族, 카필라밧투Kapila-vatthu의 사키야Sākya族, 알라캅파Allakappa의 불리Buli族, 라마가마Rāmagāma의 콜리야Koliya族, 베타디파Veṭhadīpa의 바라문, 파바의 말라Malla族, 쿠시나라의 말라族들은 탑을 세워 공양했다고 한다.

〔참고문헌〕 英譯된 원전이 Rhys Davids & Carpenter 《Dīgha-Nikāya》 vol. II (PTS, 1903)에 수록되어 있다. 이와 같은 내용이 T.W.Rhys Davids 《Dialogues of the Buddha》 Part I (1899)에 실려 있다. 獨譯으로는 R. O.Franke 《Dīghanikāya》(1913)가 있고 日譯으로는 南傳 IV에 있다. 연구서로는 中村元 《原始佛教》5vols. (春秋社 《中村元選集》제11~15, 1969~1971)가 참고할 만하다.

**열반현의** 涅槃玄義 2卷

갖춰진 명칭은 《大般涅槃經玄義》로서 灌頂(561~632)의 저술이다. ㊅38-1. 이 책은 《열반경》*의 가장 중요한 의미를 해명한 것인데,

실제로는 열반이라는 말의 의미를 밝히고 있다고 말할 수 있겠다. 먼저 앞에서는 서론으로서 열반을 別釋과 通釋으로 나누어 해석하는데, 法身·般若·解脱의 3德으로부터 이를 밝힌다. 본론으로 들어가서는 열반을 ①釋名 ②釋體 ③釋宗 ④釋用 ⑤釋教의 5단계로 분류하여 설명한다. 이러한 名·體·宗·用·教의 관점은 智顗의 독특한 견해로서 관정이 스승의 說을 계승하여 해석한 것임은 분명하다. 그 중에서 ①은 열반이라는 名目에 대한 해석으로서 이는 다시 ⓐ翻名 ⓑ通名 ⓒ無名 ⓓ假名 ⓔ絶名으로 구분된다. ⓐ는 니르바나nirvāṇa라는 산스크리트로부터 漢字로의 번역이 가능한가 아닌가의 문제인데, 이는 다시 ㉠無 ㉡有 ㉢亦有亦無 ㉣非有非無로 구분된다. ⓑ通名은 어떠한 존재방식에서도 열반은 공통적으로 쓰이고 있다는 의미인데, 예를 들어 熱지옥에서도 고요히 바람이 불면 일시적이나마 고통으로부터 구제된다는 의미에서 열반이라고 한다. ⓒ無名은 열반이란 이름을 붙일 수가 없다는 취지이다. ⓓ假名은 열반의 의미에서 말하면 무수한 이름을 붙일 수 있다는 것이다. ⓔ絶名은 열반이라는 자각은 언어든 의식이든 완전히 사라져 있다는 것이다. 다음에 ②釋體는 열반이란 무엇인가 하는 문제인데, 이에 대해서는 ⓐ性淨涅槃 ⓑ法身의 德 ⓒ一諦 ⓓ不生不生 ⓔ正性이라는 관점에서 논술한다. ③釋宗은 修行의 因果를 서술하는 것인데, 이에 대해서는 ⓐ無常을 破하여 常을 닦는 것 ⓑ無常을 닦고 다음에 常을 닦는 것 ⓒ無常에 즉응하여 常을 닦는 것으로 구분하든가 혹은 ⓐ宗本은 大涅槃心 ⓑ宗要는 常을 닦는 것 ⓒ宗助는 그 수행을 위한 資助로 구분한다. ④釋用은 열반의 작용으로서 本有의 用·當有의 用·自在起用으로 구분된다. ⑤釋教는 ⓐ增數 ⓑ經의 유래로 나뉘는데, 增數는 다시 1乳·2字·3修·4教·5味로 구분된다.

이상이 이 책의 개요이다. 관정은 대체로 天台의 입장에 근거하여 《열반경》을 보고 있으나, 이 책의 중요한 주석서인 智圓의 《涅槃玄義發源機要》는 天台의 입장을 한층 더 촉진하고 있다. 譯一 和漢部, 經疏部11에서 二宮守人은 이에 科文을 세워 日譯했다.

## 열장지진 閱藏知津 48卷

젊어서 禪과 律을 수학한 후 天台로 개종한 智旭(1599~1655)의 저술이다. 明나라 말기 저자가 스스로 열람한 經·律·論을 비롯하여, 중국에서 찬술된 經論의 疏鈔·목록·音義·전기·纂集·護教·序讚·詩歌 등 1773부의 불전에 대한 해설사전이다. 이 책의 서문(1654년)에 의하면, 30세에 발심하여 여러 장경을 열람하기 시작하였는데, 龍居·九華(山)·霞障·温陵·齒棲·石城(山)·長水·靈峰의 8處에 있는 諸藏을 20여년에 걸쳐 답사한 끝에 이읏고 탈고하였다고 한다. 이어 이 책의 찬술 목적에 대하여 저자는 이렇게 말한다. 『재래의 장경 목록은 年次에 따라 편찬되거나 대승과 소승이 뒤섞여 혼잡스러운 등, 열람하기에 불편함이 있다. 宋의 王古거사가 편찬한 《大藏聖教法寶標目》10卷이나 明의 寂曉가 편찬한 《大明釋教彙目義門》41卷도 있으나, 전자는 宋나라 장경의 순서에 따를 뿐이고 후자는 天台의 5時判에 따라 개요를 서술하고 있다. 이 둘은 어느 것이나 編述방법이 불완전하므로, 아직 보지 못한 경전에 대해서는 그것이 속한 위치를 알게 하고, 이미 읽은 것에 대해서는 그것이 대·소승의 어느 것에 귀속하는지를 익숙케 하려는 의도이다.』

〔내용〕 이 책은 諸장경이나 총서에 편입되어 있지 않으므로, 여기서 그 구성을 개괄해 본다

총목록 4卷

- 經藏
  - 대승경 / 華嚴 · 方等 · 般若 · 法華 · 涅槃의 976部(권1~권25)
  - 소승경 / 211部(권26~31)
- 律藏
  - 대승律 / 30부(권32)
  - 소승律 / 61부(권33)
    附疑似雜僞律
- 論藏
  - 대승論 / 釋經론의 71부(권34)
    宗經론의 117부(권35~37)
    諸論釋의 32부(권38~39)
  - 소승論 / 47부(권40)
- 雜藏
  - 西方 / 外道 · 疑僞經의 48부(권41)
  - 此土(중국) / 懺儀 · 淨土 · 台宗 · 禪宗 · 賢首宗 · 慈恩宗 · 密宗 · 纂集 · 傳記 · 護法 · 音義 · 目錄 · 序讚 · 法事 · 應收入義의 176부(권42~44)

여기서 대승經藏 속의 방등부에 788부가 열거되어 있는데, 이는 밀교의 經籍이 포함되어 있기 때문이다. 이들에 대한 해설은 예를 들어《大般若》*《법화》*의 경우처럼 각 品마다 大意를 서술하고, 그 전파나 어느 정도의 문헌 비판을 가하고 있다. 또 다른 경우에는《성실론》*《불소행찬》* 등처럼 品名만을 열거하고 있는 등의 방식을 취하고 있으므로, 이러한 해설 방식을 통하여 당시 어떠한 불전이 중시되었는가를 짐작할 수 있다. 또 異譯이 있는 경우에는「대개는 문투가 고루하고 난삽함」 등으로 표시하여, 초심자의 열독에도 주의를 쏟고 있다.

불서에 대한 해설이 상세히 되어 있는 현재로서는 이 책이 거의 이용되고 있지 않지만, 편술 후 10년만에(1664) 발간된 이래 1709년과 1892년 계속 간행되었다. 일본에서도 1883년 刊本으로 유포되었고, 별도로 이 책을 요약한《小열장지진》4卷도 널리 읽혀졌으며,《열장지진拔粹》와《열장지진舟楫》 등이 있다.

## 옥야경 玉耶經

산스크리트 원전은 전하지 않는 1권짜리의 짧은 경전이다. 漢譯은 4종이 있다. 東晋의 竺曇無蘭이 번역한 玉耶經, 西晋의 失譯인 玉耶女經, 증일아함경 제49의 非常品 중의 1經으로서 東晋의 僧伽提婆가 번역한 것이 있다. 이상은 (大)2–863ff, Ⓚ19–795ff, (한)8의 2에 실려 있다. 여기서 네번째 것은 팔리경전《增支部》7 · 59(《Aṅguttara-Nikāya》Ⅳ, pp.91~98. [南傳] XX, pp.341~352)에 해당되는 것이다. 경전의 내용은 給孤獨 장자의 며느리인 玉耶(팔리文에서는 Sujāta : 善生)가 친정이 부유함을 믿고서 아내로서의 도리를 다하지 않음에 대해, 붓다가 7종의 아내에 대해서 이야기하면서 이것에 비유하여 믿음으로 돌아가 婦德을 중시하도록 하게 한 인연을 설하는 것이다. 7종의 아내란 어머니같은 아내, 누이동생같은 아내, 스승같은 아내, 부인다운 아내, 노비같은 아내, 원수같은 아내, 살인자같은 아내이다. 팔리文에서는 살인자와 같은 자, 도적과 같은

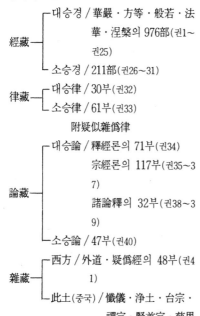

자, 지배자와 같은 자, 어머니와 같은 자, 자매와 같은 자, 친구와 같은 자, 노비와 같은 자의 7종을 열거한다.

**왕생요집** 往生要集 3卷

일본의 源信(942~1017)이 985년에 찬술한 책이다. ㊅84-33, 佛全 31. 比叡山의 橫川에 있는 惠心院의 僧都인 源信이 오로지 念佛에 전념하여, 수많은 經論 속에서 특히 「往生極樂」에 관한 要文을 골라 뽑아 모은 것이 이 책이다.

〔내용〕 전체는 1部 3卷으로 되어 있다. 인도에서부터 일본에 불교가 도래한 지 400년을 경과하는 동안 대승 · 소승 · 顯教 · 密教 등의 각 종파가 소개되어 있으나, 말세의 혼탁한 세상 속에서 눈과 다리가 되는 가르침은 왕생극락의 教行뿐이고, 道俗 · 귀천 · 上下의 구별이 없이 귀의해야 할 교행은 오로지 염불이라는 하나의 門이 있을 뿐이라는 신념에서 출발하고 있다. 이 책은 첫째로는 자신을 위해, 둘째로는 同心者를 위해 다양한 經論으로부터 중요한 내용을 모아서 염불修行의 지침이 될 수 있도록 하고자 하는 의도에서 찬집된 것이다. 要文을 인용한 經論釋은 顯教 · 密教에 걸쳐 그 수가 112部 617文에 이른다. 源信의 주요 저작 中의 하나인 《觀心略要集》에는 天台部의 章疏가 많이 인용되어 있으나, 이 책에는 당연한 일이긴 하지만 정토교 계통에 속하는 대가들의 주석이 인용되어 있고, 특히 道綽 · 善導 · 懷感의 주석이 가장 많다는 점이 주목된다. 그 내용은 ① 厭離穢土 ② 欣求浄土 ③ 極樂證據 ④ 正修念佛 ⑤ 助念方法 ⑥ 別時念佛 ⑦ 念佛利益 ⑧ 念佛證據 ⑨ 往生諸業 ⑩ 問答料簡의 10大文으로 구성된다. 여기서 ①~③은 수행의 方便을 밝힌 부분이다. 사바세계를 멀리하고 浄土를 희구할 것을 강조하는데, 극락을 十方정토 · 도솔천과 대비하여 그 지향할 바에 전념토록 한다. ④~⑨는 올바른 왕생의 業因을 밝히는 부분으로서 사실이 책의 중심을 이루고 있다. 그 업인에는 염불과 諸行이 있다 하는데, 諸行을 다시 9文으로 나누어 밝히고 있다. ⑩에서는 10가지 항목에 대하여 각각 몇 가지의 문답을 기술함으로써 주장하려는 바를 명확히 하고 있다. 제⑨까지에서는 諸行을 難이라 하고 염불을 易라 하여 말세의 근기로는 염불보다 뛰어난 왕생의 行業이 없다는 논지를 펴고 있으나, 法에 대해서는 아직 염불이 보다 뛰어나다는 논지를 명확히 밝히고 있지 못하다. 그러나 제⑩에 이르러 源信은 염불만이 가장 우수하다는 논지를 명시하고 있다. 다만 염불이라 하더라도 관념적인 염불이 아니라 彌陀易行의 稱名念佛이라는 점을, 龍樹의 易行品을 인용하여 밝히고 있다.

〔영향〕 이 책이 발표됨으로써 일본의 종교계 · 사상계 · 문학 · 예술 등에 미친 영향은 실로 막대하였음이 이의없이 인정되고 있다. 특히 교의적인 면에서 직접으로 감화를 받은 것은 주로 比叡山의 정토교였는데, 그 영향은 良忍 · 叡空 등을 거쳐 일본의 정토교史上 精華 · 法然에 의한 정토종의 개창으로 이어지게 되었다. 이 책은 일찌기 발표된 다음 해에 宋나라 周文德에 의해 天台山 國清寺에 전해져서 곧바로 환호를 받았다 하는데, 전설에 의하면 이를 보고 기뻐한 500여人이 멀리 源信화상에게 예배하고 「南膜日本教主源信大師」라고 부르짖었다고 한다. 또 후에는 明나라 雲棲袾宏이 《阿彌陀經疏鈔》에서 정토의 10

樂을 찬양하고 있는데, 이러한 사실 등은 이 책의 영향이 상당했음을 말해주는 것이라 한다. 이 책이 일본의 문학·예술 등에 끼친 영향은 광범한 것이어서 일일이 열거하기는 어려우나, 특히 지옥·극락·6道라는 관념은 이 책을 통해 오늘날까지 일본인의 마음 속에 뿌리가 박힌 것이라고 평가된다.

〔참고문헌〕 譯一 諸宗部24에 日譯이 있다. 주요한 주석 및 참고서로는 源空의 《釋》1권·《略料簡》1권·《料簡》1권·《詮要》1권, 鎭西良忠의 《鈔》8권·《義記》8권, 香嚴院 惠然의 《略贊》4권, 香月院 深勵의 《略鈔並註》1권, 窮達院 崇廓의 《唯稱記》3권, 挑花坊 智洞의 《解林》1권 등이 있다. 현대의 연구로는 井上光貞의 〈往生要集의 成立〉(《思想》290), 稻葉秀賢의 〈往生要集과 往生拾因의 念佛〉(印佛研3의1), 惠谷隆戒의 〈惠心僧都의 往生思想〉(浄土學研究紀要4) 등이 있고, 단행본으로는 石田瑞麿의 《源信》(《日本思想大系》6,岩波書店, 1970)과 번역 《往生要集》2권(平凡社, 1963~4)과 《極樂浄土에의 유혹》(評論社, 1976), 花山信勝의 《原文校註漢和對照往生要集》(小山書店, 1937;山喜房書林, 1976), 花山勝友 번역 《往生要集》(德間書店, 1972) 등이 있다. 佛全 (新)38, 同97의 解題 참조.

## 왕오천축국전 往五天竺國傳 3卷

신라의 승려 慧超(8세기)가 唐나라에서 海路로 인도에 들어갔다가 불교 유적지를 순례한 뒤 西域 諸國을 답사하고 陸路로 727년에 중국에 도착하여 저술한 기행문이다. 《일체경음의》*에 의하면 원본은 3卷이었을 것이나, 현재 전해지는 것은 파손이 심한 1卷뿐이다. ㊎3-374, ㊏51-975. 그러나 이 책은 중국의 《법현전》*《대당서역기》* 《남해기귀내법전》*과 더불어 동양의 4大여행기의 하나로 꼽힌다.

〔내용〕 혜초는 중국의 廣州에서 배를 타고 남지나해를 돌아 東인도로 들어갔는데, 먼저 나체의 나라를 구경하는 데서부터 기행이 시작된다. 이어서 붓다가 입멸한 拘尸那국(쿠쉬나가라)을 구경하고, 남쪽으로 최초의 설법지인 波羅痆斯국(바라나시)을 지나 동쪽으로 王舍城, 다시 남쪽으로 붓다가야를 거쳐, 서북쪽으로 발을 돌려 中인도로 간다. 여기서 4大靈塔을 보고, 붓다의 탄생지인 룸비니까지 가서 다시 南인도로 간다. 여기서 서북쪽으로 향해 西인도를 거쳐 동북쪽으로 北인도의 闍蘭達羅국을 방문한다. 여기서 또 서쪽으로 향해 지금의 파키스탄인 吒社국을 지나 新頭故羅국까지 간다. 北인도에서 다시 北向하여 지금의 캐시미르인 迦葉彌羅국을 거쳐 북쪽의 大勃律·小勃律을 구경한다. 다시 캐시미르로부터 서북쪽으로 지금의 파키스탄의 建馱羅국(간다라)을 지나 烏長국(우디아나)과 拘衛국을 구경한다. 다시 간다라로부터 서쪽으로 현재의 아프가니스탄에 해당하는 覽波국을 지나 서쪽으로 罽賓국(카피스)→謝䫻국(자부리스탄)→犯引국(바미얀)에 도착한다. 여기에서 북쪽으로 향해 지금의 아프가니스탄과 소련의 접경지대인 吐火羅국(투카라)으로 간다. 여기서 그는 西方의 여러 이야기를 전해 듣게 되는데, 波斯국(페르시아)을 지나 小拂臨국·大拂臨國에 관한 풍문을 듣고, 또 투카라의 북쪽 지금의 소련에 해당하는 곳에 安국·曹국·史국·石騾국·米국·康국·跋賀那국(페르간나) 등에 관한 이야기를 들었다. 즉 안국·조국 등의 나라에서는 조로아스터교를 믿으며, 어머니나

자매를 아내로 맞아들이고, 또 투카라 · 카피스 · 바미얀 · 자부리스탄 등에서는 형제가 몇 명이 되든 공동으로 한 아내를 취하는 풍습 등이 있음을 알았다. 그는 투카라국에서 오래 머무르면서 서 · 북쪽의 진기한 풍습을 듣고, 다시 동쪽을 향해 지금의 파미르고원에 위치했던 胡蜜국(와칸)을 지나고, 다시 북쪽으로 識匿국(식니아)을 거쳐 葱嶺을 지나 지금은 중국 땅이 된 총령鎭 곧 渴飯檀국(커판단)에 도착한다. 그는 계속 동쪽으로 향해 疏勒(카시가르)을 지나 龜玆국(쿠차) 곧 唐나라 安西都護府에 도착한다. 그의 기술은 여기서 끝난다.

이와 같이 수만리 장정의 여행길이었지만 그의 기술은 비교적 간략하여, 이 문헌을 발견한 Pelliot의 말대로 《법현전》과 같은 문학적 가치도 없고(혜초도 간혹 詩를 짓기는 한다) 《대당서역기》 만큼의 정밀한 서술도 없다. 그러나 그런대로 8세기 전반(다른 여행기에 비해 가장 후대이다)의 인도불교의 상황을 전해주며, 지금의 캐시미르 · 파키스탄 · 아프가니스탄 · 이란 · 터어키 · 중앙아시아 등의 풍속 · 지리 · 역사 등을 알려주고 있어, 西域史의 연구에는 다른 것에 비할 수 없는 귀중한 자료이다.

〔연구〕 이 책은 1908년 프랑스의 Pelliot에 의해 敦煌의 千佛洞에서 수집한 古문서 중에서 앞뒤가 잘려나간 두루마리 筆寫本으로 발견되었다. 제목도 저자명도 없는 6천여字의 짤막한 글이었다. 펠리오는 이것이 기행문임을 알고 《일체경음의》 속의 《혜초왕오천축국전》에 보이는 낱말과 일치하는 부분이 많음을 간파함으로써, 이것이 바로 완전히 사라진 줄로만 알고 있던 혜초의 《왕오천축국전》임에 틀림없다는 논문을 발표했다. 1909년엔 중국(淸) 학자 羅振玉이 《敦煌石室遺書》제1에 이것을 영인해 넣고 펠리오의 주장을 확인하였다. 1911년 일본의 藤田豊八은 羅振玉의 영인본을 기초로 다른 여행기 및 역사서 등을 참조해서 이 책의 주석서인 《慧超往五天竺國傳箋釋》을 발표했다. 그러나 이 때까지도 혜초가 중국 승려인 줄로만 알고 있었다. 1915년 일본의 高楠順次郎은 〈慧超傳考〉를 발표하여 혜초가 신라의 승려임을 밝히게 되었다. 그 후 부분적인 연구가 여러 학자에 의해 진행되었는데, 가장 두드러진 것은 1938년에 독일의 W.Fuchs가 이 책을 독일어로 번역한 일이다. 이것이 최초의 번역이었다. 국내에서는 1943년 崔南善이 《삼국유사》*의 부록에다 그 원문을 싣고 간단한 해제를 붙여 발행함으로써 알려지게 되었다. 원본은 현재 프랑스의 국민도서관에 보관되어 있다.

국내의 연구로는 高柄翊의 〈慧超往五天竺國傳研究史略〉(《白性郁博士頌壽記念佛教論文集》)이 있고, 번역으로는 李錫浩의 《往五天竺國傳》(乙酉文庫46, 1970)이 있다.

## 요가 수트라 Yoga-sūtra 瑜伽經

파탄잘리Patañjali(B.C.150)의 편찬이라고 전하는데, 현존하는 경전은 서기 400~450년경에 편찬되었다. 요가派의 근본 경전으로서 4장 194經으로 이루어졌으며, 원전은 《Benares Sanskrit Series》No.75에 실려 있다.

〔내용〕 제1장 三昧에서는 요가를 정의하길 量 · 顚倒 · 分別 · 睡眠 · 記憶의 다섯 心作用을 修習과 離欲에 의해 制御하는 것이라 하고, 이 제어에 의해 도달되는 경지가 三昧라 한다. 三昧에 대해서는 心 자체는 無이고 대상만이 빛을 발하는 상태인데, 心作用의 여력이 아직 남아 있는 것을 有想三昧 혹은 有種三昧

라 하고 그것이 완전히 멸한 상태를 無想三昧 혹은 無種三昧라 한다. 그리고 이 상태에 이르러 觀照者로서의 푸루샤Puruṣa는 그 자체 안에 안주하여 獨存(kaivalya)을 얻는다. 제2장 實修로부터 제8장 神力에 걸쳐 三昧와 푸루샤의 獨存에 이르는 길로서 8단계의 行法을 설한다. ① 制戒(yama) : 不殺生 · 진실 · 不盜 · 不婬 · 無所有의 5戒를 지키는 것, ② 內制(niyama) : 청정 · 만족 · 苦行 · 學修 · 最高神으로의 귀의, ③ 坐法(āsana) : 신체를 안정하여 쾌적함에 머무르는 것, ④ 調息(prāṇāyāna) : 호흡을 조절하는 것, ⑤ 制感(pratyāhāra) : 感官을 대상으로부터 끊는 것, ⑥ 執持(dhāraṇa) : 마음을 한 곳에 묶어 두는 것, ⑦ 靜慮(dhyāna) : 그 한 곳에 관념을 집중하는 것, ⑧ 三昧(samādhi). 이상이 요가의 8實修法이다. 제3장은 이에 계속하여 修行을 통해 얻는 여러가지의 超人的인 지혜 · 능력을 열거한다. 예를 들면 과거 · 미래 · 前生에 대한 知, 他心知, 신체를 감추는 힘 등이다. 제4장 獨存에서는 상캬Sāṃkhya派적인 형이상학을 전개하는데, 일상세계에서는 프라크리티prakṛti와 결합하여 있던 푸루샤가 수행의 결과, 그로부터 이탈하여 獨存을 얻어 해탈을 완성함을 설한다. 이 책이 자이나교 · 불교 · 상캬派로부터 영향을 받았음은 일반적으로 인정되고 있다.

〔참고문헌〕 주석으로는 Vyāsa(500년경)의 《Yoga-bhāṣya》가 있는데, 이것의 復註가 Vācaspati의 《Tattvavaiśāradī 》이다. 이 두 책은 J.H.Woods 《The Yoga-system of Patañjali》 (Harvard Oriental Series Vol. 17, 1924)로 英譯되어 있다. 논술로는 金倉圓照의 〈요가 수트라의 成立과 佛教와의 關係〉(印佛硏1의2) 및 〈요가 수트라의 人間像〉(東北大學文學部報告 3)이 있으며, 岸本英夫《宗教神秘主義》(1958), 高木訷元의 〈요가 바쉬야와 디그나가와의 關係〉(印佛硏 9의1) 및 〈요가疏와 數論說과의 關係〉 (印佛硏 8의1)가 있다.

국내에서 《요가 수트라》의 원문과 함께 번역을 실은 책으로는 鄭泰爀 《요가의 복음》 (까치, 1980)이 있다.

## 우다나 Udāna 自說

팔리語 經藏 중 小部의 세번째 경전이다. 8章으로 되어 있고 각 章은 10經을 담고 있어, 전체 80經으로 구성된다. 우다나(優陀那, 憂陀那)란 일반적으로 감흥에 따라 자발적으로 발해지는 말을 가리키는 것으로서, 漢譯으로는 自說 · 無問自說 등으로 번역된다. 이 경전은 붓다가 때때로 느껴서 발한 우다나를 集錄한 것이다. 다만 各經은 우다나(거의 偈文이지만 偈文의 형식을 갖추지 않고 산문으로 된 것도 약간 있다)만으로 되어 있는 것은 아니고, 그 우다나가 설해진 인연(散文)도 포함하고 있다. 또한 우다나에는 한결같이 「거기서 세존은 이것을 알고, 그때 이 우다나를 발했다」고 하는 틀에 박힌 前文이 덧붙여 있다. 이러한 점으로 보아, 이 경전은 部派시대에 이르러 그러한 定型文이 있는 것들만을 모아 독립된 경전으로 편집된 것이라고 추정된다.

내용을 살펴보면 제1장에서는 成道, 제8장에서는 入滅에 대한 경전을 담고 있음에서 알 수 있듯이, 붓다의 傳記에 관한 것을 비교적 많이 集錄하고, 그 밖의 사상적으로 중요한 교설도 많이 포함하고 있다. 다른 팔리 성전과의 관계를 보면, 80經 중 15經 정도가 다른 것과 동일하거나 유사한데, 그 대부분은 율장의 大品 · 小品과 長部의 《대반열반경》* 속에 포함되어 있다. 또 우다나의 偈文을 포함하고 있지 않은 因緣의 산문 부분만이 다른 것과 일치하는 경우가 있다. 혹은 우다나의 偈文만이 다른 곳에서는 우다나라는 호칭을 붙이지 않고 종종 佛弟子의 所說로서 설해진 경우도 있다. 그러나 이러한 것들은 모두 합해도 20여經에 불과하다. 그 나머지의 經이나 우다나는 오직 이 경전에서만 설해져 있는 것이다. 그런데 이 80經의 우다나의 거의 모두에 상당하는 偈文이 說一切有部의 우다나品(Udānavarga) 속에 담겨 있다. 이는 우다나가 팔리불교 이외의 다른 부파에도 전해져 있었음을 나타낸다. 다만 현존하는 우다나品은 내용적으로는 《法句經》*에 상당하는 것이다.

〔원전·번역〕 P. Steinthal《Udāna》(London : PTS, 1885, repr. 1948), J. Kashyap《Khudda-kanikāya》vol. Ⅰ(Nālandā-Devanāgarī-Pāli-Series, 1959, pp.61~178)이 있다. 英譯으로는 D.M. Strong《The Udāna, or the Solemn Utterances of the Buddha》(London, 1902), F.L. Woodward《The Minor Anthologies of the Pali Canon》Part Ⅱ(London, 1935, repr. 1948, pp.1~114의 〈Verses of Uplift〉)가 있다. 獨譯으로는 K. Seidenstücker《Udāna, das Buch der feierlichen Worte des Erhabenen》(Angsburg, 1920)이 있고, 日譯으로는 增永靈鳳 〈自說經〉(南傳 23, 1937)이 있다. 이 밖에 우다나 부분만을 번역한 것으로는 荻原雲來 〈優陀那和譯〉(《荻原雲來文集》, 1938, pp.498~519), K. Schmidt《Sprüche und Lieder》Buddhistische Handbibliothek, Bd. 4(Konstanz, 1954, S.51~71)가 있다.

〔참고문헌〕 K. Seidenstücker의《Das Udāna, eine Kanoniche Schrift des Pāli-Buddhismus》와 Erster Teil의《Allgemeine Einleitung》(Leipzig, 1913)이 있다. M. Winternitz.《A History of Indian Literature》vol. Ⅱ. tr. by Mrs. S.Ketkar and Miss. H. Kohn. Calcutta, 1933, pp.84~88.

水野弘元〈우다나와 法句〉《駒澤大學學報》. 復刊 第2號. 1953. 前田惠學《原始佛教聖典의 成立史硏究》, 1964.

## 우란분경 盂蘭盆經

梵文의 원전(Ullambana-sūtra)은 없고 漢譯으로는 竺法護 번역의《佛說盂蘭盆經》(㊅16-779, Ⓚ11-621, ㊞73)과 失譯인《佛說報恩奉盆經》(㊅16-780, Ⓚ11-633, ㊞73)의 2종이 있다.《법원주림》*제62에 언급되어 있는《大盆浄土經》도 이 경전의 異譯이라고 생각된다. 그 내용은 붓다의 제자인 目連이 餓鬼가 된 亡母를 구할 수단에 대해서 묻자, 衆僧의 自恣日인 7月 15日에 百味의 음식과 五菓 등을 준비하여 十方의 佛僧에게 공양하면 그 고통이 제거된다고 가르치는 것이다. 오늘날 행해지고 있는 우란분절의 행사는 바로 이 경전의 가르침에 연유한다.

이 경전에 대해서는 池田澄達이《宗教硏究》新3의 1(1926, pp.9~24)에서 상세하게 설명하고 있다. 원전의 명칭에서 Ullambana는 梵語 avalambana(거꾸로 매달림)의 속어形일 것이라 한다.《玄應音義》제13에서『우란분이란 와전된 말로서, 바른 말은 烏藍婆拏이다. 이것을 번역하여 倒懸이라 한다. ……外書에는 先亡罪라는 것이 있는데, 가문이나 후사를 잇지 못할 때 인간의 神에게 제사하여 도움을 청하지 않는다면 곧 귀신이 사는 곳에 떨어져 거꾸로 매달리는 고통을 받는다고 말하는데, 부처님도 이러한 세속에 따라 祭儀를 세워…』라고 말한다. 여기서 外書란 《마하바라타》*제1 大章의 제13 · 14 · 45~48 · 74章 및 《마누法典》*제9章을 가리키는 것이라 생각된다. 이 경전의 핵심은 인도에서 작성되고, 이것에 중국인이 가필하여 오늘날의 모습으로 완성된 것으로 보인다.

日譯은 |譯一| 經集部14에 있다.

**우바새계경** 優婆塞戒經 7卷

《善生經》이라고도 하는데, 北涼의 曇無讖이 426년에 漢譯했다. ㊅24-1034, Ⓚ14-251. 漢譯만이 현존한다. 善生장자를 위해 대승의 在家신자(優婆塞)가 지켜야 할 戒를 설한 경전이다. 팔리의 《善生經》(→육방예경)을 확대하여 大乘的으로 개작한 것이다. 28品으로 되어 있는데, 보살의 發心 · 立願 · 修學 · 持戒 · 精進 · 禪定 · 智慧 등을 설명한다. 특히 受持品에서는 在家보살이 받아야 할 5戒를 설하고, 나아가 「6重, 28失意」라는 대승의 독자적인 戒를 제시하고 있다. 6重法이란 不殺生 · 不偸盜 · 不虛說 · 不邪婬 · 不說四衆過 · 不酤酒이다. 28失意에는 스승과 윗사람을 공양하지 않음 · 飮酒 · 병자를 간호하지 않음 등의 조문이 포함되어 있다. 내용 속에서는 《法華經》* 《大城經》《智印經》《鹿子經》 등을 인용하고, 또 대승의 《열반경》(→대승열반경)에 관계가 있는 生因了因의 說을 언급하며, 나아가 曇無德部 · 彌沙塞部 · 薩婆多部 등의 부파 명칭을 열거하고 있어, 경전의 성립사적으로도 중요한 의미를 지닌다. 大乘戒가 설해져 있다는 점에서 중국불교에서는 중요시되었다.

大野法道의 日譯이 |譯一| 律部12에 실려 있고, 같은 저자의 연구로서 《大乘戒經의 研究》(1954)가 있다. (《보살지지경》항의 참고문헌 참조).

**우파니샤드** Upaniṣad 奧義書

넓은 뜻으로는 베다*문헌의 마지막 부분을 형성한다고 하여 베단타Vedānta라고도 한다. 오랜 기간에 걸쳐 순차적으로 성립되어 거의 200권에 이르는데, 산문과 운문으로 되어 있다. 우파니샤드upa-ni-ṣad라는 語義에 관해서는 여러 견해가 있다. 어원적으로는 「근접 · 대치」라는 뜻이 있고, 스승과 제자 사이에 「가까이 앉다」라는 의미로도 해석할 수 있다. 그러나 古문헌을 살펴볼 때 이러한 의미를 명확하게 서술한 곳은 없다. 또 《샤타파타 브라흐마나》 이래의 문헌(Śatapatha-Br. Ⅹ · 4 · 5 · 1, ⅩⅡ · 2 · 2 · 23, Saundar. ⅩⅢ · 22, Pāli upanisā. 藤田《北大文紀要》 6, p.76 참조)은 오히려 이 말을 「대조 · 對質化」의 뜻으로 쓰고 있다. 이러한 의미는 大小 우주의 대조 · 對質化 또는 결합 관계를 나타내는 말로서 구극적으로 「너는 그것이다」(tat tvam asi)고 설하는 古우파니샤드의 내용과 부합하는 것인데, 학자들에 따라서는 이것을 「마법적 同一化(「magische Equivalenz」 · 「symbolische Identität」: S. Schayer 《Rocznik Orj.》 3, pp.57~67 ; 「magische Gleichsetzung」: H. Oertel 《SBAW》1937, pp.28ff.) 혹은 「결합」(「connexion」 「corrélation」: L.Renou 《C.K. Raja Volume》pp.54ff., 《Littérature Skt.》p.132)으로 번역한다. 이로부터 奧義(guhya) · 秘義(rahasya)라는 뜻이 생겨나게 된다.

〔종류〕 근세에 이르러서도 우파니샤드라는 이름을 붙인 책이 나타나고 있지만 일반적으로는 108권을 들고, 그 중 13권을 베다의 우파니샤드라 하여 다른 것들과 구별한다. 여기서 이것들을 문체로써 구별하면 다음과 같다.

1. 古산문 우파니샤드 : 브리하다라냐카 Bṛhadāraṇyaka · 찬도갸 Chāndogya · 카우쉬타키Kauṣītaki · 아이타레야 Aitareya · 타잇티리야 Taittirīya · 케나 Kena.
2. 운문 우파니샤드 : 이샤 Īśā · 카타 Kaṭha 또는 카타카 Kāṭhaka · 쉬베타쉬바타라 Śvetāśvatara · 문다카 Muṇḍaka.
3. 新산문 우파니샤드 : 프라쉬나 Praśna · 만두캬 Māṇḍūkya · 마이트리 Maitri 또는 마이트라야나 Maitrāyaṇa.

이 외에 20세기에 들어서 발견된 것으로 차가레야 Chāgareya(산문) · 바쉬카라만트라 Bhāṣkaramantra(운문) · 아르쉐야Ārṣeya(산문)가 있다. 이들 우파니샤드의 성립 시기는 불교 경전과의 관계를 통해 고찰할 때 기원전 600년부터 기원후 200년경까지로 추정된다 (中村元《初期 베단타哲學》pp.14~57).

〔사상〕 우파니샤드의 중심 사상을 한 마디로 말하면, 그것은 궁극적으로「梵我一如」에 도달하는 근본 원리를 탐구하는 데 있다. 그 근본 원리가 《브라흐마나》*에서 볼 수 있는 프라자파티가 아니라는 점과 또 祭官 대신 왕족이 무대에 등장한다는 점 등으로 보아 제사를 만능으로 삼던 승려들의 권위에 대한 반동으로서 우파니샤드가 등장했다고 볼 수도 있다. 그러나 유일한 근본 원리에 대한 사색은 《리그베다》 제10권의 철학적 찬가 이래로 이어져 온 전통이며(puruṣa · prāṇa · akṣara 등), 또 브라흐만 Brahman(梵)과 아트만Ātman(我)에 대한 문헌학적 연구는, 이 두 개의 개념이 우파니샤드의 최고 원리로 승화하게 된 것은 당연한 귀결임을 밝히고 있다(L. Renou 《JAS》 1950, 《Vāk》2, pp.151ff. 참조). 그러나 하나로써 일체를 꿰뚫고, 相對를 떠나 언어와 사고를 단절하여 不立文字(neti neti)의 경지에 머물러 영속을 얻으며, 불변한 우주적 · 개인적 구극의 원리를 완전히 일치시켜 내보인 신비주의적 究極은 우파니샤드 철학의 압권이요 인도 哲學史상 그 웅자를 잃지 않는다.

〔研究史〕 17세기 중엽, 나중에 아우랑제브 Aurangzeb에 의해 불행한 죽음을 당한 무갈帝國의 왕자로서 학문에 전념했던 모하메드 다라 샤코Mohammed Dara Shakoh는 50편의 우파니샤드를 Oupnek'hat라는 이름 하에 페르샤語로 번역하였다. 이것이 1801~2년에 Anquetil Duperron에 의해 라틴語로 처음 번역되어 서양에 소개되었다. 철학자 쇼펜하우어 Schopenhauer는 이것을 읽고 감격하여 「삶과 죽음을 위안하는 책」이라고 격찬하였다. 그의 제자 도이센 P. Deussen은 대표적인 우파니샤드 60편을 독일어로 번역하여 불후의 업적을 남겼다. 그러나 이러한 철학자들의 낭만적인 평가에 만족하지 못하고 종교학 · 민속학 등의 실증적이고 비판적인 입장에서 연구가 시작되었다. 즉 우파니샤드 속에서의 「原始的 思考」(특히 睡眠에 대한 고찰 등)에 대한 탐구에 몰두하였는데, 그 결과 전문 학자들은 그 세계관의 基調를 옛날의 祭式에서 구하여 그의 위치를 바로잡는 데 성공했다 (이 방면에 참고할 만한 것으로서는 A. Hillebrandt 《Altindien》p.122, 《Aus Brāhmaṇas und Upaniṣaden》p.13, 《Zeitsch. für Buddhismus》4, 1922, pp.42ff.) . 이것을 간단히 말하면 우파니샤드 속에는 오래된 원시적 요소와 새로운 철학적 · 조직적 요소가 混然一體로 되어 있다(「Kindergesichter mit grossen, in die Ferne schauenden Auge.」 Hillebrandt 《Zeitsch. für Buddhismus》4, p.42 ; 「methodische Behandlung··· primitive Grundlage.」 B. Heimann 《Zeitsch. für Buddhismus》5, p.146)는 것이다. 이러한 특징은 다시 후대의 인도적 세계관에 있어서 일반적인 한 성격을 예시하는 것이다(B. Heimann《Eigenart des ind. Denkens》pp.2ff.). 이와 아울러 근래의 **唯物史觀**의 입장에서 저술한 루벤 W.Ruben의 책 《Die Philosophen der Upaniṣaden》(1947)도 우파니샤드 연구史上 특기할 만하다.

〔참고문헌〕 辻直四郎《베다와 우파니샤드》(創元社, 1953). 辻直四郎《인도文明의 여명》(岩波新書619, 1967), pp.206~7. 佐保田鶴治《古代印度의 연구》(京都印書館, 1948), 《우파니샤드 문학과 그의 哲學思想》(法藏館, 1950). P. Deussen《Sechzig upanischad's des Veda》(Leipzig, 1905²). R.E. Hume《The Thirteen Principal Upanishads》(London, 1931²). L. Renou《Les Upanishad》(Paris, 1943 sqq).

우파니샤드의 내용을 번역한 것으로서 가장 많은 양을 실어 소개한 책은 총 115편의 우파니샤드를 日譯한 高楠順次郎편 《우파니샤드全書》 9권 (東京 : 改造社, 1930)이 있다. 그러나 여기엔 原文과 註가 실려 있지 않다. 중요한 우파니샤드만 골라 해설 · 原文 · 번역 · 주해를 고루 갖춘 것으로는 Radhakrishnan《The Principal Upaniṣads》(London : George Allen & Unwin LTD, 1953)이 있다. 사상 전반에 대한 연구서로서는 Arthur Berriedale Keith《The Religion and Philosophy of the Veda and Upanishads》(Harvard Oriental Series, vol.31 · 32, 1925)가 자세하다.

## 우파데샤 사하스리 Upadeśa-sāhasrī

샹카라 Śaṅkara(700~750)의 주요한 저작 중의 하나다. 그에게는 300여 점의 작품이 있다고 하는데, 대부분은 그가 직접 저술한 것이라고 믿기 어렵다. 그의 主著는 《브라흐마수트라 註解》(Brahmasūtrabhāṣya)이지만 그는 또 10편의 중요한 古우파니샤드(Bṛhadāraṇyaka · Chāndogya · Aitareya · Taittirīya · Kena · Īśā · Kaṭha · Muṇḍaka · Praśna · Māṇḍūkhya)에 대해서도 註釋을 썼다. 이들의 주석은 모두 그가 직접 저술한 것이라 생각되지만 《Śvetāśvatara 우파니샤드》에 대한 주석은 僞作일 것이다. 《Āpastamba Dharmasūtra》의 〈Adhyātmapaṭala〉章이나 《바가바드 기타》* 및 《Māṇḍūkya 頌》에 대한 주석, 또 《요가 수트라* 註解》에 대한 復註《Yogasūtrabhāṣyavivaraṇa》는 眞作일 것으로 생각된다. 이상의 작품들은 모두 註釋문헌이지만 《우파데샤 사하스리》는 그의 眞作이라고 생각할 수 있는 유일한 독립된 작품이다. 아마도 샹카라가 생존중에 썼던 거의 모든 독립된 小品을 그의 사후(혹은 생존중)에 한 권의 책으로 편찬했던 것이 아닌가 하고 짐작된다.

《우파데샤 사하스리》는 「千의 [詩節]로 구성된 **教說**」이라는 뜻이다. **韻文**편(Padyabandha)과 **散文**편(Gadyabandha)의 2편으로 성립되는데, 운문편을 32음절(śloka)을 단위로 하여 헤아리면 양편 모두 합쳐서 약 1,000詩節이 되기 때문에 그러한 명칭을 붙인 것 같다. 양편의 배열 순서에 관해서는 주석가들 사이에 **異說**이 있는데, Ānandajñāna(13세기)는 운문편이 앞선다고 말하고, Rāmatīrtha(17세기)는 산문편을 앞에 놓는다.

〔내용〕 운문편은 19章(prakaraṇa)으로 이루어지는데, 종종 대화의 형식으로 不二一元論(advaita)의 諸문제를 반복하여 논하고 해설한다. 주요한 주제는 不二一元論의 근본적 입장을 단적으로 나타낸다고 생각되는 大聖句(

mahāvākya), 즉 「너는 그것이다」(tat tvam asi)인데, 이 우파니샤드*의 문장을 해석하는 데에 가장 긴 제18장을 할당하고 있다. 예컨대 운문편을 학생에 대한 교과서라 한다면, 3장으로 구성된 산문편은 교사에 대한 教授上의 지도요령에 해당하여, 해탈을 구하는 제자에게 해탈의 수단, 즉 「아트만 Ātman과 브라흐만 Brahman은 동일하다」고 하는 지식을 가르치는 방법을 스승과 제자와의 대화라는 형식으로 例示하고 있다. 그러면서도 이 세 장은 각기 베단타 학파에서 말하는 해탈에 이르는 3단계, 즉 聽聞(śravaṇa)·思惟(manana)·瞑想(nididhyāsana)에 대응하고 있다. 특히 제2장은 無明(avidyā)·附託(adyāropaṇā), 기타의 중요한 문제를 다루고 있어 극히 흥미롭고, 샹카라의 사상을 이해하는 데 있어서 귀중한 부분이다. 《우파데샤 사하스리》는 샹카라의 철학으로 들어가는 가장 좋은 入門書이며, Sureśvara (720~770)의 《Naiskarmya-siddhi》 및 Sarvajñātman(900년경)의 《Saṃkṣepa-śārīraka》와 함께 초기 不二一元論의 哲學史에 있어서 중요한 위치를 차지하고 있다.

〔참고문헌〕 전반적인 연구서로서 Swāmi Jagadānanda 《A Thousand Teachings in Two Parts-Prose and Poetry-of Srī Sankarāchārya》(Madras, 1949)가 있다. 원전 및 번역으로는 다음과 같은 것들이 있다.

S. Mayeda《Śaṅkara's Upadeśasāhasrī》Tokoyo, 1973. (개설·색인·英譯을 갖춘 교정 편집본)

P. Hacker 《Upadeshasāhasrī von Meister Shankara》 Bonn, 1949. (원전 및 獨譯)

A.J. Alston《「That Thou Art」by Śrī Śaṃkara》 London, 1967.(산문편 英譯)

S. Mayeda 〈Upadeshasāhasrī〉 Eliot Deutsch & J. A. B. van Buitenen ed. 《A Source Book of Advaita Vedānta》 Hawaii, 1971, pp.123~150. (운문편 제18장 英譯)

前田專學 〈샹카라 哲學入門 Ⅰ, Ⅱ〉《鈴木學術財團硏究年報》8, 1971, pp.57~69 ; 10, 1973, pp.44~58. (산문편 日譯)

## 운급칠첨 雲笈七籤 122卷

宋의 張君房(11세기)이 편찬한 것으로서 도교의 경전을 집대성한 책이다. 도교의 문헌이긴 하지만 이 속에는 불교 관계의 자료로서 達摩대사와 曇鸞법사의 유명한 胎息法 등이 수록되어 있으므로, 이 관계의 연구에는 중요한 자료가 된다. 정확한 편찬 연대는 알 수 없으나 1019년 이후의 편찬인 것만은 확실하다. 1010년, 北宋의 眞宗은 재상인 王欽若 등에게 道藏의 편찬을 명했다. 이후 張君房의 협력을 얻어 이를 완성하였다. 張君房은 蘇州·越州·台州 등의 옛 道藏經本 등을 수록하여 1019년에 이를 완성했는데, 이 道藏에 대해서는 〈大宋天宮寶藏〉이라는 이름을 하사했다. 그 후 張君房이 《대송천궁보장》의 精要를 풀어 仁宗에게 헌상한 것이 이 책이다. 편찬 당시의 卷數는 120권이었으나 현재는 122권으로 되어 있다. 《대송천궁보장》이 현재 전해지지 않기 때문에 이 책은 당시의 道藏의 내용을 아는 데 있어서 매우 중요한 자료이다. 이 때문에 이 책을 「小道藏」이라고도 한다. 이 책에 수록되어 있는 경전을 현존의 道藏에 수록되어 있는 것과 비교해 보면 字句상의 차이를 보이는 것도 있어, 도교 경전의 異本이 유포해 있었음을 알 수 있다. 이 책은 도교 연구의 필수적인 자료로서, 연구자는 반드시 읽어봐야 할 책이다 현재 원전은 上海版 道藏 677~702로 수록되어 있다.

## 원각경 圓覺經

唐의 佛陀多羅 번역으로서《大方廣圓覺修多羅了義經》1卷(㊅17-913, Ⓚ13-75, ㊥77)이다. 옛부터 중국에서 찬술된 僞經일 것이라고 간주되고 있다. 역자인 佛陀多羅에 대해서는《개원석교록》* 제9에서『沙門 불타다라는 唐에서 覺救라 한다. 北인도 罽賓의 사람이다. 東都의 白馬寺에서 圓覺了義經 1部를 번역하다』고 말하고 있는데, 그에 대한 事蹟은 이것뿐이고 譯經도 이 경전뿐이어서, 과연 사실인지가 의문시되고 있다. 이 경전의 명칭에서「원각수다라」는 華嚴의 圓滿修多羅에서,「요의경」은《大佛頂如來密因修證了義諸菩薩萬行首楞嚴經》에서 나온 것이므로, 아마《원각경》의 내용은 이 후자의 경전에 근거하고 여기에《대승기신론》*의 교의를 짜넣어 중국에서 만들어진 것이리라고 생각된다(望月《佛教經典成立史論》, p.512). 文殊·普賢·金剛藏·彌勒·清浄慧·威德自在·弁音·浄諸業障·普覺·圓覺·賢善首의 12보살이 부처님과 1問1答하는 형식으로 내용이 전개된다.

日譯은 [譯一] 經集部5에 있다.

## 원인론 原人論 1卷

宗密(780~841)이 찬술한《華嚴原人論》이다. ㊅45-707. 이것은 인간 존재의 근원을 찾고 있는 짧은 논문이다. 저자 종밀은 禪의 荷澤宗에 속하는 동시에 華嚴宗의 사람이기도 하였기 때문에 教禪일치론을 주장한 것으로 유명하다. 그래서 이 논문에도 그런 경향이 드러나 있다.

[내용] 여기서는 먼저 儒·道의 2教와 불교를 구분하고 나서, 불교를 人天교·소승교·대승法相교·대승破相교·一乘顯性교로 구분하여, 마지막의 일승현성教를 제외한 모든 教를 비판하고 있다. 그의 비판은 대체로 이러하다. 儒·道 2교에 의하면 만물은 虛無의 大道로부터 생겨나기 때문에, 大道가 貧·富·貴·賤·苦·樂의 근본이라고 한다. 그러나 여기서는 因緣이 설해져 있지 않으므로 어떻게 하여 貧富貴賤의 차별이 있을 수 있는가 하는 문제는 밝혀져 있지 않다. 人天교는 3世의 業報와 善惡의 因果를 설하고 있기 때문에, 業이 인간 존재의 근본이 된다. 그러나 도대체 누가 업을 만들고 그 과보를 받는가 하는 점은 분명치 않다. 소승教는 물질이든 정신이든 無始以來의 인연力에 의해 일어나 있다고 한다. 그러나 어떻게 하여 이 몸을 지탱하고 있는가 하는 점은 명확히 지적되어 있지 않다. 大乘法相교는 알라야ālaya識이 근본이라고 보고 있다. 그러나 알라야識에 의해 나타나는 바의 外界는 허망이기 때문에, 알라야識 역시 참된 識이라고는 할 수 없다. 대승破相교는 대승·소승이라는 집착을 부정하는 것으로서 인간 존재의 근본을 空으로 보고 있다. 그러나 그렇다면 空을 아는 것은 도대체 누구이며, 또 무엇으로써 현실의 허망을 출현케 하는 것인가 하는 점이 납득되지 않는다. 마지막으로 一乘顯性교는 모든 인간 존재에게 깨달음의 眞心이 있음을 주장한다. 그것은 無始이래로 명료하여, 감추어져 있는 것이 아니다. 그것을 佛性이라고도 하고 如來藏이라고도 한다. 이것이야말로 인간 존재의 진짜 근본이다.

그러나 이제까지 비판하여 온 모든 가르침

에는 성립의 과정과 진실의 근본이 드러나 있지 않지만, 실은 진실의 근본이 드러나 각각의 機緣이 되어 있음을 알 수 있다. 즉 모든 가르침을 인간 존재의 근본을 통해 통일코자 하는 저자의 의도를 간파할 수가 있다. 日譯은 譯一 和漢部, 諸宗部4에 있고, 해설로서 鎌田茂雄의 《原人論》(《中國古典新書》, 明德出版社)이 있다.

## 원형석서 元亨釋書 30卷

일본의 虎關師錬(1278~1346)이 元亨2년(1322)에 편술했기 때문에 《元亨석서》라 하는데, 후대에 《新訂增補國史大系》31卷으로 개편되었다. 佛全 101, 譯一 史傳部 19·20. 이 책은 鎌倉시대에 편집된 일본 최초의 編年的 고승전이다. 편저자인 師錬은 臨濟宗에 속하는 東福寺의 승려였는데, 1299년에 일본에 도래한 宋나라 승려 一寧一山(일본 선종 24派의 하나인 一山派의 조사)에게 한때 師事했다. 《海藏和尙紀年錄》에 의하면, 師錬은 一山으로부터 일본 고승의 행적에 대한 질문을 받았으나 대답할 수 없어서 크게 부끄러움을 느끼고, 일본의 고승전을 저술하기로 작심하여 10년의 노력 끝에 이 책을 완성했다고 한다. 이 책은 《고승전》* 《속고승전》* 《송고승전》* 등의 중국 高僧傳을 참고하고 그 결점을 보완하여 편집했다.

〔내용〕章節의 구분은 傳·贊·論·表·志의 5格분류로 되어 있다. 贊과 論은 傳 속에 포함되어 적절히 僧傳에 추가된 형태를 취하므로, 결국 傳·表·志의 3장으로 구분된다. 서두에는 〈원형석서目錄〉〈원형석서上表〉가, 말미에는 〈智通論〉이 부가되어 있다. 권①~⑲는 〈傳〉 즉 승려의 전기 부분이다. 이 부분은 다시 傳智·慧解·浄禪·感進·忍行·明戒·檀興·方應·方遊·願雜의 10科로 구분되고, 이 중 願雜은 다시 古德·王臣·士庶·尼女·神仙·靈恠의 여섯으로 세분된다. 여기서는 菩提達磨·慧灌으로부터 시작하여 安珍·無空·講仙에 이르는 400여人의 전기를 기술하고 있다. 권 ⑳~㉖은 〈表〉 즉 〈資治表〉이다. 欽明왕 元年(538)으로부터 仲恭왕의 承久 3년(1221)에 이르는 683년간에 일어난 國事와 관계있는 불교의 史實을 수록하고 있다. 권㉗~㉚은 〈志〉인데, 學修·度受·諸宗·會議·封職·寺像·音藝·拾異·黜爭·序說로 분류하고,이들의 사항에 대해 간단히 설명한다. 예를 들면 〈諸宗志〉에서는 三論·唯識·律·華嚴·天台·密·禪·浄土·成實·俱舍 등 10宗의 교의를 설명하고, 〈寺像志〉에서는 向願寺·四天王寺·元興寺·大安寺·頂法寺 등 30사원에 관한 緣起를 소개하며, 〈音藝志〉에서는 經師·聲明·唱道·念佛을 서술하는데, 최후의 〈序說志〉는 전체에 대한 서문이 되고 있다. 그리고 여기에 師錬의 《濟北集》으로부터 발췌한 智通論이 부기되어 있다.

〔평가〕이 책은 僧傳과 불교史와 불교文化誌의 세 부분으로 이루어져 있다. 이처럼 전기 부분과 연대기를 합하여 편집하는 방법은 2세기에 성립된 중국의 《史記》(司馬遷지음)에서 출발하여, 그 후 전기를 편찬하는 데 있어서 서양에서는 볼 수 없는 동양 특유의 型인 「紀傳體」를 형성하게 되었다. 이 책도 紀傳體에 속하는 전기의 하나이다. 그러나 僧傳에 해당하는 부분의 原작자에 관해서는 종래부터 異論이 있다. 《碧山日錄》에 따르면, 凝念이 이 부분을 일본 문자인 和文으로 쓰고 固山이

漢文으로 번역하여 師鍊에게 제공했다. 師鍊이 여기에 〈表〉와 〈志〉를 붙여 《원형석서》로 완성했다고 한다. 이러한 주장에는 의문의 여지도 있지만, 전면적으로 부정할 수가 없는 점도 있다. 그러나 작자의 문제 때문에 이 책의 가치 자체가 좌우되는 것은 아니다. 文字의 면에 있어서 이 책은 한문체로 씌어진 일본 최초의 僧史라는 가치가 인정되고 있다. 이 책 이전에도 《往生傳》이나 《明匠略傳》(3권, 承澄 지음), 또는 宗性의 《日本高僧傳要文抄》3권 등이 있었으나 이 책만큼 보편성을 지니고 있지는 않다. 편집에 관해서도 다소 치우침이 있다고 《華頂要略》《空華隨筆》《禪籍志》 등에 의해 지적되었고, 현재도 연구자들에 의해 이 결점이 거론되고 있으나, 이 결점을 지적하는 사람들도 이 책의 역사적 가치를 높이 평가하고 있다. 몇 가지 난점이 있기는 하지만 이 책은 凝念의 《八宗綱要》나 《三國佛法傳通緣起》와 함께 비교적 객관적인 입장에서 불교 諸宗의 僧傳·역사·事象을 취급하고 있다는 점을 주목해야 할 것이다. 또한 이 점에서 이 책은 종교학적인 관점을 지니고 편집되어 있다고도 생각된다. 실로 이 책은 일본宗教史의 연구史上 귀중한 업적인 동시에 일본 종교사의 사료집이기도 하다. 현대에 이르기까지 일본불교사의 연구는 이 책을 인용하고 참조한 것이 많다. 佛全 (新) 62, 同98의 解題 참조.

## 월등삼매경 月燈三昧經 10卷

《八於大悲方等大集經》《大方等大集月燈經》(Candrapradīpasamādhi-sūtra)이 본래의 명칭이며, 《三昧王經》(Samādhirāja-Sūtra)이라고도 한다. 티벳譯(㊄31-271)도 있다. 漢譯은 557년 那連提耶舍(Narendrayaśa, 6세기)의 번역인데 (㊅15-549, ⓚ11-1) 40章으로 되어 있다.

처음에 月光童子(Candraprabha)의 질문에 대하여 부처님은 一切諸法體性平等無戱論三昧를 수행하여 깨달음의 지혜를 얻은 부처의 여러가지 공덕을 설하여, 이 삼매를 수행하도록 권한다. 다음에 이 삼매는 가장 뛰어난 것으로서, 일체의 존재는 실체가 없고 꿈이나 환상과 같은 것이라고 관찰하는 것이라고 하여, 이와 같이 존재를 바르게 관찰하면 최상의 공덕인 깨달음을 얻는다고 설한다. 이것이 이 경전을 일관하는 중심 사상이다. 이하에서는 이 삼매를 수행하는 방법을 상세히 설명하여 6바라밀을 설하고, 이어서 諸佛의 本生을 이야기하여 이 삼매를 찬탄하며, 나아가 여러 성전 속에서 뽑아낸 것이라고 생각되는 난해한 語句 약 300개를 문답체로써 해설한 후, 끝으로 후세의 사람들에게 전하기 위해 이 경전을 阿難에게 傳授함을 말하고서 종결된다.

이 경전은 漢字문화권에서는 그다지 유행하지 않았으나, 네팔에서는 9法寶의 하나로 헤아릴 만큼 중시되고 있다. 프라상기카Prāsaṅgika 中觀學派의 大成者인 찬드라키르티Candrakīrti(月稱, 약 560~640)의 《入中論》《中論釋프라산나파다Prasannapadā》(中論疏)나 그의 후계자인 샨티데바Śāntideva(寂天, 7세기 末)의 《대승집보살학론》* 등에서 종종 이 경전이 인용되고 있어, 中觀學派에서는 이 경전이 중요시되었음을 알 수 있다. 산스크리트 원전은 영국의 호지슨(B.H. Hodgeson)이 네팔에서 수집한 원본에 의해 1897년에 R.C.Chandra Das와 P.H. Vidyābhūṣana 캘커타의 佛教聖典協會에서 출판하였으나, 잘못된 점이 많아 간행 도중

(Ⅰ~Ⅺ, ⅩⅥ~ⅩⅧ)에 중단되었다. 스위스의 K. Régamey는 보다 완전한 출판을 기도하여 파리의 국립도서관에 있는 3종의 사본과 케임브리지本에 의해 Ⅷ · ⅩⅨ · ⅩⅩⅡ章을 英譯과 함께 출판하였다(《Three Chapters from the Samādhirājasūtra》, Warsaw, 1938). 그는 티벳譯과 대비하는 한편, Mañjuśrīkīrti의 주석인 《Kīrtimālā》를 참조하였다. 그런데 1930년 길기트에서 사본의 完本이 발견되자, 인도의 N.Dutt는 티벳譯과 아울러 불교성전협회本 및 H.P. Sastri가 네팔에서 수집한 사본을 참조하여 길기트 寫本叢書로 完本을 출판하였다(《Gilgit Mss.》 vol. Ⅱ, pts. 1~3, Srinagar-kashmir, 1941). Régamey에 의하면 네팔本은 티벳譯과 매우 일치하지만, 漢譯보다는 증광되어 있으므로 7~9세기에 현재의 모습으로 성립되었을 것으로 생각된다고 하며, Dutt는 길기트本과 漢譯이 일치하므로 5~6세기에 성립하여 있었을 것이라고 한다. 한편 劉宋代의 先公이 번역한 《월등삼매경》1卷(㊀15-620, Ⓚ 11-91)은 10卷本의 제5권까지에 상당하며, 고려대장경에만 있는 것으로서 역시 先公(또는 安世高)이 번역했다는 《월등삼매경》1卷은 10卷本의 제6권 이후에 상당한다.

〔참고문헌〕 日譯은 譯一 經集部1에 실려 있고, 새로운 번역으로는 田村智淳의 《三昧王經》Ⅰ(中央公論社발행 《大乘佛典》10, 1975), 田村智淳 · 一郷正道의 《三昧王經》Ⅱ(앞의 책 11, 1975)가 있다. 논문으로는 平野眞完의 〈Samādhirā-jasūtra의 本文發表에 대하여〉(印佛硏14의2, 1966)와 〈Samādhirājasūtra 第一章과 第十七章, 第三八 · 三九章〉(印佛硏15의 2, 1967), 村上眞完의 〈Samādhirājasūtra硏究-1, 17, 38, 39章의 比較對照〉(《八戸工業高等專門學校紀要》1, 1966)와 〈Samādhirājasūtra의 語彙硏究〉(앞의 책 2, 1967) 등이 있다.

## 유가론기 瑜伽論記 24卷 또는 48卷

신라의 遁倫(또는 道倫)이 《유가사지론》*에 대한 대가들의 주석文을 채록한 것인데, 종종 자신의 견해도 피력하고 있다. (2-400~3-1, ㊀42-311, ㊁제75~76冊). 찬집가 둔륜에 대해서는 신라 興輪寺의 사문이었다는 사실 외에 전혀 알려진 바가 없다. 이 책도 그의 많은 저술中 유일하게 현존하는 것이다. 그가 신라의 승려였다는 사실도 근래에 중국의 趙城에서 발견된 金藏本의 이 책 속에 「海東 興輪寺 道倫 執纂」이라 적혀 있음으로써 밝혀지게 되었다. 여기서의 刊記에 의하면 그는 窺基의 법통을 계승한 것 같다고 한다. 따라서 일본의 大正新修대장경이나 大日本속장경에서 唐나라 사람인 것으로 표시된 것은 잘못이다.

〔내용〕 이 책은 48권에 이르는 방대한 저술로서 먼저 《유가사지론》이 저작된 목적과 동기 및 宗要 · 藏攝 등을 논한 다음, 곧 이어 본문의 주석4를 소개하고 있다. 여기서는 주로 窺基의 《瑜伽論略纂》에 의거한다. 이 책의 구성은 所爲 · 所因 · 藏攝 · 解題 · 釋文의 6門으로 이루어진다. 앞의 5門에서는 대개 규기의 주석을 초록하고, 뒤의 釋文에서는 《유가론약찬》에 대해 해설한 후 順憬 · 文備 · 玄範 · 神泰 · 惠景 · 惠達 · 圓測 · 元曉 · 神廓 · 僧玄 등의 諸說을 열거한다. 《유가사지론》의 제66권 이하의 부분에 대해서는 《유가론약찬》이 빠뜨린 곳이 많기 때문에 神泰 · 惠景의 주석을 인용하고, 드물게 자신의 견해를 제시한다. 이 책의 뒷부분인 제19권 下에서는 (24卷本을 기준으로) 번뇌의 斷道에 관해 遁 · 融

2법사의 견해, 제20권 上에서는 如來藏에 관한 南·北 兩道의 異說, 제20권 下에서는 聲聞의 種性이 정해져 있는가 정해져 있지 않은가에 관한 吉藏의 해석, 제21권 上에서는 化土別處의 有無 및 10念別時意에 관한 주장들을 게재하고 있다. 이 밖에 智首·道宣 등의 견해도 인용하고 있다. 이 책은 《유가사지론》 全文의 註疏로서 많은 학자들이 귀중하게 이용하는 자료가 되었다. 또한 핵심 부분인 본문의 해석에 있어서 圓測과 窺基의 어느 한쪽에 치우치지 않는 中正을 취하고 있다는 점에서 학계에서 높이 평가되고 있는 문헌이다.

관련된 연구로는 일본 塚本善隆의 〈佛教史料로서의 金刻藏經, 특히 唐宋釋教目錄과 宋法相宗章疏에 대하여〉(《東方學報》제6, 京都)가 있다.

## 유가사지론 瑜伽師地論 100卷

산스크리트 명칭은 《Yogācāra-bhūmi》 또는 《Yogācārya-bhūmi》 《Yogacaryā-bhūmi》이다. 漢譯 계통의 說에서는 彌勒의 저술이라 하나, 티벳에서 전하는 바에 의하면 無著의 저술이라 한다. 300~350년경에 성립된 것으로서 瑜伽行派의 기본적인 논서이다. 현재 梵本·漢譯·티벳譯이 모두 전해진다. 漢譯엔 여러 종류가 있는데 唐의 玄奘이 完譯한 것을 略하여 《瑜伽論》이라고도 한다. ㊅30-279, ⓚ15-465.

〔내용〕 漢譯의 完譯本을 통해 그 내용을 살펴보면, 이 책은 瑜伽行者의 境·行·果를 명확히 한 것으로서 阿賴耶識說, 三性三無性說, 唯識說, 이 밖의 다양한 문제가 상세히 論究되고 있어서 3~4세기경 인도의 소승 및 대승불교의 사상을 연구하는 데 있어서 일대의 寶庫이다. 이 책의 조직은 5分되는데, 제①의 本地分에서는 三乘의 사상을 제1五識身相應地, 제2意地, 제3有尋有伺地, 제4無尋唯伺地, 제5無尋無伺地, 제6三摩呬多地, 제7非三摩呬多地, 제8有心地, 제9無心地, 제10聞所成地, 제11思所成地, 제12修所成地, 제13聲聞地, 제14獨覺地, 제15菩薩地, 제16有餘依地, 제17無餘依地의 17地로 나누어 설한다(1~50卷)·제②의 攝決擇分에서는 本地分 중의 要義를 해명하고(51~80卷)·제③의 攝釋分에서는 諸經의 儀則을 해석하며 (81~82卷), 제④의 攝異門分에서는 경전 속에 나타난 諸法의 名義를 해석하며(82~84卷), 제⑤의 攝事分에서는 三藏속의 要義를 해석하고 있다(85~100卷).

漢譯의 部分譯으로서는 위의 제①의 本地分中 제15菩薩地에 해당하는 것으로서 北涼의 曇無讖이 번역한 《菩薩地持經》(10卷)과 劉宋의 求那跋摩가 번역한 《菩薩善戒經》(9卷)이 있다. 또 위의 제① 앞부분에 해당하는 것으로서 梁의 眞諦에 의한 《十七地論》5卷이 있었으나, 지금은 전해지지 않고 있으며, 위의 제② 앞부분에 해당하는 《決定藏論》3卷이 번역되었다. 한편 주석서로는 最勝子의 《瑜伽釋》이 있는데, 그 앞부분의 1卷만이 玄奘에 의해 번역되었다(이상은 모두 ㊅30에 수록되어 있다).

〔원전 및 주석〕 《瑜伽論》의 梵本中 菩薩地(제①의 제15)의 梵文 사본이 네팔에서 발견되어 케임브리지大學 도서관에 보관되어 있는 것을 일본의 荻原雲來박사가 로마字로 출판하였다(Unrai Wogihara 《Bodhisattvabhūmi》, Tokyo, 1930). 이어서 인도의 Rahula Sankrtyayana가 티벳에서 《유가론》 전체의 梵文 사본을 발견하였는데, Bhattacharya가 제①本地分의 五識身相應地로부터 無尋無伺地까지(漢譯의 1~1

0卷에 해당하는 것)를 제1分册으로 출판했다 (Vidhushekhara Bhattacharya ed. 《The Yogācārabhūmi of Ācārya Asaṅga》, pt. 1, University of Calcutta, 1957). 完譯된 티벳譯本으로는 《Rnal-ḥbyor spyod-paḥi sa》(Yogacaryābhūmi ㊗109-211~111-253)가 있는데, 이것은 Prajñāvarma · Surendrabodhi · Jinamitra 등의 數人에 의해 번역된 것이다. 주석으로는 Jinamitra가 저술한 《Yogacaryābhūmi-vyākhyā》(㊗111-253)와 Yon-tan ḥod(德光)이 저술한 《Bodhisattvabhūmi vṛtti》(㊗112-1~22), 역시 德光의 《Bodhisattvaśīlaparivarta-bhāsya》(㊗112-22~26), Jinaputra(最勝子)의 《Bodhisattvaśīlaparivarta-ṭīkā》(㊗112-26~43), Rgya-mtsho sprin(Sagara-megha, 海雲)의 《Yogacaryābhūmau bodhisattvabhūmi-vyākhyā》(㊗112-43~215) 등이 있다.

인도에서는 《유가론》에 근거하거나 영향을 받은 논서가 많다. 《顯揚聖教論》20卷(梵文 · 티벳文은 없다)은 無著이 《유가론》의 내용을 재조직하여 11品으로 만든 것이고, 《大乘阿毘達磨集論》7卷도 無著이 《유가론》의 교의를 재조직하여 대승의 論藏으로 삼은 것이다. 또한 무착의 《攝大乘論》*, 世親의 《攝大乘論釋》이나 《佛性論》*, 護法의 《成唯識論》* 등 어느 것이나 《유가론》의 영향을 받고 있다. 또 《대승장엄경론》*13卷(Mahāyānasūtrālaṃkāra)의 品名은 《유가론》에서 菩薩地의 品名과 거의 동일한데, 보살지에 근거하여 그 내용을 발전시킨 것이다. 중국에 있어서 《유가론》의 연구는 唐代에 성행하여 註疏도 많이 저술되었으나 현존하는 것은 基의 《瑜伽論略纂》16卷(제66卷까지의 註解, ㊅43-1), 遁倫의 《瑜伽論記》48卷(㊅42-311)이 있고, 또 敦煌에서 출토된 것으로 《瑜伽論分門記》6卷, 《瑜伽論手記》4卷이 있다(㊅85-804). 한편 일본에서의 연구서로는 增賀의 《瑜伽論問答》7卷(㊅65-269)이 있다.

〔참고문헌〕 日譯은 [譯一] 瑜伽部 1~6에 수록되어 있다. 연구서로는 宇井伯壽의 《瑜伽論研究》(1598)가 유명하며, 菩薩地를 해독한 것으로 《梵漢對照菩薩地索引》(1961)이 있으며, 英書로서 Alex Wayman의 《Analysis of the Śravakabhūmi Manuscript》(University of California press, 1961)가 있다. 菩薩地의 眞實義品만을 번역 · 연구한 것으로 Janice Dean Willis의 《On Knowing Reality》(Columbia Unicersity press, 1979)가 있다.

## 유교경 遺教經

《佛垂般涅槃教誡經》《佛遺教經》《佛垂涅槃略誡經》《佛臨涅槃略誡經》 등 여러가지 명칭으로 전한다. 산스크리트 원전과 티벳 번역은 전해져 있지 않고, 漢譯은 鳩摩羅什(344~413)의 번역이라 간주되고 있다.(㊅12-1110, Ⓚ13-1180).

붓다가 입멸에 임박하여 제자들에게 마지막으로 설법하는 정경을 설하고 있다. 붓다는 鹿野苑에서 최초의 설법으로써 5비구를 교화하고, 최후의 설법에서 須跋陀羅를 구제하여 중생 제도의 사명을 마치게 되는데, 娑羅雙樹 사이에서 이제 곧 입멸할 것임을 먼저 말한다. 그 다음 여러 제자들에게 입멸 후에는 波羅提木叉를 스승으로 삼아 戒를 지키고, 身心을 다스려 5欲을 삼가하며, 靜寂을 구하도록 노력하고, 定을 닦아 깨달음의 지혜를 얻을 것을 설한다. 마지막으로 4諦의 가르침에 대해 의문스러운 바가 있으면 당장 질문하도록 세 번 권하는데, 이에 대해 제자들은 침묵으로써 의문이 없음을 표시한다. 이에 붓다는 곧 자비심으로써 法身의 常住와 世間의 무상을 설하며, 슬퍼하지 말고 노력하여 빨리 해탈을 얻어 지혜의 광명으로써 無明의 암흑을 제거해야 할 것이라고 가르치는데, 이것이 최후의 가르침이라고 마무리한다. 이 경전은 마찬가지로 붓다의 晩年에 있었던 일을 설한 阿含의 《열반경》*, 아쉬바고샤Aśvaghoṣa(馬鳴)의 《불소행찬》*(Buddhacarita) V, 《불본행경》* VII 등과 문체에 있어서 유사한 점이 많이 있다. 따라서 그러한 경전들과 밀접한 관계가 있는 것으로 생각된다. 漢譯은 어휘 구사나 문체에 있어서 매우 유려하며, 또한 붓다의 임종이라는 극적인 무대를 배경으로 하여 불교의 근본적인 가르침을 간결하게 설하고 있다. 때문에 예로부터 널리 보급되었으며, 주석서나 강론의 종류도 매우 많다. 특히 禪宗에서는 「佛祖3經」의 하나로서 중시되고 있다.

〔참고문헌〕 英譯으로는 Kaiten Nukariya 《The Sūtra of Buddha's Last Instruction》(Tokyo : 1827), Ph. Eidmann 《The Sūtra of the Teaching Left by the Buddha》(Osaka : 1952)가 있다. 日譯으로는 譯大 經部11, 譯一 經集 3. 논문으로는 渡邊海旭 〈佛遺經과 馬鳴의 作歟〉(新佛教 X, 6), 境野黃洋 〈佛遺教經과 佛所行讚에 대하여〉(思想 79), 保坂玉泉 〈佛遺教經의 成立에 대하여〉(駒澤實踐宗乘7) 등이 있다.

**유마경** 維摩經 Vimalakīrti-nirdeśa-sūtra

般若經 다음에 나타난 초기의 대승 경전 중에서도 그 성립이 오랜된 것 중의 하나이다. 이 경전은 中인도의 바이샬리Vaiśālī를 배경으로 하여 그곳의 菴羅樹園을 說處로 삼고 있다. 간혹은 바이샬리의 長者요 居士인 비말라키르티Vimalakīrti(維摩羅詰, 간단히 維摩詰 또는 維摩라고도 하는데, 번역하면 淨名)의 方丈(維摩거사가 거처하는 방의 크기를 가리키는 말로서, 후대에 사찰의 주지를 方丈이라 칭하는 것은 여기에 연유한다)을 說處로 삼기도 한다. 비말라키르티가 병이 들었으므로 붓다는 舍利弗 등에게 문안을 가도록 하지마는 그들은 일찌기 비말라키르티에게 어떠한 문제로 곤욕을 치룬 적이 있다고 말하며 거절한다. 마지막으로 文殊師利(Mañjuśrī)보살이 병문안을 맡는다. 비말라키르티의 方丈에서 두 大士가 快談을 나눌 것이라고 기대하여 붓다의 주변에 있던 대중들도 文殊보살을 따라간다. 文殊가 주로 질문을 하지만 간혹은 비말라키르티도 질문을 한다. 또 舍利弗은 질문할 역량이 없음에도 마음속의 관념에 사로잡혀 法座를 떠들썩하게 하는 발단을 이룬다. 비말라키르티는, 보살에게 병이 없으나 중생이 병든 탓으로 보살도 병든 것은 세상에서 자식이 병든 것을 본 부모가 병이 없음에도 아프게 되는 것과 마찬가지라고 가르친다. 또한 그 가족 등의 소재를 묻자, 지혜가 母요 方便이 父라는 등으로 답한다. 특히 보살의 悟入(入不二)에 대해서는 각 보살이 더러움과 깨끗함을 不二로 생각하는 것이 入不二라는 등으로 말하는 데에 대하여, 文殊는 無言無說이 入不二라고 말한다. 나아가 비말라키르티가 아무 소리도 않고 조용히 있을 때 文殊는 이것이야말로 참된 入不二라고 말한 일면은, 후대의 禪家 등에서 관심을 쏟게 된 유명한 장면이다. 이상은 이 경전의 14品 전체 중에서 問疾·佛道·入不二 등의 몇 品에 나타난 일면일 뿐이지만, 교리적으로는 般若皆空의 사상에 의해 大乘菩薩의

실천도를 앙양하고, 다른 한편으로는 浄土教의 趣意에 의한 재가신자의 종교적 덕목을 천명하고 있는 점이 두드러진 특색으로서 주목된다(香積佛 · 菩薩行 · 見阿閦의 諸品을 참조). 생각컨대 이 경전을 「不可思議解脱의 法門」이라고 달리 부르고 있다는 점을 참조하더라도, 깨달음을 얻은 보살들이 중생의 제도를 위해 入出自在함을 설하는 것이 그의 근본 취의라 할 것이며, 직접 이 이치를 밝힌 不思議品 제6을 중심으로 하여 이 경전을 이해해야 할 것이다. 비말라키르티와 같은 경우는 그러한 대승보살의 활동 사례로서 나타난 것에 지나지 않는다. 維摩의 方丈이라는 장소와 동시에 菴羅樹園에서 붓다가 직접 설법하고 있다는 점에서도 이 경전의 중요성이 엿보인다. 앞에서 말한 浄土說도 비말라키르티가 文殊나 대중들과 함께 붓다의 주변으로 복귀함으로부터 설해진 것이고, 또한 이 경전의 서두인 佛國品 제1에서 『마음이 浄하면 곧 土도 浄이다』고 말한 것은 《유마경》의 근본적인 입장을 단적으로 드러낸 것이며, 浄土教의 趣意로 되어 있다. 이상에서는 方便 · 弟子 · 菩薩 · 觀衆生 · 法供養 · 囑累의 諸品을 언급하지 않았지만, 이 경전이 설하는 바의 대강은 이것으로 충분하리라 생각된다.

漢譯으로서는 현존하는 것이 3本이 있으나 羅什이 번역한 《維摩詰所說經》 3卷(㊅14-537, Ⓚ9-977, ㊊67)이 가장 널리 이용된다. 근대의 英譯과 獨譯도 이것을 근간으로 삼고 있다. 현재 梵本으로의 복원이 시도되고 있는데, 이를 위해서는 필수적으로 현존하는 티벳譯(㊍34-74)과 漢譯의 2종, 즉 支謙 번역의 2卷本(㊅14-519, Ⓚ 9-1007)과 玄奘번역의 6卷本(㊅14-557, Ⓚ 9-1035)을 참고하여야 한다.

〔참고문헌〕 日譯은 [譯一] 經集部6에 있다. 獨譯으로는 Jakob Fischer와 禪田武三이 共譯한 《Das Sutra Vimalakirti, Das Sutra jiver Erlosung》(1944), 佛譯으로는 Étienne Lamotte 《L'-Enseigment du Vimalakirti, Vimalakirti-nirdeśa》(1962), 英譯으로는 《Charles Luksa Sutra》(1972)가 있다. 일본에서의 최근 번역은 紀野一義 《維摩經》(大藏出版, 1971), 丹治照義 《維摩經 · 首楞嚴三昧經》(中央公論社《大乘經典》7, 1974) 등이다. 연구서로서는 橋本芳契 《維摩經의 思想的研究》(法藏館, 1966)가 있는데, 티벳譯에 대한 연구로서 大庇實秋의 〈Tibetan Text of Vimalakirti-nirdeśa〉가 《인도古典研究》1 (成田山新勝寺, 1970)에 실려 있다.

### 유마힐소설경주 維摩詰所說經註 10卷

흔히 《註維摩》라고 약칭한다. ㊅38-327. 鳩摩羅什(344~413)이 《유마경》*을 번역할 때, 그 장소에 같이 있었던 僧肇가 스승의 說을 道生 · 道融의 說과 합하여 자신의 說로 삼아 서술함으로써 유마경의 저의를 발휘하는 데에 힘쓴 책이다. 이 책은 중국에 전해진 불교에 대해 가장 큰 사상적 영향을 끼쳤다. 맨 앞에 승조 자신의 서문을 달고 있는데, 중간에서 서술한 「本地 · 垂迹」의 견해는 《유마경》의 本義를 잘 통찰한 것인 한편, 이 경전과 《법화경》* 등의 사이에 교리적으로 깊이 상통하는 것이 있음을 나타내는 것으로서 중요하다. 본문은 經文의 순서에 따라 해석한 것으로서, 漢譯本을 근본으로 하는 《유마경》 註로서는 최초의 것인 동시에 기본적인 것이다. 智顗의 《玄疏》6卷과 《文疏》28卷, 慧遠의 《義記》8卷, 吉藏의 《義疏》8卷과 《略疏》5卷 등은 모두 羅什의 번역을 근거로 한 유마경

연구서이지만, 그 해석의 근저에는 항상 이 책의 견해가 가로놓여 있었다고 해도 좋다. 또 窺基의 《說無垢稱經疏》12卷은 직접적으로는 玄奘이 번역한 유마경(《說無垢稱經》6卷)에 대한 주석이지만, 오로지 羅什譯의 《유마경》 내지 이 《註유마》의 說에 주의를 쏟고 있다. 확실히 《유마경》은 그의 성립본원지인 인도에선 일찌기 연구되었을 것인데, 世親(Vasubandhu)에겐 독립된 《유마경論》(현존하지 않음)까지 있었다고 한다. 《유마경》에 대한 羅什의 관점은 그러한 본토적 해석에 직접 연결되는 것이고, 한편 道生 등의 관점은 중국인으로서의 식견에 입각하면서도 불교의 眞義에 육박한 것이기 때문에, 그들의 관점을 내용으로 한 이 책의 사상사적 의의는 거의 무궁하다. 특히 《古維摩》에 의해 佛門에 들어선 僧肇가 羅什의 새로운 번역에 의해 크게 계발된 동시에, 老莊學의 소양에 근거하여 유마경을 이해하는 데 신천지를 열었다는 뚜렷한 흔적이 책의 도처에서 발견된다. 바로 여기에 이 책이 동양철학의 한 古典으로서도 그 생명을 잃지 않는 이유가 있다. 이 책은 禪家에서도 매우 중요시되었다.

이에 대한 연구로는 橋本芳契의 〈註維摩詰經의 思想構成—羅什 · 僧肇 · 道生 三師說의 對比〉(印佛硏6의2), 〈註維摩의 道生說〉(宗教研究 214號), 〈註維摩의 羅什說〉(印佛硏21의2) 등이 있다.

## 유식삼십송 唯識三十頌 1卷

산스크리트 명칭은 《Triṃśikāvijñaptimātratā siddhi》(30頌의 成唯識)로서 바수반두Vasubandhu(世親 · 天親, 320~400경)의 저작이다. 漢譯으로는 眞諦(Paramārtha)가 563년경에 번역한 《轉識論》과 648년 또는 649년에 玄奘이 번역한 것(㊅31-60, Ⓚ17-484)이 있다. 티벳譯은 頌 및 釋疏(㊀113-231~233, 300~312)가 남아 있다.

〔내용〕 唯識說은 《해심밀경》*과 《大乘阿毘達磨經》에서 출발하여 彌勒과 無着에서 대강 완성되었으나, 약간 부족한 점이 있는 것을 世親이 보완함으로써 전체적으로 완성에 이르렀다. 世親 이후의 유식설로서는 변천은 있었으나 발전이라고 말할 수 있는 정도의 것은 아니다. 世親이 보완한 점으로서 주요한 것은 두 가지이다. 《유식30송》은 《해심밀경》으로부터 《섭대승론》*까지의 여러 책에 의해 밝혀진 유식설의 大綱을 30개의 頌으로 정리한 것인데, 이때 종래의 說에는 없었던 變異(pariṇāma)와 心所의 說을 새로이 덧붙였다. 이 책은 약 30개의 頌 속에 唯識說의 전체를 압축해 놓은 것으로서 心所에 관한 설명에 많은 頌을 할애하고 있는 점이 두드러진다. 이는 世親이 心所라는 것을 3性 · 轉依 · 2智 등보다도 특히 중시했기 때문인 것은 아니고, 《해심밀경》 《중변분별론》* 《대승장엄경론》* 《섭대승론》* 등의 중요한 저작에서 心所에 대한 설명이 매우 빈약했기 때문이다. 중요하더라도 종래에 상세히 설해져 있는 것은 간략히 다루고 있다.

心所 외에 世親이 보완한 또 하나의 것은 識의 變異(vijñānapariṇāma)라는 사상이다. 파리나마pariṇāma(玄奘의 번역에선 「轉變」)는 종래에 불교에서만이 아니라 널리 쓰이고 있었으나, 그 pariṇāma를 특히 識에 결부시켜 vijñānapariṇāma라는 개념을 유식설의 술어로 구성했던 이는 世親이다. 그의 이전에는 vijñānapariṇāma라는 개념이 발견되지 않는다. 매우 조직

적이고 포괄적으로 유식설을 서술한 《섭대승론》에서도 vijñānapariṇāma라는 말은 한 번도 나타나지 않는 데에 비해 이와는 비교도 되지 않는 小篇인 《유식30송》에서는 5회나 이 말이 사용된다. 따라서 《유식30송》의 사상 체계 속에서 이 말은 중요한 역할을 담당하고 있다. 그런데 그 의미에 대한 安慧와 護法의 해석은 확실히 잘못되어 있다. 安慧에 의하면 「識의 變異」란 前後의 찰나에 걸쳐 識과 識 사이에 인정되는 相違이지만, 護法에 의하면 同一찰나 즉 現在찰나에 있어서 能變의 識體와 그의 所變 사이의 관계이기 때문에 轉變은 두 찰나에 걸칠 수가 없다. 이들 두 가지 해석 중에서는 護法의 해석보다도 安慧의 견해가 《유식30송》의 梵文과 일치한다는 것이 논증되었다(上田義文《唯識思想入門》). 識體로부터 相分이 變現하는 것을 설하여 『變이란 말하자면 識體가 轉化하여 2分인 것처럼 보이게 된다』고 하는 《성유식론》*의 사상은 바로 護法의 독창적인 생각으로서, 安慧나 世親이 모르고 있었던 사상이다. 이 轉變의 사상을 기본으로 하여 유식설이 구성되어 있는데, 《성유식론》의 설은 觀念論이 되어 있는 것이다. 그러나 安慧나 世親에게는 『識體로부터 相分(心內의 境)이 變現한다』고 하는 사상은 없다. 따라서 그들의 사상이 관념론인 것은 아니다(→《유식20론》). 變異란 識의 상태가 앞의 찰나와 지금의 찰나에서는 「변하여 다르게 되어 있는 것」이다. 無着(Asaṅga)에 이르기까지는 現在刹那에 있어서 識과 境의 관계가 잘 드러나 있었으나, 前後의 관계를 명확히 드러내는 개념이 결여되어 있었으므로 世親이 「識의 變異」라는 개념으로 이를 보완했던 것이다.

〔참고문헌〕산스크리트 원전은 Sylvain Lévi의 《Vijñāptimātratāsiddhi, Triṃśika》(Paris, 1925)가 있다. 주석으로는 梵文으로 된 安慧의 釋이 있는데, 宇井伯壽의 《安慧護法唯識三十頌》은 이에 대한 日譯과 연구이다. 이 밖의 연구서로서 山口益·野澤靜證의 《世親唯識의 原典解明》, 上田義文의 《唯識思想入門》이 있다. 世親의 작품들에 대한 최근래의 연구로는 Stefan Anacker의 《Seven Works of Vasubandhu》(Delhi : Motilal Banarasidass, 1984)가 있는데, 여기에는 《유식30송》이 英譯되어 있고 梵文이 부록으로 실려 있다. 唯識說의 전반에 관한 연구로는 《講座大乘佛教 제8 唯識思想》(春秋社)이 최근의 견해를 망라하고 있다.

## 유식이십론 唯識二十論 1卷

산스크리트 명칭은 《Viṃśatikāvijñāptimātratāsiddhi》(20頌의 成唯識)로서 바수반두Vasubandhu(世親·天親, 320~400경)의 저작이다. 漢譯은 菩提流支(Bodhiruci)가 509~535년(정확한 연대는 不明)에 번역한 것, 眞諦(Paramārtha)의 번역(563년), 玄奘이 661년에 번역한 것(㊅31-63, Ⓚ17-608) 등이 있다. 티벳譯은 頌 및 註(㊎113-233~236)가 남아 있다.

〔내용〕唯識說에 대한 世親의 저작은 대부분이 彌勒이나 無着의 책에 대한 주석의 형식으로 저술되었는데, 독립된 책은 《유식30송》*《유식20론》《三性論偈》 정도이다. 《유식20론》은 불교 밖의 학파 및 소승의 입장으로부터의 唯識說에 대한 비평이나 의문에 답하는 형식을 통해 간접적으로 唯識說을 명확히 했던 것인데, 직접적으로 唯識說의 내용을 조직하여 설명한 《유식30송》과 한짝을 이루어 유식설을 밝히고 있다.

유식설이란 『諸法(森羅萬象)은 識에 지나지

않는다』는 說인데, 많은 학자들은 이것이 觀念論(idealism)이라고 생각하고 있다. 그러나 이는 올바른 해석이 아니다. 유식설에는 유력한 두 가지의 조류가 있다. 彌勒·無着·世親·安慧 등이 활약했던 초기에 있어서 유식설이 관념론이었던 것은 아니었으나 후에(아마 6세기경) 관념론으로 轉化했다. 轉化된 후의 유식설은 護法(Dharmapāla)의 《성유식론》*으로 대표된다. 이것은 玄奘을 통해 널리 오랫동안 유포되었다. 이 유식설의 기본이 되는 사고방식은 阿賴耶識을 근본으로 하는 8識이 轉變하여 萬象이 되어 나타난다는 것인데, 이는 분명히 관념론이다. 이 說에 비교되는 입장인 옛 유식설의 기본적인 특징은 알라야(阿賴耶)識까지 포함하여 『識의 본질은 無이다』(識은 非識을 自性으로 삼는다)고 생각하는 점에 있으므로, 관념론이라기 보다는 오히려 無心論이라고 해야 할 것이다. 彌勒·無着·安慧·世親·眞諦 등의 책을 읽을 때는 《성유식론》에 이끌린 관념론적 이해에 빠지지 않도록 주의를 쏟지 않으면 안된다. 《유식20론》을 대하면 특히 이런 점을 느낄 수 있다. 여기서는 꿈을 비유로 삼아 萬法唯識의 도리가 설명되고 있는데, 이것을 보면 아무래도 관념론인 것처럼 생각된다. 꿈 속의 사물이나 동작은 실재하지 않는데도 실재하는 것처럼 나타나는 것과 마찬가지로, 만상의 본질도 아무런 실재성이 없고 識만이 實在라고 말하고 있는 것처럼 이해된다. 여기서는 識이 非識을 본질로 삼고 있음이 잘 설명되고 있지 않기 때문이다. 世親이 「唯識」의 識을 無를 본질로 삼는 것으로 생각하고 있었던 점은 《中邊分別論釋》《法法性分別論註》《유식30송》 등을 통해 분명히 알 수 있기 때문에, 《유식20론》에 그것이 명료하게 설해져 있지 않더라도 識에 대한 그의 견해는 마찬가지일 것으로 보지 않으면 안된다. 識의 본질을 無라고 생각한 점은 識을 實在라고 생각하지 않는 것으로서, 실재는 識까지도 초월한 것이라고 생각하고 있었음을 의미한다. 《유식20론》에 있어서 꿈의 비유는 사람들이 실재라고 잘못 생각하고 있는 것을, 다시 말해서 실재라는 그릇된 관념을 깨뜨리는 데는 적절하지만, 참된 실재를 적극적으로 나타내는 데에는 적당하지 않다. 이 책을 읽음에 있어서 이러한 주의가 없으면, 이 책은 관념론을 주장한 것이라고 간단히 해석해 버릴 우려가 있다.

〔참고문헌〕 산스크리트 원전으로는 Sylvain Lévi의 《Vijñāptimātratāsiddhi, Viṃśatika》(Paris, 1925)가 있다. 연구서로는 宇井伯壽의 《四譯對照 唯識二十論研究》, 山口益·野澤靜證의 《世親唯識의 原典解明》이 있는데, 후자는 Vinītadeva(調伏天)의 復註를 수록하고 있다. 또 山口益과 佐佐木月樵의 《唯識二十論의 對譯研究》(東京 : 國書刊行會, 1977)는 漢譯과 티벳譯을 대조한 것으로서 1923년에 발행된 것이 再刊되었다. 이 밖에 護法의 주석인 《成唯識寶生論》(또는 《二十唯識順釋論》)5卷을 宇井伯壽가 日譯한 〈成唯識寶生論研究〉(名古屋大學文學部研究論集 VI)가 있다. 다만 이러한 책들을 읽어 보아도 識의 본질이 無라는 점은 곧바로 알 수 있도록 설명되어 있지는 않다. 世親의 작품들에 대한 최근의 연구로는 Stefan Anacker의 《Seven Works of Vasubandhu》(Delhi : Motilal Banarasidass, 1984)가 있는데, 여기에는 《유식20론》의 梵文이 부록으로 실려 있고, 英譯도 되어 있다. 唯識 전반에 대한 최근의 연구로는 《講座大乘佛教》(春秋社) 시리

즈의 제8《唯識思想》이 주요 문제를 다루고 있다. 譯一 瑜伽部7에 日譯이 있다.

## 육도집경 六度集經 8卷

康僧會가 251~280년에 8권으로 번역한 것이다. ㊅3-1, Ⓚ11-285, ㉿9. 붓다가 보살이었을 적의 이야기, 즉 前生談(자타카)*을 모아 기록한 것이다. 총 91개의 자타카를 布施·戒·忍辱·精進·禪(定)·明이라는 6度의 각각에 배당하여 모았기 때문에 六度集經이라 한다. 자타카란 붓다가 前生에 보살이었을 때의 이야기라는 것은 잘 알려진 사실이지만, 이 경전은 특히 대승불교의 핵심을 이루는 菩薩行을 고양하는 데에 주된 목적을 두고 편찬된 흔적이 있다. 뿐만 아니라 붓다의 전생 이야기와 아울러 彌勒의 전생 이야기가 종종 등장하고 있다는 점, 또 《반야경》*을 이미 알고 있으므로 道行般若와 같은 계통에 속하는 듯하다는 점 등이 특색이다(干潟龍祥《本生經類의 硏究》p.103 이하 참조). 여기서 다루고 있는 자타카의 대부분은 팔리 및 다른 漢譯 경전에서 소개된 것들이다. 원전은 사라져 전해지지 않는데, 한역은 소위 古譯에 속하는 3세기의 것이며, 또 내용 등으로 유추해 볼 때 2세기에는 그 根幹이 성립되어 있었을 것으로 생각된다.

日譯은 譯一 本緣部6에 있다.

## 육방예경 六方禮經 Siṅgālovādasuttanta

後漢의 安世高(2세기)가 漢譯한 원래의 명칭은 《佛說尸迦羅越六方禮經》(㊅1-250Ⓚ19-236, ㉿1)이다. 이 경전은 초기불교에 있어서의 在家者의 윤리를 매우 간결하고 요령있게 설하여 유명하다. 일상생활의 지침을 제시한다. 이 경전의 원형은 매우 일찌기 성립된 것으로 보이는데, 아쇼카王(기원전 3세기) 이전, 어쩌면 마우랴王朝 이전일지도 모른다. 이 경전은 異本이 많고 명칭도 가지가지다. 팔리語의 원전으로는「싱갈라에 대한 교훈」(Siṅgalovādasuttanta)이라는 명칭으로 長部 제31經에 수록되어 있다. 漢譯에서는 이 외에도 3종이 있는데, 《佛說善生子經》(㊅1-252, Ⓚ19-624, ㉿1)과 장아함 제12經(Ⓚ17-910, ㉿1) 및 중아함 제19經(Ⓚ18-68, ㉿3)의 《善生經》이 그것이다.

팔리本에 의하면 이 經의 구성은 산문과 운문이 반복된다. 운문은 그 앞에서 서술한 산문의 내용을 정리하여 결론짓는 것이다. 이 경전에서는 싱갈라가 아버지의 유언에 따라 東·西·南·北·上·下의 6방을 합장 예배하는 것을 본 붓다가 그런 식의 단순한 예배는 무의미하다고 지적한다. 그리하여 東方을 부모, 南方을 스승, 西方을 아내와 자식, 北方을 친구, 下方을 하인이나 고용인, 上方을 沙門에 각각 할당하고 그러한 사람들을 생각하면서 예배해야 한다고 하여, 세속적 인간관계의 이상적인 방도를 설하고 있다. 특히 부부관계에 있어서 아내의 위치를 중시하고, 主從의 관계에 있어서 하인이나 고용인의 입장을 이해할 것을 제시한다. 또 나쁜 친구를 피하고 마음가짐이 착한 친구와 가까이할 것을 권한다. 세속의 생활에 있어서 재산의 보전을 중시하며, 재산을 낭비하지 않도록 해야 한다고 설한다. 在家者의 윤리로서 살생하지 말 것, 주지 않는 것을 취하지 말 것, 거짓말을 하지 말 것, 타인의 아내에게 가까이하지 말 것이라는 네 개의 戒를 지키도록 한다. 근본적으로는 마음 속의 탐욕·노여움·공포·어리석음을 멸해야 한다고 설한다.

〔참고문헌〕 원전의 英譯으로는 J.E. Carpenter 《The Dīgha-Nikāya》vol. Ⅲ (PTS, 1911)에 수록된 것이 있고, T.W. and C.A.F. Rhys Davids 《Dialogues of the Buddha》partⅢ(1921)에도 실려 있다. 日譯은 南傳 Ⅷ에 실려 있다. 이에 대한 연구로는 中村元《原始佛教》 5vols. (春秋社)를 참조.

## 육조단경 六祖壇經 1卷

681년경 慧能(638~718)의 저술로서 본래의 명칭은 《六祖大師法寶壇經》이다. ㊅48-345(돈황本은 pp.337~345). 이 책은 禪宗 제6祖인 慧能이 韶州의 大梵寺에서 설법한 내용을 韶州刺史인 韋據의 명에 의해 제자 法海가 집록한 것이다. 敦煌本의 제목은「南宗頓教最上大乘摩訶般若波羅蜜經六祖惠能大師於韶州大梵寺施法壇經」으로 되어 있는데, 간단히 《壇經》이라고도 호칭되었다. 이 책에는 많은 異本이 있고, 그 내용의 分科도 각기 다르다. 興聖寺本에는 上卷에 ① 緣起說法門 ② 悟法傳衣門 ③ 爲時衆說定慧門 ④ 教授坐禪門 ⑤ 說法香懺悔發願門 ⑥ 說1體3身佛相門이 있고, 下卷에 ⑦ 說摩訶般若波羅蜜門 ⑧ 問答功德及西方相狀門 ⑨ 諸宗難問門 ⑩ 南北二宗見性門 ⑪教示10僧傳法門, 滅度年月附가 있다. 또한 宗寶本에는 行由제1 · 般若제2 · 疑問제3 · 定慧제4 · 坐禪제5 · 懺悔제6 · 機緣제7 · 頓漸제8 · 宣詔제9 · 付囑제10으로 되어 있다. 異本의 하나인 大乘寺본은 일본 曹洞宗의 개조인 道元이 宋本을 베낀 것이라고 한다. 많은 異本 중에서는 돈황本이 가장 오래되어 원형을 제시하는 것인데, 그 후의 《壇經》은 이것이 점차 변천하여 온 것이다. 그러나 돈황本 중에도 新 · 古의 구별이 있다. 즉 돈황본 57節 속에서 大梵寺의 설법과 관계없는 제38절 이하는 분명히 후대 사람이 부가한 것이라고 생각되며, 또 제38절까지에서도 후대 사람이 부가한 부분이 있다고 추정된다. 이 책은 단지 중국에만 유포되었던 것이 아니라 한국 · 일본에도 전파되었음은 물론, 1071년에는 西夏語로도 번역되었다.

〔내용〕 北宗禪에 대하여 南宗禪의 독립을 선언한 것으로서 頓悟 · 見性의 사상을 설하고 있다. 특히 《금강般若經》(→금강경)에 기초하여 반야삼매를 설하고, 一切法이 無相無念임을 밝혔다. 南宗禪의 사상을 단적으로 나타낸 것으로는 이 책에서 혜능의 게송으로 되어 있는『깨달음에는 본디부터 나무가 없고 맑은 거울도 역시 바탕이 아니다. 본래 활짝 열려 아무것도 없는데 어느 곳에 먼지나 티끌이 있을쏜가』(菩提本無樹 明鏡亦非台 本來無一物 何處有塵埃)라는 1句가 유명하다.

〔참고문헌〕 이 책에 대한 비판적인 문헌 연구의 시발은 松本文三郎의 《金剛經과 六祖壇經의 연구》(京都, 1913)이고, 이어서 宇井伯壽의 《第二禪宗史研究》(東京, 1931) 중 〈壇經考〉가 등장하였다. 鈴木大拙의 《禪思想史研究》 제2(東京, 1951)는 이 책을 사상적으로 해명하는 데 있어 가장 뛰어난 연구이다. 원전으로는 鈴木大拙과 公田連太郎이 교정한 돈황本 · 興聖寺본의 《壇經》(森江書店, 1934)이 편리하다. 日譯은 譯一 和漢部, 諸宗部9에 있으나 최근에 中川孝가 번역한 《六祖壇經》(禪의 語錄4, 筑摩書房, 1976)은 원문을 내용별로 세밀하게 단락지어 각각 直譯 · 意譯을 원문과 함께 제시하여 대조할 뿐만 아니라, 각각 자세한 주해를 달고 이 책에 대한 전체적인 해설을

싣고 있으므로 매우 유익하다. 연구로는 松本文三郎의 〈六祖壇經의 硏究〉(《佛教史雜考》에 수록), 久野芳隆의 〈流動性이 풍부한 唐代의 禪宗典籍〉(《宗教硏究》新14의1), 川上天山의 〈西夏語譯六祖壇經에 대하여〉(《支那佛教史學》2의3), 柳田聖山의 《初期禪宗史書의 硏究》(法藏館), 中川孝의 〈敦煌本壇經의 問題点〉(印佛硏17의1) 등이 있다.

## 율경근본석 律經根本釋

셰랍상포 Śes-rab bzaṅ-po(慧賢)의 저술로서 본래의 명칭은 《Ḥdul-ba mdo-rtsa-baḥi rnam-bśad ñi-maḥi ḥod-zer legs-b'sad luṅ-gi rgya-mtsho shes-bya-ba》(律經根本釋「태양의 光明善釋阿含이라는 바다」)이다. 이 책은 구나프라바Guṇaprabha(德光, Yon-tan ḥod, 6세기경)의 主著인 《律經》(Ḥdul-baḥi mdo, ㊤123–195~240)에 대한 割註인데, 이 《율경》은 소승 有部派의 계율서로서 티벳에서는 律經의 근본서로 간주되고 있다. 티벳의 계율은 有部律인데, 특히 구나프라바의 說이 존중된다. 그는 三地의 보살이면서도 小乘戒를 공부하여 불교의 정화에 노력한 사람이라고 전해지며, 샤캬프라바Śākyaprabha(釋迦光, Śā-kya ḥod)와 더불어 최상의 律師로서 존숭되고 있다. 저자는 티벳의 남부, 쪼나 지방의 비구로서 통칭 쿤켄쪼나와 Kun-mkhyen Tshogs-na-ba라고도 한다. 구나프라바의 說을 부연하여 세밀한 割註를 완성한 것인데, 이후 티벳 및 몽고불교의 계율 연구에 있어서 지침이 되었다.

일본의 河口慧海가 입수한 원본은 東洋文庫에 소장되어 있다.

## 율종강요 律宗綱要 2卷

일본의 凝然(1240~1321)이 1306년경에 律宗의 교리와 역사를 문답체로 서술한 책이다. ㊀74–5, 譯一 和漢部97, 護教部4上. 율종의 교리를 체계적으로 조직한 데에 이 책의 특색이 있다. 이 책에는 分節이 없으나 내용으로 보아 교리를 서술한 부분과 역사를 서술한 부분으로 나뉜다. 그러나 교리 부분이 전체의 3분의 2를 차지한다.

〔내용〕 맨 앞에서는 戒에 광대한 의미가 있는데, 戒·定·慧의 3學이 포함되어 있다 하여, 이를 통해 定·慧도 율종에 포함됨을 밝힌다. 다음에 율종의 입장은 3聚淨戒에 있다고 한다. 즉 악을 방지하는 攝律儀戒만이 아니라 善을 짓는 攝善法戒·攝衆生戒도 포함하고 있으므로 利他의 대승불교에 합치함을 강조한다. 저자가 설하는 3취정계는 攝律儀戒에 4分律을 배당하므로 《地持論》(→보살지지경)이나 《유가사지론》*에서 설하는 3취정계說과 동일하다. 그러나 《梵網經》(→범망보살계경)에는 3聚라는 명칭은 없지만 그 정신은 있다 하여, 梵網 등의 대승戒를 포함한 3취정계를 설하고 있다. 이어서 율종의 教判을 서술한다. 먼저 所依의 경전을 열거하는데, 법화*·열반(→대승열반경)·능가*·攝論(→섭대승론) 등이 소의경전이라 한다. 그리고 一代 불교를 化教와 制教로 나누고, 制教를 다시 有宗·空宗·中道宗으로 나눈다. 이것은 戒體論에 의한 분류이다. 化教와 制教의 3宗을 합하여 「4教判」을 세운다. 한편 化教는 다시 性空教·相空教·唯識教의 3觀으로 나누고 있다.

다음에 戒體論을 서술한다. 色法을 戒體라고 주장하는 설이나 非色非心의 不相應行을 계체라고 주장하는 설에 대해 南山율종은 수계時에 선한 생각을 바탕으로 하여 훈습하는 種子를 계체로 삼는다고 한다. 이어서 攝律儀戒와 4分律과의 관계를 지적하며, 3취정계에 通受와 別受가 있는데 南山율종은 浄戒를 宗으로 삼는다고 한다. 이어서 율종의 修行道를 설명한다. 《섭대승론》에 의거하여 수행의 단계에 願樂位·見位·修位·究竟位의 4位를 세우고, 悉有佛性의 입장에 서서 수행을 진전시키며, 4位의 각각에 있어서의 번뇌의 멸진을 상세히 설한다. 끝으로 究竟位로서의 佛身論을 서술한다. 이들 교리는 南山율종의 조사인 道宣의 저작에 있는 설을 적절하게 채택하여 조직한 면도 있으나, 그 대승적인 외양은 저자 자신이 華嚴宗의 교리를 채택하여 부족한 점을 메꾸고 있는 점이 많다. 比叡山측이 대승戒를 주장한 데에 대하여 南都의 율종도 결코 소승이 아니라는 점을 주장코자 하여 교리를 조직한 것으로 인정되는 면이 있다.

이 책의 뒷 부분에서는 율종의 역사를 서술한다. 처음에는 僧祇律·善見律(→선견율비바사)·有部의 전승을 통해 인도불교에 있어서의 律의 전승을 밝힌다. 율이 佛說에 기원을 두고서 師資相承에 의해 후대로 전해졌음을 서술한다. 중국에서는 율이 처음 전해졌을 때부터 율종의 전통이 성립되었다고 하여, 道宣의 南山宗, 法礪의 相部宗, 懷素의 東塔宗이라는 3宗으로 분리된 경위를 설명한다. 특히 남산宗의 相承을 자세히 설명하고 있다. 다음에 남산宗과 상부宗이 일본으로 전래된 경위를 밝힌다. 道璿과 鑑眞(→당대화상동정전)의 도래를 설명하는데, 東大寺에 있어서의 授戒, 戒壇院과 唐招提寺의 성립을 설명하며, 이어서 鑑眞 이후 율종의 상승을 서술하고 있다. 그러나 율종은 얼마 가지 않아서 쇠퇴하였으므로 實範·貞慶·覺盛·叡尊 등에 의해 계율의 부흥운동이 일어났음을 서술하여, 율종의 영고성쇠를 저자와 동시대까지 더듬고 있다. 한편 저자와 同시대에 俊芿가 宋나라에 들어가 南山宗의 19代인 如庵了宏으로부터 律을 수학하고 泉涌寺를 개창하여 北京律을 일으켰음을 설한다.

〔평가〕 저자의 시대에 이르기까지 계율의 교리를 조직한 책은 없었기 때문에, 저자는 그 풍부한 학식을 활용하여 諸律典은 말할 것도 없고 대승 經論에 이르기까지 많은 經文을 발췌하고서는, 주로 화엄종의 입장에 서서 율종의 교리를 체계화한 것이 이 책이므로 그의 공적은 대단히 크다. 이 책은 이 방면에서 유례를 찾기 힘든 우수한 저작이다.

원본으로는 1660년의 刊本이 있다. 주석으로는 智海가 찬술한 《율종강요科解》1卷이 있다고 한다. 이 책에 대한 상세한 연구 해설서로는 德田明本의 《律宗概論》(1969)이 있다.

## 이부종륜론 異部宗輪論 1卷

인도 소승불교의 저작으로서 산스크리트 명칭은 《Samayabhedoparacanacakra》. 바수미트라Vasumitra(世友)가 짓고, 662년에 玄奘(600~664)이 漢譯했다. ㊅49-15, Ⓚ 29-567. 說一切有部의 입장에서 소승의 諸派가 갈라져 나간 역사와 그들 諸派가 내세우는 교의의 요점을 기술한 것이다. 산스크리트 원전은 발견되지 않고 있으나, 티벳譯(㊌127-249)은 존재한다. 漢譯으로는 이 밖의 異譯으로서 《部執異論》《十八部論》이 있다. 전자는 陳의 眞諦(548~569년 중국에 거주)의 번역이고, 후자의 역자에 대해서는 의문점이 많으나 일설에 의하면 姚秦의 鳩摩羅什(401~413년 중국에 거주)의 번역이라 전한다. 저자에 대해서《十八部論》은 羅什法師集이라고 기록하고 있으나, 다른 곳에서는 바수미트라의 작품이라 인정하고 있다. 그러나 그에 대해서 상세한 것은 알려져 있지 않다. 說一切有部에서는 이 이름의 論師, 또는 이 이름을 저자로 하는 논서가 종종 전하고 있으나, 그와의 관계도 분명치 않다. 窺基의《이부종륜론述記》에 의하면 이 논서의 저자인 바수미트라는 佛滅 후 400년에 태어난 인물이라 하는데, 티벳의 타라나타Tāranātha(1575년生)가 편찬한 佛教史에 의하면 다르마팔라Dharmapāla(護法, 6세기)의 시대에 태어난 바수반두Vasubandhu(世親)의《구사론》*을 주석한 사람이라 한다. 그러나 이 논서는 이미 5세기 초엽에 漢譯되어 있기 때문에 타라나타의 말은 신빙성이 없다. 또 諸派의 분열은 1세기경까지 계속되었다고 생각되는데, 이 논서가 그 이전에 성립된 것은 아닐 것이다.

本論의 서두에서는 교단사를 서술하는데, 佛滅 후 100여년 阿育王(Aśoka)시대에 교단에 다툼이 일어나 大衆部와 上座部의 2派로 분열하였던 일부터 설하기 시작하고 있다. 이것을 보통 根本分裂이라고 칭하며, 이후 양 계통으로부터 다시 여러 派가 갈라져 나갔다. 즉 불멸 후 제2세기代엔 大衆部로부터 전후 4회에 걸쳐 一說部·說出世部·雞胤部·多聞部·說假部·制多山部·西山住部·北山住部 등이 일어났다. 上座部는 먼저 불멸 후 제3세기代의 초에 說一切有部와 雪山部로 분열되었는데, 그 후 설일체유부의 계통에선 불멸 후 제4세기의 초에 이르기까지 약100년 동안 6회에 걸친 분열이 일어나, 犢子部·法上部·賢胄部·正量部·密林山部·化地部·法藏部·飲光部·經量部 등이 생겨났다. 이상의 根本2부와 枝末18部를 합하여 흔히 小乘20部라고 말하곤 한다. 다음엔 각 諸部派의 교리를 서술하는데, 諸派의 本宗과 末宗에 있어서 同義와 異義를 설명한다. 먼저 大衆部 계통의 여러 派에 있어서 本宗이 지닌 同義로서 이상주의적인 佛陀觀·菩薩觀과 아울러 心性本浄說·現在實有過未無體說 등을 소개하고, 이어서 末宗이 내세운 異義로서 상세한 주장을 서술한다. 다음, 上座部 계통에 관해서는 설일체유부에 대하여 가장 상세하게 서술하는데, 三世實有說을 비롯하여 다른 여러 派와의 相違點, 혹은 그의 독특한 교리를 열거한다. 나아가 犢子部의 補特伽羅說 등을 비롯하여 그 밖의 다른 여러 派에 있어서 특징적인 교리를 설하는 데에까지 이르고 있으나, 이 중에는 有部에 반대하여 대중부에 일치하는 것도 적지 않다.

소승불교의 教義書로서 현존하는 것은 대부분이 설일체유부의 것으로 한정되어 그 밖의 부파의 것은 거의 존재하지 않으므로, 本論은 귀중한 자료가 된다. 諸派가 분열한 역사를 전하는 것으로서는 이 외에 南아시아에서 유포된 팔리語 성전 속에 설해진 傳承, 그 밖의 티벳譯과 漢譯에 두세 가지의 전승이 존재하고 있으나, 그것들이 꼭 일치하지는 않는다. 이는 전승의 相違 때문이기도 하지만, 또 한편으로는 이 논서가 오로지 설일체유부를 정통시하는 입장에서 논술되어 있기 때문이다.

이 논서에 대해서는 窺基의 述記가 있는데, 이에 대해서는 小山憲榮의《異部宗輪論述記發軔》(3卷)이 편리하다. 木村泰賢은 漢譯 3本을 대조하여 그에 대한 日譯과 함께 연구를 발표하였다(譯大 論部13, 1921). 한편 티벳譯에 관해서는 일찌기 와실리예프Wassilijew가 러시아譯·獨譯을 발표(《Der Buddhismus》 Petersburg, 1860)하였고, 그 후 M. Walleser가 연구를 발표하였다(《Die Sekten des alten Buddhismus》 Heidelberg, 1927). 寺本婉雅와 平松嗣가 공동으로 번역한 日譯도 있다. 프랑스에서의 연구로는 André Bareau의《Les Sects Bouddhiques du Petit Véhicule》(Saïgon : Ecole Française d'Extrême-Orient, 1955)이 있다.

## 이입사행론 二入四行論 1卷

중국 禪宗의 초대 조사인 菩提達摩의 어록이다. 이 책은 근대에서야 비로소 발견되어 새로이 평가되고 있으므로, 아직 定本이라고 말할 수 있는 단계는 아니다. 현재 원본으로는 다음과 같은 판본과 사본이 알려져 있다.

①菩提達摩四行論(한국版本, 2종)

②北京도서관 소장 敦煌寫本(宿99호)

③런던의 大英박물관 소장 敦煌寫本(Stein2715호, 同3375호)

④프랑스의 국민도서관 소장 敦煌寫本(Pelliot 3018호, 同4634호)

이 중 ①은 1464년과 1908년에 각각 간행된 2종의 판본인데, 1908년本은 《禪門撮要》의 1편으로 수록되어 있다. ②와 ③의 Stein2715호는 일본의 鈴木大拙이 돈황 자료 속에서 발견하여 ①과 校合하여 새롭게 출판한 것인데, 이 2本은 校合되어 그의 《禪思想史研究第二》에 수록되어 있다. Stein3375호와 Pelliot3018·4634호의 3本은 모두 중간 부분만이 있는 斷片으로서 가장 최근에 발견된 것이다. 그러나 이들 돈황 사본은 모두 앞 부분에 결손이 있어서, 엄밀하게 말하면 본래의 제목이 무엇인지도 알 수 없다. 다만 이 책은 최초의 〈二入四行〉을 논한 부분과 이에 계속되는 편지 및 기타 雜錄으로 구성되어 있고, 앞 부분은 모두 〈菩提達磨略辨大乘入道四行·弟子曇林序〉라는 제목으로 《능가사자기》*나 《경덕전등록》* 속에 수록되어 있었던 것이어서, 종래엔 달마가 직접 설한 것이라고는 인정되지 않고 있었던 것이다. 이것이 근년에 있었던 돈황 사본의 발견에 의해 자료로서의 재평가를 받게 되었고, 다시 일본 水野弘元의 〈菩提達摩의 二入四行說과 金剛三昧經〉(印佛研3의2, 1955)이라는 논문에 의해 그 자료적 가치가 결정되기에 이르렀다. 현재는 이것이 옛날 道宣이 쓴 《속고승전》*에 나오는 達摩傳이나 慧可傳의 직접적인 자료였을 것으로 간주되고 있다. 이에, 앞에서 소개한 돈황 사본 등은 雜錄 부분까지도 포함한 그 전체를 총칭하여 《2입4행론》이라 부르고, 오늘날 유일한 달마의 어록으로 인정되기에 이르렀던 것이다.

〔내용〕 제목의 2入4行에서 2入이란 理入과 行入이고, 4行은 行入의 내용으로서 報寃行·隨緣行·無所求行·稱法行이다. 理入이란 경전에 의해 그 근본정신을 파악하여 일체의 중생은 동일한 眞性임을 믿고, 道理와 하나가 되어 寂然無爲로 돌아가는 것을 말한다. 行入의 報寃行이란 현세의 생활 속에 있는 怨憎고뇌는 모두 과거에 자신이 지은 業의 과보이기 때문에, 원통하다고 하소연하는 마음을 일으키지 않는 인간 본래의 道에 힘쓰는 것을 말한다. 隨緣行이란 苦와 樂이 교차하는(順逆) 緣을 만나더라도 그것은 모두 業의 인연에 의한 것이고 緣이 생겨나면 모두 無가 됨을 관찰하여, 順逆의 인연에 따라 道에 합치하도록 하는 것을 말한다. 無所求行이란 밖에서

가치를 구함으로써 愛執貪著의 생각을 일으키지 말고, 구함이 없는 데에(無求) 철저함을 말한다. 稱法行이란 모든 중생이 본래 청정하다는 理法을 믿고 이 이법에 합당하게 自利利他의 行을 닦으며, 나아가 그 수행에 그치지 않고 無所得에 철저함을 말한다.

〔참고문헌〕 이 책은 柳田聖山의 《達摩의 語錄》(《禪의 語錄》1, 筑摩書房, 1969)으로 日譯되어 있다. 특히 이 연구서는 원문을 내용별로 자세히 단락짓고 각 단락마다 원문–直譯–意譯–註의 순서로 배열하고 있으며, 서두에 상세한 해설을 달아, 이해의 편의를 도모하고 있다. 해설과 상세한 註가 원문의 이해에 큰 도움을 준다. 이 밖에 많은 연구가 있다.

鈴木大拙 《禪思想研究第二》(岩波書店, 1951).

宇井伯壽 《禪宗史研究》(岩波書店, 1940).

關口眞大 《達摩의 연구》(岩波書店, 1967).

水野弘元 〈菩提達摩의 二入四行說과 金剛三昧經〉(印佛研3의2, 1955).

中川孝 〈菩提達摩의 研究–四行論長巻子를 中心으로〉(《文化》20의4, 1956).

關口眞大 〈敦煌本達摩大師四行論에 대하여〉(《宗教文化》12, 1957).

田中良昭 〈四行論長巻子와 菩提達摩論〉(印佛研14의1, 1965).

柳田聖山 〈菩提達摩二入四行論의 資料價値〉(印佛研15의1, 1966).

## 이취경 理趣經

원래의 명칭은 《大樂金剛不空眞實三摩耶經》(Prajñāpāramitā-naya-śatapañcaśatikā 또는 Adhyardhaśatikā-prajñāpāramitā) 1巻으로 不空(Amoghavajra, 704~774)의 번역(763~771)이다. ㊅8–784, ⓚ36–734 · 1085, ㊗5–173. 내용은 金剛薩埵의 三昧를 밝히는 데에 초점을 두어 17段으로 구성된다. 즉 本有曼荼羅 · 眞諦만다라 · 俗諦만다라 · 秘密만다라를 설하고, 다음과 같은 각각의 法門을 일상생활 속에서 어떻게 실현하여 佛國을 이 땅에 건설할 것인지를 설한다. ① 大樂, ② 證悟, ③ 降伏, ④ 觀照, ⑤ 富, ⑥ 實動, ⑦ 字輪, ⑧ 入大輪, ⑨ 供養, ⑩ 忿怒, ⑪普集, ⑫有情加持, ⑬7母天, ⑭3兄弟, ⑮4姉妹, ⑯各具, ⑰深秘. 이상의 내용은 밀교의 極意요 即身成佛의 究竟을 나타내는 것인데, 眞言宗에서는 항상 이를 독송하고 있다.

이 경전의 異譯으로는 ① 唐의 玄奘이 번역한(660~663) 大般若經第十會般若理趣分 1巻, ② 唐의 菩提流支(Bodhiruci)가 번역한 實相般若波羅蜜經 1巻, ③ 唐의 金剛智(Vajrabodhi)가 번역(?)한 金剛頂瑜伽理趣般若經 1巻, ④ 宋의 施護(Dānapāla)가 번역한(982~) 徧照般若波羅蜜經 1巻, ⑤宋의 法賢이 번역한(~1001) 最上根本金剛不空三昧大教王經 7巻이 있다. 梵本과 티벳本으로는 智山勸學院藏版 《梵藏漢對照般若理趣經》, 栂尾祥雲의 《理趣經의 研究》(1935), E. Leumann의 〈Die nordarische Abschnitte der Adhyardhaśatikāprajñāpāramitā, Text und Übersetzung mit Glossar〉(《Journal of the Taisho University》, vols.6~7. part2, European Section, 1930) 등이 있다. 이 경전들은 한편으로는 《대반야경》* 第10會理趣分에, 다른 한편으로는 《금강정경》*第6理趣會에 상당하는 것으로서 《대반야경》의 理趣分과 《금강정경》제6會는 同本異譯이라는 주장과 同本異譯은 아니라는 주장이 있다. 安然이 지은 《眞言宗教時義》의 杲寶說, 賢寶가 쓴 《理趣釋秘要鈔》《般

若理趣經純秘鈔存公記》 등에서는 同聽異聞 혹은 別本別譯이라는 주장이 열거되어 있다.

이 경전에 대한 참고 서적으로는 八田幸雄 편 《梵藏漢對照, 理趣經索引》(平樂寺書店, 1974)이 유용하다.

**이티붓타카** Itivuttaka 如是語

팔리語 經藏 중 小部의 제4經. 4편으로 이루어지는데, 제1편은 3장 27經, 제2편은 2장 22經, 제3편은 5장 50經, 제4편은 1장 13經으로서 전체는 112經이 된다. 이티붓타카라는 명칭은 「이렇게 말해진 것」이라는 의미를 지닌다. 이것은 원래 각 經의 말미가 「이렇게 ~라고」(iti)라는 말로 끝나고, 經의 첫머리가 「말해졌다」(vuttaṃ)로 시작하는 定型文의 형식을 취하고 있음에서 유래하든가, 혹은 각 經의 속에서 「이렇게 말해지다」(iti vuccati)고 하는 문구가 정형적으로 사용되고 있음에서 유래하는 것으로 보인다. 각 經의 구성은 산문과 偈文으로 이루어지는데, 앞뒤에 정형적인 序文과 結文을 둔다. 산문의 끝에 「세존은 이것을 말하였으니, 여기에 이와 같이 말해진다」고 하는 정형문이 있고, 이에 계속하여 偈文으로 산문의 내용을 다시 설한다. 이는 게문이 산문에 대하여 「重頌」(geyya)의 관계에 있음을 나타낸다. 그러나 이러한 정형적인 結合文을 지니고 있다는 점이 다른 곳에서는 볼 수 없는 특징이다(다만, 제3편의 제4장과 제5장, 제4편에는 經의 시작과 끝을 표시하는 정형문 및 重頌의 관계를 표시하는 정형의 結合文이 없는 經이 있다).

내용상으로 보면, 이 경전은 「重頌」의 형식을 취한 경전 중에서 1法에서부터 4法까지의 法數에 관계있는 것을 모은 것으로서 제1편에서는 1法을 설한 경전, 제2편에서는 2法을 설한 경전, 제3편에서는 3法을 설한 경전, 제4편에서는 4法을 설한 경전을 集錄하였다. 그 교설의 내용은 여러가지 부문에 걸쳐 있는데, 사상적으로 중요한 것이 적지 않다. 출가자에 관한 교설이 주된 것이지만, 재가자에 관한 교설도 담고 있다. 성립사적으로는 제1편과 제2편이 비교적 오래된 것이고, 제3편과 제4편에는 나중에 부가된 것으로 생각되는 내용도 있다. 이 경전의 원형은 아마 部派分裂을 전후로 하여 성립된 것으로 보이는데, 팔리 小部의 원형이 성립된 최초기부터 그 속에 포함되어 있었을 것으로 추정된다. 이에 해당하는 漢譯으로서는 玄奘이 번역한 《本事經》(7권, 650년 譯, ㊅17-662, Ⓚ20-993, ㉻76)이 있다. 이것은 三法品으로 구성되고 전체가 138經을 담고 있어서 팔리本과는 계통을 달리하고 있으나, 그 원천은 같은 것임이 틀림없다. 단지 本事經이라는 명칭은 산스크리트로 itivṛttaka(이와 같이 일어난 것, 과거의 出來事)에 해당한다. 팔리本과 漢譯本의 어느 쪽이 원래의 모습에 가까운 형태로 남아 있느냐 하는 점에 대해서는 역시 팔리本쪽을 들어야 할 것이다.

〔원전 · 번역〕 E. Windisch 《Iti-vuttaka》(London : PTS, 1889. repr, 1948), J. Kashyap 《Khuddakanikāya》vol. Ⅰ(Nālandā-Devanāgarī-pāli-Series, 1959, pp.181~264). 英譯으로는 J.H. Moore 《Sayings of Buddha, the Iti-vuttaka》(New York, 1908, repr. 1965), F. L. Woodward 《The Minor Anthologies of the Pali Canon》part Ⅱ(London, 1935, repr. 1948, pp.115~199의 〈As it Was said〉)가 있고, 獨譯으로는 K. Seidenstücker 《Itivuttaka, das Buch der Herrnworte》(Leipzig, 199)가 있으며 日譯으로는 石黑

예스럽게 되어 원의가 불확실한 것이 생기게 되었다. 이에 종래의 漢譯 불전에 나타난 音寫語나 난해한 字句를 설명하는 사전의 필요성을 통감하기 시작했다. 이러한 경향은 7세기에 玄奘이 소위 新譯을 제창함으로써 특히 현저하게 되었다. 그는 종래의 譯語를 바꾸고, 音寫語라 하더라도 중기 인도語的 音訓으로부터 모사된 것을 산스크리트로부터의 음사로 고치는 등의 개혁을 단행했던 것이다. 왜냐하면 漢譯 불전의 원전은 그 대부분이 정규의 梵語가 아니라, 중기 인도語 중의 「불교梵語」나 「팔리語」 혹은 중앙아시아語로 씌어져 있었기 때문이다. 그런데 이런 종류의 사전으로는 먼저 5세기에 《翻梵語》(㊅54-981)가 등장하고, 7세기 말에 義浄이 《梵語千字文》(㊅54-1190)을 찬술했다. 또 839년에는 全眞이 《唐梵文字》(㊅54-1216)를 편찬했고, 같은 무렵에 禮言이 《梵語雜名》을 저술했다. 이러한 시대적 요구에 따라 音義書가 작성되어 왔던 것인데, 먼저 695~699년에는 實叉難陀 번역의 《80華嚴》(→화엄경)에 대한 《新譯大方廣佛華嚴經音義》(Ⓚ32-340)가 慧苑에 의해 저술되었다.

〔특징〕 앞에서 소개한 《일체경음의》中 《慧琳음의》가 가장 대작이며 권위있는 것으로서 《玄應음의》도 내포하고 있기 때문에, 보통 《일체경음의》라 하면 이 책을 가리키는 경우가 많다. 이 책은 玄奘이 번역한 《大般若婆羅蜜多經》(→대반야경)을 비롯한 1300개의 불전에 걸쳐 字句를 모아, 音寫語는 중국 음운학의 전통에 따른 反切法을 이용하여 가능한 한 충실하게 원음을 표시하는 노력으로 이루어져 있다. 한 예를 들면, 《般若經》(→대품반야경) 제8권에 나오는 「踰繕那」(yojana ; 거리의 단위)를 다음과 같이 설명하고 있다. 『위[에 있는 글자 踰]는 羊朱[의] 反, 繕의 음은 善[과 같다]. 옛날에 由旬라 하거나 由延이라 하거나 혹은 踰闍那라 말한 것은 모두 梵語의 와전이며, 踰繕那라 하는 것이 옳다. 아주 옛날에 聖王의 군대가 1일 행군한 거리이며…』. 이 책은 당시의 사전으로서의 가치를 지니며, 이 밖에 唐시대 문자의 音韻 연구에도 중요한 자료가 된다.

이에 대한 연구로는 山田孝雄의 《一切經音義索引》(1922, 補訂版은 1963), 黃淬佪의 《慧琳一切經音義反切考》가 있다.

## 일체종의강요정설수정경 一切宗義綱要正說水晶鏡

본래의 명칭은 《모든 宗義의 근원과 주장을 보여주는 正說水晶鏡》(Grub mthaḥ thams cad kyi khuṅs daṅ ḥdod tshul ston pa legs bśad śel gyi me loṅ)이라는 뜻이다. 투켄Thuḥu-bkvan(-Blo bzaṅ chos kyi ñi ma, 1737~1802)의 저술로서 1801년 말에 완성했다.

〔내용〕 인도에 있어서 外道와 불교의 諸派에 대한 설명으로부터 티벳·중국·몽고·코탄, 나아가서는 전설적인 샴발라Shambala의 불교에 이르기까지 언급한 개설서이다. 12章으로 구분된 表題는 다음과 같다.

1. 인도에 있어서 外道와 불교의 各派
2. 티벳에 있어서 前期·後期 전파의 불교와 密呪古派(Gsaṅ sṅags rñiṅma)
3. 카담派 Bkaḥ-gdam-pa
4. 카규派 Bkaḥ-brgyud-pa
5. 시쩨派 Shi-byed-pa
6. 사캬派 Sa-skya-pa
7. 조낭派 Jo-naṅ-pa
8. 게덴派 Dgel-dan-pa(=게룩派 Dge-lugs-pa)

9. 본教(Bon-po)
10. 중국에 있어서 유교와 도교(Bon)
11. 중국불교의 諸派
12. 몽고·코탄·샴발라에 있어서 불교의 諸派

이들 중에서 티벳불교의 諸派에 대한 기술 방식은, 먼저 각 派의 역사적 성립을 서술하고, 이어서 교의의 綱要를 설하며, 끝으로 저자가 소속한 게룩派의 입장에서 본 비판을 제시하는데, 단순히 게룩파와의 관련에 치우쳐 있는 경우도 있다. 저자는 자신의 선배에 해당하는 잠양Ḥjam-dbyaṅs(-Bshad-paḥi rdo-rje, 1648~1721)과 짱캬Lcaṅ-skya(-Rol-paḥi rdo-rje, 1717~1786)에 의한 2大《宗義講說》이 모두 인도불교의 學系를 논하고 있는 것에 불만을 품고 이 책을 저술했다. 당시 게룩派는 정치적으로 절대 우세의 종파였기 때문에, 宗義上 他派보다 우월함을 새삼스럽게 묻는 일이 없이 종파에 대한 자각을 잃어가고 있었다. 이런 점을 우려하여 이 책을 썼다고 전해진다. 따라서 각 종파의 교설을 똑같이 나열하여 기술하고 있는 것은 아니다. 예를 들면, 시쩨派에 대해서는 교의적인 기술이 거의 없고, 조낭派에 관해서는 그 교의에 대해 열심히 비판하고 있다. 후자의 경우는 달라이라마 5世에 의한 종파적 증오와 禁教에 대해 변명한 것이라고도 볼 수 있을 것이다. 또 카담派를 별항으로 서술하는데, 이는 게룩派의 前身으로서 취급한 것이다. 이러한 치우침이 있긴 하지만 각 파를 개관하는 데엔 극히 편리한 문헌이다.

〔참고문헌〕 이 책의 출판은 다양하다. 라사의 숄Shol版 258葉, 델게Sde-dge版 209葉, 암도·군릉Dgon-luṅ版 296葉 등이 있고 306葉으로 된 版도 있다. 이 중에서 숄版의 사진 복제본은 투켄全集의 Kha에 수록되어, 1969년 인도의 New Delhi에서 출판되었다. 앞에서의 내용 번호中 9~12와 그의 일부는 Sarat Chandra Das가《Journal of the Asiatic Society of Bengal》에 英譯하였다(1881, pp.195~205 ; 1882, pp.1~14, 66~73, 87~99, 99~114). 9의 獨譯은 H.Hoffman에 의해《Quellen zur Geschichte der tibetischen Bon-Religion》(Wiensbaden, 1950, pp.327~338)에 실려 있다. 7에 대해서는 D.S.Ruegg에 의한 譯註가 있다(JAOS, V.83, 1963, pp.73~91). 3에 대해서는 Alaka Chattopadhyaya의《Atīśa and Tibet》(Calcutta, 1967, pp.385~396)에 소개되어 있고, 6에 대한 譯註 및 연구는 立川武藏의《西藏佛教宗義硏究》제1卷(東京, 1975)에 제시되어 있다.

## 임제록 臨濟錄 1卷

완전한 명칭은《鎭州臨濟慧照禪師語錄》이다. 臨濟宗의 宗祖인 임제義玄의 말씀을 제자인 三聖慧然이 집록한 것이라 한다. ㊅47-495. 임제는 黃檗希運의 法을 이어 준엄한 禪風으로써 널리 알려진 인물이다. 그는 뛰어난 제자들을 숱하게 양성하여 임제正宗의 기초를 다졌다. 唐의 咸通 8년(867)에 입적하였다고 전해진다. 慧照선사란 唐의 懿宗황제가 그에게 부여한 諡號이다. 임제는 주로 河北省에 머물렀는데, 鎭州 즉 河北省 眞定府의 臨濟院에 거주하면서 法을 강연했다. 임제는 地名이지만, 그가 滹沱강을 건너 작은 사원을 짓고 지명을 따서 임제院이라 칭했기 때문에, 임제義玄이라 일컬어지게 되었다.

〔내용〕 이 책을 내용적으로 나누면 上堂·

示衆·勘辨·行錄·塔記로 구성된다. 이 책은 임제가 입적한 후 154년이 지나 北宋의 宣和 2년(1120)에 福州 鼓山의 圓覺宗演에 의해 重刻되었는데, 이것이 현재 전해지고 있으며, 위의 분류 내용은 이에 따른 것이다. 이 책에서는 三聖慧然에 의해 편집되고 곧 간행된 것이라고 추정하고 있으나, 1120년 이전의 내용이 1120년의 重刻本과 동일하였는지의 여부에 대해서는 결정지을 만한 자료가 전혀 남아 있지 않다. 현존하는 이 책이 원각종연의 중각本임을 明記하고 있기 때문에, 이 중각本에 선행한 원형本이 있었을 것임에 대해서는 의심할 나위가 없다. 1120년의 중각本에는 馬防이 지은 서문이 있다. 즉 〈上堂〉의 말씀 中 맨 앞에서『河北府의 장관인 王常侍는 부하 관리들과 함께 임제선사에게 설법을 청했다. 선사는 법상에 오르자 말했다.「나는 오늘 부득이한 형편에서 굽히고 인정에 따라 지금 이 法座에 올랐다.…」』(府主王常侍, 與諸官請師陞座. 師上堂云, 山僧今日 事不獲已 曲順人情 方登此座)라고 기록하고 있다. 이를 통해서 임제가 河北의 府主인 王常侍의 이만저만이 아닌 귀의를 받았음을 알 수 있다. 王常侍의 전기는 자세하지 않지만, 소위 居士 禪者로서 걸출한 인물이었음은 틀림이 없다. 上堂의 말씀 중에는『우리의 이 육체 속에 한 사람의 無位의 眞人이 있어, 항상 너희들의 감각기관을 통해 들락날락하고 있다. 아직 그것을 自覺으로 몸소 깨닫지 못한 자는 보라, 보라』(赤肉團上, 有一無位人. 常從汝等諸人面門出入. 未證據者, 看看)고 하는 유명한 구절이 있다. 또 임제의 3句, 혹은 임제의 賓主의 句라고 불리는 법문도 있다.

두번째의 示衆에는 奪人不奪境·奪境不奪人·人境俱奪·人境不俱奪이라는 소위 임제의 4料簡을 비롯하여 4照用 등의 중요한 법문이 있다. 또 종종「無事」라는 것을 역설하여「無事가 곧 貴人」이라든가「平常無事」라고 말하고 있다. 이 부분은 이 책에서 분량으로 보아도 많을 뿐 아니라, 임제의 특색있는 여러 가지 사상이 내포되어 있다. 다음의 〈勘辨〉에는 임제의 4偈라고 일컫는 법문이 있고, 그 다음의 〈行錄〉에는 임제의 栽松이야기, 임제 破夏의 인연이라 일컫는 법문 등이 있다. 勘辨과 行錄에는 임제와 同시대에 생존했던 뛰어난 禪者들과의 사상적 교섭을 알 수 있게 하는 자료가 많이 있다. 行錄은 行狀의 실록이라는 뜻인데, 〈塔記〉와 더불어 이를 통해 임제의 傳記를 알 수 있다.

〔참고문헌〕 譯一 和漢部, 諸宗部8에 日譯이 있다. 문고본으로서 손쉽게 볼 수 있는 것으로는 朝比奈宗源이 譯註한《臨濟錄》(岩波文庫), 古田紹欽이 번역한《臨濟錄-現代語譯付》(角川文庫)가 있다. 그러나 임제록을 이해하는 데 있어 가장 훌륭한 해설서는《禪의 語錄》시리즈 제10권인 秋月龍珉의《臨濟錄》(筑摩書房, 1972)이다. 이 책은 원문을 내용별로 상세하게 분류하여 단락을 짓고(총 69단락), 각 단락마다 원문-直譯-意譯-주해의 순서로 배열하고 있는데, 원문에 대한 자세한 註가 특징이며, 맨 끝에 전체적인 해설을 붙였다. 연구서로는 鈴木大拙의《臨濟의 基本思想》, 古田紹欽의《臨濟錄의 思想》, 陸川推雲의《臨濟錄詳解》, 柳田聖山의《訓註臨濟錄》과《臨濟錄》(《佛典講座》30, 大藏出版社, 1972) 등이 있다.

**입교십오론** 立教十五論 1卷

순수한 종교운동으로서 全眞教라는 新도교를 열었던 王重陽(1112~1170)의 찬술로 되어 있는 책이다. 즉 全眞교의 개조인 왕중양의 立教開宗의 근본 정신을 설한 책으로서 住庵·雲遊·學書·合薬·蓋造·合道伴·打坐·降心·錬性·匹配5氣·混性命·聖道·超三界·養身法·離凡世의 15조항에 대해 논하고 있으므로 《立教15論》이라 한다. 그러나 이 책은 王重陽이 직접 저술한 것은 아니고, 그의 立教정신을 제자가 편찬한 것일 것이다. 이 책의 목적은 儒·佛·道 3교를 융합하여 새로운 出家도교를 수립코자 하려는 데에 있다. 왕중양이 순수한 종교운동으로서 全眞교를 열었던 점은 이 책을 일독하면 충분히 이해할 수가 있는데, 이 책의 전편은 究道者의 기백으로 넘쳐 있다. 먼저 「住庵」에서는, 출가자는 모름지기 암자에 거주해야 함을 강조했다. 그리고 참된 「雲遊」란 性命을 깊이 참구하고 玄妙를 구하기 위해 明師를 찾는 것이라고 했다. 또 「學書」의 道는 책을 많이 읽는 것이 아니라고 하여 心讀할 것을 권하고, 다독은 道를 구함에 있어 무익하다고 주장했다. 마지막으로 「離凡世」를 설하는데, 蓮의 뿌리는 진흙 속에 있어도 연꽃은 아름답게 피어나는 것과 같이, 몸은 속세에 있더라도 마음은 성스런 경지에서 노닐어야 함을 주장했다.

그런데 이 책의 사상에는 불교의 영향이 강하게 드러나 있다. 즉 欲界·色界·無色界의 3界를 出離할 것을 설한 것이다. 특히 禪의 영향이 강하여, 打坐의 필요성을 강조하고, 眞坐하는 자는 신선의 대열에 들어선다고 말한다. 전진교의 사상에는 선의 영향이 강하다는 점에 대해 학자들은 전진교의 《全眞清規》와 선의 《백장청규》*와의 관계 등을 지적하고 있는데, 이 책에도 그러한 선의 영향이 드러나 있다. 즉 이 책에 일관된 정신은 禪과 같은 철저한 출가주의의 입장이다.

〔참고문헌〕 원전은 道藏 제789册에 수록되어 있다. 이 책 및 全眞교에 관한 연구서로는 다음과 같은 것들이 있다. 陳垣의 《南宋初河北新道教考》(輔仁大學叢書 제8), 窪德忠의 〈初期全眞教團의 一性格〉(《東方學》제1집)과 〈全眞教團成立에 關한 一考察〉(《宗教研究》157)과 〈道教의 清規에 대하여〉(《東方宗教》1), 吉岡義豊의 《道教의 研究》, 鎌田茂雄의 〈新道教의 形成에 미친 禪의 영향〉(《宗教研究》2) 등.

## 입당구법순례행기 入唐求法巡禮行記 4巻

일본의 승려 圓仁(794~864)이 唐나라에 들어가 불교의 성지를 편력하고 나서, 그러한 사실을 일기체로 상세히 기록한 여행 견문기이다. 佛全 113, 譯一 和漢部의 史傳部24. 저자는 15세에 比叡山으로 출가하여 最澄의 문하로 들어갔다. 圓教止觀을 공부하고 4종三昧를 수행했으나, 40세가 되어 몸을 다치고 나서는 横川에 은퇴해 있었다. 그 후 회복하여 唐나라에 9년간 유학하였는데, 귀국 후에는 總持院·常行三昧堂 등을 건설하고 延暦寺의 주지가 되었다. 이 책은 838~847년의 在唐중에 기록한 것으로서 4巻으로 되어 있다.

〔내용〕 권①은 838(6월 13일)~839(4월 18일)년의 기록이다. 835년에 입당하라는 왕의 뜻에 따라 유학승 圓載와 함께 唐에 파견되는 대사 藤原常嗣를 따라서 출발하였으나 두 번 실패한다. 이 책은 세번째(838)의 항해에서부터 기록하기 시작한다. 일행은 博多를 출범하여 1개월의 난항 끝에 중국 揚州의 海陵縣에 도착했다. 저자는 長安으로 향하는 저자

일행과 헤어져서 天台山으로 가는 여행 허가증이 발부되길 기다렸다. 같이 온 圓載는 허락되었으나 저자는 허가를 받지 못해 揚州의 開元寺에 잔류하였다. 다음 해 3월, 귀국하는 대사의 제1船에 편승하여 淮安을 출발, 海州·密州를 지났으나 역풍에 의해 해안으로 되돌아왔다. 이를 기회로 삼아 저자는 唐에서 法을 구하고자 했던 처음의 생각을 관철해야겠다고 결심했다. 대사의 허락을 받아 저자는 惟正·惟曉, 水夫인 雄萬과 함께 남아서 시계에서 멀어져 가는 대사의 배를 끝까지 전송했다. 상륙한 海州의 東海縣에서 도적의 습격으로 의복을 빼앗겼다. 결국 海州 刺使의 보호를 받고 있다가 귀국하는 副使의 제2船을 타고 되돌아오게 되었다.

권②는 839(4월 19일)~840(5월 16일)년의 기록이다. 배는 북상하였으나 난항이 계속되어 登州의 文登縣 赤山浦에 정박했다. 여기에는 신라의 張寶高가 세운 유명한 사찰인 赤山法華院이 있는데, 사원 소유의 논에서 생산되는 쌀이 1년에 500石이었다. 겨울에는 《법화경》*의 강의가, 여름에는 8巻《금광명경》*의 강의가 열리고 있었고, 30여人의 승려가 거주하는데 그 중에는 일본 승려 7人도 포함되어 있었다. 저자는 법화원을 방문하는 동안에 공부하고픈 마음이 발동하여, 7월 23일에 귀국하는 副대사의 배와 이별하고 법화원에 잔류했다. 여기서 체류 허가를 얻어 한 겨울을 보낸다. 신라에서 온 이민들의 감독인 신라通事 張詠(平盧軍절도사 겸 登州 軍事押衙로 있었다)의 알선으로 文登縣에서 여행증을 발부받아 五台山을 향해 출발하게 되었다. 淄州·齊州·德州·貝州·冀州·趙州·鎭州를 거쳐 5월 15일에 오대산에 도착했다. 停点院으로부터 竹林寺·貞元戒律院 등을 순례하고, 16일에는 大花嚴寺에 도착하여 志遠화상의 止觀에 관한 강의를 듣고 화상과 면접했다.

권③은 840(5월 17일)~843(5월 25일)년까지의 기록이다. 대화엄사를 출발하여 中台에서부터 西台·北台·東台·南台의 5대산 전반에 걸쳐 성지를 순례하고, 일본에 전해지지 않은 천태의 문서나 圖像을 베꼈으며, 또 여러 法式을 修得했다. 50여일을 체재한 후 7월 1일에 천태산을 떠나 山西省을 남하하여 忻州·太原·龍門을 지나서는 黃河를 건너고, 다시 朝邑·馮翊·櫟陽을 거쳐 당시의 국제도시인 長安에 도착한다. 資聖寺에 몸을 의탁하고 大興善寺 翻經院의 元政아사리에게서 金剛界大經을, 青龍寺의 義眞아사리에게서 太藏界大法과 眞言印契 등을 각각 배우고 蘇悉地法을 받았으며, 玄法寺의 法全으로부터 胎藏儀軌, 南天竺의 寶月三藏으로부터 悉曇의 발음을 각각 배웠다. 또 金剛界大만다라와 胎藏界大만다라를 베꼈다. 여기서 입수한 經論疏는 559권이다. 유학의 목적을 달성한 저자는 843년 8월에 귀국하길 청원하였으나 허락되지 않았다.

권④는 843(5월 3일)~847(12월 14일)년의 기록이다. 武宗의 廢佛운동이 격렬하게 되었고, 제자인 惟曉는 사망했다. 고난은 여전히 계속된다. 會昌 4년 3월, 武宗은 오대산의 순례를 금하고 보시도 못하게 했다. 5월에 저자는 환속하라는 명령을 받았다. 외국 승려는 본국으로 송환하라는 명령에 의해 河南과 淮南으로 가는 여행 증명서를 입수하여 수도인 長安을 떠났다. 萬年縣·鄭州·汴州·泗州·淮安에 도착하여, 육로로 漣水·海州·莒·高密·即墨·昌陽을 거쳐 文登縣에 돌아왔다. 8월 27일 그 곳의 신라所에서 張詠과 재회하여, 오대산으로 출발할 때 도움을 주었던 大使 등의 호의로 일본으로 가는 배를 기다릴 때까지의 체류를 허락받고 식량을 공급받았다. 여행 도중에 맡겼던 하물 등을 정리하면서 이미 파괴된 赤山 法華院의 폐허에서 약 2년간 체재한다. 법화원에서 배를 기다리는 동안 便船을 구하여 海州까지 왕복 5개월의 여행을 하기도 했다. 847년 일본으로 가는 신라의 배를 타고 16일이 지난 후 애초의 출발지였던 博多에 도착하였다. 筑紫에서 지낸 55일간의 기록을 마지막으로 하여 12월 14일에 붓을 놓는다.

〔평가〕 중국대륙의 여행기는 이 책의 전후에도 여러가지가 있으나, 揚州·楚州·登州·青州·貝州·鎭州·晋州·蒲州·長安·洛陽·鄭州·開封·泗州 등의 광범한 지역에 걸쳐 9년 동안을 극명하게 기록한 예는 없다. 이 책을 통해 北중국의 도시나 교통, 특히 일본과 중국을 오고가는 항해의 실상, 신라를 포함한 외국인 등의 동정과 역할이 명확히 드러나고 정치 기구 등도 소개되어 있기 때문에, 이 책은 귀중한 연구 자료가 된다. 특히 연중행사나 開成曆 등 종교史 관계의 연구 자료가 풍부하게 포함되어 있다.

〔참고문헌〕 이 책은 Edwin O.Reischauer에 의해 《Ennin's Diary》(New York, 1955)와 《Ennin's Travels in T'ang China》(New York, 1955)로 英譯되었다. 이 밖의 연구 및 번역으로는 小野勝年의 《入唐求法巡禮行記의 硏究》4卷(鈴木學術財團, 1964~69), 足立喜六이 譯注하고 鹽入良道가 補注한 《入唐求法巡禮記》2卷(平凡社, 1970)이 있다. 佛全 (新)72, 同98의 解題 참조.

**입보리행론** 入菩提行論 Bodhicaryāvatāra

샨티데바 Śāntideva(寂天, 7~8세기, 티벳 이름은 Shi-ba Iha)의 저술이며 티벳명칭은 《Byaṅ-chub-sems-dpaḥi spyod-pa-la ḥjugpa》(入菩薩行)이다. 漢譯 《菩提行經》4권(㊅32-543, Ⓚ 33-996)은 10세기에 天息災 등이 번역한 것인데, 여기서는 저자가 龍樹로 되어 있다.

〔내용〕 917頌으로 된 산스크리트本은 전체가 10章으로 나뉘어져 있는데, 菩提行 즉 大乘에 있어서 깨달음을 구하는 사람들을 위한 실천적 교훈을 설한다. 그 구성은 대승의 실천덕목으로서 6바라밀을 기본으로 삼고 있다. 즉 앞의 5장에서 ① 菩提心의 찬탄 ② 三寶에의 귀의와 참회 ③ 보리심에 대한 맹세 ④ 이 맹세에 따라 노력하는 길 ⑤ 正知를 수호할 것을 교시하는데, 이 중 ②에서는 布施가, 이하에서는 持戒의 덕목이 설해져 있다. (漢譯에서는 제2장이 축소되고 제3·4장이 없는데, 제2장을 施品, 제5장을 戒品이라 한다.) 이어서 ⑥ 忍辱 ⑦ 精進 ⑧ 禪定 ⑨ 智慧(般若)로서 6바라밀 중 나머지 넷을 설하며, 마지막으로 ⑩ 諸佛諸菩薩에의 찬탄을 서술하여 마무리한다. 산스크리트 원전은 詩로서의 향기와 함축된 의미가 깊고, 여기에 나타난 종교적 신념이 고매하여 널리 애창되었던 것 같다. 이는 인도에 있어서 후기 대승불교문학의 하나의 기념비이다.

이 책의 주석으로는 Prajñākaramati의 《細疏》(Bodhicaryāvatāra-pañjika) 등이 있고, 티벳譯으로는 8종이나 현존하고 있어 그 보급의 정도를 짐작케 한다. 한편 917頌 중에는 후대에 첨가된 것도 있는데, 특히 제10장은 전체가 후대의 작품으로 추정된다.

〔원전 및 번역〕 산스크리트 원전은 다음과

같은 3종이 있다. 1)I. P. Minayeff가 편집한 것(1889), 2)Haraprasad Śāstri가 편집한 것으로서 《Journal & Text of the Buddhism》에 실린 것(Calcutta : T.S. of India,1894), 3)頌 및 細疏가 갖추어진 것으로서 L.de la Vallée Poussin이 편집한 것(《Bibl. Ind.》, Calcutta, 1901~14).

티벳譯으로서는 頌이 ㊔99-243, 細疏가 ㊔100-1에 실려 있다. 기타의 주석은 영인北京版 Nos.5275~82(모두 vol.100에 있다)로 정리되어 있다. 산스크리트 원전으로부터의 현대어 번역은 다음과 같은 것들이 있다. 金倉円照《깨달음에의 道》(사라叢書9, 1958), L.de la Vallée Poussin 《Introduction à la pratique des futurs Bouddhas》(Paris, 1907), L.D. Barnett 《The Path of Light》(London,1909), L. Finot 《La marche à la lumière》(Paris, 1930), R. Schmidt 《Der Eintritt in den Wandel in Einleuchtung》(Paderborn, 1923) 등.

일본에서의 번역·연구로는 漢譯本을 저본으로 한 譯一 論集部 6(平等通昭역)이 있고, 근래의 연구로서 平野隆《入菩提行論細疏第九章·梵藏·藏梵索引》(鈴木學術財團, 1966), V.Bhattacharya 《Bodhicaryāvatāra》(Calcutta : The Asiatic & Bibl. In. 1960) 등이 있다.

## 입정안국론 立正安國論 1卷

日本 日蓮宗의 개창자인 日蓮(1222~1282)이 39세 때인 1260년에 저술한 책이다. ㊅84-203. 《開目鈔》《觀心本尊抄》《撰時抄》《報恩抄》와 더불어 고래로 「5大部」라 칭해지는 일련의 대표적인 저술中의 하나이다. 일련은 32세에 叡山 유학을 마치고 清澄에 되돌아와 포교활동에 뛰어들었으나, 당시 계속 몰아치는 천재지변과 이에 뒤따르는 사회 불안에 커다란 의문을 안고 생각을 바꾸어 다시 연구한 결과, 확신을 갖고 저술한 것이 《守護國家論》(38세)·《災難興起由來》(39세)·《災難退治鈔》(39세)였다. 다시 이것들을 정리하고 한데 묶어 幕府에 상정한 것이 이 《입정안국론》이다.

〔내용〕 이 책은 천재지변이나 기근·역병 등을 당하여 당시에 혼잡스럽게 행해지고 있던 각종의 독송·기도·제사·정책에 대한 의문에서부터 출발하고 있다. 이는 어떠한 신앙이나 임시변통의 德政이 참된 구제 효과를 거두는 것은 아니라는 점을 암시하는데, 여기서 저자의 의도를 엿볼 수 있다. 즉 그가 생각한 것은 진실로 민중을 구제하기 위해서는 사회·국가 내지 이를 떠맡는 위정자를 규제해야 하는데, 그러한 강한 규제력을 발휘하기 위해서는 각종의 경전과 종파가 하나로 총합·통일되어야 한다는 것이다. 그리고 신앙은 단순히 개개인을 상대로 해서는 안되고 사회·국가 전체의 개혁 및 위정자의 改心을 도모하는 방향으로 나아가야 한다는 것이다. 이러한 취지에서 《입정안국론》을 저술하여 幕府에 상정하였던 것이다. 그는 각종의 경전·종파를 통일하는 것이 《법화경》*이라고 확인하였다. 그리고 당시 選擇廢立을 제창한 法然(→선택집)의 念佛을 통일불교를 가장 파괴하는 것이라고 보고, 이러한 관점에서 이 책에서는 염불을 邪法으로 규정하여 각별히 비난과 공격의 대상으로 삼고 있다. 이 책에서는 국가에 正法이 없다면 3災7難 등의 재난이 일어나고, 최후에는 타국에게 침범당하는 難에 의해 국가가 멸망할 것이라는 점을 諸경전의 인용으로써 간언한다. 그리고는 신속히 邪法을 퇴치하여 正法을 수립할 것을 권고

하고, 다음과 같이 결론짓고 있다.『그대 어서 신앙의 寸心을 바꾸어 빨리 實乘의 一善으로 돌아가라. 그러면 곧 三界는 모두 佛國이 되리라. 그 佛國은 쇠멸하는 법이 없다. 十方이 모두 寶土인데, 寶土가 어찌 멸하겠는가. 국가가 쇠미하지 않고 땅이 파괴되지 않는다면, 몸은 곧 안전하고 마음은 곧 禪定이리라.』 이 책은 교묘한 변증법적 대화의 형식을 취하고 있다. 즉 속인을 뜻하는 客과 승려를 뜻하는 主人의 대화인데,『먼저 국가를 기원하여 모름지기 佛法을 세운다』하여「安國」에 중점을 두는 客이, 正法이 확립됨으로써 자연스럽게 국가가 평화롭게 된다고 하여「立正」에 중점을 두는 主人에게 점차로 유도되어 가는 형식을 취하고 있는 것이다. 그런데 明治시대 이후 국가주의가 대두함과 더불어 이 책에서의 主客을 완전히 전도하여, 客의 말을 日蓮의 말로 삼음으로써 일련을 국가주의에 봉사케 하는 결과를 초래하였다.

이 책은 결국 묵살되었고, 대신 그는 伊豆로 추방되는 벌(伊豆流罪)을 받게 되었다. 그러나 1268년(47세) 몽고군의 일본 정벌을 예고하는 몽고의 國書가 도래하게 되자, 이 책에서「타국에게 침범당하는 難이 일어날 것」이라고 말한 것을 예언의 적중이라고 느끼고《安國論御勘由來》등을 저술하여 다시 진언하였다. 다음 해에 재차 國書가 도래하게 되자, 이번에는 이 책에 刊記를 첨부하여(《安國論奧書》) 미래의 증거로 삼았다. 한편 이 책에는 廣本과 略本이 있는데, 광본은 약본보다 인용문이 많고 교의도 확대되어 있으나, 兩본의 저작 前後에 대해서는 異說이 있으므로 확정짓기 어렵다.

〔참고문헌〕 옛부터 많은 주석서가 저술되어 왔으므로 일일이 열거하지 않는다. 참고할 만한 서적으로는《日蓮聖人御遺文講義》1, 兜木正亨의 校注《日蓮文集》(岩波文庫, 1968), 兜木正亨 · 新間進一의 校注《親鸞集 · 日蓮集》(《日本古典文學大系》82, 岩波書店, 1964), 田村芳朗편《日蓮集》(《日本의 思想》4, 筑摩書房, 1969) 등이 있다.

## 입중론 入中論

산스크리트 명칭은《Madhyamakāvatāra》(中論에의 入門). 프라상기카Prāsaṅgika中觀派의 大成者인 찬드라키르티Candrakīrti(月稱, 560~640경)의 저작으로서 티벳譯(㊗98-92~100, 100~108, 108~166)만이 현존한다.

〔내용〕 전체는 本頌 329偈와 저자의 自註로 이루어져 있다. 그 구성은 총 12章으로 되어 있다. 즉 먼저 보살의 發心을 10단계로 나누어 10章에 할당하고 있는데,《十地經》(→화엄경)에 따라 순서대로 10바라밀(10종의 到彼岸行: 施 · 戒 · 忍 · 精進 · 禪定 · 般若 · 方便 · 願 · 力 · 智)의 修習을 설하고 나서, 다시 2章에 걸쳐 菩薩地의 공덕과 佛地의 공덕을 설한다. 처음엔 序說로서 大悲를 찬탄하고, 大悲心과 지혜(般若, prajñā)와 菩提心을 보살의 因이라 하며, 나아가 大悲心은 지혜와 보리심의 밑바탕에 있는 것이라고 설한다. 그리고 끝에서 佛은 열반에 든 것은 아니고 大悲心 때문에 苦의 세계에 있으면서 衆生救度를 이룬다고 찬탄한다. 다시 結語에서 이 책을 쓴 목적을 제시하길, 中觀派의 시조인 나가르주나Nāgārjuna(龍樹, 150~250경)의 교설을 여실하게 說示함, 즉《中論》*의 精要를 해설함에 있다고 한다. 또 다른 諸학파의 교의를 아무리 많이 학습하더라도 진실의 지혜인 空性의 自覺을 얻을

수는 없기 때문에, 빨리 나가르주나의 교설을 따라야 할 것이라고 한다. 전체의 약 4분의 3을 차지하는 제6장 〈보살의 제6發心〉에서는 般若바라밀의 修習을 설하는데, 내용적으로나 양적으로나 바로 이 책의 중심을 이룬다. 존재(法)의 진실한 모습인 「空性」(=緣起)을 깨닫는 지혜(般若)는 존재를 固定化하고 實體化한 온갖 편견(自性論者의 견해)을 타파하는 것이다. 그러한 道理의 경과를 실제로 다른 諸학파(唯識派 · 正量部 · Sāṃkhya派 · Vaiśeṣika派 · Vedānta派 · Lokāyata派 등)의 학설과 대비하거나 음미하고 비판하면서 詳述한 것이 제6장의 내용을 형성한다. 중관파가 제출하는 주요한 학설은 2諦(勝義와 世俗이라는 2종의 진리)의 명확한 구별, 了義未了義(第一義的과 第二義的)라는 교설의 구별, 無自性, 假設有, prasaṅga(歸謬)論法, 4空 및 18空 등의 여러가지 空性 등에 관한 것이다. 이 책에서 인용하는 經論들은 《十地經》《中論》을 비롯하여 30여종에 이르는데, 한편 이 책이 산티데바Śāntideva(寂天)의《입보리행론》*을 비롯한 후기 諸論書에 끼친 영향은 대단히 크다. 뿐만 아니라 티벳불교의 개혁자인 쫑카파Tsoṅ-kha-pa(宗喀巴, 1357~1419)의 主著《보리도차제론》*에서는 이 책이 중요한 典據로서 종종 인용되고, 黃教의 學問寺에서는 지금도 널리 연구되고 있다.

〔참고문헌〕 Louis de la Vallée Poussin는《Madhyamakāvatāra par Candrakīrti》(Bibl. Bud. IX, St.-Pétersburg, 1909~12)로 원전을 발간하고, 〈Madhyamakāvatāra, Introduction du Traité du Milieu de l'Ācārya Candrakīrti〉(Muséon n.s. Ⅷ, 1907 : XI, 1910; XII, 1911)로 佛譯하였으나 번역은 未完에 그치고 있다. 일본에서는 笠松單傳이 제1장을(《佛教研究》 4의3 및 《印度哲學과 佛教의 諸問題》에 수록), 北畠利親이 제2~5장을(《佛教學研究》 18 · 19 및 《龍谷大學論集》 372 · 374에 수록) 각각 譯註하였을 뿐, 아직 연구단계에 있다. 주석에는 쫑카파의 것(㊗154-1~110)이 있다. 完譯으로는 法尊이 중국어로 번역한 《入中論》(新文豊出版公司, 1942) 5卷이 있다. 참고할 만한 연구로는 山口益의《佛教에 있어서 無와 有의 對論》, 江島惠教의 〈Bhāvaviveka의 聖典觀〉(印佛研 17의2)이 있다.

㉶

## 자이나교 성전

인도불교의 姉妹 종교라 할 만한 자이나교에는 聖典(Āgama 혹은 Siddhānta)이라 불리는 것이 46개 있다. 즉 Aṅga 11개, Uvaṅga 12개, Paiṇṇa 10개, Cheyasutta 7개, Mūlasutta 4개, Sutta 2개이다. 자이나교의 裸行派는 이러한 성전들이 모두 소실되어 지금까지 전하는 것은 없다고 주장하지만, 白衣派의 쪽에서는 이들 중 제12 Aṅga의 Diṭṭhivāya는 없어졌으나 다른 것은 현존하는 것으로 전하고 있다. 언어는 교조인 마하비라Mahāvīra(大雄)가 사용하였다고 하는 Ārṣa 혹은 Ardhamāgadhī 語이다.

〔내용〕 위에서 언급한 성전의 여섯 분류에 따라 간단히 소개한다.

(Ⅰ)Aṅga-① Āyāra / 大雄의 교설과 출가의 생활 규정. ② Sūyagaḍa / 他教의 설을 인용하고 이에 대한 반론 및 자이나 教理. ③Thāṇa / 1에서부터 10까지의 數에 이르는 名目에 의한 교리의 설명. ④ Samavāya / Thāṇa의 보충 설명과 11 이상의 名目을 설명. ⑤Viyāhapannatti / 광범하게 자이나교의 교리를 집성한 것으로서 가장 오래된 것. 이 중에 6師의 한 사람인 Gosāla의 이야기가 씌어져 있다. ⑥ Nāyādhammakahāo / 종교적 설화집. ⑦Uvāsagadasāo / 신앙심이 풍부한 居士의 이야기. ⑧ Antagaḍadasāo / 大雄 이전의 교조인 Ariṭṭhaṇemi의 시절에 해탈을 얻었던 사람들의 이야기. ⑨ Anuttarovavāiya-dasāo / 최고의 天界에 태어났던 여러 성인들에 대한 이야기. ⑩ Paṇhāvāgaraṇāiṃ / 살생 등 5罪惡과 그 결과, 아울러 이에 대한 5禁戒를 설한다. ⑪Vivāgasuya / 罪業의 과보와 善業의 과보에 대한 例話.

(Ⅱ)Uvaṅga- ① Uvavāiya / 大雄의 설법 순서, 化生에 대한 大雄과 Goyama와의 문답, 해탈하는 자가 행하는 Kevali-Samud-ghāta와 열반에 이르는 순서. ② Rāyapaseṇaijja / Prasenajit 王이 Pārśva-nātha의 신자가 되었는데, 왕비의 오해로 인해 살해되어 Sūriyābha 神이 되었다는 이야기를 중심으로 하는 교설. ③ Jīvābhigama / 生類에 관한 여러가지의 區分法, 중앙 세계의 대륙에 대한 설명. ④ Pannavaṇā / 일체의 生類를 住所・속성 등 35종의 綱目에 대하여 설함. ⑤ Sūrapannatti / 天體 및 달과 태양에 대한 설명. ⑥ Jambuddīvapannatti / 중앙 세계인 Jambudvīpa에 대한 설명. ⑦ Candapannatti / 달에 대한 설명이라고 하지만 명칭만 있고 내용은 발견되지 않았다. 新版 《Suttāgama》에서는 이 명칭 아래 天體의 일을 설하고, 앞에서 소개한 ⑤Sūrapannatti는 이름뿐인 것으로 되어 있다. ⑧ Nirayāvaliyāo / 王舍城의 Seniya(Bimbisāra)와 Kūṇiya(Ajātaśatru)와의 인연관계를 중심으로 한 10개의 이야기. ⑨Kappavaḍiṃsiyāo/ Pauma가 부모를 거역하고 출가하여 Sohamma-kappa에 태어나 해탈하는 이야기 외에 비슷한 9개의 이야기. ⑩ Pupphiyāo / Canda神의 前生譚 등 10개의 이야기. ⑪Pupphacūlāo / 女神 Śirī의 前生 이야기 등 10개의 이야기. ⑫Vaṇhidasāo / Nisaḍha王이 Ariṭṭhaṇemi의 신자가 되었는데, 후자가 王의 前生과 해탈을 설한다. 이 외의 11話.

(Ⅲ)Paiṇṇa-① Causaraṇa / 성스런 네 존재인 阿羅漢・解脫者・正信者・法에 귀의하는 63偈. ② Bhattaparinnā / 음식을 끊는 172偈.

③ Saṃthāra / 自由意志에 의한 죽음의 草床, 그 儀式, 전설 등 123偈. ④ Āurapaccakkhāṇa / 병자가 되는 죄악의 거부, 죽음의 준비 등 132偈. ⑤ Mahāpaccakkhāṇa / ④의 보충. ⑥ Candāvijjhaya / 출가의 修養 및 그에 관한 師弟의 장점. ⑦ Gaṇivijjā / 모임의 지도자가 알아야 할 시간에 관한 지식. ⑧ Tandulaveyāliya / 인간의 식량, 胎內의 상태, 수명, 신체 구조 등. ⑨ Devindatthāya / 온갖 天界의 존재자에 대한 상세한 설명. ⑩ Vīratthaya / 大雄에 관한 찬가 43偈.

(Ⅳ)Cheyasutta-① Āyāradasāo / 출가·재가에 관한 옳고 그른 행동이나 마음가짐. Bhadrabāhu가 지은 《Kalpasūtra》가 포함되어 있다. ② Kappa, ③ Vavahāra / 둘 다 比丘·比丘尼의 생활 규칙을 중심으로 한다. ④Nisīha / 出家의 계율, 戒를 범했을 경우 참회의 각종 형식. ⑤ Mahānisīha / 犯戒·참회, 기타 제반의 종교생활. ⑥ Pancakappa / 출가생활을 5종의 방법으로써 취급함. ⑦ Jīyakappa / 비구에 대한 10가지의 벌을 설함.

(Ⅴ)Mūlasutta-① Uttarajjhāya (36章) / 어수선함과 신앙, 설화, 교리를 설함. ②Dasaveyāliya / Śayyambhava가 자신의 아들을 위해 편집한 것이라고 전해지는 것으로서 자이나교의 교리와 출가생활을 총정리한 것. ③Āvassayanijjutti / 일상의 종교생활을 중심으로 하고 있으나 내용은 잡다하다. ④ Piṇḍanijjutti / 혹은 Ohanijjutti를 덧붙인다. 전자는 걸식의 作法, 후자는 출가의 생활이나 수행 등을 설한다.

(Ⅵ)Sutta-① Nandī / 자이나교의 지식과 교리 일반. ② Aṇuogadārā / 자이나교의 교리를 네 방면으로 해설한다.

이 밖에 독립된 경전으로서 중요한 것에 Isibhāsiyāiṃ이 있다. 이것은 옛 성자들의 개별적인 가르침으로서 자이나교를 설했던 것인데, Āyāra·Sūyagaḍa·Dasaveyāliya와 함께 현재까지 전해진 古典으로 간주되고 있다.

〔성전 성립의 개관〕 大雄(마하비라)은 당시의 종교계에 전하는 교리를 정리하여 자기의 教學을 세워 포교하다가 기원전 447년경에 열반했으나, 가르침은 口傳에 의해 師資相承되었다. 기원전 300년경 파탈리푸트라Pāṭaliputra에서 結集이 이루어졌으나, 이 때 이미 제12 Aṅga는 소실되었다. 당시 네팔에 있었던 Bhadrabāhu만이 알고 있었으나, 이 傳燈도 점점 망각되어 가다가 大雄 死後 980년에 있었던 Valabhī 의 結集에서는 현재 白衣派에 전하는 형태로 되어 버렸다. 이상은 白衣派의 주장인데, 裸行派에서는 大雄이 열반한 지 683년에 옛 성전이 모두 산실되어 버렸고 지금 전하는 것은 모두가 그 이후의 것이라고 한다. 그 사실 여부야 어쨌든간에 그 언어의 변천이나 사상 내용으로 보아 白衣派에서 전하는 성전도 大雄의 설법 그대로가 아니라 시대에 따라 변화·발전하였던 것이 분명한 것 같다.

〔교리의 특징〕 인도에 아리야人이 침입하기 이전부터 있었다고 생각되는 出家解脫主義의 종교의 흐름을 전하는 것인데, 그 本源을 불교와 같이하고 있어 釋尊이 개혁하기 이전의 교리를 매우 엄격한 형태로 전하였던 것이다. 교리는 불교와 달라 自我라는 영속적 존재를 인정한다. 또 단식을 특징으로 하는 苦行으로써 윤회로부터 해탈한다고 하고, 윤회는 자기의 행위의 결과에 따라 自我에 流入하는 業物質에 의해 일어나는 것이며, 苦行은 이

業物質을 없애는 것이라고 한다. 종교생활과 수행은 철저한 不殺生과 無所有를 그 신조로 삼으며, 아무리 하찮은 미물까지도 인정하는 教學은 불교의 中道에 비해 지나치게 出家的이고 극단적인 것이다. 따라서 불교와 같은 大乘的 발전은 없다. 고대의 과학 · 전설 · 역사 등도 받아들여 교학 체계를 이루고 있다. 裸行派에 전하는 성전은 모두가 새로운 것인데, 以上의 白衣派의 교리와 다른 점은 베단타 Vedānta나 그 밖의 바라문 教學의 영향을 받아들이고 있는 점이다.

〔참고문헌〕 원전 및 참고서로서 다음과 같은 것들이 있다.

《Suttāgama》(Aṅga and Upāṅga of Jaina), 2vols. Bombay, 1954.

W. Schubring 《Die Lehre der Jainas, nach den alten Quellen dargestellt》 GIAPhA Ⅲ-7, Berlin, 1935.

H.V. Glasenapp 《Der Jainismus》 Berlin, 1925.

**자타카** Jātaka 本生經

팔리語로 씌어진 南方上座部의 經藏 중 小部에 포함되어 있다. 22편 547자타카로 이루어졌다. 자타카란 원래 특별한 형식과 내용을 갖춘 오랜 불교 문학의 한 장르이다. 달리 生經 · 本生譚 · 本生說話라고 칭함에서 알 수 있듯이 이것은 붓다가 이 세상에 태어나기 이전의 前生에 대한 이야기이다. 붓다가 깨달음을 얻기 전, 수행자로 있을 때의 모습을 보디삿타 Bodhisatta(菩薩)라든가 또는 마하삿타Mahāsatta(大士)라고 호칭한다. 따라서 자타카는 보디삿타 또는 마하삿타에 대한 이야기이다. 다시 말하면 過去世에서 어떠한 善行을 하고 공덕을 쌓았기에 現在世에서는 붓다로 태어날 수 있었던가에 대한 因果를 이야기한다. 자타카 이야기는 다음과 같은 3부로 구성되어 있다.

1. 現在世이야기 : 붓다가 어떠한 인연에 근거하여 과거세의 일을 이야기하였는가에 대한 유래를 설한다.
2. 過去世이야기 : 현재세의 일을 일으킨 원인이 되는 과거세의 유래를 설하는데, 본생설화의 주요 부분이다. 그 속에는 많은 시가 담겨 있다. 본래는 이 詩 부분만이 성전으로서 小部 중에 포함되었고, 나머지는 그 시에 대한 설명이요 주석이다. 남방의 불교도는 詩의 부분만을 집성한 성전을 갖고 있다.
3. 結合句 : 현재세의 등장 인물과 과거세의 그것을 결합하여 因果관계를 명확히 하는 결론적인 부분이다.

이 3요소가 자타카 성립의 요건이며, 이것이 형식상의 특징을 이루고 있다. 초기불교시대로부터 이 형식으로 정리된 작품이 있는데, 나중에 대단히 발달하여 자타카의 集成書가 몇 가지 생겨나게 되었다. 팔리語 성전 중에 있는 자타카도 그 하나이다. 漢譯에는 《生經》(㊅ 3-70, Ⓚ 19-959)이라고 하는 자타카 모음이 있다. 이 밖에 자타카의 형식을 지닌 작품은 불교의 다른 典籍 중에서 극히 많이 발견된다.

자타카의 중심은 과거세의 이야기인데, 보디삿타가 다양한 모습을 취하여 등장한다. 보디삿타는 과거의 길고 긴 세월 동안 윤회전생을 반복하였는데, 그 때마다 인간뿐 아니라 귀신이나 동물 등에 이르기까지 온갖 생명을 거친다. 이야기 속에서는 그러한 보디삿타가 어떤 때는 주인공이 되고 또 어느 때는 보조역이나 방관자가 되어 활약한다. 과거세의 이야기는 『일찌기 어느 때(예를 들면, 그 옛날 바라나시에서 브라흐마닷타王이 나라를 다스리고 있을 때), 보디삿타는 某某의 胎內에 재생하여(예를 들면, 히말라야 지방에 사는 원숭이의 태내에 재생하여)…』라는 식의 표현으로 시작하는 것이 보통이다. 이 방법에 의해 민족의 口碑나 전설 속에서 전해진 재미있는 이야기를 모두 자타카로 바꿀 수가 있다. 이야기 속에서 나타나는 인물이나 동물이나 신들을 적당히 보디삿타로 꾸미면 되기 때문이다. 일반의 민간설화를 불교 문학으로 바꾸는 데엔 크게 조작할 필요도 없었다. 이리하여 자타카에는 인도의 설화·우화·야담 등이 풍부하게 수록되어, 세계 설화문학의 보고가 되었다. 불교의 수행승들은 일반 민중을 교화하는 데 있어서 이 재미있고 교훈적인 자타카 이야기를 열심히 이용하였음이 틀림없다. 그리고 이러한 주제는 일반 민중에게 널리 호응을 받고 친숙하게 되어, 조각이나 회화의 소재로 이용되었다. 인도(바르핫트·산치·아마라바티·마투라·간다라·아잔타 등)는 물론이고 西域(타클라마칸·돈황)이나 중국(운강·용문 등), 자바(보로부두루), 버마 등 도처에 남아 있다.

[참고문헌] 원전으로는 V. Fausböll 《The Jātaka together with its commentary》7vols. (London, 1877~1897), 英譯으로는 E.B. Cowell이 7권으로 편집한 것(1895~1913), 獨譯으로는 J.Dutoit가 번역하여 7권으로 펴낸 것(1908~1921)이 있다. 日譯으로는 南傳(XXIII~XXXII)이 있으며, 筑摩書房 世界文學大系 《인도集》에는 抄譯이 있다. 한글 번역은 ㉾202~205에 실려 있다. 연구로는 干潟龍祥《本生經類의 思想史的研究》 및 《자타카 槪觀》, 前田惠學《原始佛教聖典의 成立史研究》 등을 참조.

**자타카말라** Jātakamālā 本生鬘

총 35개의 자타카를 모은 작품인데 특정한 의도나 방침 하에 집성한 것은 아니다. 물론 그 바탕에는 종교적인 정열이 깔려 있으나, 저자 자신이 序偈에서 밝힌 바와 같이 古來로부터 전해 온 자타카들 중 몇을 선별하여 大綱이나 본질을 바꾸지 않고 그 傳承에 충실하게 문학 작품으로 마무리한 것이다. 다른 전승에서 흔히 볼 수 있는 것과 같은 장황설은 없고, 문학적 처리가 가해져 있다. 산문과 운문을 섞어 사용하는 서술 양식 속에 나타나는 修辭나 語法으로 보아 저자는 산스크리트 문학에 상당한 조예가 있음을 알 수 있다. 梵本과 티벳譯에서는 Āryaśūra(聖勇)를 저자로 표시하고 있으나 저자 자신에 대해서는 꼭 확실한 것은 아니다. 漢譯 경전으로는 《菩薩本生鬘論》(㊅3-331)이 있고, 이것을 聖勇보살이 지었다고 하나, 그 내용은 이 《자타카말라》와 거의 상응하지 않으므로 별개의 작품이다. 최근엔 《百五十讚》《四百讚》의 저자인 Mātṛceta와 동일인이라는 주장도 있는데, 만약 이것이 사실이라면 이 작품의 연대는 2세기로 추정할 수 있을 것이다(D.R.S. Bailey 《The Śatapañcāśatka of Mātṛceta》 1951, pp.10ff). 《자타카말라》란 특정한 작품의 이름이긴 하지만, 사실은 이런 종류의 작품에 붙인 이름이기도 하다는 흔적이 있다(SBE vol. Ⅰ, p. xxii). 이런 이름을 붙인 다른 작품도 알려져 있다(佐佐木教悟 〈本生經類의 티벳譯에 대하여〉 印佛研 7의1, pp.77~84). 인도에서는 물론이고 중앙아시아에서도 널리 유행한 작품이다(山田龍城《梵語佛典의 諸文獻》pp.65 ff).

원전은 H.Kern, Hos, vol. Ⅰ(1890), 英譯은 J.S. Speyer, SBE, vol. Ⅰ(1895)이 있다.

## 장로게 · 장로니게 長老偈 · 長老尼偈 Theragāthā · Therīgāthā

기원전 6~3세기경에 성립된 것으로 보인다. 完本은 南方上座部 소속인 팔리語의 원전밖에 없으나, 이 밖에 北傳의 有部 계통으로 보이는 《長老偈》의 梵文 일부가 남아 있다. 붓다 在世시대에 장로인 수행승(비구)과 부인인 수행승(비구니)이 읊었다고 하는 시(偈)를 모은 것이다. 長老의 시집과 長老尼의 시집으로서 자매편을 이룬다.

《長老偈》는 서두 3偈와 본문21章 1279偈로 이루어지고, 《長老尼偈》는 16章 522偈로 이루어진다. 이 두 시집 속에는 1偈만을 남긴 경우도 있고, 1 · 2偈 내지는 70여偈를 남긴 경우도 있다. 이렇게 남긴 偈를 그 수에 따라 분류하여 1偈만을 남긴 長老 · 長老尼의 偈를 모아 1集이라 하고, 2偈만을 2集, 3偈만을 3集, 이런 식으로 70여偈의 것을 大集으로 편찬하였다.

두 시집은 문학적으로나 사상적으로나 높이 평가되고 있다. 이들의 시가 지닌 아름다움은 《리그베다》*의 찬가로부터 칼리다사 Kālidāsa의 시에 이르는 인도의 서정시 중 최상의 작품임을 과시한다. 두 시집의 밑바탕에 흐르고 있는 정신은 고양된 종교적 이상과 윤리적 教說의 천명이다. 모든 장로 · 장로니는 심원한 마음의 寂靜을 마음의 최고 규범으로 삼고 있다. 감각적이거나 충동적인 것은 일체 배제하고, 수행자의 산뜻한 심경이 도처에 서술되어 있다. 《장로게》와 《장로니게》 사이에는 받아들여지는 느낌의 차이가 저절로 발견된다. Rhys Davids 여사는 두 시집에서 나타나는 語法 · 감정 · 솜씨의 차이를 밝혔다. 《장로니게》의 대부분은 여성이 노래한 것임이 틀림없다. 또 Winternitz에 의하면 《장로게》는 일반적으로 외적 경험이 풍부하나, 《장로니게》는 내적 경험에 관한 것이 많다. 《장로게》에는 개인적 특질이 거의 나타나지 않으나 《장로니게》에는 종종 그것이 나타나 있다. 《장로게》는 자연에 대한 묘사가 많은 데 반해 《장로니게》는 인생에 대한 묘사가 풍부하다. 《장로게》는 자기 신앙의 고백이지만 《장로니게》는 자기 생활의 경험이다.

원전에는 두 시집의 작자를 많은 비구 · 비구니에게 돌리고 있지만 일반적으로 그 이름은 신용할 만한 가치가 없다고 한다. Neumann은 『전체가 오직 한 사람의 낙인을 찍고 있다』고 논했지만, Franke는 개개의 部가 통일된 시로 이루어져 있음을 논증하면서도 전체가 오직 한 사람의 편자에 의해 이루어진 것이라고는 하지 않았다. Winternitz에 의하면 각각의 偈를 이러저러한 장로 · 장로니의 작품이라고 돌렸던 것은 그들 비구들이었고, 그들은 그 偈의 진짜 작자를 알지 못했다. 따라서 그 시들의 진짜 작자는 한 사람이 아니라 여러 사람이다. 몇 개의 偈 속에서는 그 偈의 내용과 비구의 인품이 잘 어울리고 서로 통하는 것이 적지 않다고 한다.

〔참고문헌〕

원전 : H. Oldenberg & R. Pischel 《The Thera and Therī-gāthā》 London : PTS, 1883. (K.R. Norman과 L. Alsdorf에 의해 부록을 갖춘 新版이 1966년에 발간되었다.)

英譯 : Mrs. Rhys Davids의 《Psalms of the Brethren》1913 및 《Psalms of the Sisters》 1909, K.R. Norman 《The Elder's Verses》 I · II, 1969. 1971.

獨譯 : K.E. Neumann 《Die Lieder der Mönche und Nonnen Gotamo Buddhos》 1899.

日譯 : 譯大 12, 南傳 XXV. 筑摩書房《世界古典文學全集》6. 《世界名詩集大成》18(平凡社)의 抄譯도 참고할 만하다. 연구서로는 M. Winternitz 《Geschichte der Indischen Litteratur》 II, S.79(中野·大佛共譯 《印度佛教文學史》p.106)과 前田惠學《原始佛教聖典의 成立史研究》(山喜房)를 참조.

漢譯 《長老偈》의 한글 번역은 ㊞16에 수록.

## 전심법요 傳心法要 1卷 또는 2卷

원래는《黃檗山斷際禪師전심법요》《黃檗禪師전심법요》《斷際禪師전심법요》 등으로 불린다. 黃檗希運(~850)이 설한 것을 857년에 편집한 책이다. ㊅48-379. 이 책의 명칭에는 두 가지 의미가 있다. 넓은 의미로는 《宛陵錄》과 좁은 의미의 《전심법요》의 두 책을 포함하며, 좁은 의미로는 《완릉록》을 제외한 후자만을 가리킨다. 여기서는 넓은 의미로서의 《전심법요》를 소개한다. 좁은 의미의 《전심법요》는 거사인 裴休(797~870)가 황벽희운으로부터 842년과 848년의 2회에 걸쳐 問法한 것을 정리한 것이며, 《완릉록》은 완릉에서 황벽이 배휴에게 說示한 것을 다른 사람이 엮은 것일 것이라 한다. 이 둘은 모두 중국禪宗, 특히 臨濟禪의 기초를 구축한 황벽의 心要를 전하는 것으로서 중국과 일본에서 중시되어 종종 간행되었다.

일본에서는 지방 관리인 北條時宗(1248~1301)이 이 책을 애독하여 修禪의 지침으로 삼았을 만큼, 이 책이 일반 독서계에서도 환영을 받았다. 이 책의 開版은 주로 중국과 일본에서 이루어졌으나, 한국에서도 근래인 1908년에 梵魚寺에서 《완릉록》과 《전심법요》를 포함한 《禪門撮要》를 출판하였다. 이러한 개판의 역사에 대해서는 일본에서 《禪의 語錄》시리즈 제8권으로 출간된 入矢義高의 《傳心法要·宛陵錄》(筑摩書房, 1969)이 그 해설에서 자세히 소개하고 있다. 入矢의 이 책은 두 책의 원문을 내용별로 분류하여 단락을 짓고, 각 단락마다 원문–直譯–意譯–주해의 순으로 배열하여, 이 책의 내용을 철저히 간파할 수 있게 하였는데, 자세한 註와 뒤에 첨가한 해설이 훌륭하다. 宇井伯壽가 譯註한 문고本(岩波文庫)이 있으며, 譯一 和漢部, 諸宗部8에 日譯이 있다. 한편 John Blofeld는 明版四家語錄本을 이용하여 《전심법요》를 《The Zen Teaching of Huang Po on the Transmission of Mind》(London, 1958)로 英譯하였으나, 잘못된 번역이 상당히 많다. 이 밖에 《現代禪講座》5를 참조.

## 전법정종기 傳法正宗記 9卷

宋의 契嵩(明教대사, 1007~1072)이 저술했다. ㊅51-715. 이 책은 중국 禪宗의 師資面授付法相承의 순서에 따라, 인도 이래 조사들의 전기를 서술한 것으로서 《경덕전등록》*의 뒤를 이은 유사한 책이다. 제1卷에서는 시조인 釋迦여래의 전기를 게재하여 그 덕을 밝힌다. 제2~6권에서는 제1祖 摩訶迦葉 이하 제33조 大鑑慧能에 이르는 전기를 서술하며, 이것이 올바른 법맥임을 역설한다. 제7·8권에서는 慧能 계통의 正宗分家에 속하는 1304人의

略傳을 서술한다. 제9권에서는 혜능 이전의 방계 205人과 宗證, 즉 正宗의 계통과 관계없이 독립하여 禪의 修習에 노력한 고승 11人의 略傳을 게재하고 있다.

저자가 이 책을 저술할 당시엔 선종이 내세운 西天28祖說을 반박하고, 《付法藏因緣傳》에서 말하듯 24祖로 正系가 단절됐다고 하는 쪽이 옳다는 주장이 있었다. 이에 대해 저자는 자기가 속하는 선종의 입장과 그 傳燈의 올바름을 분명히 하려는 목적으로 이 책을 저술했다. 따라서 33祖, 즉 震旦6조 慧能에 이르는 전기에 이 책은 대부분을 할애하고 있다. 저자는 1055년에 집필을 시작하여 7년의 세월을 노력한 1061년에 완성하였다. 다음 해에 이 책이 대장경에 편입됨과 동시에 그는 이 공으로 明教大師라는 호를 받았다. 이는 당시 선종의 세력이 강성하였음과, 이를 배경으로 한 정통성의 주장이 승인되었음을 뜻하는 것이나 다름없다. 저자는 동시에 본론을 도표化한 《定祖圖》1卷, 또 본론의 주장을 논증하는 《傳法正宗論》2卷4編을 저술하여 황제에게 올렸다. 그러나 여기에서 보이는 논증은 《출삼장기집》*제12에 게재되어 있는 薩婆多부의 相承說에 의해 그 50～53祖를 25～28祖로 比定하여 《寶林傳》(→조계보림전)·《경덕전등록》 등의 相承說을 정당화한 것일 뿐이다. 따라서 達磨多羅=菩提達摩로 하는 등, 그 고심의 정도는 이해가 되지만 역사적으로는 완전히 附會한 주장이다.

한편 이 책은 《定祖圖》를 포함하여 전체 10권으로 한 版本(예를 들면 卍字續藏經)도 있고, 여기에 다시 《正宗論》을 합한 3部作의 전체 12권을 《전법정종기》 또는 《嘉祐集》이라 칭하는 것도 있다.

**절관론** 絶觀論 1卷

菩提達磨(6세기 초엽)가 찬술한 《達磨和尙절관론》이다. 이 책은 《菩薩心境相融一合論》 《入理緣門論》 등으로도 호칭된다. 달마禪의 특질을 스승과 제자 사이의 대화 형식으로 설한 책이다. 이 책은 即心·無心의 입장을 명확히 한 것으로서 「豁然大悟」라는 말이 나타내는 바와 같이 극히 실천적인 색채가 짙고, 禪사상이 발랄한 대화 속에 생생하게 전개되어 있다. 이 책에는 如來藏사상이나 草木成佛의 사상 등이 표현되어 있다.

敦煌에서 발견된 이 책을 久野芳隆이 〈流動性이 풍부한 唐代의 禪宗典籍〉(《宗教研究》新14의1)이라는 제목의 글에서 일본 학회에 소개함으로써, 이에 대한 본격적인 연구가 개시되었다. 이어서 鈴木大拙은 〈燉煌出土本達磨和尙絶觀論에 대하여〉(《佛教研究》 제1권, 제1호)를 발표하였고, 또 《禪思想史研究》제2에서 상세한 연구를 발표했다. 한편 이 책의 원전은 鈴木大拙과 古田紹欽이 교정하여 《積翠軒本絶觀論》(1945)이라는 제목으로 積翠軒文庫藏 속에 출판되어 있다. 이 책의 찬술자에 대해서는 학자들의 의견이 서로 다른데, 鈴木은 달마의 찬술임을 긍정하고, 久野는 처음엔 荷澤神會로, 나중엔 牛頭法融으로 기울었다. 關口眞大는 시종일관하여 牛頭法融의 찬술이라는 說을 주장했다(《達磨大師의 研究》). 또 이 책을 《보장론》*과 비교하면 사상의 유사성을 발견할 수 있는데, 《보장론》이 8세기 末에 찬술되었다고 간주되므로 돈황本 《절관론》도 牛頭法融의 《절관론》과는 별도로 8세기에 찬술되었는지도 모르지만, 현재로서는 이러한 추측을 논증할 만한 근거를 발견하지 못하고 있다.

현재의 학계에서 이 책의 찬술자에 대한 견해는 아직 유동적이어서, 꼭 牛頭法融의 찬술이라고는 간주되지 않는다. 이러한 문제 등에 대해서는 柳田聖山의 〈絶觀論의 本文研究〉(《神學研究》58), 中川孝의 〈絶觀論考〉(印佛研 7의2), 印順의 《中國禪宗史》 등을 참조.

**정법안장** 正法眼藏 95卷

일본 曹洞宗의 개조인 道元(1200~1253)의 대표적인 저술로서 본래의 명칭은 《永平정법안장》이다. ㊅82-7. 이 책은 순수한 漢文이 아닌 일본 독자의 和文으로 조동禪의 종지를 표현한 것이다. 그에게는 많은 저술類가 있는데, 「정법안장」이라는 말을 포함하고 있는 것으로는 이 책 외에 《眞字정법안장》3卷과 《정법안장隨聞記》6卷이 있다. 이 중 《眞字》는 참선의 道를 판별하는 데 있어서 필요하다고 생각되는 漢文으로 된 고래의 古則 300개를 집록한 것이고, 이들에 관한 그 자신의 견해를 서술한 것이 和文으로 된 이 책이다. 그러나 300則 중 중간의 100則만이 현존해 있다. 한편 《隨聞記》는 侍者인 懷奘이 興聖寺에 거주하던 약 3년에 걸쳐 道元으로부터 그때그때 들은 교훈이나 설화를 집록한 것인데, 평이한 문체에다 그 내용도 이 《정법안장》처럼 심원한 경지를 표현한 것이 아니어서 누구라도 쉽게 이해할 수 있게 되어 있다. 그러나 오히려 여기에 道元의 宗風이 가장 잘 나타나 있다(岩波文庫本이 있다).

〔내용〕 이 책, 즉 《假字정법안장》 95권은 1231년부터 1253년까지의 23년간에 걸쳐 그때그때마다 說示된 것인데, 대개는 卷末에 설시한 때와 장소를 저자 자신이 기입하고 있다. 기입되지 않은 10권 정도는 초안인 상태로 있었던 것을 후에 懷奘이 서사한 것이다. 저자는 100권으로 완성할 셈이었던 것 같으나 병으로 타계하여 결실을 맺지 못하였다. 현존하는 95권은 그 성립된 시기와 장소에 따라 셋으로 구분된다. 먼저 深草의 安養院에서부터 興聖寺에 머무르던 13년간에 이루어진 것은 辨道話·마하반야바라밀·現成公案·一顆明珠·重雲堂式·即心成佛·洗浄·禮拜得髓·谿聲山色·諸惡莫作·有時·袈裟功德·傳衣·山水經·佛祖·嗣書·法華轉法華·心不可得·佛性·坐禪箴·行持 등의 46권이다. 越前의 吉峰寺·永平寺에 거주하던 10년간에 이루어진 것은 3界唯心·說心說性·坐禪儀·發菩提心·他心通·8大人覺 등의 39권이다. 그 시기가 확실치 않은 것은 出家功德·歸依三寶·生死·受戒 등의 10권이다. 이 책에는 좌선·행사·嗣法 등에 관한 실제적인 면도 설해져 있으나 대개는 저자가 체험한 사상을 내용으로 한다. 그리하여 이것을 다른 불교 諸宗만이 아니라 臨濟宗 등과 같은 다른 禪宗의 諸派나 諸師의 입장과 비교하고 그 차이를 극히 미세한 점까지 지적하여 자기의 입장을 분명히 하고 있다. 그 사상이 조직적으로 서술된 것은 아니지만, 이를 종합함으로써 저자가 지닌 사상의 전모를 어느 정도 파악할 수 있다.

일본에서의 이 책에 대한 평가는 대단하다. 이처럼 높은 心境에 도달한 명확한 사상은 일본 내외의 다른 禪書에서는 유례를 찾기 힘들다 하고, 또 일본인 獨自의 사상으로서도 前後의 유례가 없는 탁월한 것이라 하여, 일본 사상의 최고봉을 차지한다고 평가한다. 이 책의 傳承에는 75권本·60권本·84권本 등이 있는데, 1690년에 현행의 95권으로 정리되었다. 이에 대해서는 20종 이상의 주석서가 있는데, 그 대부분은 神保如天·安藤文英이 편집한 《正法眼藏註解全書》11권(無我山房, 大正3)에 수록되어 있다. 또 나머지는 永久岳水편 《正法眼藏註解新集》(1931)으로 보유되었다. 근대의 것으로는 西有穆山 《정법안장啓迪》10권, 岸澤惟安 《葛藤集》, 橋田邦彦 《정법안장釋意》4권 등이 있다.

〔참고문헌〕 많은 연구가 쏟아져 나왔는데, 주요한 것들을 다음과 같이 분류하여 소개한다.

원본 / 大久保道舟편 《道元禪師全集》上巻(筑摩書房, 1969).

주석 / 岸澤惟安 《正法眼藏全講》24册(大法輪閣, 1972~1974).

번역 / 西嶋和夫 《現代語譯正法眼藏》, 高橋賢陳《全巻現代語譯正法眼藏》(角川書店, 1971~73), 西尾 등의 校註 《正法眼藏·正法眼藏隨聞記》 (《日本古典文學大系》81, 岩波書店, 1965), 西嶋和夫《正法眼藏》(佛教社, 1970).

연구 / 秋山範二 《道元의 硏究》, 田邊元 《正法眼藏의 哲學私觀》, 衛藤即應《宗祖로서의 道元禪師》, 加藤宗厚 《正法眼藏要語索引》, 寺田透·水野彌穗子 《道元》上下(岩波《日本思想大系》12·13, 1970·1972), 玉城康四郎편 《道元集》(《日本의 思想》2, 1969)·《道元》(《日本의 名著》7, 中央公論社, 1974), 榑林皓堂편 《道元禪의 思想的硏究》(春秋社, 1973).

## 정토군의론 浄土群疑論 7巻

懷感(~7세기末)의 저술로서 釋浄土群疑論·群疑論·決疑論이라고도 한다. ㊅47-30. 陳·隋시대 이래로 攝論宗이나 三階教 및 玄奘에 의한 唯識學이 유행하면서, 浄土往生의 교의에 대해 의문이 제기되었다. 이에 대해 저자가 善導의 문하에 들어가 지심으로 念佛하고 드디어 三昧를 얻은 결과, 스스로의 신앙과 경험으로부터 정토 왕생에 관한 여러가지 의혹을 들고, 이것을 문답체로써 12科 116章으로 정리한 것이 이 책이다. 따라서 이 책은 정토교에 관한 百科全書적인 가치를 지니는 것이다. 이 책에는 平昌의 孟銑이 쓴 序文이 들어 있는데, 이에 의하면 懷感은 미처 탈고하지 못한 채 입적하였으며, 동문인 懷惲(~701)이 이를 보수·정리하여 완성했다고 한다. 善導의 문하인 회감의 정토교를 알기 위한 유일한 자료로서 극히 중요하다. 書名에 대해서는 중국 이래로 《群疑論》이라 불렸는데, 《송고승전》*에서는 《決疑論》, 《瑞應册傳》에서는 《往生決疑論》이라 칭하고 있다. 7巻 전체를 통해서 모두 문답으로 되어 있고, 그 대답은 거의가 「釋何何」로 되어 있기 때문에 《釋浄土往生群疑論》이라 하는 것이 가장 완전한 명칭이라 한다.

〔평가〕 이 책을 선도의 釋義와 비교할 때 서로 같은 점과 다른 점에 대해서는 고래로 15同 13異 등이 열거된다. 같은 점은 解義門에 있고 다른 점은 勸化門에 있다고 하거나, 선도는 聖僧의 지침에 중점을 두고 회감은 聖教量(증거가 되는 교의)에 중점을 둔다는 등이다. 또 그 서술의 경향에 대해서는 法相宗이나 三階教의 영향 등도 지적된다. 원래 법상종의 학자였던 저자는 숱한 疑義에 대하여 唯識的 해석을 가한 점이 많은데, 오히려 이 점 때문에 많은 학자들에게 읽히는 결과를 낳았으며, 정토교를 학적으로 인식하게 되었다. 慈恩의 《阿彌陀經通贊》 등을 인용하는 것이 그 一例인데, 일본의 良遍이 쓴 《念佛往生決心

記》 등에서는 이 책을 열렬히 칭송하고 있다. 저자는 善導의 문하에서 스승을 祖述하였던 것으로 보이기도 한다. 그러나 예를 들어 念佛三昧를 계승하면서도 稱名이 우위임을 분명히 말하지 않은 점 등, 오히려 道綽이나 迦才의 영향인 것으로 보이는 점도 많다. 따라서 꼭 선도의 정토교說을 祖述했던 것은 아니다. 한편 이 책의 標目은 123장으로 된 것과 116장으로 된 것의 2종이 있다. 이에 대해 일본의 松田貫了는 〈釋浄土群疑論標目考〉(《浄土學》13집)에서 다음과 같은 견해를 피력한다. 123장本은 鎌倉시대의 記主 문하인 良聖이 서사한 무렵(1316년,《群疑論見聞》)부터, 116장本은 吉水의 眞惠가 서사한 무렵(1390)부터 標名을 덧붙인 것일 것이다. 이 책 중에서 물음에 대해 「釋曰」이라 한 것이 129개이고, 그 밖의 14개는 단순히 答으로 되어 있으나, 重釋도 있으므로 두 종류의 標目이 출현하였을 것이다.

〔연구〕 이 책의 전파에 대해서는 일본의 《往生要集》* 속에서도 볼 수 있는데, 鎌倉시대에 이르러 興福寺의 良遍을 중심으로 하여, 특히 南都의 諸학자에 의해 연구되었다. 註疏로는 良遍의 《群疑論科》1卷. 그의 제자인 悟阿의 《群疑論抄》25卷. 道忠의 《군의론探要記》14卷 등이 있다. 근래에 望月信亨의 〈唐代의 浄土教〉(《支那佛教學》3)를 시발로 하여, 善導에 대한 활발한 연구를 통해 이 책 및 저자인 懐感에 대한 연구도 명확히 진행되어 왔다.

譯一 和漢部, 諸宗部5에 日譯이 있다.

## 정토론 浄土論 3卷

원래의 명칭은 《迦才정토론》인데, 唐나라의 迦才(~627~)의 저술이다. ㊅47-83. 저자는 자신의 서문에서 말하길, 道綽선사가 《안락집》* 1卷을 찬술하였으나 문장이 복잡하고 章과 品이 뒤섞여 읽는 이로 하여금 주저케 하며 의미가 확실치 않으므로, 여러 서적을 수렴하고 정비된 道理를 끌어내어 9章으로 文義를 구분했다고 한다. 이를 통해 알 수 있듯이 이 책은 浄土教義를 道綽에게서 이어받아 선명히 한 것이다. 자신의 독창적인 서술이 아니라 祖述로 보이는 점도 많으나, 唯識사상이나 如來藏사상의 입장에 서 있으므로 새로운 견해도 드러나 있다.

〔내용〕 身土論 · 往生對機論 · 往生方法論의 3문제를 근간으로 하여 논술하고 있다. 그 방법은 두 가지 면에서 특색이 있는데, 하나는 종전의 방법론을 재조직한 것이고, 다른 하나는 그 재조직을 통해 중요한 것이라고 결론내린 念佛에 대해 해명하는 것이다. 이상과 같은 관점에서 9章에 대해 약술하면 다음과 같다. 제①은 소위 身土論으로서 西方浄土에도 法 · 報 · 應(化)이라는 3土의 차별이 있는데, 범부를 대상으로 하는 경우는 化土이지만 上位의 3界를 초월한 정토를 부정하지 않는다. 제②는 왕생의 대상(對機)에 대해서 어떻든 범부와 성인이 동등하게 왕생한다는 입장을 취하는데, 범부往生의 교리적 모순을 극복하는 데에 주력하고 있다. 제③은 왕생 방법론의 재조직이라고도 할 수 있는 것으로서 發菩提心 · 3福浄業을 通因이라 하고, 極樂浄土만으로 한정된 別因은 念名號 · 禮拜 · 讃歎 · 發願 · 觀察 · 廻向이라 한다. 제④는 念佛왕생의 방법으로서 임종時의 10念과 7일念佛을 열거한다. 제⑤에서는 범부往生의 교의적 증거를 제시하고, 제⑥에서는 僧俗 20인의 왕생傳을 열거하며, 제⑦에서는 西方정토와 兜率정토의

우열, 제⑧에서는 참회念佛이 時機相應의 法임을 밝힌다. 제⑨에서는 願生에의 과정을 厭離穢土·欣求浄土의 2門으로 정리하고, 10念으로써 극락왕생할 것을 권하고 있다.

〔평가〕迦才는 道綽의 정토教說을 계승하면서《섭대승론》*이나 慧遠·曇遷 등의 영향을 받은 독자적인 주장을 전개했다. 그러나 願과 行을 함께 갖출 것(願行具足)을 강조하면서도 10念往生이나 왕생의 재조직에 대해 그 관계의 명확성을 결여하고 있다든가, 心念과 觀念의 관계에 대한 고찰이나 名號 자체의 功力과 명호를 칭하는 횟수와의 관계 등이 분명히 제시되어 있지 않다. 또 2乘種의 왕생을 인정하지 않는다든가 보살과 범부에 있어서 種性을 차별하는 생각을 지니고 있다는 점 등은 唯識교학으로부터 완전히 벗어났다고는 볼 수 없고, 本願의 취지를 상실하고 있다는 등의 평가를 받고 있다.

근래에 중국 정토교에 대한 활발한 연구에 발맞추어 名畑應順의《迦才浄土論의 硏究》등이 발간되었다. 이러한 연구서에서는 諸本을 교합한 결정版과 더불어《정토론》과 직접·간접으로 관계되어 있는 문헌들에 대한 연구를 비롯하여《안락집》과 비교하거나 내용상의 새로운 견해를 발표하고 있다. 일본에 있어서의 전파에 대해서는 森川昭賢이《佛教史學》(3의3)에서 논술하고 있고, 독립된 논문은 아니더라도 이 책에 대해 論及하고 있는 것들은 많다.

## 정토론주 浄土論註 2卷

본래의 명칭은 無量壽經優婆提舍願生偈註인데,《無量壽經論偈注解》《무량수경論註》《往生論註》라고도 한다. ㊅40-826. 저작 연대는 확실치 않지만 중국의 曇鸞(476~542)이 저술한 것으로서(그의 만년에?) 世親의《정토론》(→무량수경론)을 주석한 책이다. 上卷의 맨 앞에서는 龍樹의《대비바사론》*에서 설하는 難·易의 2道를 인용하고, 本論으로써 易行道가 극치라고 칭송한다. 상권의 마지막『널리 모든 중생과 함께 安樂國에 왕생하길』을 주석한 곳에서는《大經》(→무량수경)이나《觀經》(→관무량수경) 등을 인용하여 10惡5逆의 죄를 범한 악인이라도 10念에 의해 왕생할 수 있다는 등의 易行道와 惡人往生을 역설한다. 그리고 이에 이르는 길을 제시한 下卷에서는 3信과 3不信의 相을 밝히며, 또 往相·還相의 2迴向을 설하여 他力에 의한 清浄의 올바른 믿음을 강조한다. 마지막으로「自利와 利他의 만족」이라는 조항에서《大經》의 48願 중 특히 제18·11·22의 3願을 他力의 확실한 근거로 삼고 있다.

浄土의 신앙은 후에 특히 일본에서 크게 유행하여 일본불교의 한 특색이 되었다. 그래서 일본에서는 이 책이《智光疏》《往生要集》《往生拾因》등의 정토교 계통에서 상당히 주목되고 있었다. 이것이 源空에 이르러, 특히 源空의 문하에서 중요시되었다. 源空도 그의《選擇本願念佛集》의 앞 부분에서 이 책을 인용하여 정토종이 易行道임을 설하고 있는데, 그의 문하인 隆寛이나 親鸞의 저작에서는 이 책으로부터의 인용이 매우 많은 점이 주목된다. 이 책에서는 사람이나 神들이 쌓은 善들은 모두 顚倒에 지나지 않고 虛假라고 하여 인간의 眞實心이란 것을 일체 인정하지 않는다. 따라서 어디까지나 自力의 허망을 배척하고 오직 如來의 本願이라는 他力에 대한 신심만이 올바른 원인임을 강조하고 있는데, 이러한 내용을 담은 문장을 隆寬이나 親鸞이 인용하고 있는 것이다. 이 두 사람에게서 현저히 나타나는 바, 소위 순전한 他力사상을 고조시킨 배경에는 이 책의 영향이 있었다고 생각된다. 親鸞의 이름에서 鸞자도 曇鸞에서 따온 것이라고 말할 정도인데, 그가 정토 7祖를 칭송하는 《正信念佛偈》나 《浄土高僧和讃》에서는 7祖 중 曇鸞에게 가장 심혈을 기울여 칭송하고 있다. 그의 사상 속에서도 특색있는 것이라 하는 四海兄弟, 煩惱即菩提, 往相還相의 2廻向, 3心을 1心으로 귀결시킨 三一問答 등도 이 책과 관련되어있다 할 수 있을 것이다. 또한 阿彌陀佛을 無碍光如來라 일컫는 것은 世親의 《정토론》에서 비롯된 것이라 하지만, 이것도 이 책을 통해서 통용되었던 것은 아닐지 모르겠다. 다만 曇鸞은 魏나라 當代의 왕으로부터 「神鸞」이라는 호칭을 받을 정도로 받들어졌음에서 짐작할 수 있듯이, 그에게는 神仙的인 성격이 있었던 것 같다. 사실 그는 병약하여 浄土사상쪽으로 돌아서기 이전에 長壽의 法을 구하였는데, 이와 같이 기력을 조절하는 醫方에 관한 저술을 많이 남기고 있다. 이 책에서도 그러한 예를 볼 수가 있는데, 卷下에서 『諸佛菩薩名號般若波羅蜜, 及陀羅尼章句禁呪音辭等是也』라 하고 또 《抱朴子》 등이 인용되고 있는 점 등을 통해 보더라도, 呪術的인 성격을 완전히 제거해 버리고서는 이 책의 稱名念佛을 고려할 수 없다고 생각된다. 이 책의 주석서로는 일본의 良忠이 쓴 《무량수경論註記》(浄土宗全書1)가 있다.

참고문헌으로는 일본의 眞宗教學研究所가 펴낸 《浄土論註總索引》(東本願寺出版部, 1972)이 있고, 曇鸞의 사적에 대해서는 小笠原宣秀의 《中國浄土教家의 研究》에 실린 논문들이 참고가 된다. 이 책은 [譯一] 和漢部, 諸宗部5에 日譯되어 있다.

## 정토서응전 浄土瑞應傳 1卷

文諗(9세기경)과 少康(~805)이 함께 찬술한 《往生西方浄土瑞應删傳》이다. 東晋의 慧遠으로부터 唐代 중기에 이르기까지 중국의 西方浄土 願生者 48명의 전기를 정리한 책으로서, 기술은 매우 간단하지만 중국 浄土教 연구에 필수적인 책이다. 중국의 往生傳은 唐시대의 前期 무렵부터 찬술되었던 듯하다. 飛錫의 《往生浄土傳》이나 《長西錄》에 보이는 《大唐往生傳》, 《三寶感應要略》의 도처에서 볼 수 있는 《幷州往生傳》 등은 이 책 이전의 것이라고 생각되지만 현존하지는 않는다. 이 책은 독립된 往生傳으로서 중요한 의의를 지닌다. 僞撰이라 간주되는 戒珠의 《정토왕생전》이나 袾宏의 《往生集》《新往生傳》 등의 기술은 이 책에 의존하는 바가 많다. 그러나 이 책의 성립에 대해서는 여러가지 의문이 제기된다. 이 책의 명칭인 《瑞應傳》《瑞應删傳》의 문제나 일본의 卍續藏經에는 道詵의 찬술로 되어 있는 점, 또 이 책에 수록되어 있는 大行의 전기에 저자인 少康 이후의 인물인 僖宗帝(874~887)가 등장하는 점 등, 여러 학자들에 의해 이러한 문제들이 거론되고 있다. 일본의 小笠原宣秀는 〈瑞應傳의 諸問題〉(支那佛教史學 3의4)에서 諸論을 소개하면서 《서응전》이란 唐나라 文諗·少康이 공동으로 찬술한 원본의 호칭이고, 《서응删傳》은 5代인 道詵의 손에 의해 깎이고 증감된 책으로서 일본에는 後者의 사본이 전래되었으므로 현행본을 두 가지 명칭으로 일컫는 것이라고 결론을 내리고 있다. 또 《송고승전》

에서 唐나라 末의 승려라고 되어 있는 大行에 대해서, 일본의 望月信亨과 塚本善隆은 少康 이전의 승려임을 명확히 밝혔다.

이 책은 서문에서「왕생론中의 고승전 속에」(於往生論中高僧傳內)라고 말하는 바로 보아 迦才의《정토론》*이나《浄土教籍名目》중의《安養法師往生論》과《속고승전》*에서 선별한 것 같은 이 책의 48人은,《정토론》권下의 往生人相貌에서 보이는 20人과 중복되는 인물이 상당히 많다. 일본의《往生要集》*에 나오는 東晋 이래 唐까지의 왕생자 50여人의 내용과《정토론》의 20人을 대조함으로써, 大行傳 등을 부가하기 이전의 원본은 그 차이인 30人傳을 싣고 있었을 것이라는 주장도 있다. 그러나 이 책 이전의《정토론》과 이후의《왕생요집》에 나오는 인물들 중 중복되는 이들을 합하면 48人이 되므로, 48傳은 처음부터 있었을 것이며, 이는 보살의 48願에서 유래한 것이리라고 간주된다. 譯一 和漢部, 史傳部13에 日譯이 있다.

### 정혜결사문 定慧結社文 1卷

고려의 普照국사 知訥(牧牛子, 1158~1210)이 33세(1190)에 지은 첫 작품으로서 본래의 명칭은《勸修정혜결사문》이다. ㊎4-698, ㊊153. 지눌은 25세 때 僧科에 합격하고 10여 명의 동지들과 定·慧를 아울러 수행할 것을 약속한 바 있었는데, 33세 되던 해의 봄, 도반인 夢船화상과 함께 居祖寺에 이주하여 과거의 동지 3~4인을 모아 법회를 열고 定慧結社를 발족하였다. 이에 그는 약 1만여字의《정혜결사문》을 발표하게 된 것이다. 고려 후반기의 불교에 있어서 禪을 부흥시키는 결정적인 역할을 한 것은 이 저술로서 대표되는 그의 정혜결사운동이라 할 수 있다. 불교 수행의 실제에 있어서 定과 慧를 함께 닦아야 한다는 주장인 이 定慧雙修는 頓悟漸修와 함께 지눌의 일관된 사상이다. 중생 교화를 위한 3종法門(惺寂等持門·圓頓信解門·看話徑截門) 역시 정혜쌍수와 돈오점수에 바탕을 둔 것이며, 엄밀한 의미에서 禪教一元의 사상도 이 정혜쌍수에 연유하는 것이다.

이《결사문》은『땅으로 말미암아 넘어진 자는 땅으로 말미암아 일어난다』는 名句로부터 시작한다. 지눌은 여기서 당시의 불교계가 佛子로서의 본분을 지키지 못하고 오히려 자신의 명리를 탐구하며, 각 派의 승리를 도모하여 항상 다투는 것을 개탄하면서, 이러한 추태를 통렬히 비난하였다.

또한 진각혜심도『슬프다. 近古 이래로 불법 쇠퇴의 극심함이여. 혹은 禪을 존숭하여 教를 배척하고, 혹은 교를 숭상하여 선을 비방한다. 그러나 선은 佛心이며 教는 佛語요, 교는 禪網이 되고 선은 教網이 됨을 알지 못하여 드디어 선·교 兩家가 길이 원수의 견해를 짓고 法·義 2學이 도리어 모순의 종이 되어서, 마침내 無諍門에 들지 못하고 一實의 도를 밟지 못한다』고 지적하고 있다. 그는 또『승려들의 자취를 관찰한즉 佛法을 빙자하여 利養에 급급하고 오직 衣食만 허비한다』고 하여 당시 승려들의 타락상도 시정되어야 함을 지적한다. 그러나 그는 이러한 세태에 냉소를 보내는 은둔자적 지성인의 나약함에 빠지지는 않았다. 그는 진정한 宗法을 생각하여, 처음엔 教詮을 찾아 진리에 나아가고 뒤에는 선정을 닦아 慧解를 발해야 한다는 독창적인 방법을 주창하였다. 이처럼 시대적 병폐와 승단의 모순을 신랄하게 지적하고 오직 승려의 본분으로 돌아가 定·慧를 닦을 것을 강조한 것이 이 《결사문》이다. 그리고 여기서는 《원각경》*《대승기신론》*《대지도론》*《반야경》(→大品·大·小品반야)《선원제전집도서》*《阿彌陀經疏》《華嚴論》《翼眞記》《十疑論註》《正法念處經》《萬善同歸集》《法集別行錄》 등 15종 이상의 문헌과 6祖慧能을 비롯한 선사들의 말씀을 인용하고 있다. 이 《결사문》에 보이는 바와 같은 그의 참신하고 포용력있는 주장은 이후 많은 호응을 얻어, 그가 결사를 이끌어 갔던 松廣寺에는 승려뿐 아니라 재가의 신도들이 구름처럼 모였다고 한다.

〔참고문헌〕 이 《결사문》의 初刊本은 전해지지 않으나 그 뒤의 중요한 古刊本으로는 다음과 같은 것들이 있다.

① 1608년 순천 송광사刊本. 국립중앙도서관, 동국대 소장.

② 1635년 雲住山 龍藏寺간본.

③ 1681년 울산 雲興寺간본. 동국대 소장.

④ 1908년 금정산 범어사 발행의 《禪門撮要》에 수록本.

현대의 판본으로는 다음과 같은 것들이 있다. 아래의 ①~⑤엔 모두 《수심결》*《진심직설》* 등이 포함되어 있다.

① 方寒岩현토·李鍾郁번역·權相老교열의 《高麗普照國師法語》(월정사, 1934)에 수록.

② 金呑虛의 《高麗普照禪師語錄》(回想社, 1973)에 수록.

③ 鏡虛惺牛편 《禪門撮要》(범어사, 1968)에 수록.

④ 李箕永역 《韓國의 佛敎思想》(《三省版世界思想全集》11, 1976)에 수록.

⑤ 한글대장경 153에 수록.

(기타 《수심결》항의 참고문헌 참조)

## 제경요집 諸經要集 20卷

唐시대의 道世(~683)가 659년에 찬술한 책으로서 《善惡業報論》이라고도 한다. ㊅54-1, Ⓚ 31-1. 그러나 이 책의 찬술자에 대해서는 두 가지 說이 있다. 《개원석교록》*卷8·《송고승전》*卷4·《東域傳燈目錄》卷上·《법원주림》*卷100 등에서는 道世의 찬술이라 하고, 《諸宗章疏錄》卷上·《南山律師撰集錄》·《大藏目錄》卷中 등에서는 道宣의 찬술이라 말하고 있으나 현재로서는 前者의 설이 통용되고 있다. 제목이 나타내는 바와 같이 이 책은 200종에 이르는 대승과 소승의 여러 經·律·論 등에서 각종의 불교 要目에 관한 (특히 善惡業報에 관한) 要文을 모아서, 내용별로 분류하여 정리한 것이다. 후에 이것을 다시 광범위하게 확대하여 집성한 것이 《법원주림》이다. 따라서 《法苑珠林》 속에는 이 책에 있는 내용을 그대로 이용한 부분도 적지 않다. 불교의 백과사전과 같은 성격을 지닌 이 책은 그 인용의 풍부함에 있어서도 불교 자료로서 중요한 가치를 지닌다.

〔내용〕 전체 20卷은 30部 185항목으로 구성되어 있다. 이 30부의 명칭을 卷별로 소개하면 다음과 같다. ① 三寶부(1~2권) ② 敬塔부(3권) ③ 攝念부(3권) ④ 入道부(4권) ⑤ 唄讚부(4권) ⑥ 香燈부(4권) ⑦ 受請부(5권) ⑧ 受齋부(6권) ⑨ 破齋부(6권) ⑩ 富貴부(6권) ⑪貧賤부(6권) ⑫獎導부(7권) ⑬報恩부(8권) ⑭放生부(8권) ⑮興福부(8권) ⑯擇交부(9권) ⑰思愼부(9권) ⑱六度부(10권) ⑲業因부(11권) ⑳欲蓋부(12권) ㉑四生부(12권) ㉒受報부(13권) ㉓十惡부(14~15권) ㉔詐僞부(16권) ㉕惰慢부

(16권) ㉖酒肉부(17권) ㉗占相부(17권) ㉘地獄부(18권) ㉙送終부(19권) ㉚雜要부(20권). 이상의 각 部는 述意 등의 항목으로 세분되는데, 大意를 서술한 후에 經論을 인용하여 증명하며, 끝으로 頌으로써 각 部의 大要를 마무리한다. 대승과 소승의 經·律·論이나 중국에서 찬술된 疏·鈔 등을 검토하는 데 대단히 편리하고, 또 내용별로 분류되어 있기 때문에 예로부터 이 책을 인용하는 경우가 많았다. 상세한 설명을 《법원주림》 등에 미루는 듯한 면이 있고, 그 저작 연대의 전후에 대해서 의문이 남아 있으나, 《법원주림》과 더불어 중국불교史上 중요한 자료라는 점은 의심의 여지가 없다.

이상은 《昭和法寶總目錄》제1권, 《佛書解說大辭典》제5권, 《望月佛教大辭典》제3권 등의 日書를 참조.

### 제학개론 諸學概論

롤페도르제Rol-paḥi rdo-rje의 저술로서 본래의 명칭은 《Dag-yig mkhas-pahi ḥbyuṅ-gnas śes-bya-ba》(賢者의 源인 正字學)이다. 저자는 外몽고 도론노르의 活佛로서 章嘉 제18世 또는 제15世로 산정되는 18세기 무렵의 사람이다. 흔히 《諸學概論》이라는 意譯名으로 알려져 있는 이 책은 일종의 불교개론이다. 일본에는 河口慧海나 酒井眞典이 입수한 원본이 있는데, 이에 의하면 그 분량은 티벳文과 몽고文이 함께 인쇄된 北京街版의 별쇄본으로 367枚, 티벳文만의 全集本으로는 273枚이다. 《蒙古佛教史》(Hor Chos-ḥbyuṅ)에도 기록되어 있는 바와 같이, 이 책은 원래 티벳文 텐규르 Bstan-ḥgyur(論部)를 몽고어로 重譯할 때의 참고서로서 저술되었던 것으로서, 티벳文과 몽고文이 혼합되어 있는 것은 이 때문이다. 이러한 목적에서 저술된 이 책은 티벳이나 몽고의 불교인에게 절호의 불교 입문서 및 사전이 되었을 것이므로 그 수요는 대단히 컸을 것으로 생각된다. 따라서 版本도 北京, 五台山, 몽고의 각지에서 많이 제작되었다.

내용은 ① 宗義一切智의 離宗義得章(般若部), ② 中觀의 章, ③ 阿毘達磨의 장(俱舍部), ④ 律의 장, ⑤ 宗義의 장, ⑥ 秘密眞言의 장, ⑦ 因明의 장, ⑧ 聲明의 장, ⑨ 工巧明의 장, ⑩ 醫方明의 장, ⑪古今語錄의 장(新古音韵部)으로 구성되어 있다. 이상에서 저자는 자신이 소속한 黃教의 교의를 기반으로 하여 각 派의 宗義에 대한 소개와 해설을 가하고 있다.

이 책에 대해선 아직 활발한 연구가 없으나 眞言部만을 日譯한 것으로서 酒井眞典의 〈西藏文眞言名目要略和譯〉(《密教硏究》80)이 있다. 기타 《日本西藏學會會報》제2·3號 참조.

### 조계보림전 曹溪寶林傳 10卷

唐나라 智炬(9세기경)가 801년경에 찬술한 大唐韶州雙峰山曹溪寶林傳이다. 禪宗의 祖師들에 관한 전설이나 法을 부촉한 인연을 수록하고 있는데, 禪宗28祖說을 처음으로 주장한 점이 특색이다. 《宋藏遺珍》 속에 수록되어 있는 것에 의해 그 내용을 개괄하면 다음과 같다(제7·9·10卷은 전해지지 않는다).

제1권 / (맨 앞의 3紙가 없고)度衆付法章涅槃품, 제1조大迦葉章結集품, 婆耆德政章徵述품의 3품.

제2권 / 제2조阿難章中流寂滅품, 제3조商那和修章降火龍품, 제4조優婆毱多章化三尸품, 제5조提多迦章仙受化품, 제6조彌遮迦章除觸器품, 제7조婆須蜜章梵王問

품, 제8조佛陀難提章白光通貫품.

제3권 / 제9조伏馱蜜多품, 제10脇尊者章預感金地품, 제11조富那夜奢章察馬鳴품, 제12馬鳴菩薩章現日輪품, 제13조毘羅尊者章他心知疑품, 제14龍樹菩薩章辨天戰품 등의 9品에 걸쳐 조사의 전기를 기술.

제4권 / 마찬가지로 제18조伽耶舍多傳으로부터 제22조摩拏羅章까지의 5品을 기록.

제5권 / 師子弟子까지의 8品.

제6권 / 三藏辨宗章示化異香품, 제25婆舍斯多章焚衣感應품, 婆舍斯多濟儲見乳章辨瑞日月품, 제26조不如密多章辨毒龍地품의 4品.

제8권 / 達摩行教遊漢土章布六葉품, 제29조可大師章斷臂求法품, 제30조僧璨大師章却歸示化품으로서 달마로부터 3조 승찬까지의 전기.

이 책은 付法藏因緣傳의 23祖에 婆須密을 더하여 24祖라 하고, 그 마지막인 師子비구 다음에 婆斯舍多 · 不如密多 · 般若多羅 · 菩提達磨의 4祖를 더한 28祖를 기록한 현존 最古의 문헌이다. 이 책은 오랫동안 이미 사라졌다고 믿어 왔으나 일본의 常盤大定이 京都의 青蓮院에서《寶林傳》제6卷의 古사본을 발견함으로써 비로소 학계에 소개되었다. 그는 이에 대한 연구를《東方學報》제4에 발표하고, 다시《寶林傳의 硏究》를 발간하였다. 그 후 중국의 山西省에서 발견된 金藏 속에 들어 있는 卷1~5 및 卷8의 6권이 발견되었는데, 이 6권과 합하여《宋藏遺珍》속에 수록하였다. 常盤씨는 이《송장유진》의 보림전을 함께 연구하고, 그 성과를《續支那佛教의 硏究》속에 발표하였다.

**조당집** 祖堂集 20卷

泉州 招慶寺의 靜과 筠 두 선사가 952년에 편찬한 책이다. 禪宗의 傳燈史, 즉 선사들의 師嗣相承에 기초한 傳記集 중《조계보림전》* 에 버금가는 고전으로서,《경덕전등록》*보다도 50년 앞서 성립된 것이다. Ⓚ 45-233, ㊥ 183 · 184.

〔내용〕 현존하는 판본(海東新開初版)에는 처음에 招慶寺의 文僜(招慶省僜. 保福從展의 제자)의 서문, 開版의 序 및 목차가 게재되어 있다. 이어 제1卷에서는 과거7佛로부터 제16祖 羅睺羅에 이르는 23代, 제2卷에서는 제17조 이하 제28조菩提達摩(初祖)를 거쳐 제33조(6祖)慧能에 이르는 17代, 제3권에서는 4조道信, 5조弘忍의 傍出과 6조 이하의 8명, 제4~13권에서는 青原行思(靖居화상)-石頭希遷 계통의 96명, 제14~20권에는 南嶽懷讓-馬祖道一 계통의 83명을 수록하고 있다. 결국 과거 7佛로부터 헤아려 代數(예를 들어 6조慧能은 40代)가 같은 사람들을 나열하고 점차 새로운 代로 나아간다는 형식을 취하고 있는데, 青原 아래서 48代, 懷讓 아래서 47代까지 수록하여 합계 253명을 열거한다. 그러나 이 253명은 서문에 적힌 숫자이고 실제로는 이보다 더 많은 인물(최소한 257명)이 언급되어 있으며, 이 중 10여명은 이름만 언급될 뿐, 전기가 없다. 전체의 경향은 소위 南宗禪, 즉 후세의 5家 계통을 위주로 한다. 그래서 牛頭 · 神秀 · 荷澤의 계통에는 거의 언급하지 않으며, 언급이 있더라도 간단하다. 이에 대해 海東 즉 한국의 宗師들에 대한 전기를 포함하고 있는 것은 이 책의 특색이며, 이 점에서 한국禪宗史에 관한 最古의 사료라고 말할 수 있다. 이보

다 50년 뒤에 편집된 《경덕전등록》은 신라와 고려의 선사 30여명을 목록에 기재하였으나, 행적을 갖추어 기록한 것은 12명에 불과하다. 이에 비해 이 책은 신라 선사들의 전기를 비교적 상세하게 기록하고 있는 것이다.

이 책은 전기集이지만 각 祖師의 전기를 충실하게 서술하기보다는, 省僜의 서문에도 표현되어 있듯이 古今·諸方의 法要集으로서 편찬된 것이다. 그래서 저작의 詩偈, 教旨를 드러내는 半偈一言을 전하는 것을 주안점으로 삼고 있으며, 이러한 면에서는 다른 곳에서는 볼 수 없는 자료를 제공한다. 따라서 여기에 게재된 중국 선사들의 전기는 특기할 만한 것이 없다 하더라도, 法要와 다량의 偈·頌 등은 禪사상上 매우 주목할 만하다. 특히 신라 順之선사의 圓相說과 三遍成佛義는 선종의 宗乘이다. 결국 이 책은 선종史의 방향을 바로 잡는 지침이며, 이 방면의 연구에 第一義的인 사료다. 이미 없어진 古문헌의 일부를 전하고 있을 뿐 아니라, 《조계보림전》의 인용문과 알려지지 않은 古人의 저서, 특히 高城화상의 《大乘教音義》 등은 이 책을 통해서 알 수 있는 새로운 자료이다. 이 책의 성립에는 《보림전》을 근간으로 한 것으로 보이는 점이 많다. 西天28祖說을 취하고 慧能을 33조로 헤아린 점은 《보림전》으로부터 이 책을 거쳐 《경덕전등록》《傳法正宗記》*에 이르는 相承說, 즉 후세의 선종에서 일반적으로 신봉되는 전승이 확립되는 한 과정을 보여 주는 것이다.

〔참고문헌〕 원전의 판본이 처음으로 開版된 것은 고려의 高宗 32년(1245)이다. 이것을 海東新開初版이라 한다. 개판에 즈음하여 작성한 서문과 목차가 게재되어 있다. 일본에서는 花園大學에서 이 고려대장경 木版을 등사인쇄하여 複刻版을 5分冊으로 출판하였다(京都: 花園大學祖錄研究會, 1960). 이후 이 원전을 柳田聖山이 편집하여 《祖堂集》(中文出版社, 1972)으로 출판하였다. 연구로는 穴山孝道의 〈祖堂集과 禪宗古典籍〉(《東洋學苑》제2, 1933), 横井聖山의 〈祖堂集의 資料價値〉(《禪學研究》44, 1953) 등이 있다.

## 조론 肇論 1卷

僧肇(374~414로 추정)의 찬술이다. ㊅45-150. 이 책은 題名이 나타내는 바와 같이 羅什의 제자인, 승조가 만년에 연달아 저술한 4편의 論著에, 序章이라고도 할 만한 것으로서, 그가 불교에 대해 생각한 근본적 의의를 요약한 宗本義를 덧붙여 편집한 論書이다. 이는 《註維摩》(→유마힐소설경주)와 더불어 그의 대표작으로서 중국불교에 커다란 영향을 끼친 책이다. 《출삼장기집》*에 수록된 陸澄의 法論목록 중에는 승조의 저작으로서 《不眞空論》《百論序》《涅槃無名論》《般若無名[知]論》《維摩詰經註序》《丈六即身論》《長阿含經序》《物不遷論》이 열거되고 있으나, 이 중에서 經論의 註나 序와 현존하지 않는 《丈六即身論》 이외의 4편에 宗本義를 덧붙인 것이 이 책이다. 《조론疏》3巻은 현재 유통되는 《조론》의 序를 쓴 6세기末의 慧達이 찬술한 것으로 되어 있고, 章安의 《涅槃經玄義》에서 그의 이름을 볼 수 있는데, 이는 그 때까지 별도의 諸論이 유통되어 있었던 것을 梁시대 末부터 陳시대의 무렵에 정리한 것이었으리라고 생각된다.

〔내용〕 현행본은 ① 物不遷論 ② 不眞空論 ③ 般若無知論 ④ 涅槃無名論의 순으로 되어 있으나, 《고승전》*을 비롯한 여러 기록에서는

이것들이 ③②①④의 순서로 저술된 것으로 간주하고 있다. ③은 그 序頭에서《대품반야경》*이 번역됨으로써 그간 異端의 論이 많았던 般若의 眞義가 밝혀지게 되었다고 기술하고 있다는 점에서뿐만 아니라,《고승전》의 기술을 통해서 보더라도 가장 이른 시기에 성립된 것으로 간주된다. 또한《조론》의 말미에 廬山의 劉遺民(~410)과 저자 사이에 오고 간 질의문답을 실은 2통의 문서가 첨부되어 있는데, 이 편지와 관련이 있는 ①②가 ③에서는 언급되지 않고 있는 점에서도 ①②는 ③ 이후의 저술일 것이다. ③이 주로 舊譯경전을 인용하고 老莊的인 語句를 차용하여 羅什이 전한 龍樹의 불교를 설하고 있으나, ①②에서는《대품반야경》*《대지도론》*《중론》* 등을 인용하여 중국에 있었던 재래의 般若學의 오류를 바로잡고자 하고, 般若智의 입장에서는 시간적 변천도 부정되며 緣起에 의한 모든 事象의 空性이 관찰된다고 논한다. ④는 약간 논술을 달리하여, 스승인 羅什이 죽은 지 수년을 경과한 후 스승에게 묻지 않았던 열반의 義를 姚興王에게 제시한 것이다.

〔평가 · 연구〕 이 책은 불교를 중국적으로 이해한 것으로서 老莊的 요소나 표현이 많으나, 불교 교의상의 중요한 문제를 당시 중국 사상계의 중요 과제와 관련지어 취급하였다는 점에 의미가 있다. 隋 · 唐의 중국불교가 형성된 이후에 있어서는 그 한계를 인정하지 않을 수 없지만, 중국의 불교 발전史上 극히 중요한 의의를 지니는 것이다. 앞에서 말한《조론疏》를 비롯하여 元康 · 惠澄 · 遵式 · 浄源 · 曉月 등의 20여종의 註疏나 科文이 있으나, 현재는 전해지지 않는 것들도 많고, 이들은 대개 중국人이 찬술한 것이다. 한편 이 책에 포함된 ④열반무명론에 대해서는 중국 학자들(湯用彤 · 石峻)에 의해 연대적으로나 내용적으로나 승조의 저작이라는 것이 의심스럽다는 견해가 근래에 제기되었다. Liebenthal은 그들의 견해에 근거하여 후세의 부분적인 修正이라는 주장을 펴고 있으나, 일본의 横超慧日은 그들의 주장에 대해 논점마다 반론하여, 저자를 의심하는 적극적인 논증은 되지 못한다고 한다. 또 牧田諦亮은 宗本義를 승조가 찬술했다는 점에 대해서는 의문의 여지가 있다고 한다.

이러한 문제들을 포함하여, 各論 저술의 추정 연대에 대해서는 1955년 京都大學 人文科學研究所의 공동연구에 의한《肇論研究》(塚本善隆편, 法藏館)가 상세히 다루고 있다. 또 中田源次郎의〈肇論 및 그의 註疏에 대하여〉라는 논문도 훌륭하다. 전반적으로 그다지 연구되어 있지 않은 문헌이지만, 譯一 和漢部, 諸宗部1에 日譯되어 있다.

## 조선불교통사 朝鮮佛教通史

근대의 인물인 完山 李能和(尙玄거사, 1868~1943)가 저술한 한국불교의 역사이다. 上 · 中 · 下의 3편 총 2300여面에 이르는 방대한 저술인데, 제3편 말미의 몇 가지 법령 · 규칙 등 당시 日帝 당국에서 국한문으로 반포한 것 외에는 모두 한문으로 되어 있다. 이 책은 六堂 崔南善의 교열로 1918년 新文館에서 발행된 이후 1968년에 慶熙출판사에서 1979년에 중앙대학교 한국학연구소에서 각각 영인으로 발행되었다. 저자는 불교를 포함한 한국학 전반에 걸쳐 박식한 학자로서《韓國道教史》《朝鮮女俗考》《朝鮮巫俗考》《疾病史研究》《朝鮮解語花史》등 다방면에 걸쳐 불후의 저술을 남겼으며, 한국학 관계의 많은 遺稿가 있었으나 6·25사변으로 인해 유고들은 불타 버렸다. 그는 또 외국어학교의 교관이었을 정도로 외국어에도 탁월했다. 따라서 그의 이러한 박식과 조예가《조선불교통사》를 저술함에 있어서도 유감없이 발휘되었을 것임을 짐작할 수 있고, 아울러 풍부한 典籍이 이용되었을 것임을 추측할 수 있다.

〔내용〕上편은 〈佛化時處〉로서 우리나라에 불교가 전해진 역사를 고구려·백제·신라·고려·조선·총독부시대로 나누어 기술하고 있다. 中편은 〈三寶源流〉로서 佛陀가 멸도한 후 행해진 結集과 經論의 번역, 章疏의 저술 및 여러 流派의 생성과 전승을 釋迦如來應化記實·三藏結集諸論紛披(인도)·傳譯經論撰述章疏(중국)·印支淵源羅麗流派·特書臨濟宗之淵源·朝鮮禪宗臨濟嫡派로 나누어 서술한다. 下편은 〈二百品題〉로서 한국불교에 관한 온갖 항목을 해설한 것인데, 이는 上편에 나온 사건들을 자세히 부연한 것이 대부분이다. 이 중 上편의 고구려·백제·신라의 각 章 말미에 僧寶로서 일본과 관계있는 인물들의 기록을 소개하고 있는데, 이것들은 모두 일본의 기록을 그대로 인용한 것이므로, 이 점을 참작하고 읽어야 할 것이다. 이 책의 서술은 出典을 밝히는 것을 원칙으로 하고 있는 듯하지만, 이것이 전편에 일관되어 있지는 않다.「參考」「備考」에서는 거의 한 개인의 行狀이나 碑銘을 인용하고 있다. 또 上편의 말미에서는 〈朝鮮人이 설립한 寺刹·禪院 및 僧尼數表〉와 〈朝鮮寺刹 禪教兩宗 30本寺 및 그 所屬末寺〉를 수록하고 있어, 근대 한국불교의 상황을 알 수 있게 한다. 저자는 自序에서『여러 책을 상고하고 大方에게 물어서 通史 3편을 만드니 어느 정도 종교일람표가 이루어졌다』고 하면서『이름은 비록 역사의 체재를 빌었으나, 실은 布教의 소용을 겸하게 하였다』고 하여, 이 책의 저술이 일제 치하에서 쇠멸해 가는 한국불교의 틀을 잡아 재기하는 계기가 되고자 함에 있음을 알리고 있다.

어쨌든 이 책은 비록 근대의 저술이긴 하지만,《삼국유사》* 이래 한국불교사를 총정리한 불후의 古典이라 할 만하다. 그러나 이 책에 대한 본격적인 연구가 없는 상황에서 그 내용에 대한 평가는 보류할 수밖에 없다. 한편 이 책이 발간된 지 10년 후에 간행된 일본인 高橋亨의《李朝佛教》와 忽滑谷快天의《朝鮮禪教史》는 모두 이《조선불교통사》로부터 적지 않은 도움을 받았다고 한다. 이 책의 上편은 尹在瑛의《朝鮮佛教通史—佛化時處》(博英文庫 214~216, 1980)로 한글 번역되어 있다.

## 종경록 宗鏡錄 100卷

永明延壽(904~975)가 961년에 저술했다. ㊅48-415, Ⓚ 44-1. 중국 禪宗의 5派의 하나인 法眼宗에 속하는 저자가 以心傳心을 설하는데, 佛心宗이라 하여 心을 중심 과제로 삼는 선종에 있어서의 心과, 天台·華嚴·法相 등 教宗의 諸派에서 설하는 心이 어떻게 같고 다른가를 설명한다. 이를 위해 온갖 例證을 열거하여 논하고, 禪과 教를 融和會通시키고자 했다. 이 책의 명칭인「宗鏡錄」이란 모든 法을 비추는 거울로서의 一心에 대하여 諸佛의 大意나 經論의 正宗을 상술한 책임을 의미한다. 즉 이 책의 서문에서『一心을 들어 으뜸(宗)으로 삼고, [一心이] 모든 法을 비추는 것이 거울(鏡)과 같다. 옛날에 이루어진 심오한 교의를 나란히 엮고, 寶藏에 온전히 갖춰진 논평들을 그대로 요약하여, 여기에 함께 드러내 알린다. 이것을 칭하여 錄이라 한다』고 말하고 있다. 전체는 ① 標示章 ② 問答章 ③ 引證章의 3部로 구성된다. ①은 總論개설로서 제1卷의 대부분을 차지한다. ②는 心에 관한 教·禪 諸宗의 같음과 다름에 대하여 문제를 제기하고 經이나 論의 내용을 들어 자세히 서술한 것으로서, 제93권에까지 이르고 있다. ③은 앞의 논술을 다시 강조하기 위해 300여 文句를 引證한 것으로서, 제94권 이하의 7권으로 이루어진다. 禪家의 저술이기 때문인지 모르겠지만, 3부가 모두 교리적인 분류나 정리가 되어 있지 않다. 따라서 내용도 이해하기 어렵게 되어 있다. 그러나 經·論·章·疏 등의 폭넓은 인용과 방증은 백과전서적인 의미를 지니며, 唐·宋시대의 禪과 教에 관한 연구에 있어서는 중요한 참고자료가 된다. 특히 현재는 전해지지 않는 문헌이나 文句 등의 인용은 대단히 중요하다.

연구서로는 저자 자신의 《宗鏡錄要義條目》, 志玄無極의 《宗鏡錄抄》가 있다(《佛書解說大辭典》6, p.268 참조).

## 종용록 從容錄 6卷

갖춰진 명칭은 《萬松老人評唱天童覺和尙頌古從容庵錄》 또는 《天童覺和尙頌古從容庵錄》이다. 頌古는 宏智正覺(1091~1157), 評唱은 萬松行秀(1196~1246)가 1223년에 각각 저술했다. ㊅48-226. 중국 禪宗의 5家 중 曹洞宗에 속하는 天童山의 굉지정각이 古則公案 중에서 100則을 선별하여, 여기에 頌古를 가했다. 이것을 굉지頌古 또는 天童覺화상頌古라 한다. 《벽암록》*에서의 雪竇송고를 모방한 것일 것이다. 그런데 이 頌古의 하나하나 및 그 本則에 대하여 조동종의 萬松行秀가 示衆·著語·評唱을 붙인 것이 이 책이다. 이것 역시 《벽암록》에 있어서의 圜悟가 評釋한 태도와 동일하다. 따라서 이 책은 고래로 《벽암록》과 함께 禪門의 쌍벽이라 일컬어져 왔으나, 이 책이 조동系의 사람에 의해 이루어진 것이기 때문에 주로 조동종에서 애독되고 있다.

각則의 내용은 ①示衆 ②本則 ③頌古 ④著語 ⑤評唱의 5부분으로 구성되어 있다. ①은 《벽암록》의 垂示와 마찬가지로 다루고자 하는 則의 宗旨나 착안점을 제시한 것이고, ②는 古則공안으로서 先人들이 證悟한 인연이나 이야기를 보여주는 것이고, ③頌古는 저자가 本則의 宗旨를 게송으로 발췌한 것이고, ④는 本則이나 頌古의 語句를 부분적으로 해설하여 짤막하게 평한 것(解說短評)이며, ⑤評唱은 本則 및 頌古에 대해 전체적으로 해설하여 상세하게 평한 것(解說詳評)이다. 이 책의 생명은 萬松의 著語와 評唱에 있다고 한다. 이 책은 성립 초기부터 수차에 걸쳐 간행되었다.

〔참고문헌〕 譯一 和漢部, 諸宗部6에 日譯이 있다. 이 외에도 《國譯禪宗叢書》8, 《國譯禪學大成》8, 高崎直承의 《從容錄》6卷(修養大講座, 平凡社) 등의 日譯이 있다. 강의로는 山田孝道의 《從容錄講話》2卷(曹洞禪講義), 秋野孝道의 《從容錄講話》2卷 등이 있다(《佛書解說大辭典》9, 《現代禪講座》5를 참조).

## 좌선삼매경 坐禪三昧經 2卷

鳩摩羅什이 弘始4년(402년)에 長安에서 번역하여 5년 후(407년)에 다시 다듬었다. ㊅15-269, Ⓚ 30-128. 《坐禪三昧法門經》 《菩薩禪法經》 《禪法要》라고도 칭하고, 간단히 《禪經》

이라고도 부른다. 여러 계통의 禪要를 채집하여 5門禪의 法을 밝히며, 대승과 소승의 총합적인 禪觀을 설한다. 《출삼장기집》*의 제9에 수록된 僧叡의 〈關中出禪經序〉에 의하면 여러 계통이란 鳩摩羅羅陀 · 馬鳴보살 · 婆須蜜 · 僧伽羅叉 · 漚波堀 · 僧伽斯那 · 勒比丘 등의 諸師이다. 覺賢이 廬山에서 번역한 《달마다라선경》*과 마찬가지로 大 · 小 2乘의 총합적인 禪觀을 설하는 경전으로서 주목된다. 이 경전이 羅什에 의해 번역되기 이전 중국불교 초기의 禪觀은 小乘禪의 영역을 벗어나지 못했다. 즉 일찌기 後漢시대의 安世高가 번역한 禪經의 소개에 이어, 이것을 註釋하여 禪經을 고취코자 했던 道安의 노력에 의해 북방의 前秦과 後秦에서 禪觀이 흥성하고 열심히 實修되고 있었다. 羅什 이후 대승불교와 소승선, 또는 대승선과 소승선의 관계가 밝혀지게 되어, 天台止觀의 성립이나 중국 禪宗의 탄생이 촉발되었다.

상권에서는 5門禪의 法을 설하고 있는데, 곧 治貪欲法門(不淨觀 · 瘀觀法 · 塗骨觀法 · 斷觀法), 治瞋恚法門(3종 慈心), 治愚癡法門(3종 思惟), 治思覺法門(阿那般那三昧), 治等分法門(一心念佛三昧)의 다섯이다. 하권에서는 보살의 修禪法으로서 初禪呵棄愛欲 · 修行禪得一心相 · 4禪14變化心 · 忍 · 自觀身 · 行菩薩道 · 觀12因緣을 설한다.

横超慧日 〈中國佛教 初期의 禪觀〉(印佛研4의 1) 참조.

**좌선용심기** 坐禪用心記 1卷

일본의 瑩山紹瑾(1268~1325)이 찬술한 극히 짧은 책이다. ㊅82-412, [譯一] 諸宗部23. 아무래도 道元의 《普勸坐禪儀》나 《正法眼藏辨道話》 등에 상응하는 것으로 생각되는데, 오히려 이들이 다루지 않았던 초심자에 있어서의 마음가짐을 보충하여 철저하게 한 것으로 이해된다. 좌선의 道를 닦음에 있어 주의하여야 할 마음가짐을 제시하고 있는 것이다.

〔내용〕 먼저 서문에 해당하는 부분으로서 좌선의 목적 · 의의 · 달성의 요건 등에 대하여 설하고 있는데, 이것이 전체의 3분의 2를 차지하고, 실제의 좌선에 대한 구체적인 주의는 이후에서 서술하고 있다. 이 서문에 상당하는 부분에서는 먼저, 좌선은 곧 心地를 활짝 열어 사람들로 하여금 그 본분에 안주케 하는 것이라고 한다. 거기서 본래의 면목과 風光이 드러나게 된다는 것이다. 말하자면 곧바로 佛性의 바다로 들어가 諸佛의 본체를 확인하고 본래부터 갖추어진 妙淸明의 마음을 당장 드러내는 것이라고 가르친다. 그리고 그러한 心地를 활짝 여는 데 있어서는 身心의 평정을 어지럽히는 것은 피해야 할 것이며, 이를 위해서는 醫方占相을 비롯하여 歌舞伎樂 · 諠諍戲論 · 名相利養 · 頌詩歌詠 · 文章筆硯 · 美服垢衣 · 不淨食義食 등에 탐닉해서는 안된다는 점을 지적한다. 특히 식사의 양을 조절하는 것은 調身을 위해 대단히 중요하다고 하고, 또 신체의 상태가 이상할 때는 調息法을 행할 것이며, 마음의 상태가 평상시와 다를 때, 혹은 佛 · 보살을 눈앞에서 본다든가 하는 기이한 현상은 관념이나 호흡이 흐트러져 있는 병의 조짐이라고 지적한다. 이리하여 실제 좌선을 행할 때 제일 먼저 주의해야 할 것은, 道場에 앉아서 세속의 정을 버려야 함은 물론이고 道에 대한 정도 끊어야 한다고 가르친다. 이어서 좌선과 教行證 · 3學과의 관계를 논하는데, 좌선은 教 · 行 · 證 중의 1行이 아니라

이들과는 모두 하나로 통한다는 점, 戒·定·慧 중의 定이 아니라 이 셋을 모두 흡수하는 禪이라는 점을 명확히 한다. 이와 같이 설하여 序를 마감한 후 좌선을 실제 수행함에 있어서의 주의를 서술한다. 여기서는 먼저 靜處·坐具 등에 대하여 주의를 주고, 이어서 좌선의 방법, 좌선을 마칠 때 일어서는 법, 수면이나 마음의 산란을 막는 방법 등을 서술한다. 그리고 끝으로 좌선과 일상생활에 있어서의 4威儀를 제시하여 이 책을 마감하고 있다.

〔참고문헌〕 이 책은 1680년 卍山에 의해 加賀大乘寺에서 개판된 것이 최초인데, 그 후 새로 간행되었고 다음과 같은 주석서도 발간되었다. 指月慧印 《坐禪用心記不能語》, 吉田義山《增冠傍註坐禪用心記》, 鵜飼常樹《首書傍訓坐禪用心記》, 畔上楳仙《坐禪用心記落草談》, 西有穆山 《坐禪用心記提耳錄》 등. 번역은 東大佛教青年會편의 《佛教聖典》(改訂版) 등에도 수록되어 있고, 연구로는 《瑩山禪師研究》(瑩山禪師奉讃刊行會, 1974), 東隆眞의 《瑩山禪師의 研究》(春秋社, 1974) 등이 있다.

**중관론소** 中觀論疏 10卷 또는 20卷

隋시대로부터 唐시대 初에 걸쳐 활약한 三論宗의 大成者인 嘉祥대사 吉藏(549~623)이 저술한 책이다. ㊅42-1. 이 책은 나가르주나(龍樹, 150~250경)의 《根本中頌》(→중론)에 핑갈라Piṅgala(青目, 3세기경)가 註釋한 《중론》*(羅什역)에 대해, 저자가 僧朗·僧詮·法郎 등의 삼론종의 전통을 계승하면서 독자적인 견해로써 주석을 가한 것이다. 이의 저술은 그의 다른 저작인 《삼론현의》*와 서로 前後하여 시작되었는데, 《百論疏》 《十二門論疏》의 저술과 병행하면서 증보와 정정을 되풀이하다가 隋의 大業 4년(608) 무렵에 완성되었다.

〔내용〕 서술의 방법은 먼저 僧叡(378~444?)의 中論序를 설명하고, 순서에 따라 《중론》27品을 상세히 주석한 것인데, 삼론종의 전통에 입각한 科文를 채용하는 동시에 中道正觀의 眞義를 발휘하기 위해 저자가 독자적으로 細部에 걸친 科文도 제시하고 있다. 즉 觀因緣品의 주석에서는 釋名開合의 大綱을 세우고, 釋名 아래에 通別·正名·釋名·破申·同異의 5門을 구분하며, 開合의 아래에선 전통적인 科文을 채용한다. 먼저 다음과 같은 셋으로 구분한다. (1)대승의 迷失을 破하여 대승의 觀行을 밝힌다(앞의 25品). (2)소승의 迷執을 파하여 소승의 觀行을 설명한다(뒤의 2品). (3)다시 대승의 관행을 밝히고, 功을 양보하여 佛에 돌아가게 한다(최후의 2偈). 여기서 (1)을 다시 ①세간의 人法을 파하여 대승의 觀行을 밝힌다(앞의 21品) ②出世(間)의 人法을 파하여 대승의 관행을 밝힌다(22~25品)로 구분하고, ①은 또 ⓐ禀教의 邪迷를 파하여 中道實相을 드러낸다(앞의 17品) ⓑ得益을 밝힌다(19~21)로 세분한다. 이 중 ⓐ는 또 다시 ㉠간략히 人法을 파하여 대승의 觀行을 밝힌다(1~7品) ㉡간략히 人法을 파하여 대승의 관행을 설명한다(8~17品)로 구분된다. 이러한 분류는 이후 《中論》 해석의 규범이 되고, 이해에 편의를 제공했다. 이 책에서 저자가 가장 주력한 대목은 觀因緣品인데, 그 중에서도 제1권에서 제2권末에 이르는 觀因緣品品名釋과 8不偈의 해석이다. 이 부분은 저자의 《중론》개설에 상당한다. 이에 의하면 中道는 佛·菩薩의 실천도이며, 그 내용은 世諦中道·眞諦中道·非眞非俗中道이다. 이러한 취지를 중론의 각品에 즉응하여 천명코자

한 것이 저자의 근본적인 의도였다. 이 3諦中道說은 종래의 眞俗2諦說과 그 취지를 달리하고 있다. 즉 여기서는 世諦가 중생이 지닌 분별의 경지를 뜻하는 것이 아니라, 佛·보살이 중생을 구제하는 方便慧의 경지이며, 眞諦는 眞實慧의 경지이다. 따라서 2諦에 의해 진실과 방편이라는 두 지혜가 생기는데, 이 2慧가 佛·보살의 부모이다. 그리하여 2諦를 12因緣의 입장에서 보아, 8不은 그 因緣說에 포함된 2諦를 이치대로 깨뜨린 것이다. 따라서 먼저 2諦中道를 밝히고, 다시 이것을 非眞非俗의 中道로 돌아가게 하여, 8不의 偈로 3諦中道가 있음을 보이고자 했던 것이다.

이 책은 많은 經論을 인용하고, 당시의 諸학설에 대해서도 언급하고 있는데, 특히 《열반경》(→대승열반경)의 사상을 근거로 하여 空사상을 해석하며, 다른 中論釋에서는 볼 수 없는 특색을 발휘하고 있는 점이 주목할 만하다. 이에 대한 주석서로는 일본에 있어서 삼론종의 최대의 학자인 安澄(763~814)의 《중관론소記》(㊅65-1)가 특히 유명하다. 譯一 和漢部, 論疏部에 日譯되어 있고, 참고할 만한 연구서로는 平井俊榮의 《中國般若思想史硏究-吉藏과 三論學派》(春秋社, 1976)가 있다.

## 중관장엄론 中觀莊嚴論

산스크리트 명칭은 《Madhyamakālaṃkāra-kārikā》로서 샨타라크쉬타 Śāntarakṣita(寂護, 725~788경)의 저작이다. 산스크리트 원전의 내용은 《탓트바상그라하》*, 《입보리행론》*에 대한 Prajñākaramati의 《細疏》(Bodhicaryāvatāra-pañjikā) 등의 인용을 통해 부분적으로 알려져 있다. 티벳譯으로는 本頌(Kārikā)이 있다(㊌101-1~2). 주석으로는 저자 자신에 의한 註(vṛtti, ㊌101-2~15)와 Kamalaśīla가 아마도 티벳에 들어간 후에 저술한 것으로 생각되는 細疏(Pañjikā, ㊌101-15~39)가 있다.

〔내용〕 이 책은 淸弁(Bhāvaviveka)계통의 中觀학설을 계승하고, 法稱(Dharmakīrti)의 논리학 인식론 연구에 영향을 받은 논리학적 방법을 구사함으로써 중관사상의 우위를 확보하는 형태를 취하여, 中觀思想과 唯識思想을 종합화하려 한다. 전체는 97頌으로 구성되어 있다. 그의 序頭에서는 『自他가 말하는 이 모든 존재자는 진실에 있어서 無自性이다. 왜냐하면 一多의 自性을 떠나 있기 때문에, 예를 들면 影像과 마찬가지이다』(제1頌)라는 推論式을 내세운다. 이것은 存在者가 單一性과 多數性의 쌍방에 결부되지 않음을 理由개념으로 삼아 존재자가 無自性임을 논증하려 한 것인데, 이하 제2~62頌에서는 이 理由개념이 올바르다는 것을 諸학설의 비판을 통해 명확히 한다. 그 비판의 대상은 恒常的인 존재를 내세운 說, 바이쉐쉬카Vaiśesika學派나 有部의 極微說 등도 포함되지만, 중심은 識論이며, 識에 相(ākāra, 형상)이 있다고 하는 有相說과 없다고 하는 無相說의 쌍방을 논박한다. 有相說은 바로 相을 세움으로써, 無相說은 현실에 있어서 인식의 성립을 설명할 때 非본질적인 相을 용인함으로써 각기 識이 單一이라고 하는 大前提를 파괴하고 있다고 한다. 이 비판을 통해 모든 존재자에게 單一性이 없다는 것이 명백하게 된다. 또한 單一한 것의 집합체와 관계가 있는 多數性은 단일성의 부정에 의해 필연적으로 부정되는 것이다. 여기에서 단일성과 다수성의 불성립을 근거로 하여 존재자를 無自性이라 하는 논증이 성립한다. 제63偈 이하에서는 一切를 無自性이라 하면서 어떻게

하여 이 논리학적 방법이 존립할 수 있을까를, 世俗諦와 勝義諦와의 관련을 근거로 삼으면서 논한다. 그리하여 『(瑜伽行과 中觀이라는) 二說의 수레에 올라타 論理(yukti)라는 고삐를 쥔 者, 그들은 이 때문에 올바른 大乘者가 될 수 있다』고 결론내린다.

〔참고문헌〕 이 책에 대해서는 일본 학자들을 중심으로 다음과 같은 여러 연구가 진행되었다.

上山大峻의 〈샨타라크쉬타의 教學的特質〉(印佛研8의2, 1960), 〈샨타라크쉬타의 二諦說〉(印佛研9의2, 1961), 〈瑜伽行–中觀派에 있어서의 唯識說에 대하여〉(印佛研10의2, 1962).

J. Nagasawa의 〈Kamalaśīla's Theory of Yoga〉 (印佛研10의1, 1962).

山口益의 〈中觀莊嚴論의 解讀序說〉(《干潟博士古稀記念論文集》, 1964) .

東武의 〈카말라쉴라의 思想의 一考察〉(印佛研15의2, 1967).

梶山雄一의 〈佛教에 있어서 瞑想과 哲學〉(哲學研究 No.512, 1969), 上山春平과 함께 쓴 《空의 論理》(《佛教의 思想》3, 1969).

一鄕正道의 〈『中觀莊嚴論註』의 和譯研究(1)〉(京都産業大學論集 vol.2, No. 2, 1972), 〈同(2)〉(密教學 vol.9), 〈A Synopsis of the Madhyamakālaṁkāra of Śāntarakṣita (1)〉(印佛研20의2, 1972).

江島惠教의 〈「離一多性」에 의한 無自性性論證〉(宗教研究No. 220, 1974).

**중론** 中論 4巻 Madhyamaka-śāstra

나가르주나Nāgārjuna(龍樹, 약150~250경)의 저작이다. 이 책은 《中頌》(Madhyamaka-kārikā) 혹은 《根本中頌》(Mūlamadhyamaka-kārikā )이라 불리는 龍樹의 간결한 偈頌을 핑갈라Piṅgala(青目, 4세기 전반 무렵에 활약)가 주석한 것인데, 중국의 鳩摩羅什(344~413)이 弘始11년(409)에 다소 가필하여 漢譯한 것이다. ㊅30-1,Ⓚ16-577,㊞126. 중국에서는 이것을 《中觀論》 또는 《正觀論》이라고 칭하여, 中論 연구의 典據로 삼았다. 그러나 이 漢譯의 《중론》은 《中頌》에 대한 해석의 하나로서 원전 연구의 입장에서 보면 직접 《中頌》만을 문제삼고 있지는 않다. 다행히 《中頌》에 대해서는 이 책 이외에도 많은 주석서가 있을 뿐 아니라, 이들 주석서로서는 이 책이 갖추고 있지 못한 산스크리트 원전이나 티벳譯이 현존하는 것도 있으므로, 이들을 서로 비교함으로써 《中頌》의 원형을 比定한다든가 이와 아울러 《中頌》의 해석을 둘러싼 諸주석의 평가 내지 그 사상사적 의의를 고찰하는 것도 가능하다. 《中頌》은 龍樹의 초기 작품으로서 전체는 〈緣의 考察〉을 비롯한 27章 449偈(漢譯은 445偈)로 이루어져 있다. 歸敬頌의 8不偈에서 볼 수 있는 바와 같이 般若 경전에 입각한 大乘空觀의 입장에서 원시불교 이래의 緣起說에 독자적인 해석을 부여하고, 이에 의해 순차적으로 각 章에 걸쳐 부파불교뿐 아니라 인도 哲學思想의 일반까지도 원리적으로 비판했다. 요컨대 온갖 사물의 緣起 · 無自性 · 空을 귀결하는 것이고 第一議諦와 世俗諦를 골격으로 삼는 것으로서 그 논법은 극히 예리하며, 종종 歸謬論法을 구사하기도 한다. 그러나 그 근본적 입장은 제24章 〈四諦의 考察〉의 제18偈에서 『緣起인 것 모두를 우리는 空性이라 설한다. 그 空性이란 相待的인 假設이고 그것이 바로 中道이다』고 말하는 것으로 잘 표현된다. 《中頌》 또는 《中論》이라 호칭할 때의 「中」도

空觀은 有나 無나를 초월한 中道이고, 그것이 불교의 근본적 입장에 직결한다고 생각한 龍樹의 의도를 표명하는 것이다. 그런데 中道의 원형은 원시불교 성전에 설해진 붓다의 최초 설법으로서의 苦樂中道(고행주의와 쾌락주의라는 양 극단을 떠난 8中道)이며, 이것은 또한 一異中道 · 有無中道 · 斷常中道 등의 비판적 정신으로 이어지고 있다. 따라서 용수가 주장하는 바의 요지는 종래의 모든 불교 학설을 종합적으로 비판하면서 불교의 이론과 실천을 일관하는 입장을 설정하는 동시에 원시불교의 정신을 회복코자 했던 것이라고 말할 수 있다.

〔영향〕 용수의 《中頌》은 대승불교에 이론적 기초를 제공하는 것으로서 그 후 대승불교의 사상적 전개에 다대한 영향을 미쳤다. 인도에서는 《中論》을 중심으로 한 용수의 학설을 원조로 한 中觀學派(Mādhyamika)가 일어나, 瑜伽行派(Yogācāra, 또는 唯識派)와 나란히 인도 대승불교의 2大思潮를 형성하였다. 中觀學派는 붓다팔리타Buddhapālita(佛護, 약470~540경)의 《中頌》에 대한 해석을 둘러싸고 이를 비판했던 바바비베카Bhāvaviveka(淸弁, 약490~570경)의 스바탄트리카Svātantrika派와, 佛護를 변호했던 찬드라키르티Chandrakīrti(月稱, 약600~650경)의 프라상기카Prāsaṅgika派로 분열되었다. 양파의 차이는 空의 사상을 표현함에 있어 論證式을 적극적으로 사용하느냐 않느냐에 달려 있는데, 月稱은 推論을 배척하고 過誤附隨(Prasaṅga)라는 교묘한 否定論法을 종횡으로 구사하였다. 그 후 양측의 중간적인 입장이나 瑜伽行派와 혼합된 입장 등도 나타났는데, 티벳으로 이식되어 黃帽派인 쫑카파Tsoṅ-kha-pa(宗喀巴) 교학의 基底가 되었다. 한편 유가행파에서는 아상가Asaṅga(無著, 약310~390경)가 《中頌》을 주석하여 《順中論》을 저술하였고, 바수반두 Vasubandhu(世親, 약330~390경)는 《불성론》*에서 《중론》을 인용하여 他학설을 비판하였다. 또 스티라마티Sthiramati(安慧, 약470~550경)는 《大乘中觀釋論》을 저술하여 《中頌》을 해명코자 하였다. 본래 唯識說은 《中論》의 空사상을 계승하면서 이 현실세계의 구조를 체계적으로 설명코자 한 것으로서, 三界唯識說이나 三無性說이 유명하다. 중국에서는 靑目이 주석한 《中論》이 羅什에 의해 번역된 이후, 용수의 《십이문론》* 및 그의 제자 아랴데바Āryadeva(提婆 · 聖天, 약170~270경)가 지은 《백론》*을 합하여 「三論」이라 칭하고, 羅什의 門下에서 열렬히 講說되고 연구됨으로써 三論宗이 성립하기에 이르렀다. 三論宗을 대성한 嘉祥대사 吉藏(549~623)은 《中觀論疏》*를 저술하여 靑目이 주석한 《中論》을 상세하게 설명함으로써 이후의 《중론》연구에 불가결한 軌範을 제공했다. 또 天台의 智者대사 智顗(538~597)는 《중론》의 제24章 〈四諦의 考察〉 중 제18偈에 근거하여 「空 · 假 · 中」이라는 3諦說을 세워, 이것을 立宗의 기본으로 삼았다. 이 밖에 禪宗이나 淨土敎의 사상에도 현저한 영향을 끼친 것이 이 《중론》이다.

〔주석서〕 龍樹의 《중론》에 대한 주요한 주석과 그 특징을 들면 다음과 같다.

1) 無畏의 註《Mūla-madhyamaka-vṛtti Akutobhayā》: 티벳譯(㊗95-15)만이 현존한다. Max Walleser에 의한 원전과 獨譯《Die mittlere Lehre des Nāgārjuna, nach der tibetischen Version übertragen》이 있다. 이에 대해 일본에서는 池田澄達의 《根本中

論無畏疏》, 寺本婉雅의 《梵漢獨對校西藏文和譯中論無畏疏》(譯註)로 日譯되어 있다. 이것은 용수가 스스로 주석한 것이라 하는데, 극히 간결하여 후세의 주석처럼 국부적인 문제에 집착하는 경향이 없어, 青目의 註와 더불어 중요시된다.

2) 青目의 註 《中論》: 앞에서 언급한 바와 같으나, 序文에 있는 僧叡(378~444?)의 서술과 또 吉藏이 평한 것으로만 본다면, 龍樹가 본래 뜻한 바를 아직 충분히 해석하지 못한 듯하다. 漢譯으로부터 Max Walleser가 獨譯한 《Die mittlere Lehre des Nāgārjuna, nach der chinesischen Version übertragen》, 그리고 日譯으로서 宇井박사(譯大 論部5)와 羽溪박사(譯一 中觀部1)의 譯註가 있다.

3) 佛護의 註 《Buddhapālita-mūla-madhyamaka-vṛtti》: 티벳譯(㊎95-73)만이 현존한다. Max Walleser에 의해 원전이 출판되었다(Bibliotheca Buddhica XVI).
日譯도 시도되었으나(大竹照眞 《密教研究》42·45·59), 아직 충분하게 해명되어 있지 않다. 부분적인 연구로서는 山口益의 설명(《中觀佛教論攷》 pp.1~28)이 있다. 이 책은 주로 無畏의 註에 의거하고 있으나, 清弁의 비판을 받았다.

4) 清弁의 註 《Prajñāpradīpa-mūla-madhyamaka-vṛtti》: 漢譯과 티벳譯이 현존한다. 漢譯은 波羅頗蜜多羅(Prabhākaramitra)가 번역한 《般若燈論釋》 15巻(㊀30-50, Ⓚ16-401)인데, 日譯으로는 羽溪박사의 譯註(譯一 中觀部2)가 있다. 그러나 漢譯은 조잡하여 학문적으로 사용하기엔 적당하지 않기 때문에 티벳譯(㊎95-153)이 이용되어 번역 및 연구가 성행하게 되었다. 또 이 책에 대한 觀誓(Avalokitavrata)의 複註인 《般若燈廣釋》이 티벳譯(㊎96-155)으로 현존한다. 이 清弁註는 安慧의 中論釋에 준거하여 많은 異說을 인용하여 논박하고 있다. 좋은 論證式을 이용하여 佛護의 중론 해석을 비난했다.

5) 無著의 註 《順中論》 2巻(원래 명칭은 《順中論義入大般若波羅蜜經初品法門, Madhyamaka-śāstra-artha-anugata-mahāprajñāpāramitā-sūtra-ādiparivarta-dharma-paryaya-praveśa): 般若流支의 漢譯만이(㊀30-39, Ⓚ 16-1081)현존한다. 이 책은 8不偈를 下巻에서 상세히 설명하는데, 《中論》의 空사상이 《般若經》(→大品·小品·大 반야경)에 근거하고 있음을 밝혔다. 또 불교論理學에 관해서도 설하고 있다.

6) 安慧의 註 《大乘中觀釋論》18巻: 漢譯만이 현존한다. Ⓚ 41-101, ㊀30-136(신수대장경엔 9巻까지만 수록되어 있다. 뒤의 9巻은 完本을 수록한 卍字속장경 26의1에 있다). 宋의 惟浄과 法護가 漢譯했다. 티벳에 전해진 바에 의하면 원명은 「Mūlamadhyamaka-sandhi-nirmocana-vyākhyā」라 한다. 安慧는 비교적 공평한 입장에서 《중론》을 해석하여 清弁의 주석에 영향을 주었던 것 같다. 그러나 이 책에 대해선 그다지 연구되어 있지 않다.

7) 月稱의 註 《Prasannapadā》: 유일하게 현존하는 산스크리트 원전(L. de la Vallée Poussin의 교정本이 있음)으로서 티벳譯(㊎98-1)이 있다. 제1장 〈緣의 고찰〉이 특히 상세하게 논구되어 있는데, 清弁을 비판함으로써 中觀學派가 분열되는 起因이 되었다. 전편

늘 통해 過誤附隨(prasaṅga-vākya)의 논법을 구사하여 邪見을 논파하고 龍樹의 中觀사상을 顯揚코자 했다. 이 책의 발견은 구미의 불교 학자들에게 충격을 주어 원전 연구를 통해 대승불교의 근본 입장에 대한 해명을 촉구케 함으로써 많은 번역과 연구가 이루어졌다, 즉 Th. Stcherbatsky의 부분 英譯(1·25章), S. Schayer의 부분 獨譯(5·7·8·14·15·16章), J. W.de Jong의 부분 佛譯(18·19·20·21·22章), Jacques May의 나머지 번역이 그것이다. 日譯으로는 荻原박사의 부분 번역(12·13·14·15·16·17章, 《荻原雲來文集》), 山口박사의 부분 번역(1~11章, 《中論釋》2卷) 등이 있다. 한편 쫑카파(宗喀巴)의 《正理海》는 거의 月稱의 註를 계승한 것일 뿐이다. 국내에서의 연구로는 鄭泰爀의 〈月稱造梵文 中論釋 觀聖諦品 譯註〉(佛教學報 제9집, 1972)가 있는데, 이는 제24장을 梵文으로부터 번역한 것이다.

이상과 같은 주석 외에도 최근에는 德慧(Guṇamati, 약420~500경)나 提婆設摩(Devaśarman)가 지은 《中論疏》의 일부도 남아 있다고 보고되었다.

〔참고문헌〕 《中論》에 관한 번역 및 연구로서는 위에서 언급한 것 이외에 다음과 같은 것들이 최근에 발간되어 있다. 일본의 中央公論社가 발행한 《世界의 名著2, 大乘佛典》에는 (7)月稱註의 15章(長尾雅人번역)과 (4)清弁註의 24章이 수록되어 있다. S. Yamaguchi의 《Index of the Prasannapadā Madhyamaka-vṛtti》(Heirakuji-Shoten, 1974), 瓜生津隆眞과 梶山雄一의 《龍樹論集》(中央公論社 발행 《大乘佛典》 14, 1974), Kenneth K. Inada의 《Nāgārjuna, A translation of his Mūlamadhyamakakārikā with an Introductory Essay》(Tokyo : The Hokuseido press, 1970), Richard H. Robinson의 《Earley Mādhyamika in India and China》(Madison, Milwaukee, and London : University of Wisconsin, 1967 ).

## 중변분별론 中邊分別論 2卷

산스크리트 원전(Madhyāntavibhāga-śāstra)은 本論에 대한 Sthiramati의 註釋인 《Madhyāntavibhāga-ṭīkā》(中과 邊의 분별에 대한 疏)이다. 티벳譯(㊐108–19~21, 119~133 ; 109–136~196)이 현존한다. 偈頌(운문) 부분은 마이트레야 Maitreya(彌勒, 4세기 후반경)의 작품인데, 아상가 Asaṅga(無著, 5세기경)가 그로부터 전해 받아 세상에 알리게 된 것이다. 長行(산문) 부분은 偈頌에 대한 註釋으로서 바수반두Vasubandhu(世親, 5세기경)의 작품이다. 陳의 永定 2년(558)에 眞諦(Paramārtha, 546~569에 중국 거주)가 漢譯했다. ㊅31–451, Ⓚ17–306, ㊞135. 玄奘의 《辯中邊論》(㊅31–464, Ⓚ 17–397, ㊞135)은 이의 異譯이다.

〔내용〕 이 책은 瑜伽行派, 즉 唯識學派의 開祖인 마이트레야가 지은 5部論 중의 하나인데, 「中」이라는 대승의 근본 사상에 근거하여 瑜伽行派의 교리를 조직한 것이다. 邊이란 서로 대립하는 극단적인 관념을 의미하는데, 이 兩극단을 떠나 대립을 止揚한 입장에 서 있는 것이 中이다. 分別이란 이런 입장으로부터 여러가지 教義的 개념을 구성하는 것이다. 相品·障品·眞實品·對治修住品·修住品·得果品·無上乘品의 7品(章)으로 구성되어 있으나, 산스크리트本 및 티벳譯은 제4·5·6品을 1品으로 정리하여 전체를 5品으로

분류하고 있다. 그 내용은 처음에 空性과 唯識說의 이론을 서술하고(相品), 다음에 진리의 證得을 방해하는 여러가지 장애를 열거하며(章品), 我見을 對治하는 것으로서 唯識說의 교리 체계를 10종의 진실로서 서술하고(眞實品), 다시 번뇌·장애의 對治(對治修住品)와 이를 통해 向上하는 수행의 位(修住品)와 체득한 경지(得果品)에 대해 논하며, 끝으로 대승이 최고의 가르침인 이유를 실천과 이론에 걸쳐 조직적으로 논하고 있다(無上乘品). 이 중 제1品의 맨 앞에서 中(中道)을 표시하고, 또 마지막 品에 있어서 교의의 중심이 中道라는 점은 本論의 근본적 입장이 무엇인지를 알 수 있게 한다. 이 책은 마이트레야의 論書 중에서도 가장 긴밀한 조직을 갖추고 있으며, 간결한 서술로써 풍부한 사상을 드러내고 있다. 대승불교의 教義的 개념을 대승의 입장에서 포섭하고 있는데, 제①相品의 취지에 의하면 空·緣起·中이 사상의 基調이며, 이것들은 동일한 관념에 귀착한다. 여기서는, 虛妄分別(識)에 있어서의 能取와 所取라는 2取(主觀과 客觀의 대립)가 迷界의 산물로서 無이지만, 그 無(空)인 것은 有이기 때문에, 一切法은 非空非不空의 中道라고 서술하여 唯識의 도리를 설명하고, 계속하여 空性의 諸방면을 서술하며, 自性清淨心이란 상대적 규정을 떠난 空性을 나타내는 것에 지나지 않음을 설명하고 있다. 또 제③眞實品에서는 分別·依他·眞實의 3性(遍計所執·依他起·圓成實의 3性)을 근본 진실이라 칭하고, 空사상이 근본임을 나타내고 있다.

〔참고문헌〕 Sthiramati(安慧, 약470~550경)의 註가 달린 산스크리트 원전이 Sylvain Lévi에 의해 발견되었는데, 그의 위탁을 받아 山口益은 1933년에 이의 校訂本을 公刊하였고, 이어서 日譯을 발표하였으며, 漢譯 2本과 티벳譯과의 대조본을 출판하였다(全3卷, 名古屋 破塵閣書房, 1933·1935·1937). 부분적인 번역으로는 Stcherbatsky의 英譯(Bibliotheca Buddhica. No.30, 1938), Friedman의 英譯(Utrecht, 1937), O'brien의 英譯(Monumeta Nipponica IX, 1953, p. 277f)이 있다. 또 鈴木宗忠의 연구가 있다(哲學雜誌 689~692號, 1944년 7~10月). 古來의 주석으로는 앞에서 말한 Sthiramati의 것 외에, 漢譯에 대한 것으로서 窺基의 《辯中邊論述記》3卷(㊅44-1), 元曉의 《中邊分別論疏》4卷(㊈75-1)등이 있다. 宇井伯壽의 日譯은 譯一 瑜伽部12에 있다. 최근의 연구로는 Gajin M.Nagao의 《Madhyāntavibhāga-bhāṣya》(Tokyo : Suzuki Research Foundation, 1964), Pandeya의 《Madhyāntavibhāga-śāstra》(Delhi : Motilal Banarasidass, 1971)가 있다.

## 지관보행전홍결 止觀輔行傳弘決 40卷

唐나라 荊溪湛然(711~782)의 찬술로서 본래의 명칭은 《摩訶止觀보행전홍결》이고 약칭으로는 止觀輔行·摩訶止觀弘決·止觀弘決·輔行·弘決 등이라 한다. ㊅46-141. 天台대사 智顗가 강술하고 章安대사 灌頂이 筆錄한 《마하지관》* 1部 10卷에 대한 주석서이다. 《마하지관》의 연구로는 6祖 湛然의 이 주석서가 가장 권위있고 일반적으로 이용되고 있다. 종래에 이 두 책은 별도로 간행되지 않고, 대본인 《마하지관》의 원문과 이 책의 주석이 해당 내용에서 연결되는 會本의 형식으로 간행되는 경우가 많았다. 따라서 《마하지관》의 교설은 이 주석을 통해서만 이해되어 온 경향이 다분히 있고, 과연 어느 것이 智顗의 교설이고 어느 것이 湛然의 독자적인 견해인지를 확연하게 알 수 없을 만큼 혼연일체가 되어 있다. 이러한 점을 이 책의 특색이라고도 할 수 있을 것이다. 바꾸어 말하면 주석자인 담연의 뛰어난 업적에 의해 天台의 정통說이 확립되었다고도 할 수 있다.

이 책의 명칭 및 찬술의 의도에 대해서는 저자가 스스로 제목 밑에 註를 달아 이렇게 설명한다. 『行을 제공하는 教에 宗이 있다. 이 宗은 教를 믿고 行을 받치는 힘이다. 만약 教를 드러내는 데 적합한 行이 수반한다면, 行의 힘에 의해 教를 널리 펼쳐야 할 것이다. 行은 무엇을 펼치는가? 衆教에 의하지 않으면 行 그 자체도 성립하지 않는 것이다. 教는 무엇으로써 뒷받침되는가? 말할 것도 없이 妙行 이외엔 의존할 바가 없다. 그러므로 教와 行은 한 길인 것이다. 어느 때는 師資의 口傳에 기초하고, 어느 때는 이론적으로 추구하며, 어느 때는 증거를 찾아내어 의심을 해결하고, 어느 때는 유추에 의해 決擇하며, 어느 때는 廣을 끌어내어 略을 해결하고, 어느 때는 廣을 몰아잡아 正을 결정하며, 어느 때는 문맥을 決疏하고, 어느 때는 觀道를 決通하며, 어느 때는 내용을 살펴 과실을 판단하고, 어느 때는 部에 준하여 오류를 끊는 것이다. 이러한 여러가지 취지를 담아 제목으로 삼은 것이다. 전해진 그대로 선배의 의견을 남김없이 기록할 작정이다.』 그러나 실제로는 《마하지관》의 내용에서는 겉으로 설해져 있지 않은 많은 문제들이 이 책에서 제기되어 있음을 볼 수 있다. 예를 들면 華嚴·禪·法相에 대한 天台의 입장, 一念三千說을 계기로 한 性惡論의 전개 등이 그것이다.

### 지장보살본원경 地藏菩薩本願經 2卷

산스크리트 명칭은 《Kṣitigarbha-praṇidhāna-sūtra》로서 唐의 實叉難陀의 번역(㊅2-777)으로 되어 있으나, 《개원석교록》*과 《貞元新定釋教目錄》에는 언급된 바 없고, 또한 고려대장경·宋藏·元藏에 수록되지 않았으며, 明藏에 처음으로 수록되어 있는 것으로 보아 實叉難陀의 번역이 아니라 보다 후대의 번역일 것으로 생각된다. 羽溪了諦는 이 경전이 중앙아시아의 코탄Khotan에서 성립되었다고 추정하고 있으나(《宗教研究》新第11권, 제5호), 松本文三郎은 浄土경전에 설해진 아미타불의 本願 등에 비추어, 이미 성립되어 있던 《地藏十輪經》(Ⓚ 7-581, ㊕60)의 설을 골격으로 하여 이것을 중국人이 증대하고 보충함으로써 성립된 僞經이라고 단정하고 있다(《佛典批評論》, pp. 315~323). 《지장십륜경》에는 地藏의 이익이 밝혀져 있으나, 本生의 이야기는 설해져 있지 않다. 《지장보살본원경》은 이 경전을 보완하여 지장보살이 本生에서 세웠던 서원과 그 이익을 밝히며, 나아가 경전 그 자체의 불가사의한 이익을 강조하여, 1句1偈를 독송하고 聽聞하더라도 무량의 죄업을 소멸할 수가 있다고 주장한다. 日譯은 [譯一] 大集部5에 있다.

### 진심직설 眞心直說 1卷

고려의 普照국사 知訥(牧牛子, 1158~1210)이 저술한 것으로서, 논리가 정연하여 한국 禪書 중의 백미라는 평가를 받고 있다. ㊎4-715, ㊅48-999, ㊋제113册, ㊕153. 전체 15章으로 구성되어 있는데, 서문에서는 眞心을 밝혀 그로써 「入道의 基漸」을 삼는다고 설한다. 이어서 眞心의 ① 正信 ② 異名 ③

妙體 ④ 妙用 ⑤ 體用一異 ⑥ 在迷 ⑦息妄(10종做功夫法) ⑧ 4儀 ⑨ 所在 ⑩ 出死 ⑪ 正助 ⑫ 功德 ⑬ 驗功 ⑭無知 ⑮所往에 대해서 각각 설하고 있다. 지눌의 실천론을 頓悟漸修·定慧雙修·無心의 眞修라 대별한다면, 이 책은 《수심결》*과 더불어 「無心의 眞修」를 설한 것이다. 즉 無心의 경지를 얻기 위한 방법으로는 ① 一念이 생기자마자 문득 覺에 의해 파하되 어지러움과 깨우침을 다 잊어 無心이 되는 성찰의 방법, ② 선도 악도 생각하지 않되 마음이 일어나면 문득 쉬고 인연을 만나면 문득 쉬어, 어리석은 것 같기도 하고 흐릿함 같기도 하는 휴식의 방법, ③그리고 마음과 경계를 두며 없앰으로써 얻어지는 방법 등 10여종의 공부 방법이 있기는 하나, 어느 한 門의 공부만이라도 성취하면 無心의 경지를 얻는다는 것이 그의 지론이다. 그래서 그는 근본적인 어리석음인 無明實性이 곧 佛性이며, 4大(地·水·火·風)로 화합된 허무한 幻化空身이 곧 부처님 진리의 몸인 法身임을 밝히는 것으로부터 서두를 시작하고 있다. 어리석음인 無明이나 깨달음인 열반 등이 대립된 개념 내지는 집착으로 이해된다면 그것은 또 다른 하나의 편견이요 불행일 뿐이다. 철저한 不二사상의 토대 위에 망령됨과 깨달음마저도 평등하게 이해하지 않으면 안된다는 것이다. 이러한 사상의 이론적 기초는 물론 원시불교 이래 대승사상에서 마련된 것이기는 하지만, 특히 《육조단경》*의 영향이 강한 것으로 보인다.

〔참고문헌〕 이 책의 간행 및 번역은 《정혜결사문》*이나 《수심결》*과 거의 동등하나, 특이한 것은 1933년에 대만(현재 자유중국) 開元禪寺의 林秋梧가 白話文으로 주해하여 널리 발행한 사실이다. 국내의 간행·번역 사항은 《수심결》《정혜결사문》항의 참고문헌을 참조.

## 집고금불도논형 集古今佛道論衡 4卷

唐나라 道宣(596~667)이 661년에 찬술한 것으로서 《古今佛道論衡》《불도논형》이라고도 한다. ㊅52-363, Ⓚ32-481. 後漢에서 唐나라 초기에 이르기까지의 불교와 도교의 항쟁에 관한 기사를 수록한 책으로서, 兩教의 교섭史에 있어서 중요한 자료이다. 맨 앞에는 저자의 自序가 있고, 이어서 권甲에서는 後漢·前魏·北魏·宋·梁·北齊 등의 시대에 있었던 불교와 유교 사이의 대론과 항쟁을 서술한다. 그리고 〈魏陳思王曹植辨道論〉〈晋孫盛老聃非大賢論〉〈晋孫盛老子疑問反訊〉 등이 첨부되어 있다. 또 《漢法本內傳》이나 《吳書》 등을 인용한다. 권乙에서는 周·隋 2代에 있었던 양교의 항쟁을 6조항에 걸쳐 수록하고, 권丙에서는 唐시대의 논쟁을 서술한다. 이 권丙에는 法琳과 도사 李仲 사이의 항변이나 조칙으로 玄奘에게 《老子道德經》을 梵語로 번역케 한 일 등이 기록되어 있다. 권丁에는 顯慶 연간의 논쟁이 7조항으로 상세히 서술되어 있다. 즉 불교에서는 神泰가 〈9斷知義〉, 會隱이 〈5蘊義〉를 세운 데 대해, 도교의 李榮은 〈道生萬物義〉와 〈本際義〉를 세워 반론했다고 한다.

저자는 이 책의 찬술을 일단 이로써 마무리하고 있으나, 일본의 大正新修대장경에 수록된 것에는 다시 〈卷丁續附〉라는 제목으로 된 補遺가 부가되어 있다. 이것은 664년에 찬술된 것인데, 龍朔 연간에 도교의 敦行眞이 도교를 버리고 불교로 귀의했음을 기록하고 있다. 이 도선의 《집고금불도논형》을 이어서 智昇은

《續집고금불도논형》1권을 저술했다. 이러한 자료들을 통해 漢代로부터 唐에 이르기까지의 佛·道 논쟁의 史實을 알 수가 있다. 이 책은 兩教의 교섭史上 가장 중요한 자료이다. 한편 불교와 도교의 항쟁은 교리의 면에서만이 아니라, 그 대부분은 정치적인 대립으로서 불교가 앞서느냐 도교가 앞서느냐 하는 문제에서 출발하였으며, 당시의 정치 권력에 지배되어 있었다. 특히 이 책이 출현하였던 唐의 초기에는 불교와 도교의 정치적 대립과 항쟁이 한층 격렬해 있었다. 그러나 중기에 이르자 양教의 교리상의 논쟁은 형식화되기에 이르렀다. 譯一 和漢部, 護教部4에 日譯이 있다.

## 집량론 集量論

산스크리트 명칭은 《Pramāṇasamuccaya》(올바른 인식의 集成書)이며, 디그나가 Dignāga (陳那, 약400~480경)의 저작이다. 저자는 有相唯識派의 불교 논리학자로서 古因明을 개혁하여 新因明을 확립했다. 즉 디그나가는 唯識說을 배경으로 삼아 認識根據(量)에 관한 종래의 학설을 일신하여 直覺과 推論의 2종만을 인정하고, 또 論證式에 있어서 가장 중요한 요소로서 理由개념의 3조건(因의 3相)中 제2 및 제3의 조건을 분석·음미하여 比論的인 五支作法을 폐기하고 演繹的인 三支作法의 추론을 확립했던 것이다. 이 책은 《正理門論》(→인명입정리론)과 더불어 이상과 같은 그의 논리학 체계를 詳說한 것인데, 운문으로 된 詩句(頌)와 산문으로 된 自註로 구성되어 있다. 산스크리트 원전 및 漢譯은 둘 다 없고, 2종의 티벳譯만이 현존한다. 이 2종은 편의상 譯者의 이름으로 구분하는데, 이름의 첫字를 빌어 구분하면 다음과 같다.

V譯 : Vasudhararakṣita가 번역한 《Pramāṇ-asamuccaya-nāma-prakaraṇa》(集量이라 칭하는 論)와 《Pramāṇasamuccaya-vṛtti》(集量論註) ㊌130-7~39.

K譯 : Kaṇakavarman 등이 번역한 《Pramāṇasamuccaya》(集量論頌, ㊌130-1~7)와 《Pramāṇasamuccaya-vṛtti》(集量論註, ㊌130-39~73).

〔내용〕 최근의 연구에 의하면 V譯과 K譯의 사이엔 본문의 제1장을 제외하고 게송의 수나 그 밖의 면에 있어서 차이가 있음이 밝혀졌다. 그리고 K譯은 《正理門論》과 비교할 만하다는 점에서, 또 V譯은 사상 및 해석의 면에서 각기 특징이 있음도 알려져 있다. 이 책의 내용은 전체가 254頌(V譯이 254송, K譯은 247송)인데 6章으로 나누어져 있다. 즉 제①장 直接知覺(V譯 47송, K譯 46 2/4송), 제②장 자신의 이해를 위한 추론(V譯 51 2/4송, K譯 50 1/4송), 제③장 타인을 납득시키기 위한 추론(V譯 54 1/4송, K譯 50 2/4송), 제④장 비유와 비슷하지 않은 비유에 대한 고찰(V譯 21 3/4송, K譯 23 3/4송), 제⑤장 아포하apoha(離:他의 것의 배제)에 대한 고찰(V譯 55송, K譯 53 1/4송), 제⑥장 오류에 대한 고찰(V譯 25송, K譯 25 3/4송)이다.

제①장에서는 먼저 『正知를 체현하시고 사람들을 이익케 하고자 원하신 天人師·善逝·救護者(즉 世尊)께 歸命하여 받들어, 正知를 해명하기 위해 나 자신의 온갖 저작으로부터 선별한 각종의 斷片을 집성하리라』고 서술하여 이 책을 제작한 의도를 밝히면서, 이어 直接知覺에 대한 디그나가 자신의 주장을 9항목으로 나누어 피력한다. 9항목이란 곧 올바른 認識根據의 數, 직접지각의 定義, 직접지각의 語義, 직접지각의 구별, 자기인식(自證)이 직접지각인 점, 잘못된 직접지각, 올바른 인식작용(量)과 그 결과(量果)의 관계, 自己認識이 올바른 인식작용의 결과라는 점, 식별작용의 두 가지 특질의 顯現과 자기인식이다. 이 중 뒷부분에서 唯識說을 배경으로 하여 직접지각을 논하고 있는데, 특히 제11偈는 디그나가가 말하는 3分說의 근거이며, 이것을 통해서 디그나가는 6識說에 입각한 有相唯識派에 소속함을 알 수 있다. 계속하여 니야야 Nyāya派 · 바이쉐쉬카 Vaiśeṣika派 · 상캬 Sāṃkhya派 · 미망사 Mīmāṃsā派 등 他派의 異說을 논파한다. 제②장에서는 자기를 위한 추론에 대하여 11항목으로 나누어 저자 자신의 주장을 전개한다. 이 중에서 주요한 것은 推論의 구별, 자기를 위한 추론의 定義, 직접지각과 추론의 구별, 추론의 대상은 사물의 공통성이라는 점, 理由개념의 세 특질 등이다. 물론 여기서도 제1장과 마찬가지로 他학파의 異說을 논파한다. 제③장에서는 먼저 주장命題를 밝히고, 이어서 이유개념의 성질을 11항목으로 나누어 상세히 論及한다. 여기서 新因明의 기초가 된 소위 9句因이 설해진다. 9句 중에서 올바른 이유개념은 제2句 및 제8句(全稱肯定式)뿐이고, 잘못된 이유개념은 제4句와 제6句(全稱否定式), 眞僞不定의 이유개념은 제1 · 3 · 5 · 7 · 9의 各句(全稱肯定과 全稱否定 사이의 選言式)라고 한다. 제④장에서는 비유命題 및 잘못된 比喩명제를 고찰하는데, 먼저 저자의 주장을 6항목으로 나누어 이유개념과 종류가 같은 것 및 다른 것을 지닌 實例나 三支 상호의 관계를 설명하면서, 비유명제의 의의를 詳說한다. 이어서 니야야派와 바이쉐쉬카派의 異說을 논파한다. 제⑤장에서는 유명한 아포하apoha(離)說을 서술하고, 미망사派나 바이쉐쉬카派의 聖言量(śabda)을 비난한다. 디그나가에 의하면, (어떤) 언어의 의미는 (그것과 모순되는) 他의 것을 排除(anyapoha)하는 데에서 성립한다는 것이 아포하이다. 예를 들면, 현실의 소(牛) 하나하나는 서로 차별이 있는 것이지만, 다른 것, 즉 소가 아닌 말(馬) 등의 否定에 의거하여 차별이 없게 되며, 「일반의 소」로서 인식된다. 때문에 「일반의 소」라는 普遍은 현실의 소 하나하나를 떠나 실재하는 것은 아니라고 말하는 것이다. 이러한 사고방식은 矛盾律을 예상케 하지만, 디그나가가 의도하는 바는 작용을 지닌 순간이 진짜 實在라고 이해하고, 오히려 普遍의 實在를 부인하려는 것이었던 것 같다. 따라서 보편이란 부정적으로 구상된 것에 지나지 않게 된다. 이런 아포하說은 唯識說에 유래하지만, Jinendrabuddhi(勝主覺, 8세기 초) · Dharmakīrti(法稱, 7세기 중엽) · Dharmottara (法上, 8세기) · Kamalaśīla(蓮華戒) 등에게 계승되고, 한편 니야야派의 Uddyotakara나 미망사派의 Kumārila에 의해 논파되기에 이르렀다. 제⑥장에서는 13항목에 걸쳐 저자 자신의 14가지 誤謬論을 전개하고 니야야派의 오류론 등을 반박하고 있다.

〔연구〕 이 책의 註釋으로는 Jinendra-buddhi의 《Viśālāmalavatī nāma Pramāṇasamuccaya-ṭikā》(㊗139–165)가 있다. Vidyābhūṣana, H. N.Randle, E.Frauwallner 등이 각기 이 책의 斷片을 集錄하고 있고, H.R.Rangaswami Iyengar는 티벳譯으로부터 산스크리트語로의 還元譯을 시도했다. 일본에서는 武邑 · 渡邊의 두 학자를 시발로 하여 이에 대한 관심이 고조되었고, 번역도 시도되었다. 그리하여 제1장, 제2장의 일부, 제3장의 일부 등은 이미 日譯으

로 발표되었다. 그러나 전체적으로 종합된 연구는 아직 충분치 않은 실정이다. 한편 디그나가(陳那)의 논리학은 종래엔 소위 形式論理學의 입장에서 해석되어 서양과는 관계없이 독자적으로 발달한 것으로서 주목되어 있는데, 발달한 記號논리학적 분석에 의하면, 예를 들어 論證式의 實例에 아직도 여전히 比論的 성격이 있고, 완전히 보편적인 大前提인 것은 아니라는 점이 밝혀지게 되었다. 그러나 이러한 고찰은 디그나가가 내세운 논리학의 보편적 성격을 추출하는 동시에, 다른 한편으로는 그의 印度的 특수성(존재론적으로?)의 흔적을 예상케 하는 것이다(M.Boche'nski《Formale Logik》1956, ss.500~506).

〔참고문헌〕충분한 연구가 진행되어 있지는 않으나, 근래에 일본의 北川秀則·服部正明 등에 의해 번역·연구가 의욕적으로 진행되어 부분적으로 日譯·英譯이 발표되었다. 참고할 만한 연구서로는 Masaaki Hattori가 번역하고 註를 단《Dignāga on Perception, being the Pratyakṣapariccheda of Dignāga's Pramāṇ-asamuccaya (Harvard University Press, 1968), 北川秀則의《인도古典論理學의 硏究—陳那(Dignāga)의 體系》(鈴木學術財團, 1965)가 있다.

㉧

## 참동계 參同契 1卷

石頭希遷(700~790)의 저술로서《禪學寶典》에 수록되어 있다. ㊅48-327(《人天眼目》卷6). 또《경덕전등록》* 卷30에도 수록되어 있다(㊥182). 이것은 중국 禪宗의 5家 중에서 曹洞宗의 개조인 석두희천의 작품으로서, 洞山良价의《보경삼매》*와 함께 조동종에서 중시되어 일상 성전으로 독송되고 있다. 5言 44句 220字로 된 소편이지만 조동종의 입장을 잘 드러내고 있다. 參同契라는 말은 魏伯陽이 저술한 도교의 書名을 가탁한 것인데, 삼라만상의 參과 平等實相의 同과 그 둘의 契調融和를 설한 것이다. 이에 대한 주석서는 매우 많다. 譯一 和漢部, 諸宗部6에 日譯이 있다. (《佛書解說大辭典》4, p.147;《現代禪講座》5, p.110 참조)→보경삼매

## 창소지론 彰所知論 2卷

元나라의 發合思巴(팍파Ḥphags-pa, 1239~1280)가 저술하고 沙羅巴가 漢譯했다(㊅32-226). 이 책은 1272년에 저술되었는데, 티벳語 또는 몽고어로 되었으리라고 생각되는 원서는 현존하지 않고 漢譯으로만 전해지고 있다.

전체는 5장으로 구성된다. 제1장은 器世間品으로서 須彌山說, 4大州 등의 전통적인 불교의 세계관을 詳述한다. 제2장 情世界品에서는 지옥·아귀 등의 6道說로부터 轉輪聖王의 기원, 인도에 있어서 불교의 흥륭을 佛陀의 家譜와 함께 서술하고, 나아가 티벳·몽고의 王統譜까지 언급한다. 이에 따르면 징기스칸의 시조 이래 元의 帝室은 티벳을 거쳐 멀리 인도의 佛陀의 말단 후예인 것으로 되어 있다. 제3장 道法品에서는 수행에 있어서의 5단계, 즉 資糧道·加行道·見道·修道·無學道의 5位를 설한다. 제4장 果法品에서는 佛果의 여러가지 相, 4沙門果, 10力, 또는 4無所畏 등을 설한다. 제5장 無爲法品에서는 人爲를 끊은 無爲의 경지를 설한다.《彰所知論》이라는 표제는 이상으로써 알려지는(所知) 모든 法이 널리 밝혀(彰)질 수 있다는 의미를 담고 있다. 後記에 의하면 이 책은 元의 帝師인 팍파가 황태자에게 준 불교綱要書인데, 그 설하는 바는 대개가《구사론》*의 조직과 구성을 따른 것이다. 그러나 이 책만의 독특한 생각도 엿보이는데, 예를 들어《구사론》의 4劫說과《婆沙論》(→대비바사론)의 3劫說을 절충한 듯한「中·成·住·壞·空·大」의 6劫說 등 매우 특이한 것도 있다. 한편 제2장의 本地垂迹的(붓다의 출생지를 더듬어 연결시킴) 王統觀은 이후 몽고史書의 定型이 되었다.

〔참고문헌〕陳寅格의《彰所知論與蒙古源流》(歷史語言研究所集刊2의3), 金岡秀友의〈彰所知論과 蒙古源流〉(第5回 日本西藏學會紀要, 1960)와〈Indian Buddhist thought as it appears in the Mongolian historical works〉(印佛研7의2).

## 천태사교의 天台四教儀 1卷

고려의 諦觀(~961~970?)이 저술한 것으로서《四教儀》라고도 약칭한다. ㊅46-773, ㊥4-517. 저자의 이름을 빌어《諦觀錄》이라고도 칭하는데, 天台智顗의《浄名玄義》의 독립된 책이라고 간주되는《〔大本〕四教義》에 대하여《天台四教儀》라 구별한다.《불조통기》*에서 志盤이『이것이 여러 지역에 활발히 전파됨으

로써 초학자들의 發蒙에 크게 도움이 됐다』고 칭찬하고, 智旭이 『四教儀가 유포되어 台宗을 혼동케 한다』고 비판하는 바와 같이, 중국에서도 天台교학의 입문서로서 널리 유포되었다. 특히 이 책은 일본에 지대한 영향을 끼쳤다. 일본에서는 藏經·叢書와는 별도로 1419년 이래 15회나 간행되는 등, 근세의 중국 天台의 연구에 발맞추어 敬光이 『元祿 이래…諦觀錄으로 入學하는 풍토가 성행하여』라고 말할 정도로 천태학의 입문서로서 가장 널리 강독되었던 책이다. 이 책이 天台교학의 개론서의 성격을 띠고 있다는 점에서도 그렇게 중시되었을 것이다.

저자 제관은 고려의 승려이다. 중국에서는 唐시대 말기에 있었던 5代의 전란으로 인해 천태의 典籍이 유실되어 있었으므로, 吳越의 王인 錢俶은 고려에서 이를 구하고자 하였다. 이에 제관은 光宗의 명에 의해 책을 지니고 중국으로 들어가게 되었는데(961), 이 책이 성립하게 된 것은 이러한 사건에서 기인한다고 전해진다. 그러나 이 《천태사교의》는 천태의 典籍이 소실되어 있던 중국 본토의 불교계의 요구에 의해 저술되었을 것이다. 이 책의 성립에 대해서는, 원래 2卷이었으나 諸家의 判教인 下권은 유포되지 않고 判教主義인 上권만이 유포되었다고 하는 說이 옛부터 전해져 왔으나, 이에 대한 확증은 아직 없다.

〔내용〕 천태 교학의 綱要書의 성격을 지닌 이 책이 智顗의 저술을 依用하고 있는 점은 지극히 당연하다. 저자 자신도 《법화현의》*나 《四教義》를 요약하여 기록했다고 말하고 있듯이, 그 대부분이 그 둘을 인용하거나 거기서 뜻을 발췌한 것이다. 그 서술의 형식은 明曠의 저작이라고 추측되는 《八教大意》에 의존하는 바가 많다. 이 책의 내용은 《법화경》*의 信解品에 나오는 비유와 《열반경》(→대승열반경)의 5味, 《화엄경》*에 나오는 3照의 비유를 중심으로 하여, 華嚴·鹿苑·方等·般若·法華涅槃이라는 5時의 名相을(소위 「5時八教」라는 말은 諦觀의 독창적 표현) 교화의 형식상의 判別인 頓·漸·秘密·不定이라는 化儀의 4教를 통해 간략히 서술한다. 이어서 教法의 내용으로부터 여러 가르침들의 큰 줄거리를 잡아 정리한 藏·通·別·圓이라는 化法의 4教에 대하여 각각 교리와 수행行位의 순서를 제시한다. 觀法으로는 《마하지관》*의 25方便·10乘觀法(이는 諦觀의 표현이고, 원래는 10法成乘 또는 10重觀法)을 略述할 뿐이다. 바로 이 점을 智旭은 觀法을 소홀히 한다고 비판하고, 《教觀綱宗》*을 저술하는 계기로 삼았다. 그러나 이 책은 초학자에게 4教의 개념을 확실히 심어주고 있으므로, 불교의 일반상식을 얻게 하는 데는 《법화현의》 등의 他저작보다 일반적으로 이용된다. 즉 이 부분은 天台교학의 教·觀 곧 이론과 실천의 두 門을 잘 구비하고 있다. 《마하지관》10권의 방대한 저술에서 요점만을 가려뽑아 그만큼 일목요연하게 정리한 점은 아무도 모방할 수 없는 저자의 뛰어난 능력이라고 평가되는 것이다. 그가 정리한 10乘觀法의 내용을 소개하면 다음과 같다. ①은 불가사의한 경계를 觀하는 것인데, 1念 속에서 3천世界를 觀함을 뜻한다. ②는 진정으로 菩提의 마음을 발하는 것이다. ③은 교묘하게 마음을 평정하는 것으로서 止와 觀이다. ④는 번뇌를 남김없이 파척해 버리는 것으로서 一心으로 3觀(①~③)을 하면 모든 번뇌가 사라진다고 한다. ⑤는 진리를 체득해 들어가는 것과 이에 방해가 되는 것을

식별하는 것이다. ⑥은 27道品을 낱낱이 적당히 조절하는 것이다. ⑦은 보조가 되는 실천법을 닦는 것이다. ⑧은 지위와 차례를 알아서 자만하지 않는 것이다. ⑨는 역경에서나 순조로움에서나 흔들림이 없이 인내하는 것이다. ⑩은 깨달음의 즐거움(法悅)에 애착함이 없이 더욱 진실한 원리에 들어가야 하는 것이다. 이상과 같은 그의 일목요연함 때문에 이 책은 후세에 天台教學의 입문서로서 맨 먼저 손꼽히게 될 만큼 성행하게 되었을 것이다.

〔연구〕 이 책은 천태종 내부에서만이 아니라, 불교계 일반에서 널리 읽혀져 왔다. 우리나라에서도 고려·조선朝 이래 교학의 입문서로서 애독되어 왔다. 이 책의 영향이 어느 정도였는가는 그 주석서가 73종이나 되고, 末疏가 130종에 이른다는 사실에서 짐작할 수 있다. 이 중에서 刊本이나 藏經에 수록된 주석서만도 50여部에 이른다. 특히 15세기 이후의 일본불교에 큰 영향을 끼쳤는데, 일본의 明治시대 이후에도 20人에 가까운 학자들에 의해 주석類가 간행되었을 정도이다. 이들 중에서 宋의 從義가 쓴 《四教儀集解》3卷, 南宋의 元粹가 쓴 《사교의備釋》2卷, 元의 蒙潤이 쓴 《사교의集註》3권이 3大주석서로 간주된다. 이 중 《集解》는 천태종의 非정통인 山外派의 입장에서 저술된 註인데, 10여종의 末疏도 있으나 蒙潤에 의해 비판된 이래 《集註》에게 압도당하게 되었다. 일본에서는 日蓮宗에서 이를 연구하는 경향을 띠게 되었다. 《集註》는 설명이 정밀하고 引證이 해박하여 후세에 가장 중요시되었다. 일본에서도 이에 대한 鳳潭·普寂·癡空·寶宣 등의 우수한 末疏가 많이 출현하였으나, 오류도 많아서 癡空은 《集註匡謬》라는 책을 간행하기조차 하였다. 또 《천태사교의》에 대한 직접적인 註로서 《略解》《直解》《空拳》《山簀》 등이 있다.

한편 근대의 연구로는 境野黃洋의 《天台四教儀講話》, 稻葉圓成의 《천태사교의講義》 등이 유명하다. 근래에 일본에서는 이 책에 대해 關口眞大와 佐藤哲英이 4년간의 유례없는 격론을 전개하였는데, 그 결과 이 책에 대한 문헌학적 연구 논문이 주류를 이룬 27편이 수록된 《天台教學의 研究》(1978)가 발간되었다. 우리나라에서는 고려 義天의 《천태사교의註》3卷이 있었다고 하나(趙明基 《高麗大覺國師와 天台思想》, 東國文化社, 1964, p.110), 현존하지는 않는다. 譯一 和漢部, 諸宗部14에 日譯이 있다.(→교관강종)

### 천학초징 天學初徵 1卷

智旭(1599~1655)이 鐘振之라는 俗名으로 저술한 책이다. 중국에 전래된 천주교는 明나라 말기에 중국의 전통사상인 유교가 자기들의 교리와 부합하며, 불교와는 相容되지 않음을 공공연히 주장했다. 이에 대한 불교측의 반박서가 이 책이다. 불교와 기독교 사이의 종교 논쟁인 소위 佛基논쟁을 취급한 책中의 하나인 것이다. 그러나 이러한 논쟁은 唐代에 景教가 전래하였을 때나 元代에 기독교가 전래하였을 때는 보이지 않았던 것이다. 천주교의 제수이트(耶蘇會)는 1582년 마카오에 도착했던 「마테오 릿치」Matteo Ricci(利瑪竇)를 중심으로 교리를 중국적으로 조직하여 선교를 전개하였다. 즉 《天主實義》2卷 등을 통해 유교의 天과 천주교의 天을 일치시키는 등, 두 종교가 구극에 있어서 일치한다고 중국적 이해로 포장하여 기독교 교리를 주장하였다. 그리고는 불교와 중국 성현의 道는 서로

용납되지 않음을 강조하였다. 이에 대해 불교측에서는 먼저 袾宏이 天說4篇(《竹窓3筆》에 수록)을 통해 이를 비판하고, 다시 智旭은《天[主]學初徵[詰]》을 저술하여 천주교의 모순 22條를 지적했으며, 또《天學再徵》을 통해 評破 28조를 열거했다. 지욱의 이 두 저서를 합하여「天學2徵」이라고도 칭하는데, 정식 명칭은《闢邪集》2권이다. 이《벽사집》에 수록된 것은 鐘振之居士寄初徵與際明禪師柬, 際明禪師復柬, 鐘振之寄再徵柬, 際明禪師復柬이라는 4통의 왕복 서간, 程智用의 闢邪集序, 費隱通容의 原道闢邪說 등이다. 이 내용에서 알 수 있듯이 당시의 對기독교 운동은「闢邪」라는 이름으로 일컬어지고 있었다. 이 책《천학초징》의 성립에 대해서는 일본의 横超慧日이 〈明末佛教와 基督教와의 相互批判〉(《大谷學報》제29권, 2~4)이라는 논문에서 밝히고 있다. 즉 際明선사에게 보낸 書柬 중 太湖畔湖州에 있으면서 쓴 것이 있다는 점과 그의 연보 등으로 보아 지욱이 44세(1642)에 저술했음을 논한다. 또 이 책을 속명으로 발표한 이유에 대해서는 袾宏도「마테오 릿치」와의 서간에서 속성인 沈을 사용한 선례가 있고, 儒者의 입장에서 유교의 정통 사상이 천주교의 주장과는 다른 것이라고 밝히는 형식을 취함으로써 이면적으로는 불교의 주장을 서술한다고 하는 깊은 의도가 깔려 있는 것이라고 평한다.

이와 같이 이 책은 시종일관 상대방의 주장에 대하여 모순을 지적함으로써, 佛家에 대해 저절로 후원이 되는 논법을 취하고 있는 점이 특색이다. 내용은 모두 천주교에서 설하는 교리를 끌어내어 힐난하는 것이다. 여기서 다루고 있는 문제는 創造主宰·降生贖罪·奉事拜祭·靈魂不滅·天堂地獄·臨終翻悔 등인데, 겉으로는 불교를 배척하고 속으로는 佛說을 도용한다는 비판이 많다. 이보다 앞서 許大受가 천주교를 비판하기 위해 저술한《聖朝佐闢》의 영향이 있다고 한다. 이 책의 속편격인《天學再徵》은 그 후에 얻은 여러가지 천주교 관계서적을 조사하여, 다시 그것들의 주장을 정공법으로 힐난한 것이다. 이 두 책을 아울러 살펴봄으로써 智旭의 기독교에 대한 이해의 정도와 그 주장을 알 수가 있을 것이다. 불교와 기독교에 대한 현대의 비교론에는 미치지 못하지만, 당시에 있어서의 兩教의 상호 비판으로서 흥미있는 자료이다. 이 책들은 일본에 있어서 明治시대의 佛·基 논쟁에 어느 정도 영향을 미쳤다고 평가된다. 한편 이 책은 독립된 刊本만이 있을 뿐, 대장경이나 총서에는 수록되지 않았다.

## 청정도론 清浄道論 Visuddhimagga

5세기 중엽 인도의 학승 붓다고사Buddhaghosa(佛音)가 스리랑카의 수도인 아누라다푸라의 大寺(Mahāvihāra)에서 당시 사용하고 있었던 언어인 싱할리Siṅhalī語로 씌어진 三藏의 義疏들을 참조하고《해탈도론》*(Vimuttimagga)를 底本으로 하여 大寺派 교학의 正統說을 세워 기틀을 마련하는 입장에서 이것을 개조하고 증보하여 저술한 것이다. 이때 참조한 義疏는 律의 義疏인《Samantapāsādikā》(→선견율비바사),《法聚論》의 義疏인《Atthasālini》,《分別論》의 義疏인《Sammohavinodanī》,《無碍解道》의 義疏인《Saddhammapakāsinī》, 혹은《發趣論》이나《小誦》등의 義疏이다.

전체는 28品으로 구성되는데, 戒·定·慧의 3學을 골격으로 한다. 먼저 戒에 대해서는 2品을 할애하는데 ① 戒의 해석 ② 頭陀支의 해석이다. 定에 대해서는 11品을 할애하는데, ③ 業處把取의 해석 ④ 地遍의 해석 ⑤ 余遍의 해석 ⑥ 不浄業處의 해석 ⑦ 六隨念의 해석 ⑧ 隨念業處의 해석 ⑨ 梵住의 해석 ⑩ 無色의 해석 ⑪定의 해석 ⑫神變의 해석 ⑬ 神通의 해석이다. 慧에 대해서는 10品이 할애되어 있는데, ⑭蘊의 해석 ⑮處와 界의 해석 ⑯根과 諦의 해석 ⑰慧地의 해석 ⑱見清浄의 해석 ⑲度疑清浄의 해석 ⑳道非道智見清浄의 해석 ㉑行道智見清浄의 해석 ㉒智見清浄의 해석 ㉓慧修習의 공덕에 대한 해석이다. 이 책의 앞과 뒤에는 論을 세운 인연과 結語로서 戒·定·慧에 의해 청정으로 향하는 길인 열반이라는 깨달음에 도달할 것을 권하는 하나의 偈頌을 덧붙이고 있다.

논술에 사용한 자료는 南方上座部의 7論 및 그 이후에 전개된 교리를 포함하여 이들 모두를 집대성한 것이며, 뿐만 아니라 스리랑카에서 전승된 史料나 인연담 등을 뒤섞어 阿毘達磨 논서가 빠져 있는 무미건조한 형식주의에서 탈피해 있다. 따라서 이 책은 현재에도 팔리 원전을 따르는 南方불교에서는 가장 권위있는 논서로 추앙되며, 그의 백과전서적인 내용은 上座有部의 《대비바사론》*에 필적한다고 간주된다.

〔원전·번역〕 팔리 원전으로는 PTS本(2vols. 1920·1921)과 엄밀한 교정을 거쳐 출판했다고 하는 HOS本(vol.41, 1950)이 있다. 이 둘은 각각 英譯되었는데 전자는 P.Maung Tin《The Path of Purity》(PTS, 3vols., 1922·1928·1931)이고, 후자는 H.C.Warren·J.H.Woods·P.V.Bapat의 번역(HOS, vol.42·43)이다. 근래의 英譯으로는 Bhikkhu Ñāṇamoli《The Path of Purification》(Colombo, 1956)이 있다. 獨譯으로는 Nyānatiloka《Der Weg zur Reinheit》(Konstanz: Verlag Christiani, 1952)이 있고 日譯으로는 水野弘元의 번역(南傳 62·63·64, 1937~1940)이 있다.

〔주석〕 本書의 주석으로는 붓다고사와 同시대에 생존한 후배인 Dhammapāla의 것이 있다. 즉 싱할리語 원본으로 Vidyodaya가 Colombo에서 편집한 《Ācariya Dhammapāla's Paramatthamañjūsā, commentary to the Visuddhimagga(Visuddhimagga-mahā-ṭīkā)》(Chs. Ⅰ~ⅩⅧ), P.C.Mundyne Piṭaka Press가 버마語 원본으로 편집하여 Rangoon에서 발간한 것(Chs. Ⅰ~ⅩⅠ, 1909; Chs. ⅩⅡ~ⅩⅩⅢ, 1909), Bankok에서 샴語(siamese) 원본으로 편집한 것이 있다. 이것은 英譯되지 않았다. 버마에서 작성된 주석서로 《Visuddhimagga-ganthipada》가 있다. 《청정도론》의 抄本으로서 붓다고사와 同시대의 후배인 Buddhadatta가 지은 《入阿毘達磨論》(Abhidhammā vatāra, PTS, 1915)이 있다.

〔연구〕 이 책에 대한 연구로는 舟橋一哉의 〈清浄道論을 中心으로 한 南傳阿毘達磨의 教義에 대하여〉(宗教研究, 新12권 3·4, 1935), P.V.Bapat의 《Vimuttimagga and Visuddhimagga》 (Poona, 1937), 水野弘元의 〈解脱道論과 清浄道論의 比較研究〉(佛教研究 3의2, 1939) 등이 있다. 南北 兩傳의 阿毘達磨가 지닌 성격의 비교에 관해서는 山田龍城의 〈팔리系佛教에 어찌하여 大乘은 자라나지 못하였는가〉(《文化》21, 1957)가 참고된다.

## 출삼장기집 出三藏記集 15巻

梁의 僧祐(445~518)가 찬술한 것으로서 《출삼장기集錄》《梁출삼장기》《출삼장集記》《출삼장기》 혹은 《僧祐錄》이라고도 한다.

㊅55-1, Ⓚ 31-283. 중국의 後漢시대로부터 梁代에 이르는 동안 번역된 經·律·論 등의 목록인데, 그들의 序나 後記 등도 아울러 集錄하고, 나아가 번역자의 전기를 첨부한 문헌이다.

내용은 다음의 5部로 구성된다. 제①은 緣起로서 3藏 성립의 연유에 관한 기록 5편을 수록한 1卷이다. 제②는 名錄으로서 新集撰出經律論錄을 중심으로 하여 기타를 포함한 17편의 목록으로 구성되며, 卷2~5의 4卷을 차지한다. 이 중에는 道安이 작성한 古異經錄·失譯經錄·涼土異經錄·關中異經錄·疑經錄 등이 포함되어 있어, 道安의 《종리중경목록》이 이 책의 성립에 극히 중요한 자료가 되었음을 나타내고 있다. 또 17편 중의 新集安公注經及雜經志錄·小乘迷學竺法度造異儀記·長安叡法師喩疑와 같은 것은 불교 성전에 대한 중국 佛家의 반응을 보여주는 진귀한 문헌이다. 제③은 經序로서 110종의 序나 後記를 실은 卷6~11까지의 6卷이다. 이는 그들 성전의 전래·번역·연구·유포의 사실을 증명하는 기초 자료이며, 또 불교를 수용한 초기에 있어서 교리 이해의 실태를 보여주는 것으로서 사상史的으로도 그 의의는 대단히 크다. 제④는 雜錄으로서 宋明帝勅中書侍郎陸澄撰法論 이하 10書의 序 및 목록을 모아 卷12에 수록되어 있다. 이 중 맨 앞의 法論목록은 고래의 법론을 모아 전부 103卷으로 된 논문집을 法性集·覺性集·般若集·法身集·解脫集·敎門集 ·戒藏集· 定藏集·慧藏集·雜行集·業報集· 色心集·物理集·錄序集·雜論集·邪論集의 16질로 분류한 것의 목록이다. 이것은 목록일 뿐이지만 南北朝 초기에 있어서 불교학의 과제를 말해주는 것으로서 학자들의 주목을 끌고 있다. 제⑤는 列傳으로서 譯經에 관계있는 외국인 및 중국인 32명의 전기인데, 卷13~15의 3卷에 수록되어 있다. 이들 전기는 3藏의 도입 및 번역에 공적이 많은 사람들의 사적을 기록한 것에 지나지 않으므로 僧傳으로서는 원래 완비된 것은 아니지만, 寶唱의 《名僧傳》이나 慧皎의 《고승전》*의 선구가 된 것이라는 점에서 중요한 의의를 지닌다.

〔평가〕 僧祐의 저작으로서 현존하는 것은 이 책 외에 《홍명집》*과 《釋迦譜》만이 있으나, 《十誦律》*의 학자라고도 하는 그가 문헌 자료의 수집 정리에 힘쓴 공적은 대단히 크다. 특히 이 책은 현존하는 最古의 經錄이며, 지금은 산실된 道安의 《綜理衆經目錄》도 이 책을 통하여 거의 복원할 수가 있다. 다만 이 책에서는 異譯·失譯·疑經 등에 관해서 주의를 쏟고 있지만, 내용적으로는 아직 대승·소승을 구분하는 데까지는 이르지 못한다. 또 南朝의 수도인 建康에서 편찬된 것이기 때문에 그 기술이 북방에는 소원하고 남방에 치우친 경향도 면할 수 없다. 후에 《法經錄》 卷7이나 《개원석교록》*卷10에서는 이 책의 미비점이나 오류를 지적하고 있으나, 이 책의 가치는 중국불교史學상의 근본 자료라는 점에서는 변함이 없다. 한편 明시대의 南藏本에서는 이 책이 15卷으로 되어 있으나, 北藏本에서는 17卷으로 되어 있다. 북장본에는 卷6이 없는 대신 卷7을 권6으로 삼고 있으며, 卷12를 2권으로 나누고 있기 때문인데, 내용에 차이가 있는 것은 아니다.

이에 대한 연구로는 常盤大定의 《譯經總錄》, 林屋友次郎의 《經錄硏究》가 있고, 後者의 日譯이 [譯一] 和漢部, 史傳部1에 실려 있다.

**출정후어** 出定後語 2卷

일본의 사상史上 천재로 알려진 富永仲基(1715~1746)의 저술인데, 佛典의 문헌학적인 문제를 거론하여 소위「大乘非佛說」의 파문을 일으킨 책으로 유명하다. 불전을 역사적으로 연구하여 그것들이 佛陀의 直說이 아니라 점차로「加上」(덧붙임)하여 성립된 것임을 논하고, 대승은 佛說이 아니라는 주장을 내세운 것으로서, 불교에 대한 근대적 연구의 선구를 이룬 주목할 만한 책이다. 한문體로 수필식으로 서술하고 있다.

〔내용〕2卷 25章으로 구성되는데, 여기에는 1744년에 쓴 自序가 첨부되어 있다. 그 구성은 다음과 같다.

上권 / ① 敎起前後 ② 經說異同 ③ 如是我聞 ④ 須彌諸天世界 ⑤ 3藏·阿毘曇·修多羅·伽陀 ⑥ 9部·12部·方等乘 ⑦ 涅槃華嚴2喩 ⑧ 神通 ⑨ 地位 ⑩ 7佛·3祇 ⑪ 言有3物 ⑫ 8識 ⑬ 4諦·12因緣·6度.

下권 / ⑭ 戒 ⑮ 室娶 ⑯ 肉食 ⑰ 有宗 ⑱ 空有 ⑲ 南3北7 ⑳ 禪家祖承 ㉑ 曼陀羅氏 ㉒ 外道 ㉓ 佛出朝代 ㉔ 3敎 ㉕ 雜.

제①敎起前後에서는 釋迦 이전에 外道가 있었고, 석가는 외도의 가르침에 부가·補整하여(加上) 그 결과로서 불교가 성립하였음을 설한다. 다시 석가의 滅後 經·律·論의 3藏이 편집(結集)되고, 이리하여 나타난 것이 소승불교이며, 이후 文殊의 무리가 있어 이들이 소승에 加上하여 般若의 가르침을 만들고, 이어서 法華씨·華嚴씨·涅槃씨 등이 출현하여 앞의 설에 加上하여 왔던 것인데, 이것이 곧 대승불교라고 일컬어진 것이라고 서술한다. 그리고 諸敎가 홍기하여 분리된 것은 이러한「相加上」에 의한 것이기 때문에, 불교 학자가 諸敎를 모두 석가의 金口·直說이라고 생각하는 것은 어리석은 일이라고 결론짓고 있다. 이하의 章에서는 諸敎·諸說에 대하여 상세히 논하고, 거기에는 여러가지 異說과 모순이 있음을 지적하여, 그것들이 부처님 1人에 의해 설해졌다고는 도무지 생각할 수 없음을 밝힌다. 불교 학자에 의해 성립된 소위 敎相判釋이라는 것은 모든 것을 부처님이 직접 설한 것이라고 생각한 결과, 그 속에 있는 이설과 모순에 대해 뭔가 이치에 맞도록 견강부회의 해석을 붙인 것이라고 지적하고 있다. 또 부처님이 직접 설한 것이라고 생각되는 것은《아함경》* 속에서도 단 1部뿐이며, 그것도 경전으로 기록된 것은 부처님이 입멸한 지 오랜 기간이 경과한 이후였기 때문에, 그 때까지는 口誦으로 전해진 것이라고 논증한다. 그리고 구송에는 伽陀(gātha, 偈)가 편리하였으므로, 따라서 경전의 본체는 가타에 있다고 주장한다. 이상과 같은 주장들은 현대의 실증적인 연구 성과에 필적하는 업적을 발휘하는 것으로서 가히 경탄할 만하다. 더우기 그가 고찰한 주요 경전의 성립 순서도 현대의 연구 결과와 거의 일치하는 면이 있다. 이러한 저자의 고찰은 세계의 불교 연구史上 최초의 것으로서, 유럽에서 일어났던 기독교에 관한 원전 비판보다도 거의 100년을 앞서는 것이다. 이상과 같은 문헌 고증과 원전 비판과 더불어 저자는 불교 사상 자체에 눈을 돌려 교리상의 여러가지 문제를 비판하고, 다시 儒敎·道敎와도 비교·대조하는데, 그 자신은 이들中 어디에도 속하지 않는다고 말하면서 이들 사상의 특색을 객관적으로, 특히 역사적·풍토적으로 고찰하고 해명한다. 그리하여 이들은 결국 善의 윤리적 실천에 귀착하는 것이라고 단정짓고 있다.

〔저자〕 仲基의 전기는 不明한 점이 많으나, 그의 부친인 芳春은 식품제조업에 종사하면서도 학문을 좋아하여 懷德堂을 창설했다고 한다. 그의 감화에 의해 저자는 어려서부터 학문에 힘쓰고, 16세 무렵에는 이미 재능을 발휘하여 중국 사상의 발전에 대한 역사적 연구인 《說蔽》를 저술하였다. 원래 儒學을 공부한 그가 유학을 비판한 이 책을 저술함으로써 그는 儒家에서 파문당하게 된다. 이후 독학으로 불교를 연구하여 《翁의 文》《출정후어》 등을 저술하였다. 그는 30세에 이 《출정후어》를 발표하고 나서 32세라는 젊은 나이에 요절했다. 이 책의 집필이 언제 시작되었는지는 확실치 않으나 《翁의 文》에는 《說蔽》《출정후어》의 명칭이 등장하고, 또 24세(1738) 때에 쓴 自序가 달려 있는 것으로 보아 《출정후어》의 원고는 그 이전에 완성되어 있었던 것이 아닌가 하는 추측도 가능하다. 이 책의 自序에 의하면 이 책의 출판은 30세 때인 1744년에 이루어진 것으로 추정되지만, 현재 전해지고 있는 刊本은 1745년에 출판된 것으로 되어 있다. 《出定後語》라는 명칭의 의미는 「定에서 나온 후에 말한다」는 것으로서 釋迦가 좌선(禪定)으로부터 나와서 설법을 시작했음에 비유한 것이다. 저자는 자신의 號를 「出定如來」라고 정하기도 하고, 이 책을 「出定경전」이라고 칭하기도 했다.

〔영향〕 이 책이 출판되자 攝津의 승려인 放光의 《辨출정후어》2권(1746년의 自序가 있음), 京都 了蓮寺(정토종)의 승려인 無相文雄(1700~1763)의 《非出定後》1권(1759), 江戶 西教寺(眞宗)의 학승인 慧海潮音(1783~1836)의 《摑裂邪網編》2권(1819) 등 불교측으로부터의 반박서가 저술되었다. 그러나 한편으로는 당시 대두되고 있던 排佛論者들에게 이 책이 중시되었는데, 유학자인 服部天遊(1724~1769)는 이 책에 자극을 받아 《赤倮倮》1권을 저술하여 불교를 비판하였고, 국학자인 平田篤胤(1776~1843)은 이 책의 이름을 빗대어 《出定笑語》4권과 부록으로서 《神敵二宗論》3권을 저술하여 불교를 공격하였다. 이 책 《출정後語》가 학문적인 논평인 데 반해, 이를 빗댄 《출정笑語》는 비속한 언어까지 동원하여 오로지 불교를 배척한 책이다. 篤胤은 그의 《출정笑語》에서, 本居宣長(1730~1801)이 그의 《玉勝間》8권에서 《출정후어》를 추켜세우고 있음을 읽고서 그 《출정후어》를 백방으로 수소문하여 탐구한 끝에 감격을 느꼈음을 서술하고 있다.

〔《翁의 文》〕 저자의 또 다른 작품인 이 《翁의 文》1권은 어느 노인이 쓴 글과 이에 대한 노인의 自註 및 仲基의 비평을 첨부한 것으로서, 16節로 되어 있다. 노인(翁)이란 저자가 설정한 가공의 인물이라고 생각되는데, 이 책은 저자의 윤리 사상인 「誠의 道」 혹은 「道의 道」를 설시한 것이다. 여기서 저자는 불교인이 인도를 모방하려 하고 유교인이 중국문화에 심취하는 것은 옳지 않다고 비평한다. 한편 당시의 神道(일본의 민족종교)를 좇는 자들이 추구하는 복고주의는 역사성을 무시한 것이라고 힐난한다. 그는 3教를 신봉하는 자들이 인생이라는 道의 역사적·풍토적 성격을 고려하지 않는 태도에 반대하여, 타국의 혹은 옛 시대의 윤리를 그대로 오늘날의 세계인 일본에 적용시키려 하는 어리석음을 지적하고

있는 것이다. 그 자신은 3教를 초월하여 그들의 밑바닥에 깔려 있는 일관된「誠의 道」「道의 道」를 추구한다. 그리고 그 道는 인도나 중국이나 일본의 먼 옛날 神代로부터 전해진 것이라고 권위를 부여할 것이 아니라, 현실인 지금 당장에 살아가고 있는 인생의 당연한 道임을 강조한 것이다. 이 책은 저자가 타계한 해인 1746년에 출판되었다.

〔참고문헌〕《출정후어》의 원본은 京都에서 출판된 複刻版에 의거한 鷲尾順教편《日本思想鬪爭史料》제3권에 수록되어 있다. 주석서로는 仲野安雄의《出定後語附解》, 吉川延太郎의《註解出定後語》(1943) 등이 있다. 번역으로는 京戶慈光이 譯註한《出定後語》(《現代佛教名著全集》1, 隆文館, 1971), 연구로는 加藤周一편《富永仲基 · 石田梅岩》(《日本의 名著》18, 中央公論社, 1972)이 있다. 한편《翁의 文》의 원본은 영인본이 土屋大夢의《凡夫의 大道》와《日本儒林叢書》論辨部,《日本哲學全書》등에 수록되어 있다. 연구로는 中村元의《近世日本에 있어서 批判的精神의 一考察》(제2篇〈富永仲基의 人文主義的精神〉)이 참고가 된다.

㉮

### 카타밧투 Kathāvatthu 論事

論事說(Kathāvatthuppakaraṇa)이라고도 한다. 南傳의 史傳에 의하면 아쇼카王의 치하에 있었던 제3結集 때 목갈리풋타 팃사Moggaliputta-Tissa가 편집하였다고 하나, 비판적인 입장에서는 아쇼카王 이후로부터 기원전 2세기 말까지의 기간에 성립되었다고 보는 것이 일반적이다. 팔리 원전으로는 A.C.Taylor가 편집한 《Kathāvatthu》2vols.(PTS, 1894 · 1895)가 있고, 英譯으로는 Shwe Zan Aung과 Mrs.Rhys Davids에 의한 《Points of Controversy》(PTS, 1915)가 있다. 일본에서는 1939년에 佐藤密雄과 佐藤良智가 《論事》2卷(南傳 57 · 58)으로 日譯하였다.

이 책은 스리랑카의 大寺派가 전승한 分別上座部의 교리로부터 諸부파의 학설을 잘못된 것(異執)이라고 논파한 논서로서 모두 23品 213論으로 구성된다. 일본의 水野弘元은 이 책이 南傳 7論 중 중기의 작품에 속하는 것으로서 후기의 《雙論》이나 《發趣論》보다 앞선다고 한다. 《밀린다왕의 질문》*과는 교리적으로 일치하는 점이 많다. 이 책에서 논파하고 있는 부파의 명칭은 붓다고사Buddhaghosa의 주석인 《Kathāvatthuppakaraṇa-aṭṭakathā》(論事註)에 의해 알 수 있는 바와 같이 中인도와 南인도에 형성되어 있던 安達 · 北道 · 大衆 · 正量 · 說因 · 化地 · 方廣 · 有部 · 犢子 · 迦葉遺 · 鷄胤 · 賢胄 등의 각 부파이다. 이는 붓다고사의 史的 기술인데, 어쩌면 붓다고사 당시에 실재했는지도 모른다. 이 책이 전하는 南傳의 이러한 異說들은 北傳의 有部 · 犢子部 · 經部 등의 諸부파를 소개하는 《이부종륜론》* 《대비바사론》* 《구사론》* 《순정리론》* 《顯宗論》 등에 보이는 異說과 상호 보완하는 관계에 있기 때문에, 부파의 교의를 연구함에 있어 불가결한 자료라고 한다. 특히 이 책의 各論은 합리적인 설명 방법으로서 8종의 논파 형식을 사용하고 있으므로, 인도論理學 및 서양論理學과의 관계가 여러 학자들에 의해서 연구되고 있다. 이런 방면에 있어서 泰本融의 〈카타밧투에 있어서 名辭論理學〉(印佛硏8의2, 1960)은 뛰어난 논문이다. 팔리文의 주석으로는 앞에서 소개한 붓다고사의 《論事註》(JPTS, 1889)가 있는데, 이의 英譯도 출판되어 있다(B.C.Law 《The Debates Commentary》PTS, 1941). 南傳에 대한 日譯에서는 《論事註》의 주요 부분을 번역하여 이 책과 한데 묶고 있으므로 연구에 편리하다.

〔참고문헌〕 Rhys Davids 〈Question Discussed in the Kathāvatthu〉(JRAS, 1892), Mrs. Rhys Davids 《Buddhist Psychology》(1914), B.C.Law《A History of Pāli Literature》vol. I (1933). 望月佛教大辭典, VIII,pp.278~283.

㉹

**타라나타 불교사** Tāranātha 佛教史

저자인 타라나타(1573~1615?)의 이름을 빌린 通稱이며, 본래의 명칭은《聖法寶의 聖國弘通次第의 明示, 生一切所願》(Dam-paḥi chos-rin-po-che ḥphags-paḥi yul-du ji-ltar dar-baḥi tshul gsal-bar bston-pa, Dgos-ḥdod Kun-ḥbyuṇ) 이라는 의미이다. 저자는 티벳의 짱州에서 태어났고 티벳 이름을 쿤가닝포Kun-dgaḥ sñiṅ-po라 한다. 사캬파 Sa-skya-pa의 枝派인 죠낭파 Jo-naṅ-pa에 속하며, 1608년 35세 때에 이 책을 서술했다. 나중엔 몽고로 가서 清朝 황제의 보호하에 여러 사찰을 창건한 후 입멸했다. 이로부터 그는 제쭌담파Rje-btsun dam-pa라는 칭호를 받았는데, 이후 그의 轉生者가 소위 쿠론(庫倫)活佛이 되었다.

〔내용〕 티벳人이 쓴 인도佛教史인 이 책은 먼저 본문에서 등장하는 201人을 열거한 후, 阿闍世王 이하 순서대로 팔라王朝의 諸王, 비크라마쉴라 Vikramaśilā寺의 興廢를 언급하고, 세일론 섬(현재의 스리랑카)과 그 밖의 남방 諸지역으로의 불교 전파, 그리고 티벳으로의 불교 傳流도 부기하고 있다. 이 책의 특색은 후기 대승불교시대로부터 밀교시대에 걸쳐 서술하는 뒷부분에 있다. 이 중에서 팔라王朝 시대에 학문으로 명성을 떨친 여러 사원과 학자에 대한 기술은 다른 문헌에 비해 훨씬 풍부하다. 특히 대승불교의 학자로서 유명한 나가르주나 Nāgārjuna(龍樹)에 대하여《중론》* 의 저자인 나가르주나와《타르카즈발라》*의 저자로서 유명한 바비야Bhavya(Bhāvaviveka)의 具足戒師인 나가르주나라는 2人이 있다고 옛부터 믿어 온 티벳불교史家의 잘못을 바로 잡는 등 주목할 만한 새로운 주장도 있다. 그러나 史的 혼란은 인도史家와 마찬가지로 티벳史家의 저작인 이 책에서도 불식되지 않고 있다. 예를 들어 婆沙의 4大家 중의 1人인 世友(Vasumitra)를 護法(Dharmapāla)과 同시대의 인물로 보고, 혹은 밀교의 흥기를 나가르주나 이전에 두는 등의 잘못이 발견된다. 또한 대승의 학자로서 小馬鳴(Rta-dbyaṅs chuṅ-ba)을 언급하는 등 시사하는 바가 적지 않으면서도 기술의 가치는 그 眞僞가 서로 반쯤인 정도이다.

〔연구〕 143枚로 된 티벳 원전은 일본의 東北大學에 소장되어 있다(東北目錄7037). 이 책은 학계에 오래 전부터 알려져 있었는데, 독일의 A. Schiefner가 이것을 公刊하고《Tāranātha's Geschichte des Buddhismus in Indien》(St. Petersburg, 1869)으로 獨譯을 발표한 이래, 거의 유일하고 완전한 인도불교사의 자료로서 매우 중시되어 왔다. 또 와시리에프는 이것을 러시아語로 번역하였고, 일본에서는 寺本婉雅가《타라나타印度佛教史》(丙午出版社, 1928)로 日譯하였다. 이 책에서의 팔라王朝 시대에 관한 기술을 보완한 연구로서는 R.D. Bernerji의《The Pālas of Bengal》(Memoirs of the Asiatic Society of Bengal, vol.5, No.3, 1915)이 있고, 이 방면에 대한 實地연구도 서서히 진행되고 있기 때문에 머지 않은 장래에 이 책의 진가가 밝혀질 것으로 보인다. 앞에서 소개한 Schiefner에 의한 원전 公刊本과 獨譯은 1963년에 일본의 鈴木學術財團에 의해 再版되어 있다.

**타르카바샤** Tarkabhāṣā

《思擇說》 또는 《논리의 말씀》이라고 번역된다. 모크샤카라굽타Mokṣākaragupta(1050~1202)의 저술이다. 法稱(Dharmakīrti, 600~660경, 634~673을 활약 연대로 보기도 함) 이후 불교논리학은 그의 문제 영역을 넓히고 심화되면서 더욱 발전하였는데, 그의 최종 단계에서 저술된 불교논리학의 綱要書가 이 책이다. 따라서 漢譯은 없지만, 티벳譯은 존재한다(㊗138-117~132).

〔내용〕 전체는 直接知覺(pratyakṣa, 現量), 자기를 위한 推論(Svārthānumāna, 爲自比量, 推理), 타인을 위한 추론(parārthānumāna, 爲他比量, 辯證)의 3章으로 되어 있는데, 그 구성은 논리학 관계의 다른 문헌과 동일하다(→니야야빈두, 프라마나 바룻티카). 내용적으로 보아 특징적인 점을 열거하면, 예를 들어 직접지각의 定義는 法稱을 따르면서도 그 대상으로서는 個別相(自相)만이 아니라 普遍相(共相)도 인정하고 있다. 이것은 직접지각의 대상을 個別相으로 한 규정을 바꾸어 해석하여 普遍相에까지 미치게 한 것으로서, 이로써 니야야Nyāya학파로부터의 비판을 피하려 한 것이다. 제3장에서는 論證式을 구성하는 방법을 규정하고 분류하는데, 논증식의 구체적인 예를 제시함으로써 아울러 여러가지 학설을 논평하고 있다. 여기서는 同一性의 논증식과 歸謬法에 의한 刹那滅生의 논증, 主宰神存在說의 비판, 無我說·아포하apoha說·佛陀가 一切知者임에 대한 논증, 윤회에 대한 논증 등이 논해진다. 그리고 마지막으로 불교內의 대표적인 4학파, 즉 毘婆沙師·經量部·瑜伽行派·中觀派의 학설을 간결하게 제시한다. 이 부분은 후대에 불교 이외의 학파에서 불교의 학설을 논평할 때, 기본이 되는 것으로서 이용되었다. 이 책은 그 자체가 綱要書인 동시에 문제점을 適確하게 처리하고 있으므로, 法稱 이후에 있어서의 불교논리학에 대한 연구 전체를 한눈에 내려다 볼 수 있는 좋은 문헌이라 할 수 있다.

〔참고문헌〕 산스크리트 원전으로는 H.R.Rangaswami Iyengar가 편집한 《Tarkabhāṣā and Vādasthāna》(Mysore, 1952)와 B.Bhattacarya 가 편집한 《Tarkabhāṣā》(Gaekward's O.S. vol. XCIV. Barodo, 1942)가 있다. 번역 및 연구는 다음과 같다.

Y. Kajiyama의 〈An Introduction to Buddhist Philosophy-an annotated translation of the Tarkabhāṣā of Mokṣākaragupta〉(京大文學部紀要, No.10, 1966).

梶山雄一의 〈認識과 論理(타르카바샤)〉(中央公論社刊 《世界의 名著》2, 〈大乘佛典〉, 1967)이 있는데, 이는 후에 《論理의 말씀》(中公文庫, 1975)으로서 독립 출판되었다. 또 〈모크샤카라굽타의 論理學〉(印佛硏6의1, 1958)이 있고, 기타 후기 인도의 불교논리학에 관한 그의 諸논문이 참조할 만하다.

**타르카즈발라** Tarka-jvālā

본래의 명칭은 《Madhyamaka-hṛdaya-vṛtti Tarkajvālā》(中觀心論註思擇焰)이다. 中觀派 중 Svātantrika派의 開祖인 바바비베카 Bhāvaviveka (Bhavya, 淸弁, 490~570경)가 자신의 저작 《中觀心論頌》(Madhyaka-hṛdaya-kārikā, ㊗96-1~19)에 대해 스스로 저술한 註釋書로서, 그의 사상을 전하는 대표적인 저작이다. 중국에서는 명칭과 극히 일부분의 내용만이 겨우 전해졌을 뿐, 梵文 원본은 斷片만이 남아 있고, 완전한 형태로는 티벳譯만이 현존한다(㊗96-19~1

54).

〔내용〕 전체는 11장으로 구성되는데, 1~5·10·11章에서는 불교를 논하고, 6~9章에서는 外教를 다룬다. 제3장 〈眞實智를 구하는 品〉에서는 2諦를 문제로 삼고 있는데, 세간적 世俗諦 외에 實世俗智를 내세워 세속적 勝義諦라 한다. 이것은 勝義諦의 세속적 표출(佛의 教說)이다. 따라서 眞實義의 證悟를 가능케 하는 근거로서, 勝·俗 2諦의 사이에 있어서 兩者를 매개하는 이중적 성격을 이것에 부여했다. 제4장 〈聲聞의 진실에 들어가는 品〉에서는 聲聞에 대해 비판한다. 초기의 대승불교는 스스로가 취한 입장의 교리적 타당성을 확립하기 위해 소승불교를 배격하고, 대승불교야말로 佛陀의 참된 취의를 體現化한 것이라는 점을 강하게 주장했다. 이에 대해서는 당연히 小乘측으로부터 大乘은 佛說이 아니라는 공격이 가해졌을 것이지만, 漢譯佛典에는 이에 대한 자료가 결핍되어 있다. 本章은 그러한 결핍을 메우는 중요한 의의를 지닌다. 저자 清弁은 소승으로부터의 論難을 소개하고 이에 답변하는데, 이론으로서 타당하지 않은 聖教는 믿을 만한 가르침으로서의 권위를 갖지 못하며, 佛說이라고도 할 수 없다고 하여, 이치를 중시하는 입장을 명확히 하고 있다. 그리고 中觀派의 空·無의 입장에서 소승의 有執은 成佛乘이라고도 할 수 없다고 논한다. 이러한 논의들 외에도 이 책이 지닌 간과해서는 안될 의의는 6세기 이전 印度철학의 諸사상을 소개하여 반박하고 있는 점이다. 따라서 각 학파의 역사를 고찰하는 데 있어 불가결한 자료로서의 가치를 지닌다. 즉 제6장에서는 상캬 Sāṃkhya派를 공격한다. 그는 《상캬頌》(→상캬카리카)에 근접한 시대의 인물인데, 《상캬頌》 및 이의 주석서에 대응하는 사상 외에도 그러한 문헌들에는 나타나 있지 않은 諸異說을 소개하고 있어, 많은 派의 존재는 물론 당시의 학파적 전개를 알 수 있다. 제7장에서는 바이쉐쉬카Vaiśeṣika派를 논하는데, 이에 의하면 이 책의 저자는 《바이쉐쉬카 수트라》* 및 《프라샤스타파다》 Praśastapāda의 句義法綱要를 알고 있었음을 알 수 있다. 더우기 여기서 인용하고 있는 수트라와 현존하는 수트라의 사이엔 다소의 차이가 있음이 인정됨으로써 수트라의 성립 과정을 연구하는 데 있어 귀중한 자료가 된다. 제8장에서는 베단타Vedānta派에 대해 공격한다. 이는 佛教徒로서 「베단타學派」라는 명칭을 최초로 언급한 것이다. 그러나 이러한 언급은, 베단타가 당시에 학파로서 확립되어 있었음은 틀림없지만, 《우파니샤드》* 속의 諸說을 조직하여 철학체계로서 수립하는 과정에 있었음을 나타내고 있다. 제9장은 미망사 Mīmāṃsā 派를 공격한다. 이 밖에 여기서 내용을 소개하지 않은 他章의 명칭은 제1장〈菩提心을 버리지 않는 品〉, 제2장〈牟尼의 誓에 친근하는 品〉, 제10장〈一切智性成就를 說示하는 品〉, 제11장〈찬탄의 명칭을 說示하는 品〉으로 되어 있다.

〔참고문헌〕 일본에서 시도된 번역은 대개가 部分譯으로서, 이 책은 아직 연구 단계에 있다. 제3장은 野澤静證이(《密教文化》제28號, 1954 ; 제29·30合併號, 1955 ; 제31號, 1955 ; 제34號, 1956 ; 제43·44合併號), 제5장은 頌의 티벳文을 함께 실어 山口益이(《佛教에 있어서 有와 無의 對論》), 제7장은 宮坂宥勝이(高野山大學論叢 제1號, 1958), 제8장은 中村元이(《初期의 베단타哲學》) 각각 日譯했다. 이 밖에 頌만의 산스크리

트 원문 전체를 英譯한 V.V.Gokhale의 〈The Vedānta-Philosophy described by Bhavya in his Madhyamaka-hṛdaya〉가 있고, H. Nakamura 의 〈The Tibetan text of the Madhyamaka-hṛdaya-vrtti-tarkajvālā〉가 있는데 , 이 둘은 《Indo-Iranian Journal》vol. Ⅱ(1958, Nr. 3)에 실려 있다. 이에 대한 연구로는 다음과 같은 네 학자의 논문이 있다.

野澤靜證 : 〈淸弁의 二諦說〉(日佛年報 18, 1953), 〈淸弁의 聲聞批判(上)〉(密教硏究 제88號, 1944), 〈印度에 있어서 大乘佛說非佛說論〉(大谷學報 22~3, 1941).

渡邊瑞巖 : 〈中觀心頌의 數論破〉(淸水龍山先生古稀記念論文集, 1940).

羽田野伯猷 : 〈數論의 프라티빈바(反影)說에 대하여〉(《文化》 10의9, 1943), 〈數論學派의 論理說, 비타, 아비타에 대하여〉(《文化》 11의3 · 4, 1944), 〈數論派에 있어서의 解脫論과 數論偈〉(印佛硏 1의1, 1952).

宮坂宥勝 ; 〈바비야와 바이쉐쉬카學說〉(宗教硏究 133號, 1952), 〈淸弁引用의 바이쉐쉬카哲學說〉(《文化》 18의3, 1954).

## 탄이초 歎異抄 1卷

일본 眞宗의 개조로서 유명한 親鸞(1173~1262)의 법어를 기록하고 옹호한 책인데, 작자에 대해서는 異說이 많다. 즉 如信(1235~?), 覺如(1270~1351), 1288년경 이후에 곧 타계한 것으로 보이는 唯圓이 작자로 지목되어 왔고, 또 이 세 사람의 것을 합성한 것이라는 견해도 있다. 그러나 근래에는 唯圓의 작품이라는 것이 거의 定說化되어 있다(妙音院 了祥의 《탄이초聞記》, 玄智景耀의 《淨土眞宗教典誌》 등에 이미 추론되어 있다). ㊅83-728. 이 책은 그 시작과 끝에서 明言하고 있듯이, 친란이 타계한 뒤 선사가 말로 전한 참된 믿음(眞信)에 위배되는 異義가 발생함을 탄식하여, 오로지 선사의 뜻을 따르는 行者들의 의심을 씻어주기 위해 아직도 귓속에 생생히 머물러 있는 선사의 가르침을 부연하고, 또 그러한 異義를 비판한 것이다.

〔내용〕 본문은 18장으로 구성된다. 앞의 10章은 작자가 직접 들은 친란의 法語이다. 이 법의 내용은 다음과 같다. ① 아미타佛의 구제에는 오로지 信心을 필요로 한다. ② 훌륭한 사람의 말씀을 받아들여 믿는 외에 달리 뾰족함이 없음. ③「善人이라도 더욱 往生을 위해 노력하는데, 하물며 惡人이야」라고 하는 악인의 바른 근기. ④ 聖道의 자비와 淨土의 자비를 비교함. ⑤ 부모에게 효도하기 위해 염불하지 않는다. ⑥ 제자 한 사람도 붙들지 않는다. ⑦ 염불자는 無碍의 1道. ⑧ 염불의 非行非善性. ⑨ 염불을 칭하더라도 환희가 솟구치는 경지가 일어나지는 않는다. ⑩ 無義를 義로 삼는다. 이 중 최후의 제⑩장은 앞부분은 법어이고, 후반부터는 친란이 타계한 후 異義가 발생함을 탄식한 내용이다. 이 부분은 그러한 이의를 비판한 제⑫장과 연결된다. 이 속에서도 친란의 법어를 종종 회상하고 있다. 이의와 그 비판은 8장에 걸쳐 계속된다. ⑪誓願不思議와 名號불사의를 따로 고집하는 이의, ⑫ 學解往生이라는 이의, ⑬造罪와 宿業의 문제, ⑭念佛滅罪에 대한 이의, ⑮即身成佛에 대한 이의, ⑯廻心이 몇 번이나 있는가 하는 이의, ⑰邊地에 왕생한 자는 지옥에 떨어진다는 이의, ⑱보시물의 많고 적음에 비례하여 大佛 · 小佛이 된다는 이의. 그리고 마지막으로 소위 친란의 吉水시대에 있었던 信心쟁

론을 기록하고, 源空(法然)의 信心과 친란의 信心이 동일하다는 설화를 싣고 있다.

〔평가〕 전체의 분위기를 보면 법어 부분인 전반의 10장에는 경탄할 만큼 신선한 생명력이 넘치는 감이 있는 데에 비해, 이의를 열거하고 이에 비판을 가하는 후반의 8장에는 전반의 10장보다 정교함이 결여되어 있음을 부인할 수 없다. 그런데 전반의 법어 10장은 친란의 사상을 최종적으로 압축해 짜낸 精要라고도 할 수 있다. 이러한 사상들 중에서도 惡人正機(③), 聖道에 있어서 자비의 한계(④), 부모의 효도를 위해 염불하지 않는다(⑤), 제자 1人도 붙들지 않는다(⑥) 등으로 명확히 표현된 사상은 그의 다른 저작에서는 찾아보기 어려운 것이다. 이 때문에 이 책에서 표현된 그러한 사상은 친란의 것이 아니라 이 책의 작자가 창작한 것이라고 하는 견해가 있을 정도이다. 그렇지만 이러한 諸사상의 원류는 친란 자신의 저작이나 그의 스승인 源空의 법어에 나타나 있으므로, 결국 친란 자신의 법어라고 보아도 차질이 없을 것이다. 그렇다면 어떻게 하여 그런 비약적인 사상으로 결실을 맺게 되었는가? 이에 대해서는 친란의 만년에 있었던 교단內에서의 異義와 동요에 대처하여 사상의 비약적인 전개가 이루어졌을 것으로 본다(《佛典解題事典》2ed., 春秋社, 1977, p.274 참조). 어쨌든 이 책의 작자가 친란의 만년에 그로부터 직접 전수받은 제자라는 사실이 표시되어 있으므로, 이 책에 실린 법어가 친란의 만년의 것임은 방증되는 것이다. 따라서 이 책은 《正像末法和讚》과 함께 친란이 지닌 사상의 최종적 경계를 말해주는 것으로서 독보적인 위치를 차지하는 것이다. 뿐만 아니라 이러한 사상적 전개를 초래케 한 하나의 계기가 되었던 초기 眞宗에 있어서의 다양한 異義가 수록되어 있다는 점에서도 귀중한 가치를 지닌다. 이처럼 친란 사상의 전개 과정을 추적하는 데 있어서 중요한 의의를 지니는 것이 이 책이다.

〔참고문헌〕 일본불교에서 차지하는 친란의 비중이 큰 만큼, 이에 대해서는 많은 연구가 있다. 多屋賴俊《탄이초新註》, 佐佐木玄智〈탄이초成立考〉(《自然과 人文》人文科學篇1. 여기에는 宮崎圓遵의 해설이 있다), 千輪慧《歎異抄의 思想과 背景》, 松野純孝《親鸞—그 生涯와 思想의 展開過程》제9章, 古田武彦《親鸞思想》(富山房, 1975), 梅原猛의 校注 · 번역《歎異抄》(講談社文庫, 1972), 增谷文雄편《親鸞集》(《日本의 思想》3, 筑摩書房, 1968), 名畑應順 · 多屋賴俊의 校注《親鸞集 · 日蓮集》(《日本古典文學大系》82, 岩波書店, 1964), 石田瑞麿의《親鸞》(《日本의 名著》6, 中央公論社, 1969) 및 번역《歎異抄 · 執持鈔》(平凡社, 1964), 石田充之 · 千葉乘隆편《眞宗史料集成》1(同朋社, 1974).

**탐현기** 探玄記 20卷

본래의 명칭은《華嚴經探玄記》이며, 唐나라의 法藏(643~712)이 찬술했다. ㊅35-107. 저작 연대는 법장의 40~50세 무렵이라 한다. 이 책은 晋譯《화엄경》*(60卷화엄)에 대한 주석서로서, 澄觀의 唐譯《화엄경》(80卷 화엄)에 대한 주석서인《大疏鈔》(화엄경疏와 隨疏演義鈔→화엄수소연의초)와 더불어《화엄경》주석의 쌍벽을 이룬다.

〔내용〕 10章으로 구성되는데, ① 教起所由 ② 藏部所攝 ③ 立教義別 ④ 教所被機 ⑤ 能詮教體 ⑥ 所詮宗趣 ⑦ 釋經題目 ⑧ 部類傳譯 ⑨ 文義分齊 ⑩ 隨文解釋이다. 이 중 ⑨까지가

제1卷에 수록되어《화엄경》전체에 관한 중요한 서론적 의미를 지닌다. 제2~20권에 수록된 ⑩은《화엄경》의 각品 및 각文句에 대한 註釋이다. ①은《화엄경》의 가르침이 어떠한 이유에서 생겨났는지를 서술하는데, 이에 대해 10항목을 열거한다. 예를 들면 法爾때문에, 願力 때문에, 機感 때문에 등이다. ②는 불교의 교의가 어떠한 분류로 수록되어 있는지를 서술한다. ③은 먼저 중국이나 西域에 있어서의 대표적인 불교觀을 서술하고, 이것을 비판하며, 끝으로「5敎10宗」이라는 화엄종의 입장에서의 敎判를 밝힌다. ④는《화엄경》의 가르침에 상응해야 할 인간의 근기를 논한다. ⑤는 가르침의 본질을 표현하는 방법에 얕은 것으로부터 깊은 것으로의 단계가 있음을 서술하는데, 이것을 10단계로 구분한다. 즉 言詮辨體門·通攝所詮門·通該諸法문·緣起唯心문·會緣入眞문·理事無礙문·事融相攝문·帝網重重문·海印炳現문·主伴圓備문이다. ⑥에서는《화엄경》의 근본 사상이 무엇인가 하는 점에 대해 이제까지의 견해를 소개하고, 그것은 결국 因果緣起理實法界라 한다. ⑦에서는《大方廣佛화엄경》이라는 제목에 대하여 분석적으로 상세하게 해설하고 있다. ⑧에서는《화엄경》의 종류 및 梵文으로부터 漢文으로 번역한 유래에 대해서 서술한다. ⑨에서는 화엄宗의 구극적인 세계관인「10玄門」에 대해서 논하는데,《화엄5교장》*의 10玄門과 비교하면 순서나 약간의 名目에 있어서 차이가 있다.

이 책의 주석서는 많이 있으나, 그것들은 모두 일본에서 저술되었다. 그 중에서 저명한 것으로는 凝然의《탐현기洞幽鈔》120권(43권만이 현존), 普寂의《탐현기發揮鈔》9권, 芳英의《탐현기南紀錄》50권 등이다. 日譯이 譯一和漢部, 經疏部6~9 및 昭和新纂國譯大藏經(宗典部14~16)에 실려 있다.

## 탓트바상그라하 Tattvasaṃgraha

명칭은《攝眞實論》또는《眞理綱要》로 번역된다. 후기 印度대승불교의 頌體로 된 論書로서 저자는 샨타라크쉬타Śāntarakṣita(또는 Śāntirakṣita, 寂護, 680~740경. 그의 연대에 관해서는 中村元의《初期의 베단타哲學》, 1950)이다. 전체가 3640여頌으로 된 대작인데, 그의 直第子인 카말라쉴라Kamalaśīla(蓮華戒, 700~750경)가 저술한《難語釋》(Pañjikā)이 있다. 티벳의 佛敎史에서는 이 책의 저자인 寂護를 보살이라 칭하고, 티송데첸Khri-sroṅ-lde-brtsan王의시대에 네팔을 경유하여 초청된 인도密敎의 고승으로서 10善戒·18界·12因緣으로써 가르침을 설했다 한다. 또 삼예bSam-yas僧院을 건립하여 티벳에 최초로 불교를 전한 祖師로서 존숭하고, 그의 제자인 蓮華戒가 중국의 大乘和尙(Hva-śaṅ Mahāyāna)과 漸悟·頓悟에 대한 法論을 행하였음을 기록하고 있다(《부톤불교사》*《sBa-bshed》, 1952년 파리에서 발간된 P. Demiéville의《Le Concile de Lhasa》Ⅰ, 1958년 로마에서 발간된 G. Tucci의《Minor Buddhist Texts》Ⅱ)

〔내용〕저자인 寂護 계통의 입장을「瑜伽行中觀派(Yogācāra-Madhyamika)이라고도 하고(Jñānasena의 說),「中觀스바탄트라 Svātantra派로서 瑜伽行派의 眞實唯識說(rNam-bden-pa)에 가까운 宗을 세운 것」(Tu-kwan의 佛敎史)이라고도 지적하고 있다. 그런데 이 책의 기재 내용中에서는 스스로를「聖典派」(Āgama-anusārin)와는 다른「論理派」(Nyāya-anusārin)라고 하고, 또한 識(Vijñāna)의 내용을 검토하는 데에

중점을 두고 있어,「有相唯識論者」(Sākāra-vijñāna-vādin)에 대하여 인식의 구조 그 자체에 관한 연구를 중시하는 인식론적 입장의「無相유식론자」(Nirākāra-vijñāna-vādin)에게로 기울어지고 있음을 보여 준다. 陳那(Dignāga)에서 法稱(Dharmakīrti)으로 이어지는 불교논리학의 계통에 서서, 특히 法稱의 논리학 체계나 용어를 충실하게 祖述하는데, 이 책 속에도 法稱으로부터의 인용은 많다. 寂護의 저작은 法稱의 《Vādanyāya》에 대한 주석의 梵本이 존재하는 외에 티벳譯에서 밀교계통의 작품이 다수 있는데, 《中觀莊嚴頌·註》(㊌101-1~2, 2~15)가 티벳에서 특히 중시되었다. 중국에서는 이 책이 전혀 알려지지 않았고, 저자 寂護와 蓮華戒에 관해서도 후대에 티벳을 경유하여 알려진 지식에 불과하다(《彰所知論》* 上).

이 책의 전체는 34章으로 구성되는데, 그 구성을 요약하면 다음과 같다. 根本原質(Prakṛti)·神(Īśvara)·自性·語로서의 브라흐만 Brahman(梵)·푸루샤Puruṣa·아트만Ātman·不滅不變의 實在·因果·6句義 등과, 상캬 Sāṃkhya·요가Yoga·니야야Nyāya·바이쉐쉬카Vaiśeṣika·文典家·베단타Vedānta·미망사 Mīmāṃsā의 印度철학 諸학파와 자이나教, 불교의 犢子部가 주장하는 世界原理를 문제삼아 논파한다. 다음에 언어가 표현하는 대상, 인식 근거(pramāṇa)등 인식론적 고찰에 들어가 說一切有部의 三界實有說, 로카야타Lokāyata의 唯物思想·外境實在說을 논파하면서「識」의 근본 구조를 다룬다. 마지막으로 자이나教의 蓋然說(Syādvāda)이나 미망사 學派가 내세운 天啓聖典의 보편타당성이라는 주장에 대해, 佛陀가 초월적 完全智者(Sarvajña)임을 논증한다. 序章에서 말하는 바와 같이 전체는「緣起」에 대한 唯識的 해석의 전개인데, 명쾌한 합리주의적 논법과 아울러 신비주의적 경향도 눈에 띈다. 니야야學派의 Uddyotakara와 미망사 學派의 Kumārila가 주된 논란의 대상으로 되어 있지만, 이 밖에도 많은 說이 기술된다. 즉 Aviruddhakarṇa·Praśastamati·Bhāvivikta 등, 이 책 이외에서는 거의 알려진 바가 없는 학자의 說도 많이 소개되어, 당시의 印度思想 전반을 이해하는 데 있어서도 귀중한 의의를 지닌다.

〔원전 및 연구〕 산스크리트 원전은 1873년 G. Bühler에 의해 Jaisalmer의 자이나教 사원에서 발견되어, 나중에 주석과 함께 《Gaekwad's Oriental Series》vol. 30 & 31(Baroda, 1926)로서 간행된 1本이 있다. 여기에는 B. Bhattacaryya의 상세한 序文과 校訂者 E. Krishnamacharya의 梵文 요지, 권말에 頌의 색인이 첨부되어 있다. 티벳譯은 이 책의 저술과 거의 同시대에 삼예bSam-yas승원에서 이루어졌는데, Guṇākaraśrībhadra 등에 의해 頌(㊌138-135~200)이, Devendrabhadra에 의해 釋(㊌138-200~139, p.164)이 번역되어, 梵文을 보완하는 데 있어서 불가결의 의의를 지닌다. 티벳譯에 관한 연구로는 A.Kunst의 《《Kamalaśila's Comentary on Śāntarakṣitā's Anumānaparīkṣa of the Tattvasaṃgraha》(Brussels, 1945 ~47)가 있다.

번역으로는 Ganganatha Jha의 全譯(G.O.S. Nos. 80 & 83, Barodo, 1937·1939) 외에, W. Liebenthal·A. Kunst·S. Schayer·中村元·伊原照蓮 등이 각章을 번역하고 문헌비판을 가한 연구의 성과가 있다. K.S.Ramaswami Sastri와 K.B. Pathak는 미망사나 자이나의

문헌과 이 책을 대조하여 일련의 연구를 발표하였다(ABh-ORI, 1930~32). 또 D.Chatterji, Th. Stcherbatsky, E. Frauwallner, 渡邊照宏 등의 학자들은 불교논리학의 측면에서 특히 法稱과 관련하여 연구하였다.

최근에 발표된 새로운 원전으로는 Dwarikadas Shastri가 편집한 《Tattvasaṅgraha》2vols.(Buddha Bharati Series 1, Varanasi, 1968~69)가 있다.

## 텝텔곤포 Deb-ther sṅon-po

약칭으로서 《青册》이라는 뜻인데, 본래의 명칭은 《티벳 땅에 法과 說法者가 어떻게 나타났는가 하는 그 경과인 青册》(Bod-kyi yul-du chos daṅ chos-smra-ba ji-ltar byuṅ-baḥi rim-pa deb-ther sṅon-po)이라는 의미이다. 쿤데링寺版으로는 15卷 485枚로 되어 있다. 저자는 번역관인 숀누페Gshon-nu-dpal(1392~1481)이다. 이 版本의 刊記에는 다음과 같은 내력이 적혀 있다. 저술은 1392~1481년에 걸쳐 이루어졌는데, 저자의 나이 84세 때, 체종chos-rdsoṅ 승원에서 완성되었다. 開版인쇄는 호규Lho--rgyud王 「타쉬달궤 렉페겔포」Bkra-śis dar-rgyas legs-paḥi rgyal-po의 명에 의해 녤 Dmyal지방의 체겔훈포Chos-rgyal-lhun-po 宮에서 1481년부터 시작되었고, 版木은 라사의 서쪽 퉤룽추Stod-luṅ-chu 계곡의 양파쩬Yaṅs-pa-can 승원에 소장되어 있었으나, 1792년 네팔과의 전쟁 때에 일부가 산실되었고, 그 후 이것을 보수한 版이 라사 근교의 쿤데링 Kun-bde-gliṅ寺에 보관되었다. 이 밖에 2卷本(vol. 1, 297枚 ; vol.2, 271枚)이 암도 지방의 쥐게곤파Mdzod-dge dgon-pa寺에 소장되어 있다.

저자인 숀누페는 티송데첸王의 대신인 궤티상Ḥgos khri-bzaṅ의 후예라 한다. 그는 짜율와 Bya-yul-ba系 카담파派의 사원인 쩬예 Spy-an-yas로 9세에 출가하여 여러 사원을 편력하여 求學한 후에 칸규파派의 大學問寺인 쩨탕 Rtse-thaṅ에서 크게 활약한 학승이다. 그래서 그를 쩨탕파Rtse-thaṅ-pa라고도 하고 또는 위상쩨파Yid-bzaṅ rtse-pa라고도 호칭한다. 그가 어떠한 學統을 이어받고 있는지는 各巻의 내용을 통해 명확히 간파할 수가 있는데, 《현관장엄론》*《비밀집회》*《時輪釋》이나 아티샤Atīśa의 여러 저작에 대해 해설하는 등 주석과 해설의 강의를 이루고 있다. 그의 저작도 이 책을 비롯하여 10질에 이른다고 한다. 그의 문하에서는 많은 칸규파派의 석학들이 배출되었다.

〔내용〕 이 책 15巻(skabs)의 내용을 개괄하여 보면, 제1권에서는 歸敬文, 인도 및 티벳의 불교史에 있어서 前期인 홍통의 末까지, 그리고 티벳 · 몽고 · 중국의 王統史를 기술한다. 제2권에서는 티벳 後期의 불교 홍통에 관한 개괄적인 역사를 연대순으로 서술하고, 제3~15권에서는 티벳불교의 각 종파별 역사를 教義 · 血脈 · 相承에 따르면서 저자의 시대까지 더듬고 있다. 즉 제3권은 古탄트라學派史, 제4권은 新탄트라學派(=Sa-skya-pa)史, 제5권은 카담파史, 제6권은 中觀 · 因明 · 彌勒學系史, 제8권은 칸규파史, 제10권은 時輪學系史 등이다. 이 책의 특색은 1027년 이래 채용된 티벳 干支曆에 의한 연대의 상세한 기재와 그의 저작시대로부터의 역산이나 王統 · 정치사의 배경적 서술을 통해 티벳불교사의 연대를 확립한 점에 있다. 기술이 정확하고, 《바쉐》(Sba-bshed gtsaṅ-ma) · 《넬파》(Nel-pa) · 《부

톤불교사》* · 古本인 《텝텔말포》(Deb-ther dmar-po) 나 각종의 傳記(Rnam-thar) · 緣起 종류를 풍부하게 활용하는데, 그 중에는 현존하지 않는 것도 많아서 자료적 의의는 극히 크다. 이 책은 티벳의 정통 불교史書 중에서 맨 앞에 열거되고, 그 이후 모범이 되어 현재에도 가장 신뢰할 만한 문헌으로 인정받고 있지만, 근래의 연구에 의해 자료 취급상의 잘못이나 연대 결정의 모순 등이 지적되고 있다.

〔참고문헌〕 해설을 곁들여 完譯한 것으로 G.N. Roerich의 《The Blue Annals》2vols. (Calcutta, 1949 · 1953)이 있다. 제5卷만을 日譯한 것으로 羽田野伯猷의 〈카담派史〉(東北大學文學部研究年報5, 1954)가 있다. 연구서로서 Ch. Bell의 《The Religion of Tibet》(Oxford, 1931)은 橋本光寶에 의해 《西藏의 喇嘛教》로 日譯되어 있다. 이 밖에 佐藤長의 《古代티벳史研究》上卷(1958), G.Tucci의 《Tibetan Painted Scrolls》vol. Ⅰ(Rome, 1949)가 있다.

## 톤미 문법 Thon-mi文法

톤미삼보타Thon-mi sam-bho-ṭa의 저술로서 본래의 명칭은 《文法論根本三十頌》(Luṅ-du ston-pahi rtsa-ba sum-cu-pa shes-bya-ba),《文法論性入法》(Luṅ-du ston-pa rtag-kyi hjug-pa shes-bya-ba)이다. ㊗144-87. 이 책은 티벳의 英主 손쩬감포Sroṅ-btsan sgam-po(~649)王에 의해 인도에 파견되어 거기서 문자를 학습하고 돌아온 톰미삼보타의 문법서 2종이다. 전하는 바에 의하면, 그는 인도에서 귀국한 후 8부의 문법서를 저술했다고 하나, 현존하는 것은 위의 2종뿐이다. 이러한 이야기는 부톤의 《佛教史》(→부톤 불교사)를 비롯한 권위있는 티벳의 모든 史書에서 일치하여 전해지고 있다. 그러나 文法論 자체만 본다면 이 2종의 문법서로서 완결되어 다른 관련된 저작을 예상하기가 곤란할 뿐만 아니라, 이 兩書에 대해 고전적인 권위를 지닌 시투Si-tu의 주석서에서도 이 밖의 문법서를 실제로 보았다는 기술이 없기 때문에, 《톤미 문법》은 위의 2部뿐이었다고 생각된다. 그러한 전설이 생긴 이유는 인도 문법의 대표자인 파니니Pāṇini의 문법(→아쉬타댜위)이 8章으로 구성되어 있기 때문에, 이의 영향을 받은 것이 아닌가 하고 생각된다. 톤미의 문법을 이루는 2종의 문법서中 前者인 《三十頌》은 7음절로 구성된 韻文의 문법론으로서, 그러한 제목을 붙인 것은 전체의 내용이 30頌으로 구성되어 있기 때문이기도 하지만, 또 30字母로 형성되는 티벳 문자에 대하여 기술하고 있기 때문이라고도 한다. 여기서 논하는 내용은 文字와 助辭의 용법에 관한 것이다. 《性入法》에서는 性에 대한 설명으로써 동사의 활용을 설명하고 있다. 이 2書는 오랫동안 티벳 문법의 규범이 되었으나, 기준으로 삼은 인도 文典派의 1派인 카탄트라Kātantra派의 영향이 강하여, 이것을 극복하고 티벳 문법학을 수립하는 것이 이후 티벳 문법가의 과제가 되었다.

이에 대한 연구로는 J. Bocot의 《Les Ślokas Grammaticaux de Thonmi Sambhoṭa》(Paris, 1928)와 稻葉正就의 《티벳語古典文法學》(1954, 改定版은 1967)이 있다.

## 티벳 고승전집 Tibet 高僧全集

이것은 독립된 문헌의 명칭이 아니다. 여기서는 이 表題下에, 티벳의 불교人들이 편찬한 여러가지 全書를 간략히 소개한다.

인도에서 찬술된 經·律·論이 티벳에서는 칸규르bkaḥ-ḥgyur(經과 律)및 텐규르bstan-ḥ-gyur(論)이라는 이름下에 정리되어 티벳대장경을 형성하고 있다. 이것 이외의 티벳人 자신의 불교 저작을 일괄하여 「티벳撰述佛典」 또는 「藏外佛典」이라고 일컫고 있는데, 그 대부분의 내용은 「숭붐」gsuṇ-ḥbum(十萬御言) 또는 「칸붐」bkaḥ-ḥbum(十萬教勅)이라는 이름下에 정리되어 있다. 이 둘은 모두 「수많은 말씀」을 의미하며, 통상 「全書」(complete works)라고 意譯된다. 따라서 「全書」란 「藏外佛典」 그 자체라고 하여도 과언이 아니며, 결코 한 개인의 저작에 대한 全集이라고 이해할 수는 없다. 여기서 말하는 「티벳 고승전집」이란 티벳불교의 각派에 속하는 先德이나, 고승의 저작을 중심으로 하고 그의 수제자나 관계서를 集錄하여, 後學들이 그 고승의 이름이나 연고지의 이름 또는 寺名을 취하여 遍集集錄한 후에 開版한 그러한 全集을 가리킨다. 藏外佛典에 대한 연구는 근년에야 겨우 실마리를 잡은 단계일 뿐이며, 그 목록도 전체를 망라한 것은 아직 나와 있지 않다. 특히 티벳의 옛불교인 紅教의 「全集」에 관해서는 거의 알려져 있지 않다. 지역적으로 보더라도 그의 所在가 확인되어 일본에까지 들어간 것은 티벳 본토로부터 출발하여 동쪽으로 甘肅·內蒙古·華北 등의 지역에 전래된 것들이며, 티벳 본토로부터 서쪽의 네팔·캐시미르 등의 지역에 전래된 것은 근래에 이탈리아의 학술조사단에 의해 그 실마리가 잡혔을 뿐이다. 이제 여기서는 「全集」의 전모를 밝힐 수는 없지만, 알려져 있는 중요한 것에 대하여 간단히 소개하고자 한다.

①부톤Bu-ston全書 26帙 : 부톤은 13세기 티벳의 學僧으로서 유명한 《부톤佛教史》*를 남겼다. 그는 칸규파Bkaḥ-rgyud-pa의 1派인 투푸파Khro-phu-pa에 속하였는데, 顯教와 密教의 여러 註疏 외에 佛教史와 대장경目錄을 작성하였다. 이 全書의 原版本은 불타버렸고 그 인쇄본은 희귀서가 되어 있으나, 다행히도 일본에는 달라이라마 13世에 開版한 完本이 東北大學에 소장되어 있다(東北目錄5001~5206).

②쫑카파Tsoṅ-kha-pa全書 17(또는 18)帙 : 게룩파 Dge-lugs-pa의 開祖로서 티벳 불교 중흥의 스승으로 추앙받는 쫑카파의 찬술집이다. 顯·密教에 걸친 그의 위대한 學業이 《보리도차제론》*과 《비밀도차제론》*을 중심으로 편집되어 있다. 각版本에 따라서 그 편집도 帙數도 다르다. 일본의 東北大學과 東洋文庫에 소장본이 있는 외에, 大谷大學의 소장본은 影印간행되어 있다(東北目錄5259~5420 ; 影印北京版目錄 6001~6210).

③걀찹Rgyal-tshabs全書 8帙 (東北目錄 5421~5455).

④케둡Mkhas-grub全書 10帙(東北目錄5456~5521).

⑤달라이라마Dalai bla-ma全書 42帙(⑥항 참조).

⑥판첸라마Paṇ-chen bla-ma全書 40帙 : ③④의 걀찹과 케둡은 모두 쫑카파의 수제자로서, 각각 代를 이루어 계승해 온 달라이와 판첸의 兩大라마의 조상으로 추앙되고 있다. 〈現觀〉과 〈因明〉을 비롯한 顯·密의 중요한 문헌을 다수 포함하고 있다. 달라이1世(東北目錄5522~5542), 2世(同5543~5584), 5世(同5587~5671), 7世(同5823~5876), 판첸1世(同5877~5981), 2世(東洋文庫) 등 兩大라마의 全集 및 ③④

가 일본에 전해져 있다.

⑦사캬판디타Sa-skya Paṇḍita全書 약 50帙 사캬寺 역대의 저작집으로서 문법·密敎관계 서적이 많다.

⑧데시Sde-srid全書 약 20帙 : 달라이라마 5世의 수상이었던「데시 산게·쪼」의 찬술집. 醫·工 등에 관한 서적이 많다.

⑨숨파켄포Sum-pa mkhan-po全書 12帙 (⑩항 참조).

⑩타라나타Tāranatha全書 18帙 : ⑨와 아울러 모두 佛敎史에 관한 저술이라고 알려져 있으나, 전서의 대부분은 밀교에 관한 서적이다. ⑨에 대해서는 長尾雅人박사의 조사가 있다(《蒙古學問寺〉, 1946).

⑪짱캬Lcaṅ-skya全書 12帙 : 도론노르活佛의 역대 총서.

이 외에도 대표적인 고승의 전서로서《투켄Thuḥu-bkvan全書》약 20질,《잠양세파 Ḥjam-dbyaṅs bśad-pa 全書》54질,《게쉐 Dge-śes 全書》10질,《롱돌Kloṅ-rdol 全書》2질,《탐치도르제全書〉15질 등이 있고 東北大學에도 에셰겐쫑Ye-śes rgyal-mtshan·라체파 Sgra-tshad-pa를 비롯한 9고승의 전서가 입수되어 있고, 東洋文庫에도 수종의 전서가 소장되어 있다.

〔참고문헌〕목록 및 연구로는 다음과 같은 것들이 있다.《東北大學西藏撰述佛典目錄》(1953),《影印北京版西藏大藏經總目錄·索引》(1961), 酒井眞典의《喇嘛教의 典籍〉(1944), 長尾雅人《蒙古學問寺》(1946),《日本西藏學會會報》2·3號.

## 티벳불교사「학자의 잔치」

원래의 명칭은《正法의 바퀴를 굴린 사람들의 존재를 명확히 한 것, 학자의 잔치》(Dam paḥi chos kyi ḥkhor los bsgyur ba rnams kyi byuṅ ba gsal bar byed pa mkhas paḥi dgaḥ ston)를 의미하는데, 약칭하여《佛敎史「學者의 잔치」》(Chos-byuṅ mkhas-paḥi dgaḥ-ston) 또는《로닥佛敎史》(Lho--brag chos-byuṅ)라고도 한다. 저자는「카르마 카규파」Karma bkaḥ-brgyud-pa派의 活佛인「파오 쭉락텡와」Dpaḥ-bo Gtsug-lag phreṅ-ba(1504~1564)이다. 1545년에 최초의 3部를, 1563~1564년에 나머지 2部를 저술했다.

〔내용〕전체 5부는 다음과 같이 구성되어 있다.

제1부(Ka)—世間에 대한 概說

제2부—印度 (모두 단편임)

- 제1章(Kha) : 佛傳
- 제2장(Ga) : 結集
- 제3장(Ṅa) : 佛像緣起
- 제4장(Ca) : 印度의 王統

제3부—티벳(많은 장편을 포함)

- 제1장(Cha) : 觀世音보살이 티벳을 자신이 化顯할 땅으로 정한 내력.
- 제2장(Ja) : 吐蕃王統記
- 제3장(Ña) : 律의 역사
- 제4장(Ta) : 판디타와 譯經師의 역사
- 제5장(Tha) : 密呪古派의 역사
- 제6장(Da) : 카담파Bkaḥ-gdam-pa史
- 제7장(Na) : 카규파Bkaḥ-brgyud-pa一般史
- 제8장(Pa) : (카규파中) 카르마派의 역사
- 제9장(Pha) : 디궁Ḥbri-guṅ 카규파史
- 제10장(Ba) : 기타 各派의 역사

제4부(Ma)—코탄·古傳의 중국·西夏·몽고·중국의 각 王統史

제5부(Tsa)—西天祖師傳과 五明의 역사.

〔평가〕이들 중에서 저자가 가장 주력한

것은 제8장이다. 이 부분은 후대에 시투(Si-tu Chos-kyi ḥbyuṅ-gnas, 1699~1774)와 베로(Ḥbe-lo Tshe-dbaṅ Kun-khyab)에 의한《카르마派祖師傳集最勝寶水晶王의 珠數》에 계승되고 보완된 중요한 사료로 되어 있다. 저자는《青冊》(→텝텔곤포)의 저자인「궤 숀누페」Ḥgos Gshon-nu-pal (1392~1481)의 제자, 샤루로짜와Sha-lu lo-tsa-ba(-Chos-skyoṅ bzaṅ-po, 1441~1528)를 스승으로 삼아, 카르마派 黑帽·紅帽 2파의 法主名代도 정리했다. 당시는 게룩派와의 제1기 대립항쟁이 한창이었기 때문에, 위의 사료는 카르마派의 입장을 알기 위해서도 극히 중요하다. 달라이라마 5世(1617~1682)는 이러한 저자를 혐오하여 역사가로서의 가치를 업신여겼으나, 이 책의 제3부 제2장〈吐蕃王統記〉의 기술에서 볼 수 있는 객관적 태도는 달라이라마 5世가 쓴 同種의 왕통기인《若者의 잔치》(일본의 東北目錄5664, 東大目錄281, 東洋文庫目錄349)가 도저히 미치지 못하는 바이다. 한편 제5부의 五明史의 3에는 時輪탄트라의 유래에 관한 귀중한 서술이 포함되어 있다. 이 책의 별명이《로닥佛教史》인 것은 이 책의 저술과 開版에 있어서 로닥 지역의 土侯들의 원조를 받았기 때문이다.

종래엔 이 책의 원본을 입수하기가 어려웠으나 근년(1959~1962)에 인도에서《Śatapiṭaka》시리즈의 vol. 4로서 4分冊으로 필사본이 출판되었다. 이 중 제4分冊(《吐蕃王統記》)만은 사진에 의한 복제본이 있다.

## 파

**팍삼존상** Dpag-bsam ljon-bzaṅ

약칭으로서《如意寶樹》를 뜻하는데, 본래의 명칭은《인도·중국·티벳·몽고에 있어서 正法의 역사, 如意寶樹》(Ḥphags-yul rgya-nag-chen-po bod daṅ sog-yul-du dam-paḥi chos-byuṅ-tshul, Dpag-bsam lion-bzaṅ)라는 의미이고, 저자는 숨파켄포Sum-pa mkhan-po(1704~1776)이다. 저자의 본명은 예셰펜쫄 Ye-śes dpal-ḥbyor이라 하는데, 불교 이외의 다른 학문에도 통달하여 매우 박식한 학승이며, 88종의 저작이 전해지고 있다. 이 책은 이들 중에서 대표작의 하나로 꼽힌다. 그의 全集 版木(8帙)은 大青山 麗烏素圖村의 法禧寺에 소장되어 있는데, 이 중 Ka帙 317葉이 이 책의 版木이다. 일본의 東洋文庫에는 다스所持本이었던 363枚로 된 우노體 사본이 소장되어 있다.

〔내용〕 4편으로 구성된 이 책은 1748년에 저술되었다. 제①편에서는 인도불교史를 서술한다. 즉 釋迦族의 기원, 本生이야기, 釋尊傳, 3회의 結集, 근본4派로부터 18部派로의 分枝, 소승 및 대승의 전파, 大菩提寺, 佛陀伽耶의 설립, 불교의 쇠퇴와 그 원인, 金剛乘의 結集과 그 교의, 佛滅後 왕족의 불교 보호, 아시아로의 불교 전파 등을 언급하고, 나가르주나(龍樹)를 비롯한 諸論師의 전기나 기적을 기술한다. 또 문자·문법·논리·造塔·畫像 등의 기원에 대해서도 서술하고 있다. 제②편에서는 티벳불교史를 서술한다. 곧 王統史와 佛教史로 구성되는데, 전자에서는 티벳의 기원, 건국으로부터 747년에 이르는 왕통사를 취급하고, 후자에서는 다시 4章으로 나누어 설명한다. 먼저 제1장은 불교 유포의 前期(sṅa-dar), 즉 손쩬감포Sroṅ-btsan sgam-po王으로부터 랑다르마 Glaṅdharma王의 辛酉의 破佛(841)까지의 불교사를 기술한 것인데, 寂護(Śāntirakṣita)·蓮華生(Padmasambhava)·蓮華戒(Kamalaśīla)·스므리티Smṛti(-jñānakīrti) 등의 전기나 활동이 중심으로 되어 있다. 제2장은 유포의 後期(Phyi-dar)를 기술한 것인데, 持戒比丘에 의한 불교 부흥과 新譯 경전에 의한 新派(Gsar-ma-pa)의 형성을「라첸 곤파랍셀」Bla-chen Dgoṅs-pa-rab-gsal·린첸상포Rin--chen bzaṅ-po·아티샤Atīśa 등의 전기나 기적을 중심으로 기술하고, 나아가 카담파·사캬파·칸규파와 그의 諸支派, 겔쿠파·죠난파 등의 諸派의 형성에 대해 서술하고 있다. 제3장은 티벳불교 개혁의 역사(後記에서는 이 章의 기술에 중점을 두었다고 말한다)를 다룬 것인데, 개혁자인 쫑카파Tsoṅ-kha-pa(宗喀巴, 1357~1419)의 傳記와 기적, 그의 제자와 후계자, 겔쿠파의 승원 등에 대하여 기술하고 있다. 제4장에서는 당시 존재하고 있지 않은 시쩨派·닌마派 등의 諸派, 번역관, 티벳에 들어온 인도僧, 티벳譯의 經論, 중국에서 開版된 新·古 兩版의 經論의 경과 등을 언급하고〔이상은 S.C.Das의《Pag Sam Jon Zang》(Calcutta, 1908)에 수록됨), 다시 1027년(랍쭝Rab-ḥbyuṅ 제1년)에서부터 1746년에 이르는 티벳史의 연대표를 수록하고 있다.〕제③편에서는 중국불교사를 王統史와 함께 서술하고, 제④편에서는 몽고의 왕통사와 불교사를 기술하고 있는데, 기술은 간단하다. 후기에서는 이 역사서를 편찬하게 된 유래, 기재의 典據 등을 서술하고 있다〔이상은 Lokesh Chandra의《Dpag-bsam ljon-bzaṅ》Pt.3. Śatapiṭaka8(New Delhi, 1959)

에 수록되어 있다.〕.

인도의 S.C.Das는 〈Life of Sum-pa mkhan-po〉(JASB58, 1889)로써 上記의 年代表에 대한 英譯을 시도하였다.

## 판차탄트라 Pañcatantra

「다섯 편의 이야기」라는 뜻을 지닌 산스크리트 설화집이다. 원본은 산실되어 현존하지 않고, 원작자도 제작 연대도 확실치 않다. 그러나 6세기경에는 이미 中世 페르샤語인 팔라비語로 번역되었다고 하는데, 이것도 오늘날에 전하지 않는다. 이 설화집은 〈친구와의 이별〉 〈친구를 얻음〉 〈갈가마귀와 올빼미의 싸움〉 〈획득한 것의 상실〉 〈사려없는 행위〉의 5편으로 구성되는데, 산스크리트語의 산문에 격언적인 詩句가 섞여 있다. 전편의 외곽을 이루고 있는 이야기는 현명한 바라문인 비쉬누마샤르만 Viṣṇuśarman이 아마라샤크티 Amaraśakti王의 부탁으로 세 王子에게 王者로서의 교육을 배풀기 위해 우화에 의탁하여 처세·통수·외교·윤리의 요결을 가르치는 것으로 되어 있으나, 각 편은 다시 여러 개의 삽화를 담고 있다. 원본으로부터 다수의 支本이 파생하여 현재 많은 종류의 異本이 전해지고 있는데, 카시미르에 전해진 《Tantrākhyāyika》가 가장 오래된 형태를 보여준다고 한다. 이 밖에 11세기경에 저작된 것(textus simplicior), Pūrṇabhadra가 編作한 것(textus ornatior, 1199) 등이 있고, 벵갈에 전해진 《히토파데샤》Hitopadeśa (유익한 교훈, 10~14세기)는 나라야나Nārāyaṇa의 손에 의해 4편으로 개작되어 처세와 교훈에 중점을 두고 널리 보급되었다. 앞에서 언급한 바 있는 이미 사라져 버린 팔라비語 번역으로부터 시리아語로 번역되었던 것 (570년경)은 원본에 등장하는 두 마리의 늑대인 칼라타카와 다마나카를 따서 《칼리라와 딤나》(Kalīlah wa Dimnah)라고 불렸다. 또 8세기에 아라비아語로 번역된 것은 「비디야파티(賢者)의 이야기」라는 의미에서 《비드파이 Bidpai의 이야기》 혹은 《필파이Pilpai의 이야기》로도 불리고 있다. 이 책은 이와 같이 일찌기 서방으로 전해져 널리 전파되었다. 東·西 50여 국어로 번역되어 그 내용과 형식은 東·西의 설화文學에 다대한 영향을 끼쳤으므로 세계의 문학에 있어서 중요한 위치를 점하고 있다.

〔참고문헌〕 전문적인 연구서로서 독일에서 출판된 다음의 두 책이 유명하다.

J.Hertel 《Das Pañcatantra, seine Geschichte und seine Verbreitung》 Leipzig u. Berlin, 1914.

R.Geib 《Zur Frage nach der Urfassung des Pañcatantra》 Freibürger Beiträge zur Indologie, Bd.2, Otto Harrassowitz. Wiesbaden, 1969.

## 팔대인각경 八大人覺經 1卷

2세기 중엽, 後漢시대 安世高의 번역이다 (㊅17-715, Ⓚ 14-51, ㊈77). 大人으로서의 뭇 佛·菩薩들이 깨달아 思念하는 8종의 法을 밝히는 것이 이 경전의 골자이다. 佛弟子는 이 8大人覺을 관찰하고 깨달아 自覺·覺他의 2利를 만족시켜야 할 것이라고 가르치고, 밤이나 낮이나 至心으로서 이것을 誦念하라고 권한다. 원래 8大人覺은 아함의 경전 및 《유교경》*이나 《성실론》*에서 널리 설해지는데, 팔리語로는 aṭṭha mahāpurisa-vitakkā라고 하여 8大人念 또는 8生法 등으로 칭한다. 8

이란 少欲覺·知足覺·遠離覺·精進覺·正念覺·正定覺·正慧覺·不戱論覺인데, 이 경전에서는 覺世無常·覺多欲·覺心不足·覺懈怠·覺愚癡·覺貪怨·覺欲過患·覺生死를 들고 있어, 순서나 명칭에서 차이를 보이지만 취지는 완전히 같다. 출가자의 기본적인 實踐道의 하나를 제시하는 경전이다.

增永靈鳳 〈八大人覺의 原始的硏究〉(駒澤實踐宗乘3, 1935·3).

### 페타코파데사 Peṭakopadesa 藏論釋

팔리Pāli語로 씌어진 문헌이다. 버마를 제외한 팔리上座部의 전통에서는 《밀린다판하》(→밀린다王의 질문)·《숫타상가하》Suttasaṅgaha·《넷티 파카라나》*와 함께 藏外로 분류된다. 이 책의 끝 부분에서 『잠부林의 住者인 上座 Mahākaccāyana(大迦旃延)의 《페타코파데사》가 끝났다』고 하는 기술과, 한편 그 내용이 《넷티 파카라나》와 거의 같다고 하는 사실에서 전통적으로는 《넷티 파카라나》의 경우처럼 붓다의 直弟子인 Mahākaccāyana가 이 책의 저자라고 하나, 정확한 것은 알 수 없다. 그 성립 연대도 일반적으로는 《넷티 파카라나》와 마찬가지로 서력기원 전후라고 하지만, 英譯者 Ñāṇamoli는 기원전 1세기경이라고 추정한다. 팔리 문헌은 말할 것도 없고 漢譯 문헌도 본서를 인용하고 있는 것으로 보아, 원래는 인도에서 작성되었으나 인도에서는 산실되고 스리랑카로 건너간 것만이 남아 현재에 이르렀다고 생각된다.

내용의 골자는 《넷티 파카라나》와 거의 비슷한데, 16範疇(hāra·5方法(naya)·18根本句(mūlapada)로 구성되어 있다. 즉 16범주에 의해 경전의 표현을 순차적으로 검토하여 이 경전이 주석할 만한 것인가를 확정하고, 다음에 확정된 표현을 5方法에 의해 경전 본래의 목적인 참된 의미로 이끈다. 5方法 중 ④四方眺望과 ⑤鉤索의 둘은 16범주에 의해 보증된 표현 요소를, 경전의 참된 의미를 드러내는 18根本句에 결부시키는 기능을 갖는다. 이 둘은 항상 동시에 결부되어 ①師子遊戱 ②鍚杖의 打穀(또는「3浄」) ③歡喜引轉의 셋 중 어느 것의 방법으로 작용하여, 경전이 의도하는 참된 의미를 이끄는 것이다. 이와 같이 이 책의 목적은 三藏(특히 經藏)의 주석자에게 경전의 眞意를 탐구케 하고, 이것을 후세에 잘못됨이 없이 전하게 하려는 것이다. 결국 종래부터 알려져 있던 붓다의 참뜻을 다른 언어로 바르게 전할 수 있는 지침을 제공하는 데에 있으며, 새로운 이론을 발견한다든가 뭔가의 교의를 증명하려는 것은 아니다. 이 책을 英譯한 Ñāṇamoli는 이것을 『주석서라는 건축물을 짓기 위한 기초를 구축하는 것』이라고 설명하고 있다(英譯本 Introduction, p.Ⅺi).
이 책의 이와 같은 내용은 《넷티 파카라나》를 제외한 南北傳의 어떠한 논서에도 볼 수 없는 극히 특이한 것이며, 따라서 적지 않게 우리를 당혹케 한다.

이 책은 제1章 Ariyasacca-pakāsana(聖諦를 명시함), 제2章 Sāsana-paṭṭhāna(教를 발족함), 제3章 Sattādhiṭṭhāna (有情에 관해 설함), 제4章 Sutta-vicaya(經을 간택함), 제5章 Hāra-vibhaṅga(範疇를 분별함), 제6章 Suttattha-samuccaya(經의 義를 모음), 제7章 Hāra-sampāta(範疇를 적용함), 제8章 Naya-samuṭṭhāna(방법을 세움)의 8章으로 구성되어 있는데, 이 중 제2·5·7·8의 각 章은 명칭과 내용이 모두 각각 《넷티 파카라나》의 제4·1·2·3章과 같다.

나머지의 4章은 제각기 위의 4章을 위한 상세한 설명과 序說的 성격을 지니고 있다. 다만 제6章의 끝에는 결손된 부분이 있다. 한편 제8章은 어느 편집本에서든 「Sutta-vebhaṅgíya」라고 하는 제목이 붙어 있으나 이것은 잘못이다. 《넷티 파카라나》와 같이 「Naya-samuṭṭhā na」라고 정정해야 한다(英譯,p.329, note 104 / 1참조). 또 이 章에서는 《넷티 파카라나》와 비교하여 5방법의 순서가 다르다. 이 책은 《넷티 파카라나》와 비교해 보면, 수세기 동안 연구되지 않고 무시되어 온 듯한데, 그 때문에 사본에는 매우 많은 오류가 있다. 뿐만 아니라 같은 경향의 책인 《넷티 파카라나》가 간결하고 평이한 데 비해, 이책은 이론의 정리가 부족하고 쓸데없이 장황한 감이 있다. 종래엔 이 책이 《넷티 파카라나》 이후의 작품으로서 거의 同시대에 작성되었다고 추정해 왔으나, 英譯者 Ñāṇamoli는 양자를 상세하게 비교하여 이것이 《넷티 파카라나》의 원형으로서 보다 오래된 것이고, 연대적으로도 상당한 차이가 있다고 주장하였는데, 이는 주목할 가치가 있다.

〔연구〕 이 책에 관해서는 이미 1911년에 荻原雲來가 언급한 바 있는데, 그는 《대지도론》*에 나오는 「蜫勒」이 실은 「毘勒」의 誤寫로서 《페타코파데사》를 가리키고 있다고 지적하였다. 그 후 Bapat교수의 연구 등이 발표되었는데, 1949년 Arabinda Barua에 의해 원전이 PTS로부터 출판됨으로써 이 책은 비로소 일반 학자들 앞에 제시되었다. 英譯本도 아직 출판되지 않은 시기인 1959년에 일본의 水野弘元은 신속한 연구로써 이 책을 정확히 소개하였다. 나아가 그는 漢譯의 《大智度論》《四諦論》《解脱道論》*에서 각각 「蜫勒」「藏論」「三藏」이라는 명칭 아래 인용하고 있는 문장이 현존의 《페타코파데사》와 거의 일치함을 증명하였고, 따라서 이 책의 기원이 인도일 가능성을 시사했다. 그 후 1964년에 Ñāṇamoli의 遺稿로서 英譯本이 출판되어 《넷티 파카라나》의 英譯과 함께 상세한 내용이 알려지게 되었다. 이 책에 대한 보다 상세한 연구는 앞으로의 과제이다(보다 구체적인 내용은 《넷티 파카라나》항을 참조).

〔참고문헌〕 원전은 Arabinda Barua ed. 《The Peṭakopadesa》(PTS, 1949), 英譯은 Bhikkhu Ñāṇamoli 《The Piṭaka-disclosure》 PTS Translation Series, No.35(London, 1964).

이에 대한 연구로는 荻原雲來 〈有空等의 四門에 대하여〉(荻原雲來文集, pp.206~212), P.V.Bapat 《Vimuttimagga and Visuddhimagga》(1937)의 〈Introduction〉 p.xliii, 《Peṭakopadesa》 원전의 〈Introduction〉, É.Lamotte 《Histoire du Bouddhisme Indien》(Louvain, 1958, pp.207~208), 水野弘元 〈Peṭakopadesa에 대하여〉(印佛研 7의2), 英譯本의 〈Introduction〉 등이 참고가 된다.

## 푸라나 Purāṇa

一群의 힌두교 성전을 「푸라나」라고 한다. 현재 전하고 있는 것은 《마하푸라나》Mahā-purāṇa와 《우파푸라나》Upapurāṇa인데, 각기 18권으로 되어 있다.

마하푸라나 : Brahma, Padma, Viṣṇu, Vāyu, Bhāgavata, Nārada, Mārkaṇḍeya Agni, Bhaviṣ-ya, Brahmavaivarta, Liṅga, Varāha, Skanda, Vāmana, Kūrma, Matsya, Garuḍa, Brahmāṇḍa.

우파푸라나 : Sanatkumāra, Nārasiṃha, Aṇḍa,

Dūrvāsasa, Nārada, Kāpila, Mānava, Uśanasa, Brahmāṇḍa, Varuṇa, Kālika, Mahiśa, Sāmba, Saura, Pārāśara, Marīca, Bhārgava, Kaumāra.

찬도갸Chāndogya 우파니샤드에서는 (Ⅶ·1·4) 푸라나를 Itihāsa(傳說:「如是所說」이라 漢譯됨)과 함께 제5의 베다라고 칭하며 (itihāsapurāṇaḥpañcamo vedānām…), 베다* 문헌 속에서도 Gāthā나 Nārāśaṃśi 등과 함께 푸라나가 종종 언급되고 있다는 사실, 또 《니루크타》Nirukta(「어원적 해설」이라는 의미)에서 종종 語源 학자와의 대조를 통해 베다 해석학의 一派로서 전해진 Aitihāsika 계통은 이 《푸라나》 문헌의 전통이 오래되었음을 말해 준다. 과연 古문헌으로서 찬도갸 우파니샤드에서 말하는 「Itihāsapurāṇa」라는 것이 있었느냐 없었느냐에 대해선 확정지을 만한 결정적인 증거가 없다. 존재 가능성에 대해서는 Geldner 《Vedische Studien》I(p.290)과 Sieg 《Sagenstoff》(p.33)가 참고할 만하나, 그 존재 여부를 믿을 수 없는 것은 「purāṇāni」라고 하여 複數로 나타나기 때문이다(ManuⅢ·232, Yājñav. Ⅲ·189, Tait.Ār.Ⅱ·9 등을 참조). 또 W.Kirfel 《Purāṇa Pañcalakṣaṇa》, W.Ruben 《Kṛṣṇa》, JAOS LXI, JRAS 1941, 《Festschrift F. W. Thomas》 등과 같이 그의 원형과 계보에 대한 문헌학적 연구가 이루어졌으나, 웅대한 전설群에 대한 철저한 연구는 아직 기대한 만큼의 진전이 이루어지지 못한 단계이다.

Amarakośa를 비롯한 주요한 푸라나에서는 푸라나가 5相(pañcalakṣaṇa)을 갖추고 있다고 하는데, 5相이란 宇宙 창조(sarga)·세계의 성쇠(pratisarga)·神仙의 계보(vaṃśa)·마누의 치세(manvantara)·日種과 月種이라는 王統의계보(vāṃśānucarita)이다. 그러나 이것들은 《우파푸라나》에 속하는 특징이고, 《마하푸라나》는 적어도 4세기 이후의 祭典이나 습속(varṇāśramadharma·ācāra·prāyaścitta·dāna·pūja·vrata·tīrtha 등)을 그의 주요 내용으로 삼는다.(Hazra 《Purāṇic Records》pp.6~7 참조. 예를 들어 Tantravāttika는 푸라나를 《다르마샤스트라》Dharmaśāstra와 동일한 계열로 간주한다),

또한 《마하푸라나》는 힌두교의 종파적인 색채가 농후하다. 이러한 푸라나는 특정한 시대나 지역에 따라 권위를 유지하기 위해 수시로 내용을 바꾸거나 차용했기 때문에 원문의 轉訛를 정확히 가려내기 어렵다.

저자는 《마하바라타》*의 편찬자인 뱌사Vyāsa라고 하는데, 그는 제자인 Sūta Lomaharṣaṇa에게 전하고, Sūta의 아들 Ugraśravas(Santi)는 Naimiṣa의 숲에 모인 仙人에게 말한다. 본디 Sūta는 바라문이 아니라(Manu Ⅹ·Ⅱ) 베다와는 관계없이 왕족과 깊은 관계를 맺고 있던 詠唱 시인이었다(I. Shekhar 《Sanskrit Drama》1960, pp.82ff). 또한 후대에 푸라나는 사원의 묘나 靈場을 관리하는 비천한 승려들에게 주로 이용되었다. 이러한 사실들은 일찌기 푸라나가 天啓書인 슈루티Śruti의 지위를 확보할 수 없었던 사정을 말해 주는 것 같다. 습속과 전통을 비롯한 통속적인 철학·의학·건축·詩法·음악 등을 기재하여 소위 百科全書의 면모를 드러내는 푸라나는 고대 인도의 文化史 연구에 있어서 귀중한 문헌임이 분명하다.

〔참고문헌〕 논문으로는 直田有美 〈푸라나의 성립과 내용에 대하여〉(《佛教學研究》Nos.8~9, pp.216ff)와 中野義照 〈푸라나 概說〉(《密教文化》40, pp.25ff)가 있고, 비교적 오래된 연구서로서는 다음과 같은 것들이 있다.

E.Sieg 《Die Sagenstoffe des Ṛgveda und indische Itihāsatradition》 Stuttgart, 1902.

F.E.Pargiter 《Ancient Indian Historical Tradition》 London, 1922.

W.Kirfel 《Das Purāṇa Pañcalakṣaṇa》 Bonn, 1927.

W.Kirfel 《Das Purāṇa vom Weltgebäude》 Bonn, 1954.

A.D.Pusalker 《Studies in Epics and Purāṇas of India》 Bombay, 1955.

R.C.Hazra 《Studies in the Purāṇic Records on Hindu Rites and Customs》 Dacca, 1940.

R.C.Hazra 《Studies in the Upapurāṇa Ⅰ & Ⅱ》 Calcutta, 1958, 1963.

교정 편집으로서는 All-India Kashiraj Trust Varanasi에서 출판한 《The Vāmana Purāṇa》(1967)과 《The Kūrma Purāṇa》(1972)가 있는데, 이 출판국에서는 푸라나를 계속 출판할 계획이다. 동시에 영어로 번역하여 출판하고 있는데 기관지인 《Purāṇa》는 1960년 이래 1975년까지 17권을 헤아린다.

인도의 Delhi · Varanasi · Patna에서는 《Ancient Indian Tradition and Mythology Series》(Purāṇas in Translation)이라는 이름으로 푸라나 문헌의 영어 번역이 계획적으로 간행되고 있는데, 권1~권4는 〈Śiva Purāṇa〉(1972), 권5~6은 〈Liṅga Purāṇa〉(1973), 권7~8은 〈Bhāgavata Purāṇa〉(1976)이다.

각종 푸라나에 대한 특수 연구로서는 다음과 같은 것들이 있다. V.S.Agrawala의《Matsya Purāṇa, A Study》(Varanasi, 1963)과 《Vāmana Purāṇa, A Study》(1964), A.Chatterjee 《Padma Purāṇa, A Study》(Calcutta, 1967), S.D.Gyani 《Agni Purāṇa, A Study》(Varanasi, 1964), A.B.L.Awasthi 《Studies in Skanda Purāṇa》part Ⅰ (Lucknow, 1965), P.Hacker 《Prahlāda, Werden und Wandlungen einer Idealgestalt》(Wiesbaden, 1959), K.Rüping 《Amṛtamanthana und Kūrma-Avatāra》(Wiesbaden, 1970), G.ch.Tripathi 《Der Ursprung und die Entwicklung der Vāmana-Legende in der indischen Literatur》(Wiesbaden, 1968), H.von Stietencron 《Indische Sonnenpriester》(Wiesbaden. 1966), A.Hohenberger 《Das Bhaviṣya-purāṇa》(Wiesbaden, 1967), A.Gail 《Bhakti im Bhāgavatapurāṇa》(Wiesbaden, 1969), W.D.O.Flaherty 《Asceticism and Eroticism in the Mythology of Śiva(London, 1973), A.S.Biswas 《Bhāgavata Purāṇa, A Linguistic Study》(Dibrugarh, 1968), T.S.Rukmani 《A Critical Study of the Bhāgavata Purāṇa》(Varanasi, 1970), S.G.Kantawala 《Cultural History from the Matsyapurāṇa》 Baroda, 1964), M.R.Singh 《A Critical Study of the Geographical Data in the Early Purāṇas》(Calcutta, 1972), A.Daniélou et N.R.Bhatt 《Textes des Purāṇa sur la thēorie musical》vol. 1(Podischéry, 1959), M.Th. de Mallmann 《Les enseignement iconographiques de L'Agni-purāṇa(Paris, 1963), N.Y.Desai 《Ancient Indian Society, Religion and Mythology as depicted in the Mārkaṇḍeya-Purāṇa》(Baroda, 1968), B.Mishra 《Polity in the Agni Purāṇa》(Calcutta, 1965), S.Bhattācarya 《The Philosophy of the Śrīmad-Bhāgavata》 vol.1(Santiniketan, 1960).

## 프라마나 바룻티카 Pramāṇa-vārttika

다르마키르티Dharmakīrti(法稱, 634~673)의 저술로서 문헌의 명칭을 해석하면 「인식과 논리에 관한 비판적 註釋書」정도의 의미가 된다. 저자는 디그나가 Dignāga(陳那 · 城龍, 약400~480경)의 학설을 발전시켜 인도의 불교 논리학을 大成한 학자이다. 그의 학설은 중국에는 알려지지 않았고, 티벳에서 활발하게 강구되어 正理隨順唯識派에 속하게 되었다. 이 책은 저자의 主著로서 비교적 초기의 작품이다. 불교논리학에 관한 저작으로서 저자의 7部作이 있는데, 7部作이란 이 책을 포함하여 《니야야빈두》*, 《Pramāṇaviniścaya》(올바른 인식의 결정, ㊉130-102~134), 《Hetubindu》(이유에 관한 小論, ㊉130-137~145), 《Sambandhaparīkṣā》(결합의 고찰, ㊉130-145), 《Santānāntarasiddhi》(타인의 존재에 대한 논증, ㊉130-162~164), 《Vādanyāya》(論議方法論, ㊉130-148~162)이다.

〔내용〕이 책은 그의 序頭에서 밝히고 있는 바와 같이 디그나가(陳那)의 主著인《집량론》*(올바른 인식의 集成書)의 주석서로서 저술된 것이지만, 단순한 逐語的 주석이 아니라 저자 자신의 사상도 전개한 체계적인 저작이다. 내용은 전체를 4章으로 나누어 1454 1/2頌으로 구성하였다. 제1장에서 올바른 인식 근거의 증명(pramāṇasiddhi, 285 1/2頌), 제2장에서 直接知覺(pratyakṣa, 541송), 제3장에서 자기 자신의 이해를 위한 推論(svārthānumāna, 342송), 제4장에서 타인에게 이해시키기 위한 추론(parārthānumāna, 286송)을 다룬다. 각 章의 개요를 소개하면 다음과 같다.

제①장에서는 올바른 인식 근거를 定義하고, 그 인식 근거는 他派처럼 主宰神(Iśvara)이나 물질界의 根本因(pradhānakāraṇa)이 아니라 正知의 체현자인 世尊(Bhagavat)임을 詳說한다. 그리고 그 이유로서 世尊이 (四諦의)知 · 慈悲 · (菩薩行의 실천자인)教師 · (苦의 원인을 알고 3德을 갖춘)善逝 · (중생의)救護라는 총 다섯 가지의 성질을 갖추고 있음을 설한다. 제②장에서는 올바른 인식 근거의 數, 普遍의 배척, 추론의 討究, 직접지각의 討究, 직접지각의 구별, 인식결과의討究, 唯識性이라는 순서로 논한다. 이 중에서는 合目的 행위의 능력(arthakriyā śakti)이라는 관념에 근거하여 認識根據 일반에 대해 定義를 내리고, 또 그 관념의 有無로써 직접지각과 추론의 둘을 한정하고 있는 점이 주목된다. 또 唯識性의 節은 특히 상세히 논술되는데, 다르마키르티의 논리학이 唯識說, 그것도 6識說을 세운 有相唯識을 배경으로 하고 있음을 짐작케 하기에 충분하다. 제③장에서는 먼저 論證式에 있어서 理由개념의 세 특질을 서술하고, 因果관계의 3종을 無知覺 · 所作 · 自性의 순서로 설명한다. 그런데 自性因에 관련하여 추론이 관념에 관계되는 것이라는 점에서 아포하apoha(離 : 他의 否定)의 이론을 전개한다. 다시 샤브다 śabda(聖語)를 討究하여, 聖言量같은 것은 올바른 인식 근거가 아니라고 결론짓는다. 최후로 제④장에서는 디그나가의 定義를 주석하고 나서 논증식을 음미한다. 主張命題가 논증식의 支分으로서 꼭 필요한 것은 아니라고 말하고 다른 학설, 특히 니야야Nyāya派의 견해를 비판한다. 세번째로 샤브다(聖語)가 올바른 인식 근거가 아닌 이유를 다양한 오류와 함께 討究한다. 이 밖에 잘못된 주장命題, 理由개념의 정의와 구별, 기억 등등을 논하여 전체를 종결한다.

〔연구〕이 책에 관한 선구적인 연구는 E.Frauwallner가 法稱의 自註(자기 자신을 위한 추론의 章뿐)를 獨譯한 것이다. 이어서 Rāhula

Sāṃkṛtyāyana가 산스크리트 원전의 完本을 公刊(Appendix to the Journal of the Bihar and Orissa Research Society, vol. XXIV, parts 1~2, 1938)한 이래, 급속히 內外 학자들의 관심을 모으기에 이르렀다. Th.Stcherbatsky, E.Obermiller, Vidhushekhara Bhattacharya, M.Nagatomi 등의 학자들 외에 일본에서는 金倉·宮坂 두 학자의 연구가 있다. 기존의 연구에서는 諸주석이나 티벳譯을 이용하고, 《集量論》* 등과 비교·대조하는 등 어느 정도의 성과를 들 수 있으나, 아직 본격적인 연구에 이른 단계는 아니라고 할 수 있다. 특히 제4장 〈타인을 위한 추론〉에 대해서는 불충분하며, 이 책은 그 視野가 넓은 순수한 논리학적 연구라는 점에서도 앞으로 더욱 연구할 만한 가치가 있다. 이 책의 티벳譯으로는 《Pramāṇa-vārttika-kārikā》(㊗130-78~97)가 있고, 註釋書로는 다음과 같은 것이 있다.

①Dharmakīrti의 自註(단, 제3장 〈자신을 위한 추론〉뿐임) 《Pramāṇa-vārttika-vṛtti》(티벳譯 ㊗130-114~217).

②Prajñākaragupta의 註釋 《Pramāṇavārttikālaṃkāra》(티벳譯 ㊗132·133).

③Manorathanandin의 註釋 《Vṛtti on Pramāṇavārttika》(티벳譯·漢譯 모두 없음).

④Devendrabuddhi의 주석 《Pramāṇa-vārttika-pañjika》(티벳譯 ㊗130-217 ; 131-37).

⑤Śākyamati의 주석 《Pramāṇavārrtika-ṭīkā》(티벳譯 ㊗131-37).

〔참고문헌〕 서양에서는 R.Gnoli, 일본에서는 金倉·宮坂 두 박사의 연구를 시발로 하여 戸崎박사 등의 日譯과 연구가 있다.

宮坂有勝 〈Pramāṇavārttika-kārikā (Sanskrit & Tibetan)〉. 《인도古典硏究》 Ⅱ. 成田山新勝寺, 1971·1972.

Miyasaka Yusho 〈An Index to the Pramāṇavārttika-kārikā〉. 《인도古典硏究》, 1973·1974·1975.

戸崎宏正 〈프라마나바릇티카 現量章의 和譯硏究〉1~12. 《九州大學文學部哲學年報》제24·25輯, 《密教文化》제71·72, 《筑紫女子學園短期大學紀要》제1~10(1966~1975).

㉻

## 하리방샤 Harivaṃśa

힌두교의 大百科라고도 할 수 있는《마하바라타》*의 부록(Khila-parvan)이다. 그러나 단순한 첨가 부분이 아니라 본문의 결점을 보완하는 것으로서 4세기까지에는 연결되었던 것으로 보인다. 大叙事詩 안에서는《바가바드 기타》*나 그 밖의 중요한 장면에서 활약했던 크리쉬나Kṛṣṇa가소속한 Viṣṇu族에 대한 설명이 없다.《하리방샤》는 이 결점을 보충하여, Viṣṇu族의계보와 용사의 무훈을 太古의 프라자파티Prajāpati로부터 유래를 설명하는 서두의 句(Ⅰ·1~17)에서 보여준다.

내용의 중심은「하리(크리쉬나)의 계보」라는 의미인 이 책의 명칭에서 드러나듯이 Vṛṣṇu族의 최고의 용사인 크리쉬나에 있는데, 생애에 걸친 그의 에피소드나 영웅담이 전편의 대부분을 차지하고 있다. 외견상 3장(1. Harivaṃśa-parvan, 2.Viṣṇu-p.,3. Bhaviṣya-p.)으로된 구성에서 푸라나*문헌의 특징을 탐구하는 일도 불가능하지는 않다. 그러나 그의 記述은 대체로 푸라나의 종교적인 색채를 결여하고 있고, 또 소박한 표현 속에서 이따금 솔직한 시적 기교를 섞어 싱싱하게 빠른 속도로 장면을 전개하여 유목민의 목가적인 정서를 노래하고 있기 때문에 순수한 문학 작품으로서의 가치가 있으며, 오히려《라마야나》*나《라구방샤》Raghuvaṃśa와같은 계열의 작품이라고 논해질 만하다. 따라서 그 원형은 아마도 옛날 크리쉬나 叙事의 일각을 기술했던 독립된 시편으로서 A.D.200년경에는 이미 존재해 있었음이 틀림없다. 이것은 후에《비쉬누》(제5장)나《바가바타》Bhāgavata(제10장) 등의 푸라나 속에서 종교성을 농후하게 심화시켰을 뿐만 아니라, 다른 한편에서는 Kāvya나 劇 등에도 풍부한 소재를 제공하여 古典梵文學에 새로운 생기를 불러일으켰던 것이다.

Poona校訂本에 의하면 현재 알 수 있는 가장 오래된 형태의《하리방샤》는 118章 6 073偈로 되어 있고, 600년경에 성립한 것으로 간주된다. 그러나 여기에는 이미 증광된 흔적이 발견된다. 원전의 규모는 이보다 축소될 것이므로 제98장 주변까지가 본래의 모습이었을 것이다. 유포되어 있는 것은 어느 것이나 校訂本의 약 3배나 되는 큰 책인데, 현존하는 푸라나 문헌으로부터의 인용이나 轉用도 많다. 이 책의 원형은《마하바라타》라는 대서사시의 부록이 되기 이전에 개정되고 증보되기 시작하였을 것인데, 그러한 개정이나 증보가 어떻게 저술되었는지에 대해선 알 수가 없다. 이러한 일은 12세기 이후에도 여전히 성행하고 있었다(Kṣemendra《Bhārata-Mañjarī》 참조). 이와 같이 원형이 누차 증보·확대되고 있었다는 것은 크리쉬나 叙事가 사람들에게 호소하는 매력을 어느 정도 갖추고 있었기 때문이라고밖에 볼 수 없으며, 다분히 그러한 이유로 인해《하리방샤》가 대서사시의 부록으로서 오늘날까지 오랜 동안 보존되어 왔을 것이다.

〔참고문헌〕최초로 교정하여 편집한 것으로서 P.L.Vaidya《The Harivaṃśa》2vols.(Poona, 1969·1971)이 있다. 流布本으로서 Calcutta版 (vol.Ⅳ, pp.445ff. Asiatic Society, 1839), Venkatesvara 의 Bombay版(3vols. 1897), Nīlakaṇṭha의 註釋을 갖춘 것으로서 R.Kinjawadekar가 편집한 Poona版(part Ⅶ. 1936)이 있다. 번역으로는

M.A.Langlois《Harivansa ou Histoire de la famille de Hari》2vols.(Paris, 1834 · 1835), H. C.Das《The Harivansa》(Calcutta, 1897)이 있다. 기타의 연구서로서 다음과 같은 것들이 있다.

M.Winternitz《A History of Indian Literature》vol. Ⅰ.Calcutta, 1927, pp.443ff.(中野義照 역 〈叙事詩와 푸라나〉pp.146ff.).

W.Kirfel〈Kṛṣṇa's Jugendgeschichte in den Purāṇa〉Festgabe H. Jacobi. Bonn, 1926, pp. 298ff. : W.Ruben《Krishna.Konkordanz und Kommentar der Motive seines Heldenlebens》Istanbul, 1943.

D.H.H.Ingalls〈The Harivaṃśa as a mahākāvya〉Mélanges de Louis Renou. Paris, 1968, pp.381ff.

E.W.Hopkins〈Gleanings from the Harivaṃśa〉Festschrift E.Windisch. Leipzig, 1914, pp.68ff.

A.Holtzmann《Das Mahābhārata und seine Teile》Bd.Ⅳ.Kiel, 1895.

## 해동고승전 海東高僧傳 2卷

고려의 覺訓(12세기 후반~13세기 전반)이 1215년(高宗 2년)에 찬술한 우리나라의 僧傳으로서, 현존하는 한국 승전으로서는 가장 오래된 것이다. ㊀6-89, ㊅50-1015. 이 책은 李晦光이 星州의 某사찰에서 그 사본을 발견함으로써 세상에 알려지게 되었다. 이것이 조선光文會에 기증되자 복사되어 점차 널리 알려지게 되었는데, 원래의 사본이 일본의 사학자 黑板勝美의 수중에 들어가고, 그에 의해 이 책은 1917년에 大日本佛教全書 제114권에 수록되었다(高南順次郎이 校注). 그 후 1927년에 大正新修대장경에 수록되기에 이르렀다. 국내에서는 월간지《佛教》의 특집호(제37호, 1927)에 六堂의 해제와 더불어 소개되었다. 한편 찬술자인 각훈의 자세한 행적은 알려지지 않고 있으나, 이 책의 서두에『京北五冠山靈通寺住持 教學賜紫沙門』이라 하고 있으며 고종의 칙명에 의해 이 책을 찬술하게 되었다 하므로, 그의 학식과 도력이 높았음을 어느 정도 짐작할 수 있다. 그는 당시의 대표적인 문호인 李奎報(1168~1241) · 李仁老 등과 교유하였고, 士林에서도 文名이 높았다고 하는데, 특히 이규보의 시집에서는 覺月이라는 이름으로 종종 등장하고 있다. 영통사는 당시 華嚴宗의 대사찰 중의 하나였으나, 현재엔 개성 영남면 현화리에 사지가 남아 있을 뿐이다(물론 현재의 상태는 알 수 없음).

〔내용〕海東 즉 한국에 불교를 유통시킨 고승들의 전기를 모은 책이다. 그러나 인도 · 서역 · 중국에서 도래한 외국 승려의 전기도 수록되어 있다. 이책은 현재 2권으로 되어 있으나, 본래는 이보다 훨씬 방대한 분량이었을 것으로 생각된다. 그러나 현재로서는 그 전체의 윤곽을 엿볼 수 있을 만한 자료가 아무것도 남아 있지 않다. 권1은 流通1의1, 권2는 流通1의 2로 되어 있고, 권1의 서두에는 論曰로 시작하는 總序 부분이 있다. 권1 · 권2를 합하여 모두 19人의 本傳이 있고, 다시 몇 사람의 付傳이 첨가되어 있는데, 이를 목차에 따라 소개하면 다음과 같다.

권1 / 順道, 亡名(이름이 알려지지 않은 자), 義淵, 曇始, 摩羅難陀, 阿道(付傳으로서 黑胡子, 元表), 玄彰, 法空, 法雲.

권2 / 覺德(付傳으로서 明觀), 智明(付傳으로서 曇育), 圓光, 安含(付傳 / 胡僧, 漢僧, 曇和,

安和), 阿離耶跋摩, 慧業, 慧輪, 玄恪(付傳/玄照, 亡名 2人), 玄遊(付傳/僧哲), 玄大.

〔평가〕 이 책의 성립은 《三國遺事》*보다는 약 70년 앞서고, 《三國史記》보다는 약 70년 뒤진다. 그래서 《삼국유사》는 13군데에서 이 책의 내용을 인용하고 있다. 이 책의 서론에서 『梁·唐·宋의 3代 고승전을 살피건대 다 譯經이 있으나 우리 本朝에는 번역한 일이 없음으로써 이 科는 두지 않는다』고 말하고 있음에서 짐작할 수 있듯이, 이 책은 《양고승전》(→고승전)《속고승전》*《송고승전》*《大唐西域求法高僧傳》 등의 깊은 영향하에서 성립되었을 것으로 보이나, 그 체재는 달리했을 것으로 짐작된다. 우선 이 책의 流通이라는 科目 자체가 3代 고승전에는 없는 독특한 분류인 것이다. 이러한 독창성은 후대의 《삼국유사》도 마찬가지이다. 또 이 책은 《國史》《신라國記》《신라本記》《古記》《삼국사기》《花郎世記》 등의 많은 史書와 《慈藏傳》《朴寅亮殊異傳》《義湘傳》(최치원撰) 등의 전기도 참고하였음을 알 수 있다. 그런데 이 중에서 《삼국사기》의 기사를 종종 거의 그대로 인용함으로써, 《삼국사기》의 과오를 답습하는 결과를 초래하기도 함이 지적되고 있다. 이러한 오류와 함께 他문헌을 인용함에 있어 저자의 잘못된 해석과 속단이 몇 군데 있음이 安啓賢박사에 의해 지적되어 있다(《韓國佛教史研究》, 同和出版公社, 1982, pp.252~4). 이러한 몇 가지 결점이 있긴 하지만, 이 책에는 고구려에 왔었던 順道·阿道의 국적 문제, 佛滅後의 연대 문제, 신라불교의 전래 문제 등 한국불교사에서 다루어야 할 문제를 해결하는 실마리가 될 만한 기사가 실려 있다는 점에서 그 자료 가치가 인정된다. 또한 《삼국사기》나 《삼국유사》의 기사보다 훨씬 역사적인 구체성을 띠고 있다는 장점도 있다. 이 책을 통해서 小獸林王 2년(372)에 중국으로부터 고구려에 불상과 경전을 전한 順道, 枕流王 즉위 元年(384)에 백제에 불교를 전한 마라난타, 法興王 15년(528)에 신라에 불교를 전도한 담시·아도·法空(법흥왕) 등 초기 한국불교의 양상을 알 수가 있다.

〔참고문헌〕 연구로는 前揭한 安啓賢의 해제가 있고, 金達鎭의 번역(《韓國의 思想大全集》제2에 수록, 1972)이 있다. 원전은 1956년에 동국대학교 불교사학연구실에서 간행된 바 있다. 한편, 野村耀昌의 日譯이 [譯一] 護教部4上(1970)에 실려 있다.

## 해심밀경 解深密經 5卷

唐의 玄奘이 漢譯하였고(㊅16-688, Ⓚ10-709, ㊠73), 梵本 (Saṃdhi-nirmocana-sūtra)은 전하지 않으나 티벳譯(Dgoṅs-pa ṅespar-ḥgrol-pa, ㊍29-1)은 현존한다. 漢譯은 北魏의 菩提流支가 번역한 《深密解脱經》5卷(㊅16-665, Ⓚ 10-673, ㊠73)도 完譯으로 전하고 있으며, 부분譯으로는 宋의 求那跋陀羅가 번역한 《相續解脱經》1卷(㊅16-714, Ⓚ 10-751, ㊠73)과 陳의 眞諦가 옮긴 《佛說解節經》1卷(㊅16-711, Ⓚ 10-745, ㊠73)이 있다.

이 경전의 성립 연대는 龍樹 이후의 얼마 되지 않은 무렵, 즉 기원 300년의 전후라고 추정되므로 이것은 중기 대승경전에 속한다. 내용은 8品으로 구성된다. ①序品에서는 부처님이 18圓滿을 수용하는 땅에서 21종의 공덕을 성취하는 受用身을 내보이시어, 무수한 大聲聞乘과 大菩薩衆이 집회하고 있는 정경을 서술한다. ②勝義諦品에서는 승의제眞如는 名言의 相을 떠나고 有無의 2相을 떠나며, 尋思의 所行을 초월하여 諸法의 一異相을 떠나 일체에 두루 미치는 一味의 相이라고 설한다. ③心意識相品에서는 阿陀那識·阿賴耶識·一切種子心識·心을 설하고, 이것과 六識과의 俱轉을 밝힌다. ④一切法相品에서는 遍計所執性·依他起性·圓成實性의 3性을 설한다, ⑤無自性品에서는 相無性·生無性·勝義無性을 설하는데, 여기서는 또 有·空·中의 三時教判을 설하고 있다. ⑥分別瑜伽品에서는 止觀行을 상세히 설명하여 識의 所緣은 唯識의 所現이라고 말한다. ⑦地波羅蜜多品에서는 10地 및 10바라밀다行을 설한다. ⑧如來成所作事品에서는 如來法身의 相 및 化身의 作業을 설하고 있다. 이 경전은 瑜伽行派의 근본 성전의 하나로 취급되는데, 序品을 제외한 나머지 7品은 《유가사지론》* 제75~78卷에 全文이 인용되어 있다. 또한 《섭대승론》*《성유식론》* 등에도 인용되어, 후세에 매우 큰 영향을 끼쳤다.

〔연구·번역〕 이 경전에 대한 주석으로는 令因의 疏(11卷), 圓測의 疏(10卷→해심밀경소), 玄範의 疏(10卷), 元曉의 疏(3卷), 璟興의 疏 등이 있었으나 현존하여 널리 이용되고 있는 것은 圓測의 疏뿐이다. 이 圓測의 疏는 제10卷이 산실되어 있으나, 이의 티벳譯은 그 전부가 존재한다(稻葉正就《圓測解深密經疏의 散逸部의 硏究》). 티벳의 주석서에는 5종인 것처럼 되어 있으나(Shyuki Yoshimura의 《The Denkar-ma》 1950, pp.50~51), 현존하는 티벳대장경 속에는 ①Saṃdhinirmocana-sūtra-bhāṣya(無著의 疏, ㊎104-1), ②Saṃdhinirmocana-sūtre Ārya-Maitreya-kevala-parvartha-bhāṣyam, Jñāna-garbha(慈氏章만에 대한 智藏의 疏, ㊎109-196), ③Saṃdhiniromocana-sūtra-vyākhyāna, Byaṅ-chub rdsuḥphrul(覺通의 疏, ㊎144-191)의 3종이 있다. 이 중 ①은 西尾京雄에 의해 日譯되고(〈佛地經論之硏究〉大谷學報 제22卷, 제1·3號), ②와 ③은 野澤靜證에 의해 日譯되었다(《大乘佛教瑜伽行의 硏究》, 1957).

한편 Lamotte는 이 경전의 티벳譯을 출판하였는데, 여기에는 프랑스譯이 첨부되어 있다(Étienne Lamotte《Saṃdhinirmocana-sūtra, L'explication des Mystères, Texte Tibetan Édité et Traduit》, 1935). 日譯은 譯大 經部10과 譯一 經集部3에 수록되어 있다.

## 해심밀경소 解深密經疏 10卷

신라의 승려로서 唐나라에서 활약한 圓測(613~695)의 저술이다. ㊎1-123. 원전으로서는 오직 일본의 卍字續藏經에만 실려 있는(제34冊·35冊) 이 책은 제10卷이 전해지지 않는다. 그러나 티벳譯에서는 이 卷10을 포함하여 고스란히 전해지고 있다(㊎106-1). 이 책은 唐의 玄奘이 번역한 《해심밀경》* 5卷의 주석서로서, 《해심밀경》의 주석서로는 유일하게 현존하는 것이다.

〔내용〕 教興題目·辨經宗體·顯所依爲·依文正釋의 4門을 열어 《해심밀경》에 대한 개론을 서술한다. 제①門 教興題目에서는 《해심밀경》의 사상이 발생하지 않으면 안되었던 이유를 서술하고, 經의 제목을 설명한다. 제②門 辨經宗體에서는 經이 드러내고자 하는 사상내용(所詮의 宗旨)와 그 표현 방법(能詮의 教體)을 설한다. 이 부분은 《해심밀경》의 사상적 진수를 지적한 것으로서 특히 중요하다. 이 중 경의 사상 내용, 즉 所詮의 宗旨에서는

ⓐ存妄隱眞宗 ⓑ遣妄存眞宗 ⓒ眞妄俱遣宗 ⓓ眞妄俱存宗의 4종으로 분류하여 여러가지로 달라진 불교의 사상 유형을 논하고 있다. 이 4종에서 ⓐ는 소승의 1派인 說一切有部의 주장으로서 현상계의 諸法은 겉으로 드러나 있으나, 眞如는 겉으로 드러나 있지 않다는 것이다. ⓑ는 역시 소승의 1派인 經量部의 주장으로, 현상계의 妄法을 제거하고 眞如만을 남겨 둔다는 것이다. ⓒ는 龍樹의 계통인 淸弁(Bhāvaviveka)의 학설로서, 眞如와 현상계의 모든 法을 함께 제거해 버림으로써 주관과 객관의 일체 諸法이 모두 空하다는 것이다. ⓓ는 護法(Dharmapāla)논사를 주로 한 唯識派의 주장이다. 즉 眞諦의 입장에서 볼 때 본체는 有이며, 俗諦의 입장에서 볼 때 현상계의 諸法은 因緣에 따라 生起하는 것이므로, 假有라 할지라도 有라고 보지 않을 수 없다는 것이다. 또 현상계를 위주로 한 3身性說에서 볼 때 諸法은 有요, 그 본체의 면에서 본다면 제법은 身性이 없는 것이므로 空이다. 그러나 有와 空은 한 물건의 兩面과 같은 것으로서 결코 분리하여 파악될 수 없다는 것이다. 이런 의미에서 圓測은 이 ⓓ의 사상이 가장 심오하다고 보고, 《해심밀경》의 사상을 이 속에 포함시키고 있다. 그리고 이것은 불교 사상의 발전 단계로 본다면 제3時인 了義教라고 한다. 또 《해심밀경》의 사상은 3종無爲를 설하며, 2諦 3性 등을 드러내어 밝힌다고 한다. 제③門 顯所依爲에서는 《해심밀경》이 어떠한 입장에 속하는가를 설명하는데, 먼저 2藏 속에서는 보살藏에, 3藏 속에서는 아비다르마abhidharma(論)藏에, 12部經 속에서는 論議經에, 5教門 속에서는 觀行門에 소속하고 있음을 밝힌다. 또 《해심밀경》의 사상을 이해할 수 있는 대상(對機)에 대해서도 설명한다. 제④門 依文正釋에서는 경전의 문구에 대해서 다양하게 주석하고 있는데, 이것이 이 책의 대부분을 차지하고 있다.

〔평가〕 圓測은 慈恩대사 基와 함께 玄奘의 문하였음에도 불구하고 견해의 차이를 보여, 法相宗의 정통 계열과 대립하기에 이르렀다. 대립의 이유는 基가 새로이 번역된 唯識만을 공부한 데 대하여 원측은 眞諦(Dignāga)가 과거에 번역한 유식을 공부하고 있었기 때문에, 교리의 해석에 있어서 異論이 노출되었던 데에 있었을 것으로 생각된다. 특히, 지금은 전해지지 않지만 그의 主著인 《成唯識論疏》 10卷에 대하여 基의 제자인 慧沼에 이르러선 논박을 위한 논박으로서 공격하고 있다. 이에 대해 일본 奈良시대의 유식학자인 善珠는 《성유식론了義燈增明記》에서 원측의 입장을 옹호하기도 한다. 어쨌든 원측의 특징적인 사상은 이 책을 통해 알 수가 있게 되었고, 이 책은 당시의 복잡한 法相學派의 교리를 아는 데 있어서 극히 중요한 자료를 제공한다. 뿐만 아니라 眞諦의 학설을 아는 데 있어서도 큰 공헌을 하고 있다. 유려한 문장에다 폭넓고 정연한 논증은 물론, 흔치 않은 예로서 중국에서 찬술된 문헌이 티벳譯으로 고스란히 전해지고 있다는 사실은 이 책의 진가를 더욱 높여 주고 있다.

한편 이 책은 일찌기 奈良시대에 일본으로 전해졌으나 법상종의 正系라고 인정되지 않았기 때문에 간행되지 않았다. 그러나 근래에 大日本續藏經 속에 수록되어 연구에 편리를 도모할 수 있게 되었다. 단행본으로서는 중국의 金陵刻經處에서 출판된 것이 있다. 이 책은 法上에 의해 漢文으로부터 티벳譯이 이루어져 있는데, 일본의 稻葉正就는 이 티벳譯으로부터 한문 원전에는 없는 부분(제8권의 앞과 제10권 전부)을 한문으로 환원하여 발표하였다. 그의 《圓測, 解深密經疏의 散逸部分의 硏究》(法藏館, 1949)가 그것이다.

**해탈도론** 解脫道論 Vimuttimagga

《청정도론》*의 底本이 되었던 이 책은 《청정도론》의 저자 붓다고사보다 2~300년 전의 인물인 우파팃사Upatissa(優波底沙, 150~250년경)의 저작으로서, 5세기 초 扶南의 僧伽婆羅에 의해 12卷 10品으로 漢譯(㊅32-399, Ⓚ28-1009)되어 있으나, 원전은 전하지 않는다. 1919년에 일본의 長井眞琴에 의해 《해탈도론》과 《청정도론》은 깊은 관계가 있음이 발표되었다(《根本佛典의 硏究》; 《The Vimuttimagga》 JPTS, 1919). 이어서 干潟龍祥은 漢譯 《해탈도론》을 日譯하여 解題를 달았고 (譯一 論集部 7, 1933), 水野弘元은 팔리文 《청정도론》을 日譯하면서 《해탈도론》과 비교하여 註를 달았다(南傳 62~64). 水野박사에 의하면 이 책은 저작된 이후 無畏山派의 영향을 받아 약간의 변화를 거쳤다고 한다. 보수적이고 전통적인 大寺派에 속하는 《청정도론》과 대승의 불교도를 영입한 진보파인 無畏山派에 속하는 《해탈도론》은 그 조직이나 설명의 순서 및 교리 등에서 거의 일치하는 점이 많다. 따라서 이 둘은 비교를 통해 스리랑카 上座部불교의 2大派가 지닌 교학의 차이점을 알 수 있다는 면에서도 귀중한 문헌이다. 내용은 《청정도론》과 마찬가지로 修禪行者를 위해 戒·定·慧 등의 解脫道를 분별하여 해석한다(→청정도론).

이 책은 N.R.M.Ehara·Soma Thera·Kheminda Thera에 의해 《The Part of Freedom (Vimuttimagga)》(Colombo, 1961)으로 英譯되었다. 근래에 이 책의 頭陀品이 티벳譯으로 발견되었는데, P.V.Bapat교수가 교정한 것을 佐佐木現順이 다시 교정하고, 日譯과 註를 달아서 출판하였다(《우파팃사解脫道論》 1958)

연구로는 P.V.Bapat의 《Vimuttimagga and Visuddimagga》(Poona, 1937), 水野弘元의 〈解脫道論과 淸淨道論의 比較硏究〉(佛教硏究3의2, 1939)가 있다. (보다 자세한 것은 《청정도론》의 항을 참조할 것)

**헤바즈라 탄트라** Hevajra-tantra

본래의 명칭은 《Śrīhevajraḍākinījāla-saṃvara》이다. 漢譯으로는 宋의 護法이 번역한 《大悲空智金剛大教王儀軌經》5卷(㊅18-587)이 있고, 티벳譯(㊗No.10)은 《Kyeḥi rdo rje shes bya ba rgyud kyi rgyal po》이다. 부톤Bu-ston은 無上瑜伽탄트라를 「thabs·ye śes·gñis su med」 rgyud의 3部로 나누고, 이중 제2 ye śes rgyud를 다시 7群으로 나눈다. 이 제2의 헤루카Heruka系 탄트라群을 다시 ①bDe mchog, ②Kye rdo rje, ③Saṅs rgyas thod pa, ④sGyu ḥphrul chen mo, ⑤A ra li의 다섯으로 나누고 《헤바즈라 탄트라》를 ②의 위치에 둔다. 이 경전은 인도와 티벳에서 크게 유포되었고, 주석이 많은 티벳대장경 속에 남아 있다. 탄트라 문헌이 대개 그렇듯이 역시 이 탄트라도 현존하지 않는 廣本(주석자인 Vajragarbha에 의하면 32編 50만頌, Bu-ston에 의하면 10만頌)으로부터 요약된 것으로 간주된다. 현존하는 梵本은 제1編(kalpa)인 Vajragarbhābhisambodhi가 11品(paṭala), 제2編인 Mahātantrarājamāyā가 12品, 총 23品에 약 750

頌으로 교성되어 있다.

〔내용〕 主尊인 헤바즈라와 화합하는 明妃 나이라트마Nairātmyā를 중심으로 주위를 둘러싼 총 15인의 瑜伽女들의 요기니차크라 Yoginī-cakra(혹은 ḍākinī jāla)를 場으로 하여, 거기서 般若와 方便의 합일에 의한 大樂(mahā-sukha) 즉 상바라saṁvara의 실현을 꾀하는 극히 左道的인 색채가 농후한 각종의 실천이 설해진다. 그것들은 모두 여성 원리인 般若(prajñā)·空性(śūnyatā)·主妃인 나이라트마(Prajñāpāramitā)· 파드마padma(여성의 생식기)와 이것들에 대응하는 남성 원리로서의 方便(upāya)· 大悲(mahā karuṇa)·主尊인 헤바즈라(Hevajra)·바즈라vajra(남성의 생식기)와의 화합을 전제로 하여 전개된다. 즉 Hevajra의 he는 大悲요 vajra는 般若라고 설명하고, 主尊인 헤바즈라와 그의 妃인 나이라트마와의 합일이 方便과 般若의 不二를 상징하는 것이라 하여, 여기서 菩提心(bodhicitta)을 일으키고 大樂인 상바라를 실현한다. 단편적으로 설해진 교의 속에 32, 脈管(nāḍi)의 명칭이 열거되고(Ⅰ· i), 순례지(pīṭha)의 종류와 그 지명을 밝히며(Ⅰ·vii), 脈管과 瑜伽女들의 그룹(yoginī-cakra, 즉 曼荼羅)을 구성하는 15인의 瑜伽女와의 대응 관계를 설정하는데(Ⅰ·viii), 이는 후대의 상바라Saṁvara系 밀교의 중심 교의인 「內의 Pīṭha 說」의 선구로서 주목할 만한 가치가 있다. 신체 속의 脈管을 實在세계인 만다라(yoginī-cakra, ḍākinījāla)를 구성하는 瑜伽女와 동일시하고, 그것을 신체 속의 장소에도 있는 순례지에 대응시키며, 여기에서 인간의 신체와 구극적 實在가 본래적으로 동일하다는 근거를 발견하여, 一身 속에서 大樂·상바라의 실현을 꾀하는 것이다. 각 品의 내용에서 주목해야 할 것으로는 32脈管의 명칭(이것은 동시에 ḍākinī 의 명칭이기도 함)을 제시하고 4輪·4환희 등을 열거(Ⅰ· i), 여러가지 眞言과 그에 대응하는 각종 呪法(Ⅰ· ii), 主尊인 헤바즈라 및 그를 둘러싼 瑜伽女들(Ⅰ·iii), 여래의 5부족과 그에 대응하는 瑜伽女(Ⅰ· v), 瑜伽者와 瑜伽女가 서로를 확인하기 위한 비밀의 몸짓과 그들이 집합하는 경우, 즉 pīṭha 이하 12종의 순례지와 그의 실제 지명(Ⅰ· vii), 瑜伽女들의 요기니차크라(Ⅰ·viii)와 각 유가녀의 배치(Ⅰ· ix), 瑜伽女輪에 있는 阿闍梨의 특수한 性的 실천이나 그 儀禮에 관한 密語(Ⅱ· iii), 母音의 하나하나와 瑜伽女輪 속에 있는 瑜伽女와의 대응, 나아가 32脈管(ḍākini)과의 대응(Ⅱ· iv), 헤바즈라를 중심으로 한 만다라의 각 女尊에 대한 기술(Ⅱ· v) 등이다. 이 밖에 극히 단편적으로 언급한 것 속에 중요한 정보가 담겨 있는 경우도 많다.

〔원전〕 D.L.Snellgrove의 《The Hevajra Tantra.A Critical Study》가 있는데, part Ⅰ은 해설과 번역이고, part Ⅱ는 산스크리트 원전과 티벳譯이다(SOAS University of Lindon, 《London Oriental Series》vol.6. London : Oxford Univesity Press, 1959). 이 part Ⅱ에는 9세기 초엽의 인물로 간주되는 Kāṇha(Kṛṣṇa)에 의한 주석인《Yogaratnamālā》(티벳譯, ㊗No. 2313)의 梵文 원전도 수록되어 있다.

## 현겁경 賢劫經 8卷

賢劫定意經·颰陀劫三昧經이라고도 불린다. 산스크리트 원전은 없고 티벳譯(㊗27-1, No. 762)이 있다. 漢譯은 西晋의 竺法護가 300년(또는 291년)에 번역했다(㊅14-1, Ⓚ 12-700, ㊞62). 한역은 모두 24장으로 되어 있다.

맨 처음 여러 종류의 三昧(samā dhi : 정신통일에 있어서 최고의 경지)와 그 공덕을 설하고, 이어서 8만 4천의 대승의 덕목(度無極=波羅蜜)과 부처의 뛰어난 공덕을 설하며, 나아가 賢劫(현재의 住劫)期에 출현하는 1000佛의 명칭과 그의 경력을 기술하고(제20장 千佛名號品 이하의 3장), 마지막으로 이 경전을 간직하여 전하는 데서 생기는 공덕을 서술한다. 한역은 극히 난삽하여 읽기가 곤란한 점이 많다. 따라서 이 경전에 대한 연구로서 볼 만한 것이 거의 없는 실정이다. 그러나 《佛名經》(《출삼장기집》*에서는 24부를 기재하고 있다) 중에서 이 경전은 매우 일찌기 한역된 것으로서 最古의 형태를 보여주며, 번역된 당시에는 상당히 중요시되었다고 생각된다(禿氏祐祥 〈敦煌遺文과 佛名經〉《西域文化硏究》제1에 수록). 또 이경전과 梁시대의 失譯인 《賢劫千佛名經》(6세기경)과의 사이엔 상당한 차이가 있다. 후자에 대해서 Weller는 산스크리트 · 티벳語 · 漢語 · 몽고語 · 만주語의 5종의 원전을 간행했다(F. Weller 《Tausend Buddhanamen des Bhadrakalpa nach einer fünfsprachigen Polyglotte》 Leipzig, 1928). 또 우텐語의 원전에 대한 소개도 있다(井ノ口泰淳 〈우텐語 佛名經에 대하여〉 印佛硏8의2). 日譯은 |譯一| 經集部1에 실려 있다.

## 현계론 顯戒論 3卷

일본의 대표적인 律師 最澄(767~822)이 찬술한 것이다. ㊅74-845. 이 책은 819년 말엽에 찬술하여 다음 해에 《內證佛法相承血脈譜》를 첨가하고, 〈上顯戒論表〉와 함께 당시의 嵯峨왕에게 올린 것으로서, 계율史上 가장 독특한 위치를 차지하는 저술이다. 이에 앞서 저자는 818년 5월에 〈6條式〉을 제정하여 天台圓宗의 지도자 양성을 위한 학칙을 정하고, 이것을 왕에게 올려 새로운 제도의 수립을 기도했는데, 다시 同年 8월에 〈8條式〉을 써서 細則을 규정했다. 그 후 다음 해 3월에 다시 이를 고쳐 〈4條式〉을 제정하여, 圓戒單受라는 기치를 내걸고 이것을 왕에게 올렸다. 이에 대해 南都의 7大寺 및 東大寺의 景深이 반론하는 글을 써서 조정에 보냈는데, 왕은 사태의 수습을 고려하여 7大寺 등의 반론을 각하하였다. 그러자 다시 僧綱의 의견을 숙고한 끝에 여기에 大僧都護命 이하 6명의 연서로 된 奏文과 表를 올렸다. 이 책은 실로 이 僧綱의 奏文과 表에 대해 비판과 반박을 가하고, 이를 통해 〈4條式〉의 취지를 천명코자 한 것이다. 이런 의미에서 보면 이 책은 〈4條式〉이 주장하는 범위를 벗어나지 않고, 논의 구성도 이 〈4條式〉 내용의 순서에 따르고 있는 것이다.

〔내용〕 이 책은 서문 및 본론의 開雲顯月편 이하 5편으로 구성된다. 序는 歸敬偈를 포함한 서문과 大綱을 표시한 목차로 되어 있다. 본문의 5편中 제①開雲顯月(달을 가리는 구름을 걷어 냄)편에서는 먼저 僧綱의 表인 〈僧最澄奉獻天台式幷表奏不合教理事〉(승려 最澄이 表 · 奏文과 함께 바친 천태의 의식이 교리에 불합리함을 고하는 件)와 이것을 논란한 저자의 비판(이것은 表文 속에 자세히 기록되어 있다)을 싣고, 여기에 〈不輕伽陀〉라는 게송을 첨가하여 전체를 마무리하고 있다. 제②開顯3寺所有國편 이하에서는 〈4條式〉의 순서에 따라, 먼저 〈式〉의 내용을 게재하여 ①의 주장을 밝히고, 다음에 이 〈式〉에 대한 僧綱의 반박문인 奏文을 하나하나 열거하여 논박하며, 이를 거쳐 저자가 반대하는 근거를 명시하는 형식을 취한다. 이러한 형식下에 제②에서는 〈開示大日本國先大乘寺

後兼行寺明處〉 이하의 13章을 수록하고, 제③開顯文殊上座편에서는 〈開示小乘上座明處〉 이하의 5장을 수록하며, 제④開顯大乘大僧戒편에서는 〈開示千佛大戒明處〉 이하 12장을, 제⑤開顯授大乘戒爲大僧편에서는 〈開示能授3師7證大小不同明處〉 이하 28장을 수록하고 있다. 이 책 上·中·下의 上권이 ①②를 수록하고 中권 후반 이하는 ⑤로 일관하고 있으므로 全편이 ⑤에 치중되어 있는 듯한 느낌이 있으나, 이 책이 주장하고자 하는 바는 대체로 앞 부분에 거의 명시되어 있는 것으로 보인다. 이 책은 반론의 증거를 명시하는 형식을 취하고 있기 때문에 거의가 인용문으로 점철되어 있고, 저자의 말은 그러한 증거를 모아서 결론을 끌어내는 정도에 불과하다. 또 논증의 방법에 있어서는 간혹 제시된 증거와 결론 사이에 비약이 보이는 것도 있으나, 대체로 타당한 논증이 시종일관하므로 圓戒(天台圓宗의 戒) 수립의 목적을 달성하기 위한 노력이 잘 드러나 있다.

인용문 속에는 오늘날 전해지지 않는 것도 있어서, 이 점도 중시되고 있으나, 이 책의 가치는 오로지 보살戒의 수계만으로 大僧戒를 삼는 입장을 천명하는 데에 있다. 이는 〈4條式〉이 주장하는 바로서 일찌기 유례를 찾아볼 수 없는 것이다. 저자가 어떠한 근거에서 이러한 획기적인 주장을 내세웠는가를 잘 밝혀주고 있다는 점에 큰 의의가 있다. 그의 주장은 그가 타계한 지 7일 후에 왕의 윤허로 실행되었다. 이로부터 일본불교는 전통적 계율을 고수해온 한국불교와 그 외적 양상을 달리해 온 것으로 보인다.

〔참고문헌〕 이 책에 대한 주석서로는 可透의 《현계론贊宗鈔》1권, 眞流의 《현계론闡幽記》4권, 覺寶의 《현계론講辨》3권 등이 있다. 또 직접·간접의 연구 논문도 많으나 그 중에도 鹽入亮忠의 〈日本精神과 傳教大師〉(《澄教大師研究》12), 硲慈弘의 〈顯戒論의 比蘇自然智私考〉(《山家學報》新1의4), 花山信勝의 〈顯戒論의 現代的意義〉(《日本年報》22) 등이 있다. 단행본으로는 安藤俊雄·薗田香融의 《最澄》(《日本思想大系》4, 岩波書店, 1974), 石田瑞麿의 《日本佛教에 있어서 戒律의 研究》(在家佛教協會, 1963), 鹽入亮忠·中野義照편 《傳教大師·弘法大師集》(《佛教教育寶典》2, 玉川大學出版部, 1972) 등이 있다. 日譯은 譯一 諸宗部16에 있다.

**현관장엄론** 現觀莊嚴論 Abhisamayâlaṃkāra

본래의 명칭은 《Abhisamayâlaṃkāra nāma Prajñāparamitôpadeśasāstra》이며, 티벳 명칭은 《Śes-rab-kyi pha-rol-tu phyin-paḥi man-ṅag-gi bstan-bcos, "mṅon-par rtog-paḥi rgyan" shes-bya-ba》(現觀莊嚴이라 이름붙인 般若바라밀다의 綱要書)이다. 마이트레야나타Maitreyanātha(彌勒 4세기)의 저술로서, 티벳에서는 彌勒 5部書의 첫째로 꼽는다.

〔내용〕 총 272頌으로 된 전체는 8品으로 나뉜다. 원래 《2만5천頌般若》(漢譯《대품반야경》*에 상당)에 대한 註釋이다. 그 내용을 「現觀」(abhisamaya) 즉 깨달음의 단계에 따라 수행의 순서를 근거로 하여 8종으로 배열한 「우파데샤」upadeśa, 즉 일종의 綱要書이다. 8종의 현관이란 ①一切相智性(sarvakājñatā), ②道智性(mārgajñatā), ③一切智性(sarvajñatā), ④一切相現等覺(sarvâkārâbhisaṃbodha), ⑤頂現觀(mūrdhâbhisamaya), ⑥次第現觀(anupūrvâbhisamaya), ⑦一刹那現觀(ekakṣaṇâbhisamays), ⑧法身(dharmakāya)이다. 여기서 ①~③은 現觀을 얻기 위한

수단으로서의 般若바라밀을 如來, 菩薩, 聲聞·緣覺이라는 3종의 유형에 따라 정리한 것이다(각각 ①~③의 현관에 相當). ④~⑦은 이 반야波羅蜜의 활동에 의해 구극의 깨달음에 이르는 수행의 단계(加行, 즉 반야바라밀의 실천으로의 적용)로서, ⑦의 마지막 찰나의 直觀을 얻으면 사람은 곧바로 佛果에 이른다. 이 佛果를 나타내는 것이 ⑧法身인데, 이의 顯現을 3종의 佛身(自性身·受用身·化身)으로 설명한다. 이 책은 소위 《반야경》(→대품·소품·대반야경)의 瑜伽行派的 이해를 보여주는 것으로서 나가르주나 Nāgārjuna(龍樹) 및 中觀派와는 방법적으로 상당한 차이가 있다. 그러나 이 책이 성립된 후 《반야경》의 주석은 대개 이 8종現觀에 의거하여 이해되게 되었고, 《2만5천頌반야》 외에 《8천頌반야》 《1만8천頌반야》 등의 주석에도 적용되어, 梵本 혹은 티벳譯으로서 20여종이나 현존하고 있다. 더우기 티벳에서는 현대에 이르기까지 般若學의 入門 및 奧義로서 이 책에 대한 면학을 필요로 하고, 더 나아가서는 티벳불교의 성격을 결정하는 중요한 요소로 되어 있다. 이에 반하여 중국에서는 번역도 없고, 거의 그 존재도 모르고 있었다.

〔원전·주석〕 종류가 많으므로 다음과 같이 6종으로 분류하여 소개한다.

①Th.Stcherbatsky와 E.Obermiller가 편집한 《Abhisamayâlaṃkārakārikā》(Bibl. Bud. 23, 1929). 산스크리트 원전과 함께 티벳譯(㊗88-1~8)이 실려 있다.

② Ārya Vimuktisena의 《註》(vṛtti), 즉 《2만5천頌註》인데, 梵文 사본과 티벳譯(㊗88-8~102)이 존재한다.

③Bhadanta Vimuktisena의 《註釋》(Vārttika)으로서 티벳譯(㊗88-103~187)이 있다.

④Haribhadra의 解說(Vyākhyā)인 《現觀莊嚴光明》(Abhisamayâlaṃkārālokā)이 있다. 《8천頌반야》의 원문과 함께 梵文을 荻原雲來가 校訂하여 1935년에 東洋文庫에서 출간하였다. 또 G.Tucci가 편집한 《The Commentaries on the Prajñāpāramitās》 vol. Ⅰ(G.O.S.62, 1932)이 있는데, 여기에는 《8천송반야》 《현관장엄頌》 《현관장엄光明》의 대조표가 실려 있다. 티벳譯(㊗90-63~234)이 현존한다.

⑤위의 ④에 대한 《註》(Vṛtti)로서 티벳譯(㊗90-273~300)이 있다. 이상의 ④와 ⑤는 《8천송반야》의 주석이다.

⑥티벳人의 대표적인 저작으로서 《金鬘》(Gser-phreṅ)이라고 略稱되는 쫑카파 Tsoṅ-kha-pa의 주석(㊗154-197~228 ; 155-1~227 등)이다.

최근에 간행된 Carrado Pensa의 《L'Abhisamayālaṃkāravṛtti di Ārya-Vimuktisena, Primo Abhisamaya》(S.O.R. XXXVII, Roma, 1967)는 위의 ②에 해당하는데 제1現觀만을 싣고 있다.

〔참고 문헌〕 번역 및 연구로서 E. Conze의 《Abhisamayālaṃkāra》(S.O.R. Ⅵ, Rome, 1954)는 序論·英譯·어휘를 싣고 있다. 역시 Conze의 연구로서 《The Prajñāpramitā Literature》('s-Gravenhage, 1960, pp.100ff)가 있고, E.Obermiller의 《Analysis of the Abhisamayālaṃkāra》 3fascs(Calcutta O.S. No.27, London, 1936)와 〈The Doctrine of Prajñāpāramitā as exposed in the Abhisamayālaṃkāra of Maitreya〉(Acta Orientalia, XI, pp.1~131 ; 334~354, 1933)이 있다. 일본에서의 연구는 荻原雲來의 〈現觀莊嚴에 대하여〉〈現觀莊嚴玄談〉〈現觀莊嚴頌和

譯〉(《荻原雲來文集》, 1938), Haribhadra의 小註(앞의 ④)에 대한 日譯 및 색인을 실은 것으로서 眞野龍海의 《現觀莊嚴論의 硏究》(山喜房佛書林, 1972), 또 계속적인 연구로서 天野宏英의 《A Study on the Abhisamayālaṃkārakārikā-śastra-vṛtti》(比治山女子短期大學硏究紀要, Nos. 2·3·4·6·8, 1968~1974)가 있다.

홍명집 弘明集 14卷

梁의 僧祐(445~518)가 찬술한 것으로서 주로 東晋시대로부터 齊梁시대에 걸친 護法논집이다. ㊅52-1, Ⓚ 33-143. 승우 스스로가 편찬한 《출삼장기집》*에 의하면 이 책은 10卷 32篇으로 되어 있으나, 후에 보충되어 14권 57편으로 되었다(隋의 《衆經目錄》에도 10권으로 되어 있고, 唐의 道宣이 《廣弘明集》을 찬술할 때는 14권本이 이미 유통되어 있었다). 이보다 앞서 劉宋의 明帝가 그의 만년에 陸澄에게 명하여 찬집시킨 法論 16질 103권이 있는데, 14卷 《홍명집》의 57편과 後序 중에서 그 28편이 이 육징의 법론 목록에 기재되어 있다. 이외의 것은 수편을 제외하고 모두가 齊梁의 시대 승우在世中에 있었던 자료이다.

그런데 漢魏시대에는 출가 사문이 모두 西域人으로 한정되어 있었으나, 東晋시대 이후에는 중국인이 출가하는 일도 매우 많아졌다. 그리하여 국비를 쏟아 塔寺의 장원을 넓히게 되었다. 다사다난했던 戰國시대의 위정자들에겐 이러한 일이 인재도 재원도 모두 불교에 돌아가는 것으로 생각되었다. 이 때문에 이미 東晋시대에 정치의 문제로서 사문의 환속이나 敬事의 문제가 제기되었는데, 儒者의 입장에서 보면 삭발하고 출가하는 것은 先王의 예속에 어긋나는 일이었고, 사문이 王者에게 경례하지 않는 것은 국가의 법도를 문란케 하는 일이었다. 또 교의의 면에서는 佛陀의 실재나 因緣報應을 설하는 것은 어리석음의 소치로서 先王이나 周孔의 교훈에 어긋나는 것이었다. 이러한 排佛의 諸문제에 대해서는 廬山의 慧遠 이하 그 문하로부터 반론이 이루어졌다. 그럼에도 魏晋 이래 크게 유행했던 神仙의 道가 드디어 邪法에 빠져 人心을 현혹했다. 원래 老莊의 虛無自然이나 神仙의 不死昇天의 사상은 불교 일부의 사상과도 상통하는 바가 있어, 魏晋시대에는 불교인들 사이에서도 노장의 말을 예로 들어 불교의 義理를 설하는 일이 종종 있었다. 한편 宋齊의 시대에 이르자, 道家에서는 불교를 빗댄 僞經을 제작하여 불교에 통용시키고자 하는 움직임이 있었는데, 慧琳의 《白黑論》이나 顧歡의 《夷夏論》, 張融의 《門律》과 같은 서적이 출현하였다. 이들은 한결같이 道教가 으뜸이고 불교는 이에 종속한다는 입장을 취하였다. 그러나 儒·佛·道의 3教가 조화해야 하기는 하지만, 도교와 불교가 서로 같은 것으로서 통용될 수는 없다는 것이 佛教家 諸論의 대체적인 취의이다. 이 밖에 齊와 梁의 시대에는 사람이 죽으면 神은 사라진다고 하는 神滅論도 유행하여 佛陀의 永世를 부정하는 주장이 있었는데, 바로 이러한 입장에서 梁武帝의 《立神明成佛義記》가 출현하였다. 이러한 상황에서 승우는 이미 만년에 노구임에도 불구하고, 法을 수호하고 三寶를 이롭게 하고자 이 책을 遍錄하였던 것이다.

이 논집의 특색은 세속의 排佛에 대해 불교인의 입장에서 해답한 데에 있다. 즉 佛陀를 설명함에 있어 유교와 도교의 근본 경전을 열거하여 類例로 삼고, 중국의 經史에서 자료를 얻어 논설하였던 것이다. 그리하여 불교의 義理를 유교와 도교의 말로써 해명하고, 유교와 도교의 가르침에도 불교적인 의의가 있음을 밝혀 주었다. 예를 들면, 《周易》의 性·道·神 등에 대해 형이상학적인 의의를 거론하고, 堯舜과 桀跖은 그 性에 있어서 평등하다고 볼 뿐만 아니라, 백성은 禽獸와 마찬가지로 성인과는 애초부터 다르다고 하는 秦漢시대의 유교가 주장하는 견해와는 다른 주장을 내세우는 등, 후세에 영향을 끼친 바도 많다. 따라서 이 책은 儒·道·佛 3教의 교섭에 대해 당시의 상황을 엿볼 수 있게 하는 자료이다. 그리고 이 논설이 확충되어, 唐시대에는 道宣의 《廣弘明集》30卷이 성립하였다.

譯一 和漢部, 護教部1에 太田悌藏의 日譯이 수록되어 있다.

## 화엄경 華嚴經

大方廣佛華嚴經인데 60卷은 佛陀跋陀羅(Buddhabhadra, 359~429)가 418~420년에 번역하고(㊅9-395, Ⓚ 8-1, ㊥40), 80卷은 實叉難陀(Śikṣānanda, 652~710)가 695~699년에 번역하고 (㊅10-1, Ⓚ 8-425, ㊥42·43), 40卷은 般若(Prajñā, 8~9세기)가 795~798년에 번역했다(㊅10-661, Ⓚ 36-1, ㊥45).

漢譯에서 화엄경이라는 명칭이 붙어 있는 것은 위의 3本인데, 이 중에서 맨 끝의 《40화엄》은 《60화엄》이나 《80화엄》 속에 있는 마지막 章, 즉 入法界品에 해당하는 것이다. 따라서 漢譯에서는 《60화엄》과 《80화엄》이 完本이다. 또 티벳譯에는 《80화엄》과 유사한 完本이 있는데, 《Saṅs-rgyas phal-po-che shes-bya śin-tu rgyas-pa chen-poḥi mdo》(㊂25-1)라고 하고, 산스크리트本은 《Buddhāvataṃsaka-nāma-mahāvaipulya-sūtra》(佛華嚴이라 이름붙인 大方廣의 經)라고 한다. 그런데 산스크리트의 完本은 아직 발견되지 않았다. 《60화엄》은 34章, 《80화엄》은 39章, 티벳譯은 45章으로 되어 있지만 사실은 처음부터 이와 같이 정돈된 경전으로 등장했던 것은 아니고, 각 章이 독립된 경전으로서 조금씩 생겨나서 나중에 《화엄경》으로 집대성되었던 것이다. 이렇게 완성된 시기는 4세기경이었을 것이고, 그 장소는 중앙아시아였을 것으로 추정되고 있다. 각 章 중에서 가장 오래된 것은 十地品(독립 경전으로는 《十地經》)으로서 그 성립 연대는 1~2세기경이라고 한다. 산스크리트 원전으로 남아 있는 것은 十地品과 入法界品이다.

〔내용〕 이 경전은 주지하는 바와 같이 붓다 세존이 미혹을 떨치고 成道했던 그 깨달음의 내용을 그대로 표명한 경전이라고 알려져 있다. 《60화엄경》에 따르면 7處 8會 34品의 구성으로 성립되어 있는데, 7處 8會라고 하는 것은 설법의 장소와 모임의 숫자이다. 제1寂滅道場會와 제2普光法堂會는 지상이고, 제3忉利天會·제4夜摩天宮會·제5兜率天宮會·제6他化自在天宮會는 모두 천상인데, 설법이 진행됨에 따라 그 모임의 장소도 점차 상승하고 있다. 제7은 다시 지상의 普光法堂會이고 제8도 역시 지상으로서 逝多林會, 즉 祇園精舍이다. 제1會는 붓다가 마가다國에서 깨달음을 완성하였던 곳으로부터 시작하고 있다. 이때 붓다는 이 경전의 教主인 바이로차나 Vairocana 佛과 한몸이 되어 있다. 그리고 많은 보살들이 한 사람 한 사람씩 일어서서 붓다를 극구 칭송한다. 제2會에서 붓다는 제1會의 자리를 옮겨 普光法堂의 師子座에 앉아

있다. 文殊보살은 苦集滅道의 4諦를 설하고, 또한 10인의 보살들이 각기 10종의 깊고 깊은 法을 설한다. 제3會부터는 설법의 장소가 천상으로 옮겨지는데, 이 모임에서는 十住의 法을 설한다. 이어 제4會에서는 十行, 제5會에서는 十廻向, 제6會에서는 十地를 설한다. 제6회는 앞에서 말했던 바와 같이 산스크리트의 원전이 남아 있는 十地品인데, 《Daśabhūmiśvaro nāma mahāyānasūtra》(十地의 지배자라고 칭해진 大乘經典)라고 칭해진다. 十地는 보살의 수행의 발전을 10종의 단계로 나누어 설한 것인데, 화엄경 속에서 극히 중요한 경전이다. 10地의 제1은 歡喜地로서 깨달음의 눈이 열려 기쁨으로 충만되어 있다는 경지, 제2는 離垢地로서 기본적인 도덕이 훈련된 단계, 제3은 明地로서 점차 지혜의 빛이 나타나는 단계, 제4는 炎地로서 그 지혜가 더욱 증대되는 단계, 제5는 難勝地로서 이제는 어떠한 것에 의해서라도 지배를 받지 않는 단계, 제6은 現前地로서 일체는 허망이요 그것은 오직 마음의 움직임에 지나지 않는다고 깨닫는 단계, 제7은 遠行地로서 열반에도 生死에도 자유로이 출입하는 단계, 제8은 不動地로서 목적에 사로잡히지 않은 마음의 움직임이 자연스럽게 용출하는 단계, 제9는 善慧地로서 붓다의 비밀스런 法藏에 들어가 不思議한 大力을 획득하는 단계, 제10은 法雲地로서 무수한 여래가 大法의 비를 내리더라도 받아낼 수가 있다. 여기서 보살은 10地 전체를 통해 자신을 위한 깨달음을 얻는 동시에 다른 사람들도 깨달음에 향하게 한다는 利他行을 수행하고 있다는 것이 중요하다. 제7會에서는 이제까지의 설법을 다시 요약하여 설하고 있다. 제8會는 入法界品으로서 산스크리트 원전에서는 《Gaṇḍavyūha-sūtra》(華嚴經)라고 한다. 이 章은 善財라는 소년이 53명의 사람들을 찾아가 法을 교하고 있는 이야기이다. 그 53인 중에는 훌륭한 보살만이 아니라 比丘·比丘尼·소년·소녀·의사·長者·船師·神들·仙人·外道·바라문에 이르기까지 여러 부류가 포함되어 있다. 求道心의 앞에서는 계급도 종교도 문제되지 않는다는 정신이다.

〔참고문헌〕 이 경전의 주석서로서 《60화엄》에 대한 것은 法藏(643~712)의 《탐현기》*, 《80화엄》에 대한 것으로는 澄觀(737~838)의 《大疏鈔》가 가장 유명하다. 또한 《60화엄》에 대한 것으로는 《탐현기》의 선구로서 智儼의 《搜玄記》와 《공목장》*이 있다. 인도에서의 《十地經》에 대한 주석으로는 世親(Vasubandhu, 약320~400)의 《十地經論》이 있다. 일본에서의 번역 및 연구는 다음과 같다. 衛藤即應의 《六十華嚴》은 [譯大] 5~7 및 《昭和新纂國譯大藏經》의 經集部 9~11에 있고, 같은 역자의 《八十華嚴》은 [譯一] 28~31에 수록되어 있다. 또 原田雲道에 의한 《現代語譯華嚴經》(1922)이 출판되어 있다. 산스크리트文 《十地經》에 대한 譯註로는 龍山章眞의 《梵文和譯十地經》(1938)이 있는데, 근래의 서적으로는 荒牧典俊의 《十地經》(中央公論社의 《大乘佛典》8, 1974)이 있다. 玉城康四郎의 《現代語譯·華嚴經》(筑摩書房의 《大乘經典》, 1965)은 화엄경의 일부를 번역한 것이다. 이 경전에 대한 해설서로는 脇谷撝謙 《華嚴經要義》(1920), 佐佐木月樵 《華嚴經의 새로운 입장》(佐佐木月樵全集 제5, 1923), 河野法雲 《華嚴經講義》(大藏經講座 제4卷, 1933), 金子大榮 《華嚴經의 綱要》(日本宗教講座 제8卷), 坂本幸男 《佛陀의 智慧—華嚴經講話》(1956), 末綱恕一 《華嚴經의 世

界》(1957) 등이 있다. 이 밖에 논문으로서 이 경전의 성립 문제에 대해서는 久野芳隆의 〈華嚴經의 成立問題—특히 入法界品에 대하여〉(宗教研究, 新7의 2, 1930), 〈聖典史方法論의 一斷片, 華嚴經의 成立에 관한 論爭〉(宗教研究, 新10의 4, 1933)이 있고, 또 須佐晋龍의 〈華嚴經十地品의 研究〉(現代佛教69 · 70, 1930), 高峯了州의 〈華嚴經十地品에 대하여〉(龍大論叢285, 1929) 등이 있다. 이들 학자들은 이 경전이 성립된 사정을 문헌학적으로 해명하고, 이 경전의 各品이 어떻게 무리를 이루어 성립하였는지에 대해 그 순서를 밝히고 있다. 한편 川田熊太郎이 감수하고 中村元이 편집한 《華嚴思想》이 발간됨으로써 兩氏 이외에도 여러 학자들이 이 경전에 대한 사상적 또는 철학적 연구를 정리하게 되었다. 그 중에서도 村上俊江의 〈라이프니찌와 華嚴宗〉이라는 논문은 이색적인 것으로서, 화엄사상을 서양철학과 대비한 연구로는 최초일 것이다. 鈴木大拙의 《華嚴의 研究》는 英文을 日譯한 것인데, 이는 禪의 입장에서 화엄경을 파악한 것으로서 붓다나 보살에 대한 사상이 해명되어 있다. 화엄경에 대한 여러 학자들의 논문을 수록한 최근의 서적으로는 春秋社에서 발행한 《華嚴思想》(《講座 · 大乘佛教》제3, 1983)이 있다.

## 화엄수소연의초 華嚴隨疏演義鈔 90卷

본래의 명칭은 《大方廣佛華嚴經수소연의초》로서 澄觀(737~838)의 찬술이다. ㊅36-1. 징관은 이에 앞서 唐譯《화엄경》*(80卷화엄)의 주석서인 《화엄경疏》60권(㊅35-503)을 저술했는데, 이것은 法藏의 《탐현기》*와 함께 《화엄경*》 註釋의 쌍벽을 이룬다고 한다. 그 후 이 《화엄경疏》를 다시 상세히 해설한 것이 이 책이다. 따라서 그의 이 두 책을 합하면 웅대한 양이 된다. 이것을 《화엄大疏鈔》라고도 일컫고 있다. 일본에서는 1664년에 이 두 책의 내용이 서로 대응하도록 배열하여 100권으로 간행되었다.

〔내용〕 처음의 9권은 저자가 화엄 사상의 綱要를 서술한 것인데, 玄談으로서 중시되고 있다. 주석 전체는 10항목으로 구분되어, 앞의 9항목이 玄談 속에서 설해지고 있으며, 마지막 항목은 경전의 내용을 일일이 좇으며 해석하는 隨文解釋이다. 9항목이란 ①教起因緣 ②藏經所攝 ③義理分齊 ④教所被機 ⑤教體淺深 ⑥宗趣通局 ⑦部類品會 ⑧傳譯感通 ⑨總釋經題이다. ①에서는 화엄의 가르침이 일어난 이유를 서술하는데, 法爾 · 宿因 · 機感 등의 10종을 열거한다. ②에서는 經 · 律 · 論의 3藏과 聲聞 · 보살의 2藏, 또는 역사적인 教相判釋을 정리한다. ③에서는 「10玄門」을 중심으로 하여 重重無盡의 法界緣起를, ④에서는 가르침에 대응하는 중생의 근기를 설한다. ⑤에서는 얕은 것으로부터 깊은 것에 이르는 10종의 가르침의 본체를 서술한다. 즉 音聲言語體 · 名句文身體…事事無礙體 · 海印炳現體이다(→탐현기). ⑥에서는 불교에 있어서 各학파의 기본 사상을, ⑦에서는 《화엄경》의 종류를, ⑧에서는 《화엄경》의 번역에 대해서, ⑨에서는 《大方廣佛화엄경》이라는 명칭의 의미에 대해서 각각 서술한다.

法藏이 法相과 唯識을 융합하고자 했던 데에 대하여 이 책의 저자인 澄觀의 학풍은 그것의 구별을 명확히 하고, 事事無礙와 아울러 理事無礙도 강조했던 점에 그의 특색이 있다. 또한 화엄 사상을 이해함에 있어 禪의 실천을 기초로 하고 있는 면이 강하다.

## 화엄오교장 華嚴五教章 4卷

본래의 명칭은 華嚴一乘教義分齊章으로서 唐의 法藏(643~712)이 찬술한 것이다. ㊅45-477. 宋本과 和本이 있다. 宋本은 唐나라 말기 5代의 난 이후 宋시대가 되어 비로소 開版된 것이고, 和本은 옛부터 일본에 전래되어 있는 것이다. 양본 사이에는 도처에 相違가 있음을 발견할 수 있는데, 和本이 보다 정확하다. 또 조직의 면에서 보면 和本의 中권은 宋本의 下권에 해당하고, 和本의 下권은 宋本의 中권에 해당한다.

〔내용〕 이 책은 華嚴교학에 대한 개설서일 뿐만 아니라 일종의 불교 개론의 형식으로 정리되어 있다. 전체는 10章으로 구성된다. 제①장은 1乘의 의미를 밝히는데, 3乘에 동조하는 1乘과 華嚴 특유의 1승에 대하여 서술한다. 제②장은 1승이나 3승의 教義 및 그 이익에 대하여 서술한다. 제③장은 중국에 있어서 대표적인 불교인 10人의 불교觀을 서술한다. 제④장은 불교에 있어서의 다양한 견해를 정리하고 가치적으로 단계를 설정하는데, 소위 5教10宗의 教判이라고 칭하는 것이다. 제⑤장은 가치적 단계의 5教에 대하여 상호의 관계를 논한다. 제⑥장은 불교의 다양한 경전에 설해진 시간적 순서에 대해서 서술한다. 제⑦장은 그 시간적 순서의 이유에 대해서 서술하고, 제⑧장은 1승과 3승이 서로 다른 점을 10개의 항목으로 나누어 논한다. 제⑨장은 화엄 교학과 다른 불교 교학과의 관계를 意識·佛性·修行의 단계 등 10가지 관점에서 고찰하는데, 화엄의 교학이 불교 전체에 걸쳐 위치하고 있음을 명확히 한다(和本에서는 이것이 제10장으로 되어 있고, 다음의 제10장이 제9장으로 되어 있다). 제⑩장은 화엄 교학의 내용적 문제로서 특히 10玄門·6相을 설하고 있다. 이상의 요점만을 보더라도 저자는 줄곧 화엄종의 입장에 서 있으면서도 불교 전체에 대한 전망을 무시하지 않고 있음을 알 수 있다. 따라서 저자의 체계적인 많은 저작 중에서도 가장 체계적인 역작이라고 말할 수 있다.

〔연구〕 일본의 학자들은 모두 和本에 근거하여 연구하여 왔다. 실제 이 책의 주석서로서 가장 오래된 것도 중국에서가 아니라 일본에서 나왔다. 즉 奈良시대에 壽靈이 저술한 《화엄5교장指事》가 그것이다. 여기서는 智顗나 元曉 또는 慧苑의 《刊定記》 등이 인용되고, 澄觀에 대해서는 전혀 언급하지 않는다. 중국에서는 宋시대의 4大家가 유명하다. 즉 道亭의 《義苑疏》, 師會의 《焚薪》《復古記》, 觀復의 《回折薪記》, 希迪의 《評復古記》《集成記》 등이다. 일본에서는 앞에서 언급한 壽靈 외에 凝然의 《通路記》, 湛睿의 《纂釋》, 鳳潭의 《匡眞鈔》, 普寂의 《衍秘鈔》《懸鈔》, 戒定의 《帳秘錄》, 觀應의 《冠註五教章》 등이 있다. 이 중에서 《通路記》52권이 가장 대작이고 주석으로서 완벽을 기하고 있는데, 아깝게도 19卷이 결본으로 되어 있다. 또 《冠註5교장》에서는 다양한 주석을 솜씨 좋게 인용하고 있어, 연구에 편리하다. 鈴木宗忠은 《原始華嚴哲學의 硏究》 말미에서 宋本의 제9장(和本은 제10장)을 제외한 宋·和 양본의 대조를 시도하였는데, 양본의 같은 점과 다른 점을 한눈에 알아볼 수 있도록 되어 있다. 譯一 和漢部, 諸宗部4에 日譯되어 있다.

## 화엄일승법계도 華嚴一乘法界圖 1卷

신라의 義湘(625~702)이 670년에 중국에서

저술한 것으로서 한국 華嚴사상의 원천이 된 중요한 문헌이다. ㊎2-1, ㊅45-711, ㊉제103冊. 원본의 말미에는 이 책의 집필자가 「香象대사(의상의 스승인 智儼) 말엽 非人 釋題頭法」이라고 적혀 있어, 이 釋題頭法이 의상 자신이든가 아니면 의상의 말을 받아 쓴 제자 中의 1人이든가 할 것이라는 추측도 있지만, 이 책의 내용은 의상 자신의 저술임을 더 이상 의심치 않는다. 그는 중국에 유학하여 화엄학의 대가인 지엄에게서 직접 수학하였는데, 이 때의 지식을 바탕으로 하여 이 책을 저술한 것으로 생각된다.

〔내용〕 그는 먼저 『이름에만 집착하는 무리들로 하여금 無名의 참된 원천에 되돌아가게 한다』고 하는, 210字의 偈로 된 「法界圖」를 제시하고, 이어서 이를 2門으로 나누어 해석한다. 이 2門의 해석은 다음과 같이 구성된다.

①大意 및 圖印

②釋文(문장의 풀이)

1. 總釋印意(총괄적인 圖印의 의미 해석)
2. 別解印相(개별적인 圖印의 형상 해석)
    1)說印文相(圖印의 글이 지니고 있는 모습에 대한 설명)
    2)明字相(문자의 형상에 관한 해석)
    3)釋文意(문장의 뜻풀이)

여기서 ②2의 別解印相이 내용의 대부분을 차지한다. 이 중 釋文意에 의하면 법계圖를 구성하는 「法性偈」는 7言30句를 이룬다고 한다. 이 법계도의 근본 정신은 《화엄경》*의 근본 정신이다. 이 책에 실린 법계도는 「화엄일승법계圖」「화엄일승법계도章」「화엄법계도」「일승법계도」「法圖章」「法性圖」「海印圖」 등으로도 불리는 중요한 것이다. 의상이 고의로 이 법계도의 작성자를 기입치 않아 法藏 또는 賢首의 작품이라고 하는 잘못된 설도 있었으나, 이는 의상이 唐나라 유학 중 44세 때에 맨 가에 54字를 배열한 사각형의 도형으로 지은 것이다. 이 법계도를 「海印圖」라 칭하는 것은 《화엄경》에 나오는 「海印三昧」에서 유래한다. 이 「海印三昧」에 들면 3종의 세간(물질적 無機세계, 인간들의 세계, 正覺에 의한 지혜의 세계)이 별안간 그 속에 나타나, 마치 삼라만상의 모든 모습이 바다 속에 드러나는 것과 같다 해서 이 이름을 딴 것이다. 의상은 이 법계도를 제자들 중 공부가 다 된 사람에게 그 깨달음을 인정하는 뜻에서 수여했다고 한다. 그렇다고 하여 의상이 근기가 낮은 사람에 대해 소홀히 했던 것은 아니다. 법계도를 해설하는 이 책의 저술이 바로 그러한 배려에서 기인한다. 그러나 그 목적은 서두에서 밝힌 대로 문자에, 개념에 집착하는 것이 아니라 無名의 근원에 되돌아가게 하는 데 있는 것이다. 그림과 같은 형태로 된 법계도를 구성하는 法性偈를 해체하여 제시하면 다음과 같다.

① 法性圓融無二相 諸法不動本來寂
② 無名無相絶一切 證智所知非餘境
③ 眞性甚深極微妙 不守自性隨緣成
④ 一中一切多中一 一即一切多即一
⑤ 一微塵中含十方 一切塵中亦如是
⑥ 無量遠劫即一念 一念即是無量劫
⑦ 九世十世互相即 仍不雜亂隔別成
⑧ 初發心時便正覺 生死涅槃常共和
⑨ 理事冥然無分別 十佛普賢大人境
⑩ 能人海印三昧中 繁出如意不思議
⑪ 兩寶益生滿虛空 衆生隨器得利益
⑫ 是故行者還本際 叵息妄想必不得
⑬ 無緣善巧捉如意 歸家隨分得資糧

⑭以陀羅尼無盡寶 莊嚴法界實寶殿
⑮窮坐實際中道床 舊來不動名爲佛

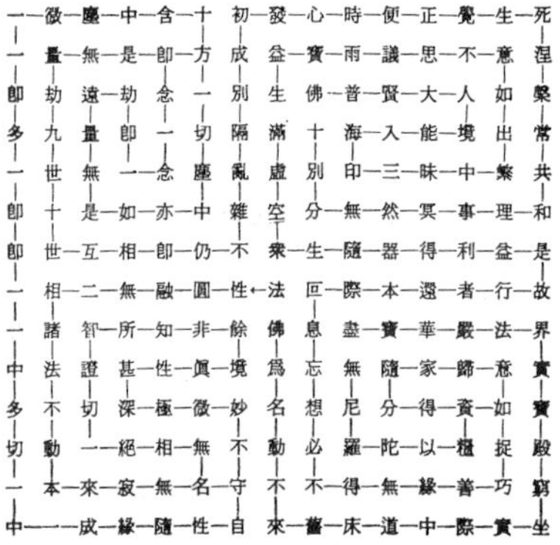


〔평가〕 이 책에 실린 法性偈는 210字의 짧은 내용이지만 그 안에 무수한 불교 교리가 함축되어 있다. 이것을 그림과 같은 도형으로 표시한 것은 항상 돌고 있는 진리의 수레바퀴, 마음의 청정함을 드러내어 사람들의 각성을 촉구케 하는 의의를 지니는 것이다. 그리고 이를 해설한 이 책의 의의는 그 방대한 《화엄경》의 정신을 이처럼 간결하게 요약한 데에 있다고 할 것이다. 아무도 이만큼 적절하게, 그리고 평이하게 그 어렵고 방대한 《화엄경》의 정신을 요약한 이가 없었다. 의상의 위대한 학덕은 실로 이 책을 통해 입증되었다 할 것이다.

〔참고문헌〕 한편 후대에 의상을 따르는 제자들에 의해 《화엄일승법계도記叢髓錄》2卷4册(Ⓚ 45-141, ㊅45-716)을 작성하였는데, 이는 이 책에 대한 해석을 모은 것으로서 의상 및 《화엄경》의 사상적 연구에 귀중한 자료가 되고 있다. 《법계도》에 대한 最古의 단독 주석으로는 고려 均如의 《일승법계도圓通記》2卷(㊎4-1)이 있고, 이 밖에 조선시대 雪岑(金時習)의 《일승법계도注》가 현존해 있다. 현재 일본에는 1120년에 東大寺 專勝院에서 복사한 것으로서 신라 珍嵩의 《일승법계도記》가 金澤文庫에 소장되어 있는데, 내용은 의상의 것과 완전히 동일하다. 또 大谷大學에는 正德 2년에 간행된 《법계도》의 鈔本이 소장되어 있다. 한글 번역은 李箕永의 《韓國의 佛敎思想》(《三省版 世界思想全集》11, 1976)에 있다. 연구로는 李箕永의 〈華嚴一乘法界圖의 根本精神〉(《韓國佛敎硏究》, 한국불교연구원, 1982)이 있다. 이 《법계도》와 관련된 논문으로서 金相鉉의 〈『法界圖記叢髓錄』考〉《千寬宇先生還曆紀念韓國史學論叢》가 있다.

## 회쟁론 廻諍論 1卷

산스크리트 명칭은 《Vigrahavyā vartanī》(質疑의 論破)이고, 나가르주나Nā gārjuna(龍樹, 약150~250경)의 저술이다. 티벳譯(㊍95, pp.14~15 ; 57~64)이 현존한다. 漢譯은 後魏의 毘目智仙이 瞿曇支와 541년 鄴都의 金華寺에서 번역한 것이다. ㊅32-13, Ⓚ 17-756. 龍樹가 지은 5部論에서 네번째의 작품으로 열거되고 있다.

〔내용〕 本論은 72개의 詩句(偈)와 各偈에 대한 저자 자신의 註釋으로 구성되어 있다. 내용은 반대론자의 질의와 그에 대한 論破로 二分된다. 前者에서는 一切空無自性(=緣起)인 대승 敎學의 근본명제에 대한 반대론자로부터의 論難을 싣고, 後者에서는 그들 하나하나의 논란에 대해 용수가 논파하여 無自性·空의 학설을 선양한다. 이들의 論項은 10종으로 되어 있으나, 이 중 주요한 것은 無自性이라는 言語表現에 관한 것, 無自性의 인식 근거에 관한 것, 그리고 自性(=實體)의 성립과 불성립에 관한 것이다. 여기서 반대론자의 주장이란 곧 正理學派의 주장인데, 正理學派와 龍樹 사이에 논쟁이 있었다는 사실은 용수의 5部論 중 다섯번째에 드는 《廣破論》(Vaidalya)에도 드러나 있다. 이 책과 《廣破論》 사이에는, 《회쟁론》 제4·5의 2偈에 의해 제기되었던 문제로서 正理學派가 설한 量(pramāṇa : 인식 근거)의 문제가 《廣破論》에서 상세하게 논해지고 있다는 관계가 있다.

〔연구 및 참고문헌〕 이 책의 연구에 선구적인 역할을 한 학자로서 山口益박사를 들 수 있는데, 그는 주로 티벳譯을 대본으로 삼고 漢譯을 참조하여 프랑스譯으로 연구를 발표했다(G. Yamaguchi 〈Traité de Nāgārjuna, pour écarter les vaines discussions〉〔Vigrahavyāvartanī〕, traduit et annoté, J.A. 1929, pp.1~86). 같은 해에 Tucci도 티벳譯 원본과 漢譯으로부터 英譯을 공표했다(G. Tucci 〈Pre-Diṅnāga Buddhist Text on Logic from Chinese Sources〉GOS. XLIX, 1929). 1936년 7월에 Sāṅkṛtyāyana는 티벳의 샤루Sha-lu의 僧院에서 티벳字體로 된 사본을 발견하여 다음 해에 이것을 발표했다(K. P. Jayaswal & Rāhula Sāṅkṛtyāyana 《Virgrahavyāvarttanī by Āchārya Nāgārjuna with the Author's Commentary》JBORS. 23, pt, 3, App., 1937). 山口박사는 이 梵本과 티벳譯에 의해 日譯을 소개하고(山口益《梵本西藏本에 의한 國譯廻諍論》〔프린트版〕, 1934), 다시 이 책의 주석적 연구도 공표했다(〈廻諍論에 대하여〉密敎文化7, 1949 ; 〈廻諍論의 註釋的硏究〉同, 8~10·12, 1950). 前記의 티벳字體로 된 梵本의 출판은 교정이 조잡하였으나, 1951년에 梵文의 改訂 텍스트가 간행되어(E.H. Johnston & A. Kunst 《The Vigrahavyāvartanī of Nāgārjuna with the Author's Commentary》 Mélanges Chinois et Buddhiques, Nr, 9), 이것이 定本으로 이용되고 있다. 대승불교 성립 당시에 있어서 勝論學派, 正理學派, 說一切有部 등의 諸學派의 所說과 대비함으로써 이 책이 지닌 의의나 문제점도 논하거나(山崎次彦 〈大乘思想成立의 場에 있어서 論理의 問題〉, 《大乘佛教의 成立史的問題》 pp.135~68), 특히 正理學派와의 논쟁의 문제를 논한 연구도 있다(山口益《中觀佛教論攷》; 蒔田徹 〈正理學派를 論難한 龍樹의 論法〉, 《大乘佛教의 成立史的硏究》 pp. 169~92). 또 山口박사는 그의 《動佛과 靜佛》에서 이 책의 논리를 중심으로 하여 대승불교의 실천 체계를 평이하게 해설하고 있다.

漢譯으로부터의 日譯은 譯一 論集部2에 있고, 최근의 번역은 《大乘佛典》14(中央公論社, 1974)에 梶山雄一의 譯으로 소개되어 있다.

# 찾아보기/한글 · 로마字

# 찾아보기 / 한글

일러두기

1. 돌출된 숫자는 독립된 항목으로 설정된 문헌이거나 비교적 상세히 설명된 일반 사항을 표시한다.
2. 人名의 경우, 국가나 지명의 첫자로써 출신지를 표시하였다.
   [예] ㉻: 한국, ㉾: 중국, ㉸: 인도, ㉹: 일본, ㉷: 스리랑카, ㊀: 티벳, ㉶: 서역, ㉫: 몽고
3. 문헌인 경우, 혼동할 우려가 있다고 생각되는 명칭의 뒤에 》표를 붙였다.
4. 숫자 다음의 a는 좌측면, b는 우측면을 가리킨다.
5. → 표는 동일한 명칭이나 내용을 가리킨다.

## ㉮

## ㉑



## ㉒

## ㉯

## ㉴

## ㉴

## ㉆

## ㉪

# 찾아보기 / 로마자

## Ⓐ

## Ⓒ

## Ⓜ

## Ⓡ

Ⓣ